INSTRUCTION
MORALE ET CIVIQUE

OU

PHILOSOPHIE PRATIQUE

PSYCHOLOGIE, LOGIQUE,
MORALE PRATIQUE, ÉCONOMIE POLITIQUE, MORALE THÉORIQUE,
INSTRUCTION CIVIQUE

À L'USAGE

des Écoles normales primaires,
des Lycées et Collèges de jeunes filles, des élèves de l'Enseignement spécial
et des candidats au baccalauréat ès sciences

PAR

P. LALOI & F. PICAVET

« *Tout pour la Patrie et par
la Patrie pour l'humanité.* »

PARIS

ARMAND COLIN ET Cie, ÉDITEURS

1, 3, 5, RUE DE MÉZIERES

INSTRUCTION
MORALE ET CIVIQUE
OU
PHILOSOPHIE PRATIQUE

A LA MÊME LIBRAIRIE

COLLECTION
A L'USAGE
DES ÉCOLES NORMALES PRIMAIRES
ET DE L'ENSEIGNEMENT SECONDAIRE DES JEUNES FILLES

Morale. — *Leçons de Morale*, par M. Henri Marion, docteur ès lettres, professeur d'éducation à la Faculté des lettres de Paris. 1 volume in-18 jésus, broché. . . . . 4 »
— *Leçons de Psychologie* appliquée à l'éducation, par le même. 1 volume in-18 jésus, broché. 4 50
Traité de Chimie, par M. Drincourt, agrégé de l'Université, professeur au collège Rollin. 1 volume in-18 jésus; br. . . . 5 »
Traité d'Arithmétique, théorique et pratique, par M. Leyssenne, inspecteur général de l'enseignement primaire. 1 volume in-18 jésus, broché. . . . . 4 »
Solutions du Traité d'Arithmétique, par le même. 1 volume in-18 jésus, broché. . . . . 4 »
Cours normal de Travail manuel, par M. Martin, professeur d'Ecole normale, ancien élève de l'Ecole normale supérieure de Saint-Cloud. 1 volume in-18 jésus, broché, 2 fr.; cart. . . 2 50
Traité d'Économie domestique, par Mme Ferrand, directrice de l'Ecole normale d'institutrices de la Seine. 1 volume in-18 jésus. (*Sous presse.*)
Traité de Pédagogie et d'Administration scolaire, par M. Carré, inspecteur général de l'enseignement primaire. 1 vol. in-18 jésus. (*En préparation.*)
Traité de Physique, par M. Duter, agrégé de l'Université, professeur au lycée Louis-le-Grand. 1 vol. in-18 jésus. (*En préparation.*)
Cours de sciences naturelles (*zoologie, botanique, géologie*), par M. Dastre, professeur à la Faculté des sciences de Paris. 1 volume in-18 jésus. (*En préparation.*)
Cours de Géométrie, à l'usage des écoles normales, par M. Leyssenne. 1 volume in-18 jésus. (*En préparation.*)
Cours de Lecture expliquée, par M. Léon Robert, agrégé des lettres, professeur de composition française et de lecture expliquée à l'Ecole normale supérieure d'institutrices. 1 volume in-18 jésus. (*Sous presse.*)
Œuvres poétiques de Boileau, annotées par M. A. Gazier, maître de conférences à la Faculté des lettres de Paris. 1 vol. in-18 jésus. Broché, 2 francs; cartonné. 2 50
Théâtre choisi de Molière, annoté par M. Maurice Albert, agrégé de l'Université, professeur au collège Rollin. 1 volume in-18 jésus, broché. . . . . 4 »
Théâtre choisi de Racine, annoté par M. Petit de Julleville, directeur d'études pour les lettres et la philologie à la Faculté des lettres de Paris. 1 volume in-18 jésus, broché. . . . . 3 »
Extraits historiques de Michelet, annotés par M. Seignobos, docteur ès lettres. 1 volume in-18 jésus broché. . . . . . 3 »
Géographie historique, par M. P. Foncin, inspecteur général de l'enseignement secondaire. 1 volume in-4° avec 48 cartes en regard du texte, cartonné. . . . . 6 »

Sceaux. — Imp. Charaire et fils.

INSTRUCTION
MORALE ET CIVIQUE

OU
PHILOSOPHIE PRATIQUE

PSYCHOLOGIE, LOGIQUE, MORALE PRATIQUE, ÉCONOMIE POLITIQUE,
MORALE THÉORIQUE, INSTRUCTION CIVIQUE

A L'USAGE

des Écoles normales primaires,
des Lycées et Collèges de jeunes filles, des élèves de l'Enseignement spécial
et des candidats au baccalauréat ès sciences

PAR

P. LALOI & F. PICAVET

« *Tout pour la Patrie et par la
Patrie pour l'humanité.* »

PARIS
ARMAND COLIN ET Cie, ÉDITEURS

1, 3, 5, RUE DE MÉZIÈRES

—

1888

Tous droits réservés.

PRÉFACE

> « *Tout pour la Patrie et,
> par la Patrie, pour l'humanité.* »

La Première année d'Instruction morale et civique de M. P. Laloi a pour but *de rendre accessibles à de jeunes intelligences les connaissances qui doivent être répandues dans notre pays, si nous voulons donner à la République de bons citoyens, de bons travailleurs et de bons soldats.* Le présent ouvrage s'adresse à ceux qui ont déjà reçu ces éléments d'une instruction morale et civique. Il complétera sur ce point leur éducation, il leur donnera les connaissances indispensables pour élever plus tard leurs enfants ou les enfants qui leur seront confiés, il leur indiquera les moyens de travailler eux-mêmes à leur développement intellectuel et moral, de concourir chaque jour plus utilement à la prospérité, à la grandeur, à la puissance, à la sécurité de la France. Pour atteindre ce but, nous avons fait entrer dans l'ouvrage :

1° *Des notions élémentaires* de psychologie, nécessaires pour indiquer à l'individu qui doit cultiver son intelligence et sa sensibilité, qui doit fortifier et régler sa volonté, quels pouvoirs de connaître, d'aimer ou de haïr, de vouloir et d'agir se trouvent en germe chez l'enfant et prennent leur développement chez l'adulte;

2° *Des notions élémentaires* de logique, destinées surtout à montrer comment l'esprit procède pour trouver la vérité dans les mathématiques, dans les sciences physiques, naturelles et morales;

3° *Des notions plus étendues* de morale pratique, d'économie politique, de morale théorique, ayant pour objet d'indiquer comment un honnête homme doit agir dans chacune des circonstances de la vie, comment il faut entendre l'intérêt des individus et des peuples, quelles raisons nous engagent, quelles inclinations nous excitent et nous prédisposent à devenir bons et honnêtes;

4° Enfin, une *exposition assez complète, sans être trop technique*, de l'organisation communale, départementale et nationale de notre pays, c'est-à-dire un cours d'enseignement civique proprement dit.

La première partie est destinée à faire connaître l'*homme*; la seconde, à indiquer comment on devient un homme *intelligent* et *instruit*; la troisième, à montrer comment on devient un *honnête* homme, capable de comprendre ses intérêts et ceux de ses concitoyens; la quatrième, à exposer ce que doit savoir et faire un bon *citoyen* : les trois premières préparent la quatrième, qui les complète et les domine.

Nous avons renversé la méthode d'exposition ordinairement suivie. Nous n'avons pas voulu débuter par des définitions abstraites, que nous aurions cherché à éclaircir par des explications ultérieures : mais nous avons, par exemple, rappelé d'abord ce qui se produit chez le gourmand, l'avare, l'ambitieux, l'ivrogne, le fanatique, l'envieux, résumé les caractères communs à tous ces individus et défini seulement ensuite la *passion une inclination exagérée et pervertie* (ch. VI). De même nous avons rappelé comment on résout le problème qui consiste à mener une tangente à un cercle donné, de manière à réunir les éléments qui entrent dans la définition de l'analyse géométrique (ch. x). Nous avons indiqué, en peu de mots, comment on a trouvé l'explication de la rosée, comment on s'est assuré que la pesanteur de l'air est la cause de l'ascension des liquides dans les tubes, comment Rœmer* a découvert la vitesse de propagation de la lumière, et nous avons fait sortir de ces indications la définition et le rôle des méthodes de concordance, de différence, des variations concomitantes, des résidus ou des restes (ch. xi). Nous sommes toujours parti de choses concrètes, *connues* de ceux auxquels nous nous adressons, pour les conduire aux résultats et aux définitions *qu'ils ne connaissaient pas*. Toutefois nous avons ajouté, à chaque chapitre, un résumé qui reproduit uniquement les définitions placées à la fin des paragraphes. Les maîtres qui préféreraient l'ordre synthétique pourront commencer par ce résumé et chercher ensuite dans le corps du chapitre les explications propres à éclaircir chacune des définitions.

Toute science morale conduit à des questions de nature, d'origine, de destinée qu'examine la métaphysique et qui sont les dernières et les plus hautes que se pose l'esprit humain (ch. xiv). *Nous avons, de propos délibéré, évité dans le présent ouvrage, de discuter les questions de métaphysique que soulèvent la psychologie, la logique, la morale et l'économie politique.* Nous n'aurions pu les exposer avec la précision technique qu'elles exigent, ni les traiter avec l'ampleur qu'elles comportent, sans nous écarter du but essentiellement *pratique* que nous poursuivons. Nous nous sommes borné à résumer brièvement les arguments ou à exposer historiquement les doctrines des différentes écoles sur les questions de métaphysique qu'indiquent nos divers programmes. Nous avons cherché à donner à ces résumés et à ces expositions les seules qualités qu'ils comportent, l'exactitude et l'impartialité ; nous avons voulu que chaque école, que chaque philosophe pût reconnaître et avouer pour siennes les théories que nous lui avons attribuées, que personne ne pût nous accuser d'avoir dénaturé sa pensée, d'avoir traité avec dédain ou mépris les doctrines qu'il professe. Il est donc inutile de chercher dans notre ouvrage une solution formelle des questions métaphysiques que posent les divers programmes. *Nous espérons que nos lecteurs se souviendront, en nous lisant, que nous avons voulu faire un livre de philosophie pratique et non un traité de métaphysique, que personne ne nous reprochera une abstention qui est toute de bonne foi.*

Nous avons, pour des raisons analogues, passé fort rapidement sur la critique des systèmes de morale théorique : au lieu de montrer longuement les lacunes et les défauts d'une morale exclusivement fondée sur le plaisir, l'intérêt, la sympathie, le sentiment, nous avons de préférence indiqué comment on peut se servir du plaisir, de l'intérêt, du sentiment pour faire acquérir aux enfants, aux jeunes gens et même aux hommes d'un âge mûr, l'habitude d'agir d'après des règles de justice et de charité.

Tous les chapitres sont des résumés de leçons, faites pour des jeunes gens et des jeunes filles qui avaient à préparer les programmes que nous avons eus sous les yeux en rédigeant cet ouvrage, modifiées ensuite, quand elles avaient été ou mal ou insuffisamment comprises. Tous ont été lus, avant d'être livrés à l'impression, par plusieurs de ceux pour lesquels nous avons écrit. Nous avons changé, pour le rendre plus clair, tout ce qui leur avait paru obscur après une lecture attentive.

PRÉFACE.

Nous croyons que, sous sa forme actuelle, l'ouvrage sera aisément compris par tous ceux qui ont reçu les éléments d'une instruction morale et civique.

Nous avons ajouté à chaque chapitre :

1° *Un résumé*, par demandes et par réponses, des matières qui y sont traitées;

2° *Des sujets de devoirs* qui seront traités après une étude attentive des divers paragraphes et du résumé;

3° *Des questions à étudier*, moins importantes ou plus difficiles, qui pourront être abordées quand on aura lu quelques-uns des ouvrages indiqués dans la bibliographie;

4° *Des questions posées* dans divers examens ou concours (écoles maternelles, brevets, écoles normales, diplôme des jeunes filles, Sèvres, Saint-Cloud, baccalauréat ès lettres et de l'enseignement spécial, etc.);

5° *Des conseils pédagogiques*, destinés à indiquer les applications qu'en peuvent tirer pour l'éducation des enfants, les parents, les maîtres et les maîtresses;

6° Une *bibliographie*, qui comprend beaucoup plus d'ouvrages que n'en devra lire aucun de ceux qui la consulteront, mais qui permettra aux maîtres de constituer une bibliothèque, d'indiquer à leurs élèves des chapitres à lire et à résumer, des travaux à préparer oralement ou par écrit, etc.

L'ouvrage est suivi d'un vocabulaire, dans lequel sont expliqués les mots dont le sens n'a pas été indiqué aux jeunes gens dans leurs études antérieures.

Une courte notice a été consacrée à ceux des hommes marquants qui, cités dans l'ouvrage, n'ont pas paru suffisamment connus.

Enfin les programmes des Écoles normales, de l'enseignement secondaire des jeunes filles, de l'enseignement spécial, du baccalauréat ès sciences ont été suivis, et ils ne renferment pas une question sur laquelle il n'ait été donné dans cet ouvrage des indications suffisantes.

Puisse ce cours de philosophie pratique venir en aide à ceux qui veulent faire aimer la France et rendre meilleur et plus capable de la servir chacun de ses enfants !

P. LALOI ET F. PICAVET.

INSTRUCTION MORALE ET CIVIQUE

PSYCHOLOGIE

CHAPITRE PREMIER

LA PSYCHOLOGIE, SA MÉTHODE ET SON ROLE

SOMMAIRE.

Les phénomènes physiologiques. — L'objet de la psychologie. — Sa méthode : l'observation interne, l'observation externe, la psychologie ethnique, la psychologie physiologique, la psychologie morbide, la psychologie infantile, la psychologie animale. — Les applications de la psychologie.

Les phénomènes physiologiques. — En étudiant l'homme, on s'aperçoit d'abord qu'il possède un cerveau, un cœur, des muscles, des nerfs, des os, etc.; que chacun de ces organes a une fonction spéciale. Le cœur, les artères et les veines sont les organes de la circulation ; les poumons servent à la respiration ; l'estomac et ses annexes, à la digestion ; le cerveau, par l'intermédiaire des nerfs, reçoit les impressions que font sur nous les objets extérieurs et met en mouvement les muscles et les membres.

L'*anatomie* étudie les *organes;* la *physiologie*, les *fonctions* du corps.

La vue fait connaître la forme et la disposition des organes ; l'ouïe révèle au médecin la manière dont fonctionnent les poumons ; le toucher, la manière dont s'accomplit la circulation.

Mais les sens n'auraient pu faire acquérir aux anatomistes et aux physiologistes des notions exactes sur les organes et leurs fonctions. Le scalpel est venu en aide au toucher, le microscope, à la vue. Il a fallu de longues et minutieuses observations, des expériences nombreuses et délicates pour connaître certains organes et leurs fonctions. C'est seulement en 1628 que Harvey * découvrit la circulation du sang ; la respiration n'a été expliquée qu'après Lavoisier * ; Claude Bernard * n'a trouvé que de nos jours le rôle du foie dans la digestion, et, malgré tous les progrès accomplis, nous sommes loin de connaître exactement la constitution élémentaire et les fonctions de chacune des parties du système nerveux.

Les faits ou les phénomènes que nous rapportons dans l'homme au corps ou au physique, sont les phénomènes physiologiques. Ils sont connus par les sens ou par des instruments auxiliaires des sens (ch. XI et XII) ; *ils peuvent échapper pendant longtemps aux observations et aux expériences des savants les plus perspicaces.*

La psychologie, son objet. — Les phénomènes physiologiques ne sont pas les seuls qui se trouvent dans l'homme. Chacun sait, sans s'être livré à une étude spéciale, qu'il éprouve du plaisir ou de la douleur, il connaît les impressions produites sur lui par les objets extérieurs, il sait qu'il veut accomplir certains actes. Tous les faits de cette nature sont nommés *psychologiques* ; on les appelle encore *phénomènes de conscience*, parce qu'ils ne sont connus ni par les sens, ni par les instruments auxiliaires des sens, mais par la conscience.

Étudier les phénomènes intérieurs, savoir comment ils se produisent, comment ils s'enchaînent les uns aux autres, dans quels rapports ils sont avec les phénomènes physiologiques, et spécialement avec les phénomènes cérébraux, c'est l'objet de la psychologie.

La méthode[1]. — Pour connaître plus vite et plus exac-

1. On peut se borner, dès le début, à lire ce chapitre ; on y reviendra avec fruit — nous en avons fait l'expérience. — quand on aura vu la psychologie tout entière.

tement, il y a, dans toute science, une *voie* qu'il est préférable de suivre, une *méthode* dont il faut recommander l'emploi. (Voyez *Logique*, ch. x à xiv.)

L'observation interne. — Quelle méthode devons-nous employer dans l'étude des phénomènes psychologiques? En nous examinant nous-mêmes, nous savons ce que c'est que penser, sentir, vouloir; nous pouvons décrire les pensées qui se produisent en nous, connaître les inclinations qui s'y développent et nous portent successivement vers des objets divers, examiner de quelle manière le langage nous permet d'exprimer ce qui se passe en nous, décomposer un acte volontaire en ses divers éléments constitutifs, etc.

*Il faut donc faire appel à l'*observation interne, *à la* conscience *qui nous indique ce qui se produit en nous, à la* mémoire *et à la* réflexion *qui nous permettent de rappeler les phénomènes disparus et de les examiner avec plus d'attention.*

La psychologie ethnique. — L'observation par la conscience est insuffisante : si elle nous apprend à nous connaître, il faut encore étudier les autres hommes pour savoir s'il se produit en eux les mêmes phénomènes, s'il leur en manque un certain nombre qui se trouvent chez nous et s'ils en offrent en revanche qui nous font défaut.

Nous observerons ceux qui nous entourent, nos compatriotes ou les étrangers avec lesquels nous serons en relations. Nous examinerons ce qu'ils font, ce qu'ils disent; nous essayerons d'induire, de leurs actes et de leurs paroles, ce qu'ils pensent, ce qu'ils sentent, ce qu'ils veulent. Nous nous tromperons dans nos inductions, parce que les hommes parlent et agissent quelquefois autrement qu'ils ne pensent ou ne veulent; nos renseignements seront moins sûrs par cette voie que par celle de la conscience; mais ils seront plus étendus.

Nous n'entrons en relations personnelles qu'avec un nombre d'hommes fort restreint; mais nous pouvons étudier indirectement tous nos contemporains, en lisant les récits des voyageurs, et surtout les ouvrages dans lesquels les hommes de notre époque expriment ce qu'ils pensent, ce qu'ils aiment, ce qu'ils souhaitent. La lecture de Dickens * nous fera connaître les mœurs anglaises; les journaux allemands nous montreront ce que pensent, ce que veulent, ce que font les Allemands.

Mais le Français, l'Anglais, l'Allemand, le Russe n'ont pas toujours été ce qu'ils sont actuellement. Le Gaulois, civilisé par les Romains; le Franc, belliqueux et brutal, ignorant et emporté; le légiste du xiiie siècle, retors et madré, faisant du roi le successeur des empereurs et combattant avec des armes nouvelles la féodalité également redoutable au peuple et au roi; le paysan qui aime son Dieu, sa patrie et son roi, qui hait l'étranger et se lève à l'époque de Jeanne d'Arc pour le chasser de France; le ligueur, qui fait passer la religion avant la patrie; le calviniste qui abandonne sa fortune, son pays, sa vie même plutôt que sa religion; le courtisan poli, aimable qui craint plus que toute chose de déplaire au roi; le conventionnel qui frappe sans pitié ses adversaires et se sacrifie lui-même pour le salut public; le soldat hardi, le brillant officier qui ont suivi Napoléon à travers l'Europe, n'ont eu ni les idées, ni les sentiments, ni les passions qui nous animent aujourd'hui.

Il faut donc constituer la psychologie des ancêtres de chacun des peuples civilisés. L'histoire nous apprend ce qu'ils ont fait. L'étude de la langue qu'ils ont parlée, des écrits, des monuments de toute espèce, palais, cathédrales, hôtels de ville, qu'ils nous ont laissés, de l'idéal que se sont proposé leurs poètes, leurs artistes, leurs théologiens ou leurs philosophes, nous fait connaître ce qu'ils ont pensé, senti, voulu et désiré. Les maximes de la Rochefoucauld * nous dépeignent l'homme essentiellement égoïste de la Fronde; Molière, la Bruyère, Saint-Simon, nous mettent sous les yeux les personnages les plus divers du règne de Louis XIV. La vue de Notre-Dame de Paris, la lecture de l'*Imitation* nous apprennent quelle foi ardente en une autre vie, quel dédain pour l'existence terrestre ont, à certaines époques, professés nos ancêtres. Froissart nous dira quels étaient les sentiments et les pensées, les actes et les habitudes des hommes qui passaient leur vie dans les batailles ou dans les tournois. Ouvrez Grégoire de Tours : la peinture qu'il fait des hommes de son époque, les jugements singuliers que porte le saint évêque sur les actes les plus monstrueux, l'ignorance que nous laisse voir le seul homme relativement éclairé du temps, nous mettent en présence d'esprits qui ont peu d'idées, des passions vives et indomptées, une religion ignorante et superstitieuse, une morale absolument rudimentaire.

Mais nous savons que les peuples civilisés, actuellement existants, ont été précédés par d'autres peuples civilisés. Les Assyriens, les Perses, les Mèdes, les Juifs, les Égyptiens, les Chinois, les Indous, les Grecs, les Romains, les Arabes, dans l'ancien monde, les Mound-Builders *, les Mexicains, les Péruviens dans le nouveau, nous offrent des mœurs, des religions, des arts, une littérature qui correspondent à des idées, à des sentiments, qui tout à la fois sont en grande partie différents chez chacun de ces peuples et ne ressemblent que partiellement aux idées et aux sentiments des peuples civilisés de notre époque.

L'homme n'existe pas seulement à l'état civilisé, mais encore à l'état sauvage. On trouve chez les sauvages des sens plus exercés, des idées et des sentiments moins complexes, un langage plus simple ; on pourra donc étudier plus aisément chez eux, à condition de critiquer sévèrement les récits des voyageurs, des phénomènes qui ne se trouvent pas, comme chez les peuples civilisés, confondus avec un grand nombre d'autres phénomènes.

Pour la même raison, on réunira tous les renseignements que les anthropologistes ont fournis sur l'homme préhistorique qui, aux diverses époques de son existence, nous présente des phénomènes psychologiques moins compliqués encore que ceux dont les sauvages nous offrent l'observation, qui nous montre des conceptions sociales, morales, religieuses, artistiques dans un état absolument rudimentaire.

Nous chercherons quelles sont les pensées, quels sont les sentiments et les actes qui occupent l'existence d'un Fran-

çais, d'un Anglais, d'un Allemand, d'un Russe du XIXe siècle.

Nous ferons la psychologie des Français, des Allemands, des Anglais des diverses époques ; nous déterminerons, d'un côté, quelles idées, quels sentiments les ont successivement éclairés et dirigés, de l'autre, ce que nous avons de commun avec nos prédécesseurs, ce que chaque génération a fait acquérir ou perdre à l'esprit humain.

Il faudra demander à l'histoire ce qu'ont fait les anciens peuples ; à leur langue, à leurs écrits, à leurs monuments ce qu'ils ont pensé, senti et aimé. Non seulement nous apprendrons à connaître des idées et des sentiments qui ont apparu alors dans l'homme et ne s'y retrouvent plus aujourd'hui, mais encore nous apercevrons, surtout chez les Grecs et les Romains, les éléments qui ont aidé les modernes à se civiliser et qui forment, aujourd'hui encore, une partie importante de notre esprit et de notre caractère. Nous arriverons ainsi à connaître l'esprit des peuples civilisés dans sa genèse, dans sa constitution et dans son exercice régulier.

Le sauvage et l'homme préhistorique nous feront mieux connaître certains phénomènes psychologiques et nous montreront des manières de sentir ou d'agir que nous ne pouvons plus observer ou que nous ne pouvons observer qu'imparfaitement chez les peuples civilisés.

D'une manière générale, la psychologie ethnique nous permettra d'augmenter et de compléter les données de la conscience.

La psychologie physiologique. — En variant les excitations extérieures qui font naître en nous les sensations, en changeant les conditions physiologiques qui les accompagnent, en constatant d'un côté la constitution du système nerveux et de l'autre l'état des facultés affectives et intellectuelles, en étudiant en particulier les fonctions cérébrales pour établir quel rôle spécial joue chacune des parties du cerveau dans la vie intellectuelle, on est arrivé déjà à des résultats fort importants : ainsi Fechner * a formulé une loi célèbre d'après laquelle la *sensation croîtrait comme le logarithme de l'excitation;* elle a été vivement critiquée et on peut en contester la valeur, mais les recherches qu'il a commencées ont été continuées et la psycho-physique nous fournira des renseignements précieux sur les phénomènes psychologiques. Wundt * a fait appel à la mesure et à l'expérimentation : il a mesuré la durée des actes psychiques et montré les variations de l'équation personnelle. (*Logique*, ch. xi.)

La psychologie physiologique étudie les faits physiologiques auxquels sont liés les faits psychiques élémentaires, elle fait varier les conditions extérieures auxquelles sont soumis les premiers et soumet ainsi les seconds à l'expérimentation et au calcul.

Psychologie morbide. — En observant un aveugle-né, on peut déterminer les idées et les sentiments qui lui manquent et se rendre un compte plus exact de ce que nous devons à la vue. De même l'observation d'un sourd-muet ou d'un individu qui, comme Laura Bridgmann *, n'a guère que le sens du toucher, peut nous fournir bien des indications précieuses. L'examen des idiots, des fous, des hallucinés, des hypnotisés *, l'étude du somnambulisme naturel ou provoqué, nous fait comprendre beaucoup mieux ce qu'il faut entendre par la raison et la perception, par la rêverie et le rêve, etc. L'observation des monstres (les frères Siamois, Millie-Christine), celle des jumeaux, de certains aliénés ou malades chez lesquels se développe une double et même une triple personnalité, nous fait mieux saisir ce qui constitue une *personne*. Enfin, d'une manière générale, toute maladie et spécialement toute maladie qui attaque le système nerveux amène la suppression, l'altération ou l'exaltation de quelques-unes de nos facultés ; c'est une expérience que la nature fait à notre profit.

La psychologie morbide complète l'observation par la

conscience, la psychologie ethnique et la psychologie physiologique : la nature se charge de faire pour nous les expériences qu'il ne nous serait pas permis de tenter sur nos semblables.

Psychologie infantile. — En observant les enfants, nous voyons à quel moment leurs sens commencent à s'exercer, nous assistons à l'éducation de chacun d'eux, nous savons comment l'enfant apprend à voir, à écouter, comment il apprend ensuite à se servir de la vue ou de l'ouïe pour apprécier la forme ou la distance; quelles idées nouvelles il acquiert chaque jour; quand apparaissent et comment se développent les inclinations; comment se forme le caractère.

Psychologie animale. — Les animaux ont des sens fort développés : ils nous donnent, à l'état rudimentaire, certains faits qui nous apparaissent d'une manière beaucoup plus complexe chez l'homme; les sociétés animales nous préparent à étudier les sociétés humaines; l'étude des émotions et de la manière dont elles s'expriment chez les animaux nous amène à nous rendre compte de l'expression des émotions et de la formation du langage chez l'homme.

La psychologie infantile et la psychologie animale nous font connaître les faits psychiques sous leur forme la plus simple; elles nous montrent comment ils se combinent pour produire des faits plus complexes et nous font assister à la formation de l'être intellectuel et moral.

En résumé, l'observation intérieure nous donne un certain nombre de faits et nous fournit l'interprétation de tous ceux que nous acquérons par d'autres sources; l'observation externe, celle des peuples civilisés d'aujourd'hui et d'autrefois, du sauvage et de l'homme préhistorique, la physiologie et la pathologie, l'examen des enfants et des animaux nous fournissent de nouveaux faits, nous permettent de joindre à l'observation, l'expérimentation et le calcul, de connaître la formation, en même temps que la constitution de l'homme intellectuel et moral.

Les applications de la psychologie. — Pour comprendre les évènements qui constituent la vie des hommes réunis en société, il faut savoir quels sont les idées et les sentiments qui poussent chacun d'eux à agir, de même que pour déterminer la résultante d'un certain nombre de forces, il faut connaître la direction et l'intensité de chacune d'elles.

Pour savoir quelles sont les lois que suit l'esprit quand il trouve la vérité, il faut avoir observé la manière dont procède l'intelligence dans ses diverses opérations. (Voyez *Logique*.)

De même, pour connaître à quelles règles nous devons soumettre notre conduite, il faut avoir vu à quels motifs et à quels mobiles nous obéissons d'ordinaire, quel empire prennent sur nous les passions et les habitudes, quels moyens nous pouvons employer pour les combattre, etc. (Voyez *Morale*.)

L'éducateur doit faire acquérir à l'enfant certaines connaissances, il doit développer certaines inclinations et en combattre certaines autres : il faut donc qu'il puisse observer dans quel état sont l'intelligence et le caractère de chaque enfant, trouver les moyens de les développer ; il faut surtout qu'il se rende un compte exact du but qu'il doit poursuivre, sans espérer de jamais l'atteindre, c'est-à-dire qu'il sache ce qui constitue la perfection de l'homme au point de vue physique, intellectuel et moral. (Voyez *les conseils pédagogiques qui suivent chaque chapitre*.)

Enfin le politique qui gouverne les hommes, le législateur qui fait des lois pour régler leurs rapports mutuels, l'économiste qui cherche à diriger et à régler leurs intérêts, ne pourront réussir dans leur entreprise s'ils ne connaissent les idées et les sentiments auxquels obéissent d'ordinaire ceux dont ils s'occupent. (Voyez *Morale sociale, Enseignement civique, Économie politique*.)

La psychologie est donc le point de départ nécessaire de l'histoire, de la logique, de la morale, de la science de l'éducation, de la politique, de la législation et de l'économie politique.

RÉSUMÉ

Que savez-vous des phénomènes physiologiques? — Les phénomènes physiologiques ont rapport au corps, ils sont connus par les sens et par des instruments auxiliaires des sens; quelques-uns d'entre eux ont échappé pendant longtemps aux recherches des savants.

Quel est l'objet de la psychologie? — La psychologie se propose d'étudier les phénomènes de conscience, d'examiner comment ils se produisent, comment ils s'enchaînent les uns aux autres, dans quels rapports ils sont avec les phénomènes physiologiques et spécialement avec les phénomènes cérébraux.

Quel est le rôle de l'observation interne en psychologie? — La conscience nous fait connaître les phénomènes qui se produisent en nous; la mémoire et la réflexion nous permettent de rappeler et d'examiner avec plus d'attention les phénomènes disparus.

Qu'est-ce que la psychologie ethnique? — La psychologie ethnique nous fait connaître les idées et les sentiments des hommes civilisés, nos contemporains, nos ancêtres ou nos prédécesseurs, des sauvages et des hommes préhistoriques, par l'examen des mœurs, des religions, des œuvres d'art, monuments, peintures, sculptures, poésies, romans, par l'étude de l'histoire et de l'anthropologie.

Qu'entend-on par la psychologie physiologique? — La psychologie physiologique étudie les faits physiologiques auxquels sont liés les faits psychiques élémentaires, fait varier les conditions extérieures auxquelles sont soumis les premiers et applique ainsi aux seconds l'expérimentation et le calcul.

Quel est le rôle de la psychologie morbide? — La psychoogie morbide nous donne les résultats des expériences que la nature fait pour nous et que nous ne pourrions tenter sur nos semblables.

Quels sont les résultats des psychologies infantile et animale? — Elles nous font connaître les faits psychiques sous leur forme la plus simple, elles nous font saisir leurs combinaisons plus ou moins complexes et assister à la formation de l'être intellectuel et moral.

Quelle méthode doit-on suivre en psychologie? — L'observation interne nous fait connaître un certain nombre de phénomènes et nous fournit l'interprétation de ceux que nous acquérons par d'autres sources; l'observation externe, par l'ethnologie, l'histoire, l'anthropologie, la physiologie, la pathologie, par l'examen des enfants et des animaux, nous donne des faits nouveaux, nous permet d'expérimenter, de calculer et de suivre la formation des idées et des sentiments.

Quelles sont les sciences pour lesquelles la psychologie est nécessaire? — La psychologie est nécessaire à l'histoire, à la logique, à la morale, à la pédagogie, à la politique, à la législation et à l'économie politique.

DEVOIRS A TRAITER.

I. La méthode en psychologie.

II. La psychologie infantile et la science de l'éducation.

III. La physiologie et la psychologie.
IV. La psychologie pathologique.
V. La psychologie ethnique et la pédagogie.

QUESTIONS A ÉTUDIER.

I. Les résultats que fournit à la psychologie l'étude des sauvages.

II. La linguistique et la psychologie.

III. La psychologie de Racine, de Corneille, de Molière, etc.
IV. La psychologie physiologique et la psycho-physique.

QUESTIONS POSÉES.

I. De la méthode en psychologie. (Bacc. ès lettres.)

II. La psychologie de Molière. (Bacc. ens. spécial.)

III. La psychologie et la pédagogie. (Brev. sup.)

IV. Décrire les mœurs, les habitudes intellectuelles et morales des Gaulois et des Francs. (Écoles Normales.)

V. De la psychologie, son objet, sa méthode. (Sèvres.)

Conseils pédagogiques. — Examiner chaque enfant et se rendre compte, dès son arrivée, de ses aptitudes physiques, intellectuelles et morales. — Noter les progrès successifs, les procédés par lesquels ils sont obtenus. — Tenir compte de ces remarques pour décider quelles sont les questions que l'on peut aborder et quelle est la manière dont il faut les exposer. — Des monographies faites avec soin et portant sur un nombre assez grand d'enfants rendraient de grands services à la psychologie et à la science de l'éducation. — Ne pas oublier que pour l'enseignement de la morale et de l'histoire, il faut prendre pour point de départ, les idées, les sentiments, les choses et les mots déjà connus des enfants pour les conduire à des idées, des sentiments, des choses et des mots qu'ils ignorent. — Se rappeler qu'il faut développer à la fois le corps, l'intelligence et le caractère en suivant les indications de la physiologie et de l'hygiène, de la psychologie, de la logique et de la morale — Éviter de faire des enfants prodiges.

BIBLIOGRAPHIE.

Taine, l'*Intelligence*.
Ribot, la *Psychologie anglaise*.
Ribot, la *Psychologie allemande*.
Ribot, les *Maladies de la mémoire*.
Ribot, les *Maladies de la volonté*.
Ribot, les *Maladies de la personnalité*.
Lubbock, les *Origines de la civilisation*.
Binet et Féré, le *Magnétisme animal*.
De Nadaillac, les *Premiers hommes*.
Wundt, *Éléments de psychologie physiologique*.

Marion, *Leçons de psychologie*, lec. 1 et 2.
Pérez, les *Trois premières années de l'enfant*.
Pérez, l'*Enfant de 3 à 7 ans*.
Preyer, l'*Ame de l'enfant*.
Rambaud, *Histoire de la civilisation française*.
Tylor, la *Civilisation primitive*.
Paul Janet, *Traité élémentaire de philosophie*.
Degérando, les *Différentes méthodes à suivre dans l'observation des sauvages*.

CHAPITRE II

LES FAITS PSYCHOLOGIQUES

SOMMAIRE.

Classification des faits psychologiques. — Les facultés. — Exercice simultané des facultés. — Influence réciproque des facultés les unes sur les autres : intelligence, sensibilité, activité, langage. — Instruction et éducation. — Ordre dans lequel se développent les facultés et dans lequel il faut les étudier.

Classification des faits psychologiques. — Si l'on observait un enfant ou un sauvage, si l'on notait tout ce qui en eux relève de la vie psychologique, on verrait que les mêmes faits se reproduisent à plusieurs reprises dans une journée et qu'il y a fort peu de différence entre certaines observations recueillies à peu de jours d'intervalle : on pourrait facilement ramener les faits observés à un petit nombre de classes. Mais si l'on continue pendant plusieurs années à observer l'enfant, on s'aperçoit peu à peu que des phénomènes nouveaux apparaissent : la vie psychologique prend une extension de plus en plus grande. Enfin si nous nous attachons à l'homme mûr, si nous tenons compte de tous les faits psychologiques qui se produisent en lui pendant une journée ou pendant un mois, nous croirons, en raison de leur multiplicité et de leur variété, qu'il est impossible de les faire rentrer dans un petit nombre de divisions. Mais si nous les examinons de plus près, nous pourrons faire ce qui nous avait d'abord paru impossible : voir la couleur, sentir l'odeur, nous rappeler la forme d'une rose, examiner les propriétés qui appartiennent en commun à un certain nombre de roses, chercher la cause de leur odeur, juger qu'un bouquet de roses donne un air de fête à une chambre, raisonner sur les procédés à employer, sur les soins à donner pour obtenir de belles roses, sont des phénomènes qui tous supposent *connaissance*, ce sont des *faits intellectuels*. (Cf. ch. III, IV, V.)

Avoir faim ou soif, éprouver du plaisir en mangeant une pêche bien mûre, du dégoût en sentant l'odeur du beurre rance; aimer ses parents, et être heureux de les voir gais et bien portants, désirer le pouvoir et éprouver du plaisir à commander, souhaiter que sa patrie soit grande et forte, se laisser dominer tout entier par l'avarice, goûter un vif plaisir à voir un beau tableau, à entendre de la belle musique, à résoudre un problème difficile, c'est toujours être *affecté* d'une certaine façon.

De là une nouvelle classe de phénomènes : les *faits affectifs* ou *sensitifs*. (Cf. ch. VI.)

Nous écartons vivement le doigt quand nous touchons un corps brûlant; nous marchons, nous écrivons, nous frappons les touches d'un piano sans réfléchir aux mouvements que nous sommes obligés d'accomplir; nous nous décidons, après une longue délibération, à choisir une profession et à faire tout ce qu'il faut pour la bien remplir; dans tous ces cas, nous sommes *actifs*. De là une troisième classe de faits, les *faits d'activité*. (Cf. ch. vii.)

Enfin, exprimer ce qui se passe en nous par les gestes, les jeux de physionomie, les cris, par la parole ou l'écriture, c'est faire usage du *langage;* de là les *phénomènes* de *langage*. (Cf. ch. viii.)

Les faits psychologiques se ramènent donc à quatre grandes classes : les faits intellectuels, les faits sensitifs ou affectifs, les faits d'activité et les faits de langage.

Les facultés. — Quand nous avons perçu l'odeur d'une rose, nous disons que nous avions le *pouvoir* de la percevoir et nous croyons que nous *pourrons*, à l'avenir, percevoir l'odeur d'une violette comme celle d'une rose. Quand nous voyons un chien qui aboie, ou qui court, nous disons qu'il a le *pouvoir*, la *faculté* d'aboyer ou de courir ; quand nous entendons parler un de nos semblables, nous disons qu'il a le *pouvoir*, la *faculté* de communiquer ses pensées par la parole.

La faculté est un pouvoir que nous supposons dans les êtres animés, pour expliquer la production des faits psychologiques. Nous reconnaîtrons donc quatre facultés comme nous avons admis quatre groupes de faits : l'intelligence, la sensibilité, l'activité et la faculté du langage.

Exercice simultané de nos facultés. — On établit en géométrie que le point, la ligne, la surface ne sont pas des choses existant par elles-mêmes, mais des propriétés, tirées par *abstraction* (ch. v), des corps qui possèdent beaucoup d'autres propriétés, le poids, la couleur, la résistance, dont elles sont inséparables. Il en est de même des facultés : ce ne sont pas *les ministres d'un monarque constitutionnel* (Bailey [*]), ce sont les modes divers par lesquels se manifeste la vie psychologique d'un même être.

Dès lors, on comprend que, dans la réalité, on ne trouve

jamais une faculté produisant isolément ses effets. S'agit-il d'un acte accompli après délibération? Il suppose l'action des nerfs sur les muscles, l'examen des raisons diverses qui pouvaient nous porter à agir ou à ne pas agir, l'expression et la conservation de ces raisons par le langage intérieur (ch. viii) et la mémoire, le désir d'éprouver du plaisir, de travailler en vue de notre intérêt ou de faire notre devoir, c'est-à-dire l'intervention des trois autres facultés. S'agit-il du plaisir éprouvé, par exemple, à écouter la musique d'un opéra? Nous avons connu, par un journal ou par un ami, que cet opéra devait être joué et nous avons voulu nous rendre à la représentation; notre intelligence, notre activité, notre faculté du langage sont entrées en jeu. Prenez de même l'attention avec laquelle nous examinons un problème, l'expression de ce qui se passe en nous à un moment donné et vous verrez que ces actes supposent l'intervention des autres facultés dont, par abstraction, nous ne tenons aucun compte.

Nos facultés s'exercent simultanément : un fait intellectuel suppose l'intervention de la sensibilité, de l'activité, du langage et réciproquement la sensibilité, l'activité, le langage supposent l'intervention des autres facultés.

Influence réciproque des facultés les unes sur les autres. — Si toutes nos facultés interviennent dans la production d'un fait psychologique, on comprend sans peine que le développement de l'une contribue au développement de l'autre.

L'intelligence. — L'homme qui a peu d'idées a peu de mots pour les exprimer ; ses plaisirs sont moins variés et moins nombreux, puisqu'il ignore quels plaisirs procure la culture de l'esprit et quel charme elle ajoute aux autres plaisirs; il agit souvent fort mal parce qu'il ignore en quoi consiste le bien et quels sont les moyens de l'accomplir.

Inversement, on apprend mieux les choses auxquelles on s'intéresse : l'enfant retient aisément l'histoire qui lui a plu, il comprend vite ce qui lui présage un plaisir nouveau; de même, l'homme qui a une volonté énergique, se rend compte des choses qu'il étudie, quelle que soit la difficulté qu'elles lui présentent d'abord ; enfin l'acquisition des mots facilite l'acquisition des idées, et c'est fort souvent après avoir appris ou entendu des mots nouveaux que l'enfant acquiert des idées nouvelles (ch. VIII).

Le développement de l'intelligence amène le développement de la sensibilité, de l'activité et du langage; le développement de ces trois dernières facultés amène le développement de l'intelligence.

La sensibilité, l'activité, le langage. — Celui qui veut fortement, acquiert des idées et des mots, il se procure des plaisirs nouveaux, parce que le plaisir est en proportion de la quantité d'activité normale que l'on déploie (ch. VI). Celui qui sent vivement, qui a fait naître en lui des affections profondes, accomplira plus aisément des actes difficiles, comprendra mieux ce qu'il étudiera, apprendra plus vite les langues qu'il voudra savoir. Enfin l'acquisition de nouveaux moyens d'exprimer notre pensée, nous donnera des idées nouvelles, par suite, des plaisirs que nous n'avions pas goûtés encore, des raisons nouvelles pour diriger notre conduite.

On pourrait encore montrer que l'affaiblissement, par suite de l'âge ou des maladies, de l'une de nos facultés, amène l'affaiblissement plus ou moins marqué de toutes les autres (ch. IX).

En résumé, nos facultés agissent les unes sur les autres, le développement de l'une provoque le développement des autres, l'affaiblissement de l'une, le dépérissement des autres.

Instruction et éducation. — Acquérir des idées nouvelles, apercevoir des rapports entre des idées déjà connues, apprendre à nous connaître et à connaître les êtres inanimés ou animés au milieu desquels nous vivons, par l'enseignement de nos maîtres, par nos études personnelles et par nos lectures, c'est travailler à notre culture intellectuelle, à notre *instruction*.

Développer les bons sentiments, fortifier la volonté et habituer l'homme à ne faire que de bonnes actions, c'est l'œuvre de l'*éducation proprement dite*.

Sans doute, il ne suffit pas de devenir un homme instruit pour devenir un honnête homme, mais l'instruction élève et épure nos sentiments, éclaire notre volonté et contribue, par suite, aux progrès de l'éducation (ch. vii).

Acquérir une sensibilité plus vive et plus pure, une volonté plus forte et meilleure, c'est se rendre plus propre à développer son intelligence, c'est travailler aux progrès de son instruction (ch. vi et vii).

L'instruction a pour but la culture de l'intelligence; l'éducation, celle de la sensibilité et de la volonté; l'instruction contribue à l'éducation proprement dite et l'éducation rend plus facile et plus féconde la culture intellectuelle.

Ordre dans lequel se développent les facultés et dans lequel il convient de les étudier. — On est à peu près d'accord pour affirmer que le langage apparaît après les autres facultés, que la manifestation des faits psychologiques est postérieure à ces faits eux-mêmes, pour terminer par le langage l'étude des facultés.

Il est plus difficile de se prononcer sur les autres facultés. L'enfant éprouve un sentiment de bien-être, il a faim, il a froid, il se meut avant que son intelligence ne s'exerce, avant même que ses sens entrent en exercice. Si l'on ne considérait que l'ordre chronologique, il conviendrait de commencer, par les faits d'activité et de sensibilité, l'étude de la psychologie; mais le développement de la partie supérieure de la sensibilité et de l'activité suppose le développement de l'intelligence. De plus, si l'activité est ce qu'il y a de fondamental dans les êtres vivants, l'intelligence est la faculté par laquelle nous apprenons à connaître ce qui se passe en nous et en dehors de nous.

Nous étudierons les faits psychologiques dans l'ordre suivant : 1° l'intelligence; 2° la sensibilité; 3° l'activité; 4° le langage.

RÉSUMÉ.

Comment peut-on classer les faits psychologiques? — On peut ramener à quatre grandes classes tous les faits psychologiques : les faits intellectuels, les faits sensitifs ou affectifs, les phénomènes d'activité et de langage.

Que sont les facultés et combien en compte-t-on? — Les facultés sont des pouvoirs que nous supposons dans les êtres animés, pour expliquer la production des faits psychologiques ; elles sont au nombre de quatre : l'intelligence, la sensibilité, l'activité et la faculté du langage.

Comment s'exercent nos facultés? — Nos facultés s'exercent simultanément : un fait intellectuel suppose l'intervention de la sensibilité, de l'activité, du langage et réciproquement.

Quelle influence nos facultés exercent-elles réciproquement les unes sur les autres? — Le développement de l'intelligence provoque le développement de la sensibilité, de l'activité, du langage ; d'une manière générale, nos facultés agissent les unes sur les autres, le développement ou l'affaiblissement de l'une amène le développement ou l'affaiblissement des autres.

Que savez-vous de l'instruction et de l'éducation? — L'instruction a pour but la culture de l'intelligence, l'éducation celle de la sensibilité et de la volonté ; l'instruction contribue à l'éducation proprement dite, l'éducation rend plus facile et plus féconde la culture intellectuelle.

Quel est l'ordre dans lequel se développent les facultés et celui dans lequel il convient de les étudier? — Les facultés apparaissent dans l'ordre suivant : la sensibilité et l'activité, l'intelligence, le langage. L'intelligence est la faculté par laquelle nous connaissons tous les faits psychologiques, nous étudierons donc : 1° l'intelligence ; 2° la sensibilité ; 3° l'activité ; 4° le langage.

DEVOIRS A TRAITER.

I. Énumérer et classer les faits psychologiques.

II. Montrer comment les facultés s'exercent simultanément et agissent les unes sur les autres de manière à produire la vie psychologique.

III. Comparer l'instruction et l'éducation.

IV. Indiquer les raisons pour lesquelles il convient de commencer la psychologie par l'étude des faits intellectuels.

QUESTIONS A ÉTUDIER.

I. Les facultés ne sont-elles que des mots commodes pour classer les faits psychologiques?

II. Les trois phases du développement de chaque faculté (lire Marion *).

III. Faut-il faire du langage une faculté spéciale? (Lire ch. viii.)

IV. Étudier le développement des facultés chez l'enfant. (Taine *, Pérez * et Preyer *.)

V. Comment l'enfant apprend-il sa langue? (Ch. viii.)

QUESTIONS POSÉES.

I. L'instruction et l'éducation. (Brev. sup., diplôme des jeunes filles, écoles maternelles.)

II. Classification des faits psychologiques. (Diplôme des jeunes filles.)

III. Les facultés et leurs rapports. (Bacc. ès lettres et Enseig. spécial.)

Conseils pédagogiques. — Travailler à développer l'intelligence de l'enfant, en lui faisant retenir les mots qui lui donneront des idées nouvelles (ch. viii), en lui rendant l'étude agréable, en l'habituant à être attentif (ch. v). — Étudier de fort près le développement individuel des enfants et ne pas leur exposer des idées auxquelles ils ne sont pas préparés, ne pas parler de tableaux à l'enfant qui ne distingue pas les couleurs, ne pas introduire d'idées abstraites ou générales quand l'enfant ne connaît pas les objets qui l'entourent, etc. — Faire servir la culture intellectuelle à l'éducation proprement dite, à la culture de la sensibilité et de la volonté; sans doute, il faut étudier avant tout pour savoir, mais le maître peut, en insistant sur les idées nobles et élevées, épurer les sentiments et donner à la volonté une bonne direction (ch. vii).

BIBLIOGRAPHIE.

Taine, Pérez, Preyer (ouvrages cités).
H. Spencer, *Essai sur l'éducation*.
Ribot, *Psychologie anglaise*.
Bain, la *Science de l'éducation*.
Paul Janet, *Traité élémentaire de philosophie*.
Rabier, *Psychologie*.
Ernest Lavisse, *Questions d'enseignement national*.

Marion, ouvr. cité, Leçons 3, 4 et 5.
Wundt, *Éléments de psychologie physiologique*.
J.-J. Rousseau, *Émile ou de l'éducation*.
Garnier, *Traité des facultés de l'âme*.
Locke, *Pensées sur l'éducation*.

CHAPITRE III

L'INTELLIGENCE

SOMMAIRE.

L'intelligence et ses pouvoirs différents. — L'acquisition des connaissances. — La perception extérieure, les diverses espèces de sensations, le sens vital, le goût, l'odorat, l'ouïe et les sons, la vue et les couleurs, le toucher, le sens musculaire. — Association des sensations, éducation des sens, erreurs des sens. — Le monde extérieur.

L'intelligence et ses pouvoirs différents. — Nous disons qu'un homme est intelligent, quand il comprend vite ce que nous lui expliquons, quand il aperçoit promptement les rapports qui unissent des idées différentes, quand il est capable de s'instruire et de trouver, dans les circonstances difficiles, des moyens de se tirer d'affaire.

Quand nous regardons ou touchons les objets, nous acquérons des notions sur leur couleur et sur leur forme. Nous conservons les notions ainsi acquises et nous nous les rappelons quand les objets ne sont plus en notre présence. Enfin nous nous livrons à un travail spécial sur ces notions, nous examinons avec attention et séparément les couleurs de l'arc-en-ciel, nous devenons capables de les énumérer et de les placer dans l'ordre qu'elles occupent : nous tirons de notre perception une notion qui y était contenue, mais que nous n'avions pas aperçue d'abord.

L'intelligence est la faculté par laquelle nous connaissons et nous comprenons : elle suppose l'acquisition, l'élaboration, la conservation, la reproduction et la combinaison des idées ou notions.

L'acquisition des connaissances. — Par les sens nous apprenons à connaître la couleur, l'odeur, la saveur, la forme, l'étendue, la résistance des corps qui constituent ce que nous appelons le monde extérieur. Par la conscience, nous savons ce qui se passe en nous ; par la raison, nous apprenons à chercher la cause des faits que nous a donnés la perception extérieure et à faire la science (ch. iv et xi).

La perception extérieure nous fait connaître le monde extérieur, la conscience, le monde intérieur ou le moi, la raison, les principes qui nous permettent de lier les faits pour constituer la science, c'est-à-dire les principes directeurs de notre connaissance.

La perception extérieure. — On sait que le système nerveux, dans l'homme et dans les animaux supérieurs, comprend un système grand sympathique ou ganglionnaire, constitué par deux cordons placés des deux côtés de la colonne vertébrale, et un système cérébro-spinal, qui comprend un axe central et des cordons ou filets nerveux. L'axe est constitué par l'encéphale et la moelle épinière. L'encéphale se divise en cerveau, cervelet et moelle allongée. De l'encéphale partent les nerfs crâniens, les nerfs olfactif, optique, auditif, les nerfs moteurs de l'œil, le trijumeau, le facial, le glosso-pharyngien, le pneumo-gastrique, les nerfs spinal et hypoglosse. De ces nerfs, les uns se rattachent à des centres moteurs et constituent des voies conductrices *centrifuges*, les autres, à des centres sensitifs et constituent des voies conductrices *centripètes*. De la moelle naissent les 32 paires de nerfs rachidiens ; chaque paire comprend une racine antérieure, qui forme une voie conductrice centrifuge, et une racine postérieure, qui forme une voie conductrice centripète : l'une et l'autre se réunissent en sortant du canal rachidien. Les nerfs rachidiens se continuent par les cordons médullaires jusqu'à la moelle allongée, qui se rattache au cervelet : ainsi s'établit une communication ininterrompue, entre la périphérie du corps et le cerveau, sans qu'on puisse toujours suivre la voie conductrice dans tout son parcours, ni déterminer à quel point précis du cerveau elle se termine. Cependant on a réussi à montrer que le centre visuel du chien est le segment cérébral situé derrière la scissure de Sylvius et recouvert par l'os pariétal, celui du singe, la surface du lobe occipital ; que celui de l'homme est situé dans l'écorce de ce même lobe ; que le centre auditif des animaux est dans les parties postérieures du lobe temporal ; que l'aphasie * est liée aux lésions de la troisième circonvolution gauche, la cécité verbale, à celles de la première circonvolution temporale opposée ; que les centres moteurs sont réunis dans les deux circonvolutions centrales, etc. Le cerveau est donc un centre de sensibilité et de mouvement, qui reçoit l'impression produite par les objets à la surface de notre corps et transmise par les nerfs, qui met en mouvement les nerfs moteurs et amène la contraction des muscles. (Voyez Wundt * et Taine *.)

Il est facile de comprendre comment se fait la perception des objets. Une corde entre en vibration ; elle ébranle l'air environnant, les ondulations viennent frapper la membrane du tympan, le nerf acoustique entre en vibration et transmet le mouvement jusqu'aux parties postérieures du lobe temporal : l'animal perçoit un son, quelquefois il est désagréablement affecté. Des ondes lumineuses viennent frapper notre œil : le nerf optique est ébranlé, le mouvement se transmet jusqu'à l'écorce du centre occipital et nous percevons une couleur, quelquefois nous éprouvons du plaisir ou de la douleur.

Un nerf aboutissant à un organe ; une impression faite sur l'organe et transmise par le nerf au centre cérébral ; voilà les conditions qui amènent la production de la sensation. La sensation peut rester purement affective, n'être que du plaisir ou de la douleur (ch. vi), *elle peut nous faire connaître les qualités des objets : elle s'appelle alors perception.*

Les diverses espèces de sensations. — On reconnaît, dans le langage ordinaire, cinq espèces de sensations, correspondant à cinq sens déterminés ayant leurs organes, leurs voies conductrices et leur centre cérébral, mais on laisse de côté deux grands groupes de sensations qui jouent un rôle fort important dans la vie animale et dans la vie intellectuelle : les sensations vitales et les sensations musculaires.

Nous rattacherons les sensations à sept sens différents : le sens vital, le goût, l'odorat, l'ouïe, la vue, le toucher et le sens musculaire.

Le sens vital. — Nous sentons que nous avons mal à la tête, qu'on nous coupe un muscle, qu'on brise un os, qu'on déchire un ligament, nous souffrons de la fatigue excessive causée par un travail trop prolongé ; nous avons plaisir à respirer l'air pur d'une forêt, nous sommes embarrassés et nous souffrons pour respirer quand nous nous trouvons dans un air vicié ou quand nous avons un rhume de cerveau ; nous sentons la faim ou la soif quand nous n'avons rien pris depuis un certain temps ; nous éprouvons du bien-être quand nous avons mangé et que la digestion s'accomplit d'une façon normale, de la gêne, de la suffocation quand la digestion est pénible (*cauchemar*) ; du dégoût en présence de certains aliments, etc. ; nous sentons que nous avons froid ou chaud, que nous sommes soumis à certaines influences électriques.

Toutes ces sensations s'additionnent, pour ainsi dire, de manière à produire un état général de bien-être ou de malaise qui détermine en grande partie notre caractère et notre conduite (ch. ix).

Le sens vital ou organique nous fait connaître les lésions organiques, la manière dont s'accomplissent la circulation, la respiration, la digestion, etc. ; en un mot, toutes les modifications agréables ou désagréables qui se produisent dans l'organisme et constituent le fond de la vie psychologique.

Le goût. — Le goût s'exerce principalement par la surface supérieure de la langue, qui est tapissée de petites papilles, et par la pointe, tapissée également de papilles recouvertes de petites dépressions. On ne sait pas au juste si le palais possède une sensibilité gustative. Il semble que le nerf glossopharyngien et le nerf lingual, tout en remplissant d'autres fonctions, sont les nerfs spéciaux du goût ; on ignore quel est le centre cérébral auquel ils aboutissent. Il faut, pour que la sensation de goût se produise, que le corps placé sur la langue soit soluble. Nous distinguons, par le goût, l'acide, le doux, l'amer, le salé, l'alcalin et le métallique. (Wundt*.)

Le goût suppose l'action de la langue sur les corps solubles ; il nous fait connaître l'acide, le doux, l'amer, le salé, l'alcalin et le métallique.

L'odorat. — L'odorat est très développé chez les animaux, chez le chien de chasse, chez les fauves surtout. Il a pour organe le conduit supérieur et en partie le conduit moyen de la cavité nasale, pour voie conductrice le nerf olfactif, qui sort des hémisphères cérébraux par le lobe antérieur. La sensation ne se produit que si la substance est volatile et soluble, que si l'air est renouvelé par la respiration. Il est difficile de donner des odeurs une classification rigoureuse : on ne peut guère distinguer que des odeurs agréables et des odeurs désagréables, des parfums et des mauvaises odeurs.

L'odorat, par l'intermédiaire du nerf olfactif, nous fait connaître les parfums et les mauvaises odeurs.

L'ouïe et les sons. — Le sens de l'ouïe est très développé chez certains animaux et surtout chez les oiseaux : il a pour organe l'oreille externe et l'oreille interne dont la structure est fort complexe. Les vibrations imprimées à l'air par le mouvement des corps viennent frapper la membrane du tympan, qui a la forme d'un entonnoir ; la vibration se transmet, par la caisse du tympan, la chaîne des osselets, la fenêtre ovale et la fenêtre ronde, jusqu'au labyrinthe, dans lequel se trouvent, enveloppés de liquide, le limaçon, les canaux semi-circulaires ; le liquide labyrinthique entre dans le limaçon et fait vibrer la lame membraneuse et les organes de Corti, espèces de petits bâtonnets en nombre considérable (plus de 3 000) qui rappellent l'intérieur d'un piano. Le nerf acoustique, dont chacune des fibres occupe probablement un organe de Corti, transmet l'impression dans les parties postérieures du lobe temporal, et la sensation se produit. Il y a *bruit* quand le mouvement de l'air est irrégulier et non périodique; il y a *son* quand les vibrations sont régulièrement périodiques.

On peut, en ne faisant appel qu'à l'habitude, établir différentes distinctions entre les sons : les uns sont purs, riches, moelleux, doux, les autres confus, maigres, âpres, criards. Un coup de canon produit un son fort, la mouche qui vole, un son faible; le sifflet d'une locomotive produit un son aigu, tandis que certaines touches de l'orgue donnent un son grave; cent exécutants, jouant à l'unisson, donnent plus de volume qu'un seul d'entre eux, aux sons qu'ils produisent; les sons d'un violon, d'un piano, d'une voix humaine, qui exécutent la même mélodie, ont un timbre différent.

Mais la physique, en s'appliquant à l'étude des sons musicaux, a permis d'établir des distinctions plus précises. Elle a inventé des instruments pour compter le nombre de vibrations que produit un corps sonore dans un temps donné; elle a montré que le son devient plus aigu quand le nombre des vibrations augmente, plus grave quand il diminue; que le nombre des vibrations, représenté par 1 pour le *do*, sera représenté par 2 pour le *do* de la gamme supérieure.

Elle a expliqué de même la différence d'intensité des sons, en montrant qu'elle est produite par la distance, l'amplitude des vibrations, la densité de l'air, la direction du vent et le voisinage de certains corps susceptibles d'entrer en vibration. Le son devient moins fort sur les hautes montagnes et dans le récipient de la machine pneumatique, quand on raréfie l'air; une corde tendue au-dessus d'une caisse remplie d'air (*violon*) produit un son plein et intense, tandis que tendue loin de tout corps sonore, elle ne donne qu'un son très faible.

Enfin Helmholtz * a montré que la différence de timbre existant entre les *la* donnés par un piano, un violon, une flûte, un orgue, une trompette, qui tous exécutent 440 vibrations par seconde, provient des sons secondaires qui les accompagnent, des *harmoniques* ou tons plus élevés qui se produisent, en même temps que chaque son, dans l'ordre suivant : octave, quinte, quarte, grande tierce, petite tierce, grande seconde, etc.

Le sens de l'ouïe a pour organe l'oreille, pour voie conductrice le nerf acoustique, pour centre, les parties postérieures du lobe temporal ; il nous fait connaître les bruits et les sons, dus à des vibrations irrégulières ou régulières, non périodiques ou périodiques.

On distingue dans les sons la qualité (pureté, richesse, etc.), l'intensité, la hauteur, le volume et le timbre. L'intensité dépend de la distance, de l'amplitude des vibrations, de la densité de l'air, de la direction du vent, du voisinage de corps sonores ; la hauteur, du nombre des vibrations ; le timbre, des harmoniques qui accompagnent le son principal.

La vue et les couleurs. — La vue est très développée chez certains oiseaux ; elle s'exerce au moyen de l'œil ; les rayons lumineux traversent la surface externe de la cornée transparente, l'humeur aqueuse, les surfaces postérieure et antérieure du cristallin, l'humeur vitrée, en subissant des réfractions successives ; ils viennent former sur la rétine une image renversée de l'objet qui les a émis, comme il se forme dans la chambre obscure l'image d'un objet placé à une distance convenable. Par le muscle tenseur de la choroïde, nous avons le pouvoir de rendre plus ou moins convexe la partie antérieure du cristallin, de réfracter plus ou moins fortement les rayons lumineux, de manière à former sur la rétine l'image d'objets rapprochés ou éloignés de nous, d'accommoder l'œil aux distances, comme on met au point, dans un appareil photographique, l'image d'un objet rapproché ou éloigné, en faisant sortir ou rentrer la partie postérieure dans la partie antérieure. Le myope forme l'image en avant, le presbyte, en arrière de la rétine ; le premier est obligé de prendre des verres concaves, le second, des verres convexes pour produire l'accommodation que réalise de lui-même l'œil à vision normale.

Au centre de la rétine se trouve la tache jaune, espace laissé à nu et entouré par les fibres nerveuses, occupé par des bâtonnets et des cônes accumulés qui sont les véritables organes de la sensation lumineuse. Ils se relient, par des filets extraordinairement fins, aux fibres du nerf optique, la voie conductrice qui transmet l'impression au lobe occipital.

La physique nous apprend que toutes les couleurs simples, dont l'ensemble forme le *spectre*, produisent en se combinant dans un seul rayon la lumière blanche, en se mélangeant, toutes les couleurs de la nature. Les rayons lumineux sont formés de vibrations lumineuses; ils ne diffèrent que par la longueur de leurs ondes et n'offrent rien de semblable à la couleur perçue : les ondes les plus longues produisent le rouge, les plus courtes, le violet.

On donne le nom de couleurs *complémentaires* à celles dont le mélange produit le blanc : tels sont le jaune et l'indigo, le rouge et le bleu verdâtre, l'orangé et le bleu cyanique, le jaune verdâtre et le violet. Deux couleurs complémentaires ne sont ni voisines, ni extrêmes dans le spectre : le rouge, le vert, le violet sont les trois seules couleurs simples qui donnent par leur mélange un blanc assez parfait; on les a appelées les couleurs *fondamentales*. On a supposé que chaque élément de la rétine est uni à plusieurs fibrilles, sensibles chacune à une couleur spéciale; qu'il renferme par conséquent trois espèces de fibres correspondant à ces trois couleurs. Les *daltoniens* ne perçoivent pas le rouge, parce que leur rétine n'a pas de fibres optiques sensibles au rouge.

La vue nous fait connaître, en même temps que les couleurs, la surface ou l'étendue à deux dimensions.

La vue a pour organes la rétine et spécialement les bâtonnets et les cônes de la tache jaune, pour voie conductrice le nerf optique, pour centre, le lobe occipital. L'œil a, grâce au cristallin, le pouvoir de s'accommoder aux distances, il ne l'a pas chez les myopes et les presbytes.

La vue nous fait connaître les couleurs et les surfaces. Les couleurs simples constituent le spectre : en se combinant, elles donnent le blanc; en se mélangeant, elles produisent toutes les couleurs; elles sont dues à des vibrations lumineuses de différentes longueurs.

Les couleurs complémentaires sont celles qui produisent par leur combinaison la lumière blanche; les couleurs fondamentales sont le rouge, le vert, le violet, qui doivent probablement leur naissance à trois espèces différentes de fibres.

Le toucher. — Le toucher est le sens qui se trouve chez tous les êtres vivants : il a pour organe la peau, dans laquelle viennent s'étendre et se ramifier un grand nombre de nerfs qui partent de la moelle épinière et du cerveau. On n'a pas encore réussi à découvrir dans le cerveau le centre de localisation du sens tactile.

Si l'on place un objet dans notre main, nous pouvons d'abord dire si cet objet a la forme d'un cube, d'une sphère ou d'un triangle, s'il est lisse ou rugueux, s'il est grand ou petit, etc. Nous pouvons en même temps porter un jugement sur la température du corps et dire s'il est plus chaud ou plus froid que notre main. Enfin, si notre main est posée sur une table, nous pouvons estimer la force de la pression exercée sur elle par un objet.

Le pouvoir tactile n'est pas également développé sur toute la surface du corps : si l'on place un objet sur une de nos épaules, nous saurons s'il est froid ou chaud, s'il exerce une pression plus ou moins forte; mais nous n'en connaîtrons qu'imparfaitement la forme. Weber [*] s'est servi d'un compas à pointes émoussées, appliqué sur les diverses parties du corps, pour en déterminer le degré de sensibilité. Sur la peau du dos, on peut écarter les pointes de 4 à 6 centimètres; l'individu touché ne croit l'être qu'avec une seule pointe; sur la pointe de la langue, au contraire, il sent les deux pointes lorsqu'elles sont écartées d'un millimètre. Weber [*] a pu ainsi diviser le corps en cercles de sensations ou régions, à l'intérieur desquelles les deux pointes ne produisent qu'une seule sensation. Ces régions sont de forme et de grandeur très variables : extrêmement petites à la pointe de la langue, au bout des doigts, elles sont déjà plus grandes à la paume de la main, elles grandissent beaucoup encore sur le dos de la main. Si l'on va du voisinage de l'oreille aux lèvres, les cercles deviennent de plus en plus petits; c'est à la peau du dos qu'ils présentent le plus de surface. Weber * suppose que chaque cercle reçoit plusieurs fibres nervéuses, que la double sensation ne se produit que s'il y a, entre les deux champs d'expansion nerveuse, un certain nombre de champs non excités.

Le toucher s'exerce à la surface de la peau, dont la sensibilité varie selon les parties du corps; il a pour voies conductrices les nerfs qui partent du cerveau ou de la moelle épinière; le centre cérébral du toucher n'est pas exactement déterminé. Ce sens nous fait connaître la forme, la température des corps et la pression qu'ils exercent.

Le sens musculaire. — On a constaté que certains malades, chez lesquels la sensibilité tactile a disparu, ont conscience de la résistance qu'ils éprouvent à fermer la main dans laquelle on a placé un objet assez gros, sans avoir cependant aucune notion sur sa forme, sa température ou la pression qu'il exerce. On a été amené ainsi à reconnaître l'existence d'un sens distinct du tact, d'un sens musculaire qui serait mieux nommé *sens du mouvement*. Dans les parties antérieures du cerveau, placées avant la scissure de Sylvius, se trouvent des centres d'où partent des fibres qui, passant par les corps striés, le cervelet, se rendent dans la substance grise de la moelle épinière et donnent naissance aux nerfs moteurs. Ces nerfs, en contractant les muscles, produisent une impression sur les fibres sensitives qui se terminent dans les muscles; l'impression est transmise au cerveau, peut-être même dans les centres psycho-moteurs, et nous prenons conscience du mouvement produit.

Nous connaissons l'énergie ou l'effort qu'il a fallu déployer pour produire le mouvement, l'étendue du mouvement accompli; nous connaissons la résistance d'un corps que nous voulons soulever, distincte de la pression simple exercée sur notre main; nous connaissons encore la position qu'occupent nos membres, les mouvements qu'ils accomplissent, par suite, l'étendue et la durée des mouvements exécutés par nos mains et par nos jambes, c'est-à-dire la notion de distance.

2.

Le sens musculaire ou mieux le sens du mouvement nous donne la position et les mouvements de nos membres, la résistance, l'effort, la notion de poids et de distance.

Association des sensations. — Nos sens s'exercent simultanément : Nos yeux nous font connaître les couleurs d'une pêche ; les mouvements de notre bras pour la cueillir nous indiquent la hauteur à laquelle elle est placée ; quand nous la prenons dans la main, nous déterminons sa forme, son poids, sa température ; nous sentons l'odeur agréable qu'elle exhale ; le goût nous révèle sa saveur et l'ouïe nous apprend que son noyau résistant produit un son quand nous le lançons contre une plaque de fer. Nous réunissons toutes ces données et nous disons que la pêche est un fruit arrondi, assez pesant pour sa grosseur, qu'elle nous rafraîchit plus ou moins, qu'elle est verte, jaune et rouge, qu'elle a une odeur et une saveur fort agréables, qu'elle vient sur un arbre peu élevé, que son noyau est dur et produit un son en frappant un corps sonore.

Les sensations qui nous sont données simultanément par les divers sens, sont associées et forment par leur réunion l'ensemble des qualités que nous attribuons à un objet.

Éducation des sens. — Si vous présentez à un enfant de trois ans un certain nombre de couleurs, il ne saura ni les distinguer, ni les nommer toutes ; il en sera de même de certains sauvages ou d'hommes peu cultivés, qui ne connaissent qu'un nombre fort restreint de couleurs. Adressez-vous à un peintre, et vous verrez avec surprise qu'il distingue des nuances différentes, dans des objets qui vous paraissent de couleur identique. De même, le musicien trouvera des différences appréciables dans des sons qu'un homme d'une oreille moins exercée croira être à l'unisson ; un sauvage, en posant son oreille sur le sol, connaîtra la nature, le nombre de ses adversaires encore fort éloignés ; un gourmet trouve à une perdrix, qu'il aura fait préparer à sa manière, une saveur qui échappera à un palais moins exercé ; un aveugle-né possède un toucher d'une délicatesse infinie, et Laura Bridgmann *, presque réduite au toucher, a pu entrer en relations avec ses semblables et acquérir une foule de notions qui, d'ordinaire, ne sont données que par les autres sens.

Mais les sens ne se bornent pas à nous faire connaître avec plus de précision et d'exactitude les qualités que chacun d'eux est fait pour percevoir, ils complètent réciproquement leur éducation et nous fournissent des indications qu'ils ne pouvaient nous donner à l'origine.

Ils s'exercent simultanément et leurs données s'associent : quand ces associations ont été fréquemment répétées, l'une des perceptions ne peut plus se produire, sans que le souvenir de celles qui l'ont accompagnée, se réveille. L'odeur d'une rose fait penser à sa couleur et à sa forme; une saveur spéciale nous rappelle la pêche et ses couleurs, sa forme et l'arbre où nous l'avons souvent cueillie. Certaines couleurs disposées sur une toile éveillent l'idée des objets, des animaux et des hommes, placés sur différents plans, dont la forme et l'éloignement n'ont été connus d'abord que par le toucher et le sens musculaire.

Ainsi le goût et l'odorat permettent au dégustateur de connaître l'âge, le cru, la provenance d'un vin odoré ou goûté ; l'ouïe donne la forme, la distance d'un objet dont nous avons perçu les sons ; la vue, qui fait l'éducation des sens inférieurs, apprend elle-même à nous donner la distance et la forme, elle devient une sorte de toucher s'exerçant au loin dans toutes les directions et nous donnant rapidement une foule d'utiles indications.

Chaque sens fait sa propre éducation : l'odorat et le goût apprennent à flairer et à goûter; l'ouïe, à entendre; la vue, à regarder; le toucher, à palper; le sens musculaire, à apprécier les mouvements.

De plus, les sens s'exerçant simultanément, apprennent les uns par les autres à connaître des qualités que primitivement ils ne nous donnaient pas : la vue en particulier, devient propre à remplacer, chez l'adulte, tous les autres sens.

Erreurs des sens. — Quand je sens une odeur de rose dans une chambre et que j'affirme la présence d'une rose de forme et de couleur déterminées, quand je crois que tel son est produit par telle personne que je ne vois pas, je puis commettre une erreur; quand l'enfant juge que le bâton plongé dans l'eau est brisé ou courbé, ou que la lune est assez près de lui pour qu'on puisse la lui donner, il se trompe. Dans tous ces cas, c'est à l'éducation des sens qu'il faut attribuer nos erreurs : l'esprit croit à tort que des qualités, qui se sont souvent présentées ensemble à nos sens, se trouvent toujours unies dans la réalité.

Ce n'est donc pas à proprement parler les sens qui nous trompent. La vue, par exemple, nous donne des couleurs, des jeux de lumière; nous nous trompons, quand nous affirmons que ces couleurs ou ces jeux de lumière sont toujours unis à la forme avec laquelle nous les avons souvent perçus. Il suffira de faire appel au *toucher* pour savoir que le bâton n'est ni brisé, ni courbé; à la *raison*, pour comprendre que, si nous le voyons ainsi, c'est que les rayons lumineux se réfractent en passant d'un milieu plus dense dans un milieu moins dense.

Les erreurs des sens sont des erreurs de l'esprit, qui affirme que deux perceptions souvent associées, le sont toujours. On y remédie en faisant appel, pour chaque perception, au sens qui seul est capable de nous la donner primitivement et à la raison qui nous explique les causes de notre erreur.

Le monde extérieur. — Nous avons vu que nous connaissons uniquement par les sens les impressions transmises au centre cérébral, c'est-à-dire des phénomènes qui se passent en nous : aussi les enfants croient-ils que ces impressions sont en eux et n'ont-ils aucune idée d'un monde extérieur. Ils apprennent d'abord à reporter l'impression à l'extrémité du nerf qui l'a transmise au cerveau : en voyant le sang qui coule de leur doigt, ils croient que la cause de la douleur qu'ils éprouvent est le sang qu'ils perdent; puis, après avoir vu simultanément le couteau entrer dans leur doigt et le sang couler, ils mettent, en dehors d'eux et dans le couteau, la cause de la douleur qu'ils ont éprouvée. Ils remarquent de même qu'en marchant dans la direction contraire à celle où ils aperçoivent le feu, ils font diminuer la chaleur qui était en eux; qu'en marchant vers l'objet aperçu par leurs yeux, ils finissent par le saisir avec la main, qu'ils saisissent de même l'objet dont les vibrations avaient frappé leur oreille. Ils transportent ainsi en dehors d'eux-mêmes, à des distances plus ou moins éloignées, les causes de leurs sensations.

Nous localisons d'abord à l'extrémité des nerfs, à la surface du corps, les causes des impressions perçues dans les centres cérébraux; puis nous les plaçons en dehors de nous, à des distances diverses. Nous réunissons les perceptions dues à nos différents sens, pour en former un tout que nous appelons un objet; nous réunissons ces différents objets pour en former le monde que nous plaçons en dehors de nous. Le monde extérieur est pour nous un ensemble de corps étendus, résistants et pesants, colorés et sonores, odorants et sapides.

RÉSUMÉ.

Qu'entend-on par l'intelligence? — L'intelligence est la faculté par laquelle nous connaissons et nous comprenons : elle comprend l'acquisition, l'élaboration, la conservation, la reproduction et la combinaison des idées ou notions.

Quelles sont les facultés d'acquisition? — La perception extérieure nous fait connaître le monde extérieur; la conscience, le monde intérieur ou le moi; la raison, les principes directeurs de la connaissance.

Que suppose la perception extérieure? — Elle suppose un nerf aboutissant à un organe, une impression faite sur l'organe et transmise par le nerf au centre cérébral; on réserve le nom de sensation pour les cas où nous n'éprouvons que des plaisirs ou de la douleur, celui de perception pour les cas où nous connaissons les qualités des objets.

Combien y a-t-il d'espèces diverses de sensations? — Nous rattachons les sensations à sept sens différents : le sens vital, le goût, l'odorat, l'ouïe, la vue, le toucher et le sens musculaire.

Que savez-vous du sens vital? — Le sens vital ou organique nous fait connaître les lésions organiques, la manière dont s'accomplissent la circulation, la respiration, la digestion, en un mot toutes les modifications agréables ou désagréables qui se produisent dans l'organisme et constituent le fond de la vie psychologique.

Que savez-vous du goût? — Le goût suppose l'action de la langue sur les corps solubles ; il nous fait connaître l'acide, le doux, l'amer, le salé, l'alcalin et le métallique.

Que savez-vous de l'odorat? — L'odorat, par l'intermédiaire du nerf olfactif, nous fait connaître les parfums et les mauvaises odeurs.

Que savez-vous de l'ouïe? — Le sens de l'ouïe a pour organe l'oreille, pour voie conductrice le nerf acoustique, pour centre les parties postérieures du lobe temporal ; il nous fait connaître les bruits et les sons, dus à des vibrations irrégulières ou régulières, non périodiques ou périodiques.

Que distingue-t-on dans le son? — On distingue dans le son la qualité (pureté, richesse, etc.), l'intensité, la hauteur, le volume et le timbre. L'intensité dépend de la distance, de l'amplitude des vibrations, de la densité de l'air, de la direction du vent, du voisinage des corps sonores ; la hauteur, du nombre des vibrations ; le timbre, des harmoniques qui accompagnent le son principal.

Que savez-vous de la vue? — La vue a pour organes la rétine et spécialement les bâtonnets et les cônes de la tache jaune, pour voie conductrice, le nerf optique, pour centre, le lobe occipital. L'œil a, par le cristallin, le moyen de s'accommoder aux distances chez ceux qui ne sont ni myopes ni presbytes. La vue nous fait connaître les couleurs et les surfaces.

Que savez-vous des couleurs simples? — Les couleurs simples constituent le spectre ; en se combinant, elles donnent le blanc; en se mélangeant, elles produisent toutes les couleurs; elles sont dues à des vibrations lumineuses de différentes longueurs.

Que savez-vous des couleurs complémentaires et des couleurs fondamentales? — Les couleurs complémentaires sont celles qui produisent par leur combinaison la lumière blanche; les couleurs fondamentales sont le rouge, le vert, le violet, qui doivent probablement leur naissance à trois espèces différentes de fibres.

Que savez-vous du toucher? — Le toucher s'exerce à la surface de la peau, dont la sensibilité varie selon les parties du corps; il a pour voies conductrices les nerfs qui partent du cerveau ou de la moelle épinière; son centre cérébral n'est pas exactement déterminé. Il nous fait connaître la forme, la température des corps et la pression qu'ils exercent.

Que savez-vous du sens musculaire? — Le sens musculaire, ou mieux le sens du mouvement, nous donne la position et les mouvements de nos membres, la résistance, l'effort, la notion de poids et de distance.

Que savez-vous de l'association des sensations? — Les sensations qui nous sont données simultanément par les divers sens sont associées et forment par leur réunion l'ensemble des qualités que nous attribuons à un objet.

Qu'est-ce que l'éducation des sens? — Chaque sens fait sa propre éducation : l'odorat et le goût apprennent à flairer et à goûter; l'ouïe, à entendre; la vue, à regarder; le toucher, à palper; le sens musculaire, à apprécier les mouvements. De plus, les sens s'exerçant simultanément, apprennent les uns par les autres à connaître des qualités que primitivement ils ne nous donnaient pas : la vue, en particulier, devient propre à remplacer chez l'adulte tous les autres sens.

Qu'entend-on par les erreurs des sens? — Les erreurs des sens sont des erreurs de l'esprit qui affirme que deux perceptions souvent associées le sont toujours; on y remédie, en faisant appel, pour chaque perception, au sens qui seul est capable de nous la donner primitivement et à la raison qui nous explique les causes de l'erreur.

Comment se forme la notion du monde extérieur? — Nous localisons d'abord à l'extrémité des nerfs, à la surface des corps, les causes des impressions perçues dans les centres cérébraux; puis nous les plaçons en dehors de nous, à des distances diverses. Nous réunissons les perceptions dues à nos différents sens, pour en former un tout que nous appelons un objet; nous réunissons ces différents objets pour en former le monde que nous plaçons en dehors de nous dans l'espace. Le monde extérieur est pour nous un ensemble de corps étendus, résistants et pesants, colorés et sonores, odorants et sapides.

DEVOIRS A TRAITER.

I. Les sens et leurs organes.

II. Le toucher et le sens musculaire.

III. L'ouïe et les sons.

IV. L'éducation de la vue.

V. Examinez le vers de la Fontaine : « Quand l'eau courbe un bâton, la raison le redresse. »

VI. Comment l'enfant arrive-t-il à acquérir la connaissance du monde extérieur ?

QUESTIONS A ÉTUDIER.

I. L'éducation de Laura Bridgmann *. (Revue philosophique, I et VII.)

II. Les expériences sur les aveugles nés. (Preyer *.)

III. La vision binoculaire et le redressement des images. (Bernstein *.)

IV. Les cercles de sensation d'après Weber *. (Bernstein *.)

V. Le développement des sens chez l'enfant.

VI. Les sens chez les animaux. (Romanes *.)

VII. Les nativistes et les empiriques, ou origine de la notion d'espace.

VIII. La sensation croît-elle comme le logarithme de l'excitation? (Ribot *.)

IX. La durée des actes psychiques. (Wundt * et Ribot *.)

X. Les théories métaphysiques sur la réalité du monde extérieur.

QUESTIONS POSÉES.

I. L'éducation de la vue chez les enfants. (Écoles maternelles.)

II. Les leçons de choses et l'éducation des sens. (Écoles Normales.)

III. Le dessin et la musique, leur rôle dans l'éducation. (Brev. sup.)

IV. Le rôle des sens dans la formation de la science. (Bacc. ès lettres.)

Conseils pédagogiques. — Se rendre compte à l'arrivée des enfants, de l'état dans lequel se trouvent les organes des sens. — Les exercer fréquemment à regarder, à entendre, à palper; se servir du dessin et de la musique pour les habituer à distinguer les couleurs, les formes, les sons. — Les placer en face d'un objet pour les forcer à examiner ce que chacun de leurs sens leur en fait connaître, à réunir ensuite les qualités qu'ils ont perçues;

répéter le même exercice sur l'ensemble des objets que renferme une chambre ou qui se trouvent dans une campagne. — On leur fera ainsi connaître des objets nouveaux et on rendra leurs sens plus exercés. — Leur montrer à quoi sont dues les illusions de la perspective, la myopie, la presbytie, leur indiquer les moyens d'éviter les unes et de remédier aux autres ; leur apprendre quels soins il convient de prendre pour conserver en bon état ses yeux, ses oreilles et les autres organes des sens.

BIBLIOGRAPHIE.

Marion, Leçons de psychologie leçons 25 et 26.
Wundt, Éléments de psychologie physiologique.
Bernstein, les Sens.
Preyer, l'Âme de l'enfant.
Romanes, l'Évolution mentale chez les animaux.
Bain, les Sens et l'intelligence.
Spencer, Principes de psychologie.
A. Lemoine, l'Âme et le corps.
Taine, l'Intelligence.
Ribot, la Psychologie allemande.
Ribot, la Psychologie anglaise.

Helmholtz, Optique physiologique.
Paul Janet, Traité élémentaire de philosophie.
Paul Janet, la Perception visuelle de la distance. (Revue ph., janvier 1879.)
Locke, Pensées sur l'éducation.
Condillac, Traité des sensations.
J.-J. Rousseau, l'Émile.
Spencer, Essai sur l'éducation.
Pérez, les Trois premières années de l'enfant.
Pérez, l'Enfant de 3 à 7 ans.
Bain, La Science de l'éducation.

CHAPITRE IV

L'INTELLIGENCE (suite)

SOMMAIRE

La conscience spontanée et la conscience réfléchie ; notions dues à la conscience réfléchie. — La raison ; les principes directeurs de la connaissance ou premiers principes ; leur rôle ; théories sur l'origine et la valeur des premiers principes ; les notions premières ; théories métaphysiques.

La conscience spontanée et la conscience réfléchie. — Quand le chien, sentant une odeur, suit une piste, il sait qu'il perçoit cette odeur et qu'il poursuit un lièvre ou un chevreuil ; quand l'enfant a faim ou mal aux dents, il sait qu'il a faim et qu'il souffre ; quand le sauvage adore son fétiche pour lui demander de le protéger, il sait qu'il le prie et qu'il lui demande sa protection ; quand nous nous décidons, après réflexion, à aller nous promener, nous savons ce qui nous a empêchés de le faire tout d'abord et pourquoi nous nous y sommes décidés.

Mais il y a des degrés dans la connaissance que nous avons de nous-mêmes. Quand nous délibérons sur le choix d'une profession, nous examinons avec attention les raisons qui nous font préférer l'une à l'autre, l'aptitude que nous avons pour l'une d'elles, les préférences de nos parents, etc. L'attention que nous donnons à la délibération fait que nous prenons connaissance de chacune de nos pensées au moment même où elles se produisent. Au contraire, nous avons pris l'habitude de remonter notre montre chaque soir avant de nous coucher : nous nous demandons, quand nous sommes dans le lit, si nous l'avons fait et il nous arrive plus d'une fois de ne pouvoir répondre ; nous n'avons pas eu conscience de l'acte, ou nous en avons eu une conscience si faible que la mémoire n'en a rien conservé. Tous les mouvements, tous les actes, toutes les opérations intellectuelles que nous accomplissons par habitude se trouvent dans le même cas. Il en est de même encore des impressions que produisent sur nous les objets extérieurs quand nous sommes fortement occupés, quand nous cherchons la solution d'un problème difficile ou que nous parcourons un livre intéressant. Un enfant marche autour de moi ; il joue, me raconte une histoire, je réponds oui et non à certains instants ; ma besogne terminée, il reprend son histoire et me parle des jouets dont il s'est servi ; je m'aperçois que j'ai vu imparfaitement, compris inexactement, quelquefois même que je n'ai ni vu, ni compris ce qu'il faisait et disait.

La conscience spontanée, qui appartient à l'homme et aux animaux, fait connaître les phénomènes au moment même où ils se produisent ; mais souvent absente ou très faible, elle laisse ignorer, en tout ou en partie, un grand nombre de faits psychologiques, perceptions, actions, affections ; la conscience réfléchie, qui n'existe que sous une forme imparfaite chez l'enfant, le sauvage et l'homme peu cultivé, nous permet de revenir sur les faits psychologiques, quelquefois même de nous dédoubler et d'assister à la production des pensées ou des actes.

Notions dues à la conscience réfléchie. — L'enfant parle d'abord de lui-même en se nommant, comme le font ceux qui lui adressent la parole; il dit : Paul a faim, Paul veut jouer, Paul est content; plus tard il dit : je veux jouer, j'ai faim, je suis content; il déclare *siens* tous les faits qui se produisent en lui ; il se considère comme une personne et met sans cesse son *moi* en avant.

En rattachant ainsi à sa personne ou à son moi ses pensées, ses actes, ses émotions, l'enfant apprend à se considérer comme un être; peu à peu, il rattache par un lien commun, les actes, les paroles, les traits, les gestes de chacun de ses camarades, il unit les perceptions que lui ont données les divers sens pour les attribuer à un seul objet, différents objets pour en former un tout : il transporte au dehors l'*unité* qu'il a appris à connaître en lui.

L'enfant qui a désobéi hier ne s'étonne pas d'être puni aujourd'hui, il réclamera demain la récompense qu'on lui promet aujourd'hui : il croit qu'il est aujourd'hui et qu'il sera demain, la même personne qu'il était hier. Il reconnaît de même ses parents, ses camarades, les objets qui l'entourent, en retrouvant en eux les traits essentiels qu'il y a aperçus déjà : il croit à leur *identité* aux différents moments de la *durée*.

L'enfant aperçoit tous les jours en lui de nouveaux faits psychologiques ; il voit que ceux qui se produisaient auparavant ne se produisent plus; qu'il ne se plaît plus avec ses anciens jouets; que les histoires merveilleuses d'autrefois lui paraissent ennuyeuses. Mais il croit fermement qu'il est resté le même individu, malgré toutes ces modifications; il suppose par suite une sorte de lien qui réunit à chaque instant les phénomènes en faisceau, une sorte de support qui maintient ces modifications incessantes et qui conserve par sa permanence l'identité de la personne. Ce support, cette *substance*, il l'imagine dans ses semblables, il l'imagine dans les objets et explique, par sa persistance, l'emploi du même nom pour indiquer, par exemple, le morceau de cire dont les propriétés deviennent, quand on l'approche du feu, si différentes de ce qu'elles étaient.

L'enfant distingue les cas où l'on fait mouvoir un de ses bras de ceux où il le fait mouvoir lui-même : il dit qu'il n'a pas été la cause du premier mouvement, mais qu'il a produit le second ; il croit qu'il est la *cause* de tous les actes qu'il accomplit volontairement. Il croit de même que ses semblables sont la cause des actes qu'ils accomplissent et il cherche une cause aux phénomènes qui se produisent dans le monde matériel.

Enfin il sait qu'en plaçant convenablement les pièces de bois d'un jeu d'architecture, il construit une petite maison, qu'en mettant les unes à côté des autres les lettres *a, r, b, r, e*, il forme le mot *arbre* ; que s'il lit bien, écrit bien, se conduit bien, il fera plaisir à sa mère. Il apprend ainsi à considérer certains actes comme des *moyens* propres à en produire un autre, qui en est le but ou la *fin*.

La conscience réfléchie nous donne l'idée du moi, les idées d'unité, d'identité et de durée, de substance, de cause et de fin.

La raison. — On dit d'un homme qu'il agit d'une façon déraisonnable quand il ne consulte pour agir, ni ses intérêts, ni ceux de sa famille, ni ses devoirs envers lui-même ou envers ses semblables : ainsi fait le prodigue, gaspillant follement la fortune qui lui permettrait de vivre indépendant et de venir en aide aux malheureux. On fait appel à la raison de l'enfant quand on lui demande comment l'oiseau peut se soutenir dans les airs, pourquoi le coryza rend la respiration difficile ; quand on veut lui faire comprendre ce qu'est une intelligence ou une volonté parfaites.

La raison pratique nous guide dans la conduite de notre vie (Voyez Morale); *la raison spéculative ou théorique nous donne les principes directeurs de la connaissance ou les premiers principes; elle nous donne encore les notions premières.*

Principes directeurs de la connaissance ou premiers principes. — La conscience nous fait affirmer, sans que nous puissions concevoir le contraire, que ce qui est blanc est blanc, que nous ne pouvons pas à la fois exister et ne pas exister, qu'il n'y a pas d'intermédiaire entre l'existence et la non existence. La raison affirme, en généralisant ces données, que *ce qui est, est, que ce qui n'est pas, n'est pas, qu'il n'y a pas de milieu entre être ou ne pas être.* Dans ces propositions, l'attribut ne fait que répéter ou analyser le sujet et ne nous apprend rien de plus que ce qui était contenu dans le sujet.

De même, par la conscience nous savons ce que c'est qu'une cause, une substance, une fin. La raison universalise ces données et nous amène à chercher la cause, la substance, la fin, en un mot la raison suffisante de tous les phénomènes : les chiffons sont la substance dont le papier est fait; l'ouvrier est la cause qui l'a produit et il a pour but de servir à écrire, à imprimer, etc. Dans ces propositions, l'attribut ajoute quelque chose à l'idée exprimée par le sujet; à un fait il ajoute une raison, qui en est la cause, la substance ou la fin.

Le principe d'identité s'énonce : tout ce qui est, est. *Il a deux autres formes : le principe de contradiction ou plutôt de non-contradiction,* ce qui n'est pas, n'est pas, *et le principe du tiers ou du milieu exclu;* une chose est ou n'est pas, il n'y a pas de milieu.

Le principe de raison suffisante s'énonce : tout fait a une raison suffisante. — *Il se subdivise en principes de causalité,* tout ce qui commence a une cause; *de substance,* tout phénomène suppose un être ou une substance; *de finalité,* tout ce qui se fait a un but ou une fin.

Le principe d'identité est analytique; le principe de raison suffisante est synthétique.

Rôle des deux groupes de principe. — Examinons comment on procède dans les recherches mathématiques : pour démontrer, par exemple, que la perpendiculaire est plus courte que toute oblique, on établit qu'elle est la moitié d'un côté d'un triangle dont l'oblique forme un des deux autres côtés égaux. (Voyez, *Logique* ch. x.) On montre que la proposition énoncée est *identique* à cette proposition évidente : la ligne droite est le plus court chemin d'un point à un autre. De même pour résoudre une équation, on cherche à faire passer d'un même côté toutes les quantités connues, pour ne laisser de l'autre que la quantité inconnue, à montrer que cette dernière est *identique* aux quantités connues.

Les sciences physiques et naturelles procèdent autrement. On cherche la cause de la rosée, de la pluie, du son; on se demande quelles sont les substances qui constituent l'eau, l'air, la poudre à canon, l'alcool, etc. Harvey * a trouvé la circulation du sang en cherchant le but ou la fin des valvules découvertes dans les veines par Fabrice d'Aquapendente *; Claude Bernard *, la fonction glycogénique du foie, en supposant qu'un organe aussi considérable devait avoir un rôle plus important que la sécrétion de la bile. (Voyez *Logique*, Rôle de l'hypothèse, ch. xi.)

Les mathématiques s'appuient sur le principe d'identité, les sciences physiques et naturelles sur le principe de raison suffisante, et surtout sur le principe de causalité.

Théories sur la valeur et l'origine des premiers principes. — Les métaphysiciens se sont de tout temps demandé si les principes directeurs de la connaissance ont une origine autre que l'expérience et s'ils ont par eux-mêmes une valeur propre. Descartes * admettait, outre les idées adventices qui viennent par les sens et les idées factices qui sont le produit du travail de l'esprit sur les idées adventices, des idées *innées* qui nous sont données par la faculté de penser (nous dirions aujourd'hui la raison); il affirmait que les idées innées nous font connaître des objets ou des êtres existant en dehors de nous : tout ce qui est intelligible, disait-il, c'est-à-dire tout ce que notre raison nous révèle, est réel. Locke *, dans son *Essai sur l'entendement humain*, soutint qu'il n'y a pas d'idées innées, affirma que toutes nos idées viennent par la sensation et la réflexion : il n'y a rien dans l'intelligence, dit-il, qui n'ait passé par les sens. Leibnitz * combattit Locke * dans les *Nouveaux Essais sur l'entendement humain* : il n'y a rien, dit-il dans l'intelligence qui n'ait passé par les sens, *si ce n'est l'intelligence elle-même;* l'expérience, limitée dans le temps et dans l'espace, ne peut nous donner ce qui est universel et nécessaire. Condillac * continue Locke * et fait sortir de la sensation toutes les idées et toutes les facultés de l'homme; Hume *, antérieur à Condillac *, ramène l'idée de cause à l'idée de succession constante et nie que la conscience nous fasse connaître un pouvoir producteur. Kant * combat Hume *, il soutient que l'espace et le temps sont des *formes à priori de la sensibilité*, la substance et la cause, des *catégories de l'entendement*, dans lesquelles viennent se ranger les phénomènes, comme la goutte d'eau prend la forme de la pierre sur laquelle elle tombe.

Stuart Mill * a repris la théorie de Locke * et de Hume * : il a expliqué, par l'habitude et l'association, les premiers principes : deux idées qui se présentent ensemble ou successivement à l'esprit, s'unissent de telle sorte que, l'une se présentant, l'autre est attendue par l'esprit ; plus l'association des deux idées a été fréquente, plus l'esprit est disposé à attendre l'une quand l'autre se présente. Les deux idées ne se sont-elles jamais présentées l'une sans l'autre, leur association devient indissoluble : c'est ce qui se produit pour les idées de cause et de phénomène, pour toutes les idées dont les rapports généralisés constituent les premiers principes (ch. xiv). Herbert Spencer * a trouvé insuffisante la théorie de Mill * : les premiers principes ne sauraient être, selon lui, expliqués par l'expérience individuelle : il faut faire appel à l'association des mouvements cérébraux, qui explique l'association des idées, et à l'*hérédité* : l'individu possède, dès sa naissance, un cerveau dans lequel se trouvent déjà formés les courants que l'association des mouvements a creusés chez tous ses ancêtres ; les premiers principes, d'après lui, sont donc innés dans l'individu, mais ils ont été lentement acquis par la race à laquelle il appartient et peut-être par d'autres espèces qui ont donné naissance, par voie de transformation, à l'espèce actuelle, héritière de leurs acquisitions successives (ch. xiv).

Notions premières. — Quand nous disons que la pluie est causée par la saturation de l'air, nous savons que ce dernier phénomène n'amène la chute de la vapeur d'eau qu'en vertu des lois de la pesanteur ; que la pesanteur est elle-même un cas de la gravitation universelle. Quand nous expliquons la succession des êtres vivants, nous remontons de père en fils ou même d'espèce en espèce, sans jamais trouver un être qui existe par lui-même. De même, en parcourant l'échelle des êtres, nous trouvons les végétaux plus parfaits que les minéraux, les animaux plus parfaits que les végétaux, l'homme plus parfait que les animaux; mais au-dessus de l'homme nous concevons des êtres de plus en plus parfaits, et nous plaçons enfin à la limite un être d'une perfection absolue. Les causes secondes nous font penser à une *cause première*, les fins réalisées dans chacun des êtres plus ou moins imparfaits qui peuplent l'univers, à une *fin dernière* qui réalise la suprême perfection, les substances créées et dépendantes, à une *substance incréée* et indépendante ou absolue.

Les notions ou idées premières, auxquelles conduisent les premiers principes, se ramènent à celle d'infini ou de parfait et à celle d'absolu ou d'indépendant. L'être qu'elles servent à désigner s'appelle la cause première, la fin dernière, la substance absolue, l'Infini, le Parfait, l'Absolu, Dieu.

Théories métaphysiques. — Les discussions qui se sont produites sur les premiers principes ont également eu lieu à propos des notions premières. Les métaphysiciens ont soutenu, les uns que ces notions sont dues à l'expérience; que l'idée d'un être parfait est formée par l'addition des perfections relatives que nous apercevons dans les différents êtres; les autres, que cette notion est due à la raison, parce que nous ne pouvons appeler imparfaits les êtres de notre univers et leur reconnaître certaines perfections relatives, que si nous savons auparavant ce qu'il faut entendre par perfection.

Certains métaphysiciens ont nié l'existence d'un être parfait et absolu; d'autres se sont abstenus de se prononcer et ont cru que nous ne pouvions par notre raison, ni affirmer ni nier l'existence d'un être parfait et absolu; d'autres enfin comme Descartes*, Bossuet*, Fénelon*, Leibnitz* affirment que, sans cet être parfait, on ne saurait expliquer l'existence de l'univers et de l'homme. (*Marion**, *Janet**, *Rabier**.)

RÉSUMÉ.

Qu'est-ce que la conscience spontanée? — La conscience spontanée, qui appartient à l'homme et aux animaux, fait connaître les phénomènes au moment même où ils se produisent; mais souvent absente ou très faible, elle nous laisse ignorer, en tout ou en partie, un grand nombre de faits psychologiques.

Qu'est-ce que la conscience réfléchie? — La conscience réfléchie n'existe que sous une forme imparfaite chez l'enfant, le sauvage et l'homme peu cultivé; elle nous permet de revenir sur les faits psychologiques, quelquefois même de nous dédoubler et d'assister à la production des pensées ou des actes.

Quelles idées devons-nous à la conscience réfléchie? — La conscience réfléchie nous donne l'idée du moi, les idées d'unité, d'identité et de durée, de substance, de cause et de fin.

Qu'est-ce que la raison? — La raison pratique nous guide dans la conduite de notre vie; la raison spéculative ou théorique nous donne les principes directeurs de la connaissance ou les premiers principes; elle nous donne encore les notions premières.

Que faut-il entendre par les principes directeurs de la connaissance? — Le principe d'identité s'énonce : tout ce qui est, est; il a deux autres formes, le principe de contradiction ou plutôt de non contradiction, ce qui n'est pas, n'est pas, et le principe du tiers ou du milieu exclu, une chose est ou n'est pas, il n'y a pas de milieu.

Le principe de raison suffisante s'énonce : tout fait a une raison suffisante : il se subdivise en principe de causalité, tout ce qui commence a une cause; de substance, tout phénomène suppose un être ou une substance; de finalité, tout ce qui se fait a un but ou une fin. Le principe d'identité est analytique, le principe de raison suffisante est synthétique.

Quel est le rôle de ces principes? — Les mathématiques s'appuient sur le principe d'identité, les sciences physiques et naturelles, sur le principe de raison suffisante et surtout sur le principe de causalité.

Quelles sont les principales théories sur l'origine et la valeur des principes? — Descartes[*], Leibnitz[*] et Kant[*] ont soutenu

3.

que ces principes nous sont donnés par l'esprit; Locke *, Hume *, Condillac *, Stuart Mill * et Spencer * les expliquent en faisant appel à l'expérience, à l'association, à l'hérédité.

Qu'est-ce que les notions premières? — Les premiers principes nous conduisent aux notions premières : elles se ramènent à celle d'infini ou de parfait et à celle d'absolu ou d'indépendant. L'être qu'elles servent à désigner s'appelle la cause première, la fin dernière, la substance absolue, l'Infini, le Parfait, l'Absolu, Dieu.

Que savez-vous des théories métaphysiques sur les notions premières? — Certains métaphysiciens nient l'existence d'un être absolu et parfait; d'autres s'abstiennent de se prononcer; d'autres enfin, comme Descartes *, Bossuet *, Fénelon *, Leibnitz *, affirment que l'Être parfait explique seul l'existence des êtres imparfaits.

DEVOIRS A TRAITER.

I. L'idée de cause et le principe de causalité.
II. L'idée d'identité et le principe d'identité.
III. La conscience et la raison.
IV. Les premiers principes et les notions premières.

QUESTIONS A ÉTUDIER.

I. La conscience chez l'enfant.
II. Les théories sur la valeur et l'origine des premiers principes et des notions premières.
III. Y a-t-il des phénomènes psychologiques inconscients? (Hartmann *, Wundt *, Ribot *, Colsenet *.)
IV. La raison chez l'enfant, le sauvage, l'homme civilisé.

QUESTIONS POSÉES.

I. La conscience. (Brev. sup. et Sèvres.)
II. La raison. (Bacc. ès lettres.)
III. L'existence de Dieu. (Sèvres.)
IV. L'origine des principes directeurs de la connaissance. (Bacc. ès lettres et Enseig. spécial.)

Conseils pédagogiques. — Faire appel à l'expérience personnelle de l'enfant pour lui faire comprendre ce que signifient les mots abstraits de principes, de notions, de cause, de substance, de fin, d'identité, d'unité, de perfection. — L'habituer à s'examiner pour se connaître, pour voir ce qu'il a acquis chaque jour au point de vue intellectuel ou moral : ce dont il est capable et ce qu'il ne pourrait faire. — L'examen de conscience doit porter non seulement sur la moralité des actions (*Morale*, ch. XVII), mais encore sur les aptitudes intellectuelles et professionnelles.

BIBLIOGRAPHIE.

Taine, *De l'Intelligence.*
Stuart Mill, la *Philosophie de Hamilton.*
Ribot, la *Psychologie anglaise.*
Ribot, la *Psychologie allemande.*
Ribot, l'*Hérédité psychologique.*
Hartmann, *Philosophie de l'Inconscient.*
Colsenet, la *Vie inconsciente de l'esprit.*
Rabier, *Psychologie.*
E. Caro, l'*Idée de Dieu.*
Jules Simon, la *Religion naturelle.*
Marion, *Leçons de psychologie*, leçons 22, 23, 24, 27, 28.
Bain, les *Sens et l'intelligence.*
H. Spencer, *Principes de psychologie et premiers principes.*
Paul Janet, les *Causes finales.*
Wundt, *Éléments de psychologie physiologique.*
Bouillier, la *Conscience en psychologie et en morale.*
Stuart Mill, *Essais sur la religion.*
Bentham et Grote, la *Religion naturelle.*

CHAPITRE V

L'INTELLIGENCE (suite)

SOMMAIRE.

L'attention et l'élaboration des connaissances. — L'abstraction, la comparaison, la généralisation, le jugement, le raisonnement, la déduction, l'induction, l'analogie. — Les facultés de conservation, mémoire et imagination ; l'association et ses lois. — La perception et l'image. — La rêverie, le rêve, le somnambulisme, l'hallucination, la folie. — La réminiscence et le souvenir. — Les diverses espèces de mémoire. — Les qualités de la mémoire. — Les lois de la mémoire. — La mnémotechnie. — L'oubli. — Les maladies de la mémoire. — L'imagination créatrice.

L'attention et l'élaboration des connaissances. — Si nous ouvrons une fenêtre et si nous regardons un instant le paysage qui se déroule devant nos yeux, nous en apercevrons l'ensemble ; mais il nous sera impossible d'en donner une description exacte. Si, au contraire, nous l'examinons longuement en considérant attentivement chacun des objets qu'il renferme, si nous comparons les distances auxquelles ils se trouvent par rapport à nous, les jeux de lumière qu'ils produisent, etc., nous pourrons le décrire avec exactitude et précision. De même, si nous examinons attentivement la définition de la ligne droite et celle d'un triangle, nous nous apercevrons qu'un des côtés du triangle unit en ligne droite deux points, que réunissent les deux autres côtés formant une ligne brisée : nous acquérons ainsi une connaissance claire de la proposition, *un côté d'un triangle est moindre que la somme des deux autres*, implicitement contenue dans les deux définitions indiquées.

L'attention nous permet de tirer de nos connaissances ce qui y était implicitement contenu, sans que nous l'ayons d'abord aperçu : elle nous fait acquérir de nouvelles connaissances par l'élaboration des connaissances déjà acquises et rend possibles l'abstraction, la comparaison, la généralisation, le jugement et le raisonnement.

L'abstraction. — Nous pouvons, en regardant une feuille de papier, en examiner la composition, nous demander si elle a été faite avec des chiffons ou une autre substance, sans nous occuper du but pour lequel elle a été faite ni de la forme qu'on lui a donnée. Nous pouvons chercher quelles sont les qualités de cette feuille de papier, sans nous occuper de la substance avec laquelle elle est faite ; enfin, nous pouvons en examiner le format sans tenir compte de la blancheur, de l'épaisseur, etc. Dans tous ces cas, nous considérons à part ce qui n'existe pas séparément dans la réalité, nous faisons des *abstractions*.

L'abstraction est l'opération, par laquelle nous considérons à part ce qui, dans la réalité, n'existe pas séparément, la substance sans les qualités, les qualités sans la substance, une qualité indépendamment de toutes les autres.

La comparaison. — En faisant usage de l'abstraction, nous avons appris que Pierre a deux bras, deux jambes, une barbe et des cheveux noirs, des yeux bruns, qu'il parle le français, qu'il sait résoudre un problème de géométrie, dessiner l'arbre devant lequel il se trouve, etc. ; nous avons appris de la même manière que Paul a deux bras, deux jambes, la barbe et les cheveux blonds, les yeux bleus, qu'il parle le français, qu'il ne sait ni la géométrie ni le dessin. Nous disons que Pierre et Paul se ressemblent, parce qu'ils ont deux bras, deux jambes, de la barbe, des cheveux et des yeux, parce qu'ils parlent tous deux le français ; qu'ils diffèrent par la couleur de leur barbe, de leurs cheveux et de leurs yeux, parce que l'un sait, tandis que l'autre ne sait pas la géométrie et le dessin. Nous avons fait une *comparaison*.

La comparaison est l'opération par laquelle nous déterminons en quoi se ressemblent et en quoi diffèrent deux ou plusieurs individus, deux ou plusieurs objets.

La généralisation. — Quand nous avons dressé, grâce à l'abstraction, les listes des qualités qui appartiennent à Pierre, à Paul, à Jacques, à Louis, etc. ; quand nous avons comparé ces listes pour savoir quelles qualités se trouvent dans toutes ou ne figurent que sur l'une d'elles, nous pouvons réunir les qualités communes à toutes. Pierre, Paul, Jacques, Louis ont tous des bras, des jambes, des yeux ; ils parlent et sont raisonnables ; ils agissent volontairement ou par habitude, etc. Nous appelons *idée générale* la réunion de toutes ces qualités, *nom commun*, le mot par lequel nous exprimons cette idée : nous disons que le nom *homme* convient à Pierre, à Paul, à Jacques, à Louis, que l'idée générale d'homme contient tout ce que possèdent en commun les individus considérés.

La généralisation est l'opération par laquelle nous réunissons les qualités communes à un certain nombre d'individus pour en former une idée générale, exprimée par un nom commun.

Le jugement. — Quand nous avons acquis les idées générales d'homme et de mortel, nous pouvons les comparer, affirmer que la seconde convient à la première et dire :

L'homme est mortel. Nous avons porté un *jugement*, que nous avons formulé dans une *proposition*.

Le jugement est l'opération par laquelle nous comparons deux idées en affirmant l'une de l'autre; le jugement s'exprime par une proposition.

Le raisonnement, la déduction, l'induction, l'analogie. — On peut comparer les jugements comme on compare les idées; si je rapproche les deux jugements suivants : *Les hommes sont mortels* et *Pierre est homme*, j'en tirerai aisément un troisième, *Pierre est mortel*. J'aurai fait un raisonnement; j'aurai *déduit* des deux premières propositions déjà évidentes, la troisième qui ne paraissait pas évidente *a priori*.

De même; si j'ai fait bouillir à différents endroits et à différents moments de l'eau distillée, prise à des sources différentes, si j'ai constaté chaque fois que l'eau entrait en ébullition quand le thermomètre marquait 100°; je compare tous ces jugements et je généralise le rapport observé, c'est-à-dire que j'affirme pour *tous* les temps et pour *tous* les lieux ce que j'ai observé à *quelques* moments et dans *quelques* lieux : je dis que partout et toujours, l'eau distillée entrera en ébullition à 100°, sous la pression de 76^{cm}. J'ai fait une *induction*, établi une *loi* (ch. xi).

Enfin, je puis comparer les jugements suivants : *le cheval a le pied terminé par un sabot; l'oiseau a les membres antérieurs conformés en ailes; le poisson les a en forme de nageoires*. Si je ne tiens compte que des ressemblances, en laissant de côté les différences si considérables à première vue, je pourrai reconnaître dans le sabot du cheval, l'aile de l'oiseau, la nageoire du poisson un même élément anatomique, le 4e tronçon des membres antérieurs. J'aurai raisonné par *analogie* (ch. xi).

Le raisonnement est l'opération par laquelle on compare deux ou plusieurs jugements.

Le raisonnement déductif est celui par lequel on rattache

à deux propositions évidentes, appelées prémisses, une troisième proposition ou conclusion à laquelle on donne ainsi l'évidence qui lui manquait; ou encore le syllogisme, la forme la plus parfaite de la déduction, est un ensemble de propositions telles que les deux premières étant données, la troisième s'en suit nécessairement. (Logique, ch. xv.)

Le raisonnement inductif est celui par lequel on généralise le rapport observé entre deux phénomènes, pour en faire une loi. (Logique, ch. xi [1].)

Le raisonnement par analogie est celui par lequel on généralise le rapport observé entre deux phénomènes en ne tenant compte que de leurs ressemblances. (Logique, ch. xi.)

Les facultés de conservation, la mémoire et l'imagination. — Après avoir regardé attentivement un objet brillant, nous continuons à le voir pendant quelques instants, si nous portons nos regards sur d'autres objets ou même si nous fermons les yeux : le centre cérébral et le nerf continuent à vibrer comme si l'impression se produisait encore sur la rétine. Il y a plus : en l'absence d'un objet, le centre cérébral peut, de lui-même, entrer en vibration et reproduire la sensation que nous avons éprouvée en présence de l'objet, nous en donner l'*image*.

En outre, comme ce mouvement a été associé à d'autres mouvements, comme la sensation qui l'a suivi s'est elle-même associée à d'autres sensations, le réveil de l'une amène le réveil de l'autre : nous avons alors, non plus une image isolée, mais une série d'images qui nous représentent un ou plusieurs objets, comme les associations de perceptions nous ont fait connaître un ou plusieurs objets.

1. On lira, dans presque tous les ouvrages de philosophie que la déduction va du général au particulier et l'induction du particulier au général. Or : 1° l'induction ne part pas des faits particuliers, mais d'un rapport observé entre deux faits ; 2° dans la démonstration analytique, une des formes de la déduction, on va d'une proposition à une autre proposition beaucoup plus générale que la première. (*Logique*, ch. x.) Nous n'acceptons donc pas cette distinction, qui nous paraît peu claire et inexacte.

Enfin nous pouvons faire un choix entre ces images renaissantes et combiner celles que nous choisissons, de manière à former des assemblages différents de ceux que nous donne la réalité. Ainsi, Perrette achète des œufs, les fait couver, vend les poussins, achète un cochon, le revend, puis met dans son étable une vache et son veau, sans songer qu'avec le prix d'un cochon elle ne saurait acheter une vache et un veau, que les poussins peuvent être mangés par le renard, que les œufs peuvent ne pas donner de poulets et qu'en sautant de joie, elle peut jeter son lait par terre et faire disparaître la couvée, le cochon, la vache et son veau !

Ce que nous pouvons faire avec les perceptions, nous pouvons le faire avec toutes nos connaissances : nous avons la faculté de conserver, de reproduire, de combiner d'une façon nouvelle nos idées, nos jugements, nos raisonnements.

On donne d'une manière générale, le nom de mémoire à la faculté qui nous permet de conserver, de reproduire et de combiner les connaissances acquises ou élaborées.

On donne le nom de mémoire imaginative ou d'imagination reproductrice à cette partie de la mémoire qui conserve et reproduit les perceptions, qui nous donne les images; celui d'imagination créatrice à la faculté de combiner ces images d'une manière originale.

On réserve d'ordinaire le nom de mémoire, au sens étroit du mot, pour désigner la faculté de conserver, de reproduire, de reconnaître et de localiser les connaissances dues aux facultés d'élaboration (idées abstraites et générales, jugements, raisonnements, etc.).

L'association et ses lois. — Nous avons vu que nos perceptions s'associent de manière à former des composés qui représentent un objet ou un groupe d'objets; que les données de la conscience s'associent de manière à former la représentation de notre vie intellectuelle et morale; que l'idée de cause est liée à celle d'un phénomène qui commence, celle de substance à celle de qualité, celle de fin à celle de moyen, etc.

Nous verrons que les idées s'associent aux émotions pour changer nos inclinations en affections (ch. vi). Nous verrons de même que les signes, gestes, jeux de physionomie, cris, mots, s'associent avec nos pensées, nos sentiments et nos volitions (ch. viii); que nos mouvements s'associent entre eux ou avec nos idées et nos désirs, pour donner naissance aux habitudes (ch. vii), etc. L'association joue donc un rôle très important dans l'existence des animaux et des hommes (ch. xv).

Suivant quelles lois s'associent en nous les idées? ou d'une manière générale, les faits psychologiques? L'enfant qui n'a jamais vu que le chien de la maison prend pour des chiens tous les animaux *semblables* à celui qu'il connaît; la vue d'un tigre ou d'un léopard le fait penser au chat, avec lequel ils ont une certaine *ressemblance;* quelquefois même, en percevant un objet, il pense à un autre objet qui offre pour lui quelque ressemblance avec le premier, tandis que l'homme fait n'aperçoit entre eux que contraste.

Les associations, ne reposent pas uniquement sur la ressemblance. L'enfant associe l'idée du chocolat qu'on lui a donné à celle du buffet où on l'a pris; il associe l'idée de la fumée avec l'idée du feu, parce qu'il a vu le feu après la fumée; il unit l'idée qu'il s'est faite d'un médecin avec la douleur qu'il a éprouvée, quand celui-ci lui a enlevé une dent. Nous pensons à Notre-Dame, quand on parle de la statue de Charlemagne. La *succession,* la *simultanéité* de deux faits psychologiques tendent à produire une association entre eux.

L'association prend une force plus grande, quand on a fait *attention* aux phénomènes qu'elle unit : il suffit quelquefois de lire une seule fois une longue phrase, pour que les mots s'associent de manière à ce que nous puissions les redire tous. L'enfant arrive au même résultat en *répétant* plusieurs fois à haute voix la leçon qu'il veut apprendre. Enfin les traits d'une personne qui nous a fait peur, les lignes d'un paysage qui nous a charmés, s'associent de manière à former un ensemble fidèle, net et persistant : l'*intensité* de l'impression, en provoquant une *émotion* vive, a produit les mêmes effets que l'attention et la répétition.

L'association joue un rôle très important dans la vie intellectuelle et morale.

Deux idées ou deux faits psychologiques s'associent : 1° quand ils se ressemblent ; 2° quand ils se succèdent ou se produisent simultanément.

L'attention, la répétition, l'intensité de l'impression ou la vivacité de l'émotion donnent une force plus grande aux associations ainsi formées.

La perception et l'image. — Il arrive, que pendant un certain temps, l'enfant ne distingue pas la perception actuelle de la perception reproduite, ou de l'image : il croit voir, par exemple, le chevreuil qu'il a déjà vu et qu'on lui dit être à une certaine distance. C'est qu'en effet il n'y a aucune distinction intrinsèque entre la perception et l'image : elles supposent l'une et l'autre la vibration des cellules cérébrales et des nerfs qui y aboutissent, avec cette seule différence, inappréciable pour nous directement, que dans la première, le mouvement commence par la périphérie et que dans la seconde, il commence par le centre. Peu à peu l'enfant, examinant les divers éléments qui constituent sa perception, énumérant les différents objets, arbres, fougères, ronces, qu'il aperçoit à l'endroit même où on lui indiquait un chevreuil, ne trouve plus de place pour le situer, puisque chaque point est occupé par un objet déterminé : au moment même où il réfléchit ainsi, un chevreuil apparaît et se place à côté d'un gros chêne, l'enfant sait qu'il le voit, tandis que tout à l'heure il ne faisait que l'imaginer.

Mais si l'enfant est effrayé, il lui arrivera plus d'une fois encore de confondre pendant la nuit les images visuelles ou auditives avec les perceptions réelles que lui donnent les objets, d'apercevoir des géants de formes effrayantes et grimaçantes, d'entendre des cris terrifiants, des bruits insolites, là où il n'y a que des arbres agités par le vent.

L'image, comme la perception, suppose la vibration des nerfs et des cellules cérébrales : nous apprenons à distinguer l'une de l'autre, en examinant si elle rentre ou non dans la série des perceptions actuelles dont nous pouvons, en nous approchant, vérifier la réalité.

La rêverie, le rêve, le somnambulisme, l'hallucination, la folie. — Non seulement une image isolée peut se réveiller en nous, mais encore les séries d'images, associées de mille manières différentes, peuvent se dérouler devant nous et nous laisser pendant un certain temps insensibles à l'action des objets extérieurs : tel est le cas de Perrette dans la fable de la Fontaine, de tous ceux qui font des châteaux en Espagne, qui se laissent aller à la *rêverie*. Une perception vive, — la chute du lait pour Perrette — ou l'intervention de la volonté, — chez l'écolier qui oublie d'étudier sa leçon pour songer au plaisir qu'il a eu pendant la récréation précédente — mettent fin à la rêverie et au rappel des images associées.

Pendant le sommeil, les images, en se réveillant, donnent naissance au *rêve*. La digestion se fait mal, l'estomac appuie sur les poumons et gêne la respiration : les images d'hommes assis sur notre poitrine, nous serrant la gorge ou nous étranglant, sont éveillées dans le cerveau par les impressions qui y sont transmises de l'intérieur du corps. Une puce nous mord : nous croyons, comme Descartes[*], qu'on nous donne un grand coup d'épée. Enfin le cerveau, surexcité par un long travail, peut continuer à vibrer quand nous nous endormons et amener ainsi l'apparition de séries d'images qui tantôt s'éveillent assez régulièrement, tantôt au contraire se présentent confusément et en désordre.

L'homme endormi croit à la présence des objets dont l'image se reproduit en lui ; il a quelquefois même assez de peine à se persuader au réveil qu'il ne les a pas perçus réellement ; l'enfant confond d'abord les perceptions du rêve avec celles de la veille et n'apprend que par l'expérience à les distinguer.

Les perceptions sont liées à des mouvements : il arrive que la vibration des cellules sensitives amène celle des cellules motrices aux mouvements desquelles elle a été souvent associée : l'homme endormi ne se borne plus à rêver qu'il marche ou qu'il s'habille pour sortir : il se lève, s'habille, marche dans sa chambre, sort par la fenêtre ou par la porte et se met quelquefois dans les situations les plus périlleuses. Il réalise son rêve, il est *somnambule*.

Dans la rêverie, nous savons qu'aucun des objets dont les images nous apparaissent n'est réellement devant nous : il n'en est pas de même dans l'*hallucination*. Nous entendons une voix, nous apercevons une figure que nous connaissons, et nous croyons qu'il y a en notre présence une personne qui nous parle. Quelquefois nous sommes capables de nous assurer par les autres sens, qu'il n'en est rien ; mais le plus souvent, l'image s'empare de nous avec une telle puissance que nous devenons incapables de percevoir les impressions extérieures qui pourraient nous détromper. L'hallucination nous conduit à la *folie*.

Dans la rêverie, nous laissons les images se réveiller en nous et nous ne donnons notre attention qu'aux séries qui nous plaisent ; une impression vive ou un acte de volonté peuvent la faire cesser. Dans le rêve, le réveil des images est provoqué par une impression interne ou externe, par l'activité du cerveau qui ne s'arrête pas au moment du coucher.

Le somnambule réalise son rêve, l'halluciné rêve tout éveillé ; il devient fou si l'intervention de la volonté ou les perceptions extérieures ne parviennent plus à le réveiller et à lui faire distinguer les images des perceptions.

Réminiscence et souvenir. — Nous trouvons, dans la rédaction que vient de faire un enfant, une phrase de trois lignes, qui est textuellement dans l'*Histoire de France* de Guizot *. Nous savons que l'enfant ne s'est aidé d'aucun livre dans son travail, nous l'interrogeons : il croit avoir fait lui-même la phrase qu'il a reproduite ; nous insistons et nous nous enquérons de ses lectures antérieures ; il se rappelle avoir lu autrefois une Histoire de France où il y avait de belles gravures, il reconnaît une de celles que nous lui montrons dans le livre de Guizot. Il n'y a plus de doute : la phrase reproduite est une *réminiscence* d'une lecture faite autrefois.

Au contraire, si nous demandons à un enfant de nous réciter la fable du *Loup et de l'Agneau*, il la dit d'un bout à l'autre et se rappelle fort bien qu'elle a été faite par la Fontaine, qu'il l'a apprise il y a deux mois dans un livre où étaient des gravures qu'il revoit encore : il se *souvient*.

Dans la réminiscence, nous reproduisons une connaissance acquise sans savoir parfois que nous l'avons acquise, ou sans pouvoir indiquer ni où ni quand nous l'avons acquise; dans le souvenir, nous savons que nous reproduisons une connaissance acquise en tel endroit, à un moment donné et dans des circonstances déterminées. La mémoire implique, en plus que la réminiscence, la reconnaissance et la localisation dans le passé.

Les diverses espèces de mémoire. — Demandez à un certain nombre de personnes qui ont vu plusieurs fois une même portion de pays ce qu'ils en ont retenu : un peintre vous décrira les effets de lumière qui s'y produisent le matin et le soir, en été et en hiver, au printemps et en automne; le botaniste vous nommera toutes les espèces végétales qui s'y rencontrent, il vous dira avec admiration qu'il y a rencontré une plante qu'il avait cherchée fort longtemps; le cultivateur vous parlera des récoltes qu'elle produit et des cultures auxquelles elle est propre; le poète et le romancier, des personnages qu'on peut placer dans tel ou tel endroit; l'historien vous dira les batailles qui s'y sont livrées; le géographe, les accidents du sol, les collines, les rivières, les villes qui y existaient autrefois et celles qu'on y rencontre aujourd'hui, etc. Chacun des individus interrogés vous fera une réponse différente, parce qu'il aura conservé des souvenirs différents, et la nature de ses souvenirs sera en rapport avec les facultés qu'il a pris l'habitude d'exercer.

Nous nous souvenons de ce que nous avons vu, touché, entendu, des émotions que nous avons éprouvées, des actes que nous avons accomplis, des idées, des jugements, des raisonnements que nous avons formés : la mémoire est une conscience continuée. Les facultés que nous exerçons le plus souvent ou que nos ancêtres ont exercées assidûment sont celles qui nous donnent les souvenirs les plus exacts et les plus précis, celles qui déterminent par leur prédominance, notre espèce particulière de mémoire.

Les qualités de la mémoire. — Quand on sait une pièce de vers après l'avoir lue deux ou trois fois, quand on peut décrire les objets vus dans une campagne qu'on n'a fait que traverser, on a la mémoire *facile*. Quand on peut répondre sur-le-champ à une question portant sur une partie de l'histoire ou de la physique qu'on a autrefois étudiée, se rappeler immédiatement le nom d'une personne qu'on a connue ou les vers qu'on a appris, on a la mémoire *prompte*. Enfin quand on conserve longtemps ce qu'on a appris, qu'on peut reproduire fidèlement dans son âge mûr ce qu'on a lu ou entendu dans sa jeunesse, on a la mémoire *tenace*.

Une bonne mémoire est une mémoire facile, prompte, tenace : celui qui la possède reproduit vite et conserve longtemps ce qu'il a appris.

Lois ou conditions de la mémoire. — Examinez un homme qui commence à s'adonner à la boisson : il ne souvient plus le matin de ce qu'il a dit ou fait la veille ; examinez-le quand il a pris l'habitude de boire, vous verrez qu'il ne peut plus se rappeler le nom de ses anciens amis. Suivez de près les progrès de l'ivrognerie et vous constaterez que la mémoire décroît dans la proportion même où le vice augmente. Les maladies qui atteignent le système nerveux, la fièvre typhoïde par exemple, ont souvent pour conséquence la perte momentanée ou définitive de la mémoire. Le bon état du cerveau est la condition nécessaire d'une bonne mémoire.

Mais pour que nous puissions acquérir rapidement, reproduire promptement et garder longtemps ce que nous voulons savoir, il faut que les idées s'associent rapidement ; que nous puissions parcourir en peu de temps les séries diverses dont elles forment un des anneaux; que les associations formées deviennent indissolubles. Tout ce qui favorise la formation des associations, tout ce qui contribue à leur donner une force plus grande, contribuera donc aux progrès de la mémoire. (Voyez l'*Association et ses lois*.)

Le bon état du système nerveux, l'intensité de l'impression, ayant pour conséquence la vivacité de l'émotion, la répétition et l'attention sont les conditions diverses qui président au développement de la mémoire.

La mnémotechnie. — On peut, pour se rappeler à quelle époque sont nés la Fontaine, Molière et Pascal, remarquer que les années de leur naissance (1621, 1622, 1623) se suivent comme les lettres (L. M. P), qui commencent leurs noms. On emploie alors un procédé *mnémotechnique*.

Les procédés mnémotechniques n'ont de valeur qu'autant qu'ils se bornent à faciliter le souvenir, sans faire entrer dans l'esprit des idées fausses ou puériles; les meilleurs sont ceux qui reposent sur l'ordre et la méthode.

L'oubli. — Nous avons su autrefois en quelle année Annibal gagna la bataille de Cannes, dans quelles villes passe le Danube, à quelle hauteur les sapins ne peuvent plus croître; nous nous interrogeons et nous nous apercevons que nous avons *oublié*.

La capacité de notre esprit est limitée : nous ne pouvons nous souvenir de tout ce que nous avons appris; il faut donc bien examiner la valeur de nos diverses connaissances pour savoir quelles sont celles qu'il nous importe le plus de conserver, et pour mettre toute notre attention à ne pas les laisser échapper.

L'oubli se produit quand les associations d'idées se dissolvent : il faut revenir sans cesse sur les connaissances que l'on veut conserver.

Les maladies de la mémoire. — Il faut distinguer de l'oubli les maladies de la mémoire. Certains individus perdent la mémoire des nombres; d'autres, celle des noms et des figures; d'autres, celle des mots parlés ou des mots écrits (aphasie *, agraphie *). Dans d'autres cas, au contraire, on constate que la maladie exalte la mémoire, qu'elle ramène des souvenirs perdus, qu'elle rappelle une langue oubliée, etc.

Les maladies de la mémoire sont la conséquence de maladies du système nerveux; les souvenirs se perdent dans l'ordre inverse de l'ordre d'acquisition; les signes (ch. VIII), *par exemple, se perdent dans l'ordre suivant : noms propres, noms communs, verbes et adjectifs, interjections et langage des émotions, gestes.*

Imagination créatrice. — Au lieu de se rappeler les jeux de lumière qui se produisent sur un arbre au coucher du soleil, le peintre essaie de combiner des couleurs de manière à former un tableau original et capable de nous charmer. Au lieu de reproduire les sons qui constituent une mélodie connue, le musicien les combine pour produire une mélodie nouvelle. De même le sculpteur, l'architecte, le poète travaillent à produire, par la combinaison de perceptions acquises autrefois et conservées, des statues, des édifices, des poésies qui expriment la beauté sous des formes nouvelles. C'est grâce à l'*imagination créatrice* qu'ils produisent des œuvres d'art.

L'imagination créatrice est le pouvoir de combiner d'une manière nouvelle les perceptions conservées et reproduites par l'imagination reproductrice : elle prend le nom de génie quand elle donne naissance à des œuvres originales et belles (les Vierges de Raphaël, le Stabat de Pergolèse, le Cid de Corneille, Notre-Dame de Paris, la Vénus de Milo); *elle s'appelle le goût quand elle retrouve et apprécie, dans les œuvres d'art, la beauté qu'y ont réalisée les hommes de génie.*

RÉSUMÉ.

Quel est le rôle de l'attention? — L'attention nous permet de tirer de nos connaissances ce qui y était implicitement contenu, sans que nous l'ayons d'abord aperçu; elle nous fait acquérir de nouvelles connaissances par l'élaboration des connaissances déjà acquises et rend possibles l'abstraction, la comparaison, la généralisation, le jugement et le raisonnement.

Qu'est-ce que l'abstraction? — L'abstraction est l'opération par laquelle nous considérons à part ce qui, dans la réalité, n'existe pas séparément, la substance sans les qualités, les qualités sans la substance, une qualité indépendamment de toutes les autres.

Qu'est-ce que la comparaison? — La comparaison est l'opération par laquelle nous déterminons en quoi se ressemblent et en quoi diffèrent deux ou plusieurs individus, deux ou plusieurs objets.

Qu'est-ce que la généralisation? — La généralisation est l'opération par laquelle nous réunissons les qualités communes à un certain nombre d'individus pour en former une idée générale exprimée par un nom commun.

Qu'est-ce que le jugement? — Le jugement est l'opération par laquelle nous comparons deux idées en affirmant l'une de l'autre; le jugement s'exprime par une proposition.

Qu'est-ce que le raisonnement? — Le raisonnement est l'opération par laquelle on compare deux ou plusieurs jugements: il comprend la déduction, l'induction, l'analogie.

Qu'est-ce que la déduction? — Le raisonnement déductif est celui par lequel on rattache à deux propositions évidentes appelées prémisses une troisième proposition ou conclusion à laquelle on donne ainsi l'évidence qui lui manquait; ou encore le syllogisme, la forme la plus parfaite de la déduction, est un ensemble de propositions telles que les deux premières, étant données, la troisième s'en suit nécessairement.

Qu'est ce que l'induction? — L'induction est le raisonnement par lequel on généralise le rapport observé entre deux phénomènes pour en faire une loi.

Qu'est-ce que l'analogie? — Le raisonnement par analogie est celui par lequel on généralise le rapport observé entre deux phénomènes, en ne tenant compte que de leurs ressemblances.

Qu'est-ce que la mémoire? — Au sens large du mot, la mémoire est la faculté de conserver, de reproduire et de combiner les connaissances acquises ou élaborées; au sens strict, c'est la faculté de conserver, de reproduire, de reconnaître et de localiser les connaissances dues aux facultés d'élaboration.

Qu'est-ce que l'imagination? — L'imagination reproductrice ou mémoire imaginative est la partie de la mémoire qui conserve et reproduit les perceptions, qui nous donne les images; l'imagination créatrice est la faculté de combiner ces images d'une manière originale.

Que savez-vous de l'association et de ses lois? — L'association joue un rôle très important dans la vie intellectuelle et morale; deux faits psychologiques s'associent : 1° quand ils se ressemblent; 2° quand ils se succèdent ou se produisent simultanément; ils s'associent plus fortement par suite de l'attention, de la répétition, de l'intensité de l'impression ou de la vivacité de l'émotion.

Que savez-vous des rapports de la perception et de l'image? — L'image suppose, comme la perception, la vibration des nerfs et des cellules cérébrales : nous apprenons à distinguer l'une de l'autre en examinant si elle rentre ou non dans la série des perceptions actuelles dont nous pouvons, en nous approchant, vérifier la réalité.

Que savez-vous de la rêverie, du rêve, du somnambulisme, de l'hallucination, de la folie? — Dans la rêverie, nous laissons les images se réveiller en nous et nous ne donnons notre attention qu'aux séries qui nous plaisent : une impression vive ou un acte de volonté peuvent la faire cesser; dans le rêve le réveil des images est provoqué par une impression interne ou externe, par l'activité du cerveau qui continue pendant le sommeil. Le somnambule réalise son rêve; l'halluciné rêve tout éveillé, il devient fou s'il ne distingue plus les images des perceptions.

Quelle différence y a-t-il entre la réminiscence et le souvenir? — Dans la réminiscence, nous reproduisons une connaissance acquise sans savoir que nous l'avons acquise ou sans pouvoir indiquer ni où ni quand nous l'avons acquise. Le souvenir implique la reconnaissance et la localisation dans le passé.

Que savez-vous des diverses espèces de mémoire? — La mémoire est une conscience continuée; notre espèce de mémoire est déterminée par les facultés que nous exerçons le plus souvent ou par celles que nos ancêtres ont assidûment exercées.

Qu'est-ce qu'une bonne mémoire? — Une bonne mémoire est une mémoire facile, prompte, tenace.

Quelles sont les conditions de la mémoire? — Le développement et le fonctionnement de la mémoire dépendent du bon état du système nerveux, de l'intensité de l'impression, de la répétition et de l'attention.

Que faut-il penser des procédés mnémotechniques? — Les procédés mnémotechniques n'ont de valeur qu'autant qu'ils se bornent à faciliter le souvenir sans faire entrer dans l'esprit des idées fausses ou puériles; les meilleurs sont ceux qui reposent sur l'ordre et la méthode.

Que savez-vous de l'oubli? — L'oubli se produit quand les associations d'idées se dissolvent : il faut revenir sans cesse sur les connaissances que l'on veut conserver.

Que savez-vous des maladies de la mémoire? — Les maladies de la mémoire sont la conséquence des maladies du système nerveux; les souvenirs se perdent dans l'ordre inverse de l'ordre d'acquisition, les signes, par exemple, se perdent dans l'ordre suivant : noms propres, noms communs, verbes et adjectifs, interjections et langage des émotions, gestes.

Qu'est-ce que l'imagination créatrice? — L'imagination créatrice est le pouvoir de combiner, d'une manière nouvelle, les perceptions conservées et reproduites par l'imagination reproductrice. Le génie crée des œuvres originales et belles; le goût retrouve et apprécie la beauté dans les œuvres d'art créées par le génie.

DEVOIRS A TRAITER.

I. L'élaboration des connaissances.

II. La réminiscence, le souvenir, l'oubli.

III. Le rôle de l'attention dans l'acquisition, l'élaboration et la conservation des connaissances.

IV. L'association et ses lois : son rôle dans la rêverie, le rêve, le somnambulisme, l'hallucination.

V. Les rapports de l'imagination reproductrice et de l'imagination créatrice.

VI. Montrer pourquoi le *Cid*, Notre-Dame de Paris ou de Reims, le *Stabat* de Pergolèse, la *Vénus de Milo*, sont des œuvres d'art, pourquoi Corneille, Molière, Raphaël, Michel-Ange sont des hommes de génie.

VII. Qu'est-ce qu'un homme de goût?

VIII. De l'abstraction et des sciences abstraites. (*Log.* ch. x.)

QUESTIONS A ÉTUDIER.

I. Le rapport des facultés d'acquisition et des facultés d'élaboration.

II. Les maladies de la mémoire.

III. Le rôle de la mémoire dans l'éducation.

IV. Le génie et le goût.

V. La perception et l'hallucination. (Taine *, Ribot *.)

VI. Le rôle de l'imagination dans la science et dans la vie.

VII. La mémoire et l'organisme.

VIII. L'attention spontanée et l'attention volontaire. (Ribot *.)

QUESTIONS POSÉES.

I. Comment a-t-on pu opposer la raison au raisonnement ainsi que l'a fait Molière en ce vers? *Et le raisonnement en bannit la raison.* (*Femmes savantes* II, 7. Bacc. ès lettres.)

II. Dans quelle mesure doit-on se servir des exercices de mémoire dans les salles d'asile? (Écoles maternelles.)

III. Le raisonnement. (Brev. sup.)

IV. La France élève des statues à ses grands hommes, quelles réflexions, quels sentiments vous inspirent cet hommage rendu à leur mémoire? quels enseignements peut y puiser la jeunesse? (Saint-Cloud.)

V. Définir l'imagination, chercher si nous avons à la créer chez l'enfant ou à la détruire, ou seulement à la diriger et de quelle manière. (Cert. d'apt. au prof. des Écoles Normales.)

VI. De l'intelligence, conscience, perception extérieure, raison, attention, association des idées, mémoire, imagination. (Sèvres.)

Conseils pédagogiques. — Chercher à rendre les enfants capables d'attention. — Leur faire aimer le travail de manière à leur rendre plus facile l'acquisition des connaissances. (*Ribot*.) — Les exercer à abstraire, à comparer, à généraliser, à raisonner (*Logique*, ch. x et xi); leur faire bien comprendre le sens de ces mots par des exemples nombreux, empruntés à la vie pratique et aux parties du programme qu'ils ont déjà étudiées. — Examiner les enfants pour savoir quelle est, en chacun d'eux, l'espèce de mémoire prédominante, ses qualités, ses limites; chercher à leur faire acquérir ce qui leur manque. — Se bien pénétrer du rôle et de l'importance de la mémoire; travailler à former chez l'enfant des associations méthodiques, ne jamais l'obliger à retenir des mots sans lui avoir fait connaître et comprendre les choses qu'ils désignent, ne confier à sa mémoire que ce qui peut contribuer à son développement intellectuel ou moral. — Ecarter les associations dangereuses et nuisibles (ch. vi et *Morale*, ch. xvii). Revenir souvent sur les idées qu'on veut associer dans son esprit. — Les présenter, si c'est possible, sous une forme propre à impressionner les enfants. — Cultiver leur imagination et la diriger de manière à la faire contribuer aux progrès de l'intelligence et de la moralité. — Éveiller en eux le goût, en leur montrant de beaux dessins, de beaux tableaux, de beaux édifices, de belles statues; en leur faisant lire de beaux vers et chanter de beaux airs (ch. vi).

BIBLIOGRAPHIE.

Taine, *De l'Intelligence.*
Ribot, la *Psychologie anglaise.*
Ribot, la *Psychologie allemande.*
Ribot, les *Maladies de la mémoire.*
Ribot, l'*Attention.* (Rev. phil. 1887.)
Stuart Mill, *Système de logique déductive et inductive.*
Louis Ferri, la *Psychologie de l'association.*
Taine, la *Philosophie de l'art.*
Buisson, *Dict. péd. art. Abstraction.*
Ch. Lévêque, la *Science du beau.*
Maury, le *Sommeil et les rêves.*

Marion, *Leçons de psychologie*, leçons 27, 29, 30, 31, 32, 33, 34, 35, 36, 37, 38, 39, 40, 41.
Malebranche, la *Recherche de la vérité.*
Paul Janet, *Traité élémentaire de philosophie.*
H. Spencer, *Principes de psychologie.*
Bain, les *Sens et l'Intelligence.*
Wundt, *Éléments de psychologie physiologique.*
V. Cousin, le *Vrai, le Beau, le Bien.*

CHAPITRE VI

LA SENSIBILITÉ

SOMMAIRE.

Classification des faits affectifs ou sensitifs. — Les inclinations : inclinations personnelles, inclinations sympathiques et sociales, inclinations supérieures. — Les émotions : causes du plaisir et de la douleur, rapports du plaisir et de la douleur. — Les affections et leurs formes différentes. — Les passions.

Classification des faits affectifs ou sensitifs.
— Examinez l'enfant qui vient de naître, vous verrez qu'après un sommeil plus ou moins prolongé il a besoin de nourriture : sa mère lui donne le sein ; repu et content, il s'endormira de nouveau. Essayez de lui présenter une autre nourriture, il la refusera, parce qu'il aime celle qui lui a déjà procuré du plaisir. Examinez l'homme mûr : vous constaterez qu'à certains moments il a soif ; donnez-lui du vin, il éprouvera du plaisir à le boire ; il aimera la boisson qui lui a donné du plaisir ; quelquefois même il en boira lorsqu'il n'aura pas soif ou qu'il aura déjà bu pour étancher sa soif ; il cherchera uniquement le plaisir. Le besoin de boire, c'est l'*inclination*, le plaisir qu'on éprouve en buvant du vin, c'est l'*émotion* ; la disposition à chercher pour satisfaire sa soif, l'objet qui a causé du plaisir, c'est l'*affection* qui, exagérée et pervertie, devient la *passion*.

Les faits affectifs peuvent se ramener à 4 groupes : les inclinations ou tendances primitives, les émotions, plaisirs ou douleurs, qui se produisent quand les inclinations ont été satisfaites ou contrariées, les affections, qui s'adressent aux objets qui nous ont fait éprouver du plaisir ou de la douleur, les passions, qui sont des affections perverties et exagérées.

Les inclinations. — Si vous considérez un Français de nos jours, ayant reçu une bonne éducation, vous trouverez que, dans ses actes, il cherche tantôt à se procurer ce qui est nécessaire à sa nourriture et à son entretien, ce qui peut servir à développer son indépendance, à augmenter son pouvoir ; que tantôt il témoigne à ses semblables de l'amour, de l'amitié, de la bienveillance, de la sympathie ; que tantôt enfin il cherche à atteindre la vérité par l'étude des sciences, à goûter le beau en cultivant les arts, à accomplir le bien en pratiquant la loi morale, à se rapprocher de la souveraine perfection en adorant Dieu.

On peut donc distinguer en nous : 1° les inclinations personnelles qui ont notre personne pour objet ; 2° les inclinations sociales et sympathiques qui nous portent vers nos semblables ; 3° les inclinations supérieures qui ont pour objet le vrai, le bien, le beau, la perfection suprême.

Inclinations personnelles. — Si l'on considère, chez les êtres vivants, les fonctions organiques, on verra qu'elles cessent de s'accomplir, si l'animal n'exécute pas certains actes : s'il ne se nourrit pas, le sang s'appauvrit, les fonctions cérébrales perdent de leur intensité, ne tardent pas à s'arrêter en mettant fin à la vie elle-même ; s'il ne respire pas un air pur, s'il n'a pas une chaleur suffisante, la circulation s'interrompt ; s'il ne peut se mouvoir, il éprouve, surtout s'il est jeune, un grand malaise. Il est invité à accomplir ces différentes fonctions, nécessaires à la conservation de son corps, par les *appétits*.

Chaque individu s'aime soi-même, il veut être tenu par les autres comme par lui-même pour un homme honorable, il ne veut pas être inférieur à ses semblables, il travaille à les surpasser, quelquefois à leur commander. Il a des inclinations qui le portent à conserver et à développer son être moral comme son être physique.

Enfin nous aimons la vie, non seulement parce que nous pouvons nous mouvoir et satisfaire nos appétits, mais encore parce que nous pouvons développer notre intelligence, cultiver notre sensibilité, et exercer notre volonté; nous aimons la propriété qui nous permet de nous nourrir, de nous instruire, de vivre indépendants et de venir en aide à nos semblables.

Nos inclinations personnelles comprennent donc :
1° Les appétits, la faim, la soif, le besoin de sommeil, de mouvement, etc., qui ont rapport au corps;
2° L'amour-propre ou les inclinations qui nous portent à conserver et à développer nos facultés intellectuelles et morales (curiosité, honneur, émulation, ambition, etc.), et qui ont rapport à l'âme;
3° Les inclinations mixtes qui ont à la fois pour objet l'âme et le corps (amour de la vie, de la propriété, etc.).

Inclinations sympathiques et sociales. — Les animaux sont joyeux de voir leurs semblables : le chien jappe joyeusement en apercevant un chien. Ils s'attachent plus particulièrement à l'un d'entre eux : dans un troupeau, deux ou plusieurs bœufs paissent d'ordinaire à côté l'un de l'autre. Les individus de sexe différent s'unissent pour fonder une famille et élever leurs petits ; c'est ce qu'on observe chez les oiseaux, chez les chevreuils, chez les singes, etc. Enfin les grues, les hirondelles, les oiseaux migrateurs, les loups, forment des sociétés qui durent un certain temps ; les abeilles, les fourmis, les castors, les éléphants, les chamois, les buffles forment des sociétés permanentes.

L'enfant pleure en voyant une figure irritée, il rit en voyant une figure joyeuse ; il imite les mouvements, les gestes, la manière de parler de ceux avec lesquels il vit d'ordinaire ; il admire ceux de ses compagnons qui sont plus forts ou plus adroits ; il est heureux d'être approuvé par ses parents ou ses maîtres ; il éprouve un tel besoin de communiquer ce qui se passe en lui qu'il parle à ses jouets, à son cheval, à sa poupée, qu'il répète étourdiment les choses mêmes qu'on lui recommande de taire; il aime ses parents, ses frères et ses sœurs, il préfère, parmi les enfants avec lesquels il vit, un ou deux enfants auxquels il raconte tous ses petits secrets.

L'homme fait nous présente plus développées les inclinations que nous venons d'indiquer chez les animaux et chez l'enfant. Il est joyeux ou triste selon qu'il est avec des personnes qui rient ou qui pleurent, il imite ce qu'il voit faire à ses semblables, leurs bonnes actions comme leurs crimes ; il admire leurs qualités et quelquefois même leurs défauts ; il vénère ceux d'entre eux qui, comme saint Vincent de Paul, le surpassent en moralité; il souffre quand il ne peut s'épancher, quand il ne peut confier ses joies et ses peines; il devient fou ou malade, quand il est obligé, dans une prison, de garder un silence absolu. Il se choisit des amis; il forme une famille et veille à l'éducation de ses enfants qu'il aime souvent plus que lui-même. Il préfère ses compatriotes aux autres hommes ; il se sent ému et joyeux quand il revoit son pays après une longue absence ou qu'il entend en pays étranger parler sa langue maternelle. Enfin il éprouve un vif plaisir, s'il a vécu seul pendant quelque temps, à voir un homme qui n'est ni de son pays ni de sa race (*Robinson et Vendredi*); il travaille quelquefois, non seulement pour ses compatriotes, mais pour tous les hommes et réclame, comme le firent les Stoïciens * ou les Constituants de 1789, la liberté pour tous ses semblables.

Les inclinations sympathiques ou sociales comprennent :

1° *Les inclinations électives ou de choix, l'amour et l'amitié;*

2° *Les inclinations qui ont pour objet la famille, l'amour conjugal, paternel, filial et fraternel;*

3° *Les inclinations qui ont pour objet la patrie;*

4° *Celles qui nous portent vers nos semblables, quels que soient leur race et leur pays.*

Le développement de ces inclinations produit l'imitation, l'admiration, la vénération, le besoin d'approbation et d'épanchement, la pitié, la bienveillance, la bienfaisance, la charité, le dévouement, la philanthropie. (*Voyez* Morale.)

Inclinations supérieures. — Certains animaux, comme le serpent, l'araignée, sont sensibles à la musique;

certains oiseaux choisissent les plumes aux couleurs les plus vives pour faire leur nid ; le chien est capable de dévouement ; les fourmis, les abeilles, etc., se conduisent d'après des règles déterminées. L'enfant et le sauvage aiment à chanter, à danser, à frapper leurs pieds et leurs mains en cadence ; les récits merveilleux leur causent un plaisir extrême ; ils s'essayent à représenter par des dessins informes, tracés sur la pierre, sur le bois, sur le papier ou même sur le sol, les animaux et les êtres humains avec lesquels ils vivent ; les sauvages se construisent des huttes ; ils en font de plus belles pour leurs chefs ou leurs dieux ; les enfants et les sauvages aiment la toilette et les ornements ; ils se tracent des règles de conduite et se croient coupables quand ils les enfreignent ; ils cherchent à connaître les objets qui les entourent ; ils redoutent ou vénèrent certains êtres invisibles qu'ils croient plus puissants que les hommes, qu'ils supposent bons ou méchants.

Mais c'est surtout chez les hommes civilisés que ces inclinations prennent un développement remarquable : on trouve chez eux certains individus qui passent leur vie à mouler des statues, à peindre des tableaux, à composer des œuvres poétiques ou musicales, dans lesquelles il cherchent à exprimer une beauté idéale, qui toujours leur paraît supérieure à celle qu'ils trouvent dans leurs ouvrages. D'autres, comme Lyonnet*, observent pendant 20 ans la chenille du saule pour en connaître la structure anatomique, comme Augustin Thierry*, deviennent aveugles à force de lire des anciens textes pour reconstruire la vie passée de notre race, comme Spinoza *, Malebranche * ou Descartes * renoncent à tous les plaisirs pour rechercher la nature, l'origine, la destinée de l'homme et de l'univers. Il en est qui visitent les malheureux pour leur venir en aide, qui travaillent chaque jour à se rendre meilleurs et qui n'arrivent jamais à être aussi parfaits qu'ils le voudraient. Enfin d'autres consacrent leur existence à adorer, à servir, à prier le Dieu infiniment parfait qui, selon eux, a produit l'univers et le gouverne avec une sagesse et une bonté infinies.

Les inclinations supérieures comprennent :
1° *L'amour du vrai qui donne naissance à la science ;*

2° *L'amour du beau qui donne naissance à l'art;*
3° *L'amour du bien qui donne naissance à la morale;*
4° *L'inclination religieuse qui donne naissance aux diverses religions.*

Les émotions. — Un enfant a faim, vous lui donnez un morceau de pain, sa physionomie exprime le plaisir, la jouissance qu'il éprouve à le manger; apportez sur la table un mets qu'il aime beaucoup et ses éclats de rire, ses battements de mains vous indiqueront qu'il se croit assuré d'éprouver une sensation agréable. Laissez-le au contraire attendre un certain temps la nourriture qu'il vous réclame, sa mine mécontente, ses pleurs et ses cris vous montreront qu'il éprouve de la douleur, qu'il souffre.

Quand vous assistez à la représentation d'une comédie de Molière, vos éclats de rire témoignent que vous éprouvez un sentiment de plaisir, que vous êtes joyeux. Quand vous apprenez qu'un de vos amis est malade, vous êtes triste; si l'on vous fait savoir qu'il est mort, votre douleur augmente, vous éprouvez un sentiment si pénible que les larmes seules peuvent vous apporter quelque soulagement.

Les émotions prennent les noms différents de plaisir et de douleur, de sensation et de sentiment, de jouissance et de souffrance, de joie et de tristesse.

On donne le nom de plaisir et de douleur à toute émotion agréable ou désagréable.

La sensation est une émotion qui a pour point de départ un appétit; le sentiment se rapporte à toute inclination autre que les appétits. Une sensation agréable est une jouissance; une sensation désagréable, une souffrance; un sentiment agréable constitue la joie, un sentiment désagréable, la tristesse.

Causes du plaisir et de la douleur. — L'enfant éprouve un grand plaisir à jouer et à courir, parce qu'il meut ses membres, exerce ses sens et son intelligence. Le chien de chasse, qu'on tient longtemps à l'attache, s'ennuie parce qu'il ne peut courir et mettre en usage ses aptitudes naturelles ou acquises. L'homme adonné à l'étude goûte une joie très vive, en parcourant un livre qui renferme des idées ingénieuses et vraies, parce que son activité intellectuelle s'exerce dans toute sa plénitude, de manière à augmenter sa puissance. S'il veut prolonger trop longtemps son travail, s'il fatigue son cerveau, le plaisir est remplacé par la douleur. S'il s'aperçoit qu'il a travaillé en pure perte, s'il lui arrive de découvrir une chose qu'on lui dira ensuite avoir été connue depuis longtemps, il éprouvera un vif déplaisir.

De même, un homme qui a été assis pendant longtemps éprouvera une douleur qui pourra devenir assez vive s'il est forcé de rester encore immobile ; il sera heureux de marcher et de dégourdir ses membres ; faites-lui continuer cet exercice plusieurs heures sans se reposer, la fatigue apparaîtra et amènera la douleur à sa suite ; forcez-le à marcher, sur un chemin aisé et solide, avec la certitude qu'il arrivera à un abîme sur le bord duquel il ne pourra s'arrêter, le plaisir disparaîtra, bien avant que la fatigue se fasse sentir.

Le plaisir accompagne les actes qui n'exigent pas une dépense de force supérieure à celle dont nous pouvons disposer et qui ne sont contraires à aucune de nos inclinations naturelles ou acquises. La douleur se produit quand notre activité ne peut s'exercer, quand l'activité déployée dépasse nos forces disponibles ou quand elle est dirigée en sens contraire de nos tendances naturelles et acquises.

Rapports du plaisir et de la douleur. — Quand on connaît les causes du plaisir et de la douleur, on comprend sans peine que l'un et l'autre doivent se succéder sans cesse dans notre existence. J'ai grand plaisir d'abord à chercher la solution d'un problème difficile, mais la fatigue se produit ; le découragement et le déplaisir suivent sans tarder. Je souffre violemment ; je fais enlever une dent malade ; bientôt j'éprouve un véritable bien-être à ne plus sentir la douleur. Je me laisse aller au plaisir de voir dans tous ses détails un beau tableau, je me rappelle tout à coup que je devrais être auprès d'un ami malade et ma joie se change en tristesse. Je suis tourmenté vivement par la maladie d'un ami ; je me mets à table après être resté à jeun une grande partie de la journée ; l'appétit se produit au commencement du repas, je mange avec plaisir et j'en viens, l'imagination aidant, à me persuader en sortant de table que mon ami doit aller mieux.

On comprendra de même que le plaisir et la douleur soient des choses absolument relatives. L'enfant se plaît à courir parce qu'il a des forces à dépenser ; le vieillard souffre, s'il est obligé de le faire, car il doit déployer une activité plus grande que l'activité régulière ou normale dont il dispose. Un héritage d'un millier de francs cause une grande joie à un pauvre homme et laisse froid un millionnaire ; un jouet de cinq sous donne un très grand plaisir à un enfant pauvre, tandis que les plus beaux jouets laissent indifférent l'enfant gâté par la richesse. De même la perte d'un chien est une douleur accablante pour le malheureux dont il était le seul compagnon, tandis qu'elle passe inaperçue pour celui qui a une famille et de nombreux amis.

Le plaisir et la douleur sont intimement liés dans la vie humaine et s'y succèdent incessamment ; ils sont d'ailleurs essentiellement relatifs et dépendent de l'âge et de la situation de chaque individu.

Les affections et leurs formes différentes. — L'enfant qui a éprouvé du plaisir en satisfaisant sa faim avec du lait, aimera cette nourriture et la réclamera par ses cris ; s'il s'est brûlé le doigt en l'approchant du feu, il refusera de l'en approcher à l'avenir et criera si on veut l'y contraindre. L'homme qui a été heureux en soulageant un misérable, aime ceux qui pourront lui faire encore goûter ce plaisir ; celui qui a été tourmenté par de mauvais camarades les prend en aversion. De même le cheval prend en affection le conducteur qui le soigne bien et en haine celui qui le maltraite.

Si nous considérons les objets ou les êtres qui nous ont causé du plaisir et de la douleur sans croire qu'ils puissent encore nous affecter dans le présent ou dans l'avenir, notre amour se change en regret, notre haine en ressentiment.

Mais on peut aussi supposer que l'ami avec lequel nous avons eu du plaisir à vivre autrefois pourra nous être rendu, désirer son retour, l'espérer si l'on sait qu'il est en route pour revenir. Au contraire nous nous éloignons autant que nous le pouvons, d'une personne qui nous a fait souffrir, nous craignons sa venue, nous la redoutons, nous nous désespérons même quand nous voyons que rien ne peut nous soustraire au retour de la douleur déjà éprouvée.

On aime l'objet ou l'être qui cause du plaisir; on le regrette si on le considère dans le passé, on le désire, on l'espère pour l'avenir; on hait ce qui amène de la douleur, on éprouve du ressentiment pour ce qui a fait autrefois souffrir, on craint, on redoute ce qui menace du retour de la douleur. L'amour devient le regret, le désir ou l'espérance; la haine devient le ressentiment, l'aversion, la crainte ou le désespoir.

Les passions. — Il y a quelques hommes qui donnent à chacune de leurs inclinations le développement qui leur convient : ils satisfont leurs appétits dans la mesure où il le faut pour avoir un corps robuste et sain ; ils font l'éducation de leur être moral et intellectuel, de manière à devenir des hommes intelligents et énergiques ; ils sont bons maris, bons pères, remplissent tous leurs devoirs envers leur patrie et travaillent à rendre, autant qu'ils le peuvent, les autres hommes semblables à eux-mêmes ; enfin ils cherchent, dans la culture des sciences et des arts, dans la pratique de la vertu, dans l'adoration de la perfection suprême, les moyens de donner à l'œuvre qu'ils ont entreprise sur eux-mêmes son couronnement naturel. Ils font concourir toutes leurs inclinations vers le même but, comme le musicien compose, avec des notes différentes, une harmonie qui nous charme.

Mais ce développement harmonieux des inclinations, cette subordination des affections à la raison se rencontre chez très peu d'hommes. Souvent il arrive qu'une affection se développe d'une manière excessive, commande tous les actes de l'individu et supprime toutes les autres inclinations. Le gourmand ne pense qu'à satisfaire son ventre ; il est sans cesse occupé à chercher des mets nouveaux, à se procurer de bons vins. L'avare ne songe qu'à entasser de l'or ; il vit misérable à côté de ses trésors. L'ambitieux sacrifie ses parents et ses amis, renonce à sa propre dignité, commet quelquefois même les plus grands crimes pour arriver au pouvoir. L'ivrogne boit sans soif et au delà de ses besoins, des liqueurs souvent pernicieuses à sa santé ; il se prive de nourriture, réduit les siens à la misère, détruit en lui toute intelligence et toute moralité pour se préparer une mort horrible. Le fanatique priverait de leurs biens, de leur vie, s'il le pouvait, tous ceux qui ne pensent pas comme lui sur les questions religieuses ; il oublie ses devoirs de mari, de père, de citoyen, d'homme. L'envieux se désole de tout ce qui arrive d'heureux aux autres, se réjouit de tout ce qui leur arrive de malheureux et ne songe qu'aux moyens de leur nuire.

La passion est une affection exagérée et pervertie, qui détruit les autres inclinations et s'empare de la direction de la vie tout entière.

RÉSUMÉ

Comment peut-on classer les faits affectifs ou sensitifs ? — Les faits affectifs ou sensitifs se ramènent à 4 groupes : les inclinations ou tendances primitives ; les émotions, qui se produisent quand les inclinations ont été satisfaites ou contrariées ; les affections, qui s'adressent aux objets qui nous ont fait éprouver du plaisir ou de la douleur ; les passions, qui sont des affections exagérées et perverties.

Comment classe-t-on les inclinations ? — Les inclinations sont personnelles quand elles ont nous-mêmes pour objet ; sociales et sympathiques, quand elles nous portent vers nos semblables ; supérieures quand elles ont pour objet le vrai, le bien, le beau, la perfection suprême.

Que comprend-on sous le nom d'inclinations personnelles ?

— Les inclinations personnelles comprennent : 1° les appétits, qui ont pour objet le corps ; 2° l'amour-propre ou les inclinations qui nous portent à conserver, à développer nos facultés intellectuelles et morales et qui ont rapport à l'âme ; 3° les inclinations qui ont pour objet à la fois l'âme et le corps.

Que comprend-on sous le nom d'inclinations sympathiques ou sociales ? — Les inclinations sympathiques ou sociales comprennent : 1° les inclinations électives ou de choix ; 2° les inclinations qui ont pour objet la famille ; 3° les inclinations qui ont pour objet la patrie ; 4° celles qui nous portent vers nos semblables, quels que soient leur race et leur pays et qui ont pour but l'humanité.

Que comprend-on sous le nom d'inclinations supérieures ? — Les inclinations supérieures comprennent : 1° l'amour du vrai qui donne naissance à la science ; 2° l'amour du beau qui donne naissance à l'art ; 3° l'amour du bien qui donne naissance à la morale ; 4° l'inclination religieuse qui donne naissance aux religions.

Quel est le sens des différents noms que l'on donne aux émotions ? — Le plaisir est une émotion agréable, la douleur une émotion désagréable ; la sensation est une émotion (plaisir ou douleur) qui a rapport à un appétit : agréable, elle constitue une jouissance ; désagréable, une souffrance ; le sentiment est une émotion (plaisir ou douleur) qui se rapporte à toute inclination autre que les appétits : la joie est un sentiment agréable, la tristesse, un sentiment désagréable.

Quelles sont les causes du plaisir et de la douleur ? — Le plaisir accompagne les actes qui n'exigent pas plus de force que nous n'en avons normalement à notre disposition et qui ne sont contraires à aucune de nos inclinations naturelles ou acquises. La douleur se produit, quand notre activité ne peut s'exercer, quand l'activité déployée dépasse nos forces ordinaires ou quand elle est dirigée en sens contraire de nos tendances.

Quels sont les rapports du plaisir et de la douleur ? — Le plaisir et la douleur sont intimement liés dans la vie humaine et s'y succèdent incessamment, ils sont essentiellement relatifs, et dépendent de l'âge et de la situation de chaque individu.

Quelles sont les formes différentes des affections ? — L'amour et haine s'adressent à l'objet présent qui nous a fait éprouver du plaisir ou de la douleur; le regret et le ressentiment, à ce même objet considéré dans le passé; le désir et l'aversion, l'espérance et la crainte à cet objet considéré par rapport à l'avenir.

Quels sont les effets produits par les passions? — Les passions, qui sont des affections exagérées et perverties, détruisent les autres inclinations et s'emparent de la direction de la vie tout entière.

DEVOIRS A TRAITER.

I. Montrer le rapport de l'inclination, de l'émotion, de l'affection et de la passion.

II. Examiner de quelle manière les inclinations sociales et sympathiques se développent en nous.

III. Caractériser et classer les inclinations personnelles.

IV. Comparer le plaisir et la douleur.

V. Montrer les effets de l'avarice d'après l'*Avare*, de Molière, ceux de l'ambition d'après le *Britannicus* de Racine (Agrippine), etc.

VI. Faire bien comprendre, par des exemples, les formes diverses que prennent les affections.

QUESTIONS A ÉTUDIER.

I. Les inclinations sont-elles les faits primitifs de la sensibilité ou convient-il de n'admettre comme primitifs que le plaisir et la douleur, en faisant appel à l'expérience individuelle, à l'association, à l'hérédité pour expliquer la formation des tendances (comparer cette question avec celle qui se pose à propos des premiers principes dans l'étude des facultés intellectuelles)?

II. Examiner la doctrine de la Rochefoucauld*, qui n'admet dans l'homme que des inclinations personnelles?

III. Étudier l'expression des émotions chez l'homme et chez les animaux. (Voyez Langage, ch. VIII.)

IV. Quel doit être le rôle du plaisir et du jeu dans l'éducation ?

V. Rechercher les causes du rire. (Bain*, Dumont*, Lévêque*, Spencer*, Ribot*.)

VI. Rechercher les causes qui amènent la formation des passions. (Marion*.)

VII. Étudier le développement des inclinations, l'apparition des émotions chez les enfants. (Pérez*, Preyer*.)

VIII. Examiner la manière dont les faits affectifs se présentent chez les différents animaux, chez les différentes races d'hommes. (Spencer*, Ribot*, Darwin*, Romanes*, Lubbock*, Tylor*.)

IX. Examiner le rôle de l'intelligence dans le développement des inclinations.

QUESTIONS POSÉES.

I. Analyser le sentiment de l'admiration. Expliquer l'heureuse influence que peut avoir sur l'âme humaine en général, sur l'âme de l'enfant en particulier, l'admiration des belles choses soit dans l'ordre physique, soit dans l'ordre moral. (Éc. norm.)

II. Comment peut-on, à l'école primaire, développer le sentiment du beau ? (Éc. norm.)
III. La sensibilité. (Brev. sup.)
IV. Le plaisir et la peine. (Brev. sup.)
V. La sensibilité : sensations, sentiments, inclinations. (Sèvres.)
VI. Les passions. (Dipl. des jeunes filles.)

Conseils pédagogiques. — Étudier de fort près le développement des inclinations chez chaque enfant; travailler à modérer les tendances égoïstes, à donner un grand essor aux inclinations sociales, sympathiques et supérieures. — Examiner la manière dont commencent les passions, les combattre dès leur origine. — Habituer l'enfant à supporter la douleur ; l'habituer à un travail d'abord pénible, par l'attrait du plaisir, de manière à rendre lui-même ce travail agréable ; se servir du jeu pour faire aimer le travail, sans cependant entreprendre de rendre tout travail amusant. — Utiliser l'esprit d'imitation pour faire acquérir à l'enfant de bonnes habitudes intellectuelles et morales ; l'esprit d'émulation, pour secouer son indolence, en évitant toutefois que l'émulation devienne de l'envie. — Appeler l'attention des enfants sur les belles gravures, les beaux tableaux, les belles sculptures, les belles mélodies ou poésies, sur les bonnes actions, les grandes découvertes scientifiques, pour développer en eux le goût du vrai, du bien et du beau. — Se servir de la curiosité naturelle à l'enfant pour lui inspirer le désir d'acquérir des connaissances nouvelles et lui donner le goût et l'habitude du travail intellectuel. (Pierre Laloi, *Petites histoires pour apprendre la vie, Le certificat d'études, La leçon du Percepteur.*)

BIBLIOGRAPHIE.

Marion, *Leçons* 15, 16, 17, 18, 19, 20, 21.
Rabier, *Leçons de psychologie*
F. Bouillier, *Du plaisir et de la douleur.*
Bain, les *Émotions et la volonté.*
Spencer, *Essais et Principes de psychologie.*
Léon Dumont, *Théorie scientifique de la sensibilité.*
F. Paulhan, les *Phénomènes affectifs.*
Ch. Lévêque, la *Science du beau.*

Pérez, Preyer, Wundt (ouvrages cités).
Ribot, la *Psychologie anglaise.*
Ribot, l'*Hérédité.*
Ribot, la *Psychologie allemande.*
Darwin, l'*Expression des émotions.*
Montaigne, *Essais* I, 27.
La Rochefoucauld, *Maximes*
A. Thierry, *Dix ans d'études historiques.*

CHAPITRE VII

L'ACTIVITÉ

SOMMAIRE

L'activité et ses formes diverses. — L'activité automatique et réflexe. — L'activité instinctive : classification des instincts, caractères de l'instinct, théories sur l'instinct. — L'activité volontaire, théories sur la volonté. — L'habitude, son rôle dans la vie humaine. — La personnalité. — Le caractère.

L'activité et ses formes diverses. — La vie psychologique ne se manifeste pas seulement par la production des idées ou des pensées, par le développement des inclinations et l'apparition des émotions ou des passions. L'enfant remue ses membres dès sa naissance ; la grenouille décapitée meut sa patte, de manière à écarter la pince avec laquelle on la tourmente ; le troglodyte fait un grand nombre de voyages pour ramasser la mousse avec laquelle il bâtit son nid ; le maçon qui construit une maison, le menuisier qui fabrique une porte, le facteur qui fait sa tournée, le pianiste qui joue un morceau difficile, exécutent une série de mouvements très compliqués pour atteindre un but déterminé. Le père qui veut assurer l'avenir de ses enfants examine longuement leurs dispositions et les avantages qu'offrent les diverses professions pour lesquelles il leur croit de l'aptitude ; après avoir pris une résolution, il accomplit et leur fait accomplir les actes les plus propres, selon lui, à atteindre le but qu'il s'est proposé pour eux.

L'activité est une partie importante de la vie psychologique ; elle se manifeste par des mouvements [1] *; elle est automatique et réflexe, instinctive, volontaire, habituelle.*

L'activité automatique et réflexe. — On sait que

---

1. Elle se manifeste également par des *arrêts* de mouvements.

les mouvements musculaires sont dus à l'action des nerfs moteurs. Quand un enfant qui dort profondément lève vivement la main et frappe l'œil gauche de manière à relever la paupière (*Preyer**); quand il contracte lentement les doigts en les étendant et les faisant fléchir ; quand ses yeux se meuvent avant de s'ouvrir; quand il contracte les muscles du visage, les lèvres et les paupières sans se réveiller ; quand les animaux nouveau-nés grognent, quand le poussin piaille dans l'œuf, quand l'enfant pousse des exclamations ou gazouille pendant la première année de son existence, les mouvements accomplis sont le produit d'une excitation qui a son point de départ dans les centres nerveux (moelle épinière, moelle allongée, etc.); ils sont *automatiques, impulsifs* ou *spontanés*.

Quant l'éternuement se produit le trente-huitième jour chez le nouveau-né dont on a aspergé le front de quelques gouttes d'eau tiède ; quand sa respiration s'accélère à la suite d'un bruit qui ne l'a pas cependant réveillé (*Preyer**); quand l'appareil de nutrition exécute les mouvements propres à produire la déglutition ; quand les poumons accomplissent, sous l'excitation de l'air, leurs mouvements d'inspiration et d'expiration, quand le chatouillement des pieds amène un rire convulsif, etc., il y a eu une excitation externe qui, par l'intermédiaire des nerfs sensitifs, s'est transmise à un centre nerveux, qui s'est *réfléchie* de manière à produire, par l'intermédiaire des nerfs moteurs, des mouvements musculaires.

Les mouvements automatiques, impulsifs ou spontanés sont produits par une excitation qui a son point de départ dans les centres nerveux; les mouvements réflexes sont provoqués par une excitation externe qui se transmet aux muscles par l'intermédiaire des nerfs moteurs.

L'activité instinctive. — Un enfant suce le doigt qu'on lui met dans la bouche aussitôt qu'il est né (*Preyer**); le petit poussin suit du regard une mouche éloignée de 12 pouces, la saisit et l'avale si elle vient se poser à côté de lui ; le jeune oiseau vole de lui-même en s'élançant pour la première fois du nid maternel; l'araignée tisse avec un art merveilleux la toile qui lui permettra de prendre les mouches dont elle se nourrit. Tous ces actes supposent un nombre considérable de mouvements qui se coordonnent en vue d'un but déterminé; ils supposent que l'être a conscience des mouvements accomplis et de la coordination qu'il en a faite.

L'activité instinctive se manifeste par des mouvements souvent fort complexes, coordonnés en vue d'un but déterminé et accompagnés de conscience.

Classification des instincts. — En considérant les animaux, qui nous présentent l'activité instinctive sous une forme plus pure que l'homme, on peut ramener à trois grandes classes tous les instincts.

Les herbivores cherchent les plantes qui leur serviront de nourriture; les carnivores poursuivent leur proie et reconnaissent les êtres dont ils pourront le plus utilement s'emparer. Pour atteindre sa proie, l'araignée tisse une toile, le fourmi-lion creuse une espèce d'entonnoir, le renard s'associe avec un de ses compagnons, le tigre se cache auprès d'un endroit où viennent boire les troupeaux. Pour se nourrir quand elles ne trouveront plus rien au dehors, les abeilles font des provisions de miel, les fourmis entassent du grain, l'écureuil recueille des noisettes. Pour se garantir contre le froid, pour se mettre à l'abri des attaques de leurs ennemis, les lapins construisent des terriers, les castors, des huttes, les abeilles, des ruches.

Mais les animaux ne se bornent pas à se conserver, ils conservent aussi l'espèce à laquelle ils appartiennent. Le rossignol chante pour plaire à sa femelle, le paon étale ses plumes ; le roitelet fait et refait son nid jusqu'à ce qu'il paraisse assez solide et assez beau à celle qui doit l'habiter avec lui. Les oiseaux construisent des nids où ils déposent leurs œufs, où vivent leurs petits jusqu'à ce qu'ils puissent se suffire par eux-mêmes : le mégapode * tumulaire dépose son nid dans un trou profond qu'il creuse sur le bord de la mer au milieu du sable et des coquillages ; la fauvette construit le sien dans les haies et les buissons où elle trouve les baies et les insectes qui constituent sa nourriture ordinaire. Chez certains insectes, les instincts qui ont pour but la conservation de l'espèce prennent une forme plus merveilleuse encore. Chaque espèce de sphex * choisit toujours une même espèce animale pour en faire sa victime : elle pique les centres nerveux principaux des araignées, des insectes ou des chenilles ; elle ne les tue pas, mais elle les paralyse ; elle les emporte ensuite dans un trou creusé à l'avance et les renferme avec un œuf qu'elle pond à ce moment. Les victimes continuent à vivre ainsi paralysées plusieurs semaines et servent ensuite de nourriture aux larves. Le sphex * qui s'attaque aux araignées donne une seule piqûre au grand ganglion, où se trouve rassemblée presque toute la substance nerveuse ; celui qui s'attaque au scarabée, jette l'insecte sur le dos, l'enlace, plonge son aiguillon entre la première et la seconde paire de pattes et atteint ainsi le centre nerveux principal. Quand il a affaire au grillon, le sphex * maintient l'animal sur le dos, en fixant ses mandibules sur le dernier segment de l'abdomen, ses pattes antérieures sur les pattes postérieures, ses pattes de derrière sur les mandibules, puis il donne trois coups d'aiguillon, sur le cou, en arrière du prothorax et dans le centre nerveux qui est en arrière du prothorax. S'il s'agit d'une chenille, le sphex * fait 6 à 9 piqûres entre les segments du corps en partant de l'extrémité antérieure, puis il entr'ouvre avec ses mandibules l'articulation du cou et mâche les ganglions cervicaux de manière à endormir et à paralyser sa proie. (*Fabre* * et *Romanes* *.)

Enfin les animaux se réunissent à ceux de leur espèce pour former des sociétés. Les loups se groupent par bandes pour chercher leur nourriture ; les hirondelles, les grues et les autres oiseaux migrateurs se réunissent pour changer ensemble de pays. Les buffles, les éléphants, les castors, les fourmis, les abeilles vivent ordinairement en société.

On peut donc compter trois grandes classes d'instincts : 1º ceux qui ont pour objet la conservation de l'individu; 2º ceux qui ont rapport à la conservation de l'espèce; 3º ceux qui portent les animaux à se réunir en société.

Les caractères de l'instinct. — Étudions les instincts chez les animaux où il est le moins possible de supposer une intelligence identique à celle de l'homme ; considérons les instincts tout formés, sans nous demander s'ils ont toujours existé chez l'animal, tels que nous les apercevons actuellement, et recherchons quels sont les caractères que présente l'activité instinctive ainsi limitée.

Si nous considérons les sphex * dont nous avons parlé, nous verrons que tous naissent après la mort de leurs parents, qu'ils meurent avant d'avoir vu leurs petits. On dit qu'ils *ignorent le but* en vue duquel ils ont exécuté des mouvements si complexes et si admirablement coordonnés.

Le petit poussin saisit immédiatement la mouche qui vole à ses côtés, sans être obligé de s'exercer, comme l'enfant qui passe d'abord la main en deçà ou au delà du verre qu'il veut prendre ; l'araignée construit sa toile sans faire l'apprentissage nécessaire au tisserand ; l'oiseau vole en sortant du nid maternel sans se livrer, comme le rameur, à un exercice préalable ; l'essaim qui sort, après sa naissance de la ruche, construit aussi bien ses alvéoles que les abeilles qui se sont déjà, à plusieurs reprises, livrées à ce travail. L'instinct donne une *perfection immédiate* aux œuvres qu'il produit.

Si nous comparons les instincts des abeilles, décrites par Aristote * au ive siècle avant Jésus-Christ, avec ceux des abeilles chantées par Virgile * au i^{er} siècle, et avec ceux des abeilles qui vivent de nos jours, nous verrons qu'elles n'ont guère changé ni la forme de leurs ruches, ni celle des cellules dans lesquelles elles déposent le miel et la cire. L'instinct est *immobile*, il ne fait pas de *progrès*.

Tous les sphex * qui ont la même conformation poursuivent la même proie et la paralysent par les mêmes procédés ; toutes les abeilles font leurs cellules hexagonales, toutes les hirondelles qui viennent l'été dans nos pays construisent des nids de forme identique et les construisent avec les mêmes matériaux. Les instincts sont *uniformes*.

L'homme qui saurait former un hexagone aussi régulier que les cellules des abeilles connaîtrait la géométrie et serait capable de tracer des carrés, des rectangles, des circonférences, etc. ; il pourrait encore apprendre à faire une addition, une soustraction, une multiplication, une division, apprendre à lire, à écrire, etc. Le tisserand peut faire autre chose que de la toile ; un bon rameur peut être en même temps un bon charpentier. L'abeille n'est habile que pour construire ses cellules ; l'araignée ne fait que sa toile ; l'oiseau ne coordonne que pour voler, des mouvements d'une étonnante complexité. L'instinct est *spécial*.

Les caractères de l'instinct sont l'ignorance du but, la perfection immédiate, l'absence de progrès, l'uniformité et la spécialité.

Théories sur l'instinct. — L'étude de l'activité instinctive a amené les naturalistes et les philosophes à comparer l'homme et l'animal, l'intelligence et l'instinct. Montaigne *, se rattachant aux anciens sceptiques, a rapproché l'homme de l'animal, l'intelligence de l'instinct. Il a prêté aux animaux des raisonnements en forme, analogues à ceux que nous faisons nous-mêmes avant de nous décider à agir : le renard, selon lui, fait un sorite avant de se hasarder à traverser une rivière gelée (*Essais* II, ch. xii). Descartes * considère les animaux comme des machines, comme des *automates*, comparables à ceux auxquels un habile mécanicien donne des ressorts si bien combinés, qu'ils exécutent d'eux-mêmes des mouvements variés et fort compliqués (le *Canard*, le *Joueur de flûte*) ; il sépare nettement l'instinct de l'intelligence ou de la pensée. — Condillac * explique par l'accumulation des expériences l'acquisition de toutes nos idées ; il explique de même par l'expérience, par l'habitude privée de réflexion et ayant son point de départ dans la sensation, la formation des instincts chez l'animal. — Lamarck * explique, comme Condillac *, les instincts par l'expérience, mais il trouve insuffisante l'expérience de l'individu et fait appel à l'habitude héréditaire. — Flourens * sépare complètement l'instinct de l'intelligence et pose en loi que l'un est en raison inverse de l'autre. — Darwin *, développant, complétant et corrigeant Lamarck *, a rendu compte dans sa théorie transformiste, de la formation et de la transmission des instincts par les variations accidentelles et l'adaptation au milieu, par la lutte pour l'existence, la sélection naturelle et sexuelle, l'hérédité. — Herbert Spencer *, qui a fait pour l'univers avec la théorie de l'évolution ce que Darwin * a fait pour les espèces vivantes avec le transformisme, a expliqué par l'association psychologique, physiologique et par l'hérédité, l'acquisition, la transmission et le développement des instincts chez l'animal, comme la formation et l'accroissement de l'intelligence chez l'homme (ch. iv). Darwin * et Spencer * n'ont mis entre l'intelligence et l'instinct qu'une différence de degré et non une différence de nature. (Voyez Logique, *Les Grandes Hypothèses*, ch. xiv.)

L'activité volontaire. — Un menuisier est, une après-midi de printemps, en face de son établi, sur lequel se trouvent des portes et des fenêtres qu'il doit terminer et livrer le soir même. Le soleil a fait disparaître les derniers froids de l'hiver ; les oiseaux chantent, la verdure revient aux arbres, aux haies et aux prés ; les primevères et les violettes refleurissent. L'ouvrier songe qu'il serait bien agréable pour lui et pour les siens de faire, par ce beau temps, une très longue course : il renonce à ce projet dont la réalisation est impossible, puisqu'il n'a pas d'équipage. Mais il serait possible d'aller se promener à pied : les aînés des enfants courraient en avant, le dernier serait conduit par le père dans sa petite voiture et la mère suivrait, heureuse de voir tout son monde joyeux et content. Il a un si vif désir de procurer aux siens ce plaisir qu'il est sur le point d'abandonner son travail. Mais il réfléchit : si l'on va se promener, la besogne ne sera pas terminée le soir même ; il n'aura pas l'argent nécessaire pour payer son loyer le lendemain matin. De plus, il sait que bien des ouvriers sont en ce moment sans travail et viennent chaque jour prier le patron de les employer : s'il ne rend pas les fenêtres et les portes au moment convenu, le patron, mécontent de ne pas servir ses clients quand il le leur avait promis, cherchera des ouvriers plus exacts et ne lui donnera plus de travail. Que deviendra-t-il ? que deviendront alors ses enfants ? Il ne délibère plus longtemps sur ce qu'il fera : il regarde encore une fois avec regret la campagne en fête et il se met au travail.

Nous sommes dans la plupart de nos actes volontaires, comme l'ouvrier dont nous venons de parler. Nous avons l'idée de cet acte, nous concevons qu' est possible, nous sommes poussés par un vif désir, par un *mobile*[1] plus ou

---

[1]. Le mobile est, en mécanique, un corps mis en mouvement ; en psychologie, c'est ce qui est capable de nous faire agir, de nous mettre en mouvement ; c'est un *moteur* au sens donné en mécanique à ce mot.

moins puissant, à l'accomplir; en réfléchissant, nous trouvons des raisons ou des *motifs* de l'accomplir ou de ne pas l'accomplir ; nous *délibérons*, c'est-à-dire que nous examinons ces motifs et ces mobiles ; nous prenons une *résolution* et nous produisons les mouvements nécessaires pour la mettre à *exécution* et accomplir l'acte.

Un acte volontaire, sous sa forme la plus parfaite, suppose donc : 1° la conception de l'acte; 2° la conception de l'acte comme possible; 3° des mobiles; 4° des motifs; 5° la délibération; 6° la résolution; 7° l'exécution.

L'activité volontaire se manifeste par des mouvements coordonnés en vue d'un but déterminé, conçu par un agent qui réfléchit et délibère avant de se décider à agir.

Théories sur la volonté. — Un homme qui est emprisonné, enchaîné ou paralysé, est privé partiellement ou complètement de sa liberté *physique ou corporelle;* l'esclave est privé de sa liberté *civile;* un homme, condamné à une peine afflictive ou infamante, est privé de sa liberté *politique;* les protestants étaient au xviii° siècle privés en France de la liberté *religieuse* ou liberté de conscience. Les métaphysiciens se sont demandé si l'homme possède la *liberté morale*, c'est-à-dire si sa volonté est libre intérieurement, si cette liberté intérieure subsiste inviolable et entière, lors même que toute liberté extérieure lui est enlevée. Ils se sont demandé si nous avons le *libre arbitre*, c'est-à-dire si nous avons le pouvoir de choisir entre deux actes contraires également possibles : le menuisier cité plus haut, par exemple, avait-il le pouvoir de choisir entre les deux actions contraires qui se présentaient à son esprit, pouvait-il à son choix aller se promener ou se mettre au travail ?

Les métaphysiciens qui se sont prononcés pour la négative se sont placés à des points de vue divers. Les *fatalistes* soutiennent, comme les Orientaux, que ce qui est écrit, est écrit, que nos actions, comme tous les autres phénomènes de l'univers, sont réglés à l'avance par une puissance supérieure; ou ils affirment que Dieu a tout prévu, qu'il gouverne toutes choses par des lois et qu'il n'a laissé à notre volonté ni la liberté de produire autre chose que ce qu'il a prévu ni celle de troubler l'ordre établi par lui. Les *déterministes* soutiennent, en se plaçant à un point de vue général, que la science suppose l'enchaînement rigoureux des phénomènes, liés les uns aux autres suivant la loi de causalité; que l'homme, faisant partie de l'univers, ne peut être soustrait au mécanisme universel ; que le climat, le milieu, le tempéra ment déterminent tous nos actes. En se plaçant au point de vue psychologique, ils affirment que les motifs et les mobiles déterminent toutes nos résolutions; que l'homme n'est qu'un *automate spirituel.*

Les métaphysiciens qui se sont prononcés pour l'affirmative ont invoqué les arguments suivants : 1° Le consentement universel. Tous les peuples ont un mot pour désigner la liberté, tous font des contrats, ont des tribunaux dont l'existence implique la croyance à la liberté; 2° Le témoignage de la conscience. Avant l'acte, elle nous dit que nous pourrions agir autrement; après l'acte, elle nous dit que nous aurions pu ne pas l'accomplir; 3° L'argument moral. Il existe en chacun de nous des idées et des sentiments moraux : nous savons ce que c'est que le bien et le mal, le devoir et le droit, le juste et l'injuste, le mérite et le démérite; nous éprouvons de la satisfaction morale et du remords, de l'estime et du mépris. (Voyez *Morale théorique.*) Comment pourrait-on expliquer ces idées et ces sentiments si l'on n'admettait pas que l'homme est libre, c'est-à-dire capable de choisir entre le bien et le mal?

L'habitude.— L'enfant, qui fait seul ses premiers pas, a beaucoup de difficulté à coordonner ses mouvements pour se maintenir en équilibre; quoiqu'il avance lentement et avec de grandes précautions, il lui arrive bien souvent de tomber. L'homme adulte marche, sans penser à aucun des mouvements qu'il exécute : il traverse les rues, se détourne des voitures, se dirige par le plus court chemin vers la maison où il se rend, en lisant un journal ou en songeant à l'affaire qu'il va y traiter. L'enfant qui prend pour la première fois une plume a besoin de toute son attention pour tracer un *i* et un *o* qu'il fait fort mal; il lui faut beaucoup de temps et d'exercice pour arriver à tracer toutes les lettres de l'alphabet, pour les unir de manière à former des mots. L'homme qui écrit une lettre, tout occupé des pensées qu'il veut exprimer et des mots par lesquels il essaye de les rendre, exécute sans y songer tous les mouvements si complexes qui sont nécessaires pour former les lettres et les mots. Le jeune homme entre les mains duquel on place pour la première fois un violon, n'en tire qu'à grand'peine quelques sons, faux pour la plupart; il est obligé de regarder à chaque instant où il doit poser les doigts et l'archet; le violoniste exercé exécute à première vue les morceaux les plus difficiles, sans lever les yeux de la partition qu'il déchiffre. On peut constater les mêmes différences entre l'apprenti qui manie un marteau, un rabot et une scie, un crayon ou un pinceau, et le forgeron, le menuisier exercés, le peintre habile que n'arrête aucune difficulté. On peut les constater encore entre le cheval auquel on met une selle pour la première fois et celui qui franchit avec aisance des obstacles difficiles ou change de direction et d'allure à chaque commandement de son cavalier; entre l'éléphant qu'on vient de prendre, auquel on ne peut qu'avec peine, au bout d'un certain temps, faire porter de légers fardeaux, ou exécuter des mouvements fort simples, et l'éléphant complètement dressé qui sert de bête de somme et exécute des mouvements compliqués pour accomplir les actes variés que lui indique son cornac.

L'habitude se forme d'ordinaire par la répétition des mêmes actes (ch. v); elle en rend l'accomplissement plus facile et donne à l'activité qu'elle dirige une perfection; mais en même temps une absence de réflexion, analogues à celles que présente l'activité instinctive.

Rôle de l'habitude dans la vie humaine. — Si l'homme était obligé de déployer autant d'attention, de prendre autant de peine pour marcher, pour parler et pour écrire qu'il en faut au jeune enfant pour faire ses premiers pas, prononcer les mots les plus simples ou tracer les lettres, il ferait fort peu de chemin, et ne communiquerait, par parole ou par écrit, qu'un très petit nombre d'idées à ses semblables. Si toutes les chemisières cousaient aussi lentement que leurs apprenties, si le maître boulanger ou le maître cordonnier n'allaient pas plus vite en besogne que les jeunes gens qu'ils dirigent, la plupart des hommes seraient obligés de se passer de chemise, de pain et de souliers. Si Raphaël n'était pas devenu plus habile à manier le pinceau, à grouper les personnages, à concevoir un sujet qu'il ne l'était à ses débuts, il ne nous aurait pas laissé d'admirables tableaux ; si Newton [*] avait toujours eu autant de difficulté qu'un débutant en géométrie, à comprendre un théorème ou à résoudre un problème, il n'aurait jamais été capable, après s'être assimilé tout ce qu'avaient su avant lui les géomètres, de trouver le calcul infinitésimal et l'attraction universelle ; si saint Vincent de Paul avait dû, avant d'accomplir un acte de dévouement, délibérer longuement, non seulement sur l'accomplissement de l'acte lui-même, mais sur chacun des moyens à employer pour l'accomplir, jamais il n'aurait réussi à vivre, comme il l'a fait, en ne passant presque pas une journée sans faire une action bonne et utile.

Par l'habitude nous accomplissons plus facilement, plus vite et mieux les actes de la vie pratique, intellectuelle, scientifique, morale et artistique : l'habitude est donc une condition nécessaire du progrès dans les arts mécaniques et dans les beaux-arts, dans la science et dans la morale.

La personnalité. — L'homme est capable de réfléchir sur ce qui se passe en lui (chap. IV) : il peut, par sa raison, connaître la vérité et la distinguer de l'erreur (chap. IV) ; il a en lui des inclinations sympathiques et sociales, des inclinations supérieures (chap. VI) ; il agit volontairement après avoir délibéré, c'est-à-dire examiné les motifs et les mobiles qui le portent à accomplir tel ou tel acte. On exprime d'un seul mot tous ces caractères propres à l'homme en disant qu'il est une *personne*.

Les choses ne possèdent aucun des éléments qui constituent la personnalité ; les animaux, s'ils en possèdent quelques-uns, ne les ont qu'à l'état tout à fait rudimentaire et ne les possèdent pas tous (chap. IX) ; l'enfant n'en possède que les germes ; chez l'idiot, ces germes restent sans développement.

La personnalité distingue l'homme des animaux et des choses : elle comprend comme éléments constitutifs la réflexion et la raison, les inclinations sympathiques, sociales et supérieures, l'activité volontaire.

Le caractère. — Nous savons qu'un homme a pris l'habitude de boire, qu'il dépense au cabaret tout son gain, qu'il n'a aucun souci des besoins de sa femme ou de ses enfants, qu'il n'a pas craint, plusieurs fois déjà, de voler pour satisfaire sa passion : nous dirons sans hésiter qu'il succombera à peu près sûrement, si on lui offre l'occasion de commettre un vol. Nous connaissons sa manière ordinaire de sentir, de vouloir, d'agir, en un mot son *caractère*.

De même si nous savons qu'un homme s'est proposé comme but unique de son existence l'acquisition de la richesse, qu'il a, dans plusieurs circonstances, trompé les acheteurs sur la qualité de la marchandise vendue, nous croirons connaître assez son caractère pour affirmer qu'il n'hésitera pas à tromper ceux avec lesquels il se trouvera en relations, dans tous les cas où il pourra réaliser quelque profit. Nous dirons, au contraire, d'un homme qui aura toujours sacrifié son intérêt à son devoir, qu'il ne conservera pas un portefeuille contenant des valeurs considérables, quand il serait assuré de n'être jamais inquiété, et même de n'être jamais soupçonné de l'avoir trouvé.

Le caractère d'un individu est déterminé par les motifs et les mobiles d'après lesquels il a pris l'habitude de se diriger, il nous permet de dire à l'avance quelle sera la conduite de l'individu dans telle ou telle circonstance (Cf. Morale), de distinguer les personnes, en marquant les développements variés et divers qu'ont pris chez chacune d'elles les facultés qui se trouvent en germe chez toutes.

RÉSUMÉ

Qu'est-ce que l'activité? — L'activité est une partie importante de la vie psychologique ; elle se manifeste par des mouvements; elle est automatique et réflexe, instinctive, volontaire, habituelle.

Que savez-vous de l'activité automatique et réflexe? — Les mouvements automatiques, impulsifs ou spontanés sont produits par une excitation qui a son point de départ dans les centres nerveux ; les mouvements réflexes sont provoqués par une excitation externe qui se transmet aux muscles par l'intermédiaire des nerfs moteurs.

Que savez-vous de l'activité instinctive ? — L'activité instinctive se manifeste par des mouvements souvent fort complexes, coordonnés en vue d'un but déterminé et accompagnés de conscience.

Comment peut-on classer les instincts ? — On peut ramener les instincts à trois grandes classes : les uns ont rapport à la conservation de l'individu; d'autres à celle de l'espèce; d'autres portent les animaux à se réunir en société.

Quels sont les caractères de l'instinct ? — L'instinct est caractérisé par l'ignorance du but, la perfection immédiate, l'absence de progrès, l'uniformité et la spécialité.

Quelles théories pouvez-vous citer à propos de l'instinct? — Montaigne * ne distingue pas l'instinct animal de l'intelligence humaine; Descartes * les sépare complètement; Condillac * ramène l'instinct à une habitude privée de réflexion, Lamarck * à une habitude héréditaire; Darwin * explique l'instinct par des variations accidentelles, par la lutte pour l'existence, la sélection naturelle et sexuelle, par l'hérédité; H. Spencer *, par l'association et l'hérédité; Darwin * et H. Spencer * ne mettent entre l'instinct et l'intelligence qu'une différence de degré.

Quels sont les éléments que suppose un acte volontaire ? — Un acte volontaire suppose : 1° la conception de l'acte; 2° la conception de l'acte comme possible; 3° des mobiles ou désirs; 4° des motifs ou raisons; 5° la délibération; 6° la résolution; 7° l'exécution.

Que savez-vous de l'activité volontaire ? — L'activité volontaire se manifeste par des mouvements coordonnés en vue d'un but déterminé, conçu par un agent qui réfléchit et délibère avant de se décider à agir.

Que savez-vous des théories sur la volonté? — Les métaphysiciens se sont demandé si nous avons le pouvoir de choisir entre deux actes contraires également possibles. Ceux qui croient au libre arbitre ont invoqué le consentement universel, le témoignage de la conscience et les idées ou les sentiments moraux. Les fatalistes ont nié la liberté au nom du destin, de la prescience et de la providence divines. Les déterministes l'ont niée comme incompatible avec le mécanisme universel ou avec les motifs et les mobiles qui président à chacune de nos résolutions.

Que savez-vous de l'activité d'habitude ? — L'habitude se forme d'ordinaire par la répétition des mêmes actes ; elle en rend l'accomplissement plus facile, elle donne à l'activité qu'elle dirige une perfection, mais en même temps une absence de réflexion, analogues à celles que présente l'activité instinctive.

Quel est le rôle de l'habitude dans la vie humaine ? — Par l'habitude, nous accomplissons plus facilement, plus vite et mieux les actes de la vie pratique, intellectuelle, scientifique, morale et artistique : l'habitude est une condition nécessaire du progrès dans les arts mécaniques et dans les beaux-arts, dans la science et dans la morale.

Que savez-vous de la personnalité ? — La personnalité distingue l'homme des animaux et des choses : elle comprend comme éléments constitutifs la réflexion et la raison, les inclinations sympathiques, sociales et supérieures, l'activité volontaire.

Que savez-vous du caractère ? — Le caractère d'un individu est déterminé par les motifs et les mobiles d'après lesquels il a pris l'habitude de se diriger ; il nous permet de dire à l'avance quelle sera la conduite de l'individu dans telle ou telle circonstance, de distinguer les personnes, en marquant les développements variés et divers qu'ont pris chez chacune, les facultés qui se trouvent en germe chez toutes.

DEVOIRS A TRAITER.

I. L'activité et ses formes diverses chez l'homme.
II. Les instincts de conservation chez les différentes espèces d'animaux.
III. L'instinct et les sociétés animales.
IV. Le rôle de l'activité volontaire dans la vie humaine.
V. Le rôle de l'habitude dans l'art, la science et la morale.
VI. L'instinct et l'habitude.
VII. La personnalité et le caractère.
VIII. L'habitude et la routine.

QUESTIONS A ÉTUDIER.

I. L'activité volontaire peut-elle se ramener à l'activité réflexe?

II. Le déterminisme scientifique et le déterminisme psychologique.

III. Le développement de l'activité chez l'enfant.

IV. L'homme est-il libre?

V. L'instinct d'après les transformistes.

VI. Les habitudes de l'intelligence, de la sensibilité et de la volonté (ch. v et vi).

VII. Les habitudes actives et les habitudes passives.

VIII. Les maladies de la personnalité. (Ribot *.)

IX. Le rôle de l'hérédité psychologique. (Spencer * et Ribot *.)

X. La double personnalité.

QUESTIONS POSÉES.

I. De l'instinct, de la volonté, de l'habitude. (Sèvres.)

II. De l'éducation de la volonté chez l'enfant. (Brev. sup., Éc. norm.)

III. Instinct et habitude. (Bac. enseig. spécial.)

IV. L'homme est-il un automate spirituel? (Bac. ès lettres.)

V. Quels sont les différents sens du mot liberté? (Brevet supérieur.)

VI. Liberté et volonté. (Diplôme de fin d'études, jeunes filles.)

VII. Que faut-il entendre par former le caractère des enfants? (Écoles maternelles).

Conseils pédagogiques. — Étudier, chez les enfants, la manière dont se manifeste l'activité sous ses formes diverses : action réflexe, instinct, volonté, habitude. — Examiner avec soin les éléments qui prédominent dans leur personnalité et qui tendent à déterminer leur caractère. — Respecter toujours en eux la personnalité naissante, ne jamais les traiter comme des choses ou des animaux. — Se souvenir qu'en travaillant à développer les inclinations sociales, sympathiques et supérieures, on donne à l'activité des mobiles plus élevés; qu'en éclairant l'intelligence, on fournit à l'activité des motifs plus désintéressés, que la formation du caractère comprend tout à la fois la culture de l'intelligence, de la sensibilité, de la volonté : le meilleur caractère est celui de l'homme qui a une intelligence éclairée, une sensibilité délicate et généreuse, une volonté énergique et forte, capable d'accomplir le bien que saisit l'intelligence, que désire et recherche la sensibilité. — Tenir compte de la puissance merveilleuse de l'habitude, ne pas oublier qu'elle est aussi puissante pour le mal que pour le bien ; penser toujours que le rôle de l'éducateur est de détruire les mauvaises habitudes et de développer les habitudes qui constituent l'homme vertueux et intelligent, le citoyen utile et dévoué à son pays.

BIBLIOGRAPHIE.

Ribot, la *Psychologie anglaise*.
Ribot, la *Psychologie allemande*.
Ribot, l'*Hérédité psychologique*.
Ribot, les *Maladies de la personnalité*.

Wundt, *Éléments de psychologie physiologique*.
Preyer, l'*Ame de l'enfant*.
Darwin, l'*Origine des espèces*.

Darwin. la *Descendance de l'homme.*
Romanes, l'*Évolution mentale chez les animaux.* — *L'Intelligence des animaux.*
Bain, les *Émotions et la Volonté.*
H. Spencer, *Principes de psychologie.*
Hartmann, la *Philosophie de l'Inconscient.*
Rabier, *Psychologie.*
Stuart Mill, *Système de logique.*
Fabre, *Souvenirs entomologiques.*
Fabre, *Nouveaux souvenirs entomologiques.*
Marion, *Leçons de psychologie;* leçons 5, 6, 7, 8, 9, 10, 11, 12, 13, 14.
Marion, la *Solidarité morale.*
Fouillée, la *Liberté et le Déterminisme.*

L. Carrau, *Études sur la théorie de l'évolution.*
Renouvier, *Essais de psychologie.*
Quatrefages (de). *Darwin et ses précurseurs français.*
Perrier, la *Philosophie zoologique avant Darwin.*
Paul Janet, les *Causes finales.*
A. Lemoine, l'*Habitude et l'Instinct.*
Espinas, les *Sociétés animales.*
H. Joly, l'*Instinct.*
H. Joly, l'*Homme et l'Animal.*
L. Dumont, *De l'habitude.* (Rev. philos. I, p. 236.)
F. Picavet. Introduction à la 1re partie du *Traité des sensations de Condillac.*
Taine, *De l'Intelligence.*

CHAPITRE VIII

LE LANGAGE

SOMMAIRE.

Les signes. — Le langage. — Les diverses espèces de langage. — Le langage des gestes et des jeux de physionomie. — Avantages et inconvénients du langage des gestes et des jeux de physionomie. — Le langage inarticulé. — Le langage articulé, le langage écrit. — Les éléments constitutifs des idées et des mots. — Le langage extérieur et le langage intérieur. — Les langues, leurs éléments constitutifs, leurs classifications. — Acquisition du langage parlé et écrit par l'enfant. — Origine du langage. — Rapport du langage parlé ou écrit et de la pensée. — Avantages et inconvénients du langage parlé ou écrit. — Les maladies du langage.

Les signes. — Quand nous voyons les branches des arbres fortement agitées, nous savons que le vent est violent, que l'air se déplace avec une grande rapidité : l'agitation des branches, que nous voyons est pour nous le *signe* du déplacement de l'air que nous ne pouvons apercevoir. De même la vue de la fumée nous fait croire à l'existence du feu que nous n'apercevons pas encore ; le tonnerre et les éclairs nous révèlent la présence de l'électricité.

Un signe est un phénomène sensible, qui nous fait connaître un autre phénomène qui ne tombe pas actuellement sous les sens ou qui ne peut jamais être perçu par eux.

Le langage. — Les cris plaintifs du chien, auquel on vient de lancer une pierre, nous révèlent la douleur qu'il éprouve. Les éclats de rire, les sauts de l'enfant, l'éclat de ses yeux, la coloration de ses joues nous annoncent la joie qu'il éprouve. L'immobilité absolue du sauvage, qui aperçoit pour la première fois un homme à cheval, nous indique combien est grand son étonnement. Les paroles que nous adresse le malheureux qui vient de perdre un de ses enfants nous font connaître, d'une façon précise, la cause d'une douleur que nous avaient déjà fait soupçonner son air abattu, ses yeux mornes, sa démarche indécise. La lettre que nous avons écrite autrefois nous rappelle des sentiments, des idées, des volitions dont le souvenir s'était perdu. Les hiéroglyphes, gravés sur un obélisque, révèlent à ceux qui savent les déchiffrer la pensée des anciens Égyptiens. Les ouvrages imprimés d'après les manuscrits que nous ont transmis l'antiquité et le moyen âge, nous apprennent ce que pensaient, ce que rêvaient, ce que sentaient, ce que voulaient les Grecs au temps d'Homère *, de Thucydide *, d'Eschyle *, d'Aristophane *, de Platon * et d'Aristote *.

Un langage est un ensemble de signes qui servent à exprimer les faits psychologiques, pensées, volitions, sentiments et sensations, quelquefois à conserver plus ou moins longtemps le souvenir des phénomènes de cette espèce, qui disparaissent presque aussitôt qu'ils ont été perçus par la conscience.

Les diverses espèces de langage. — Les sourds-muets expriment ce qui se passe en eux par certains mouvements des doigts, combinés d'une façon arbitraire et conventionnelle, pour suppléer les mots prononcés par ceux qui savent parler. De même, les signes dont on se sert dans une gare pour annoncer aux chefs de trains que la voie est libre ou occupée, ceux dont on se sert dans les phares pour faire connaître aux navigateurs de quel point de la côte ils s'approchent, ceux qu'emploient en pleine mer les marins de deux vaisseaux différents pour communiquer les uns avec les autres, etc., sont des signes conventionnels ou *artificiels.*

Au contraire, quand un enfant pleure, parce qu'il a faim ou parce qu'il est mouillé; quand il rit en voyant quelqu'un lui sourire; quand il gazouille en faisant entendre des sons simples qu'il répète et qu'il assemble de diverses façons; quand une personne pâlit et rougit en entendant des paroles désagréables, les mouvements accomplis ne sont pas arbitrairement choisis et combinés pour exprimer un état intérieur; les signes ne sont plus artificiels, ils sont *naturels.*

Mais l'intelligence de l'individu s'ajoute au travail de la nature : le rire et les pleurs sont produits artificiellement, c'est-à-dire en l'absence de l'état intérieur qu'ils servaient d'abord à exprimer; les sons produits naturellement par l'enfant sont combinés, après réflexion, de mille manières diverses pour former des mots; les mots sont assemblés à leur tour pour former un ensemble de signes, qui n'ont plus qu'un rapport fort lointain avec les phénomènes dont ils sont l'expression; enfin les signes visibles qui, à l'origine, représentaient directement certains phénomènes psychologiques, font place à d'autres signes presque entièrement conventionnels, qui ne conservent aucun rapport avec les phénomènes exprimés. La distinction des signes artificiels et des signes naturels ne nous permet donc pas de classer les diverses espèces de langage, puisque la nature et l'art interviennent, plus ou moins, pour former, pour développer ou pour modifier chacune d'elles.

Nous laisserons de côté les signes purement artificiels et nous classerons les formes diverses du langage, de la ma-

nière suivante : 1° *Le langage des gestes et des jeux de physionomie;* 2° *le langage inarticulé ou le langage des cris ;* 3° *le langage parlé ;* 4° *le langage écrit.*

Le langage des gestes et des jeux de physionomie. — Un petit enfant pleure quand on le regarde avec une figure irritée ; s'il commence à marcher, il a peur et pâlit, en approchant d'une corde qu'il prend pour un serpent, mais il rougit de plaisir quand il la saisit et qu'on lui permet d'en faire un jouet. Les pleurs, la rougeur, la pâleur sont le résultat de mouvements réflexes (ch. VII), qui manifestent sur la physionomie ce qui se passe en nous.

Quand un enfant est irrité contre un de ses camarades, il lui montre le poing en attendant qu'il puisse le frapper. Les carnassiers serrent les dents et relèvent les lèvres par le rictus, avant de s'élancer pour déchirer leur proie. Le chien se hérisse afin de paraître plus terrible, il montre les dents, relève la tête, esquisse les divers mouvements d'attaque et de défense qu'il exécutera quand il sera aux prises avec un adversaire. L'homme, qui autrefois se battait à la façon des animaux, fronce les sourcils, grince les dents et défie des yeux son adversaire avant de l'attaquer. Celui qui n'a pas mangé depuis longtemps exécute, devant des hommes dont il ne connaît pas la langue, les divers mouvements de la main, du bras et des mâchoires, nécessaires pour introduire les aliments dans la bouche et les faire arriver à l'estomac.

Toutes les émotions, tous les états intérieurs se traduisent primitivement au dehors par des mouvements réflexes qui donnent à la physionomie telle ou telle apparence, au corps telle ou telle attitude, qui font produire aux membres tel ou tel geste. L'individu qui les éprouve les associe dans son esprit aux mouvements de la figure ou des membres qui les ont accompagnés et quand il aperçoit ces mouvements chez un autre individu, il infère par analogie l'existence chez cet individu de l'état intérieur auquel il les a liés. Le chien qui a éprouvé une vive douleur quand il a été frappé, associe l'idée de cette douleur et la perception du mouvement par lequel son maître a levé le bâton pour le frapper ; il cherche à s'enfuir quand il voit de nouveau le bâton levé. L'enfant qui a senti la rougeur lui monter au visage quand il essayait de mentir, associe l'idée de mensonge et l'idée de rougeur subite : il croit que son camarade ment quand il le voit rougir en parlant.

Tous les faits psychologiques sont liés primitivement à des mouvements de la physionomie, du corps et des membres : une association s'établit dans l'esprit entre ces faits et ces mouvements ; les gestes et les jeux de physionomie deviennent les signes des états intérieurs et constituent un langage.

Avantages et inconvénients du langage des gestes et des jeux de physionomie. — L'Anglais, l'Allemand, le Russe, le sauvage, auxquels nous montrons le poing, comprennent, sans savoir ce que nous disons, que nous sommes irrités contre eux. Ils croient que nous souffrons lorsque nous pleurons ou gémissons ; que nous éprouvons du plaisir, quand nous rions. Le cheval, le chien ou le chat que nous flattons avec la main savent que nous sommes contents d'eux ; ils savent que nous sommes mécontents, quand nous levons le bâton ou le fouet. Le langage des gestes et des jeux de physionomie est donc une espèce de langue universelle qui nous met en communication avec tous nos semblables, et même avec quelques-uns des animaux supérieurs.

Les gestes que fait un homme désolé, les pleurs qu'il verse, l'air égaré de sa physionomie, nous révèlent sa douleur beaucoup mieux qu'un long discours. Les mouvements de la main, l'expression de la figure et des yeux chez un avare qui donne ou reçoit de l'argent, nous font connaître beaucoup mieux que tout ce qu'il pourrait nous dire, ce qui se passe en lui. Ils démentent même ses paroles, quand il essaie de nous donner le change sur ses véritables sentiments, comme la figure rougissante de l'enfant, son regard gêné, ses mains dont il ne sait que faire, nous indiquent que ce qu'il nous dit n'est pas la vérité. Les mouvements de la physionomie, du corps et des membres, expriment mieux et plus fidèlement que la parole les phénomènes sensitifs ou les émotions.

Les sauvages qui craignent de donner l'éveil à des ennemis toujours prêts à les surprendre, les soldats qui ne veulent pas révéler leur présence à des adversaires qui les cherchent, se communiquent, par leurs gestes ou par l'expression de leur physionomie, ce qu'il serait imprudent pour eux d'exprimer par la parole.

Mais on ne peut se servir de ce langage dans l'obscurité : nous savons que quelques peuplades sauvages, dont le langage comporte beaucoup de gestes mêlés à un petit nombre de mots, sont dans l'impossibilité de s'entretenir quand, pendant la nuit, ils sont obligés de ne pas allumer de feu par crainte des ennemis. En outre, il serait fort long, quelquefois même impossible de faire connaître par des gestes le nombre des objets ou des individus qu'on aurait comptés, et les jeux de physionomie ne peuvent exprimer que des pensées très simples. Quoique les mimes aient pu, chez les Romains, que les pantomimes puissent encore, de nos jours, traduire bon nombre d'actes et de pensées, il semble bien qu'il serait impossible, par ce seul langage, de faire comprendre une classification des animaux ou des plantes, une loi physique, un événement historique, un théorème de géométrie, en supposant même qu'on ait pu, sans le langage parlé ou écrit, acquérir des connaissances scientifiques.

Le langage des gestes et des jeux de physionomie constitue une langue universelle, commune aux hommes et aux animaux supérieurs, il exprime mieux et plus fidèlement que la parole les phénomènes affectifs, il nous permet de nous entretenir sans être entendus, mais il ne peut ni être employé dans l'obscurité ni exprimer la pensée complexe et scientifique.

Le langage inarticulé. — On trouve chez l'homme et les mammifères le larynx, tuyau cartilagineux, large et court qui débouche, d'un côté, dans le pharynx, et de l'autre, se continue avec la trachée. Il est tapissé intérieurement d'une membrane muqueuse formant vers le milieu deux replis qui constituent les cordes vocales ou ligaments inférieurs de la glotte; un peu plus haut se trouvent deux autres replis qui constituent les ligaments supérieurs; la glotte est l'espace compris entre les quatre replis. L'épiglotte est une soupape membraneuse qui s'élève et s'abaisse de manière à laisser libre ou à fermer le larynx. L'air qui vient du poumon fait exécuter aux cordes vocales des vibrations plus ou moins rapides, plus ou moins étendues, qui produisent des sons inarticulés, des cris plus ou moins puissants, plus ou moins aigus.

Le rugissement du lion n'est pas le même quand il est sur le point de déchirer sa proie ou quand il s'aperçoit qu'on lui a ravi ses petits. L'aboiement du chien nous indique s'il est joyeux ou s'il est irrité; le hennissement du cheval nous fait connaître s'il craint quelque danger ou s'il sent l'approche d'un animal de son espèce. L'homme exprime, par ses cris, la joie ou la douleur, la frayeur ou l'admiration, la plainte ou le ravissement, etc.

L'homme et les animaux expriment par des cris leurs diverses émotions, mais ils ne peuvent, par ce langage, en faire sentir toutes les nuances ni manifester au dehors la plupart des autres phénomènes psychologiques.

Le langage articulé. — La langue, les lèvres et le voile du palais, qui sont mobiles, modifient les sons de manière à en faire des articulations. Le corbeau, le geai, la pie, le merle, le perroquet, apprennent à prononcer des mots ou combinaisons de sons articulés. Les coucous d'Amérique et d'Europe, la huppe, emploient d'eux-mêmes de véritables sons articulés. Le chant du rossignol a pu être traduit en syllabes articulées. Enfin le loriot et certains oiseaux d'Amérique ont un chant composé de syllabes articulées dont la réunion forme des mots ayant un sens dans une langue humaine. Grâce à l'action des muscles du larynx qui raccourcissent ou allongent, tendent ou relâchent les cordes vocales, de la cavité buccale qui agit comme *résonnateur* et modifie le timbre, des lèvres, du palais, des narines, de la langue, qui modifient les sons eux-mêmes, l'homme a formé les *voyelles*. Puis il a combiné les voyelles avec les bruits qui les accompagnent, c'est-à-dire avec les consonnes, et il a ainsi formé les *mots*. Enfin il a combiné les mots de façons diverses et il a constitué les *langues*.

L'homme a formé les langues en modifiant les sons, en les réunissant avec les consonnes pour faire des mots et en combinant les mots entre eux.

Le langage écrit. — Au lieu de donner un nom à un objet et de prononcer ce nom pour éveiller l'idée de l'objet, on peut le représenter par le dessin, soit avec un crayon, soit avec une plume, soit avec un pinceau, soit avec un instrument tranchant qui permette de graver sur la pierre, sur le marbre, sur des os d'animaux, l'objet ou l'individu dont on veut parler. On obtient ainsi un signe *permanent* qui, en l'absence de celui qui l'a produit ou même longtemps après sa mort, fera penser ceux qui le verront à l'objet ou à l'individu représentés.

Si l'on se propose, non plus de représenter directement les objets, mais de rendre permanents les mots par lesquels on les a désignés, on essaiera de trouver un signe spécial pour chaque mot. Tantôt on dessinera une épée, c'est-à-dire l'objet lui-même, pour en donner un signe permanent; tantôt on représentera par plusieurs épées, disposées de façons différentes, une guerre, une défaite, une victoire (*Marion* *). On aura alors une écriture *idéographique* comme celle des Chinois.

Mais on pourra remarquer que tous les mots sont formés d'un petit nombre de sons ou de syllabes diversement combinées. Dès lors on cherchera, après avoir déterminé les sons élémentaires qui, par leurs combinaisons, nous donnent tous les mots, un signe spécial pour chacun d'eux, on réunira plusieurs de ces signes, de manière à exprimer les différentes syllabes qui composent un mot. Ainsi les Égyptiens représentaient d'abord le soleil, qu'ils appelaient *rhâ*, en traçant un rond : le rond fut employé ensuite pour exprimer le son *rhâ* et servit à représenter cette syllabe dans tous les mots où elle se trouvait. On a ainsi une écriture *phonétique* (*du grec phônê. = son ou voix*) et *syllabique* comme celle des Japonais.

Enfin, on pourra décomposer les syllabes et constater que les mêmes éléments entrent dans différentes syllabes. Puis, après avoir déterminé les éléments dont la combinaison forme toutes les syllabes, on choisira un signe ou une *lettre* pour chacun d'eux : on représentera tous les mots avec un nombre limité de caractères. On aura une écriture *phonétique* et *alphabétique* comme dans le français, l'allemand, l'anglais et la plupart des langues des peuples civilisés.

Le dessin et l'écriture nous fournissent des signes permanents pour représenter les objets et en éveiller l'idée.

L'écriture idéographique a un signe spécial pour représenter chaque mot ; l'écriture phonétique ne représente que les sons dont il est composé, elle est syllabique ou alphabétique.

Les éléments constitutifs des idées et des mots, le langage extérieur et le langage intérieur. — Un enfant entend résonner une cloche : par l'intermédiaire du nerf acoustique, les vibrations sont transmises au centre auditif et conservées par les cellules. Il la voit et l'impression est transmise par le nerf optique au centre de la vision ; il la touche et il a la perception de sa forme et de sa résistance. L'association des images auditive, visuelle et tactile lui donne l'idée de la cloche (ch. III). Puis on prononce plusieurs fois le mot *cloche* devant lui : l'impression est transmise au centre auditif et il acquiert l'image auditive du mot. Il essaie ensuite de prononcer le mot lui même. Il exécute un certain nombre de mouvements du larynx, de la bouche, des lèvres, etc., et acquiert la mémoire motrice du mot. Il apprend à lire : l'image visuelle du mot s'ajoute à la mémoire motrice. Il apprend à écrire : les mouvements de la main, des doigts, qu'il exécute pour copier le mot, en créent à leur tour une mémoire graphique.

De même que les perceptions élémentaires s'associent pour former l'idée de cloche, les perceptions élémentaires qui suivent l'audition, la lecture, l'articulation, l'écriture du mot s'associent entre elles. Les unes et les autres s'associent ensuite toutes ensemble et la réapparition de l'une appelle la réapparition des autres. Quand nous lisons le mot *cloche*, nous réveillons les perceptions auditives, visuelles, tactiles, que nous a données autrefois la cloche, les perceptions que nous avons eues en entendant, en prononçant ou en écrivant le mot, et en même temps nous avons la vision actuelle du mot lui-même. Quand nous entendons, lisons, prononçons ou écrivons les mots, le langage est *extérieur*. Quand nous rappelons le mot, ses éléments constitutifs et les éléments constitutifs de l'idée qu'il sert à exprimer, le langage est *intérieur*. On peut établir, entre les deux espèces de langage, la même différence qu'entre la perception actuelle d'une des qualités d'un objet, qui rappelle à notre souvenir les autres qualités autrefois aperçues et le souvenir pur et simple, qui suppose le réveil des perceptions autrefois associées.

Le mot comprend, pour celui qui en a une notion exacte, les éléments constitutifs de l'idée, associés avec les images que produisent en nous la vision, l'audition, la prononciation, l'écriture.

Le langage est extérieur quand le rappel de tous ces éléments est provoqué par l'audition, la vision, la prononciation ou l'écriture du mot; il est intérieur quand tous ces éléments associés se présentent groupés autour de l'un d'entre eux, évoqué par notre souvenir.

Les langues, leurs éléments constitutifs, leurs classifications. — Lorsque nous disons d'un homme qu'il connaît la langue française, nous entendons par là, qu'il sait comment s'écrivent et ce que signifient exactement la plupart des mots que renferme le *dictionnaire* (*noms communs et noms propres, adjectifs et pronoms, verbes et par-*

ticipes, adverbes et *conjonctions, prépositions* et *interjections*) ; qu'il a appris la *grammaire*, c'est-à-dire les règles d'accord des noms, des adjectifs et des verbes, la conjugaison des verbes, etc., qu'il connaît enfin la *syntaxe*, c'est-à-dire la manière dont il faut ranger les mots en propositions et les propositions en phrases.

Les philologues ont remarqué que les terminaisons ajoutées aux noms, aux adjectifs et aux verbes pour désigner le genre, le nombre, la personne, le mode et le temps sont elles-mêmes des mots ou des restes de mots ajoutés au mot principal, que le futur du verbe aimer, par exemple, se compose de l'infinitif auquel on a joint l'indicatif présent du verbe avoir (*j'aimerai = j'ai à aimer*). Ils ont établi qu'on ne peut expliquer le français actuel sans remonter, à travers la Renaissance et le moyen âge, jusqu'au latin populaire. Ils ont montré qu'il en est de même pour l'italien et l'espagnol : ils ont appelé le latin une *langue mère*, l'italien, l'espagnol, le français des langues *dérivées* et *sœurs*. Puis ils ont trouvé entre le latin, le grec et le sanscrit * la même parenté qu'entre le français, l'italien, l'espagnol ; ils ont cherché à reconstituer les mots de la langue qui aurait été la mère du sanscrit *, du latin et du grec ; ils en ont ramené tout le vocabulaire à quatre ou cinq cents monosyllabes ou *racines* dont la combinaison donne tous les mots de la langue primitive. Ces mots, en se transformant d'après des lois déterminées, ont donné à leur tour les mots latins, grecs et sanscrits *.

Partant de cette réduction possible de tout le vocabulaire des langues à un nombre limité de racines, ils ont classé toutes les langues en trois grands groupes. Certaines langues n'ont ni grammaire ni syntaxe et ne font que placer les mots-racines les uns à côté des autres, ce sont les langues *monosyllabiques* ou *isolantes*. D'autres forment chaque mot avec une racine principale qui en indique la signification essentielle, et avec une ou plusieurs racines accessoires qui font connaître les relations et les manières d'être de la première : ce sont les langues *agglutinantes* et *polysyllabiques*. Enfin, d'autres langues fondent les racines de telle manière qu'aucune d'elles ne conserve sa forme primitive : ce sont les langues à *flexions* ou *amalgamantes*.

En se plaçant à un point de vue généalogique, les philologues ont donné une autre classification des langues. Ils ont formé, avec les langues *aryennes* ou *indo-européennes*, une première famille, dans laquelle rentrent le groupe indien (*sanscrit*, bengali**), le groupe iranéen* (*zend*, persan*), le groupe italique (*latin, osque*, ombrien, langues d'oïl et d'oc*, etc.), le groupe celtique (*kymrique*, gaélique**), le groupe illyrien et hellénique (*dorien, éolien*, etc.), le groupe windique* (*ancien prussien, slave*), le groupe teutonique (*gothique, haut-allemand, anglo-saxon*, etc.) Dans une seconde famille se placent les langues *sémitiques**, comprenant le groupe araméen*, (*syriaque et chaldéen*), le groupe chananéen (*hébreu et phénicien*), le groupe arabe (*éthiopien*). La troisième famille comprend les langues *touraniennes*, le chinois le thibétain, le turc, le finnois, le samoyède*, etc.

Enfin on a encore classé les langues, en tenant compte de la manière dont sont exprimés le sujet, le verbe, les relations de temps, de modes, de voix. Le latin exprime par un seul mot, *amabor*, ce que le français exprime par trois mots, *je serai aimé*, et l'allemand par quatre, *Ich werde geliebt werden ;* le latin est une langue *synthétique*, le français et l'allemand sont des langues *analytiques*.

Pour connaître une langue comme le français, il faut en avoir étudié le vocabulaire, la grammaire et la syntaxe. Les langues sont mères ou primitives, dérivées ou sœurs. Le vocabulaire des langues mères peut se ramener à un petit nombre d'éléments ou racines : on en compte quatre à cinq cents pour la langue mère commune du sanscrit*, du latin et du grec.

Les langues, d'après le rapport des mots avec les racines, sont monosyllabiques ou isolantes, agglutinantes et polysyllabiques, à flexions ou amalgamantes.

Elles se divisent, à un point de vue généalogique, en trois groupes : les langues aryennes ou indo-européennes, les langues sémitiques* et les langues touraniennes*.

Enfin elles sont synthétiques ou analytiques.

Acquisition du langage parlé et écrit par l'enfant. — L'enfant qui souffre, pleure et crie spontanément aux premiers temps de sa naissance ; mais bientôt il se sert des cris et des pleurs comme d'un moyen pour obtenir ce qu'il désire. Il gazouille spontanément et répète un certain nombre de sons auxquels il n'attache encore aucune signification ; il exerce ses cordes vocales en même temps qu'il s'exerce à toucher, à voir, à entendre, à mettre en mouvement ses bras et ses jambes. On lui montre un canard en le nommant et il répète le mot. Mais il n'a pas encore formé d'une manière exacte l'association des qualités que nous percevons dans le canard, et dès qu'il retrouve l'une de ces qualités, il répète le mot sans s'occuper de savoir si les autres y sont jointes : tous les oiseaux sont des canards, une monnaie sur laquelle il y a un aigle est elle-même un canard. De même il appelle bébé, quand on a ainsi désigné l'Enfant-Jésus d'une Sainte-Famille, tous les portraits de vieillards et d'enfants, les glaces, les cadres vides. Peu à peu ses perceptions deviennent plus nettes et plus précises ; il les associe entre elles de manière à se former une idée exacte de l'objet ; il les associe avec les images auditives et motrices qui constituent pour lui le mot : sa pensée et son langage se perfectionnent simultanément.

Plus tard, il apprend à lire, l'image visuelle se joint aux images auditives et motrices ; mais il lui arrive souvent d'apprendre des mots dont il n'a aucune idée, parce qu'il n'a eu aucune des perceptions dont l'association constitue l'idée. Il lit, dans la Fontaine, la fable des *Grenouilles qui demandent un roi*; il retient le nom de la grue, c'est-à-dire qu'il en associe les images visuelles, auditives et motrices, mais il peut n'avoir aucune des perceptions particulières dont la réunion forme l'idée de grue. Il n'a appris qu'un mot vide de sens. Si on lui dit que c'est un oiseau muni de longues pattes et d'un long bec, il se fait déjà une certaine idée de l'animal. Son idée devient plus nette s'il regarde une grue dessinée ou empaillée, s'il voit passer en l'air une troupe de grues, s'il peut en examiner de près quelques-unes au Jardin des Plantes.

Il se met enfin à écrire et joint une image graphique aux images auditives, visuelles et motrices.

Ainsi il acquiert des mots dont il associe les éléments constitutifs aux perceptions élémentaires dont se composent les idées simples. Plus tard, ou même simultanément, il acquiert les mots qui lui servent à exprimer le résultat de l'abstraction, de la comparaison, de la généralisation, du jugement et du raisonnement (ch. v) ; mais, c'est alors surtout qu'il lui arrive de réunir tous les éléments visuels, auditifs, moteurs et graphiques du mot sans avoir aucun des éléments que suppose l'opération dont le mot enregistre le résultat. Un enfant pourra très bien lire, réciter et écrire le vers de la Fontaine : *Qui ne fait châteaux en Espagne ?* savoir même ce que c'est qu'un château et ce que c'est que l'Espagne, sans comprendre ce que veut dire le vers. L'expérience lui fera connaître peu à peu les éléments que supposent les résultats de toutes ces opérations ; sa pensée s'enrichira et les mots, les propositions, les phrases cesseront d'être pour lui vides de sens.

L'enfant exerce les organes vocaux en produisant des sons sans signification ; il répète les mots qu'il a entendus et en associe les images motrices et auditives avec les perceptions élémentaires ou complexes dont la réunion forme une idée simple, générale ou abstraite, un jugement ou un raisonnement ; il lit, écrit et ajoute des images visuelles et graphiques aux images motrices et auditives ; il associe graduellement les éléments de la pensée aux éléments des mots.

Origine du langage. — Les métaphysiciens cherchent comment les hommes sont entrés en possession des langues. M. de Bonald[*], considérant surtout la complexité de nos langues actuelles, a cru que l'homme est incapable de les créer et que Dieu a dû lui donner une langue directement et par révélation. M. Max Müller[*], se bornant à considérer les racines, a cru que l'homme possédait primitivement une faculté spéciale de créer des mots, qui a disparu peu à peu parce que chaque génération, recevant sa langue toute faite de ses pères, a cessé d'en faire usage. D'autres philosophes, partant de l'acquisition du langage par l'enfant, ont affirmé que les langues avaient été créées par les hommes avec les facultés qu'ils possèdent encore actuellement. Les partisans de la théorie de l'évolution ont soutenu, en rapprochant l'homme des animaux, que les ancêtres de l'homme ont commencé par émettre des sons musicaux analogues à ceux que produisent les oiseaux chanteurs, qu'ils ont acquis ainsi, grâce à leur tendance à l'imitation, la souplesse nécessaire à la fixation des premiers sons articulés, que les interjections, les onomatopées * ont été les premiers rudiments dont le développement, œuvre de toutes les générations successives, a produit nos langues actuelles.

Rapport du langage parlé ou écrit et de la pensée. — Si nous considérons la langue française, nous voyons qu'elle exprime les idées simples ou individuelles, générales, concrètes ou abstraites, par des noms propres, communs, généraux ou abstraits, par des adjectifs; les jugements, par des propositions dans lesquelles le verbe unit l'attribut au sujet; les raisonnements, par des propositions entre lesquelles les conjonctions mettent des rapports de subordination ou de coordination. Les prépositions expriment les rapports des mots entre eux; les terminaisons des noms, des adjectifs, des verbes, des participes, des pronoms, font connaître le nombre, le genre, la personne, le mode, le temps, les rapports des idées exprimées par ces mots. La langue française exprime donc toutes les formes de la pensée.

De plus, nous pouvons, en parlant, faire connaître par nos intonations, par nos gestes, nos jeux de physionomie, les diverses émotions dont notre pensée est accompagnée. La place que nous donnons aux mots, l'emploi de certains modes (impératif, optatif), les inversions, nous permettent d'arriver à des résultats analogues, quand nous écrivons. La langue française nous permet ainsi d'*incarner* (Cardaillac *) notre pensée.

Le langage parlé ou écrit est l'expression, l'incarnation de la pensée.

Avantages et inconvénients du langage parlé ou écrit. — Cette forme du langage nous permet de communiquer à nos semblables tout ce qui se passe en nous d'une façon plus complète, plus précise et plus exacte que par le langage des gestes, des jeux de physionomie et des cris. Elle nous met aussi à même de savoir ce qui se passe en eux et rend possibles toutes les relations sociales. En outre, nous pouvons, grâce au langage écrit, connaître ce qu'ont pensé nos prédécesseurs et profiter des progrès qu'ils ont réalisés.

Mais le langage parlé ou écrit nous rend peut-être encore un plus grand service en donnant à notre propre pensée une perfection plus grande. Quand nous avons perçu la couleur, la forme, l'odeur d'une rose, nous nous servons d'un mot spécial *rouge*, *agréable* etc., pour désigner chacune des perceptions qui résultent de l'analyse faite par nos sens; d'un autre mot *rose*, pour désigner l'objet dans lequel nous avons trouvé par l'analyse ces diverses perceptions. De même, quand nous voulons considérer à part chacune des qualités qui coexistent dans un individu ou dans un objet, quand nous voulons dresser la liste des qualités que nous trouvons dans Pierre, Paul, Jacques, etc., nous nous servons d'un mot pour désigner chacune d'elles et nous ne sommes pas ainsi exposés à oublier ou à ne plus percevoir séparément la première quand nous sommes arrivés à la dixième. Les listes, comprenant autant de mots que nous avons perçu de qualités distinctes, peuvent être facilement comparées; nous formons alors une nouvelle liste dans laquelle n'entrent que les qualités figurant dans toutes; nous réunissons les qualités communes aux individus, nous en faisons la synthèse et nous constituons l'idée générale. Un nom commun sert à fixer le résultat de la synthèse, dont les éléments seraient bientôt perdus sans ce lien; il laisse l'esprit libre de former de nouvelles idées générales. Supposez que nous n'ayons pas de mot pour représenter les qualités que renferme l'idée *homme* et l'idée *mortel*, notre esprit serait impuissant à les embrasser toutes d'un seul coup d'œil pour les comparer : le jugement serait impossible ou du moins fort difficile. Il en serait de même du raisonnement, qui suppose tout à la fois la comparaison des jugements, la comparaison de chacune des idées qui constituent ces jugements, la synthèse des qualités communes à chacun des individus désignés par ces idées, l'analyse par abstraction des qualités propres aux individus (ch. v). Nous ne pourrions établir de classification, si nous n'avions pas de signes ou de mots pour réunir les qualités communes aux tigres, aux hyènes, aux léopards (carnivores), les qualités communes aux carnivores et aux herbivores (quadrupèdes), etc. Le langage est un instrument d'*analyse* et d'*abstraction*, de *synthèse* et de *classification*.

Essayez de conserver l'image nette et distincte de trois cents personnes que vous connaissez, vous aurez grand'peine à y réussir. Réunissez, si vous le pouviez sans l'aide des mots, toutes les idées que comporte l'idée générale de vertu, il vous sera à peu près impossible, sans un signe ou un mot, de les conserver et de vous les rappeler à l'occasion. Le langage est un instrument *mnémotechnique*.

Examinons les inconvénients de cette forme de langage. Dans nos rapports avec nos semblables, nous pouvons être trompés, parce qu'ils nous tiendront un langage qui ne sera en aucune façon l'expression de leurs idées ou de leurs sentiments, parce qu'ils se serviront de mots sous lesquels ils placeront d'autres idées que celles que nous y attachons nous-mêmes. De là des équivoques (les mots *bonheur* et *heureux*), des discussions stériles ou sans résultat possible.

En outre, les mots ne sont des instruments utiles d'analyse et de synthèse, d'abstraction et de classification que si les images visuelle, auditive, motrice, et graphique de chacun d'eux sont associées à toutes les perceptions élémentaires qui constituent l'idée simple, à toutes les idées simples qui entrent dans l'idée générale, aux jugements qui constituent un raisonnement, aux caractères propres à chacun des groupes qui entrent dans une classification. La facilité à retenir les mots peut nous amener à croire qu'il suffit de les connaître pour connaître les choses et nous faire oublier qu'ils sont les *signes* d'une idée acquise, d'un jugement réfléchi, d'un raisonnement dont toutes les parties ont été bien examinées, etc. Le langage, qui ne doit être que l'instrument de la pensée, qui ne doit qu'en exprimer les résultats, se substitue à la pensée et à la réflexion, en nous faisant croire que nous avons acquis les idées, parce que nous avons acquis les mots.

Le langage parlé ou écrit nous met en relations avec nos contemporains et nos prédécesseurs ; il est pour nous un instrument d'analyse et d'abstraction, de synthèse et de classification, un instrument mnémotechnique.

Mais il permet à nos semblables de nous tromper ; il crée les équivoques, les discussions stériles ; il peut nous conduire à une ignorance présomptueuse, en nous laissant croire que nous avons acquis les idées quand nous avons acquis les mots.

Les maladies du langage. — Les images auditives, motrices, visuelles et graphiques n'existent pas chez tous les individus, puisque les illettrés n'ont pas les deux dernières espèces, elles apparaissent successivement chez le même individu et chacune d'elles peut prendre en lui une puissance plus ou moins grande. Certaines maladies amènent la disparition totale de l'une de ces catégories d'images, en laissant subsister toutes les autres et les idées auxquelles elles ont été associées. Un individu qui a perdu complètement l'usage de la parole (*aphasie* * *motrice*) écrit en bons termes et d'une main assurée l'histoire détaillée de sa maladie ; un autre, qui a conservé la parole, qui lit l'écriture cursive ou imprimée, est incapable d'écrire (*agraphie* *) ; une autre personne demeure capable de lire, d'écrire, de parler, mais elle ne comprend plus les mots qu'elle entend prononcer (*surdité verbale*) ; une autre écrit, parle et comprend les mots, mais ne peut les lire (*cécité verbale*).

Lorsque la maladie poursuit son cours, elle arrive à détruire toutes les images, visuelles, auditives, motrices et graphiques dont la réunion constitue les mots, puis le langage inarticulé ; enfin, les gestes eux-mêmes (*Ribot* *).

Si l'on considère l'ordre dans lequel se produit la perte des mots dans l'aphasie générale, on trouve que les noms propres disparaissent d'abord, ensuite ce sont les noms communs, puis les adjectifs et les verbes. Si l'individu sait plusieurs langues, il perd d'abord celle qu'il a apprise la dernière et ne perd qu'en dernier lieu sa langue maternelle.

D'autres maladies ont pour résultat de rappeler une langue complètement oubliée.

Les maladies du langage sont l'aphasie* motrice, l'agraphie*, la cécité et la surdité verbales. Après les mots, on perd le langage inarticulé et le langage des gestes. Les mots disparaissent dans l'ordre suivant : noms propres, noms communs, verbes et adjectifs; les langues, dans un ordre inverse de celui de leur acquisition.

RÉSUMÉ

Qu'est-ce qu'un signe ? — Un signe est un phénomène sensible qui nous fait connaître un autre phénomène qui ne tombe pas actuellement sous les sens ou qui ne peut jamais être perçu par eux.

Qu'est-ce qu'un langage ? — Un langage est un ensemble de signes qui servent à exprimer les faits psychologiques, pensées, volitions, sentiments et sensations, quelquefois à conserver plus ou moins longtemps le souvenir des phénomènes de cette espèce, qui disparaissent presque aussitôt après qu'ils ont été perçus par la conscience.

Comment peut-on classer les formes diverses du langage ? — On a classé les signes qui constituent les diverses formes du langage en artificiels ou conventionnels et en naturels; mais l'art intervient plus ou moins pour former, développer ou modifier les langages qui ne sont pas purement artificiels. Nous les classons donc de la façon suivante : 1° le langage des gestes et des jeux de physionomie; 2° le langage des cris; 3° le langage parlé; 4° le langage écrit.

Que savez-vous du langage des gestes et des jeux de physionomie ? — Tous les faits psychologiques sont liés primitivement à des mouvements de la physionomie, du corps et des membres : une association s'établit dans l'esprit entre ces faits et ces mouvements; les gestes et les jeux de physionomie deviennent les signes des états intérieurs et constituent un langage.

Quels sont les avantages et les inconvénients de ce langage?
— Il constitue une langue universelle, commune aux hommes et aux animaux supérieurs, qui exprime mieux et plus fidèlement que la parole les phénomènes affectifs, qui nous permet de nous entretenir sans être entendus, mais qui ne peut ni être employée dans l'obscurité ni exprimer la pensée complexe et scientifique.

Que savez-vous du langage inarticulé? — L'homme et les animaux expriment par des cris leurs diverses émotions, mais ils ne peuvent, par ce langage, en faire sentir toutes les nuances ni manifester au dehors la plupart des autres phénomènes psychologiques.

Que savez-vous du langage articulé? — L'homme a formé les langues en modifiant les sons, en les réunissant avec les consonnes pour en faire des mots et en combinant les mots entre eux.

Que savez-vous du langage écrit? — Le dessin et l'écriture nous fournissent des signes permanents pour représenter les objets et en éveiller l'idée. L'écriture idéographique a un signe spécial pour représenter chaque mot, l'écriture phonétique ne représente que les sons dont il est composé, elle est syllabique ou alphabétique.

Que savez-vous du mot et de l'idée, du langage extérieur et du langage intérieur? — Le mot comprend, pour celui qui en a une notion exacte, les éléments constitutifs de l'idée associés avec les images que produisent en nous la vision, l'audition, la prononciation, l'écriture du mot lui-même. Le langage est extérieur, quand le rappel de tous ces éléments est provoqué par l'audition, la vision, la prononciation ou l'écriture du mot; intérieur, quand tous ces éléments associés se présentent groupés autour de l'un d'entre eux, évoqué par notre souvenir.

Que faut-il étudier pour connaître les langues et comment les classe-t-on? — Pour connaître le français, il faut en avoir étudié le vocabulaire, la grammaire et la syntaxe. Les langues sont mères ou primitives, dérivées ou sœurs. Le vocabulaire des langues mères peut se ramener à un petit nombre d'éléments ou racines, on en compte 4 à 500 pour celle dont dérivent le sanscrit *, le latin et le grec. Les langues sont monosyllabiques ou isolantes, agglutinantes et polysyllabiques, à flexions ou amalgamantes; elles comprennent généalogiquement trois groupes, les langues aryennes ou indo-européennes, les langues sémitiques * et les langues touraniennes *; enfin elles sont analytiques ou synthétiques.

Comment l'enfant acquiert-il le langage parlé et écrit? — L'enfant exerce spontanément les organes vocaux en produisant des sons sans signification, il répète les mots qu'il a entendus et en associe les images motrices et auditives avec les perceptions élémentaires ou complexes dont la réunion forme une idée simple, abstraite ou générale, un jugement ou un raisonnement; il lit, écrit et ajoute aux images motrices des images visuelles et graphiques, il associe graduellement les éléments de la pensée aux éléments des mots.

Qu'ont pensé les métaphysiciens de l'origine du langage parlé ou écrit? — Les uns ont soutenu qu'il a été donné à l'homme par Dieu; d'autres, que l'homme l'a formé avec une faculté qu'il a perdue en cessant de l'exercer, d'autres, que l'homme l'a créé avec les facultés qu'il possède encore actuellement.

Que savez-vous des rapports du langage et de la pensée? — Le langage parlé ou écrit est l'expression, l'incarnation de la pensée.

Quels sont les avantages et les inconvénients du langage parlé ou écrit? — Il nous met en relations avec nos contemporains et nos prédécesseurs; il est pour nous un instrument d'analyse et d'abstraction, de synthèse et de classification, un instrument mnémotechnique. Mais il permet à nos semblables de nous tromper; il crée les équivoques, les discussions stériles; il peut nous conduire à une ignorance présomptueuse; en nous laissant croire que nous avons acquis les idées, quand nous avons acquis les mots.

Que savez-vous des maladies du langage? — Les maladies particulières du langage sont l'aphasie * motrice, l'agraphie *, la cécité et la surdité verbales. Après les mots, on perd le langage inarticulé et le langage des gestes. Les mots disparaissent dans l'ordre suivant : noms propres, noms communs, verbes et adjectifs; les langues, dans un ordre inverse de celui de leur acquisition.

DEVOIRS A TRAITER.

I. Comparer le langage des gestes et des jeux de physionomie, le langage inarticulé, le langage parlé et écrit.
II. Comment l'enfant arrive-t-il à exprimer ce qui se passe en lui?
III. Les langues.
IV. Les mots et les idées.
V. Les faits psychologiques et les formes diverses du langage.
VI. Avantages et inconvénients du langage parlé et écrit.
VII. Le rôle du langage parlé et écrit dans la vie sociale.

QUESTIONS A ÉTUDIER.

I. L'expression des émotions chez l'homme et chez les animaux.
II. Montrer que les mots sont nécessaires pour fixer dans l'esprit les idées abstraites.
III. Le langage articulé est-il sorti du langage inarticulé?
IV. Le langage a-t-il commencé par des onomatopées*?
V. Une science bien faite n'est-elle qu'une langue bien faite? (*Condillac**.)
VI. Exposer la naissance, la vie et la mort des mots, par des exemples empruntés à la langue française. (*Darmesteter**.)
VII. Le langage intérieur.
VIII. Les maladies du langage.
IX. L'origine du langage.
X. La psychologie et la langue de Racine.
XI. La langue de l'algèbre et de la chimie.
XII. Les indications que fournit à la psychologie l'étude des langues (ch. 1).
XIII. La langue du raisonnement. (*Condillac** et *Laromiguière**.)

QUESTIONS POSÉES.

I. Origine du langage. (Bac. ès lettres.)
II. Comment peut-on faire servir l'étude de la grammaire au développement de l'intelligence? (Brev. sup., Écoles normales).
III. Comment l'étude des langues et des littératures anciennes et modernes peut-elle nous faire connaître l'état intellectuel et moral des peuples qui les ont parlées ou créées? (Bac. ès lettres.)
IV. Comment peut-on faire servir l'étude de la littérature à l'enseignement de l'histoire et à la formation du caractère? (Sèvres, Brevet sup., Écoles normales.)
V. Les formes diverses du langage et les faits psychologiques qu'ils expriment. (Écoles normales, Enseig. sec. des jeunes filles.)
VI. Le rôle de la parole et de l'écriture dans la vie individuelle et sociale. (Enseig. sec. des jeunes filles, Écoles normales, Bacc. ès lettres.)

Conseils pédagogiques. — Etudier de près, chez chaque enfant, le langage des gestes et des jeux de physionomie, pour se faire une idée exacte de son état psychologique, une idée nette de ce qu'on peut lui dire pour être compris et écouté. — Suivre chaque jour le développement de l'intelligence, de la sensibilité et de la volonté chez les jeunes enfants. — Étudier de même la formation du langage articulé, depuis le moment où l'enfant passe du cri au son articulé, jusqu'au moment où il apprend à lire et à écrire. — Examiner la manière dont il apprend une langue étrangère. — Tenir compte des constructions dans lesquelles il suit l'analogie au détriment de la grammaire et du vocabulaire (un *glanier* au lieu d'un chêne, je m'*ai* fait au lieu de je me *suis* fait du mal.) — Examiner la facilité avec laquelle il conserve les images auditives, visuelles, motrices et graphiques des mots, se servir de celles d'entre elles qu'il acquiert le mieux pour lui faire acquérir les autres. — Ne pas oublier que l'enfant n'a pas acquis les éléments de l'idée quand il a acquis les éléments du mot; qu'il répète à peu près comme un perroquet les mots qu'il entend, lit ou écrit, si l'on n'a pas le soin de lui faire acquérir en même temps les éléments de l'idée en lui montrant, en lui faisant toucher les objets, en se servant de gravures, de livres à images, de collections, etc. — Ne pas oublier que si on lui fait répéter une leçon par cœur, on ne lui apprend que des mots, auxquels il faut, pour qu'il ait réellement acquis des connaissances, ajouter les idées simples ou complexes, les jugements et les raisonnements que ces mots expriment. — Ne jamais passer un mot sans s'assurer qu'il a été compris.

BIBLIOGRAPHIE

Marion, *Leçons de psychologie*, leçons 42, 43.
Taine, *l'Intelligence*.
Ribot, *Psychologie anglaise*.
Ribot, les *Maladies de la mémoire*.
Wundt, *Éléments de psychologie physiologique*.
G. Ballet, le *Langage intérieur*.
V. Egger, la *Parole intérieure*.
Preyer, l'*Ame de l'enfant*.
Pérez, les *Trois premières années de l'enfant*.
Pérez, l'*Enfant de 3 à 7 ans*.
Condillac, *Logique*.
Condillac, *Art de penser*.
Condillac, *Art d'écrire*.
Condillac, *Grammaire*.
Condillac, la *Langue des calculs*.
D. de Tracy, *Éléments d'Idéologie*, part. 1, 2 et 3.
Degérando, les *Signes et l'art de penser*.
Cardaillac, *Études élémentaires de philosophie*.
Laromiguière, *Leçons de philosophie, Discours sur la langue du raisonnement, Paradoxes de Condillac*.
A Brachet, *Grammaire historique de la langue française*.
Stricker, le *Langage et la musique*.
Zaborowski, l'*Origine du langage*.
Darwin, l'*Expression des émotions*.
Lemoine, la *Physionomie et la parole*.
Mantegazza, la *Physionomie et l'expression des sentiments*.
Max Müller, la *Science du langage*.
Max Müller, *Nouvelles leçons sur la science du langage*.
Whitney, la *Vie du langage*.
Espinas, les *Sociétés animales*.
Michel Bréal, *Mélanges de linguistique*.
A. Darmesteter, la *Vie des mots*.

Renan, l'*Origine du langage*.
Paul Janet, *Traité élémentaire de philosophie*.
Duhamel,*Des méthodes dans les sciences de raisonnement*.

Stuart Mill, *Système de logique déductive et inductive*.
Dictionnaire philosophique, art. Signes.
F. Picavet, *Traité des sensations de Condillac*, introduction.

CHAPITRE IX

LE PHYSIQUE ET LE MORAL, L'HOMME ET L'ANIMAL.

SOMMAIRE.

Le physique et le moral. — Influence du physique sur le moral. — Influence du moral sur le physique. — Matérialisme et spiritualisme. — L'homme civilisé et les animaux supérieurs. — L'homme et l'animal.

Le physique et le moral. — Le physiologiste examine dans l'homme des phénomènes de nutrition, de digestion, de respiration, de circulation, des phénomènes cérébraux, qu'il peut saisir au moyen des sens ou des instruments qui viennent en aide aux sens. Ces phénomènes s'expliquent en grande partie, quant à la manière dont ils se produisent, comme les phénomènes de la matière inorganique : la transmission de l'impression, depuis la périphérie jusqu'au centre cérébral, peut être comparée à la transmission télégraphique ; la respiration, à une combustion ; la digestion est une série de décompositions chimiques. Ces phénomènes constituent, avec les organes qui les produisent, ce que l'on appelle le *physique* de l'homme.

Le psychologue trouve dans l'homme des phénomènes intellectuels, des phénomènes sensitifs, des faits d'activité et de langage, qui échappent aux sens et ne peuvent être saisis que par la conscience. Ces phénomènes constituent la vie intellectuelle et morale ; ils forment ce que l'on appelle le *moral* de l'homme.

Les phénomènes physiologiques forment la vie physique, les phénomènes psychologiques, la vie morale de l'homme. L'individu est constitué par la réunion du physique et du moral.

Influence du physique sur le moral. — Si l'on considère un individu pendant les diverses périodes de son existence, on verra que, dans l'enfance, les muscles et les nerfs sont très mobiles, le cerveau très actif ; en même temps, les impressions sont très mobiles, les passions vives, les habitudes, faciles à contracter. Dans la jeunesse, le système nerveux et les organes musculaires acquièrent leur plus grande puissance; les passions sont impétueuses, les idées hardies, l'espérance très vivace. Avec l'âge mûr, se ralentissent les mouvements vitaux, apparaissent la circonspection et la sagesse, l'ambition et le calcul. Enfin, dans la vieillesse, les fonctions organiques languissent et dégénèrent, les facultés intellectuelles s'affaiblissent, le caractère devient de plus en plus timide et défiant. Les changements amenés par l'*âge* dans le physique ont été accompagnés de changements correspondants dans le moral.

Examinez un homme bien portant, rendez-vous un compte exact de ses facultés et de son caractère, de manière à pouvoir prédire ce qu'il fera dans telle ou telle circonstance déterminée, vous serez tout surpris de voir ensuite qu'une *maladie*, en attaquant le physique, a changé le moral, a affaibli certaines facultés, en a surexcité d'autres et a modifié quelquefois du tout au tout le caractère. Une fièvre typhoïde fera perdre la mémoire, une paralysie générale fera acquérir, quand elle commence, une puissance singulière aux facultés intellectuelles; les maladies hypocondriaques donneront un caractère de fixité, d'opiniâtreté aux idées, aux penchants, aux déterminations, développeront les passions tristes et craintives, disposeront à l'attention et à la méditation, amèneront la démence, la fureur ou l'imbécillité.

On distingue en physiologie un certain nombre de tempéraments, qui résultent de différences dans la constitution des organes et dans l'accomplissement des fonctions. Le tempérament sanguin est la conséquence du développement de la poitrine, du poumon et du cœur; il est accompagné chez l'individu de dispositions intellectuelles, douces, aimables et légères. Quand le tempérament est bilieux, le développement de la poitrine, du poumon et du cœur est joint à celui du foie, qui fournit une grande quantité de bile : on trouve alors chez l'individu des dispositions violentes et ardentes, un sentiment habituel de malaise et d'inquiétude. La différence du *tempérament* amène la différence des facultés intellectuelles et morales.

Si vous examinez l'organisation de l'homme et celle de la femme, vous y trouverez des différences anatomiques et physiologiques considérables. L'homme a les muscles plus forts, le système nerveux plus vigoureux, l'intelligence plus forte, la sensibilité moins vive. La femme a les muscles plus mous, le système nerveux plus faible, l'intelligence plus vive, la sensibilité plus développée. La différence de *sexe* entraîne des différences dans l'organisation physique et des différences dans la constitution intellectuelle et morale.

On peut encore considérer le régime ou l'ensemble de nos habitudes physiques. L'air est absolument nécessaire à notre existence; s'il est trop léger, il amène des troubles dans la respiration, des embarras de tête qui ont pour suite une grande difficulté de penser et une sorte de dégoût général; si la pesanteur de l'air augmente graduellement, les mouvements deviennent plus faciles, les fonctions s'exercent plus librement, le travail de la pensée se fait aisément, l'espérance embellit toutes choses. S'il est trop chaud, la force musculaire ne suit pas le développement du système sensitif, les âmes sont vives et ardentes, livrées à tous leurs désirs, tournées vers l'exagération et le merveilleux, capables de réussir dans l'éloquence, la poésie et les arts d'imagination. S'il est d'ordinaire très froid et qu'il n'amène pas la mort, il faut que les individus se meuvent beaucoup, qu'ils consomment beaucoup d'aliments; il en résulte pour eux une grande force musculaire, mais en même temps une sensibilité émoussée, une réflexion peu développée. D'une façon générale les divers aliments, auxquels l'homme s'habitue d'ailleurs, produisent sur lui des effets différents ; les substances animales ont une action plus stimulante, la graisse et l'huile des poissons amènent l'engorgement du système glandulaire, les maladies lépreuses avec leurs conséquences intellectuelles et morales. Les boissons ont aussi des effets divers : le vin et le café, pris modérément, excitent la circulation et donnent plus d'activité et de vivacité aux facultés intellectuelles ; la bière, prise en grande quantité, amène un grand développement du tissu adipeux, elle alourdit l'intelligence et enlève toute puissance à l'imagination. Le *régime*, c'est-à-dire l'air que nous respirons, les aliments et les boissons dont nous faisons notre nourriture, produit des différences dans l'organisation physique et dans la constitution intellectuelle et morale.

Les narcotiques, le haschisch *, l'opium, le tabac, l'alcool, produisent des effets plus marqués encore sur l'organisme et particulièrement sur le système nerveux qu'ils affaiblissent (*delirium tremens*), sur l'intelligence qu'ils dégradent, sur la volonté qu'ils suppriment. L'influence des *narcotiques*, s'exerçant sur le moral par l'intermédiaire du physique, est si grande qu'elle peut détruire les plus élevées des facultés qui le constituent.

Enfin le climat ou l'ensemble de toutes les circonstances naturelles et physiques, au milieu desquelles nous vivons dans chaque lieu, influe sur nos habitudes intellectuelles et morales : la différence des saisons amène des différences dans l'organisation physique, dans les tempéraments. Le climat détermine encore la plupart des maladies et le régime tout entier ; il agit sur les organes de la voix et par suite sur le caractère des langues. Pour toutes ces raisons, le *climat* exerce une grande influence sur le physique et, par son intermédiaire, sur le moral.

Si l'on se place à un autre point de vue, si l'on considère les facultés en particulier, on verra que la perception extérieure (ch. III) s'exerce d'autant mieux que les organes sont mieux constitués et que le système nerveux est lui-même en meilleur état. Il en est de même pour la mémoire et l'imagination (ch. v). D'une façon générale, on constate, en comparant les hommes entre eux, les animaux entre eux, ou les animaux et les hommes, que le développement de l'*intelligence* est en raison directe du degré de perfection qu'ont acquis chez l'individu le cerveau et le système nerveux, en raison de l'état de santé ou de maladie dans lequel se trouvent l'un et l'autre (ch. III, V, VIII).

Quant à la *sensibilité*, on peut remarquer que les hommes d'une forte constitution cherchent de préférence le plaisir dans des exercices violents, la chasse, la course, la guerre ; que ceux qui ont une constitution plus faible, le cherchent dans des exercices plus doux, la lecture, la réflexion, l'observation, etc. La différence de l'organisation et du tempérament amène un développement différent des inclinations, c'est-à-dire qu'elle produit des affections et des passions différentes chez les différents individus (ch. VI).

L'activité réflexe est purement organique, l'activité instinctive est liée à l'organisme : l'organisme d'un animal détermine son genre de nourriture, par suite son naturel ; le mouton, herbivore par sa constitution, est doux et sociable ; le tigre, essentiellement carnivore, est féroce. L'activité volontaire suppose les motifs ou idées, les mobiles ou désirs (ch. VII) ; elle dépend par cela même de l'état organique. Il en est de même de l'activité d'habitude, qui a son point de départ dans l'activité volontaire et qui se rapproche de l'activité instinctive (ch. VII).

Enfin le *langage* dépend directement de l'organisme, si l'on considère les mots et les images visuelles, auditives, graphiques et motrices qui les constituent (ch. VIII) ; il en dépend indirectement, si l'on considère les idées et les sentiments qu'il est appelé à exprimer.

L'âge, la maladie, le tempérament, le sexe, le régime et les narcotiques, le climat produisent dans l'organisme des différences, accompagnées de différences dans les facultés intellectuelles et morales.

L'intelligence, la sensibilité, l'activité, le langage sont liés dans leur développement au développement de l'organisme et du système nerveux.

Le physique agit puissamment sur le moral : on peut

déterminer les variations de l'un quand on connaît celles de l'autre.

Influence du moral sur le physique. — L'idée du bâillement provoque le bâillement, le souvenir d'un danger nous fait frissonner, la vue des aliments amène la salivation, qui accompagne d'ordinaire la mastication. L'idée d'un remède énergique, accompagnant un remède apparent (*eau pure*), suffit quelquefois au médecin pour guérir certaines maladies. La représentation mentale d'un objet tend à faire renaître tous les mouvements primitivement associés à la perception de cet objet (*Bain* *); elle peut même amener l'hallucination et la folie (ch. v).

La peur provoque des spasmes, des cris, des gémissements, des sanglots; elle accélère les mouvements du cœur, fait mouvoir la physionomie, les yeux, les membres et le corps tout entier; elle amène des changements de coloration, la sécrétion des larmes, des troubles organiques qui peuvent avoir pour conséquence la maladie ou même la mort. La joie, la colère, la crainte, en un mot tous les phénomènes affectifs, ont pour conséquences des mouvements et des modifications organiques qui portent sur la digestion, la circulation, la respiration, les mouvements cérébraux, etc.

Par l'attention, la volonté contraint l'organe et le système nerveux à ne transmettre à la conscience que certaines impressions : elle peut même nous empêcher de sentir d'abord certaines douleurs très vives, comme cela se produit sur le champ de bataille dans le cas de blessures graves. La volonté commande jusqu'à un certain point à l'organisme malade (le *comte de Fontaine*, *le maréchal de Saxe*) ou le préserve de la maladie en temps d'épidémie (*Goethe* *) : une volonté énergique, un caractère égal, assurent la régularité des fonctions et par suite contribuent au maintien de la santé.

Enfin si l'on considère le langage, on verra que le mot dont on se souvient tend à provoquer les mouvements qui ont été nécessaires pour le lire, pour l'écrire, pour l'entendre et surtout pour le prononcer : il n'est pas rare de rencontrer des gens qui parlent seuls, c'est-à-dire chez lesquels les idées, éveillant les mots, provoquent, à l'insu même de l'individu, les divers mouvements du larynx, des cordes vocales, etc., qui amènent la prononciation.

Les phénomènes intellectuels et sensitifs, les faits d'activité et de langage amènent dans certains cas la production de phénomènes physiologiques ou organiques; dans d'autres cas, ils en empêchent la production ou les modifient profondément.
Le moral exerce une grande influence sur le physique.

Matérialisme et spiritualisme. — Après avoir constaté l'influence du physique sur le moral et du moral sur le physique, après avoir étudié les phénomènes psychologiques et les phénomènes physiologiques, les métaphysiciens cherchent s'il y a, outre ces phénomènes, un être, c'est-à-dire une substance ou une cause qui serve à en expliquer la production. Les *positivistes* se refusent à répondre, parce qu'ils ne croient pas pouvoir résoudre la question, les *phénoménistes* répondent négativement; les *matérialistes* et les *spiritualistes* répondent affirmativement, mais diffèrent d'opinion sur la nature de l'être, dont ils admettent en commun l'existence.

Les matérialistes font appel à l'anatomie comparée, qui établit en comparant les hommes entre eux, les animaux entre eux ou les hommes et les animaux, que la perfection de la pensée est en raison directe de la perfection de l'organisation cérébrale; à la physiologie, qui montre que l'ablation des lobes antérieurs et supérieurs fait perdre à un pigeon ses instincts et sa faculté de perception, que la reconstitution de l'organe par la nutrition fait réapparaître en lui l'instinct et la perception extérieure; enfin, à la pathologie, qui établit que tous les troubles cérébraux sont accompagnés de troubles correspondants dans les idées, dans les sentiments, dans les volitions. Ils concluent par suite que les phénomènes psychologiques et les phénomènes physiologiques sont produits par une seule et même substance, que la pensée est une fonction de cerveau, que la *matière* et le *mouvement* suffisent à expliquer le monde moral comme le monde physique et vivant.

Les spiritualistes professent qu'il faut admettre une substance spirituelle, une et identique, absolument distincte par conséquent de la matière, pour rendre compte des faits psychologiques. Ils disent d'abord, qu'en acceptant les résultats fournis par l'anatomie comparée, la physiologie et la pathologie, on peut affirmer non, comme les matérialistes, que le cerveau est la cause nécessaire et suffisante de la pensée, mais qu'il est l'instrument actuellement nécessaire à l'âme pour la produire. Des deux conclusions possibles, les matérialistes choisissent arbitrairement la première. Il y a plus, ajoutent les spiritualistes, la conclusion qu'ils choisissent arbitrairement est inadmissible : la pensée est perçue par la conscience, elle n'est ni étendue, ni mesurable; le mouvement est perçu par les sens, il se produit dans l'espace, il peut être mesuré. La pensée n'est donc ni un mouvement, ni une transformation du mouvement. En second lieu, la pensée suppose un sujet essentiellement *un*, capable de réunir les idées qui constituent un jugement ou les jugements qui constituent un raisonnement (ch. v); un sujet *identique*, capable de se rappeler aujourd'hui ce qu'il a fait hier; enfin un sujet *libre*, responsable et capable de moralité. Or, le cerveau, comme le reste du corps, est composé d'une multitude de cellules; il est soumis au *tourbillon vital* qui le renouvelle tout entier au bout de 7 années environ; il est composé de matière et soumis, comme tout l'univers matériel, à des lois nécessaires; il n'est donc ni *un* ni *identique*. Le matérialisme supprime par conséquent la liberté, la responsabilité et la moralité. Enfin il supprime encore l'immortalité (ch. xxx). Pour toutes ces raisons, disent les spiritualistes, il faut admettre l'existence dans l'homme d'une âme distincte du corps, spirituelle, une, identique et libre, cause ou substance des faits psychologiques, qu'elle unit de manière à constituer l'individualité et la personnalité (ch. vii).

L'homme civilisé et les animaux supérieurs.
— En résumant les résultats auxquels nous a conduit l'étude de la psychologie, nous trouvons que l'homme civilisé est intelligent, sensible, actif, doué du langage et de la parole. Il acquiert des connaissances au moyen des sens (ch. iii), de la conscience spontanée qui lui fait connaître ce qui se passe en lui, de la conscience réfléchie qui lui donne les idées de cause, de substance, de fin, d'unité, d'identité et de durée, de la raison qui lui fournit les principes directeurs de la connaissance et les notions premières (ch. iv). Il les développe et en fait sortir tout ce qu'elles renferment, au moyen de l'attention, de l'abstraction, de la comparaison, de la généralisation, du jugement et du raisonnement; il les conserve et les combine d'une façon nouvelle, grâce à l'association des idées, à la réminiscence, à la mémoire, a l'imagination reproductrice et créatrice (ch. v).

Il a des inclinations personnelles qui ont rapport ou a physique ou au moral, ou à l'un et à l'autre ; des inclinations sympathiques et sociales, qui sont électives ou qui ont pour objet la famille, la patrie et l'humanité ; des inclinations supé rieures, qui donnent naissance à la science, à l'art, à la morale et à la religion. Il éprouve du plaisir quand l'une de ses inclinations est satisfaite, de la douleur quand elle est contrariée. Il aime, regrette, désire les objets qui lui ont fait éprouver du plaisir ; il a de la haine, du ressentiment, de la crainte, quand il pense aux objets qui lui ont causé de la douleur. Enfin il développe d'une manière exclusive et il pervertit certaines affections dont il fait des passions (ch. vi).

Il agit d'une manière réflexe et spontanée, il agit instinctivement, il agit après réflexion et délibération, il agit par habitude (ch. vii).

Enfin il a le langage des gestes et des jeux de physionomie, le langage inarticulé et la parole : il crée des langues et assure à sa pensée une durée indéfinie au moyen de l'écriture (ch. viii).

Les animaux supérieurs ont des sens aussi exercés et même plus exercés que les nôtres : le chien a un odorat plus parfait, les oiseaux de proie, une vue plus perçante, le lièvre, une oreille plus délicate ; le singe a l'odorat et le goût plus sûrs. Ils ont la conscience spontanée et savent qu'ils éprouvent du plaisir en mangeant, qu'ils courent après leur proie, qu'ils aperçoivent un ennemi, etc. Il ne semble pas qu'ils aient ni la conscience réfléchie, ni la raison, puisqu'ils n'ont ni sciences ni religions. Ils sont capables d'attention : on peut dresser le chien, l'éléphant, le singe à exécuter certains actes qu'ils ne sauraient accomplir à l'état sauvage. Ils peuvent faire des abstractions et des généralisations : le chien aboie contre les gens portant bâton et mendiant (La Fontaine). Ils font par suite quelques comparaisons et quelques jugements : le chien compare les différentes pistes laissées sur le sol par les animaux qui l'ont foulé ; il juge que l'une d'elles est bien celle de l'animal qu'il poursuit. Mais comme ils n'ont ni la parole, ni la raison, le nombre de leurs abstractions et de leurs généralisations est fort restreint (ch. VIII); ils ne sauraient faire de syllogismes ou trouver, par induction, des lois. Ils peuvent associer des idées : on dresse les animaux savants à indiquer l'heure en leur faisant associer un geste du dresseur et un nombre déterminé de coups à frapper avec le pied; on empêche les chats et les chiens de dérober la viande en associant en eux l'idée du larcin accompli et des coups reçus, etc. Ils ont dès lors l'imagination reproductrice : les chiens, les oiseaux rêvent et aboient ou crient, ils exécutent même certains mouvements sans se réveiller. Ils ont la mémoire et se souviennent des phénomènes qui se sont produits en eux : le chien reconnaît le maître qu'il n'a pas vu depuis longtemps, le cheval et l'âne reconnaissent les cabarets où leur conducteur s'est arrêté.

Les animaux supérieurs ont des inclinations personnelles, des inclinations électives qui les portent vers d'autres animaux ou même vers l'homme (ch. VI); ils ont une famille et élèvent leurs petits; ils se réunissent en sociétés pendant un certain temps (loups, grues, hirondelles et oiseaux migrateurs); ils forment même des sociétés permanentes (fourmis, abeilles, castors, éléphants, buffles, etc.). Mais ils ne semblent pas posséder les inclinations supérieures, puisqu'ils n'ont ni science, ni art, ni morale, ni religion. Ils éprouvent des émotions; ils ont des affections, dans la mesure même où ils ont des inclinations. On peut même dire que quelques-uns d'entre eux comme le singe, l'éléphant, le cheval, le chien peuvent se laisser dominer par certaines passions, l'ivrognerie, la gourmandise, la haine, la vengeance.

Les animaux supérieurs exécutent des actes réflexes et spontanés; ils ont des instincts très développés; ils peuvent, comme le chien qui se trouve en présence d'un gigot, être partagés entre le désir d'accomplir un acte et l'idée du châtiment qui les attend s'ils l'accomplissent; mais comme ils n'ont pas la raison, comme ils n'ont qu'un nombre restreint de mobiles et de motifs, comme ils sont peu capables de réflexion, il semble qu'on ne doit pas leur accorder l'activité volontaire et réfléchie, telle que nous l'avons rencontrée chez les hommes civilisés. Ils sont capables d'acquérir, sous la direction de l'homme, des habitudes très diverses et très variées : on dresse les chevaux, les singes, les chiens, les éléphants, les ours, les ânes, les bœufs et les cochons eux-mêmes à exécuter des actes fort compliqués.

Les animaux supérieurs ont le langage des gestes et des jeux de physionomie : le chien indique sa joie par des gambades, les fourmis semblent se communiquer, en frottant leurs antennes les unes contre les autres, les événements qui intéressent la communauté. Ils ont le langage inarticulé : leurs cris indiquent la joie, la crainte, la douleur, la plainte, la colère, etc. Ils n'ont ni la parole, ni l'écriture.

En résumé, les animaux supérieurs ont, en commun avec les hommes civilisés, la perception extérieure, la conscience spontanée, l'association des idées, l'imagination reproductrice; les inclinations personnelles, électives, sympathiques et sociales, des émotions, des affections et des passions; l'activité réflexe, spontanée, instinctive; le langage des gestes, des jeux de physionomie et des cris.

Ils n'ont, que sous une forme imparfaite, l'abstraction, la comparaison, la généralisation, le jugement et la mémoire; ils acquièrent la plupart de leurs habitudes sous la direction de l'homme.

Enfin ils n'ont ni la conscience réfléchie, ni la raison, ni le raisonnement inductif ou déductif, ni l'imagination créatrice, ni les inclinations supérieures, ni l'activité volontaire et réfléchie, ni la parole ou l'écriture : ils n'ont ni les sciences, ni les arts, ni la morale, ni les religions.

L'homme et l'animal. — Les naturalistes et les philosophes se sont proposé une question qu'il est fort difficile de résoudre dans l'état actuel de nos connaissances. Ils ont considéré l'homme en général et l'animal en général et se sont demandé s'il y avait entre eux une différence de nature ou une différence de degré, si l'homme formait un genre à part ou s'il devait être rangé avec les autres animaux. Les uns choisissent la première partie de l'alternative et séparent complètement l'homme de l'animal. Darwin * et Spencer * ne voient dans l'homme qu'un animal supérieur, ayant acquis et développé dans le cours des siècles, les facultés qui le distinguent aujourd'hui des autres animaux (ch. xiv, *Les grandes hypothèses*).

RÉSUMÉ

Qu'entend-on par le physique et par le moral ? — Les phénomènes physiologiques forment la vie physique, les phénomènes psychologiques, la vie morale de l'homme. L'individu est constitué par la réunion du physique et du moral.

Que savez-vous de l'influence du physique sur le moral ? — L'âge, la maladie, le tempérament, le sexe, le régime et les narcotiques, le climat produisent, dans l'organisme, des différences accompagnées de différences dans les facultés intellectuelles et morales. L'intelligence, la sensibilité, l'activité, le langage sont liés dans leur développement au développement de l'organisme et du système nerveux.

Le physique agit puissamment sur le moral et on peut déterminer les variations de l'un quand on connaît les variations de l'autre.

Que savez-vous de l'influence du moral sur le physique ? — Les phénomènes intellectuels et sensitifs, les faits d'activité et de langage amènent dans certains cas la production de phénomènes physiologiques ou organiques; dans d'autres cas, ils en empêchent la production ou les modifient profondément.

Le moral exerce une grande influence sur le physique.

Que savez-vous des théories métaphysiques fondées sur l'étude des phénomènes psychologiques ? — Les *positivistes* soutiennent qu'on ne peut savoir s'il y a un être, substance ou cause, qui explique la production de ces phénomènes; les *phénoménistes* nient l'existence de cet être; les *matérialistes* disent que la matière et le mouvement permettent d'expliquer les phénomènes psychologiques, comme les phénomènes physiques et les phénomènes physiologiques; les *spiritualistes* professent qu'il faut admettre, pour rendre compte du monde intellectuel et moral, une substance spirituelle, une et identique, une âme ou un esprit.

Que peut-on dire des animaux supérieurs et des hommes civilisés ? — Les animaux supérieurs ont, en commun avec les hommes civilisés, la perception extérieure, la conscience spontanée, l'association des idées, l'imagination reproductrice, les inclinations personnelles, électives, sympathiques et sociales; des émotions, des affections et des passions; l'activité réflexe, spontanée, instinctive, le langage des gestes, des jeux de physionomie et des cris.

Ils n'ont que sous une forme imparfaite, l'abstraction, la comparaison, la généralisation, le jugement et la mémoire; ils acquièrent la plupart de leurs habitudes sous la direction de l'homme.

Enfin, ils n'ont ni la conscience réfléchie, ni la raison, ni le raisonnement inductif ou déductif, ni l'imagination créatrice, ni les inclinations supérieures, ni l'activité volontaire et réfléchie, ni la parole ou l'écriture : ils n'ont ni les sciences, ni les arts, ni la morale ou les religions.

Que savez-vous des théories métaphysiques sur l'homme et l'animal ? — Les uns professent qu'il y a entre l'homme et l'animal une différence de nature; Darwin*, Spencer* et les partisans de l'évolution affirment qu'il n'y a entre eux qu'une différence de degré.

DEVOIRS A TRAITER.

I. Le physique et le moral dans l'homme.

II. Les hommes civilisés et les animaux supérieurs.

III. Les animaux supérieurs (chien, singe, éléphant, etc.), d'après la Fontaine et d'après la psychologie comparée.

IV. Montrer en quoi l'étude des animaux peut servir aux progrès de la psychologie (ch. i).

QUESTIONS A ÉTUDIER.

I. Matérialisme et spiritualisme.

II. Comment peut-on, dans l'éducation faire servir le développement physique de l'enfant à son développement intellectuel et moral et réciproquement?

III. Montrer, en s'appuyant sur les rapports du physique et du moral, l'utilité de l'hygiène et de la gymnastique.

IV. L'homme et l'animal.

V. Les animaux, d'après Montaigne*, la Fontaine et Romanes*.

VI. L'expression des émotions chez l'homme et chez les animaux.

VII. Le développement de l'enfant et celui des animaux supérieurs.

VIII. Examiner ce que dit Montesquieu* de l'influence des climats. (*Esprit des lois.*)

QUESTIONS POSÉES.

I. Faire connaître la double nature du corps et de l'âme. (Brev. sup.)

II. En quoi l'éducation physique peut-elle contribuer à l'éducation intellectuelle et morale? (Écoles maternelles.)

III. Quels sont les faits psychologiques que l'on trouve chez l'homme et chez les animaux supérieurs? (Écoles normales, Bacc. ès lettres.)

IV. Examiner la définition suivante : l'homme est un animal raisonnable. (Bac. ès lettres, Enseig. second. des jeunes filles, Écoles normales, Bac. enseig. spécial.)

Conseils pédagogiques. — Suivre de près le développement physique, intellectuel et moral des enfants. — Eviter de favoriser l'éducation physique au détriment de l'éducation intellectuelle ou morale et réciproquement. — Se rappeler que le but suprême de l'éducateur est de former une âme saine, dans un corps sain. — Se servir de l'hygiène et de la gymnastique pour atteindre ce but. — Etudier chez les animaux les phénomènes psychologiques qui apparaissent avec plus de netteté que chez l'enfant et chez l'homme. — Montrer aux enfants que les animaux, même inférieurs, nous ressemblent par certains côtés, en conclure qu'il ne faut faire souffrir inutilement aucun animal, qu'il faut traiter avec douceur les animaux domestiques et qu'il nous convient d'acquérir certaines qualités qui existent très développées chez quelques-uns des animaux supérieurs.

BIBLIOGRAPHIE.

Marion, *Leçons de psychologie*, leç. 44, 45, 46.
Cabanis, *Rapports du physique et du moral de l'homme.*
Paul Janet, *Traité élémentaire de philosophie.*
Paul Janet, *le Cerveau et la Pensée.*
Paul Janet, *le Matérialisme contemporain.*
Maine de Biran, *Nouveaux rapports du physique et du moral.*
Lamarck, *la Philosophie zoologique.*
Carrau, *Études sur la théorie de l'évolution.*
Henri Joly, *l'Instinct.*
Henri Joly, *l'Homme et l'Animal.*
Espinas, *Les sociétés animales.*
Caro, *le Matérialisme et la science.*
A. Lemoine, *l'Ame et le corps.*
Hack Tuke, *le Corps et l'Esprit.*
Fabre, *Souvenirs entomologiques.*
Moleschott, *la Circulation de la vie.*
Fabre, *Nouveaux souvenirs entomologiques.*
Darwin, *l'Origine des espèces.*
Darwin, *la Descendance de l'homme.*
Darwin, *l'Expression des émotions.*
Spencer, *Principes de psychologie.*
Bain, *les Sens et l'intelligence.*
Bain, *les Émotions et la volonté.*
Taine, *de l'Intelligence.*
Ribot, *Psychologie anglaise.*
Ribot, *Maladies de la Volonté.*
Ribot, *Maladies de la Mémoire.*
Ribot, *Maladies de la Personnalité.*
Wundt, *Éléments de psychologie physiologique.*
Romanes, *l'Évolution mentale chez les animaux.*
Romanes, *l'Intelligence des animaux.*
Bertrand, *l'Aperception du corps humain par la conscience.*
Büchner, *Force et matière.*

FIN DE LA PSYCHOLOGIE.

LOGIQUE
MÉTHODOLOGIE

CHAPITRE X

LA MÉTHODE DANS LES SCIENCES MATHÉMATIQUES

SOMMAIRE.

La psychologie et la logique. — Division de la logique. — Division et objets des sciences mathématiques. — Les définitions. — Les axiomes. — Rôle des définitions et des axiomes dans la démonstration. — La démonstration ; la démonstration indirecte ou par l'absurde ; la démonstration directe : synthèse et analyse ; usage de la synthèse et de l'analyse. — Certitude des mathématiques.

La psychologie et la logique. — On cherche en psychologie à énumérer et à décrire tous les faits dont la réunion constitue la vie intellectuelle et morale, à déterminer les lois qui les régissent, les liens qui les rattachent à la vie physique. On peut détacher de cet ensemble les opérations intellectuelles qui ont pour objet l'élaboration des connaissances données par les facultés d'acquisition (ch. v); on peut rechercher, non plus les manières diverses dont elles s'accomplissent, mais comment elles sont et doivent être conduites pour que nous arrivions à la connaissance scientifique. On passe ainsi de la psychologie à la logique.

La logique est la science qui a pour objet la recherche des règles auxquelles doit obéir la pensée discursive ou notre pouvoir d'élaboration pour trouver la vérité.

Division de la logique.

— On peut chercher d'abord quelle voie on suit ou quelle *méthode* on applique quand on démontre un théorème ou quand on cherche la solution d'un problème, quand on détermine les lois qui régissent les phénomènes étudiés par la physique ou par la chimie, les caractères qui permettent de classer les êtres vivants, quand on étudie les faits historiques pour connaître la vie des hommes et des sociétés qui nous ont précédés. On fait alors de la *logique appliquée* ou de la *méthodologie*.

Mais au lieu de chercher comment il faut raisonner déductivement pour trouver la vérité en mathématique, comment on fait des inductions correctes en physique, des classifications exactes dans les sciences naturelles, on peut se demander d'une façon générale comment il faut procéder pour bien juger et pour bien raisonner. On peut laisser de côté les objets divers qu'on se propose d'étudier, on peut laisser de côté la *matière* de la connaissance pour n'examiner que la marche suivie par l'esprit, la *forme* de la connaissance. On fait alors de la logique *formelle* ou *théorique*.

La logique appliquée ou méthodologie recherche les règles suivies par l'esprit dans l'étude des divers ordres de sciences, la logique théorique ou formelle s'occupe de la forme même de la pensée et détermine les lois auxquelles elle doit être soumise, quel que soit l'objet auquel elle s'applique.

Division et objets des mathématiques.

— Les sciences mathématiques comprennent :

1° La géométrie qui s'occupe de l'étendue ;
2° L'arithmétique qui s'occupe des nombres ;
3° L'algèbre qui s'occupe des quantités abstraites ;
4° La mécanique qui s'occupe du mouvement ;

Les mathématiques comprennent la géométrie, l'arithmétique, l'algèbre, la mécanique ; elles reposent sur les définitions et sur les axiomes ; elles ont pour but de démontrer les théorèmes et de résoudre un certain nombre de problèmes.

Définitions. — Quand on dit que la ligne droite est le plus court chemin d'un point à un autre, que la circonférence est une ligne courbe dont tous les points sont également distants du centre, on convient à priori d'appeler ligne droite ou circonférence toute ligne qui remplira les conditions indiquées, sans s'occuper de savoir s'il y a dans la nature des lignes qui soient le plus court chemin d'un point à un autre ou dont tous les points soient également éloignés du centre. Pour cette raison, on dit que les définitions mathématiques sont *universelles*, c'est-à-dire qu'elles s'appliquent, par exemple, à *toutes* les lignes droites ou à *toutes* les circonférences, qu'elles sont *nécessaires*, c'est-à-dire qu'on ne saurait concevoir une ligne droite qui ne soit pas le plus court chemin d'un point à un autre ou une circonférence dont tous les points ne soient pas également éloignés du centre.

Les définitions mathématiques sont à priori, universelles et nécessaires.

Axiomes. — Quand on dit : *le tout est plus grand que la partie, deux quantités égales à une troisième sont égales entre elles*, ces propositions sont évidentes par elles-mêmes et paraissent incontestables à tous ceux devant qui on les énonce : elles constituent les *axiomes*.

Leibnitz [*] a soutenu qu'il était possible de démontrer les axiomes, M. Taine [*] l'a entrepris pour quelques-uns des axiomes les plus souvent cités et on pourrait le faire pour tous en les rattachant au principe d'idendité (ch. IV).

Les axiomes sont des propositions évidentes par elles-mêmes et avant toute démonstration.

Comme les définitions, les axiomes sont universels et nécessaires.

Rôle des définitions et des axiomes dans la démonstration. — L'axiome précédemment cité, *le tout est plus grand que la partie*, est vrai en géométrie, en arithmétique, en algèbre, en mécanique : un triangle est plus petit que le polygone dont il fait partie, un des nombres additionnés est plus petit que la somme qui les réunit ; une des forces composantes est plus petite que leur résultante. C'est ce qui fait qu'on a appelé les axiomes, valables pour toutes les sciences, des *principes communs.*

De cette proposition, *le tout est plus grand que la partie,* on ne peut tirer que cette autre proposition, *la partie est plus petite que le tout.* Les axiomes sont comme les os et les tendons qui servent de support aux muscles et aux nerfs : sans les os et les tendons l'animal ne formerait qu'une masse informe, inhabile à la marche ; un squelette est par contre absolument incapable de marcher. De même qu'on ne peut rien démontrer sans les axiomes, on ne peut rien démontrer avec eux seuls.

Les définitions varient dans chaque science selon la nature des objets étudiés : elles sont les *principes propres* de la démonstration. De la définition de la ligne droite, considérée comme le plus court chemin d'un point à un autre, on tire successivement les propositions suivantes :

Un côté d'un triangle est moindre que la somme des deux autres ;

La perpendiculaire est plus courte que toute oblique.

De ces propositions rendues évidentes par leur rapprochement avec la définition de la ligne droite, on tire des propositions nouvelles, rendues elles-mêmes évidentes et propres à engendrer à leur tour d'autres propositions.

Les axiomes sont des principes communs qui sont inféconds par eux-mêmes, les définitions sont des principes propres à chaque science et essentiellement féconds.

Démonstration. — Rattacher une proposition non évidente à une proposition évidente, établir que toute corde est plus petite que le diamètre, en montrant que la corde est *une ligne droite,* tandis que les deux rayons forment une ligne brisée, c'est *démontrer* cette proposition.

La démonstration est donc une *déduction* (ch. v). Si l'on examine la démonstration précédente, on verra qu'on est parti de la définition de la ligne droite, c'est-à-dire d'une proposition universelle et nécessaire.

La démonstration est une déduction qui part de prémisses universelles et nécessaires.

Démonstration indirecte. — Soit à démontrer, par exemple, que si deux angles adjacents ACD, DCB valent ensemble deux angles droits, les deux côtés extérieurs AC, CB sont en ligne droite.

Supposons que CB ne soit pas le prolongement de AC, tirons une droite CE qui prolonge AC. La ligne ACE étant droite, la somme des angles ACD, DCE sera égale à 2 droits. Par hypothèse, la somme des angles ACD, DCB est aussi égale à deux droits; donc ACD + DCB = ACD + DCE. Mais en retranchant de part et d'autre l'angle ACD, il reste la partie DCB égale au tout DCE, ce qui est impossible. Donc CB est le prolongement de AC.

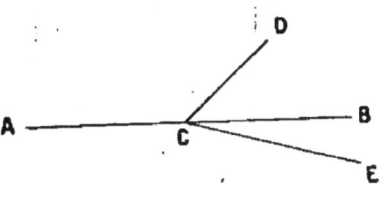

Nous ne montrons ni comment ni pourquoi la proposition est vraie; nous nous bornons à établir qu'elle ne peut pas ne pas être vraie.

La démonstration indirecte ou par l'absurde montre qu'une proposition ne saurait être fausse, sans établir ni pourquoi ni comment elle est vraie.

Démonstration directe par synthèse. — Soit à démontrer la proposition suivante : le carré BCFG, fait sur l'hypoténuse d'un triangle rectangle, est égal à la somme des carrés HLAB, AKIC faits sur les deux autres côtés.

Nous abaissons la perpendiculaire AD que nous prolongeons jusqu'en E, nous tirons les diagonales AF, CH.

L'angle ABF est composé de l'angle ABC et de l'angle droit CBF (*un carré est un parallélogramme dont tous les côtés sont égaux et les angles droits*); l'angle CBH est composé du même angle ABC et de l'angle droit ABH (*ABH est lui aussi un angle d'un carré*); donc l'angle ABF égale l'angle CBH (*en vertu du théorème d'après lequel les angles droits sont tous égaux entre eux et de l'axiome que les touts composés de parties égales sont eux-mêmes égaux*).

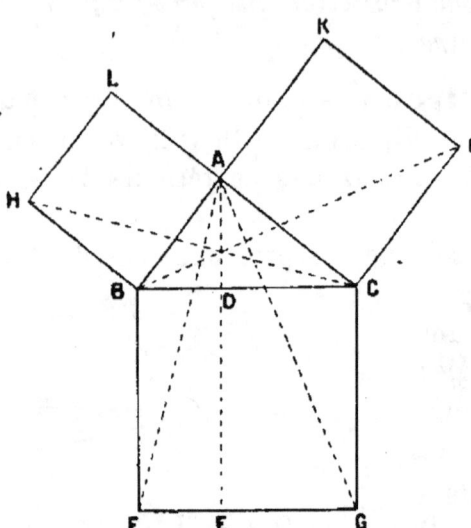

Mais AB et BH sont égaux comme côtés du même carré; il en est de même de BF et de BC (*définition du carré*). Les triangles ABF, HBC, ont un angle égal compris entre deux côtés égaux chacun à chacun; ils sont donc égaux (*théorème précédemment démontré*).

Mais le triangle ABF est la moitié du rectangle BDEF qui a même base BF et même hauteur BD (*définition du triangle, du rectangle, théorème d'après lequel tout triangle est la moitié du parallélogramme qui a même base et même hauteur*). BAC et BAL valant ensemble deux angles droits (*définition du carré, du triangle rectangle*), ont leurs côtés AL, AC en ligne droite (*théorème, les côtés extérieurs de deux angles adjacents et supplémentaires sont en ligne droite*) et cette ligne droite LC est parallèle à HB (*déf. du carré; théor. deux droites perpendiculaires sur une même ligne sont parallèles*); le triangle HBC et le carré AH qui ont la base commune BH, ont une hauteur commune AB (*définition de la hauteur du triangle*); le triangle HBC est donc la moitié du carré AH (*théorème précédemment cité*).

Le rectangle BDEF, qui est le double du triangle ABF, est donc équivalent au carré AH, qui est le double du triangle HBC. De même, on démontrera que le rectangle CDEG est équivalent au carré AI. Or les deux rectangles BDEF, CDEG pris ensemble constituent le carré BCGF; donc le carré BCGF, fait sur l'hypoténuse est égal à la somme des carrés ABHL, ACIK, faits sur les deux autres côtés.

Nous avons pris pour point de départ un certain nombre

de propositions évidentes à priori : les *définitions* de l'hypoténuse, du triangle, du rectangle, du carré, du triangle rectangle ; les *axiomes*, le tout est égal à la somme de ses parties ; les touts composés de parties égales sont eux-mêmes égaux. Nous avons supposé de même un certain nombre de propositions rendues déjà évidentes par une démonstration antérieure, les *théorèmes* suivants : deux triangles qui ont un angle égal compris entre deux côtés égaux sont égaux ; les angles droits sont tous égaux, etc. Puis nous avons essayé de faire passer l'évidence, que nous trouvions à notre point de départ, de proposition en proposition jusqu'à ce que nous l'ayons transportée à la proposition même qu'il s'agissait de démontrer. Nous avons rendu évidente une proposition qui ne l'était pas, en partant de propositions évidentes. Nous l'avons démontrée *directement*, parce que nous avons montré comment et pourquoi cette proposition est vraie. Nous avons procédé par *synthèse*.

La synthèse est donc une méthode de démonstration directe, dans laquelle on part de propositions évidentes à priori ou déjà démontrées, pour arriver à la proposition à démontrer et lui donner l'évidence qu'elle emprunte aux propositions dont on est parti.

Démonstration directe par analyse. — Soit maintenant à résoudre le problème suivant : par un point donné mener une tangente à un cercle donné.

Nous remarquons d'abord que le point donné peut être à l'intérieur du cercle, à l'extérieur du cercle ou sur la circonférence elle-même.

Examinons chacun de ces cas. Si le point est à l'intérieur, toute ligne droite menée de ce point à la circonférence la rencontrera en deux points : ce sera une *sécante* (*définition*) et non une tangente (*définition*). Le problème est donc insoluble.

Si le point donné est sur la circonférence, on tire le rayon CA, on mène AD perpendiculaire à CA : AD est la tangente demandée (*théor.* : *La perpendiculaire menée à l'extrémité du rayon est une tangente à la circonférence*).

Si le point est en dehors du cercle, on joint ce point au centre C par la droite AC, on divise AC en deux parties 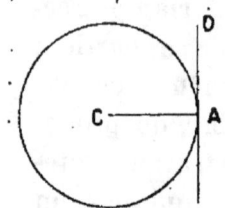 égales : du point O comme centre, avec un rayon OC on décrit une circonférence qui passe par les points C et A. Elle rencontre la circonférence donnée en deux points B et D. Nous tirons les lignes BA et DA, les rayons CB et CD. Les angles CBA et CDA sont inscrits l'un et l'autre dans un demi-cercle (*théor. : tout diamètre divise le cercle et sa circonférence en deux parties* 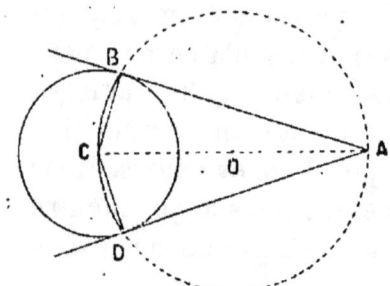 *égales*), par conséquent ils sont droits (*théor. : tout angle inscrit dans le demi-cercle est un angle droit*). Donc CB est perpendiculaire à AB, CD à AD; AB, AD sont donc toutes deux tangentes à la circonférence donnée (*théor. : La perpendiculaire menée à l'extrémité du rayon est une tangente à la circonférence*).

Pour résoudre ce problème, nous avons réduit la question posée à trois questions plus simples, que nous avons successivement résolues. Pour cela nous avons considéré dans chacun des cas la question comme résolue et nous sommes remontés de proposition en proposition jusqu'à une première proposition évidente à priori (1ᵉʳ *cas, définitions*) ou déjà démontrée (2° *et* 3° *cas*), qui nous a fourni pour la proposition à résoudre l'évidence qui lui faisait défaut. Nous avons procédé par *analyse*.

L'analyse est donc un procédé de démonstration directe par lequel, partant de la proposition à démontrer que nous acceptons pour le moment, nous marchons de conséquence en conséquence, jusqu'à ce que nous arrivions à une définition ou à un théorème déjà démontré.

Usage de l'analyse et de la synthèse. — La synthèse et l'analyse sont deux procédés opposés : dans le premier, nous partons d'une vérité évidente pour aller à une vérité qu'il faut rendre évidente ; dans le second, nous partons de cette dernière vérité pour remonter à la proposition évidente. On se sert surtout de la synthèse dans la *démonstration des théorèmes*, parce qu'on sait à l'avance sur quelles propositions évidentes il convient de s'appuyer ; on emploie de préférence l'analyse pour la *résolution des problèmes,* où il serait souvent impossible de déterminer tout d'abord de quelle proposition évidente il faut partir pour arriver, par un nombre quelquefois assez grand de propositions intermédiaires, à la question proposée.

La synthèse sert surtout à la démonstration des théorèmes ; l'analyse, à la résolution des problèmes.

Certitude des mathématiques. — Nous avons vu que le point de départ des démonstrations mathématiques, ce sont les définitions et les axiomes, c'est-à-dire des propositions universelles et nécessaires. Il suffit donc de bien raisonner, de demeurer d'accord avec soi-même pour donner aux théorèmes que l'on démontre, la certitude inébranlable des prémisses. Il ne faut pas, comme dans les sciences de la nature, s'assurer que les raisonnements sont en accord avec les faits. Qu'il y ait ou qu'il n'y ait pas dans l'univers de figures semblables au triangle géométrique, le géomètre ne s'en occupe pas ; il se borne à affirmer que, s'il y a de tels triangles, ils auront les propriétés qu'il leur attribue. De nos jours, on a pu créer une géométrie méta-euclidienne, dans laquelle on s'étudie à mesurer, non plus une étendue à trois dimensions — la seule que notre expérience nous fasse connaître — mais une étendue à 4, 5, 6, à n dimensions, sur laquelle l'expérience ne nous dit rien. Les théorèmes que l'on déduit des définitions ainsi posées présentent la même certitude que les théorèmes de la géométrie ordinaire, sans qu'on puisse cependant savoir s'il y a des êtres pour lesquels une telle étendue n'est pas une pure fiction.

Les mathématiques nous donnent une certitude absolue, parce qu'elles s'attachent à l'abstrait sans se préoccuper du réel. Il faut donc éviter de réclamer pour les sciences qui traitent du concret, pour les sciences physiques, naturelles et morales une certitude analogue; il ne faut pas les mépriser ou les condamner, quand elles ne nous donnent pas une certitude absolue, car il ne suffit pas d'y bien raisonner, il faut surtout être d'accord avec la nature.

RÉSUMÉ

Que comprend-on sous le nom de mathématiques ? — Les mathématiques comprennent la *géométrie* ou la science de l'étendue, l'*arithmétique* ou la science des nombres, l'*algèbre* ou la science des quantités abstraites, la *mécanique* ou la science du mouvement.

Qu'y a-t-il à considérer dans chacune de ces sciences ? — Chacune d'elles repose sur des *définitions* et des *axiomes*, démontre des *théorèmes* et résout des *problèmes*.

Quels sont les caractères des définitions mathématiques ? — Les définitions mathématiques sont à priori, *universelles* et *nécessaires*.

Qu'est-ce que les axiomes ? — Les axiomes sont des propositions évidentes par elles-mêmes et avant toute démonstration.

Quel rôle jouent dans la démonstration les définitions et les axiomes ? — Les axiomes sont des *principes communs*, sur lesquels on s'appuie pour démontrer, mais ils ne sont pas féconds par eux-mêmes. Les définitions sont des *principes propres* à chacune des sciences mathématiques : elles sont essentiellement *fécondes*.

Qu'est-ce que la démonstration ? — La démonstration est une déduction qui part de *prémisses universelles* et *nécessaires*.

En quoi consiste la démonstration indirecte ou par l'absurde ? — La démonstration indirecte ou par l'absurde montre qu'une proposition ne peut pas être fausse, elle ne montre ni comment ni pourquoi elle est vraie.

Que fait la démonstration directe ? — Elle montre comment et pourquoi une proposition est vraie.

Quels sont les procédés de la démonstration directe? — Elle emploie la *synthèse* et l'*analyse*.

En quoi consiste la synthèse? — La synthèse est une méthode de démonstration directe, dans laquelle on part de propositions évidentes à priori (*définitions*) ou déjà démontrées (*théorèmes*) pour arriver à la proposition à démontrer.

En quoi consiste l'analyse? — L'analyse est une méthode de démonstration directe, dans laquelle on part de la proposition à démontrer pour remonter de proposition en proposition jusqu'à une définition ou un théorème déjà démontré.

Quel est l'usage de la synthèse et de l'analyse? — La synthèse sert surtout à la *démonstration des théorèmes;* l'analyse, à la *résolution des problèmes*.

Quelle est la nature et la cause de la certitude des mathématiques? — Les mathématiques nous donnent une certitude absolue parce qu'elles partent de prémisses universelles et nécessaires, parce qu'elles n'ont besoin que d'observer les lois du raisonnement sans s'occuper de la nature ou des faits.

DEVOIRS A TRAITER.

I. L'analyse et la synthèse dans les mathématiques.
II. Les définitions et les axiomes dans les diverses parties des mathématiques (géométrie, arithmétique, algèbre, mécanique).
III. La démonstration et ses formes diverses.

QUESTIONS A ÉTUDIER.

I. La méthode en arithmétique (définitions, axiomes, théorèmes, problèmes).
II. La méthode en algèbre (*id.*).
III. La méthode en mécanique (*id.*).
IV. Origine des notions mathématiques. (Stuart Mill [*], Rabier [*].)
V. Le raisonnement mathématique se ramène-t-il à l'identité? (Condillac [*], Duhamel [*].)
VI. Rapports de la géométrie et de l'arithmétique avec l'algèbre.

QUESTIONS POSÉES.

I. Montrer comment et dans quelle mesure l'enseignement des mathématiques peut contribuer à l'éducation intellectuelle. (Écoles normales.)
II. Causes de la certitude des mathématiques. (Bac. ès lettres et Enseig. spécial.)
III. Exposer comment on doit enseigner les mathématiques aux enfants, en tenant compte de la nature abstraite de ces sciences et de la tendance des enfants à s'attacher surtout à ce qui est concret (Écoles normales.)
IV. Les définitions géométriques et les définitions empiriques. (Bac. ès lettres et Enseig. spécial).

Conseils pédagogiques. — On peut voir, en étudiant la méthode des sciences mathématiques, comment on doit les enseigner pour les rendre plus accessibles à l'esprit des enfants, et comment on peut s'en servir pour leur éducation générale. — A. Pour faire bien comprendre aux enfants les définitions mathématiques, les comparer entre elles, les expliquer par des exemples concrets, faire, par exemple, parcourir successivement à l'enfant la ligne droite et la ligne brisée qui unissent deux points — lui faire mesurer les rayons d'un cercle, etc. — Se servir d'exemples concrets — empruntés à chacune des sciences mathématiques — pour lui donner une idée nette des axiomes. — Enfin rétablir fréquemment dans la démonstration des théorèmes et la résolution des problèmes les propositions intermédiaires qui ont été supprimées, les définitions et les axiomes qui sont implicitement supposés (*voyez les exemples cités dans ce chapitre*). — B. Pour faire servir l'étude des mathématiques à l'éducation intellectuelle, montrer aux enfants à quels résultats on peut arriver par la démonstration. — Mais en même temps leur montrer que la déduction n'a de valeur qu'autant que les prémisses dont on part sont absolument incontestables — que la démonstration n'est possible qu'en mathématiques et qu'on peut atteindre la vérité par d'autres procédés.

BIBLIOGRAPHIE.

Lire : Taine, de l'*Intelligence*.
— Liard, *Logique*.
— Liard, *Descartes*.
— Rabier, *Logique*.
— Stuart Mill, *Système de logique*.
— Duhamel, *Méthodes dans les sciences de raisonnement*.
— F. Picavet, *Introduction au Traité des Sensations de Condillac*.
— Montucla, *Histoire des mathématiques*.
— Paul Janet, *Traité élémentaire de philosophie*.
— Condillac, la *Langue des calculs*.
Lire : Laromiguière, les *Paradoxes de Condillac*.
— Pascal, de l'*Esprit géométrique*.
— *Logique de Port-Royal*.
— Boussinesq, *Revue phil.*, 1879, VIII, p. 359.
— A. Comte, *Cours de philosophie positive*.
— D'Alembert, *Éléments de philosophie*.
— Liard, les *Définitions géométriques et les définitions empiriques*.
— Renouvier, *Traité de logique générale*.
— Cournot, *Essai sur les fondements de nos connaissances*.

CHAPITRE XI

LA MÉTHODE DANS LES SCIENCES PHYSIQUES

SOMMAIRE.

La physique au XVIIe siècle et de nos jours. — L'observation : les sens, les instruments, les qualités de l'observateur. — L'expérimentation, ses règles, les qualités de l'expérimentateur. — Les procédés de l'observation et de l'expérimentation, l'analyse et la synthèse. — L'induction : le problème de l'induction, les méthodes de concordance, de différence, des variations concomitantes, des résidus ou des restes. — Procédés accessoires : hypothèse, valeur de l'hypothèse ; analogie, rôle de l'analogie ; déduction, physique mathématique.

La physique au XVIIe siècle et de nos jours. — La physique (du grec *phusis* = *nature*) comprenait encore au XVIIe siècle l'étude de tous les phénomènes et de tous les êtres qui constituent l'univers matériel. Aujourd'hui les *sciences physiques* étudient spécialement les phénomènes (chaleur, électricité, combinaisons, etc.), tandis que les *sciences naturelles* étudient les êtres (minéraux, végétaux, animaux).

Les sciences physiques comprennent la *physique* et la *chimie*.

Elles emploient l'*observation*, l'*expérimentation*, l'*induction*. Ces trois procédés sont à peu près inséparables, mais selon que l'observation, l'expérimentation ou l'induction jouent le premier rôle, on donne à la méthode le nom de *méthode d'observation*, de *méthode expérimentale* ou de *méthode inductive*.

La physique et la chimie étudient les phénomènes (chaleur, électricité, combinaisons, etc.); elles font appel à l'observation, à l'expérimentation et à l'induction.

L'observation. — Galilée* voit un jour dans la cathédrale de Pise les balancements réguliers d'une lampe suspendue ; il examine à la fois l'amplitude des oscillations et le temps que dure chacune d'elles. Ce fut le point de départ des recherches qui le conduisirent à la découverte des lois dites d'oscillation des pendules.

On apporte dans le laboratoire de Claude Bernard*[1] des lapins achetés au marché. Ils urinent sur la table où ils sont placés. Claude Bernard* remarque que leur urine est claire et acide, tandis qu'elle devrait être, comme celles de tous les herbivores, trouble et alcaline. Il part de cette observation pour se livrer à toute une série de recherches qui le conduisent à découvrir *qu'à jeun tous les animaux se nourrissent de viande.*

Observer, c'est examiner les phénomènes au moment où ils se produisent et dans les conditions mêmes où ils se produisent.

Les sens. — Le chimiste se sert de la main pour connaître que le soufre produit, quand il est pressé, un craquement particulier, des yeux pour dire qu'il a une couleur jaune citron, de l'ouïe pour constater que le protocarbure d'hydrogène forme avec le double de son volume d'oxygène un mélange détonant, du goût quand il affirme que l'ammoniaque a une saveur âcre et caustique, de l'odorat pour constater la présence du chlore ou de l'ammoniaque.

Le physicien, le naturaliste se servent de même de leurs mains, de l'ouïe, de l'odorat, du goût et surtout de la vue.

L'observation se fait au moyen des sens, elle est d'autant mieux faite que les sens sont plus exercés et en meilleur état.

Les instruments. — L'homme limité à l'usage des

---

[1]. L'observation offre en général les mêmes caractères dans les sciences physiques et dans les sciences naturelles : nous prendrons nos exemples dès à présent dans les sciences naturelles quand elles en fourniront de plus propres à faire comprendre ce que doit être l'observation scientifique.

sens n'eût pu observer tous les objets avec une exactitude suffisante. Ses yeux lui permettent de distinguer les objets qui occupent la campagne où il se trouve, ils ne lui font voir distinctement ni les infusoires qui peuplent une goutte d'eau, ni les astres qui roulent au loin dans les cieux. Le *microscope* et le *télescope* viennent en aide aux yeux et leur donnent une puissance nouvelle.

Il peut juger, en appliquant la main sur un objet, que cet objet est froid ou chaud, mais il ne peut en apprécier d'une façon précise le degré de chaleur. Le *thermomètre* lui permet de donner aux indications du toucher une précision qui leur fait défaut. Il en est de même de la *balance*, du *baromètre*, du *pendule*, etc.

Enfin, lorsque l'homme a des sens en bon état, lorsqu'il possède des instruments qui en augmentent la portée ou la précision, il est encore, dans certains cas, exposé à faire des observations inexactes.

En 1795, Maskelyne, astronome de Greenwich, remarqua que Kinnebrook son aide notait toujours le passage des astres au méridien avec un retard de $0'',5$ à $0'',8$ et il le renvoya pour sa négligence. En 1820, Bessel vit qu'il était en avance dans ses observations sur Struve et Argelander et il fut amené à découvrir ce que l'on appelle l'*équation personnelle* : l'observateur, ayant à noter le passage de l'étoile au méridien et le son du pendule qui bat les secondes, apprécie plus ou moins exactement, selon les heures de la journée, ses dispositions du moment, l'intervalle qui sépare le battement du pendule et le passage de l'étoile au méridien.

Il est donc utile de remplacer un observateur exposé à se tromper par un instrument qui enregistre les phénomènes au moment même où ils se produisent et dans les conditions où ils se produisent.

C'est à quoi servent les *appareils enregistreurs*. Certains *météorographes* donnent tout à la fois la direction du vent, sa vitesse, la hauteur barométrique, la température, la quantité de pluie tombée. D'autres appareils font connaître la vitesse des battements du pouls, enregistrent les mouvements de locomotion, etc.

L'observateur se trouve ainsi supprimé et la nature inscrit elle-même les résultats que nous lui demandons.

L'observation par les sens est complétée par l'emploi d'instruments qui en augmentent la portée (télescope, microscope) et la précision (baromètre, thermomètre, balance), qui suppriment l'observateur et assurent l'exactitude absolue des résultats obtenus (appareils enregistreurs).

Qualités de l'observateur. — *Harvey* * fit des observations pendant dix ans avant de publier sa découverte de la circulation du sang ; *Lyonnet* * passa vingt années à l'examen de la chenille du saule ; M. *Pasteur* * a observé ou fait observer plus de 50 000 vers à soie avant de découvrir la maladie qui les faisait périr. La *patience* et la *ténacité* constituent la première qualité de l'observateur.

Claude Bernard * avait entrepris des expériences pour chercher chez les animaux un organe destructeur du sucre ; l'observation exacte des faits le conduisit à un résultat opposé, il constata que le foie est un organe producteur du sucre. De même Scheele * découvrit le chlore dont il ne soupçonnait pas l'existence, en cherchant à isoler le manganèse. L'*impartialité* avait été nécessaire à l'un et à l'autre pour connaître les phénomènes tels qu'ils sont et non tels qu'ils les imaginaient.

Les qualités de l'observateur sont la patience, la ténacité, l'impartialité.

L'expérimentation. — Après avoir observé par hasard que l'urine des lapins apportés du marché était claire et acide, Claude Bernard * leur donne de l'herbe à manger et il trouve que l'urine redevient trouble et alcaline. Il les laisse à jeun 24 ou 36 heures et constate de nouveau que l'urine est devenue claire et acide ; il fait les mêmes constatations après les avoir nourris avec du bœuf bouilli. Ces *expériences* complétèrent l'observation qu'il devait au hasard, lui permirent de vérifier l'*hypothèse* qu'il avait formée et de la transformer en *loi*.

Des ouvriers de Florence ne purent faire fonctionner une fontaine dont le tuyau dépassait de plus de 32 pieds le niveau de l'eau. Les *expériences* de Torricelli * avec le mercure, de Pascal * avec du vin ou sur le Puy-de-Dôme, éclaircissent le fait qui avait frappé Galilée * et amènent la découverte de la loi qui explique par la pesanteur atmosphérique l'ascension des liquides dans les tubes.

L'expérimentateur provoque les phénomènes et fait varier les circonstances dans lesquelles ils se produisent; au lieu de se borner comme l'observateur à écouter la nature et à enregistrer ce qu'elle veut bien nous découvrir, il l'interroge, il la met à la question, selon le mot de Bacon*, pour lui arracher ses secrets.

Règles de l'expérimentation. — Supposons qu'il s'agisse de vérifier l'exactitude de la loi proposée par Mariotte * : *le volume occupé par un gaz est en raison inverse de la pression qu'il supporte*, on peut d'abord répéter l'expérience en augmentant ou en diminuant progressivement la quantité de gaz sur laquelle on opère.

On peut encore, au lieu de changer les quantités, étendre les expériences à d'autres gaz, employer successivement l'hydrogène, l'oxygène, l'azote, l'acide carbonique etc., et examiner si les volumes occupés par chacun d'eux varient en raison inverse des pressions.

Enfin on peut non seulement étendre et varier l'expérience, mais encore la *renverser*. Après avoir laissé les lapins à jeun pendant 24 ou 36 heures, Claude Bernard * leur donnait à manger de l'herbe ou du bœuf bouilli. Après avoir laissé un liquide organique, du sang ou de l'urine par exemple, sans communication avec l'air et constaté qu'il ne se produisait aucun être vivant, M. Pasteur * laissait pénétrer l'air et constatait la production d'êtres qui devaient leur existence aux germes apportés par l'air. Après avoir obtenu de l'eau en provoquant la combinaison de l'hydrogène et de l'oxygène dès 1783, Lavoisier * décomposa l'eau en la faisant passer sur du fer incandescent.

Il faut, pour rendre l'expérimentation fructueuse : 1º étendre les expériences ; 2º les varier; 3º les renverser.

Qualités de l'expérimentateur. — Pour que Claude Bernard * entreprît sur les lapins les curieuses expériences qui l'amenèrent à découvrir une loi nouvelle, il fallait qu'il songeât à chercher la *cause* de la limpidité et de l'acidité qu'il avait observées dans leur urine ; qu'il supposât que les lapins se trouvaient à jeun et étaient par suite transformés en animaux carnivores ; qu'il imaginât des expériences propres à lui faire voir s'il avait deviné juste.

De même Harvey *, partant de l'existence des valvules placées à la sortie des artères et à l'entrée des veines, supposa que le sang passait du cœur aux artères et revenait par les veines aux poumons et au cœur. Il imagina de lier successivement les artères et les veines : il constata que les artères se gonflaient au-dessus et les veines au-dessous de la ligature.

Enfin Galilée * supposa un mouvement uniformément accéléré, en déduisit géométriquement les propriétés principales et imagina de vérifier ces suppositions par ses expériences sur le plan incliné : il détermina ainsi les lois de la chute des corps.

Il faut donc que l'expérimentateur ait une *idée préconçue ;* qu'il ait de l'imagination pour supposer une explication des faits qui se passent sous ses yeux et pour instituer des expériences propres à montrer si l'explication proposée est juste ou fausse.

Mais il ne suffit pas d'avoir de l'imagination : l'expérimentateur qui se laisserait dominer par elle après avoir conçu les expériences à faire, courrait risque de ne trouver dans la nature que ce qu'il y a placé. C'est ainsi que ceux qui avaient supposé la formation spontanée d'organismes vivants avaient trouvé dans les expériences la confirmation de leur hypothèse, en n'observant les phénomènes provoqués ni avec assez de patience, ni avec assez d'impartialité.

Il faut que l'expérimentateur ait de l'imagination pour concevoir les expériences ; il faut qu'il devienne ensuite, comme l'observateur, patient, tenace, impartial, pour voir les phénomènes tels qu'ils se produisent réellement et non tels qu'il les a supposés.

Les opérations auxquelles se réduisent l'observation et l'expérimentation. — Quand le physicien étudie les sons musicaux, il distingue en eux trois *éléments* différents : l'intensité, la hauteur, le timbre. Quand il veut se rendre compte de la température de l'air, il tient compte tout à la fois de la latitude, de l'altitude, des vents, du voisinage des mers, et il arrive à des résultats différents selon les *combinaisons* diverses de ces influences spéciales.

Quand Lavoisier * traitait l'eau par le fer porté au rouge, il recevait l'hydrogène dans une grande cloche graduée, tandis que l'oxygène se combinait avec le fer : il déterminait quels étaient les *éléments* constitutifs de l'eau. Quand on introduit dans l'eudiomètre un volume d'oxygène et deux volumes d'hydrogène et qu'on constate, après le passage de l'étincelle électrique, qu'il ne reste rien des deux gaz, on *recompose* l'eau en combinant ses éléments constitutifs.

Quand l'anatomiste étudie les êtres vivants, il les décompose en appareils, il décompose les appareils en organes, les organes en tissus, les tissus en cellules ou *éléments anatomiques*; quand il examine la manière dont les cellules se groupent pour former les *types* différents du règne animal, il *recompose* par la pensée les êtres vivants, en partant de leurs éléments constitutifs.

Dans toutes les sciences qui emploient l'observation et l'expérimentation, on se sert de deux procédés : tantôt on cherche à décomposer un phénomène, une substance inorganique ou un être vivant en ses éléments constitutifs : c'est l'ANALYSE; *tantôt on part de ces éléments et on cherche à reconstituer, réellement ou par la pensée, un phénomène, une substance inorganique ou un être vivant : c'est la* SYNTHÈSE.

L'induction. — Quand on eut observé à Florence que l'eau ne pouvait s'élever au delà de 32 pieds; quand Torricelli * eut substitué le mercure à l'eau; quand Pascal * eut fait ses célèbres expériences, bientôt répétées dans presque tous les pays de l'Europe, il fut établi qu'*une surface quelconque* éprouve, de la part de l'air, une *pression normale qui est égale au poids d'une colonne de mercure ayant cette surface pour base, et pour hauteur 76 centimètres.* On avait déclaré que le rapport observé dans *quelques* lieux et à *quelques* moments entre la pression atmosphérique et l'ascension du mercure dans un tube, était valable pour *tous* les temps et pour *tous* les lieux ; que la *cause* ou l'*antécédent* de l'ascension du mercure était la pesanteur atmosphérique.

On avait fait une *induction* et établi une *loi*.

L'induction est donc la généralisation d'un rapport observé entre deux phénomènes (ch. IV). *On donne le nom de cause ou d'antécédent au phénomène producteur, le nom d'effet ou de conséquent au phénomène produit, celui de loi au rapport généralisé.*

Problème de l'induction. — Nous avons observé un certain nombre de fois que l'eau pure, sous une pression de 76 centimètres, entre en ébullition quand le thermomètre marque 100° Nous affirmons que *partout* et *toujours* l'eau prise dans les mêmes conditions bout à 100° ; nous affirmons que l'ébullition de l'eau est la *cause*, l'antécédent nécessaire et suffisant dont l'apparition amène comme *effet* ou conséquent invariable l'élévation du thermomètre à 100°.

Mais un phénomène ne se produit jamais seul : pendant que nous observons l'ébullition de l'eau, par exemple, la terre tourne autour du soleil, la lune exerce son influence sur la surface de la terre, des courants différents se forment dans l'atmosphère. Pour être absolument sûr que l'ascension du mercure dans le thermomètre est causée par l'ébullition de l'eau, il faudrait que nous puissions, pendant un instant, supprimer tous les phénomènes qui se produisent dans l'univers, pour n'y laisser apparaître que de l'eau en ébullition et constater que ce seul phénomène amène à sa suite l'élévation du mercure à 100°.

Le problème de l'induction consiste donc à montrer comment nous passons d'un rapport observé dans quelques cas à un rapport valable pour tous les cas possibles, ou encore comment nous affirmons que, parmi tous les phénomènes ou tous les groupes de phénomènes qui se produisent simultanément, un seul phénomène ou un seul groupe est la cause d'un seul des nombreux phénomènes ou groupes de phénomènes qui les suivent.

Il est impossible d'observer tous les phénomènes qui se sont produits dans le passé, qui se produisent actuellement ou qui se produiront dans l'avenir; de faire disparaître tous les phénomènes à l'exception de celui que l'on considère comme l'antécédent cherché. Pour se rapprocher autant que possible de ce dernier résultat, qui les dispenserait de rechercher le premier, les savants emploient les méthodes dites de concordance, de différence, des variations concomitantes, des résidus ou des restes.

Méthode de concordance. — Soit à chercher la cause de la rosée. On commence par distinguer la rosée de la pluie, de l'humidité, des brouillards, puis on la définit l'apparition spontanée d'une moiteur sur les substances exposées en plein air en l'absence de pluie ou d'humidité visible. On la compare ensuite aux phénomènes analogues, à la moiteur qui se répand sur une pierre ou sur un métal froid lorsqu'on souffle dessus, à celle qui se produit par un temps chaud, sur une carafe d'eau sortant du puits, à celle qui couvre l'intérieur des vitres, quand l'air extérieur se refroidit brusquement, à celle qui suinte des murs, lorsque, après une gelée prolongée, survient une chaleur humide.

Tous ces cas nous présentent le même phénomène et s'accordent en un point : la basse température de l'objet sur lequel apparaît la moiteur, comparée à celle de l'air qui est en contact avec lui. Si l'on suspend un thermomètre à peu de distance au-dessus de l'objet mouillé, hors de la portée de son influence; si l'on en met un autre en contact avec l'objet lui-même, on constate que ce dernier marque une température moins élevée (*Stuart Mill* [*]). Le refroidissement des objets est donc la cause nécessaire et suffisante du dépôt de rosée :

il y a *concordance* entre le refroidissement des objets et l'apparition de la rosée.

Les tables de présence, comme disait Bacon*, ou la méthode de concordance, comme l'appelle Stuart Mill*, consiste donc à comparer les différents cas dans lesquels se présente un phénomène ; à rechercher si, malgré leurs différences, ils n'ont pas toujours et partout une circonstance commune, et à considérer cette circonstance comme la cause ou l'antécédent invariable du phénomène.

Méthode de différence. — Après avoir constaté que le refroidissement des objets est la cause du dépôt de rosée; que les objets se refroidissent parce qu'ils ne reçoivent plus les rayons solaires et émettent vers les espèces célestes la chaleur qu'ils ont reçue pendant le jour ; que les couches d'air voisines se refroidissent assez pour être saturées et pour précipiter sous forme de gouttelettes les vapeurs qu'elles tiennent en suspension, on peut observer des objets dont le pouvoir émissif est très faible, par exemple une feuille de métal : le refroidissement n'a pas lieu et par suite il n'y a pas de dépôt de rosée. On peut encore, quelle que soit la nature des objets, empêcher le rayonnement vers les espaces célestes et par conséquent le refroidissement et le dépôt de rosée. C'est ce que font les jardiniers en plaçant des couvertures de paille au-dessus des plantes délicates. Enfin, un vent violent, ne donnant pas à la couche d'air qui est en contact avec les objets le temps de se refroidir, empêche aussi le dépôt de rosée.

Dans tous ces cas, la rosée ne se produit pas quand il n'y a pas rayonnement vers les espaces célestes et refroidissement des objets.

La méthode de différence (tables d'absence de Bacon*) consiste donc à faire disparaître le phénomène indiqué par la méthode de concordance comme la cause d'un autre phénomène pour examiner si le phénomène considéré comme conséquent invariable disparait à son tour. Dans le cas où la disparition a lieu, on a le droit d'affirmer que le phéno-

mène supprimé est tantôt une des conditions, tantôt la condition unique du phénomène étudié.*

Méthode des variations concomitantes. — On a en ébullition de l'eau pure dans laquelle le thermomètre marque 100°; on y laisse le thermomètre et on enlève l'eau du feu. Elle se refroidit peu à peu, le thermomètre descend graduellement. La remet-on sur le feu après l'avoir ramenée à la température de 0°, on constate que le thermomètre remonte graduellement et marque 100° quand l'ébullition se produit.

Si l'on remarque que les variations de position de la lune sont accompagnées de variations correspondantes de temps et de lieu dans les marées, on affirmera que la lune est la cause des marées. De même, en remarquant que la hauteur marquée par le baromètre diminue à mesure qu'on s'élève, que l'intensité du son décroît avec l'amplitude des vibrations d'un corps sonore, on se convaincra que la pesanteur atmosphérique est la cause de l'ascension du mercure, que l'amplitude des vibrations est une des causes de l'intensité des sons (ch. III).

La méthode des variations concomitantes (tables de comparaison de Bacon) a donc pour but de faire varier dans des proportions déterminées le phénomène considéré comme cause, pour examiner si le phénomène considéré comme effet varie dans les mêmes proportions.*

Méthode des résidus ou des restes. — Le satellite de Jupiter qui en est le plus rapproché accomplit en 42 heures 28 minutes 36 secondes sa révolution complète; à chaque révolution il entre dans l'ombre portée par Jupiter et se trouve éclipsé à des intervalles de temps égaux.

Quand la terre T occupe la portion de son orbite la plus voisine de Jupiter, les éclipses du satellite se produisent régulièrement; quand la terre, en tournant autour du soleil, s'éloigne de Jupiter, on observe un retard d'une éclipse à celle qui la suit; quand la terre est le plus éloignée de Jupiter, en t, le retard est de 16 minutes 36 secondes. Si l'on remarque qu'en passant de T en *t* la terre s'est éloignée de Jupiter de deux fois la distance du soleil à la terre, c'est-à-dire de 76 millions de lieues, on pourra affirmer que le retard de 16 minutes 36 secondes, c'est-à-dire le temps qui *reste* après avoir retranché les 42 heures 28 minutes 36 secondes autant de fois que le satellite a accompli sa révolution, est celui que la lumière a employé pour parcourir les 76 millions de lieues.

C'est ainsi que Rœmer * trouva, dès 1675, que la vitesse de propagation de la lumière est par seconde de 77 000 lieues de 4 kilomètres.

C'est ainsi encore qu'ont été découverts la précession des équinoxes, l'aberration, la nutation et les mouvements propres apparents des étoiles (*Herschell* *, *Stuart Mill* *).

La méthode des résidus ou des restes consiste donc à retrancher d'un phénomène donné tout ce qui, en vertu d'inductions antérieures, peut être attribué à des causes connues ; ce qui reste sera l'effet des antécédents qui ont été négligés et dont l'effet était une quantité encore inconnue.

En résumé, la première des quatre méthodes nous permet de supposer que la cause d'un phénomène est la circonstance commune à tous les cas observés ; la seconde nous permet de savoir si notre supposition est juste ; la troisième de déterminer les rapports quantitatifs de l'antécédent et du conséquent ou d'étudier les lois de certains phénomènes que nous ne pouvons produire ou supprimer à notre gré ; enfin la quatrième nous met à même de déterminer la cause des phénomènes auxquels nous ne pourrions appliquer aucune des trois autres méthodes.

Procédés accessoires. — Outre l'observation, l'expérimentation et l'induction, qui sont leurs procédés essentiels, les sciences physiques font encore appel à l'hypothèse, à l'analogie, à la déduction.

Hypothèse. — Nous avons montré déjà (*qualités de l'expérimentateur*) qu'une idée anticipée, qu'une *hypothèse* est le point de départ nécessaire de tout raisonnement sur lequel on institue des expériences.

Lorsque Torricelli* eut remarqué les variations de la hauteur du mercure dans un tube de verre, il supposa que la pesanteur de l'air pouvait bien être la cause de tous les effets qu'on avait jusqu'alors attribués à l'horreur du vide. Les expériences de Périer* sur le Puy-de-Dôme, de Pascal* à Paris et à Rouen firent établir comme loi que la pesanteur atmosphérique est la cause de l'ascension de l'eau dans les pompes, du mercure dans le baromètre.

L'hypothèse est une généralisation des rapports observés entre deux phénomènes ou deux groupes de phénomènes, qui précède les observations ou les expériences nécessaires pour établir que le rapport est universel et constitue une loi; c'est donc une induction anticipée, une loi postulée et non vérifiée.

Valeur de l'hypothèse. — Il va sans dire que toute hypothèse qui ne repose sur aucun rapport observé, que toute hypothèse *gratuite* ne saurait avoir par elle-même aucune valeur; mais toutes les hypothèses qui ne sont pas gratuites n'ont pas une égale valeur.

Quand Copernic* supposa que la terre, au lieu d'être le centre immobile autour duquel se meuvent tous les astres, tourne autour du soleil, son hypothèse l'emportait par la *simplicité* sur celle qui, depuis Ptolémée*, avait régné parmi les savants.

Quand Lavoisier* supposait que l'air n'est point un corps simple, qu'il se compose d'une portion salubre (*oxygène*) et d'une mofette* irrespirable (*azote*), il préparait les recherches des chimistes sur les autres substances considérées jusque-là comme simples, sur les acides, sur la combustion, sur la respiration, etc. Son hypothèse se recommandait par la *fécondité*.

Mais il ne suffit pas de former des hypothèses simples et

fécondes : il faut surtout faire des observations et des expériences nouvelles pour essayer de les vérifier, pour changer l'hypothèse en induction, l'explication anticipée en loi. Copernic *, dès 1543, Galilée * et après eux la plupart des astronomes avaient admis l'hypothèse de la rotation de la terre autour du soleil ; il fallut de nombreuses observations astronomiques ; il fallut que Rœmer * calculât la vitesse de la lumière ; que Bradley * découvrît en 1728 que la différence entre le mouvement de la terre et celui de la lumière lancée du soleil suffit à expliquer les petits mouvements apparents des étoiles, pour que la rotation de la terre autour du soleil devînt une vérité scientifique absolument incontestable.

L'hypothèse doit reposer sur des rapports observés, être simple et féconde ; il faut la vérifier par des observations et des expériences nouvelles.

Analogie. — Si l'on compare la lumière et la chaleur, on sera tout d'abord frappé de la différence qui existe entre elles : l'une échauffe et agit sur tout le corps, l'autre éclaire et n'agit que sur les yeux. Mais quand on pousse plus loin la comparaison, on s'aperçoit qu'il y a entre elles des ressemblances importantes : la lumière et la chaleur vont en ligne droite dans un milieu homogène, se réfléchissent contre un obstacle de manière à former un angle de réflexion égal à l'angle d'incidence ; l'intensité de la lumière et de la chaleur rayonnante sont en raison inverse du carré de la distance. Nous disons qu'il y a de l'*analogie* entre la lumière et la chaleur.

De même si nous considérons le sabot du cheval, l'aile de l'oiseau, la nageoire du poisson, la main de l'homme, il nous semblera d'abord que nous nous trouvons en présence d'organes absolument dissemblables. Cependant Geoffroy-Saint-Hilaire * a montré, à côté des différences apparentes, des ressemblances profondes que révèle une étude plus attentive de ces différents organes. Il y a entre eux de l'*analogie*.

L'analogie est donc la généralisation de rapports observés entre des phénomènes ou des groupes de phénomènes, abstraction faite des différences quelquefois considérables que nous percevons entre eux. Elle fait place à l'hypothèse quand on croit que les ressemblances l'emportent sur les différences par leur nombre et leur importance ; elle devient une induction quand l'observation montre que les différences n'ont pas une valeur essentielle.

Rôle de l'analogie. — Si nous jugeons qu'il y a de l'analogie entre la terre et la lune, nous sommes tentés d'affirmer dans la seconde l'existence d'êtres semblables à l'homme. Si nous remarquons qu'il n'y a pas d'eau à la surface de la lune, si nous admettons avec la Hire, d'Isle, Mayer, qu'elle n'a pas d'atmosphère, nous serons obligés de nier l'existence de pareils êtres : les différences ont une importance capitale et l'emportent sur les ressemblances.

Si nous comparons, comme nous l'avons fait, la lumière et la chaleur, nous sommes amenés à supposer que la lumière et la chaleur ne constituent qu'un seul et même agent. Cette hypothèse s'est transformée en loi par suite des recherches de MM. Ed. Becquerel, Jamin, de la Provostaye, Desains, etc. : « Nous admettons, dit M. Jamin, que le soleil envoie une série de vibrations superposées différant entre elles, non par leur vitesse de propagation, non par la direction de leurs mouvements, mais seulement par la rapidité de leurs oscillations... elles se séparent par la réfraction. Les vibrations peu réfrangibles sont les plus lentes et les plus déviées, les plus rapides, de sorte que les chaleurs obscures sont analogues aux sons graves, les rayons chimiques extrêmes aux notes les plus aiguës et les rayons colorés du spectre visible aux notes moyennes. »

L'analogie vaut donc surtout par les observations et les expériences qu'elle provoque, par les hypothèses qu'elle fait naître, par les lois qu'elle prépare.

Déduction. — Lorsque Harvey [*] eut supposé que le sang *circulait* dans les artères et les veines, il fit, en partant de cette hypothèse, le raisonnement suivant : le sang va dans les veines de la périphérie au centre, dans les artères du centre à la périphérie; en liant les unes ou les autres avec un fil, on interrompra la marche du sang; mais les veines devront se gonfler au-dessus, les artères au-dessous de la ligature.

La *déduction* lui avait fourni les résultats que devait donner l'expérience, si l'hypothèse qu'il avait formée était exacte.

Elle avait de même donné à Claude Bernard * les résultats que devait amener l'expérience s'il avait eu raison de supposer qu'à jeun tous les animaux se nourrissent de viande.

Quand Galilée * eut découvert, après de nombreuses expériences, que *l'espace parcouru par un corps qui tombe est comme le carré du temps*, il tira par déduction de cette première loi une seconde loi : *les espaces successivement parcourus dans des temps égaux sont comme les nombres impairs 1, 3, 5, 7, etc.*; puis une troisième : *La vitesse acquise au bout de l'unité de temps est doublée en raison de l'espace parcouru.*

Les satellites d'Uranus présentent une anomalie singulière : leurs mouvements propres s'exécutent en sens contraire des mouvements propres des autres planètes et de leurs satellites. Un certain nombre d'astronomes avaient pensé à faire dépendre la différence des observations anciennes et des observations modernes signalée par Bouvard en 1821, de quelque action étrangère et inaperçue qui aurait agi sur la marche de la planète.

En 1846, M. le Verrier * lisait à l'Académie des sciences un travail qui avait pour titre : *Sur la planète qui produit les anomalies observées dans le mouvement d'Uranus; détermination de sa masse, de son orbite et de sa position actuelle*. Un mois ne s'était pas écoulé qu'Arago * lisait à l'Académie des sciences une lettre de Galle, astronome de Berlin, adressée à M. le Verrier * : « La planète dont vous avez signalé la position, y était-il dit, existe réellement. *Le jour même où j'ai reçu votre lettre*, je trouvai une étoile de huitième grandeur... L'observation du jour suivant décida que c'était la planète cherchée. »

« Les astronomes, disait Arago *, ont quelquefois trouvé accidentellement, un point mobile, une planète, dans le

LA MÉTHODE DANS LES SCIENCES PHYSIQUES. 159

champ de leurs télescopes, tandis que M. le Verrier * aperçut le nouvel astre sans avoir besoin de jeter un seul regard vers le ciel : il le vit *au bout de sa plume.* Il avait déterminé, par la seule puissance du calcul, la place et la grandeur d'un corps situé bien au delà des limites jusqu'ici connues de notre système planétaire, d'un corps dont la distance au Soleil surpasse 1 200 millions de lieues et qui dans nos plus puissantes lunettes offre à peine un disque sensible. »

La déduction peut donc, dans les sciences d'observation : 1° donner à l'avance les résultats que doit fournir l'expérience si l'hypothèse est exacte; 2° faire tirer, des lois découvertes par l'expérience, des lois nouvelles, mais moins générales; 3° faire découvrir ce que l'observation n'avait pu révéler.

Elle prépare l'expérimentation, elle rend inutiles des observations nouvelles, elle indique à l'observateur le résultat qu'il doit atteindre et la manière dont il doit le chercher.

L'introduction de la déduction et du calcul a donné naissance à la physique mathématique, qui unit les procédés inductifs des sciences d'observation aux procédés déductifs des sciences mathématiques.

RÉSUMÉ

Que comprenait encore la physique au XVIIe siècle? — Elle comprenait l'étude de tous les phénomènes et de tous les êtres qui constituent l'univers matériel.

Qu'étudient aujourd'hui les sciences physiques? — Elles étudient spécialement les phénomènes (chaleur, électricité, combinaisons, etc.)

Quels sont les procédés employés dans les sciences physiques? — Les procédés employés sont l'observation, l'expérimentation, l'induction. Celui de ces procédés qui domine donne son nom à la méthode.

Qu'est-ce qu'observer ? — Observer, c'est examiner les phénomènes au moment où ils se produisent et dans les conditions mêmes où ils se produisent.

Comment se fait l'observation? — Elle se fait au moyen des *sens* et elle est d'autant mieux faite que les sens sont plus exercés et en meilleur état.

Elle est complétée par l'emploi d'*instruments* qui augmentent la portée, la précision des sens ou qui suppriment l'observateur et assurent l'exactitude absolue des résultats obtenus.

Quelles sont les qualités de l'observateur? — L'observateur doit être *patient, tenace, impartial.*

Que fait l'expérimentateur? — L'expérimentateur provoque les phénomènes et fait varier les circonstances dans lesquelles ils se produisent; il interroge la nature; il *la met à la question* pour lui arracher ses secrets.

Quelles sont les règles de l'expérimentation? — Il faut *étendre, varier, renverser* les expériences.

Quelles sont les qualités de l'expérimentateur? — Il faut que l'expérimentateur ait de l'*imagination* pour supposer une explication des faits qui se passent sous ses yeux et pour instituer des expériences; il faut qu'il soit ensuite, dans le cours de l'expérimentation, *patient, tenace, impartial.*

A quelles opérations se ramènent l'observation et l'expérimentation? — Elles se ramènent à l'*analyse* qui décompose un phénomène, une substance inorganique ou un être vivant en ses éléments constitutifs, et à la *synthèse* qui part de ces éléments pour reconstituer réellement ou par la pensée un phénomène, une substance inorganique ou un être vivant.

Qu'est-ce que l'induction? — L'induction est la *généralisation* d'un rapport observé entre deux phénomènes : le phénomène producteur est la *cause* ou l'*antécédent*, le phénomène produit est l'*effet* ou le *conséquent*, le rapport généralisé est la *loi*.

En quoi consiste le problème de l'induction? — Le problème de l'induction consiste à montrer comment nous passons d'un rapport observé dans *quelques* cas à un rapport valable pour *tous* les cas, ou encore comment nous affirmons que parmi *tous* les phénomènes ou les groupes de phénomènes qui se produisent simultanément, *un seul* phénomène ou un seul groupe de phénomènes est la cause d'un seul des nombreux phénomènes ou groupes de phénomènes qui les suivent.

Quelles sont les méthodes employées par les savants pour le résoudre ? — Les savants emploient les méthodes de *concordance*, de *différence*, des *variations concomitantes*, des *résidus* ou des *restes*.

En quoi consiste la méthode de concordance ? — La méthode de concordance (tables de présence), consiste à comparer les différents cas dans lesquels se présente un phénomène ; à rechercher si, malgré leurs différences, ils n'ont pas toujours et partout une circonstance commune et à considérer cette circonstance commune comme la cause ou l'antécédent invariable du phénomène.

En quoi consiste la méthode de différence ? — Cette méthode (tables d'absence) consiste à faire disparaître le phénomène indiqué comme cause d'un autre phénomène par la méthode de concordance ; à s'assurer si le phénomène considéré comme conséquent disparait à son tour pour affirmer ensuite que le phénomène supprimé est la condition unique ou l'une des conditions du phénomène étudié.

En quoi consiste la méthode des variations concomitantes ? — Cette méthode (tables de comparaison) a pour but de faire varier, dans des proportions déterminées, le phénomène considéré comme cause pour savoir si le phénomène considéré comme effet varie dans les mêmes proportions.

En quoi consiste la méthode des résidus ou des restes ? — Cette méthode consiste à retrancher d'un phénomène donné tout ce qui, en vertu d'inductions antérieures, peut être attribué à des causes connues ; ce qui reste sera l'effet des antécédents qui ont été négligés et dont l'effet était une quantité encore inconnue.

Quels sont les procédés accessoires employés par les sciences physiques? — Elles font appel à l'*hypothèse*, à l'*analogie*, à la *déduction*.

Qu'est-ce que l'hypothèse? — C'est la généralisation des rapports observés entre deux phénomènes qui précède les observations ou les expériences propres à établir que le rapport est universel et constitue une loi : c'est une *induction anticipée*, une *loi postulée* et non vérifiée.

Quelles sont les règles à suivre à propos des hypothèses? — Il faut *former* les hypothèses en partant de rapports observés et en cherchant à les rendre *simples* et *fécondes*; il faut les *vérifier* par des observations et des expériences nouvelles.

Qu'est-ce que l'analogie? — C'est la généralisation de rapports observés entre des phénomènes, abstraction faite des différences quelquefois considérables que nous percevons entre eux; elle fait place à l'*hypothèse* quand les ressemblances l'emportent en nombre et en importance sur les différences, elle devient une *induction* quand l'observation montre que les différences n'ont pas une valeur essentielle.

Quelle est la valeur de l'analogie? — L'analogie vaut surtout par les observations et les expériences qu'elle provoque, par les *hypothèses* qu'elle fait naître, par les *lois* qu'elle prépare.

Quel est le rôle de la déduction dans les sciences inductives? — 1° La déduction donne à l'avance les résultats que doit fournir l'expérience, si l'hypothèse est exacte; 2° elle fait tirer, des lois découvertes par l'expérience, des lois nouvelles mais moins générales; 3° elle fait découvrir ce que l'observation n'avait pas révélé.

Qu'est-ce que la physique mathématique? — C'est la partie de la physique qui unit l'emploi des procédés inductifs propres aux sciences d'observation et des procédés déductifs propres aux sciences mathématiques.

DEVOIRS A TRAITER.

I. L'analyse et la synthèse dans les sciences physiques.

II. La méthode en chimie.

III. Les sciences d'observation et les sciences expérimentales. (Lire Claude Bernard*, *Introduction à la médecine expérimentale*, Liard*, *Logique*, l. II, ch. vii. Janet*, *Traité élémentaire*, sect. II, ch. ii.

IV. Comment détermine-t-on les lois en physique ?
V. Induction, hypothèse, analogie.

VI. L'analyse et la synthèse dans les sciences physiques.

QUESTIONS A ÉTUDIER.

I. L'observation dans la vie pratique.
II. Le problème métaphysique de l'induction. (Lire Waddington*, *Essais de logique*, Degérando*, *Histoire comparée des systèmes de philosophie*, p. 1, ch. xv, Janet*, sect. 1, ch. vii, Lachelier*, *Fondement de l'induction*.)

III. La méthode en astronomie.

IV. La méthode en météorologie.

V. La méthode des résidus en astronomie.

QUESTIONS POSÉES.

I. Montrer comment et dans quelle mesure l'enseignement des sciences physiques peut contribuer à l'éducation intellectuelle. (Écoles normales.)

II. Déterminer la valeur des résultats obtenus par l'emploi de la méthode inductive. (Bac. ès lettres et Enseig. spécial.)

III. Exposer comment on doit enseigner les sciences physiques aux enfants. (Écoles normales.)

IV. Montrer par des exemples précis comment les sciences physiques appliquent dans leurs recherches l'observation, l'expérimentation, l'analyse et la synthèse, l'induction, l'hypothèse, l'analogie, la déduction et le calcul. (Brev. sup., Écoles normales.)

Conseils pédagogiques. — En étudiant la méthode des sciences physiques, on apprend comment il faut les enseigner aux enfants pour les leur faire comprendre plus aisément et comment on peut s'en servir pour leur éducation générale.

A. — Il faut montrer comment on doit se servir des sens et des instruments pour observer; comment on peut rendre les sens plus exercés; comment on peut remplacer, en chimie par exemple, les instruments qu'on n'a pas à sa disposition ; faire observer la hauteur barométrique, la température, la direction du vent, la formation de la glace, de la neige, de la grêle, la chute des corps, la position des astres, la manière dont on fabrique le vin, la bière, le cidre, le fonctionnement d'une locomotive, d'un télégraphe, etc. — Il faut faire remarquer par quelle voie les physiciens, les chimistes sont arrivés à imaginer des expériences fécondes, avec quelle sagacité, avec quelle patience ils les ont conduites : décrire par exemple les expériences de Galilée* sur la chute des corps, de Lavoisier* sur la composition de l'eau, etc. — Il faut montrer également, par des exemples concrets, comment on applique les quatre méthodes d'induction et à quels résultats elles conduisent; comment on se sert de la déduction, quelle différence il y a, au point de vue de la certitude, entre l'induction, l'hypothèse et l'analogie.

B. — Il faut habituer les enfants à l'observation, leur montrer que les plus grandes découvertes ont été amenées par l'attention accordée à des phénomènes qui étaient depuis longtemps connus, leur citer l'exemple de Galilée * arrivant à découvrir la loi de la chute des corps après avoir examiné les oscillations d'une lampe, de Newton * découvrant la loi de l'attraction après avoir vu tomber une pomme, de Papin *, de Haüy *, etc. — Il faut leur montrer, par les mêmes exemples, qu'on doit apporter une grande patience dans l'examen des faits sur lesquels on a porté son attention. — En leur lisant certains passages de l'histoire des sciences physiques, on pourra leur faire remarquer avec quelles ressources restreintes certains savants ont fait les expériences qui les ont conduits aux plus grandes découvertes. — Enfin on les habituera à distinguer les résultats de l'analogie, de l'hypothèse et de l'induction et à accorder à chacun d'eux la confiance qu'ils méritent.

BIBLIOGRAPHIE.

Stuart Mill, *Système de logique*.
Naville, la *Logique de l'hypothèse*.
Naville, la *Physique moderne*, Paul Janet, *Traité élémentaire de philosophie*.
Paul Janet, les *Causes finales*.
Bacon, *Novum organum*, traduction Lorquet.
Caro, le *Matérialisme et la science*.
A. Comte, *Cours de philosophie positive*.
Renouvier, *Traité de logique générale*.
Cournot, *Essai sur les fondements de nos connaissances*.
Bain, *Logique inductive et déductive*.
Waddington, *Essais de logique*.
Rabier, *Logique*.
Liard, *Logique*.
Hœfer, *Histoire de l'astronomie*.
Hœfer, *Histoire de la physique et de la chimie*.
Herschell, *Discours sur l'étude de la philosophie naturelle*.
Cl. Bernard, *Introduction à la médecine expérimentale*.
Taine, *de l'Intelligence*.
Sennebier, l'*Art d'observer* (3 vol.).
Lachelier, du *Fondement de l'induction*.

CHAPITRE XII

LA MÉTHODE DANS LES SCIENCES NATURELLES

SOMMAIRE

Les sciences naturelles, les procédés qu'elles emploient. — L'observation, l'expérimentation, l'induction, l'hypothèse, l'analogie, la déduction dans les sciences naturelles. — Les classifications :

classifications usuelles et pratiques, classifications artificielles, classifications naturelles, valeur des classifications naturelles. — Les définitions dans les sciences naturelles.

Les sciences naturelles, les procédés qu'elles emploient. — La géologie étudie la forme, la structure interne, le mode de formation des minéraux, c'est-à-dire des êtres exclusivement soumis à des lois physiques. La botanique étudie la forme, la structure interne, le mode de formation, la distribution géographique des végétaux, c'est-à-dire des êtres vivants qui naissent, se nourrissent, se reproduisent et meurent. La zoologie fait des recherches analogues sur les animaux, sur les êtres vivants qui sont doués de la sensibilité et du mouvement volontaire. L'anatomie étudie les organes, la physiologie, les fonctions des êtres vivants, végétaux ou animaux ; la paléontologie essaie de reconstituer ceux de ces êtres qui vivaient autrefois sur notre globe (mammouth, mégathérium, toxodon, la tératologie cherche les lois qui président à la formation des êtres monstrueux, etc.

Les sciences naturelles font appel, comme les sciences physiques, à l'observation, à l'expérimentation, à l'induction, à l'hypothèse, à l'analogie, à la déduction (ch. xi); mais elles se proposent surtout de *classer* et de *définir* les êtres qu'elles ont étudiés.

Les sciences naturelles, géologie, botanique, zoologie, anatomie, physiologie, paléontologie, tératologie, etc., ont pour objet de faire connaître, ou plus spécialement, de classer et de définir les êtres, minéraux, végétaux et animaux dont l'ensemble constitue ce qu'on appelle les trois règne de la nature.

L'observation, l'expérimentation, l'induction, l'hypothèse, l'analogie, la déduction dans les sciences naturelles[1]. — L'impossibilité où le physicien se trouve de supprimer, même pour un instant,

---

1. Il faut relire, dans le précédent chapitre, ce qui concerne chacun de ces procédés.

tous les phénomènes autres que celui dont il veut chercher la cause, est un obstacle à la détermination prompte et exacte des lois. Cette impossibilité est bien plus grande encore pour le naturaliste. Si nous observons chez un animal une accélération très marquée dans la circulation, nous savons qu'elle peut être le résultat de causes internes, de changements dans la nutrition, la digestion, la respiration, dans les fonctions cérébrales, etc. ; nous savons aussi qu'elle peut être produite par des causes externes, par des changements dans l'altitude, la température, les vents, la pesanteur atmosphérique, etc. En outre, certains phénomènes, étudiés par les sciences naturelles, ne peuvent être expliqués si la physique et la chimie n'ont réussi à en expliquer certains autres : il était impossible, par exemple, de se rendre compte de la respiration, avant que Lavoisier * eût donné la théorie de la combustion. Enfin la nécessité d'examiner les êtres après leur mort, comme le fait l'anatomiste, l'expose à considérer quelquefois comme des phénomènes de la vie normale, des phénomènes qui sont le résultat d'un commencement de désorganisation.

Cependant le perfectionnement des instruments, la patience, l'habileté et la ténacité des observateurs ont fait faire de grands progrès aux sciences naturelles. Swammerdam * se servait, pour disséquer les insectes, d'une table d'airain à laquelle étaient adaptés deux bras, mobiles en tous sens et faits de telle façon que l'on pouvait élever et abaisser lentement leurs parties supérieures ; sur l'un des bras était placé l'insecte, sur l'autre le microscope. Il s'était fabriqué des scalpels, des lancettes, des stylets d'une délicatesse telle qu'il était obligé de les aiguiser au microscope et qu'il pouvait faire la démonstration de tous les viscères d'un insecte. Pour découvrir la direction et la communication des vaisseaux, il se servait, en guise de chalumeaux, de fils de verre creux très déliés par un bout et un peu évasés par l'autre : une première injection à l'eau pure servait à nettoyer l'intérieur ; une seconde injection, faite avec une liqueur spéciale, montrait les vaisseaux et leurs ramifications. S'il voulait disséquer un insecte, il le noyait dans l'alcool ou dans l'essence de térébenthine et l'y faisait durcir : puis il l'ouvrait par le milieu du corps avec des ciseaux, écartait les téguments et observait la position relative des parties internes; ensuite il enlevait les viscères, qu'il débarrassait de leur graisse au moyen de pinceaux trempés dans l'essence de térébenthine; il mettait à nu tous les organes et les séparait les uns des autres. S'il voulait écorcher une chenille, il la prenait par un de ses fils lorsqu'elle se préparait à filer sa coque et la plongeait une seconde dans l'eau bouillante; l'épiderme se détachait de lui-même et la chenille, placée ensuite dans un mélange de vinaigre et d'esprit de vin, devenait assez consistante pour qu'il pût enlever successivement les enveloppes sans endommager aucune autre partie de l'animal.

Ruisch [*] perfectionna l'art des injections, il fit connaître la structure vasculaire d'un grand nombre d'organes et de tissus dans lesquels on n'avait pas même soupçonné la présence de vaisseaux. Lyonnet [*] compta les 4 045 muscles de la chenille, suivit les ramifications des 92 troncs nerveux qui partent de la moelle spinale, établit que les deux trachées principales donnent naissance à 236 tiges secondaires qui produisent 1 336 bronches, auxquelles s'ajoutent 236 bronches détachées; il ne laissa presque rien à faire sur l'anatomie des muscles, des nerfs et des trachées chez les insectes.

On peut, dans les sciences physiques, reproduire quand on le veut et comme on le veut, la plupart des phénomènes observés. Il y a au contraire beaucoup d'expériences qu'il est impossible de tenter dans les sciences naturelles; on ne saurait ni reconstituer un être vivant dont on a auparavant déterminé, qualitativement et quantitativement, tous les éléments constitutifs, ni reproduire les grands bouleversements, inondations, tremblements de terre, éruptions volcaniques, qui ont amené la constitution des diverses espèces de terrain. En outre, lorsqu'on modifie chez un être, les conditions dans lesquelles se produisent d'ordinaire les fonctions d'un organe, du cœur, de l'estomac, du cerveau, par exemple, on n'est jamais sûr qu'on n'amène pas, du même coup, des modifications générales ou même des lésions qui agissent, concurremment avec les conditions nouvelles, pour provoquer le fonctionnement de l'organe.

Cependant les géologues ont fait de nos jours un certain nombre d'expériences intéressantes, qui leur ont fourni des vues ingénieuses sur la formation des diverses espèces de roches et de terrains. Les tératologistes, M. Camille Dareste * entre autres, ont fait naître artificiellement des monstres et créé une tératologie expérimentale. Spallanzani * avait déjà imaginé, au xviii® siècle, de faire avaler à certains oiseaux de petites éponges afin de se procurer du suc gastrique ; d'attacher ces éponges à de petits fils afin de les retirer à volonté et de déterminer à quel moment commence la sécrétion du suc gastrique, à quel moment elle atteint son maximum. Il produisit des digestions artificielles et trouva que la digestion s'opère par l'action dissolvante du suc gastrique ; qu'elle a besoin de chaleur pour s'accomplir et qu'elle peut se continuer après la mort. Flourens *, Claude Bernard *, Vulpian *, M. Pasteur * ont, de nos jours, fait définitivement entrer les sciences de la vie dans la voie expérimentale.

A mesure que l'observation et l'expérimentation se perfectionnent, on établit par *induction* des lois plus nombreuses et plus générales dans les sciences naturelles. (Ex., *la loi des corrélations organiques découverte par Cuvier *, la loi des connexions organiques établie par G. Saint-Hilaire *.*)

Pour montrer l'importance de l'*hypothèse* et de la *déduction* dans les sciences naturelles, il suffit de rappeler la découverte de la circulation du sang par Harvey *, celle de la fonction glycogénique du foie, de la loi d'après laquelle tous les animaux se nourrissent à jeun de viande, par Claude Bernard * (ch. xi) ; les progrès réalisés dans ce groupe de sciences, depuis qu'elles ont fait appel à l'évolution et au transformisme (ch. xiv).

Enfin l'*analogie* a conduit Cuvier * à reconstituer *a priori* l'organisme du paléothérium et à formuler la loi des corrélations ; G. Saint-Hilaire *, à donner la loi des connexions et à soutenir la doctrine de l'unité de type, qui a inspiré les travaux de Goethe *, d'Oken *, de Carus *, de Candolle *, etc. C'est sur l'analogie que reposent l'anatomie, la physiologie, l'embryologie *, l'embryogénie * comparées, dont les découvertes ont étendu d'une manière si notable notre connaissance des êtres vivants.

Les lois sont difficiles à découvrir dans les sciences naturelles, parce que les phénomènes sont plus difficiles à isoler, parce qu'ils dépendent des phénomènes physiques et chimiques, parce que l'observation des êtres morts peut donner des résultats inexacts pour les vivants. Mais le perfectionnement des instruments, la patience, l'habileté et la ténacité des observateurs ont fait faire de grands progrès aux sciences naturelles.

Certaines expériences sont impossibles à exécuter ou peuvent donner des résultats inexacts; cependant la géologie, la tératologie, la physiologie sont entrées dans la voie expérimentale.

Les progrès de l'observation et de l'expérimentation ont permis d'établir par induction des lois plus nombreuses et plus exactes.

Des découvertes importantes montrent que le rôle de l'hypothèse, de la déduction et de l'analogie est considérable dans les sciences naturelles.

Classifications. — Si nous voulions connaître chacun des innombrables individus qui constituent le règne animal, notre vie n'y pourrait suffire et leur renouvellement incessant nous obligerait à recommencer sans cesse la partie de notre travail que nous croirions avoir terminée. Si nous ne considérons même plus les individus, mais les groupes formés par généralisation (ch. IV), qui comprennent tous les individus rassemblés sous des noms spécifiques, lions, chiens, hommes, rats, singes, chevaux, etc., nous nous trouverons encore en présence d'objets trop nombreux pour que nous puissions les observer, retenir les descriptions qu'en ont données les naturalistes, ou reconnaître, en les voyant, les individus dont nous connaissons les caractères généraux. Personne, à coup sûr, ne se vanterait de connaître les 600,000 espèces dont on peut affirmer l'existence dans le règne animal.

Au contraire, si nous examinons les animaux par rapport à l'homme, nous verrons que le chien, le cheval vivent auprès de lui et lui rendent journellement des services ; que la mésange, la chouette lui sont indirectement utiles en le débarrassant d'insectes ou d'animaux nuisibles ; que la vipère, le loup, le lion, le tigre sont très redoutables pour lui et pour les animaux qui contribuent à lui rendre l'existence plus facile et plus agréable. Nous sommes dès lors en état de faire rentrer tous les animaux dans une des classes suivantes : *domestiques, utiles, nuisibles ;* nous savons immédiatement, quand nous entendons dire d'un animal inconnu qu'il est capable de domestication, qu'il est utile ou qu'il est nuisible, comment nous devons nous comporter si nous nous trouvons un jour en sa présence.

De même les naturalistes remarquent que le chien, le phoque, la chauve-souris, la baleine, le hérisson, le lapin, le bœuf, le cheval, la sarigue nourrissent leurs petits avec le lait que sécrètent leurs mamelles ; ils font rentrer tous ces animaux dans une même classe, celle des *mammifères*. Ils remarquent encore que les mammifères, que les oiseaux, les reptiles, les batraciens et les poissons présentent un certain nombre de caractères communs, dont le plus important est l'existence d'un système nerveux renfermé dans un crâne et une colonne *vertébrale* : ils les considèrent tous comme des *vertébrés*. Ils rangent dans deux grands groupes, vertébrés et invertébrés, tous les êtres qui constituent le règne animal ; ils savent, quand on leur dit d'un animal dont l'existence ou la nature leur était inconnue, qu'il est vertébré ou invertébré, quels sont les caractères essentiels qu'il doit présenter.

Les classifications font rentrer dans un petit nombre de groupes les innombrables individus qui forment les trois règnes de la nature ; elles soulagent la mémoire et nous permettent de mettre dans nos connaissances un ordre qui ressemble plus ou moins à l'ordre naturel. Elles sont usuelles, pratiques, artificielles ou naturelles.

Classifications usuelles et pratiques. — On place les mots d'un dictionnaire par ordre alphabétique pour qu'ils puissent être immédiatement trouvés ; on range les volumes d'une bibliothèque, d'après leur format, en in-quarto, en in-octavo, etc. ; d'après la matière dont ils traitent, en livres d'histoire, de mathématiques, de littérature, de philosophie, de théologie, etc. On classe, dans un ouvrage d'agriculture, les animaux en domestiques, utiles et nuisibles ; on range les plantes, dans un ouvrage de pharmacie ou de médecine, en astringentes, sudorifiques, soporifiques, pectorales, etc. ; on divise les végétaux, dans le langage vulgaire, en arbres, arbustes, plantes, légumes, herbes, etc.

Les classifications usuelles ou pratiques groupent les objets de manière à nous permettre de les désigner, de les reconnaître ou de les faire trouver plus aisément ; elles ne tiennent compte que du caractère ou de la propriété qui sert à les former et laissent de côté tous les autres, quelle qu'en soit l'importance pour la connaissance exacte des objets.

Classifications artificielles. — On sait que les étamines et les carpelles constituent les organes reproducteurs des plantes. C'est en considérant les modifications variées de ces organes que Linné* forma sa célèbre classification. Elle comprenait 24 *classes* ou divisions primaires, subdivisées chacune en un certain nombre d'*ordres* ou divisions secondaires. Les 13 premières de ces classes renfermaient les plantes qui diffèrent les unes des autres par le nombre de leurs étamines, la première ou *monandrie* comprenant celles qui ont une seule étamine, la 13ᵉ ou *polyandrie* comprenant celles qui en ont depuis 20 jusqu'à 100 insérées sous l'ovaire. La 14ᵉ et la 15ᵉ étaient fondées sur la grandeur relative des étamines, la 16ᵉ, la 17ᵉ et la 18ᵉ, sur la soudure des étamines par leurs filets, la 19ᵉ sur celle des étamines par leurs anthères, la 20ᵉ, sur celle des étamines avec les carpelles, la 21ᵉ, la 22ᵉ et la 23ᵉ, sur la séparation des fleurs mâles et des fleurs femelles, la 24ᵉ, sur l'absence des étamines et des carpelles. Quant aux ordres, ils étaient établis, dans les 13 premières classes, d'après le nombre des styles et des stigmates distincts ; dans la 14ᵉ et la 15ᵉ, d'après la structure de l'ovaire ou la forme du fruit; dans la 17ᵉ et la 18ᵉ, d'après le nombre des étamines dont les filets sont soudés en un, deux ou plusieurs faisceaux, etc.

L'inconvénient de cette classification était de détruire les analogies naturelles, de réunir dans une même classe des végétaux différents : le saule, la valériane rouge, le canna indica, par exemple, dont tous les caractères, à l'exception de la présence d'une seule étamine, sont essentiellement différents, faisaient partie d'une même classe (*monandrie*) ; Mais elle avait de grands avantages : elle comprenait tous les végétaux connus ; elle présentait une facilité extrême pour la détermination des plantes : en examinant le lilas, par exemple, on voyait dans le tube de la corolle, deux étamines et on disait qu'il appartient à la seconde classe (*diandrie*) ; puis on trouvait dans le calice un ovaire surmonté d'un style et de deux stigmates, c'est-à-dire composé de deux carpelles, et on disait qu'il appartient à la *diandrie digynie*. Enfin cette classification, qui parut en 1735, a préparé la classification naturelle, créée en 1789 par Antoine Laurent de Jussieu [*].

Les classifications artificielles reposent sur l'examen des caractères d'un seul organe ; elles sont en général très simples, elles rendent très facile la détermination des objets à classer et préparent les classifications naturelles ; mais elles détruisent les analogies naturelles et rapprochent des êtres essentiellement différents.

Classifications naturelles. — On a remarqué, en étudiant les carnassiers, que la forme de la dent entraîne la forme du condyle [*], celle de l'omoplate, celle du fémur, de l'ongle et de tous les autres os; qu'il y a *coordination* ou *corrélation* entre les divers caractères qui constituent un type. D'un autre côté, on a observé que, parmi les caractères essentiels d'un type, il en est quelques-uns qui ont une importance plus grande, parce que leur présence entraîne celle des autres caractères : ce sont les caractères *dominateurs* auxquels sont *subordonnés* tous les autres. Ainsi l'on constate chez tous les vertébrés, mammifères, oiseaux, reptiles, batraciens et poissons, l'existence d'un système nerveux central, représentant un axe renfermé dans le crâne, dans le canal vertébral et comprenant le cerveau, le cervelet, la moelle épinière et les nerfs; on constate encore l'existence d'un système ganglionnaire ou grand sympathique. Il existe également chez tous les vertébrés des appareils de circulation, de respiration, de nutrition, de locomotion et de sensation, qui exécutent leurs fonctions sous la direction du système cérébro-spinal et du grand sympathique; mais ces appareils présentent des différences telles qu'on peut partager les vertébrés en mammifères, oiseaux, reptiles, batraciens et poissons.

Ainsi les mammifères ont le sang chaud, un cœur à deux ventricules et à deux oreillettes; les reptiles ont le sang froid, et un cœur à un ou à deux ventricules communiquant ensemble, à deux et quelquefois à une seule oreillette; les oiseaux ont un canal digestif à trois cavités : le jabot, le ventricule succenturié et le gésier; les batraciens respirent d'abord par des branchies, ensuite par des poumons; les poissons ont le sang froid et respirent par des branchies.

C'est en tenant compte de la coordination et de la subordination des caractères que Cuvier [*], de Blainville [*] et leurs successeurs, ont donné une classification naturelle du règne animal; qu'Antoine-Laurent de Jussieu [*] et ses successeurs en ont formé une du règne végétal.

On a d'abord, en tenant compte des modifications du système nerveux chez les animaux, formé 4 *embranchements* ou grands groupes : vertébrés, annelés, mollusques, zoophytes ou rayonnés. Puis on a établi, dans chacun de ces embranchements, un certain nombre de *classes* en tenant compte de modifications moins importantes : les vertébrés à sang chaud, mammifères et oiseaux, ont été séparés des vertébrés à sang froid, reptiles, batraciens et poissons; puis les oiseaux *ovipares* ont été distingués des mammifères *vivipares;* les reptiles, qui respirent par des poumons, l'ont été des poissons, qui respirent par des branchies, et des batraciens, qui ont une respiration d'abord branchiale et ensuite pulmonaire. On a ainsi rangé les vertébrés en 5 classes : mammifères, oiseaux, reptiles, batraciens, poissons. Les classes ont été ensuite partagées en *ordres* : les mammifères ont formé 13 ordres dont les noms indiquent en général les caractères distinctifs (bimanes, quadrumanes, carnivores, amphibies, chéiroptères, insectivores, rongeurs, édentés, ruminants, pachydermes, cétacés, marsupiaux, monotrèmes). Les ordres ont été ensuite partagés en *familles*, les familles en *genres*, les genres en *espèces* : l'ordre des carnivores, par exemple, a formé la famille des digitigrades et celle des plantigrades ; les digitigrades comprennent les genres chat, chien, hyène, martre, civette ; le premier de ces genres embrasse les espèces suivantes, chat ordinaire, lion, tigre royal, jaguar, panthère, lynx, etc. Enfin, on distingue encore quelquefois dans l'espèce des *races* ou *variétés* : ainsi la race blanche, la race jaune, la race noire et la race rouge se partagent tous les individus qui appartiennent à l'espèce humaine.

De même les végétaux ont formé trois embranchements (acotylédones, monocotylédones, dicotylédones), déterminés par la structure de l'embryon ; les embranchements ont été partagés en classes, d'après le mode d'insertion des étamines et la forme de la corolle ; les classes ont été partagées en familles, les familles en genres, les genres en espèces, qui groupent tous les individus du règne végétal.

Les classifications naturelles supposent l'étude de tous les caractères, dont on cherche la coordination et la subordination. Les animaux ont été classés de manière à constituer des races ou variétés ; puis on a réuni les races en espèces, les espèces en genres, les genres en familles, les familles en ordres, les ordres en classes, les classes en quatre embranchements qui comprennent tous les êtres du règne animal. Le règne végétal a été de même réparti en espèces, genres, familles, classes et embranchements.

Les classifications naturelles ont tous les avantages des classifications artificielles ; elles font en outre connaître la nature véritable et les rapports réels des individus classés.

LA MÉTHODE DANS LES SCIENCES NATURELLES.

Valeur des classifications naturelles. — En comparant les classifications naturelles des animaux et des végétaux aux classifications artificielles, même les plus parfaites, on trouve que les premières ont une valeur infiniment supérieure. Mais si l'on examine les classifications naturelles en elles-mêmes, on est obligé de reconnaître qu'on ne saurait les considérer comme parfaites et définitives. On sait que les classifications données par Jussieu * et Cuvier * ont déjà subi de nombreuses modifications : on a placé, par exemple, les mollusques avant les annelés, on a porté de 9 à 13 les ordres de mammifères, de 15 à 19 les classes dont se compose le règne végétal, etc. En outre, les partisans du transformisme et de l'évolution ont soutenu, en s'appuyant sur un certain nombre de découvertes récentes, qu'on ne saurait établir de séparation absolue ni entre les différents règnes, ni entre les espèces d'un même règne.

En effet, quelque étendues et quelque consciencieuses que soient les recherches des savants, nous ne connaîtrons jamais d'une manière suffisamment exacte, non pas les individus qui constituent les trois règnes, mais même les 600 000 espèces d'animaux ou les espèces plus nombreuses peut-être encore de végétaux. Il se peut donc que nous omettions un certain nombre d'espèces offrant des caractères qui nous obligeraient à changer nos classifications. D'un autre côté, nous ne sommes jamais sûrs d'avoir établi une subordination rigoureusement exacte entre les caractères constitutifs d'un type.

Les classifications naturelles, infiniment supérieures aux classifications artificielles, sont perfectibles et provisoires, parce que nous pouvons découvrir de nouveaux types et de nouveaux caractères, parce que nous pouvons subordonner d'une façon nouvelle les caractères déjà connus.

Définitions. — Si l'on demande à un naturaliste de faire connaître brièvement ce qu'est l'homme, il dira que c'est un *mammifère bimane*. Il est évident que cette définition n'est pas *a priori* comme celle de la ligne droite (ch. x) ; elle suppose l'étude comparée de l'homme et des autres mammifères, elle est *empirique* et forme le couronnement de la science.

D'un autre côté, cette définition est formée en rattachant l'homme à une *classe* (mammifère) et à un des *ordres* (bimane) que comprend cette classe. Elle suppose donc toute la classification qui distribue les animaux en embranchements, classes, ordres, familles, genres, espèces et races ; elle est comme elle provisoire et perfectible.

Les définitions dans les sciences naturelles sont empiriques et forment le couronnement de la science ; elles sont provisoires et perfectibles.

RÉSUMÉ

Que savez-vous des sciences naturelles ? — Les sciences naturelles, géologie, botanique, zoologie, anatomie, physiologie, paléontologie, tératologie etc., ont pour objet de faire connaître ou, plus spécialement, de classer et de définir les êtres, minéraux, végétaux et animaux dont l'ensemble constitue ce qu'on appelle les trois règnes de la nature.

Que savez-vous de l'observation dans les sciences naturelles ? — Les lois sont difficiles à découvrir dans les sciences naturelles, parce que les phénomènes sont plus difficiles à isoler, parce qu'ils dépendent des phénomènes physiques et chimiques, parce que l'observation des êtres morts peut donner des résultats inexacts pour les vivants. Mais le perfectionnement des instruments, la patience, l'habileté et la ténacité des observateurs ont fait faire de grands progrès aux sciences naturelles.

Que savez-vous de l'expérimentation ? — Certaines expériences sont impossibles à exécuter ou peuvent donner des résultats inexacts ; cependant la géologie, la tératologie, la physiologie sont entrées dans la voie expérimentale.

Que savez-vous de l'induction ? — Les progrès de l'observation et de l'expérimentation ont permis d'établir par induction des lois plus nombreuses et plus exactes.

Quel est le rôle de l'hypothèse, de la déduction et de l'ana-

logie dans les sciences naturelles ? — Des découvertes importantes montrent que le rôle de l'hypothèse, de la déduction et de l'analogie est considérable dans les sciences naturelles.

Que savez-vous des classifications ? — Les classifications font rentrer dans un petit nombre de groupes les innombrables individus qui forment les trois règnes de la nature : elles soulagent la mémoire et nous permettent de mettre dans nos connaissances un ordre qui ressemble plus ou moins à l'ordre naturel. Elles sont usuelles, pratiques, artificielles ou naturelles.

Quel est l'usage et le but des classifications usuelles et pratiques ? — Les classifications usuelles ou pratiques groupent les objets de manière à nous permettre de les désigner, de les reconnaître ou de les faire trouver plus aisément ; elles ne tiennent compte que du caractère ou de la propriété qui sert à les former et laissent de côté tous les autres, quelle qu'en soit l'importance pour la connaissance exacte des objets.

Quel est le fondement et quelle est la valeur des classifications artificielles ? — Les classifications artificielles reposent sur l'examen des caractères d'un seul organe ; elles sont en général très simples ; elles rendent très facile la détermination des objets à classer et préparent les classifications naturelles ; mais elles détruisent les analogies naturelles et rapprochent des êtres essentiellement différents.

Que savez-vous des classifications naturelles ? — Les classifications naturelles supposent l'étude de tous les caractères dont on cherche la coordination et la subordination. Les animaux ont été classés de manière à constituer des races ou variétés ; puis on a réuni les races en espèces, les espèces en genres, les genres en familles, les familles en ordres, les ordres en classes, les classes en quatre embranchements qui comprennent tous les êtres du règne animal. Le règne végétal a été de même réparti en espèces, genres, familles, classes et embranchements.

Les classifications naturelles ont tous les avantages des classifications artificielles ; elles font en outre connaître la nature véritable et les rapports réels des individus classés.

Quelle est la valeur des classifications naturelles ? — Les classifications naturelles, infiniment supérieures aux classifications artificielles, sont perfectibles et provisoires, parce que nous pouvons découvrir de nouveaux types et de nouveaux caractères, parce que nous pouvons subordonner d'une façon nouvelle les caractères déjà connus.

Que savez-vous des définitions dans les sciences naturelles ? — Les définitions, dans les sciences naturelles, sont empiriques et forment le couronnement de la science ; elles sont provisoires et perfectibles.

DEVOIRS A TRAITER.

I. La méthode dans les sciences naturelles.

II. Les classifications et les définitions dans les sciences naturelles.

III. L'hypothèse dans les sciences naturelles.

IV. Les classifications artificielles.

QUESTIONS A ÉTUDIER.

I. La méthode en zoologie.

II. La méthode en botanique et en géologie.

III. La méthode en physiologie et en anatomie.

IV. Examiner les classifications, dites naturelles, de la zoologie et de la botanique.

V. Le rôle de l'analogie dans les sciences naturelles.

VI. Les services rendus par Linné *, Buffon *, A. L. de Jussieu *, Cuvier *, Darwin *, aux sciences naturelles.

QUESTIONS POSÉES.

I. Montrer comment et dans quelle mesure l'enseignement des sciences naturelles peut contribuer à l'éducation intellectuelle. (Ecoles Normales.)

II. La valeur des classifications naturelles et artificielles. (Bac. ès lettres, Bac. enseig. spécial.)

III. Exposer comment on doit enseigner les sciences naturelles aux enfants et ce qu'on doit leur en enseigner. (Ecoles Normales, Brev. sup., Sèvres, Diplôme des jeunes filles, Ecoles maternelles.)

IV. La méthode dans les sciences physiques et naturelles. (Ecoles Normales, Diplôme des jeunes filles, Bac. ès lettres, Bac. enseign. spécial.)

Conseils pédagogiques. — Étudier la méthode des sciences naturelles pour apprendre comment il faut les enseigner aux enfants et comment on peut s'en servir pour leur éducation générale.

A. — Indiquer comment il faut se servir des sens et des instruments (microscope, scalpel, etc.) pour observer et expérimenter, montrer comment on peut rendre les sens plus exercés, comment on peut se procurer des instruments plus parfaits (Swammerdam *, Lyonnet *, Ruisch *). — Faire remarquer par quelle voie les naturalistes sont arrivés à imaginer des expériences nouvelles, avec quelle sagacité, avec quelle patience, avec quelle impartialité ils les ont conduites; raconter la vie des grands naturalistes et indiquer les progrès dont on leur est redevable. — Se servir d'exemples concrets pour montrer comment il convient d'employer, dans les sciences naturelles, l'observation, l'expérimentation, l'induction, l'hypothèse, la déduction et l'analogie. — Exposer historiquement la formation des classifications dites naturelles, en faire ressortir les avantages, en montrer les lacunes. — Indiquer les applications des sciences naturelles à l'agriculture, à l'élevage des bestiaux, au jardinage.

B. — Développer le goût des sciences naturelles chez les enfants, encourager les excursions botaniques et géologiques, les visites aux musées d'histoire naturelle, aux ménageries, etc. — Ne pas oublier qu'en développant des goûts de cette espèce, on prépare aux enfants des distractions agréables et innocentes pour leurs moments de loisir, en même temps qu'on leur épargne la tentation d'en chercher de plus nuisibles pour leurs intérêts, leur santé et leur moralité. — Se servir des sciences naturelles, comme des sciences physiques (ch. xi), pour habituer les enfants à examiner avec attention tout ce qui se passe en leur présence. — Montrer, en comparant les sciences naturelles aux sciences mathématiques, que si les premières n'atteignent pas au même degré de certitude, elles ne sont ni moins utiles ni moins intéressantes.

BIBLIOGRAPHIE.

Stuart Mill, *Système de Logique.*
Bain. *Logique inductive et déductive.*
Naville, la *Logique de l'hypothèse.*
Paul Janet, *Traité élémentaire de philosophie.*
Paul Janet, les *Causes finales.*
Rabier, *Logique.*
A. Comte, *Cours de philosophie positive.*
Cournot, *Essai sur les fondements de nos connaissances.*
Herschell, *Discours sur l'étude de la philosophie naturelle.*
Cuvier, *Discours sur les révolutions du globe.*
Cuvier, *Règne animal.*
Taine, l'*Intelligence.*
Sennebier, l'*Art d'observer.*

Cl. Bernard, *Introduction à la médecine expérimentale.*
Liard, *Logique.*
Liard, *Des Définitions géométriques et des définitions empiriques.*
Renouvier, *Essai de logique générale.*
Perrier, les *Colonies animales.*
Perrier, la *Philosophie zoologique avant Darwin.*
Agassiz, *De l'Espèce.*
Spencer, *Principes de biologie.*
Darwin (ouvrages cités, ch. ix).
Ribot, l'*Hérédité.*
J.-J. Rousseau, *Lettres sur la botanique.*
De Candolle, *Théorie élémentaire de la botanique.*
George Sand, *Lettres sur la botanique* (Rev. des Deux-Mondes, 1868).

CHAPITRE XIII

LA MÉTHODE DANS LES SCIENCES MORALES

SOMMAIRE

Les sciences morales, leur méthode. — Le témoignage et ses règles : le témoin, les faits, la forme du témoignage. — Le rôle du témoignage dans la vie pratique et dans les sciences. — Les sources de l'histoire et la critique historique.

Les sciences morales, leur méthode. — On réunit d'ordinaire sous le nom de sciences morales :

1° La *psychologie*, qui étudie les phénomènes intellectuels et sensitifs, les faits d'activité et de langage, qui cherche à en déterminer les lois, à établir les rapports qui les unissent avec les phénomènes physiologiques et surtout avec les phénomènes cérébraux ;

2° La *logique*, qui recherche les règles auxquelles doit obéir la pensée discursive pour trouver la vérité ;

3° La *morale*, qui détermine les règles auxquelles doit se soumettre la volonté pour accomplir le bien ;

4° L'*esthétique*, qui recherche les lois auxquelles obéit l'homme de génie réalisant le beau dans les œuvres d'art ;

5° La *philologie*, qui a pour objet l'étude des langues et des lois qui les régissent ;

6° L'*histoire*, qui étudie les phénomènes sociaux et cherche à en déterminer les lois ;

7° La *politique*, appelée encore *science sociale* ou *sociologie*, qui se propose de déterminer les règles auxquelles doivent se soumettre les hommes vivant en société ;

8° Le *droit* et la *jurisprudence*, qui ont pour objet la confection, l'étude, l'application des lois écrites ou positives, par lesquelles chaque nation règle les rapports de ses membres ;

9° L'*économie politique*, qui est la science de la richesse ;

10° La *pédagogie*, qui cherche les règles à suivre pour développer les diverses facultés de l'enfant ;

11° Enfin la *métaphysique*, qui étudie les premiers principes et les premières causes (ch. xiv).

La psychologie (ch. i), la logique (ch. x à xv), la morale (ch. xvi à xxi, xxv à xxix), l'esthétique (ch. v), l'économie politique (ch. xxii à xxv), font appel, dans des mesures différentes, à la méthode inductive, employée pour les sciences physiques ou naturelles et à la méthode déductive, dont on fait usage en mathématiques.

Le philologue se sert surtout de l'observation pour connaître les éléments constitutifs des langues, de l'induction pour établir les lois suivant lesquelles ces éléments se combinent, selon lesquelles les langues naissent, vivent et meurent. Il ne peut faire usage de l'expérimentation, mais il se sert beaucoup de l'analogie, et crée, grâce à elle, la philologie comparée. Il y a en outre des faits qu'il ne peut observer par lui-même ; il ne saurait aller étudier, chez tous les peuples civilisés et surtout chez tous les peuples sauvages, les langues actuellement parlées ; il lui est bien plus impossible encore d'étudier directement le latin, le sanscrit et les autres langues mortes avec les peuples qui les parlaient ; il est obligé de s'en rapporter aux voyageurs et aux monuments de toute espèce, c'est-à-dire de faire appel au *témoignage*.

Dans la politique ou science sociale, on emploie une méthode essentiellement inductive pour connaître les institutions et les lois des différents peuples ; on ne peut se servir de l'expérimentation, et la complexité des éléments étudiés (climats, guerres de peuples, de races, de classes, invasions, révolutions, etc.) rend fort difficile la détermination des rapports qui les unissent. On est obligé de faire appel au *témoignage* pour connaître les lois et les institutions des peuples étrangers chez lesquels on n'a ni le temps, ni les moyens d'aller passer une partie de son existence, et surtout celles des peuples disparus (anciens Romains, anciens Grecs, anciens Perses.

Le droit emprunte à la politique, à l'économie politique et à l'histoire la connaissance des principes qui doivent régir une société bien organisée ; il a pour objet de *déduire* de ces principes les formules ou lois écrites qui règlent, au point de vue social, la vie des différents individus qui constituent une nation. De même en jurisprudence, on déduit des lois écrites toutes les applications qui en découlent. De même encore, la pédagogie déduit des données de la psychologie les règles qu'il convient de suivre dans l'éducation des enfants.

L'historien étudie les phénomènes sociaux et en détermine les lois par l'observation et l'induction. Il ne peut faire appel à l'expérimentation : bien moins souvent encore que le philologue et le politique, il lui est permis d'observer par lui-même les faits qu'il a à étudier, il doit s'en rapporter à des *témoignages* qui lui font connaître ce qui s'est fait autrefois et ce qui se fait actuellement dans les lieux où il n'est pas.

Les sciences morales comprennent : la psychologie, la logique, la morale, l'esthétique, la philologie, l'histoire, la politique ou science sociale ou sociologie, le droit et la jurisprudence, l'économie politique, la pédagogie et la métaphysique.

Elles font appel, dans des mesures différentes, à la méthode déductive employée pour les sciences mathématiques et à la méthode inductive dont on fait usage dans les sciences physiques ou naturelles. La philologie, la politique ou science sociale, l'histoire remplacent souvent l'observation directe par le témoignage.

Le témoignage et ses règles. — L'enfant a une tendance à croire ce que lui disent ses parents, ses maîtres ou ses camarades ; l'homme peu cultivé ne peut mettre en doute un fait dont il a lu le récit imprimé. Mais l'enfant n'obtient pas de son camarade les billes qui lui avaient été promises, il lit dans un de ses ouvrages de classe une affirmation contraire à ce que lui avaient dit ses parents ; il s'aperçoit qu'il ne convient pas d'ajouter foi à tous les témoignages et il commence à examiner la valeur de ce qu'on affirme ou de ce qu'on nie en sa présence. De même l'homme peu cultivé entend vingt personnes, en qui il est habitué à avoir confiance, raconter les faits tout autrement que le journaliste dont il a lu d'abord le récit; il le voit encore rapporté différemment dans un second journal, il commence à entrer en défiance, à penser que tout ce qui est imprimé n'est pas vrai, à se demander comment il pourra distinguer ce qui est vrai de ce qui est faux dans ce qu'on lui rapporte par écrit ou de vive voix.

Pour apprécier la valeur d'un témoignage, il faut examiner successivement celui qui raconte le fait, c'est-à-dire le *témoin*, le *fait* dont il témoigne, la *forme* qu'il donne à son témoignage.

Il faut examiner la valeur, au point de vue de la vérité, de ce que nos semblables affirment ou nient; pour cela, considérer successivement le témoin, le fait témoigné et la forme du témoignage.

Le témoin. — Un aveugle-né qui décrirait les couleurs d'une campagne éclairée par le soleil ne nous inspirerait qu'une confiance fort médiocre; un voyageur qui, sans avoir étudié les sciences naturelles, exposerait en détail la faune et la flore des pays qu'il a visités, aurait grand'peine à faire accepter ses récits par des naturalistes; un soldat, qui nous raconterait ce qu'a fait sa compagnie pendant une bataille, pourrait donner des renseignements exacts; il risquerait de commettre bien des erreurs, s'il parlait des manœuvres générales des deux armées en présence et des divers corps qui les composaient. Nous nous demanderons donc toujours si le témoin ne peut pas se tromper et nous tromper, s'il a des sens exercés, s'il possède les connaissances spéciales et les qualités nécessaires à l'observateur (ch. XI), en un mot, s'il est *compétent*.

Mais il ne suffit pas qu'un témoin soit compétent, qu'il soit capable de nous faire connaître la vérité, il faut encore qu'il veuille nous la faire connaître, qu'il n'ait aucun intérêt à nous la cacher, à mentir. Un homme qui, sans être vu, a tué un de ses semblables, peut avoir très bien observé toutes les circonstances du crime; mais s'il fait croire qu'il a été attaqué, qu'il a agi sans préméditation; qu'il a donné, pour se défendre et dans un moment de colère, un coup plus violent qu'il ne le voulait, il a des chances d'échapper à la mort ou même d'en être quitte pour une légère condamnation. Son intérêt le portera donc à altérer la vérité et à présenter les faits d'une manière absolument inexacte.

Supposez qu'il ait un complice, il pourra savoir très exactement ce qu'il a fait et ce qu'a fait ce complice ; mais il aura intérêt à persuader aux jurés et aux magistrats qu'il a joué un rôle tout à fait secondaire : il altérera la vérité, il mentira pour échapper à la peine qu'il a encourue.

En lisant les *Mémoires* du cardinal de Retz, nous n'oublierons pas qu'il a été un des principaux chefs de la Fronde, un des adversaires de Mazarin ; nous nous rappellerons, dans les cas où il dit beaucoup de mal de Mazarin, où il juge avec sévérité quelques-uns de ses compagnons de révolte, La Rochefoucauld par exemple, que, pour se grandir, il a pu diminuer les uns et les autres ; que, non seulement il a *pu* se tromper parce qu'il manquait d'impartialité, mais encore qu'il a *voulu* peut-être nous tromper. Nous ferons des réserves analogues à propos des *Mémoires* de Saint-Simon et de ses portraits si vivants, si spirituels et si méchants.

Nous savons encore que certaines personnes altèrent la vérité lors même qu'elles n'ont aucun intérêt à le faire ; nous nous tiendrons en garde contre ceux qui, pour une raison ou pour une autre, ont pris l'habitude de mentir, et sans prendre pour règle le vieux proverbe *qu'on ne croit plus un menteur, même quand il dit la vérité*, nous n'accepterons jamais sans contrôle aucune de leurs affirmations.

Il arrive souvent qu'un même fait a été observé par plusieurs personnes, qu'il y a *plusieurs* témoins dont nous devons contrôler les affirmations. Il faut faire pour chacun d'eux ce qu'on fait pour un témoin unique, se demander s'il est compétent et sincère, s'il ne peut ou ne veut nous tromper. Il ne faut même pas se dispenser de cet examen quand les témoins sont d'accord : les divers membres d'une même famille de bergers qui, surexcités par les récits du père, rêvaient du sabbat et croyaient tous fermement y avoir assisté pendant leur sommeil, étaient des témoins qui ne méritaient aucune confiance. On pourrait de même tenir pour suspectes les dépositions d'un certain nombre d'assassins qui s'accorderaient à rejeter la part la plus grande de culpabilité sur le complice qui les aurait dénoncés.

S'il y a désaccord entre les témoins, il faut soumettre toutes leurs affirmations aux règles qui portent sur les faits et sur la forme du témoignage, puis examiner quels sont, parmi les témoins, ceux qui sont les plus compétents et les plus sincères : le témoignage d'un seul météorologiste, qui aura noté avec ses instruments toutes les variations atmosphériques, l'emportera sur celui de vingt autres personnes qui en ont jugé d'une façon approximative ; celui d'un homme qui n'a jamais menti sera préférable à celui de plusieurs personnes également compétentes, qui sont moins scrupuleuses à l'égard de la vérité.

Quand il n'y a qu'un seul témoin, il faut chercher s'il n'a pu, ni voulu nous tromper, s'il est compétent et sincère. Quand il y a plusieurs témoins, il faut faire pour chacun d'eux ce qu'on fait pour un témoin unique ; en cas de désaccord, il faut peser les témoignages plutôt que les compter, se décider pour ceux des personnes les plus compétentes et les plus sincères.

Les faits. — Que vous vous trouviez en présence d'un homme qui prétende avoir été changé en loup, qu'un certain nombre de personnes affirment l'avoir rencontré ainsi transformé pendant la nuit ; qu'on vous présente même des individus mordus par ce prétendu loup-garou, vous ne croirez pas à la réalité de cette transformation, parce que vous la jugez impossible, d'après la connaissance que vous avez de l'organisation de l'homme et de celle du loup. Qu'on nous affirme qu'une même personne a été vue au même instant à deux endroits éloignés l'un de l'autre de plusieurs lieues ; qu'un rocher s'est détaché de la terre et élevé en l'air ; que de l'eau distillée, prise à son maximum de densité quand le baromètre marquait 76^{cm}, est entrée en ébullition à 50°, nous refuserons de croire ces diverses allégations qui contredisent des lois naturelles bien connues.

Mais nous savons qu'on nia longtemps, en invoquant les lois de la nature, l'existence des taches que Galilée avait découvertes dans le soleil, le mouvement de rotation de la terre ; que certains médecins, dont Molière s'est moqué dans le *Malade imaginaire*, soutenaient des thèses contre la circulation longtemps après la découverte de Harvey *. Nous nous garderons d'affirmer trop vite qu'un fait est invraisemblable, quand il contredit les idées actuellement reçues.

Il faut examiner si les faits témoignés sont vraisemblables, c'est-à-dire s'ils ne sont pas en contradiction avec des lois naturelles déjà connues; mais il ne faut pécher ni par excès de crédulité, ni par excès de défiance.

La forme du témoignage. — Si l'on présente à un archéologue une médaille sur laquelle se trouve relaté le souvenir d'un événement important, il commence par chercher si elle a été frappée à l'époque où s'est produit l'événement, et dans le lieu où il s'est produit, c'est-à-dire si elle est *authentique*. De même les magistrats s'assurent de l'authenticité d'une déposition écrite, d'un acte qui leur est transmis.

L'oracle de Delphes, consulté par Crésus, avait répondu que s'il faisait la guerre aux Perses, il détruirait un grand empire. Crésus crut qu'il serait vainqueur, fit la guerre, fut détrôné et fait prisonnier. Il se plaignit d'avoir été trompé : l'oracle lui répondit qu'il avait détruit un grand empire, que la prédiction se trouvait justifiée. Il faut chercher si le sens d'un témoignage est *clair*, si l'on ne peut en tirer deux interprétations différentes.

Les témoignages doivent être authentiques, clairs et ne pas donner lieu à plusieurs interprétations différentes.

Rôle du témoignage dans la vie pratique et dans les sciences. — Les malfaiteurs ne commettent pas leurs crimes en présence des juges et des jurés qui sont appelés à prononcer sur leur sort : c'est par des témoins que les uns et les autres se trouvent renseignés. L'exercice de la justice sociale serait impossible sans le témoignage.

Si le physicien ou le naturaliste étaient obligés de s'assurer, en reproduisant toutes les expériences et en faisant eux-mêmes toutes les observations antérieures, de l'exactitude des lois déjà formulées et des descriptions déjà données, ils y passeraient toute leur vie et ne pourraient tenter ni des expériences ni des observations nouvelles. L'appel au témoignage permet aux physiciens et aux naturalistes, ou plus généralement aux savants, de travailler aux progrès de la science, en partant du point où s'étaient arrêtés leurs prédécesseurs.

Si l'enfant devait retrouver par lui-même toutes les vérités importantes découvertes par les hommes dans l'ordre pratique ou dans l'ordre spéculatif, il lui serait impossible de faire son éducation, quand même il y consacrerait toute son existence. Ses parents et ses maîtres résument pour lui tout ce que l'humanité a trouvé d'essentiel au point de vue de la civilisation; ils le mettent en état de travailler lui-même à son développement intellectuel et moral.

Enfin si le physicien ou le naturaliste peuvent faire eux-mêmes un grand nombre des observations ou des expériences faites avant eux; si l'enfant peut retrouver un certain nombre des vérités antérieurement découvertes, l'historien, abandonné à ses seules ressources, ignorerait absolument le passé de l'humanité et ne connaîtrait que bien peu des événements contemporains : sans le témoignage, on peut dire que l'histoire n'existerait pas.

Le témoignage assure l'exercice de la justice sociale; il permet le progrès scientifique; il prépare le progrès individuel en rendant l'éducation possible; il crée l'histoire et joue un rôle capital dans toutes les sciences qui supposent la connaissance du passé.

Les sources de l'histoire et la critique historique. — Quand Hérodote préparait son histoire au ve siècle avant Jésus-Christ, il parcourut la Perse, l'Assyrie, l'Égypte, il interrogea tous ceux qui pouvaient lui donner des renseignements sur le passé de ces peuples et composa, avec ce qu'il recueillit ainsi, les merveilleux récits dont son livre est rempli. Tite Live * donnait de même, au commencement de son histoire, des récits qui s'étaient transmis d'abord de bouche en bouche ; qui avaient été recueillis ensuite par les premiers historiens et qui présentaient, sous une forme où le merveilleux jouait un très grand rôle, les événements des premiers temps de Rome.

L'historien doit tenir compte d'abord des récits qui se sont transmis de génération en génération et quelquefois ont été fixés, mais beaucoup plus tard, par l'écriture ; des usages ou des cérémonies, des symboles ou des emblèmes qui rappellent un fait : il doit consulter la *tradition*.

Mais il ne doit pas accorder une confiance absolue à la tradition. Quand il apprendra par elle que les Français descendent de Francus, fils d'Hector, il n'en croira rien, parce qu'il saura le contraire par les documents positifs. Il affirmera qu'il y a eu une guerre de Troie, une expédition des Argonautes, mais il n'ajoutera pas foi aux circonstances merveilleuses que la tradition y a jointes. De même il croira à l'existence de Romulus, d'Arthur, de Charlemagne ; mais il n'admettra ni les faits merveilleux qui sont contredits par des documents positifs (*Charlemagne*), ni ceux qui sont contraires à des lois naturelles (*enlèvement de Romulus par les dieux ; ouverture, par l'épée de Roland, d'une brèche dans les Pyrénées*). Il accordera à chacune des parties d'une tradition une confiance proportionnée à la valeur qu'il lui attribuera, en l'examinant d'après les règles du témoignage.

En second lieu, l'historien consultera les *monuments* (du latin *moneo, se rappeler*), c'est-à-dire tous les objets matériels qui restent comme des *souvenirs* du passé. L'examen des obélisques et des hiéroglyphes qui les recouvrent nous a fait mieux connaître les anciens Égyptiens ; celui de l'Arc de Triomphe élevé à Titus, après la prise de Jérusalem, nous fournit des renseignements précieux sur les objets que renfermait le temple des Juifs et sur leur culte. Les monuments funéraires que l'on trouve en Phrygie donneraient, si l'on arrivait à déchiffrer les inscriptions qu'ils portent, des indications d'une grande valeur sur les peuples qui les ont élevés. L'étude des médailles, des monnaies, est précieuse pour la chronologie ; celle des armes, des vases, des ustensiles, des bijoux trouvés dans les villes ensevelies de Pompéi et d'Herculanum nous a fait connaître d'une manière plus exacte les mœurs et le caractère des Romains ; celle des chartes du moyen âge nous montre quels étaient les rapports des communes, des seigneurs et du roi.

Il faut examiner les monuments d'après les règles du témoignage, se demander s'ils sont *authentiques*, si les médailles, chartes, tombeaux, édifices, etc., sont du temps, du lieu et de l'individu auxquels on les attribue : se défier par conséquent des antiquités fabriquées par des industriels peu scrupuleux. Il faut ensuite apprécier la valeur des inscriptions gravées sur ces monuments ; on a remarqué, depuis longtemps, que tout ce qu'on lisait sur les tombeaux était à l'éloge du défunt, comme s'il suffisait de mourir pour perdre tous ses défauts ; on pourrait de même chercher ce que valent les louanges décernées aux rois et aux empereurs sur les édifices, sur les médailles, sur les arcs de triomphe, qui datent de l'époque où ils régnaient. Il faut se préoccuper de la *sincérité* comme de l'authenticité des monuments.

Enfin l'historien doit étudier les *relations écrites*. Les procès-verbaux, les actes officiels lui apprendront les noms, les dates et les circonstances matérielles des faits ; les journaux privés, quand ils sont composés par des hommes compétents et de bonne foi, le feront revivre à l'époque même qu'il veut décrire ; les journaux publics seront précieux pour les dates, les circonstances matérielles des événements, ils révéleront les passions qui animaient les contemporains, etc. (*Journaux de la Révolution, de la Restauration*. Les Mémoires (*de Retz, Saint-Simon*), les Commentaires (*César*), les Correspondances (*Frédéric II, Napoléon Ier*), les relations de voyages (*Marco-Polo, Livingstone, Jacquemont*) ou d'ambassades (*les Vénitiens*) ; les histoires dans lesquelles un auteur raconte des événements auxquels il a assisté en partie (*La guerre du Péloponèse* de Thucydide *, *Annales* de Tacite *, *Histoire* de Thou *, *Histoire du Consulat et de l'Empire* de Thiers ; les histoires plus ou moins postérieures aux événements (*Histoire* d'Hérodote *, *Histoires* de Tite-Live *, *histoires grecques* de Grote *, de Duruy *, *histoires romaines* de Mommsen *, de Duruy *; *histoires de France* de Michelet, d'Henri Martin, etc.), lui seront infiniment utiles pour connaître les faits, les interpréter et se rendre un compte exact de toutes les circonstances qui en ont provoqué l'apparition.

Mais il devra s'assurer de l'authenticité de toutes les relations attribuées aux contemporains des faits rapportés, examiner la compétence et la bonne foi des auteurs de ces relations; il devra soumettre à une double critique les ouvrages de seconde main en se demandant tout à la fois quelle est la compétence, la bonne foi de ceux qui les ont composés et quelle est la valeur des sources auxquelles ils ont puisé.

L'Historien doit :

1° Consulter la tradition, c'est-à-dire les récits qui se sont transmis de génération en génération et qui ont quelquefois été fixés, mais assez tard, par l'écriture ; les usages, les cérémonies, les symboles, les emblèmes qui rappellent un fait ; comparer la tradition avec les renseignements fournis par les monuments et les documents écrits ; l'examiner d'après les règles ordinaires du témoignage ;

2° Interroger les monuments, édifices, arcs de triomphe, colonnes, tombeaux, armes, ustensiles, vases, meubles, bijoux, médailles, monnaies, chartes, diplômes, etc. ; se demander s'ils sont authentiques et si les inscriptions qu'ils portent sont l'expression exacte de la vérité ;

3° Enfin étudier les relations écrites, procès-verbaux, actes officiels, journaux privés et publics, mémoires et commentaires, correspondances, relations de voyages et d'ambassades, histoires contemporaines des événements, compilations ; s'assurer de l'authenticité, examiner la compétence et la bonne foi des auteurs, soumettre les compilations à une double critique.

RÉSUMÉ

Que savez-vous des sciences morales et de leur méthode ? — Les sciences morales comprennent: la psychologie, la logique, la morale, l'esthétique, la philologie, l'histoire, la politique ou science sociale ou sociologie, le droit et la jurisprudence, l'économie politique, la pédagogie et la métaphysique.

Elles font appel, dans des mesures différentes, à la méthode déductive employée dans les sciences mathématiques et à la méthode inductive dont on fait usage dans les sciences physiques ou naturelles. La philologie, la politique ou science sociale, l'histoire remplacent souvent l'observation directe par le témoignage.

Que savez-vous du témoignage et de ses règles ? — Il faut examiner la valeur, au point de vue de la vérité, de ce que nos semblables affirment ou nient ; pour cela, considérer successivement le témoin, le fait témoigné et la forme du témoignage.

Que faut-il faire à propos du témoin ? — Quand il n'y a qu'un seul témoin, il faut chercher s'il n'a pu ni voulu nous tromper, s'il est compétent et sincère ; quand il y a plusieurs témoins, il faut faire pour chacun d'eux ce qu'on fait pour un témoin unique ; en cas de désaccord, il faut peser les témoignages plutôt que les compter, se décider pour ceux des personnes les plus compétentes et les plus sincères.

Que faut-il faire à propos des faits ? — Il faut examiner si les faits témoignés sont vraisemblables, c'est-à-dire s'ils ne sont pas en contradiction avec des lois naturelles déjà connues ; mais il ne faut pécher ni par excès de crédulité, ni par excès de défiance.

Que faut-il faire en ce qui concerne la forme du témoignage ? — Les témoignages doivent être authentiques, clairs et ne pas donner lieu à plusieurs interprétations différentes.

Quel est le rôle du témoignage dans la vie pratique et dans les sciences ? — Le témoignage assure l'exercice de la justice sociale ; il permet le progrès scientifique, il prépare le progrès individuel, en rendant l'éducation possible ; il crée l'histoire et joue un rôle capital dans toutes les sciences qui supposent la connaissance du passé.

Que doit faire l'historien ? — L'historien doit : 1° Consulter la tradition, c'est-à-dire les récits qui se sont transmis de génération en génération et qui ont quelquefois été fixés, mais assez tard par l'écriture ; les usages, les cérémonies, les symboles, les emblèmes qui rappellent un fait ; comparer la tradition avec les renseignements fournis par les monuments et les documents écrits ; l'examiner d'après les règles ordinaires du témoignage ; 2° Interroger les monuments, édifices, arcs de triomphe, colonnes, tombeaux, armes, ustensiles, vases, meubles, bijoux, médailles, monnaies, chartes, diplômes, etc. ; se demander s'ils sont authentiques, et si les inscriptions qu'ils portent sont l'expression exacte de la vérité ; 3° Enfin étudier les relations écrites, procès-verbaux, actes officiels, journaux privés et publics, mémoires et commentaires, correspondances, relations de voyages et d'ambassades, compilations ; s'assurer de leur authenticité, examiner la compétence et la bonne foi des auteurs, soumettre les compilations à une double critique.

DEVOIRS A TRAITER

I. Les sciences morales et leur méthode.
II. Le rôle du témoignage.
III. La méthode en psychologie (ch. I).
IV. La méthode historique.

QUESTIONS A ÉTUDIER

I. Exposer la méthode suivie dans la méthodologie.
II. La méthode en économie politique.
III. La méthode en pédagogie.
IV. Examiner, en prenant un des volumes des histoires de France de Michelet et d'Henri Martin, comment ils y ont appliqué les règles de la critique historique.
V. Étudier les rapports de l'histoire, de la science sociale, de l'économie politique, du droit et de la jurisprudence.

QUESTIONS POSÉES

I. Montrer comment et dans quelle mesure l'enseignement de l'histoire peut contribuer à l'éducation intellectuelle (Écoles Normales, Brevet supérieur, Sèvres.)
II. Comment doit-on enseigner les sciences morales aux enfants et que doit-on leur en enseigner ? (Brev. sup. Écoles Normales.)
III. Montrer pourquoi il convient d'avoir quelques notions de psychologie, de logique, de morale et d'économie politique pour recevoir avec fruit l'enseignement civique. (Écoles Normales, Brevet supérieur, Diplôme des jeunes filles, Sèvres.)
IV. Comparer la méthode des sciences physiques et celle des sciences historiques. (Brev. sup., Écoles Normales, Sèvres, Bac. ès lettres et Enseig. spécial.)

Conseils pédagogiques. — Étudier la méthode dans les sciences morales pour apprendre comment il faut les enseigner aux enfants et comment on peut les faire servir à leur éducation générale.

A. Faire remarquer, par des exemples précis, comment les magistrats et les jurés procèdent à l'examen de la valeur des témoignages et considèrent successivement le témoin, le fait témoigné et la forme du témoignage. — Montrer, par des exemples empruntés à la psychologie, à la logique, à la morale, à l'économie politique, comment ces diverses sciences appliquent la méthode inductive et la méthode déductive. — Indiquer comment les grands historiens de notre époque, A. Thierry, Guizot, Thiers, Michelet, Duruy, ont procédé pour réunir, critiquer et mettre en œuvre les documents qu'ils ont consultés.

B. Exercer les enfants à apprécier la valeur des divers témoignages ; leur montrer de quelle importance il sera pour eux, à tous les moments de leur existence, de juger exactement ce que valent les affirmations de ceux avec lesquels ils vivent ; quelle sera leur responsabilité quand, faisant partie d'un jury, ils devront tout à la fois défendre la société contre les criminels et éviter de condamner un innocent. — Se servir de l'étude de l'histoire pour développer chez les enfants, par des exemples bien choisis (Léonidas, Vercingétorix, Duguesclin, Jeanne D'Arc) l'amour de la patrie ; de l'histoire de France en particulier, pour leur faire mieux comprendre les origines de notre droit public, la formation de l'unité nationale, les devoirs des citoyens (ch. xix). — Leur montrer que si les sciences morales n'ont pas la même certitude que les sciences physiques et naturelles ni surtout que les mathématiques, c'est qu'elles s'occupent d'objets infiniment plus complexes, montrer en outre qu'elles ont, au point de vue pratique et social, une importance beaucoup plus grande et qu'on ne doit pas renoncer à les cultiver, sous prétexte qu'elles n'atteignent pas à une certitude mathématique, mais chercher le plus haut degré de probabilité qu'elles comportent.

BIBLIOGRAPHIE

Stuart Mill, *Système de logique*.
Paul Janet, *Traité élémentaire de philosophie*.
Paul Janet, *Histoire de la science politique*.
Rabier, *Logique*.
Liard, *Logique*.
Bain, la *Logique déductive et inductive*.
A. Comte, *Cours de philosophie positive*.
Caro, *Problèmes de morale sociale*.
Cournot, *Essai sur les fondements de nos connaissances*.

Renouvier, *Traité de logique générale*.
Renouvier, la *Science sociale*.
Pascal, *De l'Autorité en matière de philosophie*.
Ribot, la *Psychologie allemande*.
Ribot, la *Psychologie anglaise*.
Daunou, *Cours d'études historiques*.
Spencer, *Introduction à la science sociale*.
Spencer, *Principes de sociologie*.
Flint, la *Philosophie de l'histoire en France et en Allemagne* (trad. Carrau).

Franck, la *Philosophie du droit civil*.
Bagehot, *Lois scientifiques du développement des nations*.
Taine, les *Origines de la France contemporaine*.
Fouillée, la *Science sociale contemporaine*.

Fustel de Coulanges, la *Cité antique*.
Ernest Lavisse, *Questions d'enseignement national*.
Espinas, les *Sociétés animales*.
Rambaud, *Histoire de la civilisation française*.

CHAPITRE XIV

LES MÉTHODES ET LA MÉTHODE ; LES SCIENCES ET LA SCIENCE ; LES GRANDES HYPOTHÈSES

SOMMAIRE

Les méthodes et la méthode. — Utilité de la méthode. — Les sciences et la science. — La science, la philosophie des sciences et la métaphysique. — Classification des sciences. — Les grandes hypothèses : la nébuleuse ; l'unité et la corrélation des forces physiques, la conservation de la matière et de la force ; le transformisme ; l'évolutionisme ; l'associationisme ; les hypothèses historiques de Bossuet, * de Condorcet, * d'Auguste Comte *.

Les méthodes et la méthode. — Dans les mathématiques, on se sert de la démonstration, qui est une *déduction* partant de prémisses universelles et nécessaires. La démonstration est *synthétique*, quand on va d'une proposition évidente *a priori* ou déjà démontrée, à la proposition qu'il s'agit de démontrer : la définition de la ligne droite est un *principe* dont on tire comme *conséquences* qu'un côté d'un triangle est moindre que la somme des deux autres, que la perpendiculaire est plus courte que toute oblique. La démonstration est *analytique* quand on suit une marche inverse, en remontant des conséquences au principe (ch. x).

La méthode des sciences physiques est essentiellement *inductive* : l'observation et l'expérimentation y font connaître les phénomènes dont on détermine les lois par induction ; le physicien analyse les sons et les décompose en leurs *éléments*, intensité, hauteur, timbre ; le chimiste recompose l'eau en faisant la synthèse des deux *éléments*, hydrogène et oxygène, que l'analyse lui a fait découvrir (ch. xi).

— Les sciences naturelles font appel aux procédés des sciences physiques; l'anatomiste décompose les êtres vivants en appareils, les appareils en organes, les organes en tissus, les tissus en cellules ou *éléments* anatomiques; le paléontologiste recompose par la pensée les êtres disparus (ch. xii). Le naturaliste emploie encore l'analogie, qui est une généralisation dans laquelle on ne tient pas compte des différences (ch. xi) dont on se préoccupe pour induire; la classification et la définition, qui supposent une généralisation des rapports établis entre les divers phénomènes dont on constate l'existence dans les groupes d'individus vivants (ch. xii). Il se sert donc toujours de *l'analyse*, qui lui sert à décomposer un être vivant en ses éléments constitutifs, organes, cellules, caractères, et de la *synthèse* par laquelle, partant de ces éléments, il essaye de reconstituer l'être réellement ou par la pensée.

Les sciences morales emploient, dans des mesures diverses, la déduction, l'induction, qui implique un usage fréquent du témoignage ou de l'observation indirecte (ch. xiii); on s'y sert tour à tour de l'analyse et de la synthèse qui vont des conséquences aux principes ou des principes aux conséquences, de l'analyse et de la synthèse qui vont du composé aux éléments ou des éléments aux composés. Cette dernière espèce d'analyse et de synthèse est idéale et non réelle : c'est par abstraction que le psychologue, l'historien, le politique décomposent, c'est en imagination qu'ils recomposent l'homme et les sociétés humaines.

La méthode est déductive ou inductive : elle est purement déductive dans les mathématiques, essentiellement inductive dans les sciences physiques et naturelles; elle est inductive et déductive dans les sciences morales.

Les deux grands procédés de la méthode sont l'analyse et la synthèse. L'analyse va des conséquences au principe, du composé aux éléments; la synthèse, du principe aux conséquences, des éléments au composé. L'analyse et la synthèse de décomposition sont réelles ou idéales.

Utilité de la méthode. — Le jeune homme qui commence à étudier la géométrie, les sciences physiques ou naturelles, apprend de ses maîtres la marche à suivre, les procédés à employer pour arriver plus vite et plus sûrement à trouver la vérité. Il s'assimile rapidement tout ce qui a été trouvé avant lui, et se sert ensuite de la méthode qui lui a été fournie pour essayer à son tour d'augmenter l'héritage scientifique de ses successeurs.

La découverte d'un procédé nouveau donne à des hommes qui n'y auraient jamais songé, les moyens de faire des observations, de tenter des expériences, de préparer ainsi la découverte de lois nouvelles, la connaissance d'une partie jusque-là inconnue de l'univers. Depuis qu'on se sert de la plaque photographique en astronomie, et qu'on a réduit, grâce à un ingénieux mécanisme, à $\frac{1}{3000}$ de seconde le temps de la pose, on a enrichi de nouvelles étoiles la carte céleste. Depuis que M. Pasteur* a imaginé les merveilleux procédés dont il se sert pour étudier les êtres microscopiques, ses élèves ont fait, d'après sa méthode, des observations et des expériences qui ont rendu la micrographie une science féconde et pratique.

L'apparition d'une nouvelle méthode est le point de départ d'un grand mouvement scientifique et philosophique. Bacon* est l'auteur d'un *Novum Organum*, c'est-à-dire d'un nouvel instrument ou d'une nouvelle méthode. Il a recommandé, en termes magnifiques, l'emploi de l'induction (ch. xi) et contribué puissamment au développement des sciences pendant le xviie et le xviiie siècle, à la formation de la philosophie anglaise. Descartes* a donné, quelque temps après Bacon*, un *Discours de la méthode pour bien conduire sa raison et chercher la vérité dans les sciences*. Il y ramenait à quatre tous les préceptes de la méthode :

Le premier était de ne jamais recevoir aucune chose pour vraie qu'il ne la connût évidemment être telle ; le second, de diviser chacune des difficultés en autant de parcelles qu'il se pourrait et qu'il serait requis pour les mieux résoudre ; le troisième, de conduire par ordre ses pensées, en commençant par les objets les plus simples et les plus aisés à connaître, pour monter peu à peu comme par degré jusqu'à la connaissance des plus composés ; le dernier, de faire partout des dénombrements si entiers et des revues si générales qu'il fût assuré de ne rien omettre.

Il croyait qu'il était redevable à sa méthode des progrès qu'il avait faits dans les sciences. En réalité, il a, par le premier de ces préceptes, engagé ses contemporains à rompre avec le moyen âge, à ne plus s'en rapporter à l'autorité d'Aristote* pour les choses naturelles, à se servir de leur propre raison. Il a préparé les recherches des philosophes qui, au xviiie siècle, ont porté cette liberté d'examen dans les choses politiques et religieuses, qui ont montré les vices de l'ancien régime et contribué à l'avènement du nouveau. En recommandant par le second et le troisième l'usage de l'analyse et de la synthèse, entendues surtout au sens des géomètres, il a habitué les esprits à la rigueur et montré dans la physique mathématique (ch. xi) le but que doit chercher à atteindre la science de la nature. Il est le père de la philosophie française et de la science moderne.

La méthode est un instrument qui permet au jeune homme de s'assimiler rapidement ce qui a été trouvé avant lui ; le perfectionnement de la méthode provoque des observations et des expériences qui préparent la découverte de lois nouvelles ou la connaissance d'une partie de l'univers jusque-là inconnue ; l'apparition d'une nouvelle méthode amène un grand mouvement scientifique et philosophique.

Les sciences et la science. — Les mathématiciens partent de définitions *a priori*, universelles et nécessaires, ils tirent de ces principes toutes les conséquences qui y sont renfermées et arrivent à une certitude absolue, quand ils observent les lois du raisonnement (ch. x).

Le physicien cherche à déterminer la cause des phénomènes, les lois ou rapports qui les unissent : il atteint une certitude d'autant plus grande que les phénomènes sont moins complexes, que l'expérimentation est plus aisée, que l'emploi de la déduction et du calcul est plus fréquent, en un mot, qu'il est plus assuré d'être d'accord avec la nature comme avec lui-même (ch. xi).

Le naturaliste recherche les lois des phénomènes, les classes dans lesquelles la nature a distribué les êtres : la complexité et la multitude des objets à étudier, la difficulté et quelquefois même l'impossibilité de faire appel à l'expérimentation et toujours au calcul, expliquent pourquoi le naturaliste atteint un degré de certitude inférieur à celui qu'atteint le physicien (ch. xii).

Enfin la certitude décroît encore dans les sciences morales, dans la recherche des lois qui président aux phénomènes psychologiques, sociaux, etc., car on y étudie des objets plus complexes ; on ne peut presque jamais employer l'expérimentation et on est souvent obligé d'user de l'observation indirecte, du témoignage, pour recueillir les faits (ch. xiii).

La science a pour objet de rattacher les conséquences aux principes, les effets à leurs causes, de déterminer les lois des phénomènes, les classes dans lesquelles rentrent les êtres qui constituent les trois règnes de la nature.

La certitude va en décroissant, des mathématiques aux sciences morales, en raison de la complexité des objets étudiés et de la difficulté qu'on éprouve à y appliquer la déduction, le calcul, l'expérimentation et même l'observation (ch. xv).

La science, la philosophie des sciences et la métaphysique. — Les mathématiques considèrent les lignes, les surfaces, les nombres, etc.; elles partent de définitions et d'axiomes, mais elles ne cherchent à déterminer ni la nature de l'espace, du mouvement ou de la durée, ni l'origine des notions géométriques et arithmétiques ; ces questions sont laissées à la *philosophie* de la géométrie ou des autres sciences mathématiques.

De même le physicien et le chimiste, après avoir déterminé les lois qui régissent les phénomènes électriques, lumineux, magnétiques, ou les combinaisons chimiques, peuvent se demander quelle est l'essence de la matière qui compose tous les corps; quelle relation existe entre les divers groupes de phénomènes étudiés, lumière, chaleur, électricité, mouvement, magnétisme, etc., de quelle manière se sont formés les corps divers dont on constate l'existence sur notre globe, s'il y a des atomes ou si la matière est divisible à l'infini : ils font la *philosophie* de la physique et de la chimie.

De même le naturaliste qui a trouvé les lois des phénomènes biologiques cherche la cause de la vie; celui qui a étudié les espèces vivantes se pose la question de leur origine ; ils font la *philosophie* de la biologie et de la zoologie.

Il y a également une *philosophie* de l'histoire : après avoir raconté les faits et cherché à en indiquer les causes, on essaye comme Bossuet * et Condorcet *, de déterminer quelle a été la marche suivie par l'humanité jusqu'à nos jours. De même la *philosophie* de l'économie politique cherche quelle influence exerce sur la marche des sociétés l'observation ou la violation des lois économiques.

Enfin, on peut considérer dans leur ensemble toutes les conséquences, les lois, les classifications auxquelles on aboutit par l'étude des sciences particulières, et chercher à en tirer des conséquences, des lois, des classifications plus générales, ou à établir entre elles une hiérarchie et une subordination. C'est ainsi que H. Spencer * a abordé la *philosophie générale* des sciences, quand il a expliqué par l'évolution la formation du système solaire et de la terre, l'apparition des végétaux et des animaux, l'acquisition du langage et de la science ; c'est ainsi qu'Aug. Comte * a essayé de classer les sciences d'après l'ordre de généralité décroissante et de complexité croissante.

L'homme n'a pas répondu, par les sciences et la philosophie des sciences, à toutes les questions qu'il peut se poser : il aborde la *métaphysique* et se demande ce qu'il doit entendre par l'être, par le possible, le réel et l'impossible, le contingent et le nécessaire, le fini et l'infini, le relatif et l'absolu, le parfait et l'imparfait. Puis, considérant, dans leur ensemble, les *phénomènes psychologiques*, il cherche s'il y a un *être* qui les produit, s'il a une âme spirituelle ou matérielle (ch. IX), périssant avec le corps ou immortelle (ch. XXIX). Il prend de même dans leur ensemble les phénomènes de l'univers matériel et les sciences qui en donnent les lois : il cherche à expliquer l'origine, la nature et la destinée de cet univers. Enfin, il considère, d'un côté les notions premières auxquelles le conduit sa raison (ch. IV) et les inclinations supérieures de sa sensibilité (ch. VI), de l'autre, les phénomènes étudiés par la science des religions : il se demande s'il existe un Être parfait, quelle en est la nature, quels en sont les rapports avec l'univers et avec l'homme.

La science rattache des conséquences aux principes, détermine des lois, établit des classifications.

Chaque science a sa philosophie dans laquelle on examine les questions que supposent les principes dont elle part ou les résultats auxquels elle aboutit.

Il y a une philosophie générale des sciences dont le but est de trouver des conséquences, des lois, des classifications plus générales que celles auxquelles conduisent les sciences particulières, ou d'établir entre ces dernières une hiérarchie ou une subordination.

La métaphysique s'occupe des questions que laissent en dehors d'elles les sciences et la philosophie des sciences. Elle comprend : 1° l'ontologie, qui traite de l'être en général et de ses modes, réel, possible, infini, parfait, absolu, etc.; 2° la psychologie rationnelle ou métaphysique de l'âme, qui traite de l'existence, de la nature, de la destinée de l'être correspondant aux phénomènes psychologiques; 3° la cosmologie ou métaphysique de l'univers, qui traite de l'être correspondant aux phénomènes étudiés par les sciences physiques et naturelles; 4° la théologie ou théodicée*, qui traite de l'être correspondant aux phénomènes étudiés par la science des religions [1].

---

[1]. On comprendra sans peine, en considérant la différence qui sépare la métaphysique de la science, au point de vue des questions traitées et de la certitude obtenue, qu'on ait pu refuser quelquefois de ranger la métaphysique dans les sciences morales pour en faire quelque chose d'analogue à l'art et à la poésie.

Classification des sciences. — Bacon* a classé les sciences d'après les facultés : aux trois facultés principales, la mémoire, l'imagination et la raison, correspondent l'histoire, la poésie et la philosophie. L'histoire est naturelle ou civile; la poésie, narrative ou épique, dramatique, parabolique ou allégorique ; la philosophie étudie Dieu, la nature et l'homme.

D'Alembert* et Diderot* ont suivi, en y faisant quelques modifications, la classification de Bacon*.

Ampère* a classé les sciences d'après leur objet en deux grands groupes : les sciences cosmologiques*, qui traitent du monde matériel et les sciences noologiques*, qui traitent du monde moral. Dans les premières, il distingue les sciences abstraites ou exactes, les sciences concrètes, les sciences mixtes. Les sciences abstraites comprennent la géométrie, l'arithmétique, l'algèbre ; les sciences concrètes, la minéralogie, la géologie, la botanique, la zoologie ; les sciences mixtes, l'astronomie, la mécanique, la physique, la chimie. Quant aux sciences noologiques*, elles se divisent en sciences morales, histoire, jurisprudence, économie politique, linguistique, et en sciences noologiques* proprement dites, comprenant la psychologie, la logique, la morale, l'esthétique, la métaphysique.

Auguste Comte* distingue les *sciences* qui ont pour objet le vrai, des *arts* qui ont pour objet l'utile; les sciences abstraites, générales ou fondamentales, comme la biologie, qui cherchent les lois, et les sciences concrètes ou particulières comme la zoologie, qui étudient les êtres auxquels s'appliquent ces lois. Il a donné des sciences fondamentales une classification dans laquelle il a voulu résumer les rapports qui unissent les sciences et leur ordre historique de filiation. En premier lieu, il place la *mathématique*, la science de la quantité mesurable, nombre, étendue, mouvement : on trouve des lignes droites ou courbes dans les minéraux, les végétaux, les animaux et les hommes : on peut combiner les unes et les autres de manière à former des figures dont la nature ne nous présente aucun modèle. La mathématique est donc applicable non seulement à tous les êtres réels, mais encore à des êtres imaginaires : on a même formé, dans ces derniers temps, une géométrie méta-euclidienne qui traite d'une étendue à 4, 5, 6, n dimensions : la mathématique est la science la plus *générale*. Mais en même temps les lignes, les surfaces, les volumes, les nombres, dont elle s'occupe, se ramènent à un nombre d'éléments inférieur à celui que nous trouvons dans les objets réels les plus simples : elle est la moins *complexe* des sciences fondamentales.

En second lieu vient la *physique céleste* ou *astronomie* qui comprend l'étude des phénomènes généraux de l'univers, qui est moins *générale* que la mathématique, puisqu'elle ne s'occupe que du réel et non de l'imaginaire, mais qui étudie des objets plus *complexes*, puisqu'elle tient compte, non seulement de la forme et du volume, du nombre et du mouvement, mais encore de la composition des astres.

Après l'astronomie se place la physique terrestre ; elle est moins générale puisqu'elle traite des phénomènes qui se produisent dans un seul des objets innombrables étudiés par l'astronomie, mais ces phénomènes sont beaucoup plus complexes. La physique terrestre comprend : 1° la *physique proprement dite;* 2° la *chimie*, qui s'occupe de phénomènes plus complexes, mais moins généraux, puisque les phénomènes électriques et magnétiques se trouvent non seulement dans les minéraux, mais encore dans les végétaux, les animaux et les hommes auxquels on ne peut appliquer la synthèse chimique.

La *biologie*, qui étudie les lois de la vie, est la cinquième des sciences fondamentales; elle est moins générale que la chimie puisqu'elle n'a rien à voir avec les minéraux, elle s'occupe de phénomènes plus complexes, car la digestion, par exemple, comprend une série de phénomènes mécaniques et chimiques, mais elle suppose en outre une action spéciale et des phénomènes vitaux qui amènent la production des phénomènes mécaniques et chimiques.

Enfin la *sociologie* (ch. xiii) est moins générale que la biologie, puisqu'il n'y a qu'un nombre assez restreint d'espèces animales qui vivent en société (ch. vi), mais elle étudie des phénomènes infiniment plus complexes (ch. xiii).

La mathématique est la plus générale et la plus simple, la sociologie, la moins générale et la plus complexe des sciences fondamentales. Elles sont donc classées par ordre de *généralité décroissante* et de *complexité croissante*.

Herbert Spencer*, se plaçant au point de vue de la théorie de l'évolution, a essayé à son tour de classer les sciences. Il les a distribuées en trois catégories : les sciences abstraites, mathématiques et logiques; les sciences abstraites-concrètes, mécanique, physique, chimie; les sciences concrètes, géologie, biologie, psychologie.

Toutes ces classifications, comme celles de la zoologie et de la botanique, sont essentiellement provisoires et destinées à être remplacées par de plus parfaites, à mesure que la connaissance de l'univers deviendra plus exacte et plus riche.

Bacon* a classé les sciences d'après les facultés, en histoire, poésie et philosophie; Ampère*, d'après leur objet, en sciences cosmologiques* et noologiques*; A. Comte*, d'après l'ordre de généralité décroissante et de complexité croissante, en mathématiques, astronomie, physique, chimie, biologie et sociologie; H. Spencer*, d'après la théorie de l'évolution, en sciences abstraites, sciences abstraites-concrètes et sciences concrètes.

Toute classification des sciences est provisoire et perfectible.

Les grandes hypothèses. — On trouve, dans la philosophie des sciences, un certain nombre d'hypothèses ou de théories qui dominent une science particulière, qui résument les résultats auxquels sont arrivées plusieurs sciences ou ceux que donne la philosophie des sciences.

Les plus importantes de ces théories sont l'hypothèse de Laplace* sur l'origine du système solaire, celle de l'unité et de la corrélation des forces physiques, de la conservation de la matière et de la force, les hypothèses transformiste, évolutioniste et associationiste, les hypothèses de Bossuet*, de Condorcet*, d'Aug. Comte*[1].

Hypothèse de la nébuleuse. — On sait que le monde solaire est un système ayant pour centre le soleil : autour de ce centre tournent un certain nombre de planètes, dont quelques-unes ont elles-mêmes des satellites. Laplace* a supposé qu'à l'origine il était constitué par une nébuleuse, par une masse presque homogène en densité, en température, etc. ; qu'il s'était établi ensuite des différences de température et de densité entre l'extérieur et l'intérieur, puis des différences dans les vitesses du mouvement de rotation ; que la nébuleuse, divisée en plusieurs fragments, consolidés ensuite à des distances différentes du centre, n'a plus conservé qu'un noyau. Les fragments ont formé les planètes et leurs satellites, le noyau est devenu le soleil ou le centre autour duquel elles ont continué à tourner.

Le système solaire tire son origine, d'après Laplace*, d'une nébuleuse dont les fragments ont formé les planètes et leurs satellites, dont le noyau a formé le soleil.

L'unité et la corrélation des forces physiques, la conservation de la matière et de la force. — Descartes* a soutenu, au XVIIe siècle, que tous les phénomènes matériels et même les phénomènes biologiques, se réduisent au mouvement. On observe tous les jours que la chaleur donne naissance au mouvement, et que le mouvement, à son tour, produit de la chaleur : l'eau, vaporisée par la chaleur, soulève le couvercle du vase dans lequel elle est placée ; la roue d'une locomotive, qui a tourné longtemps et trop vite, s'enflamme d'elle-même. La science a été plus loin : elle a établi que les sons sont le résultat de *mouvements* produits dans les corps et transmis jusqu'à notre oreille. De même, elle a supposé, — et les expériences de Fresnel* justifient

---

1. Nous nous bornons à exposer ces hypothèses : le sens du mot (ch. XI) indique suffisamment qu'il s'agit de théories encore contestées.

cette hypothèse, — que la lumière est le résultat d'un *mouvement ondulatoire*, communiqué à l'éther, c'est-à-dire à un fluide subtil et impondérable, qui remplit tout l'espace vide, y compris les pores des corps matériels. Puis, comparant la lumière et la chaleur (ch. xi), les physiciens ont trouvé que les ressemblances l'emportaient sur les différences : ils ont admis que la lumière et la chaleur ne constituent qu'un seul et même agent ; que le soleil envoie une série de vibrations qui ne diffèrent entre elles que par la rapidité de leurs oscillations ; ils ont pu comparer les chaleurs obscures aux sons graves, les rayons colorés du spectre visible aux notes moyennes, les rayons chimiques extrêmes aux notes les plus aiguës. On a remarqué en outre que les combinaisons supposent des phénomènes physico-chimiques et on a cru pouvoir étendre à la chimie et même à la biologie le *mécanisme* auquel on a ramené les phénomènes physiques. On a de plus constaté qu'un même agent, un courant électrique, par exemple, produit du mouvement, de la lumière, un son, une saveur, selon qu'il agit sur nous par l'intermédiaire des nerfs du toucher, de la vue, de l'ouïe ou du goût ; qu'au contraire, des agents différents, agissant sur un même organe, produisent des sensations identiques : une bougie allumée, un coup violent, la section du nerf optique, l'introduction, dans la circulation, de certaines substances médicinales, font naître une sensation de lumière. On a été amené, de ce côté encore, à supposer que les phénomènes divers, son, lumière, saveur, odeur, pesanteur, chaleur, électricité, magnétisme, combinaisons chimiques, dont la connaissance nous vient par les sens, sont produits par des mouvements qui nous apparaissent sous des formes diverses, parce qu'ils agissent sur des organes différents ; on a ramené à l'*unité les différentes forces physiques*.

On a fait plus : on a retrouvé, sous forme de chaleur, le mouvement disparu ; sous forme de mouvement, la chaleur perdue ; on a mesuré le rapport suivant lequel la chaleur et le mouvement se remplacent l'un l'autre, trouvé l'équivalent en mouvement de la chaleur disparue et, d'une manière générale, l'*équivalent mécanique* de la chaleur. D'un autre côté, la chimie a montré, par des analyses rigoureuses, appuyées sur des pesées exactes, que la quantité de matière reste la même dans tous les changements des corps. On a, par suite, admis qu'il y a *corrélation* entre les forces physiques, que la même quantité de matière et de force se conserve toujours dans l'univers ; que des vagues peuvent se changer en rides et les rides en vagues ; que la grandeur peut être substituée au nombre et le nombre à la grandeur ; que des astéroïdes peuvent s'agglomérer en soleils, les soleils se résoudre en faunes et en flores, les flores et les faunes se dissiper en gaz ; que la puissance en circulation est éternellement la même (*Tyndall**) ; que rien ne se perd, que rien ne se crée dans la nature.

Les sciences physiques ont établi, comme une hypothèse en grande partie justifiée, l'unité et la corrélation des forces physiques, chaleur, lumière, électricité, son, etc., qui sont toutes des transformations du mouvement; la conservation de la matière et de la force.

Le transformisme. — Quand on a classé tous les êtres du règne animal et du règne végétal, il y a lieu de se demander si les espèces que nous trouvons actuellement sont *fixes* et descendent chacune d'un ancêtre distinct, ou si elles sont *variables* et descendent, par voie de transformation, d'un petit nombre de types Cuvier* a admis la fixité des espèces, Lamarck* et Darwin*, leur variabilité.

On sait que les êtres vivants se reproduisent en raison inverse de leur grandeur; que l'éléphant n'a qu'un petit, tandis que le lapin en a vingt. On sait qu'il y a corrélation entre les diverses parties de chaque organisme (ch. xii); que le chien de chasse transmet par *hérédité* son aptitude à ses descendants. On a constaté en outre que les espèces croissent en progression géométrique (2, 4, 8, 16, 32, etc.), tandis que les aliments ne croissent qu'en progression arithmétique (2, 4, 6, 8, 10, 12, 14, etc.); enfin que la constance des formes et de l'organisation est en raison de la simplicité de structure.

Si l'on considère les êtres vivants dans leurs rapports avec le climat, on verra qu'un hiver rigoureux peut faire périr la plupart des oiseaux; que l'Européen, transporté au pôle Nord, périt s'il ne se nourrit d'huile de baleine; qu'il succombe dans les régions intertropicales s'il ne se soumet au régime suivi par les naturels. L'animal soutient contre le climat *la lutte pour l'existence*.

Quand les aliments deviennent insuffisants pour le nombre toujours croissant des animaux d'une même région, ceux d'entre ces derniers qui supportent le mieux l'abstinence et la famine, qui ont plus d'industrie ou de force survivent seuls : l'abeille de nos pays, transportée en Australie, y fera disparaître la mélipone, abeille indigène qui n'a pas d'aiguillon; le surmulot a presque détruit le rat noir.

Les poissons marins, combattus par l'homme et les espèces plus puissantes, réussissent à perpétuer leur espèce en raison de leur *fécondité*. Le trèfle rouge n'est fécondé que s'il est visité par les bourdons; les bourdons ne se reproduisent que dans les contrées où il n'y a pas trop de mulots pour détruire les rayons et les nids, et le nombre des mulots dépend du nombre des chats qui vivent dans le voisinage : la survivance d'un être dépend de ses rapports avec les autres êtres.

A la fin du xviiie siècle, Daubenton* unit des béliers du Roussillon à des brebis de Bourgogne; il obtint, après un certain nombre de générations, des moutons dont la laine égalait en longueur, en abondance, en finesse, en pureté celle des mérinos d'Espagne. Les éleveurs anglais sont arrivés, par des choix ou des *sélections* convenables, à créer une race de chevaux de course qui sont élégants, légers, effilés et une race de chevaux lourds, massifs, lents et vigoureux qui servent pour le trait.

Les lois naturelles, telles que nous les connaissons actuellement, font pour tous les êtres ce que l'homme fait pour quelques-uns : il y a un choix ou une *sélection naturelle*. Un sol sablonneux, aride, brûlé par le soleil, porte des plantes de petite taille, aux tissus secs, à la coloration intense; la plante qui vit continuellement dans l'eau a des feuilles allongées et découpées. Le froid provoque à l'exercice, augmente l'appétit et développe le tempérament sanguin; le chaud, le tempérament hépatique. L'Européen, transporté sous les tropiques, doit se soumettre au régime des Africains; les changements dans le milieu ambiant, amènent dans son organisme des modifications, fixées par l'habitude et transmises par l'hérédité; il donnera ainsi naissance, dans la suite des temps, à une race nouvelle.

La lutte pour la possession de la nourriture fait disparaître les individus les moins bien doués, survivre les plus forts ou les plus habiles. Certains coléoptères de l'île de Madère, qui ont renoncé à lutter contre le vent de mer, ont à peu près perdu leurs ailes : d'autres, au contraire, qui ont continué à voler quand le vent s'élève, les ont développées par l'exercice; le crabe qui vit habituellement dans l'obscurité, a conservé le pédoncule oculaire, mais perdu les yeux. De même, dans la lutte pour la possession des femelles, la victoire est aux mieux armés, au coq qui aura, par exemple, le meilleur éperon, aux oiseaux qui ont le plus beau plumage ou le chant le plus agréable, comme cela se produit pour les merles de Guyane et les oiseaux de Paradis; les êtres qui sont moins bien armés ou moins bien doués n'arrivent pas à se reproduire, et la race acquiert de plus en plus les qualités de son progéniteur. *La lutte pour l'existence produit la sélection naturelle.*

Dès lors les espèces, devant sans cesse varier pour lutter contre le climat ou pour la nourriture, accentueront de jour en jour la divergence des caractères, elles n'auront plus qu'une ressemblance lointaine avec le type primitif (terre-neuve et terrier, bouledogue et lévrier).

Quand deux espèces se disputeront le même aliment; quand une île sera, par exemple, habitée par des antilopes et par des chevaux, l'espèce la plus courageuse et la plus endurcie à la famine l'emportera et amènera, dans un temps déterminé, l'extinction de l'autre. Quand une espèce aura de nombreux ennemis, elle pourra échapper à la destruction si elle est très féconde. Aucune espèce éteinte ne reparaîtra : le mammouth, par exemple, est mort et ne reviendra pas plus que ne se reproduira le milieu qui avait rendu son existence possible. L'examen des couches géologiques nous fera découvrir des espèces intermédiaires : on a intercalé vingt-six espèces entre le mammouth et le mastodonte, et montré que le mammouth, le mastodonte et l'éléphant descendent d'une seule souche ; on a découvert en Bavière un oiseau gigantesque, l'*Archæopteryx*, dont le corps se termine par une queue de vingt vertèbres garnies de plumes. De même, les espèces actuelles d'un pays et celles qu'y contiennent les couches géologiques sont parentes : le Brésil, qui possède aujourd'hui des paresseux, des tatous, des fourmiliers, c'est-à-dire des édentés, nous a donné les espèces éteintes d'édentés, le mégathérium, le mylodon, le glyptodon, le mégalonix.

On expliquera aisément un certain nombre de faits importants. La faune est différente en Amérique et dans l'ancien monde, quoiqu'on trouve des conditions locales analogues, parce que la mer a formé entre les deux régions une barrière naturelle. Toutefois l'Amérique du Nord, qui a dû être quelque temps reliée à l'Asie, renferme des ours blancs, des rennes, des castors, des hermines, c'est-à-dire des animaux qui se trouvent dans l'ancien monde. Il n'y a, dans les îles océaniques, de mammifères que les chauves-souris, parce que seules elles ont pu, en volant y aborder ; on n'y trouve aucun des batraciens, quoique les grenouilles, transportées aux Açores s'y soient prodigieusement multipliées, parce que l'eau salée, qui les fait immédiatement périr, les a empêchés de s'y rendre à la nage. Les migrations qu'a amenées la concurrence vitale ont provoqué la naissance par sélection d'une variété qui, à son tour, a dû émigrer : de proche en proche, le continent s'est trouvé occupé par des espèces qui, malgré leurs caractères tranchés, conservent cependant entre elles un caractère de famille. Chez certains serpents, un des lobes du poumon est seul complet ; chez les mâles des mammifères on trouve des mamelles rudimentaires ; les ailes du pingouin ne lui servent que de rames, celles de l'aptéryx sont tellement rudimentaires qu'elles lui sont absolument inutiles : le défaut d'exercice est la cause principale de chacun de ces faits. En outre, la transformation des ailes du pingouin en rames, qui constitue un retour à une organisation inférieure, s'explique par la nécessité où il est de trouver sa nourriture en plongeant, de s'*adapter* aux conditions de la vie.

En résumé, le règne animal descend, selon les transformistes, de 4 ou 5 types primitifs : le règne végétal d'un nombre égal ou moindre, peut-être même tous les animaux et toutes les plantes descendent-ils d'un seul prototype? La transformation des espèces se fait lentement par l'action des lois naturelles : une espèce varie pour s'adapter à de nouvelles conditions d'existence, climat, nourriture, rapports avec les autres êtres ; la variation est fixée par l'habitude, transmise par l'hérédité; la lutte pour la vie contre le climat, pour la nourriture, etc., détermine une sélection naturelle entre les espèces et entre les individus; le caractère qui assure l'avantage à une espèce et à un individu s'accentue de plus en plus, jusqu'à ce qu'un changement dans les conditions d'existence amène une nouvelle variation et l'apparition d'une espèce nouvelle.

L'évolution. — La théorie de l'évolution est pour toutes les sciences ce que le transformisme est pour les sciences naturelles. Elle a été surtout exposée par Herbert Spencer *.

Elle s'approprie la théorie de la nébuleuse : le système solaire est hétérogène, si on le compare à la nébuleuse à peu près homogène dont il est sorti.

A l'origine, la terre était une masse de matière en fusion d'une consistance et d'une température relativement homogènes. Elle présente aujourd'hui à sa surface des phénomènes tellement variés que les minéralogistes et les météorologistes, les géographes et les géologues n'ont pu encore les énumérer tous.

De même l'examen des êtres vivants nous montre que les vertébrés ont paru dans l'ordre suivant, poissons, reptiles, oiseaux et mammifères; que les marsupiaux sont les plus anciens, l'homme le plus récent des mammifères; que le Papou, avec ses jambes très petites, rappelle les quadrumanes et montre moins d'hétérogénéité que l'Européen, dont les jambes sont plus longues et plus massives.

La société humaine est composée à l'origine d'individus qui ont les mêmes pouvoirs, les mêmes fonctions : ils sont guerriers, chasseurs, pêcheurs, ouvriers; puis le gouvernant se distingue des gouvernés, l'autorité devient héréditaire et prend un caractère religieux. Dans nos sociétés modernes, l'État et l'Église se séparent, l'organisation politique admet des subdivisions de plus en plus nombreuses (ch. xxxi).

L'industrie réalise des progrès par la division du travail (ch. xxii). Les langues nous offrent des mots qui ont été groupés en familles et rapportés à une racine commune; elles se sont développées par suite d'une division dans le travail intellectuel (ch. viii). L'écriture s'est séparée du dessin ou de la peinture et s'est transformée par l'imprimerie; la poésie, la musique et la danse, d'abord étroitement unies, sont aujourd'hui des arts distincts. La poésie épique, lyrique, dramatique, religieuse, militaire dans l'*Iliade* d'Homère, s'est partagée depuis en genres différents. La science sort de la connaissance commune; elle est d'abord qualitative et met quelquefois des milliers d'années à devenir quantitative : les mathématiques sont depuis longtemps quantitatives, la chimie ne l'est devenue qu'à la fin du dernier siècle.

Partout le progrès est caractérisé par le passage de l'*homogène* à l'*hétérogène*. Mais comment s'accomplit ce passage? Introduisez une petite quantité de virus variolique dans l'organisme, vous provoquerez d'abord la raideur et la chaleur à la peau, l'accélération du pouls, la perte de l'appétit, la soif, l'embarras gastrique, les vomissements, les maux de tête, ensuite l'éruption cutanée, la démangeaison, la toux, la dyspnée *, enfin l'inflammation œdémateuse *, la pneumonie, la pleurésie, la diarrhée : *la cause aura plus d'un effet.*

Le principe fondamental de l'évolution est la persistance de la force. L'évolution suppose trois lois essentielles : 1° l'instabilité de l'homogène; 2° la multiplication des effets; 3° la ségrégation, qui fait converger les unités mues dans le même sens et diverger celles qui sont mues en sens divers.

L'évolution est le passage de l'homogène à l'hétérogène (Ribot*.)

L'associationisme. — Les perceptions simples, odeur, saveur, couleur, s'associent pour former la notion d'un objet ; les idées des objets s'associent pour former la connaissance du monde extérieur (ch. III); les idées de cause et d'effet, de fin et de moyen, de substance et de qualité s'associent entre elles (ch. IV); la mémoire suppose essentiellement l'association des idées (ch. V); les divers éléments constitutifs du mot s'associent entre eux et avec les éléments constitutifs de l'idée (ch. VIII); le motif s'associe avec l'idée de l'acte à accomplir (ch. VII), etc.

L'école anglaise a essayé d'expliquer par l'association tous les phénomènes psychologiques : avec Stuart Mill *, elle rend compte, grâce à des associations indissolubles formées par l'individu, de l'universalité des principes; elle a recours, avec Herbert Spencer* aux associations psychologiques et physiologiques, à l'hérédité pour en donner une explication plus profonde (ch. IV). Elle considère de même le plaisir et la douleur comme des faits primitifs et croit que les inclinations (ch. VI) sont produites par l'association de l'idée du plaisir éprouvé et de l'idée de l'objet qui a causé ce plaisir.

L'association est, d'après l'école anglaise, la loi la plus générale des phénomènes psychologiques : il y a des associations de sensations, d'idées, de volitions, de mots; de sensations et de volitions, de sentiments et d'idées, de mouvements, de sensations et d'idées. Elle est, pour le monde intellectuel et moral, ce que l'attraction est pour le monde physique.

Les hypothèses historiques : Bossuet*, Condorcet*, A. Comte *. — Bossuet*, tout en dégageant dans le *Discours sur l'Histoire universelle* les causes particulières qui ont fait et défait les empires des Scythes, des Éthiopiens, des Égyptiens, des Assyriens, des Perses, des Grecs et des Romains, enseigne que l'enchaînement des causes particulières dépend des ordres secrets de la Providence, qui fait concourir les grands empires au bien de la religion et à la gloire de Dieu, à la préparation, à l'établissement, au triomphe du christianisme.

Condorcet* cherche dans les progrès de l'esprit humain la raison de la marche suivie par l'humanité. Les lois générales qui sont observées dans le développement individuel de nos facultés sont, selon lui, celles qui régissent le développement individuel de l'humanité : l'étude de l'histoire antérieure à 1789, qu'il partage en 9 périodes, lui sert à déterminer les progrès que l'humanité a successivement réalisés. Il essaye ensuite d'indiquer quels seront les progrès futurs de l'esprit humain : il croit que l'inégalité qui existe entre les nations sera détruite, qu'il arrivera un moment où il n'y aura plus sur la terre que des hommes libres ne reconnaissant d'autre maître que leur raison; que l'inégalité de richesse, l'inégalité entre celui qui peut transmettre des moyens assurés d'existence à sa famille et celui dont les ressources dépendent de sa vie, de sa santé et de sa capacité de travail, enfin l'inégalité d'instruction, doivent diminuer continuellement sans jamais s'anéantir, car elles ont des causes naturelles et nécessaires qu'on ne pourrait détruire sans ouvrir d'autres sources d'inégalités, sans porter aux droits des hommes des atteintes plus directes et plus funestes. Il considère le perfectionnement de l'espèce humaine comme susceptible d'un progrès indéfini, en ce sens que la mort ne sera plus que l'effet ou d'accidents extraordinaires ou de la destruction de plus en plus lente des forces vitales ; que la durée de l'intervalle moyen entre la naissance et cette destruction n'a aucun terme assignable; que les facultés physiques, intellectuelles et morales, transmissibles par hérédité, peuvent prendre un développement de plus en plus grand.

A. Comte* a essayé de marquer le développement de l'intelligence dans l'individu et dans l'humanité. On commence, après avoir observé les phénomènes, à les expliquer en faisant appel à un dieu, c'est-à-dire à un être de même nature, mais beaucoup plus puissant que l'homme : on dit que Jupiter tonne; c'est l'époque ou l'état *théologique*. Puis, on use d'entités ou êtres de raison; l'opium, dit-on, fait dormir parce qu'il a une vertu dormitive; c'est l'époque ou l'état *métaphysique*. Enfin on se borne à chercher les relations qui unissent les phénomènes; on dit que l'ascension des liquides dans les tubes est due à la pression atmosphérique : c'est l'état *positif*.

Bossuet explique par l'enchaînement des causes particulières, dépendantes des ordres secrets de la Providence, les révolutions des empires.

Condorcet* explique le développement individuel de nos facultés et le développement de l'humanité par les mêmes lois générales. Il croit que l'inégalité entre les nations disparaîtra; que l'inégalité de richesse ou d'instruction diminuera continuellement sans jamais disparaître; que la mort sera reculée; que les facultés physiques, intellectuelles et morales, transmissibles par hérédité, prendront un développement de plus en plus grand.

A. Comte* pense que le développement de l'individu et de l'humanité est soumis à la loi des trois états; qu'il y a une période théologique, une période métaphysique et une période positive.

RÉSUMÉ

Que savez-vous de la méthode et de ses deux grands procédés? — La méthode est déductive ou inductive : elle est purement déductive dans les mathématiques, essentiellement inductive dans les sciences physiques et naturelles; elle est inductive et déductive dans les sciences morales.

Les deux grands procédés de la méthode sont l'analyse et la synthèse. L'analyse va des conséquences au principe, du composé aux éléments; la synthèse, du principe aux conséquences, des éléments au composé. L'analyse et la synthèse de décomposition sont réelles ou idéales.

Quelle est l'utilité de la méthode? — La méthode est un instrument qui permet au jeune homme de s'assimiler rapidement ce qui a été trouvé avant lui; le perfectionnement de la méthode provoque des observations et des expériences qui préparent la découverte de lois nouvelles, la connaissance d'une partie de l'univers jusque-là inconnue; l'apparition d'une nouvelle méthode amène un grand mouvement scientifique et philosophique.

Que savez-vous de la science et des sciences? — La science a pour objet de rattacher les conséquences aux principes, les effets à leurs causes; de déterminer les lois qui régissent les phénomènes, les classes dans lesquelles rentrent les êtres qui constituent les trois règnes de la nature.

La certitude va en décroissant, des mathématiques aux sciences morales, en raison de la complexité des objets étudiés et de la difficulté qu'on éprouve à y appliquer la déduction, le calcul, l'expérimentation et même l'observation.

Que savez-vous de la science, de la philosophie des sciences et de la métaphysique? — La science rattache des conséquences aux principes, détermine des lois, établit des classifications. Chaque science a sa philosophie qui a pour objet l'examen des questions que supposent les principes dont elle part ou les résultats auxquels elle aboutit. Il y a une philosophie des sciences prises dans leur ensemble, dont le but est de trouver des conséquences, des lois, des classifications plus générales que celles auxquelles conduisent les sciences particulières, d'établir entre elles une hiérarchie ou une subordination.

La métaphysique s'occupe des questions que laissent en dehors d'elles les sciences et la philosophie des sciences. Elle comprend : 1° l'ontologie qui traite de l'être en général et de ses modes, réel, possible, infini, parfait, absolu, etc.; 2° la psychologie rationnelle ou métaphysique de l'âme, qui traite de l'existence, de la nature, de la destinée de l'être correspondant aux phénomènes psychologiques; 3° la cosmologie ou métaphysique de l'univers, qui traite de l'être correspondant aux phénomènes étudiés par les sciences physiques et naturelles; 4° la théologie ou théodicée* qui traite de l'être correspondant aux phénomènes étudiés par la science des religions.

Que savez-vous de la classification des sciences? — Bacon* a classé les sciences d'après les facultés en histoire, poésie et philosophie; Ampère*, d'après leur objet, en sciences cosmologiques* et noologiques*; A. Comte*, d'après l'ordre de généralité décroissante et de complexité croissante, en mathématique, astronomie, physique, chimie, biologie et sociologie; H. Spencer*, d'après la théorie de l'évolution, en sciences abstraites, sciences abstraites-concrètes et sciences concrètes.

Toute classification des sciences est provisoire et perfectible.

Quelles sont les grandes hypothèses que vous pouvez citer?
— Les plus importantes de ces théories sont l'hypothèse de Laplace* sur l'origine du système solaire, celle de l'unité et de la corrélation des forces physiques, de la conservation de la matière et de la force ; les hypothèses transformiste, évolutionniste et associationiste, les hypothèses historiques de Bossuet *, de Condorcet *, d'Aug. Comte *.

Qu'est-ce que l'hypothèse de la nébuleuse? — Le système solaire tire son origine, d'après Laplace *, d'une nébuleuse dont les fragments ont formé les planètes et leurs satellites, dont le noyau a formé le soleil.

Quelle est l'hypothèse qui domine les sciences physiques? — Les sciences physiques ont établi comme une hypothèse en grande partie justifiée, l'unité et la corrélation des forces physiques, chaleur, lumière, électricité, son, etc., qui sont toutes des transformations du mouvement; la conservation de la matière et de la force.

Que savez-vous du transformisme? — Le transformisme soutient que le règne animal descend de 4 ou 5 types primitifs, le règne végétal d'un nombre égal ou moindre; peut-être même tous les animaux et toutes les plantes descendent-ils, selon les transformistes, d'un seul prototype. La transformation des espèces se fait lentement par l'action des lois naturelles; une espèce varie pour s'adapter à de nouvelles conditions d'existence, climat, nourriture, rapports avec les autres êtres; la variation est fixée par l'habitude, transmise par l'hérédité : la lutte pour la vie contre le climat, pour la nourriture, etc., détermine une sélection naturelle entre les espèces et entre les individus; le caractère qui assure l'avantage à une espèce et à un individu s'accentue de plus en plus, jusqu'à ce qu'un changement dans les conditions d'existence amène une nouvelle variation et l'apparition d'une espèce nouvelle.

Que savez-vous de la théorie de l'évolution? — Le principe fondamental de l'évolution est la persistance de la force.

L'évolution suppose trois lois essentielles : 1° l'instabilité de l'homogène; 2° la multiplication des effets; 3° la ségrégation, qui fait converger les unités mues dans le même sens et diverger celles qui sont mues en sens divers.

L'évolution est le passage de l'homogène à l'hétérogène.

Qu'est-ce que l'associationisme? — L'association est, d'après l'école anglaise, la loi la plus générale des phénomènes psychologiques; il y a des associations de sensations, d'idées de volitions, de mots; de sensations et de volitions, de sentiments et d'idées, de mouvements, de sensations et d'idées. Elle est, pour le monde intellectuel et moral, ce que l'attraction est, pour le monde physique.

Que savez-vous des hypothèses historiques ? — Bossuet explique par l'enchaînement des causes particulières, dépendantes des ordres secrets de la Providence, les révolutions des empires.

Condorcet explique le développement individuel de nos facultés et le développement de l'humanité par les mêmes lois générales. Il croit que l'inégalité entre les nations disparaîtra, que l'inégalité de richesse ou d'instruction diminuera continuellement sans jamais disparaître; que la mort sera reculée, que les facultés physiques, intellectuelles et morales transmissibles par l'hérédité, prendront un développement de plus en plus grand.

A. Comte pense que le développement de l'individu et de l'humanité est soumis à la loi des trois états ; qu'il y a une période théologique, une période métaphysique et une période positive.

DEVOIRS A TRAITER

I. Les méthodes et la méthode
II. Utilité de la méthode.
III. L'analyse et la synthèse dans les divers ordres de sciences.
IV. Comment peut-on classer les sciences ?
V. Le transformisme et l'évolution.
VI. L'unité et la corrélation des forces physiques.

QUESTIONS A ÉTUDIER

I. L'associationisme.
II. La loi du progrès d'après Condorcet et d'après H. Spencer.
III. La loi des trois états.
IV. La science, la philosophie des sciences et la métaphysique.

QUESTIONS POSÉES

I. La méthode. (Écoles normales, Brev. sup., Bac. ès lettres.)
II. Y a-t-il plusieurs méthodes pour raisonner. (Brev. sup.)?
III. Comment arrive-t-on à connaître la vérité. (Brev. sup.)?
IV. Montrer par quelques exemples empruntés aux différents ordres de sciences, comment et dans quelle mesure l'enseignement scientifique peut contribuer à l'éducation intellectuelle. (Écoles Normales)
V. Le rôle des hypothèses dans la philosophie des sciences. (Bac. ès lettres et Bac. enseig. spécial.)
VI. Y a-t-il plusieurs espèces d'analyse et de synthèse (Écoles Normales, Bac. ès lettres et Enseig. spécial, Brev. sup.)?

Conseils pédagogiques. — Faire ressortir l'importance de la méthode, c'est-à-dire de l'ordre, au point de vue intellectuel comme au point de vue pratique et moral. — Montrer, par des exemples précis, comment l'analyse et la synthèse, si différentes à première vue dans les mathématiques et dans les sciences physiques, naturelles ou morales ne constituent chacune en réalité qu'un seul procédé. — Bien faire voir comment l'analyse et la synthèse se complètent l'une l'autre dans les divers ordres des sciences. — Marquer, par des exemples, la différence des divers groupes de sciences, les ressemblances qu'ils ont entre eux et qui permettent de définir la science. — Indiquer l'intérêt que présentent les questions qu'examine la philosophie des sciences, montrer, dans les hypothèses par lesquelles on essaye de les résoudre, ce qui est incontestable, *l'existence de l'archœoptérix* par exemple; ce qui est vraisemblable mais invérifiable, *l'existence d'une nébuleuse primitive;* ce qui est contesté, mais peut être établi scientifiquement dans l'avenir, *l'existence d'espèces intermédiaires entre certaines espèces actuelles,* etc., etc. — Montrer l'utilité de ces hypothèses générales au point de vue de la science pure, en indiquant quelques-uns des progrès que la théorie de Darwin * a fait réaliser aux sciences naturelles; au point de vue intellectuel et moral, en faisant voir combien de telles recherches élèvent et enrichissent l'esprit, contribuent à détourner des passions égoïstes, font de l'homme un être vraiment supérieur. — Marquer la différence de la science, de la philosophie des sciences et de la métaphysique; faire remarquer qu'on ne peut aborder utilement l'examen des questions métaphysiques qu'après avoir étudié avec soin les sciences particulières et la philosophie des sciences.

BIBLIOGRAPHIE

Marion, *Leçons de psychologie*, leç. 1, 6, 7, 8, 18, 23, 24, 34, 35.
Taine, de l'*Intelligence.*
Taine, les *Philosophes classiques du* xix*e siècle en France.*
Taine, *Étude sur Stuart Mill.*

Ribot, l'*Hérédité psychologique.*
Ribot, la *Psychologie anglaise.*
H. Spencer, *Principes de psychologie.*
H. Spencer, *Principes de biologie, de sociologie.*
H. Spencer, les *Premiers Principes.*

H. Spencer, *Essais sur le progrès*.
    Id.   *Classification des sciences*.
Stuart Mill, *Système de logique*.
    Id.   *Auguste Comte*.
Bain, les *Sens et l'intelligence*.
    Id.   les *Émotions et la volonté*.
    Id.   la *Logique déductive et inductive*.
Naville, la *Logique de l'hypothèse*.
    Id.   la *Physique moderne*.
Duhamel, *Méthodes dans les sciences de raisonnement*.
Cournot, *Essai sur les fondements de nos connaissances*.
Berthelot, la *Synthèse chimique*.
E. Caro, *Problèmes de morale sociale*.
Espinas, les *Sociétés animales*.
Littré, *A. Comte et la philosophie positive*.
A. Comte, *Cours de philosophie positive*.
Balfour Stewart, la *Conservation de l'énergie*.
Wurtz, la *Théorie atomique*.
Louis Ferri, la *Psychologie de l'association*.
Paul Janet, *Traité élémentaire de philosophie*.
Paul Janet, les *Causes finales*.
    Id.   *Histoire de la science politique*.
Liard, *Logique*.
    Id.   *Descartes*.
Liard, la *Science positive et la métaphysique*.

De Quatrefages. *Ch. Darwin et ses précurseurs français*.
Renouvier, *Essais de logique*.
    Id.   *Essais de cosmologie*.
    Id.   *Essais de psychologie*.
Lamarck, la *Philosophie zoologique*.
Carrau, *Études sur la théorie de l'évolution*.
Darwin, l'*Origine des espèces*.
    Id.   la *Descendance de l'homme*.
    Id.   l'*Expression des émotions*.
    Id.   les *Récifs de corail*.
Ed. Perrier, la *Philosophie zoologique avant Darwin*.
Schmidt, *Descendance et Darwinisme*.
Ferrière, le *Darwinisme*.
Saporta, l'*Évolution du règne végétal*.
Stallo, la *Matière et la physique moderne*.
Condorcet, *Esquisse d'un tableau historique des progrès de l'esprit humain*.
Herschell, *Discours sur l'étude de la philosophie naturelle*.
Rabier, *Logique*.
Rambaud, *Histoire de la civilisation française*.
Cuvier, *Révolutions du globe*.
Hœckel, les *Preuves du transformisme*.
Bossuet, *Discours sur l'histoire universelle*.
Hœckel, la *Création naturelle*.
Vacherot, la *Métaphysique et la science*.
    Id.   le *Nouveau Spiritualisme*.

LOGIQUE FORMELLE

CHAPITRE XV

NOTIONS ET TERMES, JUGEMENTS ET PROPOSITIONS, RAISONNEMENTS, ERREURS ET SOPHISMES.

SOMMAIRE.

La certitude, l'évidence, le doute, l'ignorance, l'erreur, la vraisemblance, le vrai, le faux. — Division de la logique formelle. — Notions et termes; extension et compréhension; rapports des termes, classification et division, genres et espèces, universaux. — Jugements et propositions; division des jugements et des propositions, quantification du prédicat, les catégories; opposition des propositions; conversion des propositions; la définition, définitions mathématiques et définitions empiriques. — Déduction et syllogisme; matière et forme du syllogisme, déduction et démonstration; les règles, les modes, les figures du syllogisme; syllogismes incomplets et composés, hypothétiques et disjonctifs, induction formelle; les lois formelles de la pensée. — Classification des erreurs; les erreurs sont des raisonnements faux, des sophismes ou des paralogismes; sophismes de déduction; sophismes d'induction; remèdes à l'erreur.

La certitude, l'évidence, le doute, l'ignorance, l'erreur, la vraisemblance, le vrai et le faux. — Si l'on nous présente un sac dans lequel on a placé, sans nous les montrer, 100 boules coloriées, nous *ignorons* de quelle couleur sera la boule que nous en tirerons. Si nous y avons vu placer 100 boules rouges, qu'on a toutes remplacées à notre insu par des noires, nous affirmerons que la boule tirée sera rouge : nous ignorerons tout à la fois que nous tirerons une boule noire et que nous sommes dans l'ignorance à cet égard, nous serons dans l'*erreur*.

Supposons, au contraire, qu'on nous fasse procéder au tirage, immédiatement après avoir placé dans ce sac 50 boules noires et 50 boules rouges; nous ne pourrons affirmer ni que la boule tirée sera rouge ni qu'elle sera noire, notre esprit sera dans le *doute*. Si l'on remplace 10 des boules noires par 10 rouges, nous dirons qu'il y a plus de *probabilité* d'en tirer une rouge que d'en faire sortir une noire ; ce résultat deviendra plus *vraisemblable* encore si l'on porte à 80 ou 90 le nombre des boules rouges. Enfin, s'il n'y a plus que 100 boules rouges, il sera *évident* que nous en prendrons une rouge, nous serons *certain* de ne pas en amener une noire.

Quand nous avons démontré que le carré fait sur l'hypoténuse d'un triangle rectangle est égal à la somme des carrés faits sur les deux autres côtés (ch. x), nous avons trouvé la *vérité* en demeurant d'accord avec nous-mêmes ; l'enfant qui fait mal une multiplication trouve un résultat *faux*, parce qu'il n'a pas suivi les règles que doit s'imposer l'esprit pour ne pas se mettre en désaccord avec le principe d'identité (ch. IV et x).

Quand Harvey* découvrit la circulation du sang, quand Le Verrier* annonça qu'à tel endroit du ciel, on trouverait la planète Neptune et qu'elle y fut aperçue quelques jours après par un astronome berlinois, ils avaient l'un et l'autre trouvé la *vérité*, non seulement parce qu'ils avaient raisonné d'une manière irréprochable, mais parce qu'ils étaient demeurés d'accord avec la nature et qu'ils avaient donné le moyen de vérifier, par l'observation et l'expérience, l'exactitude de leur découverte.

On cherche en métaphysique à déterminer la nature, l'origine, la destinée de l'homme et de l'univers, à trouver les causes premières et les fins dernières des choses ; on croit avoir trouvé la *vérité* quand on a raisonné exactement, quand on a tenu compte de tous les *phénomènes* étudiés par les sciences positives, de toutes les *lois* découvertes par elles, quand on a donné sur les *êtres*, considérés comme *substances* ou *causes* (ch. IV) de ces phénomènes (âme, matière, principe vital, etc.), des notions qui, non seulement ne sont contredites par aucun phénomène ou par aucune loi, mais encore donnent une réponse satisfaisante à toutes les questions que se pose l'esprit, en quittant le domaine des sciences positives (ch. XIV).

Le mathématicien trouvera que les mathématiques, la logique pure, et la physique mathématique comportent une certitude *absolue;* que les sciences physiques en général, les sciences naturelles et morales, la philosophie des sciences et la métaphysique comportent une *vraisemblance,* d'autant plus grande que la déduction, le calcul et l'expérimentation y jouent un rôle plus considérable. Mais les sciences qui sont le plus inférieures en certitude aux mathématiques, comme l'histoire et la sociologie, sont peut-être celles sur lesquelles il nous importe le plus, au point de vue pratique, d'avoir des notions aussi exactes que possible (ch. x à xiv).

On distingue la certitude de *fait* ou *physique*, qui porte sur les données des sens et de la conscience, la certitude de *raison* ou *démonstrative* qui porte sur les données de la raison, principes, axiomes, définitions, et sur les propositions qu'on en tire par démonstration, la certitude *morale* qui repose sur le témoignage; la certitude ou l'évidence *immédiate, intuitive*, propre aux facultés d'acquisition, perception extérieure, conscience et raison; l'évidence *médiate*, qui appartient aux facultés d'élaboration et plus spécialement au raisonnement (ch. iii à v). On désigne encore sous le nom de *certitude morale*, la conviction vive qui ne repose ni sur des observations ni sur des témoignages suffisants : un juge est *moralement* certain de la culpabilité d'un accusé qui a de mauvais antécédents, qui a déjà commis un semblable délit, qui ne peut rendre un compte exact de l'emploi de son temps; il ne le condamne que sur le témoignage de personnes compétentes et de bonne foi, ou d'après ses propres aveux. Enfin, on a essayé d'appeler également *certitude morale* la croyance qui porte sur les objets de la morale.

Toutes ces distinctions sont peu exactes, parce qu'elles portent sur les objets connus sur les facultés employées et non sur la nature de la certitude, c'est-à-dire sur l'état de l'esprit qui affirme ou qui nie.

L'ignorance est l'état de l'esprit qui ne connaît pas la vérité; l'erreur est une double ignorance, c'est l'état de l'esprit qui ne connaît pas la vérité et qui croit cependant la posséder. On doute quand on n'a pas plus de raisons pour affirmer une chose que pour la nier; on atteint la vraisemblance ou la probabilité quand les raisons d'affirmer l'emportent, la certitude, quand il n'y a plus de rai-

sons de nier; dans ce dernier cas, on dit de la proposition qu'elle est évidente.

L'évidence est l'état de l'esprit qui aperçoit la vérité, la certitude, l'état de l'esprit qui est assuré de la voir.

Le vrai et le faux s'opposent : la vérité suppose, en mathématiques, l'accord de l'esprit avec lui-même; dans les sciences physiques, naturelles et morales, l'accord de la pensée avec elle-même et l'accord, vérifiable par l'observation et l'expérimentation, de la pensée avec les phénomènes naturels, moraux et sociaux; dans la métaphysique, l'accord de la pensée avec elle-même, avec les phénomènes étudiés, avec les lois découvertes par les sciences positives, enfin la solution satisfaisante de toutes les questions que se pose l'esprit, après avoir exploré le domaine de la science positive.

Les mathématiques, la logique pure, la physique mathématique atteignent seules la certitude absolue, les sciences physiques en général, les sciences naturelles et morales, la philosophie des sciences, la métaphysique comportent une probabilité d'autant plus grande que la déduction, le calcul et l'expérimentation y jouent un rôle plus considérable.

On distingue, d'une façon peu exacte, la certitude de fait ou physique, la certitude de raison ou démonstrative, la certitude morale, l'évidence médiate et immédiate.

Division de la logique formelle. — La logique formelle, qui a pour objet 'étude de la pensée discursive et de ses lois, indépendamment de la matière à laquelle elle s'applique (ch. x), comprend trois parties, correspondant aux résultats principaux que fournit l'élaboration (ch. v) des connaissances : les *idées, concepts* ou *notions*, les *jugements*, les *raisonnements*.

Notions et termes. — En disant l'*homme* est *mortel*, nous affirmons que l'idée ou notion de mortel convient à l'homme; nous unissons l'attribut mortel au sujet homme : homme et mortel sont les deux *termes* unis par le mot est, les deux mots, nom et adjectif, qui expriment les deux *idées* ou *notions*, formées par abstraction, comparaison et généralisation (ch. v), en considérant Pierre, Paul, Jacques et chacun des êtres sujets à la mort.

Le pêcheur auquel on montre un brochet au milieu d'un grand nombre d'autres poissons le reconnaît immédiatement, parce qu'il a une idée *claire* des caractères apparents du brochet ; l'enfant à qui on a décrit le brochet, sans le lui montrer, n'en a qu'une idée *obscure*. Le zoologiste peut faire une description complète et exacte de toutes les parties internes et externes qui composent le brochet ; il en a une idée *distincte*, tandis que le pêcheur, pour qui cette énumération est impossible, n'en a qu'une idée *confuse*. De même l'horloger a seul une idée *distincte* de la montre que nous lui faisons nettoyer : nous en avons une idée claire, puisque nous sommes capables de la reconnaître, mais confuse, parce que nous ne pouvons en énumérer et en replacer tous les rouages.

Quand on dit de Pierre qu'il est reconnaissant, on affirme en lui l'existence d'une qualité, on la nie quand on dit qu'il est ingrat : *reconnaissant* est un terme *positif*, *ingrat* un terme *négatif*. Le terme Pierre désigne un individu, il est *concret*; les termes ingrat et reconnaissant désignent des qualités possédées par les individus, ils sont *abstraits* (ch. v). Reconnaissant est un terme *incomplexe*, parce qu'il ne comprend qu'un seul mot, *mon cousin Pierre de Cambrai* est un terme *complexe*. Pierre est un terme *singulier*; *animal*, un terme *général* ou *universel*, parce qu'il convient à un nombre illimité d'individus distincts; *quelques hommes*, est un terme *particulier*, puisqu'il désigne seulement une partie des individus auxquels convient le terme *hommes*.

Les termes sont les notions ou idées exprimées par des mots.

Une idée est claire, quand on la distingue facilement d'une autre idée, elle est distincte quand on en connaît parfaitement les divers éléments ; l'idée obscure s'oppose à l'idée claire, l'idée confuse, à l'idée distincte.

Les termes sont positifs ou négatifs, concrets ou abstraits, singuliers, particuliers ou universels.

Extension et compréhension. — Le terme *homme* fait penser aux individus, Pierre, Paul, Jacques, les Français, les Européens, les Africains, etc., auxquels il convient; il rappelle aussi les diverses qualités, sensible, raisonnable, actif, vivant, etc., que possèdent tous ces individus (ch. v). Dans le premier cas, nous considérons l'*extension* du terme; dans le second, sa *compréhension*.

Si nous comparons les termes *homme* et *animal*, nous remarquons que le second convient à plus d'individus, puisque tous les hommes et d'autres êtres, les chiens, les pies, les grenouilles, sont des animaux : il a plus d'extension. Mais si nous examinons les qualités qu'ils comprennent, nous voyons que le premier implique toutes celles qui conviennent au second, la sensibilité, la vie, le mouvement, et d'autres qui lui appartiennent en propre, la raison, l'activité volontaire, les inclinations supérieures (ch. ix) : il a plus de compréhension. L'extension du terme *être* est aussi grande que possible, puisqu'il s'applique à tout ce qui existe, sa compréhension est restreinte à une seule propriété, l'existence : *l'extension est en raison inverse de la compréhension*.

L'extension est la somme des qualités, la compréhension, la somme des êtres : l'extension et la compréhension d'un terme sont en raison inverse.

Rapports des termes. — Le terme *Européens* (A) a moins d'extension que le terme *hommes* (B), puisqu'il y a d'autres individus que les Européens auxquels convient le mot *hommes*; il lui est subordonné.

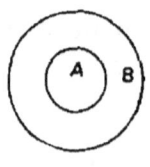

Le terme *Européens* (A) et le terme *Américains* (B) subordonnés l'un et l'autre au terme *hommes* (C), sont *coordonnés*. Si l'extension des deux termes est égale (les *Athé-*

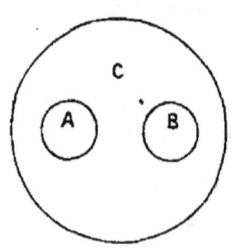

niens = le peuple le plus spirituel de la Grèce), les termes sont *équipollents*; ils seraient *identiques* s'il y avait en même temps égalité de compréhension.

Les termes *blanc* (A) et *noir* (B), tous deux subordonnés au terme *couleur* (C), mais aussi opposés que possible, sont des *contraires*; les termes *blanc* (A) et *non blanc* (B) dont l'un nie le contenu de l'autre, sont *contradictoires*. Il y a *croisement* entre les termes *nègre* (A) et *esclave* (B), parce que 's'il y a des nègres qui ne sont pas esclaves et des esclaves qui ne sont pas nègres, il y a un certain nombre d'individus qui sont nègres et esclaves (C); il y a *disjonction* entre les termes *vertébré* et *invertébré*, qui forment les deux parties du terme *animal*.

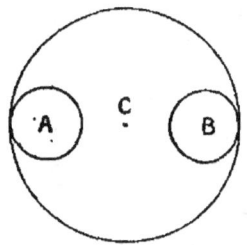

Les termes ont entre eux des rapports de subordination, de coordination, d'équipollence et d'identité, d'opposition, contrariété ou contradiction, de croisement et de disjonction.

Classification et division, genres et espèces, universaux. — Si nous considérons les individus Pierre (*a*), Paul (*b*), Jacques (*c*), nous voyons qu'on peut leur appliquer le terme *homme* (A); ce terme est subordonné au terme *mammifère* (B); ce dernier au terme *vertébré* (C), subordonné lui-même au terme *animal* (D). Le terme *animal* est, à son tour, subordonné au terme *vivant* (E), subordonné au terme

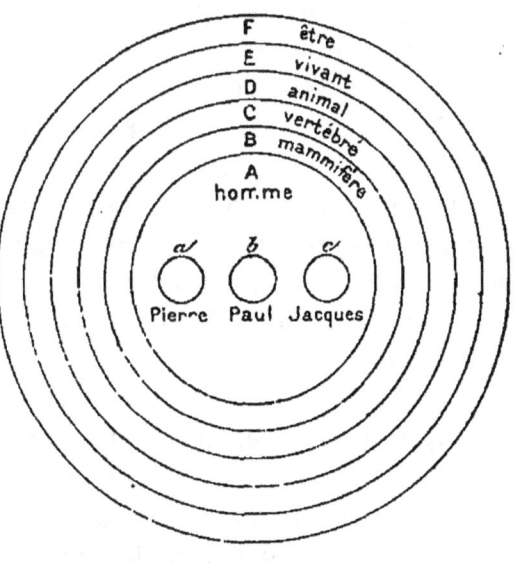

être (F). *Mammifère* est un genre par rapport à *homme*, une espèce par rapport à *vertébré*. De même *vivant* est un genre comprenant l'espèce *animal* et une espèce du genre *être*, qui est le genre suprême, parce qu'il ne rentre dans aucun autre. Nous faisons ainsi la *classification* des termes, au point de vue de l'extension.

On peut suivre une marche inverse. Considérons le genre *être*, en distinguant les deux espèces, *être vivant* et *être inanimé* qu'il contient : nous faisons une *division* logique, qui est une dichotomie (des mots grecs *dicha* = en deux, et *temnô* = je coupe). De même, nous pouvons chercher dans le genre *couleur*, les espèces *bleu, vert, jaune, rouge*, etc., dans le genre *ligne courbe*, les espèces *spirale, ellipse, parabole, circonférence*, etc., dans le genre *vertébré*, les espèces *mammifère, oiseau, reptile, batracien, poisson*, dans le genre *mammifère*, les espèces *bimane, quadrumane, carnivore*, etc., dans le genre *bimane*, les espèces *Européens, Africains*, etc., enfin dans l'espèce *Français*, les individus Pierre, Paul, Jacques. Nous trouvons à la fin de toute division une espèce qui n'est plus genre, puisqu'il n'y a plus au-dessous d'elle que des individus.

Nous distinguons le triangle rectangle des autres espèces de triangle en disant qu'il a un angle droit : avoir un angle droit est la différence qui sépare ce triangle des triangles équilatéral, équiangle, c'est-à-dire la *différence spécifique*.

Quand nous avons comparé les animaux supérieurs et les hommes civilisés (ch. IX), nous avons vu que les seconds seuls font usage de la parole et de l'écriture : nous disons que le langage parlé et écrit appartient *en propre* à l'homme civilisé, qu'il n'est pas une *propriété* des animaux supérieurs.

Quand nous disons de Pierre qu'il a les cheveux roux, nous savons que tous les hommes ne lui ressemblent pas sur ce point, qu'ils peuvent avoir des cheveux noirs, blonds, châtains. Quand, au contraire, nous affirmons qu'il sent et se meut, qu'il raisonne et parle, qu'il agit volontairement et après réflexion, nous indiquons des qualités qui se trouvent chez tous les individus auxquels s'applique le nom d'homme. Avoir des cheveux *roux* est une qualité *accidentelle*; sentir, se mouvoir, raisonner et parler, agir volontairement et après réflexion sont des qualités *essentielles* à l'homme.

Le genre est un terme universel qui, considéré au point de vue de l'extension, en contient plusieurs autres ; l'espèce est un terme général, contenu avec d'autres dans un terme universel.

Le genre et l'espèce ne sont pas en logique des groupes fixes comme en zoologie et en botanique (ch. XII) ; un terme constitue un genre par rapport aux termes inférieurs qui lui sont subordonnés, une espèce par rapport au terme supérieur auquel il est subordonné ; le genre suprême, l'être, est celui qui ne rentre comme espèce dans aucun autre ; les plus basses espèces sont celles qui n'ont au-dessous d'elles que des individus.

La classification logique est l'opération par laquelle on range les idées et les termes suivant l'ordre de l'extension ; la division est celle par laquelle on distingue les espèces d'un genre ; la dichotomie est le mode de division le plus exact.

La différence spécifique est le terme qui sert à distinguer les espèces d'un même genre ; l'essence est l'ensemble des qualités constantes, elle comprend le genre et la différence spécifique ; le propre est une qualité qui dérive de l'essence et appartient exclusivement aux individus désignés par le terme ; l'accident comprend les qualités qui n'appartiennent pas à tous les individus.

Le genre, l'espèce, le propre, la différence et l'accident constituent ce que les scolastiques* appelaient les cinq universaux.

Jugements et propositions. — Quand nous disons, l'homme est mortel, nous affirmons que le terme *homme* est subordonné au terme *mortel*, mais en même temps, qu'il comprend, outre les qualités qui appartiennent aux mortels (*naître, croître, décroître, mourir*), d'autres qualités, que ne comprennent pas les termes *baleine, poisson, arbre*. Nous avons porté un jugement, que nous avons exprimé par une proposition : *homme* est le sujet, *mortel*, l'attribut ou le prédicat, *est*, le verbe ou la copule (du latin *copulare = unir*), qui unit les deux termes du jugement.

La proposition l'*homme agit volontairement*, a pour sujet *homme*, pour attribut *agissant*, pour copule le verbe *est*, dégagé par analyse du verbe attributif *agit*.

Le jugement est l'acte par lequel nous affirmons une idée d'une autre idée : il est exprimé par la proposition et comprend deux termes, le sujet ou terme dont on affirme, l'attribut, prédicat, ou terme dont il est affirmé.

La copule, qui est toujours le verbe être, unit le sujet et le prédicat, en indiquant que le premier est compris dans le second, quant à l'extension, et le comprend au point de vue de la compréhension.

Division des jugements et des propositions. — Dans le jugement, *un triangle a trois angles*, l'attribut *ayant trois angles* est obtenu par décomposition ou analyse du sujet. Si nous affirmons aujourd'hui que *la terre tourne autour du soleil*, il a fallu de nombreuses et longues observations, pour ajouter aux qualités reconnues à la terre, celle d'être en rotation autour du soleil, pour faire la *synthèse* de l'une et des autres.

Le sujet de la proposition, *tous les hommes sont mortels* est universel ou général; celui de la proposition, *quelques hommes sont heureux*, est particulier; celui de la proposition *Pierre est riche*, est singulier. La première proposition est *universelle*, la seconde, *particulière ;* la troisième est *singulière*, mais rentre dans les propositions universelles, puisque le sujet est pris dans toute son extension.

La proposition *tous les hommes sont mortels*, est *affirmative* et universelle ; la proposition, *quelques hommes ne travaillent pas*, est *négative* et particulière. Les propositions sont affirmatives ou négatives au point de vue de la *qualité*.

Il y a donc, en tenant compte de la qualité et de la quantité, 4 espèces de propositions : les universelles affirmatives, les universelles négatives, les particulières affirmatives, les particulières négatives. Les anciens logiciens représentaient les affirmatives par les lettres A, I (du latin *Affirmo* = *j'affirme*), les négatives par les lettres E, O (du latin *nEgO* = *je nie*); ils se servaient pour rappeler cette division des deux vers suivants :

Asserit A, negat E, verum generaliter ambo,
(A affirme,   E nie,   mais toutes deux sont universelles)

Asserit I, negat O, sed particulariter ambo.
(I affirme,   O nie,   mais toutes deux sont particulières)

Quantification du prédicat. — Hamilton * a soutenu que cette division des propositions est incomplète, parce qu'elle tient seulement compte de la quantité du sujet. Il a proposé de les classer d'après la quantité du sujet et du prédicat en 8 espèces, 4 affirmatives et 4 négatives. Les propositions *toto-totales*, affirmatives ou négatives, seraient celles dans lesquelles le sujet et l'attribut sont pris dans toute leur extension, les *toto-partielles* auraient un sujet universel et un attribut particulier; inversement le sujet serait particulier et l'attribut universel dans les *parti-totales;* enfin le sujet et l'attribut seraient particuliers dans les *parti-partielles*.

On a répondu à Hamilton * que les anciens logiciens tenaient compte du prédicat, puisqu'ils affirmaient que l'attribut d'une proposition universelle, affirmative ou négative, est *particulier*, que l'attribut d'une proposition négative, universelle ou particulière, est *universel*. On a remarqué que les exemples cités par Hamilton * sont des cas complexes sur lesquels on doit lui savoir gré d'avoir appelé l'attention, mais qu'ils rentrent dans la règle formulée par les anciens logiciens (*Paul Janet**).

On a encore combattu Hamilton * en soutenant que nous pensons dans tous nos jugements l'attribut en compréhension et non en extension (*Stuart Mill**).

Les catégories. — Aristote a rangé toutes les propositions en un certain nombre de classes : toutes nos affirmations portent selon lui sur la substance, la quantité, la qualité, la relation, l'action, la passion, le lieu, le temps, la situation, la possession (*Logique de Port-Royal*). Ce sont là les dix classes ou catégories si célèbres au moyen âge, dans lesquelles rentraient toutes les propositions et tous les jugements : « La *seconde des opérations de l'esprit*, dit le maître de philosophie du *Bourgeois gentilhomme, est de bien juger par le moyen des catégories.* »

Toutes les propositions citées précédemment expriment

l'affirmation ou la négation sans conditions, elles sont *inconditionnelles*. On dit encore qu'elles sont *catégoriques* (du grec *catégoreïsthai = affirmer*).

Mais en disant : *Si vous suivez les règles de l'hygiène, vous serez bien portant,* nous énonçons dans la première proposition la condition qui rendra vraie la seconde; la première est l'*antécédent*, la seconde, le *conséquent*; toutes deux sont *conditionnelles* et *hypothétiques*.

Quand nous disons le *climat est tempéré, ou chaud, ou froid, ou humide,* nous énonçons d'un seul sujet les divers attributs qui peuvent lui être ajoutés dans diverses circonstances données; la proposition est *conditionnelle* et *disjonctive*.

Les jugements sont analytiques quand on affirme du sujet un attribut qui y était implicitement contenu; synthétiques quand on affirme une qualité qu'il ne contenait pas.

Les propositions sont inconditionnelles ou conditionnelles.

Les propositions inconditionnelles ou catégoriques sont, au point de vue de la quantité, universelles ou particulières; au point de vue de la qualité, affirmatives ou négatives; de là quatre espèces de propositions : universelles affirmatives (A) et négatives (E); particulières affirmatives (I) et négatives (O).

Hamilton* a voulu quantifier le prédicat et établir huit espèces de propositions; Aristote* a rangé tous les jugements en dix catégories.

Les propositions conditionnelles sont hypothétiques ou disjonctives.

Opposition des propositions. — Les propositions, *Tout homme est juste, Nul homme n'est juste,* sont toutes deux universelles, mais la première est affirmative, la seconde négative, elles sont *contraires* (A,E).

Les propositions, *quelques corps simples sont des métaux, quelques corps simples ne sont pas des métaux,* sont toutes deux particulières, mais l'une est affirmative et l'autre négative ; elles sont *subcontraires* (I,O).

Les propositions, *tous les hommes sont bimanes, quelques hommes sont bimanes* sont toutes deux affirmatives, mais l'une est universelle et l'autre particulière, elles sont *subalternes* (A,I) ; de même les propositions, *nul homme n'est amphibie, quelques hommes ne sont pas amphibies*, qui ne diffèrent qu'en quantité (E,O) puisqu'elles sont toutes deux négatives, sont *subalternes*.

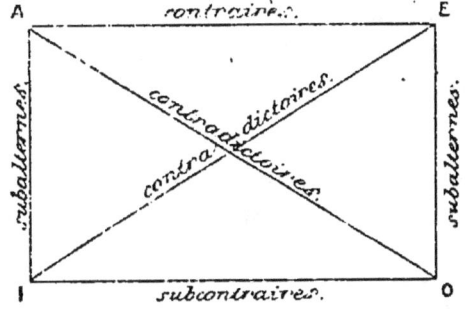

Les propositions, *tous les lions sont carnivores, quelques lions ne sont pas carnivores*, qui sont, d'une universelle affirmative, l'autre particulière et négative (A,O) sont *contradictoires*. Il en est de même des propositions *aucun homme n'est menteur, quelques hommes sont menteurs*, opposées en qualité et en quantité (E,I).

S'il est vrai que tout homme est juste, il sera faux de dire que nul homme n'est juste ; mais il peut se faire qu'il soit également faux de dire que tout homme est juste, et de dire que nul homme n'est juste. Les contraires ne peuvent être vraies toutes deux, mais elles peuvent être toutes deux fausses.

Il est faux que quelques hommes soient amphibies, il est vrai que nul homme n'est amphibie, à plus forte raison que quelques hommes ne sont pas amphibies. Les subcontraires (I,O) ne peuvent être fausses toutes deux, elles peuvent toutes deux être vraies.

S'il est vrai de dire que *tous* les hommes sont bimanes, que nul homme n'est amphibie, il sera également vrai que *quelques* hommes sont bimanes et que quelques hommes ne sont pas amphibies. Mais si l'on dit avec raison que quelques hommes sont justes, que quelques hommes ne sont pas justes, on serait dans l'erreur si l'on disait que tous les hommes sont justes ou que nul homme n'est juste. Si les universelles entre les subalternes (A et I, E et O) sont vraies, les particulières le sont également, mais si les particulières sont vraies, les universelles peuvent être fausses.

S'il est vrai que tous les lions sont carnivores, que quelques hommes sont menteurs, il est faux que quelques lions ne sont pas carnivores, qu'aucun homme n'est menteur. Des propositions contradictoires (A et O, E et I), l'une est nécessairement vraie, l'autre fausse.

Deux propositions qui diffèrent en qualité et sont universelles (A et E) sont contraires ; elles sont subcontraires quand elles sont particulières. Deux propositions qui ne diffèrent qu'en quantité sont subalternes ; deux propositions qui diffèrent en qualité et en quantité sont contradictoires.

Les contraires ne peuvent être vraies toutes deux, mais elles peuvent être fausses; les subcontraires ne sauraient être toutes deux fausses, mais elles peuvent être vraies l'une et l'autre; si les universelles parmi les subalternes sont vraies, les particulières le sont également, mais les universelles peuvent être fausses quand les particulières sont vraies.

Conversion des propositions. — Lorsque, dans la proposition *nul métal n'est gaz*, nous transposons le sujet et l'attribut, nous avons une proposition nouvelle, *nul gaz n'est métal*, vraie comme la première. Nous avons fait la *conversion* de la proposition.

Mais si nous transposons l'attribut et le sujet de cette proposition, *tous les esprits puissants ont de larges cerveaux*, en disant *tous les larges cerveaux indiquent des esprits puissants*, nous avons une proposition qui est démentie par l'expérience. Nous n'avons pas conservé à l'attribut, particulier puisque la proposition est affirmative, sa quantité primitive; nous aurions dû dire : *quelques larges cerveaux indiquent des esprits puissants*.

La proposition universelle affirmative (A) se convertit donc en une particulière affirmative (I)[1]. La particulière affirmative (I), *quelques hommes sont justes*, l'universelle négative (E), *nul gaz n'est métal*, donnent par la conversion deux propositions, *quelques justes sont hommes, nul métal n'est gaz*, de même quantité.

Quant à la particulière négative (O), *quelques hommes ne sont pas médecins*, elle ne peut se convertir, car la proposition qu'on aurait ainsi, *quelques médecins ne sont pas hommes*, ne serait pas exacte.

La conversion se fait en transposant le sujet et l'attribut d'une proposition et en conservant à l'un et à l'autre leur quantité primitive. L'universelle négative et la particulière affirmative se convertissent sans changement; l'universelle affirmative donne une particulière affirmative; la particulière négative ne se convertit pas.

La définition : définitions mathématiques et définitions empiriques. — Nous avons vu que le terme *homme* est subordonné aux termes *mammifère, vertébré, animal, être vivant, être*, qui ont chacun une extension plus grande que le terme inférieur. Nous savons encore que les naturalistes ne définissent l'homme, ni un être, ni un animal,

---

1. Il faut faire exception pour les définitions (cf. *infra*).

ni un vertébré; ils disent que l'homme est un *mammifère bimane* (ch. xii). En l'appelant mammifère, ils lui attribuent tous les caractères de l'être, du vivant, de l'animal, du vertébré; mais en y joignant ceux du mammifère, ils le distinguent de la pierre, de la plante, des oiseaux et des poissons. En l'appelant un bimane, ils le distinguent des carnivores, des pachydermes, qui constituent des espèces du genre mammifère. Ils ont donné une définition qui convient à tous les hommes et qui ne convient qu'à cette espèce de mammifères : ils ont indiqué le *genre prochain* et la *différence spécifique*, ils ont fait connaître l'*essence* de l'homme.

De même le terme *carré* est subordonné aux *termes parallélogramme, quadrilatère, polygone, figure rectiligne*. Le géomètre définit le carré, un parallélogramme qui a les côtés égaux et les angles droits : parallélogramme est le *genre prochain* du carré; avoir les côtés égaux et les angles droits, est la *différence spécifique* du carré et des autres parallélogrammes, parallélogramme proprement dit, rectangle, etc.; les deux choses réunies forment l'*essence* du carré.

Si nous transposons les deux propositions précédentes, nous avons : *tout* mammifère bimane est un homme, *tout* parallélogramme qui a les côtés égaux et les angles droits est un carré : les propositions universelles et affirmatives se sont converties en propositions universelles et affirmatives, les définitions sont des propositions *réciproques*.

La définition est une proposition réciproque dans laquelle l'attribut exprime, en indiquant le genre prochain et la différence spécifique, l'essence du sujet.

La définition doit convenir à tout le défini et rien qu'au défini.

Les définitions mathématiques sont a priori, universelles et nécessaires (ch. x) ; *les définitions des sciences naturelles forment le couronnement de la science, elles sont empiriques, perfectibles et provisoires* (ch. xii).

Déduction et syllogisme. — Déduire, c'est rattacher une proposition non évidente à une proposition évidente (ch. v). Si je dis :

>Tous les hommes sont mortels,
>Pierre est homme,
>Donc Pierre est mortel.

j'ai déduit de la proposition, *tous les hommes sont mortels,* établie par expérience, cette autre proposition *Pierre est mortel,* j'ai *uni* trois propositions ou jugements, j'ai fait un *syllogisme* (du grec *sullogismos* = *liaison*). Chaque jugement comportant deux termes, le syllogisme en renferme six; mais chaque terme, *hommes, mortels, Pierre,* est employé deux fois, ce qui ramène à trois le nombre des termes du syllogisme. En comparant ces termes au point de vue de

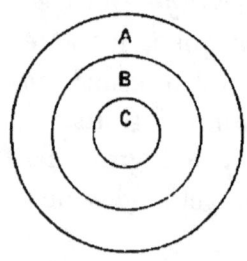

l'extension, je vois que le terme *hommes* (B) est subordonné au terme *mortels* (A), que le terme *Pierre* (C), subordonné au terme *hommes,* est par suite contenu dans le terme *mortels* : mortels est le *grand,* hommes le *moyen,* Pierre le *petit* terme. Les deux premières propositions sont les *prémisses,* la troisième est la *conclusion.* Des prémisses, la première, qui contient le grand terme *mortels,* est la *majeure* (lat. *major* = *plus grand*); la seconde, qui contient le petit terme *Pierre,* est la mineure (lat. *minor* = *plus petit.*) La conclusion étant une réponse à une question (*Pierre est-il mortel?*), a pour sujet le petit et pour attribut le grand terme.

Soit le syllogisme suivant :

Les poissons respirent l'air contenu dans l'eau,
Les baleines ne respirent pas l'air contenu dans l'eau,
Les baleines ne sont pas des poissons.

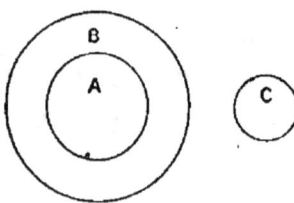

Le grand terme est *poissons,* attribut de la conclusion, le petit terme est *baleines,* qui en est le sujet. Le moyen terme est donc *respirant l'air contenu dans l'eau.* Or ce dernier terme (A) est bien contenu dans le terme *poissons* (C), mais il ne contient pas le petit terme (C). C' est par suite en dehors de B : les baleines ne sont pas des poissons.

Le syllogisme est à la déduction ce que le terme est à l'idée, la proposition au jugement, il en est la forme la plus précise, la plus exacte, la plus complète : il comprend trois propositions telles que les deux premières étant données, la troisième s'en suit nécessairement. Les deux premières ou prémisses sont la majeure et la mineure; la troisième est la conclusion. Il comprend trois termes, le moyen, le petit qui est sujet et le grand qui est attribut de la conclusion.

Tout ce qui est dans le contenant est dans le contenu; tout ce qui est hors du contenant est hors du contenu (EULER*).

Matière et forme du syllogisme, déduction et démonstration. — Nous avons, dans les exemples précédents, examiné si les conclusions et les prémisses étaient liées les unes aux autres; nous ne nous sommes pas demandé si les prémisses elles-mêmes étaient vraies. Or, il peut arriver que les trois propositions soient logiquement unies sans que les jugements qu'elles expriment soient exacts.

    Si nous disons : Tout métal est très dense,
                   Le sodium est un métal,
                   Le sodium est très dense;

nous faisons un syllogisme régulier pour la *forme*, puisque le terme *sodium* (A), contenu dans le terme *métal* (B), rentre dans le terme *très dense* (C), qui contient ce dernier. Mais l'expérience nous apprend que notre syllogisme est faux quant à la *matière*, puisque deux métaux au moins, le potassium et le sodium, ont des densités (0,86, 0,97) inférieures à celles de l'eau.

Nous avons dit que la démonstration est une déduction (ch. x). On peut mettre sous forme de syllogisme la démonstration des théorèmes : La ligne droite est le plus court chemin d'un point à un autre (*maj.*), un côté d'un triangle est une ligne droite (*min.*); donc il est plus court que la ligne brisée formée par les deux autres côtés (*concl.*)

Nous avons vu, en outre, que la démonstration part de prémisses universelles, tandis que la déduction peut partir de prémisses obtenues par l'expérience. Nous savons par expérience que tous les hommes sont mortels, que Pierre est homme, que les poissons respirent par des branchies et les baleines par des poumons. La démonstration diffère par la *matière* de la déduction proprement dite.

Il faut distinguer dans le syllogisme, la forme, la liaison logique de la conclusion avec les prémisses et la matière ou la valeur, au point de vue de la vérité, des jugements qui le constituent. La démonstration diffère de la déduction proprement dite par la matière, tandis qu'elle se confond avec elle pour la forme du raisonnement.

Les règles, les modes, les figures du syllogisme. — Les logiciens du moyen âge, qui se sont occupés beaucoup plus de la forme que de la matière du raisonnement, avaient, au lieu de la règle unique que nous avons donnée après Euler[*], formulé 8 *règles* d'après lesquelles on devait juger la valeur du syllogisme :

1º Il doit y avoir 3 termes, le majeur, le mineur, le moyen;
2º Le mineur ne doit pas entrer dans la conclusion;
3º Le majeur et le mineur ne doivent pas avoir plus d'extension dans la conclusion que dans les prémisses;
4º Le moyen doit être pris au moins une fois universellement;
5º Deux prémisses affirmatives ne peuvent donner une conclusion négative;
6º Deux prémisses négatives ne donnent pas de conclusion;
7º La conclusion suit la partie la plus faible; elle est négative s'il s'agit de la qualité, particulière s'il s'agit de la quantité;
8º Deux prémisses particulières ne donnent aucune conclusion.

Ils comptaient 4 espèces de propositions, désignées par les lettres A, E, I, O. Chaque syllogisme renfermant 3 propositions, on peut former des syllogismes représentés par les lettres AAA, EEE, AEI, etc., comprenant le premier, trois universelles affirmatives, le second, trois universelles négatives, le 3º deux universelles, l'une affirmative, l'autre négative et une particulière affirmative.

On sait, en outre, qu'en combinant quatre facteurs 3 par 3, on a $4 \times 4 \times 4 = 64$ combinaisons possibles. Ces combinaisons sont les *modes* du syllogisme, c'est-à-dire les classes dans lesquelles on fait rentrer tous les syllogismes d'après la quantité et la qualité des propositions qui les constituent.

Mais tous ces modes ne sont pas concluants : les modes AAE, IIO, AIE, AIO, par exemple sont exclus par la 5ᵉ règle; les modes EEA, EEE, EEI, EEO, OOA, OOE, OOI, OOO, par la 6ᵉ; les modes III, OOO, IOA, IOE, IOO, par la 8ᵉ. On ne trouve, après avoir éliminé tous les modes exclus par les règles, que 10 modes valables sur les 64 : AAA, AAI, AEE, AII, AOO, EAE, EAO, EIO, IAI, OAO.

Le petit terme est sujet, le grand terme, attribut de la conclusion; le grand terme figure dans la majeure et le petit dans la mineure. Le moyen, pour être employé deux fois, doit donc se trouver dans la majeure et dans la mineure. Il pourra être sujet dans la majeure et attribut dans la mineure; le moyen terme *hommes* est sujet de la majeure, *tous les hommes sont mortels* et prédicat ou attribut dans la mineure, *Pierre est homme*. Dans le syllogisme suivant, *Nul juste n'est envieux, tout ambitieux est envieux, nul ambitieux n'est juste*, le moyen terme *envieux* est attribut dans les deux prémisses; dans celui-ci, *le sodium est un métal, le sodium n'est pas très dense, quelque métal n'est pas très dense*, le moyen terme *sodium* est deux fois sujet; enfin, dans ce syllogisme : *tous les lions sont carnivores, tous les carnivores sont pourvus de canines, tous les lions sont pourvus de canines*, le moyen terme *carnivores* est attribut dans la majeure et sujet dans la mineure.

Les anciens logiciens avaient résumé dans un vers mnémonique les résultats précédents :

Sub præ, tum præ præ, tum sub sub, denique præ sub,

Ils admettaient 4 *figures*, déterminées par la place du moyen terme dans les prémisses : la 1ʳᵉ dans laquelle il est sujet et attribut (SUB, abréviation du latin *subjectum* = sujet, PRÆ, abréviation du latin *prædicatum* = prédicat); la 2ᵉ, dans laquelle il est deux fois attribut (*præ præ*); la 3ᵉ, dans laquelle il est deux fois sujet (*sub, sub*); la 4ᵉ, dans laquelle il est attribut (*præ, sub*).

En combinant les 10 modes et les 4 figures, on aurait 40 modes; mais 21 sont exclus par les règles du syllogisme; il ne reste que 19 modes concluants, désignés au temps de la scolastique * par des mots artificiels.

1ʳᵉ figure, AAA, EAE, AII, EIO : BArbArA, CElArEnt, DArII, FErIO;

2ᵉ figure, EAE, AEE, EIO, AOO : CEsArE, CAmEstrEs, FEstInO, BArOcO;

3ᵉ figure, AAI, IAI, AII, EAO, OAO, EIO : DArAptI, DIsAmIs, DAtIsI, FElAptOn, BOcArdO, FErIsOn;

4ᵉ figure, AAI, AEE, IAI, EAO, EIO : BArAlIpton, CAlEntEs, DIbAtIs, FEspAmO, FrIsEsOm.

Un syllogisme en *BArbArA* est composé de trois universelles affirmatives dans lesquelles le moyen terme est sujet et attribut ; *bArOcO* comprend une universelle affirmative et deux particulières négatives ; le moyen terme y est deux fois attribut ; *bArAlIpton* a deux universelles et une particulière affirmative, le moyen terme y est attribut et sujet. Les voyelles indiquent le *mode*, c'est-à-dire la qualité et la quantité des propositions.

Si l'on prend un syllogisme en *CAmEstrEs*, *Tous les poissons respirent par des branchies, aucune baleine ne respire par des branchies, aucune baleine n'est poisson*, on peut en tirer le syllogisme suivant : *Aucun être qui respire par des branchies n'est une baleine ; tous les poissons respirent par des branchies ; aucun poisson n'est une baleine.* La majeure et la conclusion sont des universelles négatives (E), la mineure, une universelle affirmative (A) ; le moyen terme est sujet et attribut ; le syllogisme est de la première figure, il répond au mot *CElArEnt*. Nous avons transposé les prémisses, nous avons converti chacune d'elles : la mineure *aucune baleine ne respire par des branchies*, devenue majeure par transposition, a donné par conversion la majeure, *aucun être qui respire par des branchies n'est une baleine*. La lettre C de *Camestres* indique que ce mode se ramène à celui de la première figure qui commence par la même lettre, *Celarent* ; la lettre m (du lat, *mutare* = changer) indique qu'il faut transposer les prémisses, le premier *s*, placé après l'E qui désigne la mineure, qu'il faut la convertir ; le second *s*, placé après l'E de la conclusion, qu'il faut transposer dans la conclusion, l'attribut et le sujet.

De même, les anciens logiciens réduisaient *Cesare* et *Calentes* à *Celarent* ; *Darapti*, à *Darii*, *Frisesom*, à *Ferio* ; ils indiquaient par les lettres *p* de Darapti, *c* de baroco, *d* de Bocardo, des modes spéciaux de réduction ou de conversion.

Syllogismes incomplets et composés, hypothétiques et disjoncts, induction formelle. — Quand nous disons : *chacun de nous doit servir la France, parce qu'elle a besoin de tous ses enfants*, nous faisons un raisonnement incomplet, qui pourrait être présenté sous la forme suivante : *La France a besoin de tous ses enfants* (maj.) ; *chacun de nous est Français* (min.) ; *donc il doit servir la France* (concl.). Nous avons supprimé la mineure et fait un *enthymème*.

Un avocat, qui plaide pour un homme accusé d'un crime capital et avoué, suppose dans son discours que l'accusé est irresponsable et cite des faits qui établissent la folie de son client ; puis il soutient que l'irresponsabilité entraîne l'acquittement et donne des raisons pour justifier cette opinion ; enfin il conclut en demandant l'acquittement. Il a fait un syllogisme : *Celui qui est irresponsable doit être acquitté* (maj.) ; *or cet individu est irresponsable du crime qu'il a commis* (min.) ; *donc il doit être acquitté* (concl.) : il a justifié chacune des prémisses et fait un *épichérème*.

Le réquisitoire du ministère public est aussi un *épichérème*, dont les prémisses et la conclusion sont opposées : *Celui qui est responsable doit être puni par la mort du crime qu'il a commis (maj.); or cet assassin est responsable (min); donc il doit être condamné à mort (concl.).*

On prouve que la perpendiculaire est plus courte que toute oblique en raisonnant ainsi : *La ligne droite est le plus court chemin d'un point à un autre (maj.); un côté d'un triangle est une ligne droite (min.); donc il est plus court que la ligne brisée formée par les deux autres côtés (concl. maj.); mais la perpendiculaire est la moitié du côté d'un triangle dont les deux autres côtés sont égaux (min.); donc elle est plus courte que l'oblique (concl.).* La conclusion du premier syllogisme sert de majeure au second : le premier est un *prosyllogisme*, le second, un *épisyllogisme*, tous deux forment un *polysyllogisme*.

Montaigne* prête au renard le raisonnement suivant : *Ce qui fait du bruit se remue; ce qui se remue n'est pas gelé; ce qui est gelé n'est pas liquide; ce qui est liquide ne peut me porter; donc cette rivière ne peut me porter.* L'attribut d'une proposition est le sujet de la proposition suivante; la conclusion unit le sujet de la première (*cette rivière* fait du bruit) à l'attribut de la dernière (*ne peut me porter*); le polysyllogisme est un *sorite*.

Les syllogismes suivants : *s'il pleut, il fait humide, or il pleut, donc il fait humide; s'il pleut, il fait humide, or il ne pleut pas, donc il ne fait pas humide,* sont *hypothétiques* ou *conditionnels*. Quand on dit : *ou il fait jour ou il fait nuit, or il fait jour, donc il ne fait pas nuit,* on forme un syllogisme *disjonctif*.

Si tu dépenses beaucoup, disait un ministre de Henri VII à un évêque, *c'est que tu es riche, tu dois payer : si tu ne dépenses rien, c'est que tu fais des économies, paye encore.* La majeure est une disjonctive, *ou tu dépenses beaucoup ou tu ne dépenses rien,* qui conduit à une conclusion, identique pour le tout, à celle que donne chacune des parties. Le raisonnement est un *dilemme*. Cet argument est souvent faux parce que la disjonction est incomplète : les évêques d'Angleterre pouvaient, par exemple, ne rien dépenser et ne pas faire d'économies, s'ils donnaient leurs revenus aux pauvres ou s'ils n'avaient que des revenus tout à fait insuffisants.

Nous disons : *l'arithmétique, la géométrie, l'algèbre, la mécanique atteignent une certitude absolue : or l'arithmétique, l'algèbre, la géométrie, la mécanique sont toutes les mathématiques, donc toutes les sciences mathématiques atteignent une certitude absolue.* Nous concluons pour le tout, dont nous avons énuméré toutes les parties, ce que nous avons affirmé de chacune d'elles; nous faisons une *induction formelle* ou *logique*, distincte de l'*induction scientifique* ou proprement dite (ch. xi, xii).

L'*enthymème* est un syllogisme dont une des prémisses est sous-entendue. L'*épichérème* est un syllogisme dont les prémisses *sont suivies de leurs preuves. Le polysyllogisme comprend deux syllogismes : le premier, dont la conclusion sert de majeure au second, est un prosyllogisme, le second, un épisyllogisme. Le sorite est un polysyllogisme, dans lequel l'attribut d'une proposition devient le sujet de la suivante, jusqu'à la conclusion qui réunit le sujet de la première et l'attribut de la dernière.*

Les syllogismes sont hypothétiques ou disjonctifs, quand la majeure est une proposition conditionnelle, hypothétique ou disjonctive.

Le dilemme est un syllogisme hypothétique et disjonctif, dans lequel on tire une seule et même conclusion des deux parties de la disjonctive.

L'induction formelle, distincte de l'induction scientifique, est un syllogisme dans lequel on conclut du tout ce qu'on a affirmé de chacune des parties.

Les lois formelles de la pensée. — Les idées ou notions, exprimées par les termes, s'unissent en jugements affirmés dans des propositions ; les jugements s'unissent à leur tour pour former des raisonnements dont la forme la plus complète, la plus précise et la plus exacte est le syllogisme. L'enchaînement des notions dans les jugements ou les définitions, des jugements dans le raisonnement est soumis à des règles que nous avons énumérées.

Nous avons montré que l'idée d'*homme* renferme au point de vue de la compréhension les idées d'*animal*, de *vertébré*, de *mammifère*, de *bimane*; qu'il y a *identité* entre une notion et sa définition ; qu'il y a *identité partielle* entre le sujet et l'attribut des jugements, *identité totale* entre les termes d'une définition, que la pensée doit toujours rester d'accord avec elle-même, obéir au principe d'identité (ch. IV). Mais en employant le terme *hommes*, nous laissons en dehors de notre pensée tous les autres êtres ; nous divisons les êtres en *hommes* et en *non-hommes*, nous affirmons que tout être rentre nécessairement dans une de ces deux classes, qu'il ne peut pas à la fois être *homme* et *non-homme*, qu'il n'y a pas de classe intermédiaire : nous faisons appel au principe de *contradiction* et au principe du *tiers* ou du *milieu exclu* (ch. IV).

Les lois formelles de la pensée sont le principe d'identité et ses deux autres formes, le principe de contradiction et le principe du tiers ou du milieu exclu.

Classifications des erreurs. — Bacon * appelle les erreurs des *idoles* qui prennent, dans nos jugements, la place de la vérité, comme les faux dieux prennent sur certains autels la place du Dieu véritable. Il en compte quatre classes. La première comprend les *idoles* de la *tribu*, c'est-à-dire les erreurs qui viennent de la nature humaine : dans cette classe rentrent les erreurs des sens, les erreurs qui, comme celles du médecin voyant partout la maladie découverte par lui, sont dues à l'étroitesse de l'esprit, celles qui viennent de ce que l'esprit préoccupé d'une idée ne voit pas autre chose (Ex., la scène de la Cassette dans *l'Avare* de Molière) ou prête aux choses un ordre qu'elles n'ont pas, etc.

La seconde classe comprend les *idoles* de la *caverne*, les erreurs qui sont dues aux défauts des individus : le mathématicien n'admet comme vrai que ce qui présente une rigueur mathématique ; certains hommes ne trouvent bon, beau et vrai que ce qui est ancien ; d'autres n'ont de goût que pour ce qui est nouveau.

La troisième classe est formée des *idoles* du *forum*, c'est-à-dire des erreurs du langage, employé, surtout chez les Romains, sur le forum ou la place publique ; la quatrième, des *idoles* du *théâtre*, des erreurs que les sectes philosophiques, scolastiques, alchimistes, mysticistes, propageaient, selon Bacon *, à la manière des charlatans sur un théâtre.

Malebranche * ramène les erreurs à 5 classes : 1° les erreurs des sens et surtout de la vue (ch. III) ; 2° les erreurs de l'imagination, dans lesquelles il fait rentrer la croyance aux sorciers et aux loups-garous (ch. V) ; 3° les erreurs de l'entendement, qui abuse de la généralisation et de l'analogie, qui ne s'applique pas suffisamment, etc. ; 4° les erreurs des inclinations : l'amour des richesses nous détourne de la vérité, l'orgueil nous porte à nous fier trop à nous-mêmes, notre affection pour nos semblables nous fait ajouter foi trop légèrement à ce qu'ils nous disent ; 5° les erreurs des passions : nous lançons des paradoxes pour nous faire admirer, nous déclarons faux tout ce que disent ceux que nous haïssons, vrai tout ce qui vient de nos amis.

La logique de Port-Royal partage en deux groupes les mauvais raisonnements que l'on commet dans la vie civile. Le premier comprend les sophismes d'intérêt, d'amour-propre et de passion : notre intérêt nous fait croire que ceux qui nous touchent de près disent toujours la vérité, nos affections, que ceux que nous aimons sont habiles et que ceux que nous haïssons ne le sont pas ; par amour-propre on pense que l'on a raison et l'on n'écoute pas les arguments d'autrui ; par esprit de contradiction, de dispute ou d'adulation, on dit le contraire de ce qu'on pense réellement.

Le second groupe comprend les sophismes qui naissent des objets mêmes : nous approuvons les défauts de ceux en qui nous trouvons beaucoup de bonnes qualités ; nous acceptons pour vrai ce qui nous est présenté par des hommes éloquents et diserts ; nous interprétons d'une façon malveillante les intentions secrètes et trouvons méchant celui qui est ami d'un méchant, nous généralisons après quelques expériences et disons que la médecine, ne guérissant pas toutes les maladies, n'en guérit aucune ; nous jugeons par les événements et donnons tort à celui qui n'a pas réussi ; nous affirmons sur l'autorité de ceux qui sont au-dessus de nous par l'âge, la richesse, la puissance et donnons raison à celui qui a cent mille livres de rente.

Les erreurs sont des raisonnements faux, des sophismes ou des paralogismes. — Nous avons vu (ch. III) que les erreurs des sens sont des erreurs de l'esprit qui *juge* à tort, par analogie, que deux perceptions souvent associées le sont toujours ; nous savons que les erreurs de l'imagination s'expliquent de même par le réveil de perceptions que nous *jugeons* à tort toujours associées parce qu'elles l'ont été quelquefois (ch v). Nous nous trompons donc parce que nous faisons des jugements faux ; mais ces jugements sont le résultat de raisonnements, conscients ou inconscients, qu'on peut ramener à l'induction ou au syllogisme. Toutes nos erreurs sont des *sophismes*, si nous voulons tromper nos semblables, des *paralogismes*, quand nous n'avons pas l'intention de le faire.

Toute erreur est un faux raisonnement, un sophisme, si nous voulons tromper, un paralogisme si nous n'avons pas l'intention de tromper.

Sophismes de déduction. — De même qu'on peut distinguer la forme et la matière du syllogisme, on peut distinguer des sophismes *matériels* et des sophismes *formels*.

Si je dis : *les Normands sont des Français, les Gascons sont des Français, donc les Gascons sont des Normands*, je prends le moyen terme deux fois particulièrement, contrairement à la troisième des règles du syllogisme. De même le syllogisme suivant : *les Français ne sont pas Allemands, les Bavarois ne sont pas Français, donc les Bavarois sont ou ne sont pas Allemands*, implique la violation de la sixième règle qui défend de rien conclure de deux prémisses négatives. Il y a autant de classes de sophismes formels qu'il y a de règles du syllogisme ou de règles de conversion des propositions.

Le langage contribue à nous faire commettre des sophismes formels. Quand on dit : *un chat est une syllabe ; un chat mange les souris, donc une syllabe mange les souris*, on emploie le mot chat dans un double sens, comme désignant un animal, comme formé d'une syllabe ; on introduit par *équivoque* un 4ᵉ terme dans le syllogisme, contrairement à la 1ʳᵉ règle. De même encore, celui qui, affirmant que les *faiseurs de projets* ne méritent aucune confiance, conclut qu'un homme *qui a fait un projet* ne mérite aucune confiance, se trompe parce qu'il donne à des mots différents, mais dérivant de même racine, des significations identiques : un homme qui fait un projet n'est pas un *faiseur de projets*.

Celui qui dirait : *tout ce qui se porte au marché se mange ; on porte au marché de la viande crue ; donc on mange de la viande crue*, se tromperait parce qu'il conclurait pour un état particulier de la viande, ce qui n'est vrai que de la viande en général, parce qu'il conclurait de l'*essence* à l'*accident*. Le sophisme *matériel* ainsi commis est celui de l'*accident*.

Aristote disait : *la nature des choses pesantes est de tendre au centre du monde, l'expérience nous montre que les choses pesantes tendent au centre de la terre ; donc le centre de la terre est le centre du monde ;* la majeure du syllogisme suppose évidemment la conclusion : il y a *pétition de principe*.

On fait appel à l'évidence pour prouver que Dieu ne peut nous tromper, puis on se sert de la véracité divine pour établir qu'il faut se fier à l'évidence : on prouve l'une par l'autre deux propositions contestables, on fait un *cercle vicieux*.

Un homme est accusé de vol et avoue le délit. L'avocat montre que son client est bon fils, bon époux, bon père, qu'il a été un vaillant soldat : il répond à une question tout autre que celle qu'il devait résoudre : il y a *ignorance de la question*.

Il y a autant de sophismes formels de déduction qu'il y a de règles de conversion pour les propositions ou de règles du syllogisme : les équivoques et les ambiguïtés du langage contribuent à les faire commettre.

Les sophismes matériels de déduction sont celui de l'accident qui consiste à conclure de l'essence à l'accident, la pétition de principe dans laquelle on suppose ce qui est en question, le cercle vicieux, dans lequel on prouve l'une par l'autre deux propositions contestables, l'ignorance de la question qui consiste à prouver autre chose que ce qui est à établir.

Sophismes d'induction. — On fait un sophisme formel, si l'on n'observe pas, pour l'induction logique, les règles du syllogisme ; un sophisme matériel, si l'on fait une énumération imparfaite ou un *dénombrement imparfait*.

Les sophismes auxquels donne lieu l'induction scientifique sont plus fréquents et plus importants à éviter.

Un voyageur arrive dans un pays et voit une mère qui abandonne ses enfants aux animaux : il revient et dit que, dans ce pays, *toutes* les mères font manger leurs enfants par les animaux ; l'induction est fausse, parce que le dénombrement a été *imparfait*. De même ceux qui ajoutent foi aux prédictions de l'almanach, ne remarquent que les cas où elles se réalisent.

Une comète apparaît dans le ciel ; quelque temps après, le choléra ravage un pays : on dit que la comète a été la cause du fléau qu'elle n'a fait que précéder, on *prend pour cause ce qui n'est pas cause*.

Pourquoi l'ignorant se trompe-t-il en croyant aux prédictions de l'almanach ? parce qu'il *n'observe pas* les cas où elles ne sont pas réalisées. Pourquoi a-t-on refusé longtemps d'accepter la théorie de Copernic ? Parce qu'on *observait mal* les phénomènes, qu'on croyait voir le soleil se lever et se coucher, les étoiles tourner autour du pôle.

L'induction logique donne des sophismes formels quand on viole les règles du syllogisme, matériels quand on fait des dénombrements imparfaits.

L'induction scientifique produit des sophismes quand on fait des dénombrements imparfaits ou qu'on prend pour cause ce qui n'est pas cause, quand on n'observe pas ou qu'on observe mal.

Remèdes à l'erreur. — Il faut, pour éviter les sophismes formels dans la déduction et l'induction logique, observer les règles de conversion des propositions et les règles du syllogisme, déterminer d'une façon précise le sens des mots et leur conserver toujours le même sens.

Pour éviter les sophismes matériels de déduction, il faut toujours avoir soin de rapprocher la conclusion de chacune des prémisses.

Enfin pour éviter les sophismes dans l'induction scientifique, il faut se garder des généralisations prématurées, *observer* tous les phénomènes et les bien *observer* (ch. XI, XII, XIII).

Appliquer les règles de la méthode déductive ou inductive, préciser et fixer le sens des mots, observer tous les phénomènes et les bien observer, c'est le moyen d'éviter l'erreur.

RÉSUMÉ

Qu'est-ce que l'ignorance, l'erreur, le doute, la probabilité ou vraisemblance, la certitude et l'évidence? — L'ignorance est l'état de l'esprit qui ne connaît pas la vérité; l'erreur est une double ignorance, c'est l'état de l'esprit qui ne connaît pas la vérité et qui croit cependant la posséder. On doute quand on n'a pas plus de raisons pour affirmer une chose que pour la nier; on atteint la vraisemblance ou la probabilité quand les raisons d'affirmer l'emportent, la certitude quand il n'y a plus de raisons de nier; dans ce dernier cas, on dit de la proposition qu'elle est évidente.

L'évidence est l'état de l'esprit qui aperçoit la vérité; la certitude, l'état de l'esprit qui est assuré de la voir.

Que savez-vous du vrai et du faux? — Le vrai et le faux s'opposent : la vérité suppose, en mathématiques, l'accord de l'esprit avec lui-même ; dans les sciences physiques, naturelles et morales, l'accord de la pensée avec elle-même et l'accord, vérifiable par l'observation et l'expérimentation, de la pensée avec les phénomènes naturels, moraux et sociaux; dans la métaphysique, l'accord de la pensée avec elle-même, avec les phénomènes étudiés, avec les lois découvertes par les sciences positives, enfin la solution satisfaisante de toutes les questions que se pose l'esprit, après avoir exploré le domaine de la science positive.

Que peut-on dire des sciences au point de vue de la certitude ou de l'évidence? — Les mathématiques, la logique pure, la physique mathémathique atteignent seules la certitude absolue ; les sciences physiques en général, les sciences naturelles et morales, la philosophie des sciences, la métaphysique comportent une probabilité d'autant plus grande que la déduction, le calcul et l'expérimentation y jouent un rôle plus considérable.

On distingue, d'une façon peu exacte, la certitude de fait ou physique, la certitude de raison ou démonstrative, la certitude morale, l'évidence médiate et immédiate.

Comment divise-t-on la logique formelle? — La logique formelle comprend l'étude des idées, concepts ou notions, des jugements et des raisonnements.

Que savez-vous des notions et des termes? — Les termes sont les notions ou idées exprimées par des mots.

L'idée est claire, quand on la distingue facilement d'une autre idée; elle est distincte quand on en connaît parfaitement les divers éléments; l'idée obscure s'oppose à l'idée claire, l'idée confuse à l'idée distincte.

Les termes sont positifs ou négatifs, concrets ou abstraits, singuliers, particuliers ou universels.

Que faut-il entendre par l'extension et la compréhension d'un terme? — L'extension est la somme des qualités; la compréhension, la somme des êtres; l'extension et la compréhension d'un terme sont en raison inverse.

Quels sont les rapports des termes? — Les termes ont entre eux des rapports de subordination, de coordination, d'équipollence et d'identité, d'opposition, contrariété ou contradiction, de croisement et de disjonction.

Que savez-vous de la classification et de la division des genres et des espèces, des universaux? — Le genre est un terme universel qui, considéré au point de vue de l'extension, en contient plusieurs autres; l'espèce est un terme général contenu avec d'autres dans un terme universel.

Le genre et l'espèce ne sont pas en logique des groupes fixes comme en zoologie et en botanique (ch. xii); un terme constitue un genre par rapport aux termes inférieurs qui lui sont subordonnés, une espèce par rapport au terme supérieur auquel il est subordonné; le genre suprême, l'être, est celui qui ne rentre comme espèce dans aucune autre; les plus basses espèces sont celles qui n'ont au-dessous d'elles que des individus.

La classification logique est l'opération par laquelle on range les idées et les termes suivant l'ordre de l'extension; la division est celle par laquelle on distingue les espèces d'un genre; la dichotomie est le mode de division le plus exact.

La différence spécifique est le terme qui sert à distinguer les espèces d'un même genre; l'essence est l'ensemble des qualités constantes; elle comprend le genre et la différence spécifique; le propre est une qualité qui dérive de l'essence et appartient exclusivement aux individus désignés par le terme; l'accident comprend les qualités qui n'appartiennent pas à tous les individus.

Le genre, l'espèce, le propre, la différence et l'accident constituent ce que les scolastiques * appelaient les cinq universaux.

Qu'est-ce que le jugement, la proposition, la copule? — Le jugement est l'acte par lequel nous affirmons une idée d'une autre idée; il est exprimé par la proposition et comprend deux termes : le sujet ou terme dont on affirme, l'attribut, prédicat, ou terme dont il est affirmé.

La copule, qui est toujours le verbe être, unit le sujet et le prédicat, en indiquant que le premier est compris dans le second, quant à l'extension, et le comprend au point de vue de la compréhension.

Comment peut-on diviser les jugements et les propositions? — Les jugements sont analytiques quand on affirme du sujet un attribut qui y était implicitement contenu; synthétiques quand on en affirme une qualité qu'il ne contenait pas.

Les propositions sont inconditionnelles ou conditionnelles.

Les propositions inconditionnelles ou catégoriques sont, au point de vue de la quantité, universelles ou particulières; au point de vue de la qualité, affirmatives ou négatives; de là quatre espèces de propositions : universelles affirmatives (A) et négatives (E); particulières affirmatives (I) et négatives (O).

Hamilton * a voulu quantifier le prédicat et établir huit espèces de propositions; Aristote * a rangé tous les jugements en dix catégories.

Les propositions conditionnelles sont hypothétiques ou disjonctives.

Que savez-vous de l'opposition des propositions? — Deux propositions qui diffèrent en qualité et sont universelles (A et E) sont contraires; elles sont subcontraires quand elles sont particulières. Deux propositions qui ne diffèrent qu'en quantité sont subalternes; deux propositions qui diffèrent en quantité et en qualité sont contradictoires.

Les contraires ne peuvent être vraies toutes deux, mais elles peuvent être fausses; les subcontraires ne sauraient être toutes deux fausses, mais elles peuvent être vraies l'une et l'autre; si les universelles parmi les subalternes sont vraies, les particulières le sont également, mais les universelles peuvent être fausses quand les particulières sont vraies.

Comment se fait la conversion des propositions? — La conversion se fait en transportant le sujet et l'attribut d'une proposition et en conservant à l'un et à l'autre leur quantité primitive. L'universelle négative et la particulière affirmative se convertissent sans changement; l'universelle affirmative donne une particulière affirmative; la particulière négative ne se convertit pas.

Qu'est-ce que la définition? — La définition est une proposition réciproque dans laquelle l'attribut exprime, en indiquant le genre prochain et la différence spécifique, l'essence du sujet.

La définition doit convenir à tout le défini et rien qu'au défini.

Quelle est la différence entre les définitions mathématiques et les définitions empiriques? — Les définitions mathématiques sont *a priori*, universelles et nécessaires; les définitions des sciences naturelles forment le couronnement de la science, elles sont empiriques, perfectibles et provisoires.

Qu'est-ce que le syllogisme? — Le syllogisme est à la déduction ce que le terme est à l'idée, la proposition au jugement, il en est la forme la plus précise, la plus exacte, la plus complète; il comprend trois propositions telles que les deux premières étant données, la troisième s'ensuit nécessairement. Les deux premières ou prémisses sont la majeure et la mineure; la troisième est la conclusion. Il comprend trois termes : le moyen, le petit, qui est sujet, et le grand qui est attribut de la conclusion.

Quelle est la règle de tout syllogisme? — Tout ce qui est dans le contenant est dans le contenu; tout ce qui est hors du contenant est hors du contenu (Euler*).

Que savez-vous de la matière et de la forme du syllogisme, de la déduction et de la démonstration? — Il faut distinguer dans le syllogisme la forme, la liaison logique de la conclusion avec les prémisses et la matière ou la valeur, au point de vue de la vérité, des jugements qui le constituent. La démonstration diffère de la déduction proprement dite par la matière, tandis qu'elle se confond avec elle pour la forme du raisonnement.

Que savez-vous des règles, des modes, des figures du syllogisme? — Les anciens logiciens avaient formulé 8 règles d'après lesquelles ils jugeaient la valeur du syllogisme; ils comptaient 64 classes ou modes dans lesquels ils faisaient rentrer tous les syllogismes, d'après la qualité et la quantité des propositions; ils comptaient 4 figures déterminées par la place du moyen terme dans les prémisses et 19 modes concluants, désignés par des mots artificiels.

Qu'est-ce que l'enthymème et l'épichérème? — L'enthymème est un syllogisme dont une des prémisses est sous-entendue. L'épichérème est un syllogisme dont les prémisses sont suivies de leurs preuves.

Qu'est-ce que le polysyllogisme, le prosyllogisme, l'épisyllogisme et le sorite? — Le polysyllogisme comprend deux syllogismes: le premier, dont la conclusion sert de majeure au second, est un prosyllogisme, le second un épisyllogisme. Le sorite est un polysyllogisme dans lequel l'attribut d'une proposition devient le sujet de la suivante, jusqu'à la conclusion qui réunit le sujet de la première et l'attribut de la dernière.

Qu'est-ce que les syllogismes hypothétiques, disjonctifs, le dilemme? — Les syllogismes sont hypothétiques ou disjonctifs quand la majeure est une proposition conditionnelle, hypothétique ou disjonctive. Le dilemme est un syllogisme hypothétique et disjonctif, dans lequel on tire une seule et même conclusion des deux parties de la disjonctive.

Qu'est-ce que l'induction formelle? — L'induction formelle, distincte de l'induction scientifique, est un syllogisme dans lequel on conclut du tout ce qu'on a affirmé de chacune des parties.

Quelles sont les lois formelles de la pensée? — Les lois formelles de la pensée sont le principe d'identité et ses deux autres formes, le principe de contradiction et le principe du milieu exclu.

Comment a-t-on classé les erreurs? — Bacon admet quatre classes d'erreurs : les idoles de la tribu, de la caverne, du forum et du théâtre; Malebranche en admet cinq espèces : les erreurs des sens, de l'imagination, de l'entendement, des inclinations et des passions; la *Logique de Port-Royal* partage les mauvais raisonnements que l'on commet dans la vie civile en deux groupes : les sophismes d'intérêt, d'amour-propre et de passion, les sophismes qui naissent des objets eux-mêmes.

A quoi se ramènent toutes les erreurs? — Toute erreur est un faux raisonnement, un sophisme, si nous voulons tromper, un paralogisme, si nous n'avons pas l'intention de tromper.

Que savez-vous des sophismes de déduction? — Il y a autant de sophismes formels de déduction qu'il y a de règles de conversion pour les propositions ou de règles du syllogisme; les équivoques et les ambiguïtés du langage contribuent à les faire commettre. Les sophismes matériels de déduction sont : celui de l'accident, qui consiste à conclure de l'essence à l'accident, la pétition de principe dans laquelle on suppose ce qui est en question, le cercle vicieux dans lequel on prouve l'une par l'autre deux propositions contestables, l'ignorance de la question qui consiste à prouver autre chose que ce qui est à établir.

Que savez-vous des sophismes d'induction? — L'induction logique donne des sophismes formels quand on viole les règles du syllogisme, matériels quand on fait des dénombrements imparfaits. L'induction scientifique produit des sophismes quand on fait des dénombrements imparfaits ou qu'on prend pour cause ce qui n'est pas cause; quand on n'observe pas ou qu'on observe mal.

Quels sont les remèdes à l'erreur? — Appliquer les règles de la méthode déductive ou inductive, préciser et fixer le sens des mots, observer tous les phénomènes et les bien observer, c'est le moyen d'éviter l'erreur.

DEVOIRS A TRAITER

I. La logique formelle et la logique appliquée.

II. Expliquer cette phrase de Molière : La première (des opérations de l'esprit) est de concevoir par le moyen des universaux, la seconde, de bien juger par le moyen des catégories, la troisième de bien tirer des conséquences par le moyen des figures, Barbara, Celarent, Darii, etc. (*Bourgeois gentilhomme*, II, 5).

III. Le jugement et la proposition.

IV. Le syllogisme et la déduction.

V. L'erreur et les erreurs.

QUESTIONS A ÉTUDIER.

I. L'opposition et la conversion des propositions.

II. La quantification du prédicat.

III. La définition et les définitions.

IV. La déduction et la démonstration.

V. Les règles, modes et figures du syllogisme.

VI. Les classifications d'erreurs.

QUESTIONS POSÉES.

I. Qu'est-ce que le jugement, le raisonnement, le dilemme ? (Brev. sup.)

II. Dire nettement en quoi consistent le raisonnement déductif et le raisonnement inductif. Montrer par des exemples qu'on les emploie l'un et l'autre, et non à l'exclusion l'un de l'autre, dans la plupart des sciences et notamment dans les sciences morales et politiques. (Ecoles Normales, Bac. ès lettres.)

III. Le syllogisme. (Bac. ès lettres et Bac. enseig. spécial.)

IV. L'erreur et les moyens de l'éviter. (Écoles Normales, Brev. sup., Bac. ès lettres et Enseig. spécial.)

V. Le terme, la proposition, le syllogisme comparé à l'idée, au jugement, au raisonnement. (Brev. sup., Écoles Normales. Bac. ès lettres.)

Conseils pédagogiques. — Montrer, par des exemples empruntés aux divers ordres de sciences, dans quels cas on atteint la vraisemblance ou la certitude; insister sur les difficultés que présente la recherche de la vérité dans les sciences physiques, naturelles et surtout morales; montrer que nous avons plus d'intérêt, au point de vue pratique, de trouver la vraisemblance en morale, en psychologie, en sociologie que d'atteindre une certitude inébranlable dans les questions abstraites des mathématiques. — Étudier la logique formelle pour se rendre un compte exact des procédés par lesquels on cherchait la vérité au moyen âge, pour comprendre la nécessité de la révolution faite dans les sciences et dans la philosophie par Bacon[*] et Descartes[*]. — Faire distinguer aux enfants l'extension et la compréhension des termes usuels, leur faire énumérer les individus auxquels ils s'appliquent et les qualités qu'ils comprennent; les exercer à classer les termes, à diviser les genres en leurs espèces, pour qu'ils se rendent un compte exact du sens des mots qu'ils emploient. — Faire remarquer, après avoir démontré que la réciproque d'une proposition est vraie ou n'est pas vraie, pourquoi elle l'est ou ne l'est pas ; montrer que les termes d'une définition doivent être tels qu'on puisse les transposer ; prendre des exemples nombreux afin d'indiquer de quelle manière il faut convertir les propositions pour qu'elles restent vraies. — Faire mettre sous forme de syllogisme les démonstrations mathématiques, les propositions qui résument un discours, un plaidoyer, afin de montrer quel avantage il y a pour l'esprit à saisir d'un seul coup d'œil les idées principales, à ne pas s'égarer dans les idées accessoires. — Montrer par la comparaison de l'induction formelle et de l'induction scientifique, combien la seconde est supérieure à la première. — Étudier tout ce qui concerne le syllogisme pour se rendre compte des avantages et des inconvénients du seul moyen de découverte qu'ait connu le moyen âge. — Prendre des exemples dans chacune des classifications que nous avons citées afin de mettre les enfants en garde contre les occasions d'erreur ; ne jamais négliger, quand on se trouve en présence d'une erreur, spéculative ou pratique, d'en indiquer les causes et les remèdes.

BIBLIOGRAPHIE.

Liard, les *Logiciens anglais contemporains*.
Liard, *Logique*.
Taine, *De l'Intelligence*.
Paul Janet, *De la Nature du syllogisme*.
Paul Janet, *Traité élémentaire de philosophie*.
Logique de Port-Royal.
Malebranche, *Recherche de la vérité*.
Bacon, *Novum organum* (trad. Lorquet).
Brochard, *De l'Erreur*.
Ollé-Laprune, la *Certitude morale*.
Euler, *Lettres à une princesse d'Allemagne*.
Descartes, *Discours de la Méthode*.

Laplace, *Essai philosophique sur les probabilités*.
Delbœuf, *Essai de logique scientifique*.
Renouvier, *Essais de psychologie*.
Renouvier, *Essais de logique*.
Stuart Mill, *Système de logique*.
Stuart Mill, la *Philosophie de Hamilton*.
Lachelier, le *Syllogisme*.
Bain, *Logique inductive et déductive*.
Rabier, *Logique*.
Liard, les *Définitions géométriques et les définitions empiriques*.
Pascal, *De l'Esprit géométrique*.
Laromiguière, *Leçons de philosophie*.
Duhamel, *Méthodes dans les sciences de raisonnement*.
Destutt de Tracy, *Logique*.

FIN DE LA LOGIQUE.

MORALE PRATIQUE

CHAPITRE XVI

LES DEVOIRS ET LES DROITS INDIVIDUELS.

SOMMAIRE.

La psychologie, la logique et la morale. — Division de la morale pratique. — Division des devoirs individuels. — Devoirs relatifs au physique, conservation personnelle ; l'hygiène, tempérance et propreté ; la gymnastique et la culture des aptitudes physiques. — Acquisition des biens extérieurs ; le travail ; usage des biens extérieurs, économie, avarice, prodigalité et luxe.

La psychologie, la logique et la morale. — La psychologie étudie les faits intellectuels et sensitifs, les faits d'activité et de langage ; elle cherche à déterminer les lois qui les régissent, les rapports qu'ils ont avec les phénomènes physiologiques et surtout avec les phénomènes cérébraux. La logique appliquée recherche les règles suivies par l'esprit dans les divers ordres de sciences (ch. x à xiv) ; la logique formelle, les lois auxquelles doit être soumise la pensée discursive, quel que soit l'objet auquel elle s'applique (ch. xv).

L'homme agit et se demande comment il doit diriger ses facultés, se comporter avec les êtres qui, comme lui, font partie de la nature, avec ses semblables, avec ses concitoyens, avec sa famille, en un mot comment il doit agir dans toutes les circonstances de la vie ou quels sont ses devoirs et ses droits : il fait la *morale pratique*. Puis il cherche quelle est la loi suprême qui doit régler tous ses actes, en quoi consistent d'une manière générale le devoir, le droit et la vertu ; il fait la *théorie* de la *morale* (du latin *mores* = *mœurs* ou *habitudes*).

La morale est la science des mœurs; elle a pour objet la recherche des règles auxquelles doit obéir notre activité; elle est pratique, quand elle détermine nos devoirs et nos droits, c'est-à-dire ce que nous devons faire dans les diverses circonstances de la vie; théorique, quand elle cherche ce que sont le devoir, le droit et la vertu.

Division de la morale pratique. — L'enfant qui commence à marcher, à parler et à comprendre, qui a des inclinations et qui agit, suit certaines règles pour développer ses facultés physiques, pour fortifier son corps, conserver sa vie, pour exercer ses sens et ses membres, pour cultiver ses facultés intellectuelles, diriger ses inclinations, fortifier sa volonté et acquérir l'habitude d'agir en homme honnête et intelligent, pour devenir habile dans sa profession et ne pas perdre sa dignité d'homme dans ses rapports journaliers avec les animaux et les êtres inférieurs. Chacun de nous a des *devoirs envers lui-même*.

Nous vivons en société : nous avons des parents, des frères, des enfants, des domestiques, en un mot une famille. Nous faisons partie d'une nation, nous avons des rapports avec ceux qui nous gouvernent et avec nos concitoyens. Nous sommes en relations avec des hommes qui ne parlent pas la même langue, qui ne sont pas soumis aux mêmes lois, qui n'ont ni les mêmes souvenirs ni les mêmes espérances, mais qui n'en sont pas moins nos semblables, parce qu'ils sont raisonnables et doués de la parole, parce qu'ils agissent volontairement et après réflexion (ch. ix). En outre la nation dont nous faisons partie entretient des rapports avec les autres nations.

Enfin nous constituons des sociétés religieuses qui comprennent des individus de nationalité différente : la majorité des Italiens, des Français, des Espagnols se rattache au catholicisme; les Russes, les Bulgares, les Grecs, à la religion grecque; les Indous, les Chinois au bouddhisme *; les Turcs, les Arabes au mahométisme; un certain nombre de Français, d'Allemands, d'Anglais professent la religion naturelle *.

LES DEVOIRS ET LES DROITS INDIVIDUELS.

La morale pratique a pour objet l'étude des devoirs individuels et des devoirs sociaux. Ces derniers comprennent les devoirs envers la famille, la patrie et l'humanité, les devoirs des nations entre elles et les devoirs religieux.

Division des devoirs individuels. — On peut distinguer dans l'homme le physique ou l'ensemble des phénomènes physiologiques, et le moral ou l'ensemble des faits psychologiques (ch. ix). Ces derniers se groupent en 4 classes ou facultés, l'intelligence, la sensibilité, l'activité et la faculté du langage (ch. ii). L'homme doit conserver sa vie, acquérir les objets qui lui sont nécessaires pour se nourrir, se vêtir, se loger, c'est-à-dire se procurer des biens extérieurs; il est obligé de ne dégrader ni ses facultés physiques, ni ses facultés intellectuelles ou morales dans ses rapports avec les animaux et les êtres inférieurs. Enfin chaque individu a, selon sa profession, des obligations spéciales à remplir : le magistrat suit, dans l'exercice de ses fonctions, des règles qui ne sont pas celles auxquelles obéissent le commerçant, l'industriel, l'artiste, le militaire.

Mais le physique et le moral ont l'un sur l'autre une grande influence (ch. ix), les facultés s'exercent simultanément (ch. ii). On peut, par l'acquisition des biens extérieurs, travailler tout à la fois à la conservation de ses forces physiques et au développement de son intelligence, de sa sensibilité et de sa volonté; la division des devoirs individuels en classes distinctes n'a qu'une valeur relative, et ceux qu'on range dans un groupe pourraient à certains points de vue être placés dans un autre.

Les devoirs individuels comprennent : 1º les devoirs relatifs au physique; 2º les devoirs relatifs aux biens extérieurs; 3º les devoirs relatifs au moral (intelligence, sensibilité, activité, langage); 4º les devoirs professionnels; 5º les devoirs envers les animaux et les êtres inférieurs.

Cette division des devoirs individuels n'a qu'une valeur relative.

Devoirs relatifs au physique : conservation personnelle. — Celui qui se donne la mort refuse d'accomplir ses devoirs envers lui-même, envers sa famille, sa patrie, ses semblables : le suicide est la violation de tous les devoirs.

Un homme se tue parce qu'il veut, comme Condorcet *, échapper à une mort infamante qu'il n'a pas méritée. Nous le plaignons, mais nous éprouvons de l'admiration pour Socrate * ou Malesherbes *, qui ont laissé venir la mort à laquelle ils avaient été condamnés après une vie consacrée tout entière à la vertu ; nous nous proposons de suivre leur exemple si nous nous trouvions dans les mêmes conditions.

Un négociant a fait, en travaillant et en restant honnête, de mauvaises affaires : il se tue pour échapper au déshonneur. Il ferait beaucoup mieux, il montrerait un plus grand courage s'il se remettait résolument au travail pour élever sa famille, qui va se trouver dans le dénuement, pour payer les créanciers qui ont eu confiance en lui. S'il n'a pas réussi, à cause de son inconduite et de son improbité, il est évident que le suicide est une véritable lâcheté, que le travail s'impose à lui comme une expiation pour le reste de son existence.

Enfin, un homme a perdu sa femme, ses enfants, tous ceux qu'il aime ; un autre est atteint d'un cancer qui lui fait éprouver d'horribles douleurs ; un troisième est infirme depuis longtemps et se trouve à la charge de gens pauvres dont il augmente la misère. Nous les plaignons de tout notre cœur ; mais nous disons au premier qu'il pourra se refaire une famille avec les malheureux qu'il secourra ; qu'il privera, en se tuant, la patrie d'un de ses défenseurs et de ses soutiens, qu'il peut goûter encore des plaisirs purs et élevés en cultivant les sciences et les arts, en travaillant chaque jour à son perfectionnement moral. De même nous accorderons sans peine au second que la vie est dure pour lui, mais nous lui montrerons que le travail lui est possible encore ; qu'il peut compenser en quelque sorte ses douleurs physiques par les plaisirs intellectuels et moraux qu'il retire de la culture de son intelligence, de son cœur ou de la pratique de la charité. Le dernier est peut-être le plus malheureux, puisqu'il ne lui est plus possible ni d'accomplir tous ses devoirs, ni de se procurer la nourriture ou de se donner les soins nécessaires, mais il n'est jamais complètement inutile : il peut largement payer en bonne humeur, en bons conseils, en affection la dette qu'il a contractée envers ses hôtes, leur donner l'exemple de la souffrance courageusement supportée. A tous enfin nous dirons qu'il n'y a pas d'homme tout à fait heureux ou tout à fait malheureux, que la condition la plus misérable a ses plaisirs, que le bonheur vient surtout à ceux qui ne pensent pas à eux-mêmes ; enfin et surtout qu'il faut remplir tous ses devoirs et prendre pour règle la vieille devise française : *Fais ce que dois, advienne que pourra!*

Celui qui se coupe un doigt pour échapper au service militaire commet une double faute : il manque à ses devoirs de citoyen et laisse supporter aux autres toute la charge dont il eût dû prendre sa part; il s'amoindrit aux yeux de ceux avec lesquels il vit et à ses propres yeux ; il devient moins capable de remplir ses devoirs. Le voyageur qui s'impose les plus rudes privations, qui se contente pendant de longs mois d'un peu de biscuit, d'une eau mauvaise, de la terre pour lit, en pensant qu'il pourra étendre les connaissances géographiques, ouvrir de nouveaux débouchés au commerce de ses concitoyens, apporter la civilisation à des sauvages, fait une œuvre bonne et utile; celui qui s'impose, comme les fakirs * de l'Inde, des privations inutiles, des souffrances que rien ne justifie, fait sans doute preuve d'un certain courage, puisque tout homme est naturellement porté à fuir la douleur; mais il devient, par sa faute, moins capable de s'acquitter de ce qu'il doit à lui-même et aux autres.

Le premier de nos devoirs est de nous conserver : le suicide est la violation de tous les devoirs ; on ne doit jamais se tuer, même pour échapper à une mort infamante, au déshonneur, à la souffrance physique ou morale.

Les mutilations volontaires constituent une double faute; les privations et les macérations * qui rendent le corps moins propre à s'acquitter de ses fonctions sont condam-

nables, quand elles ne sont pas le seul moyen d'accomplir un devoir.

L'hygiène : tempérance et propreté. — Si l'on néglige de renouveler l'air d'un appartement, ceux qui l'habitent respirent mal ; si l'on pénètre sans précaution dans un endroit où l'air est vicié par l'acide carbonique, on peut être asphyxié. Celui qui se met aux courants d'air s'enrhume, prend une bronchite ou une pleurésie ; celui qui se baigne aussitôt après avoir mangé est frappé de congestion ; celui qui boit de l'eau froide quand il est très échauffé s'expose à la mort.

Quand on ne maintient pas son corps et ses vêtements, les maisons et les rues dans un grand état de propreté, on arrête certaines fonctions, comme la production de la sueur, on devient sujet aux maladies de peau, ou même à de terribles maladies contagieuses, comme la lèpre, qui faisait tant de ravages au moyen âge ; on prépare la propagation des épidémies, du choléra, par exemple ; on devient pour les autres un objet de dégoût.

Le gourmand se donne des indigestions qui peuvent le faire mourir ; il détruit son estomac et se prive du plaisir qu'il cherche ; l'ivrogne détériore son cerveau, sa santé et son intelligence, il perd le gouvernement de sa volonté et s'expose à commettre des fautes, des délits et des crimes ; l'abus du tabac amène les mêmes résultats. Le débauché, qui abuse des plaisirs attachés à la reproduction de l'espèce, porte atteinte à ses facultés intellectuelles, traite ses semblables comme des choses et devient quelquefois criminel pour assouvir ses passions. L'intempérance sous toutes ses formes détruit le physique, détériore le moral et ravale l'homme au-dessous de la brute.

Fontenelle [*], malingre en naissant, vécut jusqu'à près de 100 ans, parce qu'il fut sobre et tempérant. L'homme qui use avec sobriété du boire et du manger, qui est chaste, conserve longtemps sa santé et ses forces, se trouve mieux préparé à cultiver son intelligence, à venir en aide à ses concitoyens et à ses semblables.

L'hygiène nous enseigne à conserver notre santé et nos forces; elle nous prescrit la propreté, la sobriété dans le boire ou le manger et la chasteté, c'est-à-dire la tempérance ou l'usage modéré des plaisirs des sens. Suivre les lois de l'hygiène, être propre et tempérant, c'est se rendre plus apte à remplir tous ses devoirs : avoir un corps sain est un des moyens qui conduisent à avoir une âme saine.

La gymnastique et la culture des aptitudes physiques. — On voit des enfants anémiques ou mal conformés acquérir des forces ou reprendre un développement normal après s'être livrés, pendant quelques années, à des exercices de gymnastique sagement gradués. Les sapeurs-pompiers de Paris arrivent, par un exercice continu, à exécuter pendant les incendies, des mouvements qui exigent la plus grande agilité et à sauver la vie de bon nombre de leurs semblables.

Le sauvage, qui s'exerce fréquemment à juger par les yeux et par les oreilles, de la distance où il est des objets et des personnes, devient plus apte à se conserver et à défendre ses semblables contre leurs ennemis; le musicien distingue des sons que nous confondons, le peintre aperçoit dans les objets une foule de nuances qui nous échappent.

Celui qui fait de longues marches, qui s'habitue à supporter la faim, le froid, la soif, acquiert des forces nouvelles et se prépare à mieux remplir, quand besoin sera, ses devoirs de soldat. Ceux qui emploient leurs loisirs aux jeux de paume, de balle, de barres, de quilles, de boule, de billon, à des exercices et à des marches militaires, à l'escrime, à la natation, dépensent de la force, de l'agilité, de la souplesse, au lieu de rester immobiles dans des estaminets enfumés et malsains : ils augmentent chaque jour leurs forces physiques, conservent longtemps, dans leur intégrité, leurs facultés intellectuelles, échappent aux excitations mauvaises et donnent à leurs enfants de bons exemples; ils font des soldats moins exposés que d'autres à mourir de froid, de faim, de fatigue et plus capables de faire leur devoir.

En cultivant son corps et ses membres par la gymnastique, les exercices militaires, les jeux qui exigent de l'agilité, de la souplesse, de la force et un séjour en plein air, en donnant plus de finesse et de sûreté aux sens intellectuels (vue et ouïe), on développe ses facultés physiques, intellectuelles et morales, on augmente sa valeur personnelle et on est plus capable de venir en aide à ses semblables et à son pays.

Acquisition des biens extérieurs : le travail. — Chacun de nous a besoin de pain, de viande, de légumes, pour se nourrir; de vin, de café, de bière, de cidre, d'eau, pour apaiser sa soif, tenir son corps, ses vêtements, sa maison en état de propreté; d'air pour respirer, de vêtements pour se couvrir, de maison pour se loger, de chaises, de lits, pour se reposer, d'armes pour se défendre, de voitures, de bateaux, de wagons pour voyager et transporter ce qui lui est nécessaire, de journaux, de livres pour s'instruire, de statues, de tableaux, de poésie et de musique pour se former le goût et récréer son imagination, de monnaie pour se procurer par échange les objets qui lui manquent.

L'air nous est donné par la nature en quantité suffisante pour que chacun de nous en ait gratuitement sa part; cependant dans les grandes villes, certains individus en manquent, parce qu'ils ne sont pas assez riches pour se loger dans des quartiers et des maisons où il est abondant et pur. Il y a assez d'eau pour les besoins de tous les hommes, mais il faut se donner la peine de l'aller chercher où elle se trouve, et quelquefois même, dans les temps de sécheresse ou dans les pays arides, payer une certaine somme pour se la procurer. Quant à tous les autres objets nécessaires à la satisfaction de nos besoins, il faut les produire, les fabriquer nous-mêmes, donner aux autres de l'argent pour qu'ils nous les fournissent ou attendre qu'ils nous les accordent par charité.

Celui qui vit d'aumône manque souvent des choses les plus nécessaires: il s'ennuie d'être toujours inactif, il est exposé aux tentations de la misère et peut être amené à recourir au vol ou même au crime pour se les procurer, il ne peut exiger d'autrui le respect qu'il n'a pas lui-même pour sa personne ; il est inutile ou nuisible à la société dont il fait partie.

Celui qui gagne à la sueur de son front le pain dont il nourrit sa famille, les vêtements dont il la couvre, le loyer de la maison où il l'abrite, éprouve un grand plaisir à se reposer après avoir rempli sa tâche, à manger le pain que l'appétit, excité par le travail, lui fait trouver excellent, à savoir que les siens ne doivent qu'à lui leur subsistance, qu'il remplit son devoir de chef de famille, enfin qu'il est utile à la société, puisqu'il produit un certain nombre d'objets propres à satisfaire les besoins de ses semblables (ch. XXII).

S'il dépense chaque jour un peu moins qu'il ne gagne, s'il fait des *économies*, si l'ordre règne à l'intérieur par les soins de la ménagère, il pourra avoir un livret de Caisse d'épargne et des rentes sur l'État, s'assurer des ressources pour les moments de chômage ou de maladie, pour l'époque où il ne pourra plus travailler. Si ses enfants travaillent avec lui, s'il peut, avec ses économies, d'ouvrier devenir patron, s'il continue ensuite à être économe et laborieux, il arrivera à la richesse ; il pourra consacrer à son instruction et à celle des siens une partie de son temps et de son argent ; il sera considéré de ses concitoyens, utile à son pays dont il augmentera la prospérité, à ses semblables dont il soulagera la misère. Il aura accru sa valeur intellectuelle et morale, contribué, dans la mesure de ses forces, à enrichir son pays et à le rendre plus puissant.

Un enfant d'ouvriers montre, à l'école primaire, un grand amour du travail, il saisit rapidement tout ce qu'on lui enseigne ; il obtient au concours une bourse dans un lycée ; son intelligence se développe, il entre par le concours encore à l'École polytechnique et en sort ingénieur. Il continue à travailler, s'enrichit en faisant exécuter des œuvres difficiles ; il assure à ses vieux parents une existence douce et paisible, établit ses frères et ses sœurs, vient en aide aux personnes indigentes de sa famille, surveille l'éducation de ses propres enfants. Il est devenu, par le travail et la persévérance, un homme d'une grande valeur intellectuelle et morale, utile à sa famille, à son pays, à tous ses semblables.

Au contraire, un enfant dont les parents ont une grande fortune, ne fait rien en classe : il continue à vivre dans l'oisiveté quand il est devenu son propre maître, s'ennuie et cherche des distractions de plus en plus coûteuses; il ne surveille ni ses domestiques ni sa famille; il ruine sa santé, donne de très mauvais exemples à ses enfants et à ses semblables, les corrompt et finit par devenir lui-même, s'il ne meurt jeune, misérable, pauvre et méprisé. Faute de travail et d'ordre, il a laissé périr ou détruit ses facultés physiques, intellectuelles et morales; il est devenu nuisible à son pays et à ses semblables.

Le travail, manuel ou intellectuel, est un devoir pour l'homme : il lui permet de subvenir à ses besoins et à ceux de sa famille, il l'ennoblit, lui donne plaisir et santé; l'ordre et l'économie conduisent à l'aisance et même à la richesse. Le fainéant qui vit d'aumône, l'oisif qui use, par des dépenses inutiles ou corruptrices, la fortune que lui ont laissée ses parents, perdent leur dignité d'homme et sont nuisibles à la société dont ils font partie.

Usage des biens extérieurs : économie, avarice, prodigalité et luxe. — Les biens extérieurs n'ont de valeur qu'autant qu'ils servent à satisfaire nos besoins physiques, intellectuels ou moraux, qu'ils nous permettent de rendre service à nos concitoyens ou à nos semblables. L'homme qui cherche à gagner de l'argent, à acquérir des propriétés pour le seul plaisir d'entasser des richesses, l'homme *cupide* oublie ses devoirs envers son intelligence et sa sensibilité, envers sa famille et envers ses semblables; il en vient souvent à rechercher des gains illégitimes, à cesser d'être honnête homme.

L'*avare* n'éprouve de plaisir qu'à voir et à toucher son or : il ne dépense ni ce qui serait nécessaire pour se nourrir, se vêtir et se loger convenablement, pour s'instruire et se distraire, ni ce que réclamerait l'entretien de sa famille ou l'éducation de ses enfants, ni ce que sa situation de fortune lui imposerait à l'égard de ses concitoyens ou des autres hommes.

Le *prodigue* dépense, sans compter, l'argent qu'il a acquis par son travail ou que lui ont laissé ses parents; il l'emploie en festins et n'a plus rien pour se procurer des livres instructifs; il le jette à pleines mains à des gens qui le flattent, qui le volent et il n'a plus de quoi venir en aide aux malheureux; il emprunte et devient l'esclave de ceux qui lui prêtent, en attendant qu'ils possèdent toute sa fortune; il n'hésite pas même, dans certains cas, à se procurer des ressources par des moyens déshonnêtes; il finit par devenir misérable et par être abandonné de ceux qui le flattaient.

Quel usage faut-il donc faire des biens extérieurs? Il faut vivre avec économie, diviser en deux parts son gain ou ses revenus : satisfaire d'abord les besoins nécessaires, puis penser aux choses de luxe. L'ouvrier prélèvera, sur son salaire de la semaine, la somme nécessaire aux dépenses du ménage, nourriture, chauffage, éclairage, au paiement du loyer, à l'achat des vêtements et des chaussures, au paiement de la cotisation qu'il donne à une société de secours mutuels pour qu'elle lui vienne en aide s'il est malade, au placement à la Caisse d'épargne qui lui fournira les moyens de vivre quand viendront le chômage ou la vieillesse (*Pierre Laloi*, Le bon ménage). S'il lui reste encore de l'argent après avoir pourvu à toutes ces dépenses obligatoires, il pourra se livrer à des dépenses de luxe, acheter un livre à un enfant laborieux et ami de la lecture, quelque jouet au plus jeune, conduire en voiture toute la famille à une fête, ajouter un mets ou une bouteille de vin à l'ordinaire du dimanche.

Le commerçant payera ses marchandises, ses employés, fournira aux dépenses obligatoires de la maison, entretiendra le cheval et la voiture avec lesquels il fait ses courses, élèvera ses enfants, payera l'assurance sur la vie qu'il a contractée en faveur de sa famille, sa patente et ses impôts, réservera l'intérêt du capital engagé dans les affaires, mettra de côté une somme proportionnée à l'importance de son commerce et au nombre de ses enfants, pour établir dans la suite chacun de ces derniers et vivre lui-même pendant les moments où le commerce sera moins productif. C'est avec ce qui lui restera ensuite qu'il pourra faire des dépenses de luxe, donner des dîners ou des soirées, faire un voyage d'agrément avec sa famille, acheter de belles toilettes à sa femme et à ses filles, meubler plus richement sa maison.

L'homme qui a acquis par son travail ou hérité de ses parents une fortune dont le revenu est suffisant pour le faire vivre, peut renoncer à un travail lucratif qui l'augmenterait encore, s'il consacre son temps à la culture de son intelligence, au service de son pays et de ses semblables. M. Pasteur[*] eût pu gagner des millions en appliquant lui-même les procédés qu'il avait découverts pour la fabrication du vinaigre; il aima mieux les faire connaître, donner à un certain nombre de ses concitoyens les moyens de s'enrichir, d'enrichir la France, et continuer lui-même les recherches qui l'ont conduit à d'admirables découvertes, honorables pour notre pays et utiles pour tous les hommes. Mais dans ce cas, il est évident qu'il faut vivre de manière à ne pas dépenser plus que ses revenus et faire encore la part des dépenses obligatoires avant de se livrer à des dépenses de luxe : une femme ne devra jamais, par exemple, donner une nourriture insuffisante ou trop peu substantielle à ses enfants ou à son mari pour acheter une robe ou un chapeau d'un prix excessif par rapport à la situation du mari; un homme ne prélèvera pas pour ses menues dépenses une somme supérieure ou égale à celle qu'il laissera pour le ménage.

Enfin, ceux qui possèdent une immense fortune, feront entrer dans leurs dépenses obligatoires ce qu'ils doivent donner chaque année en secours de toute espèce aux malheureux et aux misérables; ils ne feront aucune dépense de luxe qui soit de nature à corrompre leurs semblables ou à leur donner un mauvais exemple.

Les biens extérieurs ne doivent être qu'un moyen de satisfaire nos besoins et de venir en aide à nos semblables : la cupidité, l'avarice, la prodigalité sont des vices également condamnables; mais on peut renoncer à augmenter sa for-

tune pour cultiver son intelligence, pour servir ses concitoyens ou ses semblables. Il faut vivre avec économie, ne pas faire de dettes, ne pas dépenser plus que son gain ou que son revenu, faire passer les dépenses de luxe après les dépenses obligatoires, n'en faire jamais aucune qui puisse corrompre nos semblables ou leur donner un mauvais exemple.

RÉSUMÉ

Qu'est-ce que la morale et comment se divise-t-elle ? — La morale est la science des mœurs; elle a pour objet la recherche des règles auxquelles doit obéir notre activité; elle est pratique, quand elle détermine nos devoirs et nos droits, c'est-à-dire ce que nous devons faire dans les diverses circonstances de la vie; théorique, quand elle cherche ce que sont le devoir, le droit et la vertu.

Comment divise-t-on la morale pratique ? — La morale pratique a pour objet l'étude des devoirs individuels et des devoirs sociaux. Ces derniers comprennent les devoirs envers la famille, la patrie et l'humanité, les devoirs des nations entre elles et les devoirs religieux.

Comment divise-t-on les devoirs individuels ? — Les devoirs individuels comprennent : 1° les devoirs relatifs au physique; 2° les devoirs relatifs aux biens extérieurs; 3° les devoirs relatifs au moral (intelligence, sensibilité, activité, langage); 4° les devoirs professionnels; 5° les devoirs envers les animaux et les êtres inférieurs.

Cette division des devoirs individuels n'a qu'une valeur relative.

Que pensez-vous du suicide, des mutilations volontaires, des privations et des macérations *?* — Le premier de nos devoirs est de nous conserver. Le suicide est la violation de tous les devoirs; on ne doit jamais se tuer, même pour échapper à une mort infamante, au déshonneur, à la souffrance physique ou morale. Les mutilations volontaires constituent une double faute; les privations et les macérations * qui rendent le corps moins propre à s'acquitter de ses fonctions, sont condamnables quand elles ne sont pas le seul moyen d'accomplir un devoir.

Que savez-vous de l'hygiène, de la propreté, de la tempérance? — L'hygiène nous enseigne à conserver notre santé et nos forces; elle nous prescrit la propreté, la sobriété dans le boire ou le manger et la chasteté, c'est-à-dire la tempérance ou l'usage modéré des plaisirs des sens. Suivre les lois de l'hygiène, être propre et tempérant, c'est se rendre plus apte à remplir tous ses devoirs : avoir un corps sain est un des moyens qui conduisent à avoir une âme saine.

Quel est le résultat des exercices gymnastiques et militaires, de certains jeux, etc.? — En cultivant son corps et ses membres par la gymnastique, les exercices militaires, les jeux qui exigent de l'agilité, de la souplesse, de la force et un séjour en plein air, en donnant plus de finesse et de sûreté aux sens intellectuels (vue et ouïe), on développe ses facultés physiques, intellectuelles et morales, on augmente sa valeur personnelle et on est plus capable de venir en aide à ses semblables et à son pays.

Que savez-vous de l'acquisition des biens extérieurs et du travail? — Le travail, manuel ou intellectuel, est un devoir pour l'homme : il lui permet de subvenir à ses besoins et à ceux de sa famille; il l'ennoblit, lui donne plaisir et santé; l'ordre et l'économie conduisent à l'aisance et même à la richesse. Le fainéant qui vit d'aumône, l'oisif qui use, par des dépenses inutiles ou corruptrices, la fortune que lui ont laissée ses parents, perdent leur dignité d'homme et sont nuisibles à la société dont ils font partie.

Comment faut-il user des biens extérieurs? — Les biens extérieurs ne doivent être qu'un moyen de satisfaire nos besoins et de venir en aide à nos semblables; la cupidité, l'avarice, la prodigalité sont des vices également condamnables ; mais on peut renoncer à augmenter sa fortune pour cultiver son intelligence, pour servir ses concitoyens ou ses semblables. Il faut vivre avec économie, ne pas faire de dettes, ne pas dépenser plus que son gain ou que son revenu, faire passer les dépenses de luxe après les dépenses obligatoires, n'en faire jamais aucune qui puisse corrompre nos semblables ou leur donner un mauvais exemple.

DEVOIRS A TRAITER

I. Le devoir de conservation personnelle.
II. Le rôle de l'hygiène et de la gymnastique dans l'enseignement moral.
III. Dignité du travail.
IV. L'économie.
V. La psychologie, la logique et la morale.
VI. Le travail intellectuel et le travail manuel.
VII. Le luxe.

QUESTIONS A ÉTUDIER

Développer et examiner les maximes suivantes :

I. Se coucher tôt, se lever tôt, donne santé, richesse et sagesse. (Franklin*.)
II. Fainéantise va si lentement, que pauvreté l'a bientôt attrapée. (Franklin*.)
III. Par le travail, on chasse l'ennui, on ménage le temps, on guérit la langueur de la paresse et les pernicieuses rêveries de l'oisiveté. (Bossuet*.)
IV. Le travail raccourcit la journée et étend la vie. (Diderot*.)
V. Les petits coups font tomber les grands chênes. (Franklin*.)
VI. Il suffit d'une petite fente pour couler un vaisseau, il suffit d'un trou de vrille pour vider un tonneau. (Franklin*.)
VII. N'apprenez pas seulement comme on gagne de l'argent, mais comment on le ménage. (Franklin*.)
VIII. Il en coûte plus cher pour entretenir un vice que pour élever deux enfants. (Franklin*.)
IX. Les étoffes de soie éteignent le feu de la cuisine. (Franklin*.)
X. Un peu répété fait plusieurs beaucoup. (Franklin*.)
XI. L'orgueil déjeune avec l'abondance, dîne avec la pauvreté, et soupe avec la honte. (Franklin*.)
XII. Veillez à ne pas perdre les petites pièces d'argent, les pièces d'or se garderont d'elles-mêmes.
XIII. L'ordre a trois avantages : il soulage la mémoire, il ménage le temps, il conserve les choses.
XIV. Le travail est la sentinelle de la vertu.
XV. L'argent est un bon serviteur et un mauvais maître.

Apprécier les fables suivantes au point de vue moral :
XVI. La *Cigale et la Fourmi*. (La Fontaine.)
XVII. Les *Membres et l'Estomac*. (La Fontaine.)
XVIII. La *Mouche et la Fourmi*. (La Fontaine.)
XIX. L'*Œil du maître*. (La Fontaine.)
XX. Le *Laboureur et ses enfants*. (La Fontaine.)
XXI. La *Poule aux œufs d'or*. (La Fontaine.)
XXII. Le *Savetier et le Financier*. (La Fontaine.)
XXIII. Le *Loup et le Chasseur*. (La Fontaine.)
XXIV. Décrire le caractère de l'*Avare*, d'après Molière.
XXV. Montrer pourquoi, dans certaines républiques grecques, on a pu obliger les citoyens à prouver qu'ils suffisaient à leurs besoins par des moyens honorables.
XXVI. Commenter et justifier l'art. 3 de la loi sur l'ivresse : *Toute personne qui aura été condamnée deux fois en police correctionnelle pour délit d'ivresse manifeste... sera déclarée par le second jugement incapable d'exercer les droits suivants : 1° de vote et d'élection; 2° d'éligibilité; 3° d'être appelée ou nommée aux fonctions de juré ou autres fonctions publiques, ou aux emplois de l'administration, ou d'exercer ces fonctions ou emplois; 4° de port d'armes pendant deux ans, à partir du jour où la condamnation sera devenue irrévocable.*
XXVII. Le temps est de l'argent, c'est l'étoffe dont la vie est faite.

QUESTIONS POSÉES.

I. En combien de classes partage-t-on les devoirs de l'homme, les devoirs envers nous-mêmes? (Brev. sup., Écoles normales.)

II. Quels devoirs avons-nous envers notre corps? (Brev. sup., Écoles normales).

III. Pourquoi l'étude de la psychologie précède-t-elle nécessairement celle de la morale? (Brev. sup., Bac. ès lettres.)

IV. Quel est l'objet de la morale? (Brev. sup.)

V. Qu'est-ce que la morale? (Brev. sup.)

VI. Pourquoi avons-nous des devoirs envers nous-mêmes? (Brev. sup., Bac. ès lettres.)

VII. Le suicide. (Brev. sup., Bacc. ès lettres.)

VIII. Quels sont les droits et les devoirs de l'individu à l'égard de lui-même? (Brev. sup., Sèvres, Bacc. ès lettres.)

IX. Pourquoi l'éducation doit-elle être *physique* en même temps qu'intellectuelle et morale? (Brev. sup., Écoles maternelles.)

X. Expliquer et commenter ce vers de L. Racine : « Lâche qui veut mourir, courageux qui veut vivre. » (Bacc. enseig. spécial, Bac. ès lettres, Écoles normales.)

XI. La propreté. (Écoles maternelles, Écoles normales.)

XII. Définir la prodigalité et l'avarice, exemples; dire en quoi consiste la véritable économie, exemples. (Brev. élém., Écoles normales, Enseig. second. des jeunes filles.)

XIII. Franklin a dit : « L'oisiveté ressemble à la rouille, elle use plus vite que le travail »; développez cette pensée et donnez des exemples. (Brev. élém., Écoles normales.)

XIV. Développez cette pensée de La Bruyère : « L'ennui est entré dans le monde par la paresse. » (Brev. élém., Bac. ès lettres et Enseig. spécial.)

XV. « Il ne faut jamais remettre au lendemain ce que l'on peut faire le jour même. » (Brev. élém.)

Conseils pédagogiques. — Faire remarquer aux enfants, à propos du suicide, qu'il faut être indulgent pour apprécier les fautes d'autrui, sévère pour gouverner sa propre conduite, que nous pouvons montrer de la pitié pour le malheureux qui se tue et condamner sévèrement le suicide, parce que nous nous donnons ainsi des motifs capables de nous arrêter si nous étions un jour amenés par la misère, la souffrance ou le chagrin, à souhaiter la mort. — Ne pas oublier qu'avec les enfants il faut procéder d'une façon concrète pour enseigner la morale : on leur fait lire l'histoire d'*Un bon Charlatan* (Pierre Laloi, 1re année), puis on essaie après cette lecture de les amener à formuler eux-mêmes les règles à suivre pour gouverner notre corps, les raisons qui nous portent à recommander la pratique de l'hygiène et des exercices gymnastiques. — Leur donner toujours soi-même l'exemple de la propreté, veiller sur la manière dont ils placent les bras, les jambes, le corps, dont la lumière arrive à leurs yeux, etc. — Employer tous les moyens qu'on a à sa disposition pour faire acquérir aux enfants toutes les vertus qui en feront des hommes honnêtes et de bons citoyens : leur montrer que l'ivrogne, par exemple, se prépare pour le présent des souffrances plus grandes que le plaisir qu'il obtient, pour l'avenir une mort horrible, qu'il se prive des plaisirs que lui donneraient l'exercice de ses facultés intellectuelles, la vue de sa famille heureuse et contente, qu'il commet dans l'ivresse des délits ou des crimes dont il répondra devant la justice, qu'il n'est plus considéré de ses semblables, enfin qu'il devient incapable de servir son pays, inutile ou nuisible à ses semblables, qu'il perd sa dignité d'homme et se ravale au-dessous de la brute. — Commenter les articles des lois pénales en montrant quelles raisons sociales et morales justifient l'établissement des peines. — Commenter de même un certain nombre de maximes (*Questions à étudier*). — Montrer aux enfants que le travail procure par lui-même du plaisir quand on en a pris l'habitude, qu'il rend toujours plus vif le plaisir qu'on goûte à jouer ou à se reposer, qu'il conserve la santé, qu'il amène l'aisance et assure l'indépendance, qu'il permet d'être utile à ses concitoyens et à ses semblables. — Bien montrer que tout travail est honorable, qu'il est utile quand il fait vivre un homme et une famille, que le travail intellectuel et le travail manuel se complètent l'un l'autre et que la collaboration de l'intelligence et de la main d'œuvre assure la production d'un plus grand nombre d'objets utiles (ch. XXII), que ceux qui travaillent par l'intelligence ne doivent pas mépriser ceux qui se livrent à un travail manuel et non *servile*, que les ouvriers ne doivent pas jalouser ceux qui vivent du travail de l'intelligence (*La Fontaine*, les Membres et l'estomac.) — Donner aux enfants des habitudes d'ordre dans la classe : ils les transporteront ensuite à l'atelier, dans la vie privée et publique. — Leur montrer les avantages de l'initiative, de la persévérance, de l'économie en leur citant des exemples réels ou imaginaires (Vies de Jacques Amyot*, de Franklin*, de Bernard Palissy*, de M. Pasteur*, etc.; *Pierre Laloi*, Petites histoires pour apprendre la vie : La famille Seclin, Grégoire, le père Mauclerc et son successeur, Un patron, Le bon ménage, Jean Fait-Tout, Les élèves de M. Bonnier, etc.). — Faire comprendre aux enfants que les dépenses de luxe ne doivent venir qu'après les dépenses nécessaires; que ce qui est une dépense de luxe pour l'ouvrier qui loue une voiture et se promène, est une dépense obligatoire pour le commerçant qui veut voir rapidement ses clients; que l'on fait, dans toute condition, rentrer à tort dans les dépenses obligatoires des dépenses qui sont purement de luxe (usage du tabac, vêtements coquets, etc.); que l'on arrive promptement à la ruine, quelle que soit sa fortune, si l'on a un trop grand luxe et si l'on s'endette.

BIBLIOGRAPHIE.

Marion, *Leçons de morale* (16e, 17e et 18e leçons).
Xénophon, *Mémoires sur Socrate*.
Volney, la *Loi naturelle*.
Vinet, *Essais de philosophie morale*.
Stuart Mill, *l'Utilitarianisme*.
Id. *Mes Mémoires*.

Baudrillart, *Histoire du luxe privé et public*.
Aristote, *Morale à Nicomaque*.
Paul Janet, la *Philosophie du bonheur*.
Cousin, *Du vrai, du beau, du bien*.
Pierre Laloi, *Petites histoires pour apprendre la vie*.

Pierre Laloi, la *Première année d'instruction morale et civique.*
Franklin, la *Science du bonhomme Richard.*
Franklin, *Autobiographie.*
Epictète, *Manuel* et *Entretiens.*
Marc-Aurèle, *Pensées.*
Cicéron, *Traité des devoirs.*
Kant, *Doctrine de la vertu* (trad. Barni).

Rousseau, *Émile.*
Rambaud, *Histoire de la civilisation française.*
La Fontaine, *Fables*
Molière, *l'Avare.*
Duruy, *Histoire grecque.*
Fustel de Coulanges, *la Cité antique.*
Maxime Du Camp, *la Vertu en France.*

CHAPITRE XVII

LES DEVOIRS ET LES DROITS INDIVIDUELS (suite).

SOMMAIRE.

Devoirs relatifs à l'intelligence : recherche de la vérité; qualités intellectuelles; expression de la vérité, sincérité et dissimulation, discrétion, véracité et mensonge. — Devoirs relatifs à la sensibilité. — Devoirs relatifs à l'activité. — Devoirs professionnels. — Rapports avec la nature : les animaux domestiques, les animaux utiles, les animaux nuisibles; la vivisection. — Devoirs stricts et larges, négatifs et positifs. — Les droits individuels. — Les moyens de perfectionnement individuel : hygiène, médecine et gymnastique morales, examen de conscience et travail.

Devoirs relatifs à l'intelligence. — Les diverses facultés qui constituent notre intelligence (ch. III) ont pour objet la recherche de la vérité; le langage nous permet d'exprimer, de conserver pour nous ou de communiquer à nos semblables la vérité trouvée (ch. VIII).

Les devoirs relatifs à l'intelligence sont en même temps des devoirs relatifs à la faculté du langage; ils ont pour objet la recherche et l'expression de la vérité.

Recherche de la vérité. — Le médecin qui a fait une étude sérieuse de sa profession a le plaisir de réussir dans ses cures; sa clientèle augmente et lui permet d'acquérir une honnête aisance; sa conscience est satisfaite, parce qu'il n'a pas à se reprocher d'avoir, en négligeant son instruction professionnelle, laissé mourir un malade qu'il eût pu sauver, ou volé l'argent de celui à qui il ne peut apporter aucun soulagement.

Le jeune homme qui, avant de fonder une famille, s'est rendu un compte exact des devoirs des époux, des parents envers leurs enfants et des enfants envers leurs parents, saura maintenir l'accord entre sa famille et celle où il vient d'entrer, conserver la paix et l'affection dans le ménage, élever convenablement ses enfants.

L'homme qui connaît les attributions des conseillers municipaux, des conseillers généraux, des députés et des sénateurs, comprendra tout à la fois qu'il importe de les choisir avec soin et qu'il ne faut pas, sous peine de nuire aux intérêts publics, leur demander de s'occuper sans cesse des intérêts particuliers. S'il sait quels doivent être les rapports des citoyens entre eux et avec l'État, il pourra faire ce qu'il doit dans toutes les circonstances importantes et ne péchera pas par ignorance, comme on le fait trop souvent encore.

Mais pour être un bon médecin, il faut se tenir au courant des progrès réalisés par les recherches des savants ; pour être un bon agriculteur, il importe de connaître les procédés nouveaux par lesquels on peut obtenir à moins de frais des récoltes plus avantageuses.

Pour être un bon citoyen, il ne suffit pas de connaître les prescriptions légales, il faut encore avoir étudié l'histoire de notre pays et comprendre comment se sont lentement élaborés les principes qui règlent notre droit civil et politique (ch. xxx) ; il faut connaître la situation politique et économique, la législation et la constitution des principaux États de l'Europe, de l'Asie, de l'Amérique, pour savoir ce que nous devons espérer ou craindre des rapports commerciaux et amicaux, des conflits que nous pourrons avoir avec chacun d'eux. Si tous les Français avaient su, en 1870, quel redoutable ennemi était pour nous l'Allemagne, il est à peu près sûr que l'opinion publique se serait élevée avec force contre une guerre désastreuse.

De même le père de famille a grand intérêt à être renseigné

sur les différentes professions vers lesquelles incline tel ou tel de ses enfants, à posséder lui-même les sciences qu'on leur fait cultiver, pour les aider de ses conseils et se rendre compte de la direction donnée à leurs études.

Enfin il ne faut pas seulement avoir les connaissances qui nous permettront de remplir nos devoirs professionnels, nos devoirs de chef de famille et de citoyen, il faut encore acquérir, quand nous le pouvons, celles qui ont pour objet les êtres ou les phénomènes de la nature, les hommes et leurs caractères divers. Le géomètre, habitué à ne reconnaître pour vrai que ce qui présente une évidence mathématique (ch. x), fera bien d'étudier l'histoire pour comprendre qu'il faut, dans des sujets d'une importance capitale pour nous, se contenter de la probabilité (ch. xiii). L'ouvrier, dans ses moments de loisir, aura grand plaisir à étudier dans leur ensemble quelques-uns des phénomènes physiques, à savoir comment se forment la neige, la glace, la grêle et la pluie, comment fonctionnent un télégraphe, une machine à vapeur, à connaître la vie des grands inventeurs, les mœurs des peuples étrangers et des animaux qui peuplent leurs pays, à lire les chefs-d'œuvre littéraires de Racine, de Molière, de Corneille, de Voltaire, de Victor Hugo, de Lamartine, à contempler dans les musées les tableaux de Rubens, de Raphaël, les statues de Michel-Ange, à entendre dans les concerts populaires ou militaires, la musique de Mozart, de Boïeldieu, de Beethoven, de Gounod. En cherchant ces jouissances intellectuelles, il ne sera pas tenté de demander des distractions à l'ivresse ou à la débauche, il accroîtra sa valeur personnelle et deviendra ainsi l'égal, quelquefois même le supérieur de ceux qui l'emportent sur lui par la richesse.

Notre devoir, notre plaisir, notre intérêt nous commandent à tous de connaître ce qui concerne notre profession, nos devoirs de chef de famille, de citoyen, d'homme. A ce minimum de connaissances, chacun doit joindre par la suite l'étude de ce qui concerne sa profession, afin de l'exercer avec intelligence, de ne pas se laisser guider par la routine et de conserver l'esprit d'initiative ; de ce qui peut le rendre plus apte à remplir tous ses devoirs envers la famille, la patrie, l'humanité, lui faire connaître la nature et ses semblables, lui faire voir les choses autrement qu'il n'est habitué à les regarder, augmenter sa valeur intellectuelle, le détourner des distractions malfaisantes ou nuisibles.

Qualités intellectuelles. — L'enfant qui essaye de prendre un verre posé sur la table, passe sa main au delà, parce que son œil n'est pas habitué à apprécier la distance ; il apprend avec difficulté sa première fable parce que sa mémoire n'est pas exercée ; il comprend avec peine son premier théorème parce que son esprit n'est pas exercé à déduire ; il se trompe sur les causes des phénomènes, parce qu'il n'est pas habitué à appliquer les règles de l'induction. Il faut qu'il exerce ses facultés intellectuelles, qu'il acquière et développe les qualités avec lesquelles il augmentera de jour en jour la somme de ses connaissances.

Nous devons exercer nos sens, spécialement l'ouïe et la vue (ch. III), cultiver notre mémoire (ch. V), devenir capables d'une attention soutenue, nous rendre familière l'abstraction, pratiquer la généralisation, le jugement, la déduction, l'induction, l'analogie, examiner la valeur des témoignages selon les règles de la logique (ch. X à XV), éviter les erreurs dans lesquelles nous tombons par prévention ou par précipitation (ch. XV). Nous devons cultiver notre imagination, chercher à acquérir du goût en nous exerçant à analyser les caractères d'une œuvre d'art.

Si l'on considère que toutes nos facultés préparent le jugement (perception extérieure, conscience, raison, mémoire, abstraction, etc.) ou le supposent (déduction, induction, analogie), on pourra dire que ce qui importe le plus pour notre progrès intellectuel, c'est d'avoir un *bon jugement*.

Mais le jugement porte sur des objets différents. Tantôt il résulte de recherches théoriques qui ont pour objet de rattacher les conséquences au principe, les phénomènes à leurs causes : celui qui, habile à pratiquer les règles de la logique, juge vite et bien, est un *savant*, et il acquiert des connaissances *scientifiques*. Celui qui juge bien et vite les hommes dont il devine le caractère et prédit les actes ou les fautes, les évènements dont il aperçoit les causes et les effets, est un homme de *bon sens* ou de *discernement;* enfin celui qui juge vite et bien des hommes et des choses, qui sait en outre choisir pour les autres et pour lui ce qu'il est le plus convenable de faire pour sauvegarder ses intérêts, éviter une guerre désastreuse, etc., est un homme *prudent*.

Il faut exercer toutes nos facultés intellectuelles pour acquérir ou développer les qualités qui nous permettent de trouver mieux et plus vite la vérité, d'éviter plus sûrement l'erreur; il faut chercher à acquérir par l'étude un esprit qui juge vite et bien en matière scientifique ; par l'observation et la réflexion, du bon sens ou du discernement pour apprécier les hommes, les choses et les événements, de la prudence, pour régler notre conduite ou celle d'autrui d'après l'intérêt bien entendu (ch. XXVI).

Expression de la vérité : sincérité et dissimulation, discrétion, véracité et mensonge. — Un homme est *sincère* quand il fait connaître à celui qui l'interroge sa pensée tout entière sans en rien omettre ou en rien changer. Il est *dissimulé* quand il s'efforce de la cacher à son interlocuteur. Il a de la *véracité*, quand il exprime sa pensée sans la dénaturer; il *ment* quand il donne pour l'expression de sa pensée des paroles qui expriment toute autre chose. La sincérité suppose la véracité, mais la véracité peut être séparée de la sincérité : sans mentir, nous pouvons ne pas dire *tout* ce que nous pensons, nous refuser absolument à répondre à un inconnu qui nous demanderait si une personne que nous connaissons a tels ou tels défauts, quand nous savons fort bien qu'elle a les uns et n'a pas les autres. La *discrétion* nous empêche, dans certains cas, d'être sincères. De même la dissimulation est souvent unie au mensonge, parce que pour mieux cacher sa pensée, on croit utile de dire toute autre chose que ce qu'on pense; mais on peut aussi dissimuler sa pensée, sans cependant mentir, en répondant évasivement aux questions posées.

Le commerçant qui tient mal ses livres s'aperçoit bien qu'il lui est à certains moments difficile de satisfaire aux échéances, mais il affirme et il croit que ses affaires sont en bon état : il se ment à lui-même en même temps qu'il ment aux autres. On se ment encore à soi-même quand on transforme en qualités les défauts de la personne aimée (*Misanthrope*, II, v) ou en défauts les qualités de celle que l'on hait, quand on se donne de mauvaises raisons pour justifier ses fautes, etc. Le mensonge *intérieur* est toujours une faute, un manque de courage ; il nous habitue au mensonge *extérieur*.

Il y a des personnes qui mentent par vanité, sans chercher à nuire à leurs semblables : elles s'attribuent certaines qualités ou certaines aventures qu'elles croient propres à leur faire honneur ; elles prennent l'habitude du mensonge et en arrivent à croire aux histoires qu'elles racontent, à ne plus distinguer le mensonge de la vérité. D'autres mentent pour tromper ceux à qui elles s'adressent : elles affirment qu'une marchandise est bon teint, qu'un cheval n'a pas de défauts, pour vendre plus cher l'un et l'autre ; elles attribuent des défauts ou des fautes imaginaires à ceux auxquels elles veulent nuire, le mensonge devient alors une faute envers autrui en même temps qu'une faute envers soi-même. D'autres mentent doublement : elles n'hésitent pas à affirmer qu'elles disent la vérité, à donner *leur parole d'honneur* qu'elles ne mentent pas ; elles se parjurent en violant la promesse qu'elles ont faite par serment de rendre une somme prêtée, d'administrer avec intégrité les biens d'un mineur, en affirmant sous la foi du serment, l'innocence d'un homme qu'elles ont vu commettre un crime.

Les lois punissent de l'amende ou de la prison les mensonges qui constituent des fraudes, des calomnies, des parjures. Les hommes jugent très sévèrement le mensonge et croient qu'un menteur est plus à craindre qu'un voleur ; le menteur se déconsidère et travaille contre ses intérêts, car on ne le croit plus, lors même qu'il dit la vérité.

Enfin il diminue lui-même sa valeur intellectuelle et morale; il trompe ses semblables en leur donnant une chose fausse pour la vérité.

La véracité consiste à n'exprimer par ses paroles que la vérité; la sincérité, à dire tout ce qu'on pense tel qu'on le pense; la discrétion, à taire une partie de la vérité sans manquer à la véracité. La dissimulation est un défaut; elle est un vice, si elle se joint au mensonge; le mensonge intérieur ou extérieur est toujours condamnable; la fraude, le parjure, la calomnie sont une violation de nos devoirs envers nous-mêmes et de nos devoirs envers nos semblables.

Devoirs relatifs à la sensibilité. — On ramène les faits sensitifs à quatre groupes : inclinations ou tendances primitives, émotions, affections et passions. Les inclinations, dont le développement détermine le développement des émotions, des affections et des passions, sont personnelles, sociales et sympathiques, supérieures (ch. VI).

Les inclinations personnelles ont pour objet le corps comme les appétits, ou l'âme, comme l'amour-propre, ou l'âme et le corps, comme l'amour de la vie et de la propriété. Nous devons satisfaire les appétits de manière à rendre notre corps plus robuste, plus agile, plus propre à remplir ses fonctions et à exécuter ce que nous voulons (ch. XVI); nous devons conserver en nous l'amour de la vie et de la propriété pour remplir tous nos devoirs, devenir indépendants et capables de secourir nos semblables (ch. XVI). Enfin nous développerons le sentiment de la dignité personnelle en proportion de la valeur que prendront nos diverses facultés, nous aurons la *fierté*, le sentiment de l'*honneur* qui convient à un homme dont l'intelligence et la moralité croissent sans cesse, mais nous éviterons l'*orgueil*, qui suppose le mépris d'autrui, la *vanité* qui s'enorgueillit des plus petites choses, la *fatuité* qui tire vanité des avantages extérieurs, figure, cheveux, toilette, chaussure, coiffure, etc. En résumé, nous développerons les inclinations personnelles de manière à devenir des hommes honnêtes, intelligents et énergiques, à avoir, comme disaient les anciens, *une âme saine dans un corps sain.*

Il faut cultiver les inclinations qui nous portent à aimer nos parents, nos frères et nos sœurs, faire l'apprentissage de nos devoirs d'époux et de pères, puis travailler à rendre nos enfants intelligents, actifs et honnêtes (ch. xviii). Il faut ensuite développer en nous, chez nos enfants et chez nos concitoyens, l'amour de la patrie et lui donner dans nos âmes une place d'autant plus grande que notre pays a été plus malheureux (ch. xix) ; enfin, les inclinations qui nous portent à être justes et charitables envers tous les hommes, quels que soient leur pays et leur race (ch. xx et xxi).

Celui en qui grandit sans cesse l'amour de la vérité, orne son intelligence ; il peut faire des découvertes scientifiques et se rendre utile à ses semblables ; celui qui cultive en lui l'amour du beau donne à son imagination une nourriture saine, se prépare des plaisirs dont il pourra toujours jouir, devient quelquefois même capable de produire des chefs-d'œuvre immortels qui honorent l'humanité et servent à l'éducation et au plaisir des générations futures. Celui qui aime de plus en plus le bien augmente chaque jour sa valeur morale et trouve, comme saint Vincent de Paul, de nouveaux moyens de secourir ses semblables. Enfin celui qui développe en lui l'amour de la perfection suprême, essaie de se rendre moins imparfait et de mieux remplir ses devoirs envers lui-même et envers ses semblables.

Mais s'il faut développer d'une façon harmonieuse les diverses inclinations, il faut éviter de laisser une inclination s'exagérer et se pervertir, il faut combattre les passions, l'avarice, l'ambition, l'ivrognerie, la gourmandise, l'envie, le fanatisme, et ramener les affections dont elles dérivent à jouer le rôle qui leur convient d'après leur rang dans la hiérarchie des inclinations (ch. vi).

Il faut développer les inclinations personnelles de manière à devenir un homme intelligent et robuste, énergique et moral, les inclinations sympathiques et sociales, pour faire acquérir à ses enfants, à ses concitoyens, à ses semblables, les qualités physiques, intellectuelles et morales qu'on a développées en soi; enfin les inclinations supérieures, de manière à acquérir pour soi et à faire acquérir aux autres le plus haut degré de perfection qu'il nous soit donné d'atteindre.

Devoirs relatifs à l'activité. — L'homme accomplit des actes automatiques et réflexes, instinctifs, volontaires et habituels. L'activité volontaire produit les habitudes qui ont pour résultat le développement de la personnalité et la formation du caractère. Les éléments constitutifs de la personnalité sont la réflexion et la raison, les inclinations sympathiques, sociales et supérieures, la volonté (ch. VII).

C'est en exerçant notre volonté que nous donnons de bonnes habitudes à chacune de nos facultés, que nous cultivons en nous ce qui nous est commun avec l'animal pour le faire servir au développement des éléments constitutifs de la personnalité, que nous nous créons un caractère énergique, élevé et moral, que nous gouvernons nos inclinations et leur donnons un développement proportionné à leur valeur morale.

Pour que nous résistions au désir de mettre fin à une existence malheureuse, de chercher dans l'ivresse ou les plaisirs de la table, l'oubli de nos peines, pour que nous supportions la faim, la soif, la fatigue, que nous nous exposions à la misère, à la mort même quand il s'agit de remplir nos devoirs de citoyen et de soldat, que nous résistions à la tentation de nous approprier le bien d'autrui, que nous bravions la misère, la souffrance et la mort afin de secourir nos semblables, que nous renoncions à la fortune et aux plaisirs qu'elle procure, afin de consacrer toutes nos veilles à la culture des sciences ou des arts, en un mot pour que nous acquérions les vertus qui font l'homme honnête, intelligent et dévoué, le citoyen utile, il faut que nous ayons de la *force d'âme*, du *courage*, une volonté *énergique*.

Le soldat doit s'exposer à être blessé et même à être tué, quand il est appelé à défendre son pays; il doit braver la mort, sur le champ de bataille et quand il a les armes à la main, quand il est surpris par les ennemis et peut, par sa mort, sauver ses compagnons (d'*Assas*), quand il est prisonnier et qu'on menace de le faire périr comme espion s'il ne fait connaître ce qu'il sait de l'armée à laquelle il appartient. Il ne doit jamais braver inutilement le danger ; les blessures et la mort n'ont une valeur morale que quand on peut, en s'y exposant, servir réellement son pays ; le *courage militaire* n'est pas la *témérité*, quelquefois aussi nuisible que la *lâcheté*.

Un ouvrier, un employé sont menacés de perdre les moyens de subvenir à leurs besoins et à ceux de leur famille s'ils ne nomment pas conseiller municipal, conseiller général ou député un homme qui leur semble incapable de remplir ces fonctions ; ils ont besoin de courage pour accomplir, selon leur conscience, leurs devoirs civiques. Un homme a vu un de ses amis commettre un crime ; un innocent est arrêté et sur le point d'être condamné ; il lui faut un grand courage pour empêcher, en accusant son ami, une condamnation injuste. Le député, le sénateur qui considèrent comme désastreuse pour le pays une loi réclamée par leurs amis et leurs électeurs, ont besoin de courage pour la combattre, pour s'exposer aux reproches et aux injures de leurs amis, aux railleries de leurs adversaires, à la perte de leur popularité et de leur situation politique. Socrate*, Helvidius Priscus*, Hampden*, ont bravé une mort infamante pour faire ce qu'ils croyaient devoir à leur pays. Le courage *civil* est aussi nécessaire, aussi méritoire que le courage *militaire*.

Un commerçant est obligé chaque jour de faire de longues courses pour surveiller ses affaires : il se casse la jambe, il a besoin de *patience* pour supporter la souffrance et surtout l'inactivité. Un homme travaille et vit avec la plus grande économie ; mais sa femme et ses enfants sont souvent malades, les chômages sont fréquents ; un autre perd une fortune honnêtement gagnée et administrée avec économie et prudence, il faut qu'ils souffrent *patiemment* l'un et l'autre la pauvreté qu'ils ont tout fait pour éviter. La *patience* est le courage à supporter l'adversité.

Un homme qui a toujours été pauvre fait un héritage qui le rend très riche ; il a besoin de *modération* pour ne pas faire de dépenses excessives et nuisibles, pour ne pas chercher à éclabousser de son luxe ceux qui ont raillé sa pauvreté. De même celui qui a été longtemps dans une position inférieure doit agir avec *modération*, pour ne pas abuser de sa puissance à l'égard de ceux qui ont été ses supérieurs ou ses égaux. La *modération* est le courage de l'homme qui parvient à une situation supérieure à celle qu'il a longtemps occupée.

D'une manière générale une volonté forte se traduit dans la vie ordinaire par l'*égalité d'humeur* : l'homme énergique peut s'*indigner* contre une injustice et faire tous ses efforts pour en obtenir la réparation; il se met le moins possible en *colère* contre les hommes et contre les choses.

L'homme *se distingue des animaux et des choses par sa personnalité;* il a une *dignité* qu'il lui importe de conserver; il doit la respecter et la faire respecter par les autres. Il peut être *fier* et exiger que ses semblables ne portent pas atteinte à la personnalité qu'il a développée par l'énergie de sa volonté; il ne doit pas être *orgueilleux* et chercher à diminuer la dignité personnelle d'autrui; il ne doit être ni *vain* ni *fat*, c'est-à-dire attribuer à des avantages accessoires une importance qu'il n'ont pas. Il sera *modeste* et ne s'estimera pas plus qu'il ne vaut; sans s'abaisser devant personne, il aura une certaine *humilité* en pensant aux défauts et aux imperfections dont il ne réussit jamais à se débarrasser complètement.

C'est par la volonté que nous développons notre personnalité, que nous formons notre caractère et nos habitudes. Nous devons travailler à acquérir une volonté énergique, une âme forte, du courage pour nous acquitter de nos devoirs de soldat et de citoyen; de la patience, pour supporter l'adversité; de la modération, pour les temps de prospérité, une humeur égale dans toutes les circonstances de la vie. Nous devons conserver notre dignité personnelle sans tomber dans l'orgueil, la vanité ou la fatuité, être modestes et humbles sans bassesse.

Devoirs professionnels. — Dans nos sociétés actuelles, la division du travail (ch. XXII) a produit un grand nombre de professions : des ouvriers s'occupent à extraire la houille, à fabriquer le sucre, à filer le lin et le chanvre, à tisser la soie, à construire les maisons, à fabriquer les meubles ; des patrons, des entrepreneurs, des capitalistes leur fournissent les matières premières, leur avancent un salaire et livrent au public les objets fabriqués. Le juge et l'avocat, le député et le préfet, l'agent de police et le gendarme remplissent des fonctions publiques ; les cultivateurs travaillent la terre et lui font produire le blé, le lin, la betterave, la pomme de terre, l'avoine, l'orge ; les commerçants achètent aux producteurs et livrent au public les objets de consommation ; les médecins, les artistes, les savants, les professeurs, les écrivains soignent, récréent et instruisent les autres hommes.

L'homme qui tient de son travail ou de celui de ses parents une fortune suffisante pour fournir à ses besoins et à ceux de sa famille (ch. XVI), peut se dispenser d'exercer une profession pourvu que, tout en administrant ses richesses, en surveillant l'exploitation de ses propriétés, il se livre à un travail personnel qui ait pour but son perfectionnement intellectuel et moral, le progrès scientifique et social, la grandeur, la prospérité de son pays. Dans tout autre cas, l'individu est obligé de demander au travail, à une profession honorable, les moyens de vivre et de faire vivre sa famille.

Il faut d'abord se choisir une profession. Le choix peut porter sur tous les métiers, sur toutes les fonctions qui font vivre, par un travail honnête, ceux qui s'y livrent ou qui les occupent : c'est l'homme qui, par la manière dont il travaille et se comporte, donne à son métier ou à sa fonction de la considération ou de la déconsidération. L'ouvrier qui sait bien son métier, qui vit avec économie, qui élève convenablement ses enfants, qui travaille à orner son intelligence, à améliorer son caractère, est aussi estimable que le banquier honnête et sérieux qui s'enrichit par les affaires, que le fonctionnaire impartial et équitable, que le professeur instruit et dévoué.

Pour bien faire ce choix, il faut se rendre compte à l'avance des avantages de chacune des professions vers lesquelles on se sent attiré et des obligations qu'elle impose, ne pas se laisser séduire par les apparences, ne pas se faire militaire, par exemple, parce que les officiers ont de beaux uniformes, prêtre ou professeur pour échapper au service militaire, employé, parce qu'on reste assis toute la journée. Il faut consulter les personnes compétentes, surtout nos parents, aussi intéressés que nous-mêmes à ce que nous fassions un bon choix, puis prendre la profession pour laquelle nous avons le plus d'aptitude. Si nous avons des dispositions égales pour plusieurs professions parmi lesquelles figure celle de nos parents, nous choisirons de préférence cette dernière, parce que nous l'apprendrons plus aisément et plus vite.

Quand on a choisi une profession, il faut en faire l'apprentissage : le menuisier rabote des planches et les assemble; le futur magistrat étudie les lois, l'étudiant en médecine fréquente les hôpitaux. Chacun doit chercher à devenir habile dans la profession qu'il a choisie et continuer à travailler à son instruction professionnelle quand il a commencé à l'exercer.

Chaque profession entraîne, au point de vue moral, des devoirs spéciaux : l'ouvrier doit être laborieux, économe, fuir les dépenses inutiles et les dettes, s'acquitter consciencieusement de la besogne qui lui est confiée; le patron doit diriger avec soin sa maison, régler ses dépenses et ses frais généraux d'après ses bénéfices, fournir de bons produits, rémunérer ses ouvriers selon leurs mérites; le commerçant doit tenir soigneusement ses livres, faire tous les ans un inventaire exact, ne vendre que des marchandises de bonne qualité et se contenter d'un bénéfice suffisant; l'employé de l'État doit être zélé, poli et complaisant (*Pierre Laloi*, 1re année); le juge doit être équitable et impartial, étudier avec soin les affaires dans lesquelles il a à prononcer et peser tous les témoignages (ch. XIII); le médecin doit ses services à tous les malades qui les réclament et il est obligé de redoubler de zèle en temps d'épidémie, lorsque sa propre vie est menacée; les personnes qui se vouent à l'enseignement doivent travailler, par leurs leçons et par leurs exemples, à rendre leurs élèves plus intelligents, plus instruits et meilleurs. D'une manière générale, chacun doit remplir toutes les obligations spéciales que lui impose sa profession, obéir en la pratiquant à toutes les règles de la morale, se souvenir que toute profession honnête et lucrative est utile à la société, que l'homme qui l'exerce avec habileté et moralité est estimable, que la société subsiste par le concours des diverses professions et que la division du travail a pour résultat, là comme partout ailleurs, la production d'un plus grand nombre d'objets utiles à tous (ch. XXII).

La division du travail a donné naissance à un grand nombre de professions. Nous devons demander à une profession ou à un métier honorables les moyens de vivre et de faire vivre notre famille.

Notre choix peut porter sur toutes les professions honnêtes et lucratives; nous devons nous rendre compte de leurs avantages, des obligations qu'elles imposent, ne pas les juger d'après l'apparence, consulter les personnes compétentes et nos parents, choisir celle pour laquelle nous avons le plus d'aptitude, en faire avec soin l'apprentissage, travailler sans cesse à y devenir plus habiles, nous acquitter de toutes les obligations spéciales qu'elle impose, obéir en la pratiquant à toutes les règles de la morale, nous souvenir que toutes les professions honnêtes et lucratives sont utiles et accorder notre estime à tous ceux qui, en les exerçant convenablement, concourent avec nous au maintien et à la prospérité de la société dans laquelle nous vivons.

Rapports avec la nature. — L'homme fait partie de la nature, il est inférieur à bon nombre des êtres qui la constituent par la durée, par la force, par la beauté, mais il leur est supérieur à tous, parce qu'il est capable de créer la science et de faire servir la nature entière à la satisfaction de ses besoins, parce qu'il produit des œuvres qui l'emportent en beauté sur les productions naturelles, parce qu'il est capable de moralité et qu'il fait disparaître quelques-uns des maux produits par la nature (ch. ix). Par cela même, il doit ne rien faire dans ses rapports avec les autres êtres qui puisse porter atteinte à cette supériorité ; il ne doit en détruire aucun sans nécessité ; il peut par la contemplation des montagnes couvertes de neige, de la mer calme ou irritée, des grands fleuves (Mississipi), des chutes d'eau (Niagara), des volcans éteints ou en activité, des paysages agrestes, sauvages ou riants, donner un aliment à son imagination, développer en lui le sentiment du beau et faire taire les penchants inférieurs et égoïstes.

Les plantes ont déjà plus de ressemblance avec nous, elles naissent et meurent comme nous : nous éprouvons une sorte de respect pour les vieux arbres de nos forêts, nous trouvons de la grâce, de la délicatesse aux fleurs. Celui qui mutile les uns ou les autres pour le plaisir de les détruire rompt sans nécessité l'ordre naturel, commet un acte de brutalité et s'expose à prendre les mêmes habitudes avec les animaux et avec ses semblables.

Il ne faut détruire sans nécessité aucun être de la nature : la contemplation des beautés naturelles élève nos sentiments et fait taire les penchants égoïstes et inférieurs : celui qui mutile les fleurs détruit l'ordre naturel et s'habitue à être brutal avec les animaux et avec ses semblables.

Les animaux domestiques. — Le chien garde nos troupeaux et nos demeures; le cheval transporte les fardeaux et nous porte nous-mêmes ; le bœuf laboure la terre et nous fournit sa chair et sa peau; le mouton nous donne de même nourriture et vêtement. Les animaux élevés par l'homme pour servir à la satisfaction de ses besoins sont les animaux *domestiques* (du latin *domus*, = *maison*).

Nous avons le droit de nous servir des animaux domestiques, pour nous nourrir, nous vêtir, d'en tirer tous les services dont ils sont capables. Mais en revanche, nous ne devons jamais leur imposer une souffrance inutile, leur demander un travail excessif; nous devons leur tenir compte, en soins et en caresses, des services rendus, et les traiter toujours avec douceur. Nous y trouvons d'ailleurs un double avantage : les animaux nous rendent plus de services; nous nous comportons comme la raison l'ordonne envers des créatures vivantes et au lieu de prendre des habitudes de brutalité que nous pourrions ensuite transporter dans nos rapports avec nos semblables, nous devenons bons pour tous et reconnaissants pour ceux qui nous rendent service.

Notre devoir et notre intérêt nous commandent de traiter avec douceur et bonté les animaux domestiques.

Les animaux utiles. — La plupart des animaux vivent en dehors de nos demeures. Les uns peuvent nous rendre certains services : la chouette, le hibou détruisent les souris et préservent nos récoltes. Le pinson, le rougegorge, font la chasse aux chenilles et aux insectes qui attaquent les arbres fruitiers ou les plantes. Il y a parmi les animaux qui vivent en liberté des animaux qui nous sont *utiles*.

Notre intérêt nous commande de protéger les animaux qui nous viennent en aide dans notre lutte contre les espèces nuisibles. Il faut donc non seulement ne pas les détruire ou les tourmenter, mais encore faire ce qui dépend de nous pour assurer leur propagation et augmenter le nombre de nos auxiliaires. Ce n'est pas seulement notre intérêt qui nous commande d'agir ainsi envers les animaux utiles, c'est encore notre devoir; car un homme raisonnable doit toujours rendre le bien pour le bien, quel que soit l'être vivant qui ait bien agi à son égard.

Notre devoir et notre intérêt nous commandent de protéger les animaux utiles.

Les animaux nuisibles. — Enfin il y a des animaux qui nuisent à nos récoltes, comme les souris, les rats; d'autres qui font la guerre aux animaux domestiques, comme le renard et le loup; d'autres enfin qui sont nos propres ennemis : les animaux féroces, lions, tigres, les serpents venimeux, certains insectes, etc. Ce sont des animaux *nuisibles*.

Nous devons détruire les animaux nuisibles pour nous préserver, pour préserver de leurs attaques nos semblables ou les animaux domestiques et utiles. Nous devons faire tout ce que nous pouvons pour en diminuer le nombre ou. même pour les faire disparaître, comme les Anglais, par exemple, l'ont fait pour les loups de la Grande-Bretagne. Mais nous ne devons jamais les torturer, leur imposer des souffrances inutiles ; car en agissant ainsi nous perdons notre dignité d'homme, nous pouvons nous habituer à la cruauté et devenir cruels envers nos semblables eux-mêmes.

Il faut détruire les animaux nuisibles, mais il ne faut ni les torturer, ni les faire souffrir inutilement.

La vivisection. — Pour découvrir la manière dont s'accomplissent certaines fonctions, pour savoir quel effet produit la suppression de tel organe, pour connaître quel changement amène dans l'organisme l'introduction de telle ou telle substance particulière, les physiologistes se servent, dans leur laboratoire, d'animaux vivants sur lesquels ils font des expériences. C'est ainsi que Claude Bernard a découvert le rôle du foie dans la digestion, que l'on a découvert les fonctions de plusieurs parties du cerveau. C'est en expérimentant sur des lapins et des chiens que M. Pasteur a trouvé le moyen de préserver de la rage les animaux et l'homme lui-même. Dans beaucoup d'expériences, on supprime la souffrance par l'emploi des anesthésiques ; mais dans certains cas, si l'on veut constater l'effet produit sur la sensibilité, on laisse l'animal dans son état normal.

L'homme peut-il faire ainsi mourir et souffrir les animaux ; peut-il leur imposer des souffrances qu'il ne lui est pas permis d'imposer à ses semblables ?

On a répondu quelquefois négativement à cette question ; il s'est même formé des sociétés antivivisectionnistes qui cherchent à obtenir l'intervention des gouvernements pour empêcher les expériences sur les animaux vivants.

Il faut convenir que les expériences faites dans le but unique de voir comment se produit un phénomène bien connu, ne sauraient à aucun point de vue être justifiées; mais celui-là seul qui fait l'expérience sait quel but il poursuit. Ceux qui en sont les spectateurs ne peuvent jamais affirmer que l'expérience entreprise ne peut avoir de résultats utiles pour la connaissance des phénomènes, pour la conservation de la vie des hommes et des animaux eux-mêmes. Il n'appartient donc à personne, pas même aux gouvernements, d'intervenir en ce cas. C'est à chacun de s'interroger et de voir s'il y a quelque utilité scientifique à tenter telle ou telle expérience, en se souvenant toujours qu'il ne faut pas imposer aux êtres vivants des souffrances inutiles.

Nous pouvons pratiquer la vivisection pour mieux connaître les phénomènes physiologiques, pour trouver les moyens de conserver notre vie et celle des animaux eux-mêmes, mais il ne faut jamais imposer aux êtres vivants des souffrances inutiles.

Devoirs stricts et larges, négatifs et positifs. — Il y a dans les devoirs individuels un ensemble de prescriptions qui constituent un *minimum* au-dessous duquel on ne peut descendre sans cesser d'être un honnête homme : on ne doit rien faire qui puisse porter atteinte à sa vie, à son intelligence, à son honneur, on ne doit ni mentir, ni aliéner sa liberté et se faire esclave, ni dépenser inutilement sa fortune ou le fruit de son travail, ni infliger aux animaux des souffrances inutiles, etc. : ces devoirs constituent les devoirs *stricts* ; on les appelle encore *négatifs* ou *prohibitifs*, parce qu'ils nous défendent de faire tout ce qui pourrait diminuer notre valeur physique, intellectuelle et morale.

Il en est d'autres qui nous commandent de développer nos aptitudes physiques, d'augmenter nos ressources pécuniaires, de cultiver notre intelligence et notre sensibilité, de fortifier notre volonté, d'accroître chaque jour notre valeur personnelle. Ces devoirs sont *positifs* ou *impératifs* ; on les appelle encore devoirs *larges*, parce qu'ils varient selon les individus et les circonstances. Ne pas se donner la mort est un devoir strict, parce qu'il s'impose dans les mêmes termes à tous les individus. Développer ses aptitudes physiques est un devoir large, parce qu'on peut le remplir de bien des manières différentes et dans des mesures fort différentes. C'est un devoir pour un homme qui a des occupations sédentaires de se promener, de faire des exercices gymnastiques, de l'escrime, etc. ; ce ne sera pas un devoir pour le bûcheron, qui va chaque jour travailler au loin dans la forêt. L'homme riche peut et doit consacrer plusieurs heures par jour à la culture de son intelligence ; le pauvre ne peut et ne doit y consacrer que quelques-uns de ses rares moments de loisir.

Toutefois il y a certains devoirs individuels qu'il serait difficile de faire rentrer dans l'une de ces deux catégories : on ne peut facilement, par exemple, séparer l'obligation de ne pas détruire son intelligence et celle de la développer, car celui qui ne la cultive pas la laisse presque toujours se détruire.

Les devoirs stricts, ou négatifs comprennent le minimum de nos obligations envers nous-mêmes, ce qu'il nous est défendu de faire sous peine de porter atteinte à notre dignité personnelle; les devoirs larges ou positifs nous indiquent ce qu'il faut faire pour augmenter notre valeur dans la mesure où le permettent nos aptitudes, nos ressources et les circonstances dans lesquelles nous nous trouvons.

Cette distinction n'a pas une valeur absolue.

Les droits individuels. — On est souvent porté à croire que l'individu a tous les droits sur sa personne : il est facile de voir en parcourant la liste de ses devoirs envers lui-même qu'il n'en est absolument rien. Robinson Crusoé avait dans son île le droit d'user des choses, des plantes et des animaux ; le droit d'économiser une partie du fruit de son travail, de le partager avec son chien, ses chats, son perroquet; il avait le droit de s'exposer à la mort pour sauver Vendredi, de s'imposer, au commencement, des fatigués même excessives pour se garantir plus rapidement contre les attaques des animaux et des sauvages ; il avait le droit de travailler à assurer sa sécurité, même en négligeant presque complètement son développement intellectuel et moral, mais il n'avait le droit ni de se laisser mourir de faim, ni de se donner la mort, ni de renoncer pour toujours à cultiver son intelligence, sa sensibilité et sa volonté.

L'individu a le droit de conserver et de développer les facultés qui constituent sa personnalité, de faire servir les facultés ou les inclinations inférieures au développement des facultés ou des inclinations supérieures; mais il n'a pas le droit de disposer de sa personne et de ses facultés en violant ses devoirs envers lui-même.

Le perfectionnement individuel : hygiène, médecine et gymnastique morales, examen de conscience et travail. — Pour assurer le développement harmonieux de ses inclinations et de ses facultés, il faut empêcher autant qu'on le peut, l'apparition des passions, qui sont de véritables maladies de l'âme. Celui qui obéit aux prescriptions de l'hygiène échappe à la plupart des maladies qui attaquent le corps (ch. XVI); celui qui suit une *hygiène morale*, qui évite par tous les moyens que lui indiquent la psychologie, la logique et la morale, de contracter de mauvaises habitudes, échappe aux passions et conserve la santé de l'âme.

Quand le corps est malade, on a recours au médecin pour l'indication des remèdes propres à le guérir. Il y a de même une *médecine de l'âme* qui nous enseigne à guérir nos passions. Nous éviterons par exemple, la vue de la personne qui nous met en colère, la fréquentation de ceux qui nous ont excités contre elle ; l'ivrogne s'abstiendra d'entrer au cabaret, de goûter des liqueurs fortes. On procédera par degrés, on s'imposera, si l'on est paresseux, une tâche qu'on augmentera graduellement ; on se surveillera sans cesse pour éviter les rechutes, etc.

Enfin il y a des moyens de fortifier le moral comme des

moyens de fortifier le physique, une *gymnastique de l'âme* comme une gymnastique du corps. Il convient d'abord de s'examiner chaque jour, de se demander ce qu'on a fait pour le développement de ses aptitudes physiques, de son intelligence, de sa sensibilité, de sa volonté, de son habileté professionnelle, etc., de noter les fautes qu'on a commises, de prendre la résolution de n'y plus retomber, de réfléchir aux moyens de les éviter et d'acquérir les qualités qui manquent. La psychologie, la logique, la morale, nous font connaître les moyens de cultiver notre intelligence, notre sensibilité et notre volonté, elles nous montrent que le travail sous toutes ses formes est essentiellement propre à nous améliorer au physique et au moral; que les bonnes compagnies, les bonnes lectures conduisent au même résultat : mais on peut trouver dans les moralistes, Cicéron *, Epictète *, Marc-Aurèle *, Descartes *, Franklin * des indications pratiques d'une utilité incontestable.

On sait que Franklin * avait dressé un catalogue des 13 qualités qu'il voulait acquérir ; il y avait fait entrer la tempérance, le silence, l'ordre, la résolution, la frugalité, l'industrie, la sincérité, la justice, la modération, la propreté, la tranquillité, la chasteté, l'humilité. En tête de chacune des 13 pages d'un petit livret, il plaça le nom d'une de ces vertus ; puis il établit, dans chaque page 7 colonnes verticales en tête desquelles il mit le nom des jours de la semaine, 13 colonnes transversales portant chacune le nom d'une vertu. Il donnait une semaine de sérieuse attention à chacune de ces vertus : il marquait, par exemple, chaque soir, toutes les fautes commises, mais il s'efforçait, pendant toute la première semaine d'éviter les fautes contre la tempérance. La semaine suivante, il cherchait à observer le silence, la troisième semaine, l'ordre ; en 13 semaines il avait fait un cours complet qu'il pouvait renouveler 4 fois dans une année. Il procédait comme le jardinier qui débarrasse d'abord une plate-bande de ses mauvaises herbes, et ne passe à une autre que quand il a fini le travail de la première, comme les politiques qui appliquent la maxime : *Diviser pour régner.*

Il y a une hygiène morale qui enseigne à éviter les

passions, une médecine morale qui les guérit, une gymnastique morale qui nous apprend à cultiver et à fortifier notre âme. L'examen de conscience nous montre quels défauts nous devons combattre, quelles qualités nous devons acquérir. Le travail et l'emploi des moyens que nous font connaître l'étude de la psychologie, de la logique, de la morale, la lecture des moralistes, nous permettent de nous débarrasser des uns et d'acquérir les autres.

RÉSUMÉ

Quel est l'objet des devoirs relatifs à l'intelligence ? — Les devoirs relatifs à l'intelligence sont en même temps des devoirs relatifs à la faculté du langage ; ils ont pour objet la recherche et l'expression de la vérité.

Que devons-nous faire, par rapport à la recherche de la vérité ? — Notre devoir, notre plaisir, notre intérêt nous commandent à tous de connaître ce qui concerne notre profession, nos devoirs de chef de famille, de citoyen, d'homme. A ce minimum de connaissances, chacun doit joindre par la suite l'étude de ce qui concerne sa profession, afin de l'exercer avec intelligence, de ne pas se laisser guider par la routine et de conserver l'esprit d'initiative ; de ce qui peut le rendre plus apte à remplir tous ses devoirs envers la famille, la patrie, l'humanité ; de ce qui peut lui faire connaître la nature et ses semblables, lui faire voir les choses autrement qu'il n'est habitué à les regarder, augmenter sa valeur intellectuelle, le détourner des distractions malfaisantes ou nuisibles.

Que savez-vous des qualités intellectuelles ? — Il faut exercer toutes nos facultés intellectuelles pour acquérir ou développer les qualités qui nous permettent de trouver mieux et plus vite la vérité, d'éviter plus sûrement l'erreur ; il faut chercher à acquérir par l'étude un esprit qui juge vite et bien en matière scientifique ; par l'observation et la réflexion, du bon sens ou du discernement pour apprécier les hommes, les choses et les événements, de la prudence, pour régler notre conduite ou celle d'autrui d'après l'intérêt bien entendu.

Parlez de l'expression de la vérité, de la sincérité et de la dissimulation; de la discrétion, de la véracité et du mensonge. — La véracité consiste à n'exprimer par ses paroles que la vérité; la sincérité, à dire tout ce qu'on pense comme on le pense; la discrétion à taire une partie de la vérité sans manquer à la véracité. La dissimulation est un défaut, elle est un vice si elle se joint au mensonge; le mensonge intérieur ou extérieur est toujours condamnable : la fraude, le parjure, la calomnie, violent nos devoirs envers nous-mêmes et nos devoirs envers nos semblables.

Que savez-vous des devoirs envers la sensibilité ? — Il faut développer les inclinations personnelles de manière à devenir un homme intelligent et robuste, énergique et moral; les inclinations sympathiques et sociales, pour se rendre capable de faire acquérir à ses enfants, à ses concitoyens, à ses semblables, les qualités physiques, intellectuelles et morales qu'on a développées en soi; enfin les inclinations supérieures de manière à acquérir pour soi et à faire acquérir aux autres le plus haut degré de perfection qu'il nous soit donné d'atteindre.

Quels sont les devoirs personnels relatifs à l'activité ? — C'est par la volonté que nous développons notre personnalité, que nous formons notre caractère et nos habitudes. Nous devons travailler à acquérir une volonté énergique, une âme forte, du courage pour nous acquitter de nos devoirs de soldat et de citoyen, de la patience pour supporter l'adversité, de la modération pour les temps de prospérité, une humeur égale pour toutes les circonstances de la vie. Nous devons conserver notre dignité personnelle sans tomber dans l'orgueil, la vanité ou la fatuité, être modestes et humbles sans bassesse.

La division du travail a donné naissance à un grand nombre de professions; nous devons demander à une profession honorable les moyens de vivre et de faire vivre notre famille.

Quels sont nos devoirs professionnels ? — Notre choix peut porter sur toutes les professions honnêtes et lucratives; nous devons nous rendre compte de leurs avantages, des obligations qu'elles imposent, ne pas les juger d'après l'apparence, consulter les personnes compétentes et nos parents, choisir celle pour laquelle nous avons le plus d'aptitude, en faire avec soin l'apprentissage, travailler sans cesse à y devenir plus habiles, nous acquitter de toutes les obligations spéciales qu'elle impose, obéir en la pratiquant à toutes les règles de la morale, nous souvenir que toutes les professions honnêtes et lucratives sont utiles, et accorder notre estime à tous ceux qui en les exerçant convenablement concourent avec nous au maintien et à la prospérité de la société dans laquelle nous vivons.

Quels doivent être nos rapports avec la nature ? — Il ne faut détruire aucun être sans nécessité ; la contemplation des beautés naturelles élève nos sentiments et fait taire les penchants égoïstes et inférieurs ; celui qui mutile les fleurs détruit l'ordre naturel et s'habitue à être brutal avec les animaux et avec ses semblables.

Comment devons-nous nous comporter à l'égard des animaux domestiques ? — Notre devoir et notre intérêt nous commandent de traiter avec douceur et bonté les animaux domestiques.

Que devons-nous faire pour les animaux utiles ? — Notre devoir et notre intérêt nous commandent de protéger les animaux utiles.

Comment devons-nous agir avec les animaux nuisibles ? — Il faut détruire les animaux nuisibles, mais il ne faut ni les torturer, ni les faire souffrir inutilement.

Que faut-il penser de la vivisection ? — Nous pouvons pratiquer la vivisection pour mieux connaître les phénomènes physiologiques, pour trouver les moyens de conserver notre vie et celle des animaux eux-mêmes, mais il ne faut jamais imposer aux êtres vivants de souffrances inutiles.

Que savez-vous des devoirs stricts et négatifs, larges et positifs, par rapport à l'individu ? — Les devoirs stricts ou négatifs comprennent le minimum de nos obligations envers nous-mêmes, ce qu'il nous est défendu de faire sous peine de porter atteinte à notre dignité personnelle ; les devoirs larges ou positifs nous indiquent ce qu'il faut faire pour augmenter notre valeur, dans la mesure où le permettent nos aptitudes, nos ressources et les circonstances dans lesquelles nous nous trouvons.

Cette distinction n'a pas de valeur absolue.

Que savez-vous des droits individuels ? — L'individu a le droit de conserver et de développer les facultés qui constituent sa personnalité; de faire servir les facultés ou les inclinations inférieures au développement des facultés ou des inclinations supérieures ; mais il n'a pas le droit de disposer de sa personne et de ses facultés en violant ses devoirs envers lui-même.

Que savez-vous du perfectionnement individuel? — Il y a une hygiène morale qui nous enseigne à éviter les passions, une médecine morale qui les guérit, une gymnastique morale qui nous apprend à cultiver et à fortifier notre âme. L'examen de conscience nous montre quels défauts nous devons combattre et quelles qualités nous devons acquérir. Le travail et l'emploi des moyens que nous font connaître l'étude de la psychologie, de la logique et de la morale, la lecture des moralistes, nous permettent de nous débarrasser des uns et d'acquérir les autres.

DEVOIRS A TRAITER.

I. Devoirs relatifs à l'intelligence.

II. Devoirs relatifs à la sensibilité et à l'activité.

III. Devoirs professionnels.

IV. Les rapports de l'homme avec la nature inorganique, avec les plantes et les animaux.

V. Ranger les devoirs individuels en deux groupes : placer d'un côté tous les devoirs stricts et négatifs, de l'autre tous les devoirs larges ou positifs.

VI. Les devoirs et les droits individuels.

VII. Le perfectionnement individuel.

VIII. Faut-il détruire les passions ?

QUESTIONS A ÉTUDIER.

I. Le second vice est de mentir, le premier est de s'endetter. Le mensonge monte à cheval sur la dette. (Franklin*.)

II. On ne croit plus un menteur même quand il dit la vérité.

III. L'orgueil est un mendiant qui crie aussi haut que le besoin, et qui est bien plus insolent. (Franklin*.)

IV. L'étude a été pour moi le souverain remède contre les dégoûts de la vie, n'ayant jamais eu de chagrin qu'une heure de lecture n'eût dissipé. (Montesquieu*.)

V. Expliquer et commenter les vers suivants :

Dites-moi, terre et cieux, dites-moi sombre [mer.
Si vous n'éprouvez rien, qu'avez-vous donc en [vous.
Qui fait bondir le cœur et fléchir les genoux.
A. DE MUSSET.

VI. Une femme qui n'aime pas les fleurs est un monstre. (G. Sand*.) Un homme qui les mutile sans nécessité est à coup sûr un brutal et un sot. (Marion*.)

VII. Le bon sens est la chose du monde la mieux partagée. (Descartes*.)

VIII. Est-ce un danger d'instruire le peuple ? Est-ce l'instruction qui fait les déclassés ?

IX. Le courage civil et le courage militaire.

X. La colère est une courte folie.

XI. Celui qui se fait ver peut-il se plaindre d'être écrasé ? (Kant*.)

XII. Examiner et commenter la maxime stoïcienne : *Supporte et abstiens-toi.*

XIII. Le choix d'une profession.

XIV. Les devoirs du professeur.

XV. L'union des classes.

XVI. En toute chose, il faut considérer la fin. (La Fontaine, le *Renard et le Bouc.*)

XVII. La méfiance est mère de la sûreté. (La Fontaine, le *Chat et le vieux Rat.*)

XVIII. Ne point mentir, être content du sien, c'est le plus sûr. (La Fontaine, le *Bûcheron et Mercure.*)

XIX. Notre condition jamais ne nous contente :
La pire est toujours la présente.

(La Fontaine, l'*Ane et ses maîtres*).

XX. La mort ne surprend point le sage. (La Fontaine, le *Mort et le Mourant*).

XXI. ...Quand le mal est certain,
La plainte ni la peur ne changent le [destin,
Et le moins prévoyant est toujours le [plus sage.

(La Fontaine, le *Cochon, la Chèvre et le Mouton*).

XXII. Laissez dire les sots, le savoir a son prix. (La Fontaine, l'*Avantage de la Science.*)

XXIII. Rien de trop. (La Fontaine, IX, 10.)

XXIV. Imprudence, babil, et sotte vanité,
Et vaine curiosité,
Ont ensemble étroit parentage :
Ce sont enfants tous d'un lignage.

(La Fontaine, la *Tortue et les deux Canards.*)

XXV. La compagnie des honnêtes gens est un trésor.

XXVI. Dis-moi qui tu hantes, je te dirai qui tu es.

XXVII. Les livres sont à l'âme ce que les aliments sont au corps.

XXVIII. Voulez-vous qu'on dise du bien de vous, n'en dites point ; le *moi* est haïssable. (Pascal*.)

XXIX. La modestie est l'ornement du mérite, elle lui donne de la force et du relief. (La Bruyère).

XXX. Rougir de son premier état ou de l'humble condition de ses parents, c'est faire preuve d'un esprit étroit et d'un mauvais cœur.

XXXI. La sottise et la vanité sont deux sœurs qui se quittent peu.

XXXII. Quand on me fait une injure, je tâche d'élever mon âme si haut que l'offense ne parvienne pas jusqu'à moi. (Descartes*.)

XXXIII. L'adversité est l'épreuve de la vertu.

XXXIV. Une grande âme est au-dessus de l'injure, de l'injustice et de la douleur. (La Bruyère.)

XXXV. La fortune peut se jouer de la sagesse des gens vertueux ; elle ne saurait faire fléchir leur courage.

XXXVI. Agir sans avoir réfléchi, c'est se mettre en voyage sans avoir fait de préparatifs.

XXXVII. Le secret le mieux gardé est celui que l'on tait.

XXXVIII. Pour bien parler, il faut parler peu.

XXXIX. L'éducation de la jeunesse est une œuvre de dévouement ; sans s'élever à la sublimité de la tendresse paternelle, celle d'un maître peut s'en rapprocher beaucoup. (Barrau.)

XL. Faut-il proscrire toute nourriture

animale? (Pythagoriciens, brahmanes, végétariens.)

XLI. La Société protectrice des animaux et la loi Grammont.

XLII. Il n'y a pas de sot métier, il n'y a que de sottes gens.

XLIII. Douze métiers, treize misères.

QUESTIONS POSÉES.

I. Faut-il toujours dire tout ce que l'on pense? (Brev. sup.)

II. La formule, *Penser ce qu'on dit et dire ce qu'on pense*, a-t-elle une valeur absolue? (Brev. sup., Enseig. sec. des jeunes filles.)

III. L'individu a-t-il des devoirs intellectuels envers lui-même? (Brev. sup., Bacc. ès lettres.)

IV. Comment doit-on punir le mensonge chez les enfants? (Brev. sup., Écoles mat., Écoles norm.)

V. Quelle est la morale à tirer du *Misanthrope* de Molière? (Brev. sup., Enseig. sec. des jeunes filles.)

VI. Quelle est la conclusion morale à tirer des *Femmes savantes*? (Bac. enseig. spécial, Bac. ès lettres.)

VII. Devoirs de l'enfant envers son intelligence. (Écoles maternelles, Brev. sup.)

VIII. La modestie. (Certif. d'apt. pédag.)

IX. De la connaissance de soi-même comme moyen de perfectionnement moral. (Sèvres, brev. sup., Bacc. ès lettres.)

X. De la sincérité et de la véracité, importance capitale de ces vertus, moyens pratiques de les développer chez les enfants et de combattre chez eux le mensonge. (Écoles normales, Brev. élém., Écoles maternelles.)

XI. De la nonchalance, ses causes, moyens de la corriger chez les enfants et les jeunes gens. (Enseig. secondaire des jeunes filles, Écoles maternelles, Brev. sup.)

XII. Des dangers des lectures mal choisies, indiquer les principes que doit suivre une maîtresse dans le choix des lectures qu'elle conseille à ses élèves. (Enseig. secondaire des jeunes filles, Écoles normales.)

XIII. Expliquer et commenter cette pensée : « Regarder au-dessous de soi, non au-dessus, c'est l'art d'être heureux. » (Brev. élém., Enseig. secondaire des jeunes filles.)

XIV. Hygiène et gymnastique morales. (Bacc. ès lettres, Enseig. sec. des jeunes filles.)

XV. L'examen de conscience. (Bacc. ès lettres, Brev. sup., Enseig. secondaire des jeunes filles, Bacc. enseig. spécial.)

Conseils pédagogiques. — Montrer comment les grandes découvertes scientifiques (vapeur, électricité, etc.) ont servi aux progrès de la vie matérielle ; raconter aux enfants la vie des grands savants et des grands inventeurs, leur faire voir que pour trouver la vérité et être utiles à leurs semblables la plupart d'entre eux n'ont pas craint la misère et même le dédain de leurs contemporains. — Faire comprendre aux enfants qu'ils fortifient leur intelligence, qu'ils augmentent leur valeur personnelle en acquérant des connaissances nouvelles, qu'ils peuvent se préparer dans l'étude un remède à tous les maux (Montesquieu*), un délassement pour les moments d'ennui. — S'attacher avant tout à donner à l'enfant le *minimum* de connaissances nécessaires ; s'efforcer ensuite de faire naître le goût de l'étude et de la lecture, de développer les facultés intellectuelles et spécialement le bon sens et la prudence. — Insister sur le danger des mauvaises lectures ; essayer de donner aux enfants le goût des belles choses en leur montrant des gravures, en leur faisant visiter les musées, entendre et exécuter de belles mélodies. — Le dessin et la musique sont pour l'avenir des moyens de distractions qui pourront empêcher la fréquentation des cabarets, des mauvaises compagnies, etc. — Combattre chez les enfants le mensonge sous toutes ses formes, leur faire sentir le mérite de la véracité, de la sincérité et de la discrétion. — Faire lire et commenter les articles du Code qui concernent la fraude, la calomnie, le faux serment etc. (*Pierre Laloi*, 1re année.) — Ne pas oublier que c'est dans le jeune âge que s'acquièrent les habitudes dont se formera le caractère, faire par conséquent contracter aux enfants de bonnes habitudes, combattre les passions égoïstes, gourmandise, envie, paresse ; travailler à développer les inclinations sociales, sympathiques, à faire aimer l'étude, la lecture, la vue des belles choses, le dessin, la musique, le jardinage, etc., pour prémunir l'enfant contre les passions mauvaises. — Lui montrer que la suprême perfection consiste dans le développement harmonieux des inclinations. — Se servir d'exemples réels (saint Vincent de Paul, les lauréats des prix de vertu, Bayard, Duguesclin, Jeanne d'Arc, etc.) ou d'histoires imaginaires (*Pierre Laloi*, Petites histoires pour apprendre la vie, Jean-Fait-Tout, Les derniers coups de canon, La patrie, Le bon ménage etc.). — Employer de même des exemples réels et imaginaires pour montrer aux enfants le prix du courage civil et militaire, de la patience, de la modération, de l'égalité d'humeur. — Chercher à leur donner de bonne heure le sentiment de la dignité personnelle. — Montrer aux enfants de quelle importance est le choix d'une profession : insister sur les bons côtés des professions en apparence les moins avantageuses, sur les inconvénients de celles qui semblent le plus séduisantes (*Pierre Laloi*, 1re année, Le métier : ouvriers et patrons, Le cultivateur, Le commerçant, L'employé de l'État). — Faire comprendre aux enfants que l'ouvrier qui craint toujours de faire trop de besogne, que le commerçant qui garantit une marchandise avariée, manquent à leurs devoirs professionnels et travaillent contre leurs propres intérêts. — Montrer aux enfants quelles beautés on trouve dans la nature, quelle circulation incessante relie l'un à l'autre les trois règnes de la nature ; chercher à leur faire aimer la culture et l'étude des fleurs. — Leur indiquer les ressemblances des hommes et des animaux : leur rappeler que les animaux nous offrent des exemples bons à suivre, que les abeilles et les fourmis sont économes et diligentes, les castors industrieux, les ânes sobres et patients (commenter les fables de La Fontaine) ; que comme nous ils souffrent quand on les frappe, sont joyeux quand on les soigne et les flatte. — Réprimer tous les actes de brutalité et de cruauté. — Insister sur les services rendus par les animaux domestiques, sur l'affection même qu'ils nous témoignent ; montrer qu'il y a une véritable lâcheté à frapper des êtres qui ne peuvent se défendre, qu'il y a aussi un certain danger à le faire, car les ani-

maux se vengent quelquefois cruellement des mauvais traitements.
— Énumérer les services que rendent les animaux utiles ; instituer des sociétés protectrices ; exciter les enfants à veiller à la propagation des animaux utiles, à la conservation des nids ; combattre les préjugés (chouette, hibou). — Faire lire et commenter la loi Grammont, un certain nombre de bulletins de la Société protectrice.

Faire comprendre aux enfants qu'ils ne peuvent disposer comme ils l'entendent de leur propre personne, qu'on ne peut jamais manquer à ses devoirs en alléguant qu'on ne fait de tort qu'à soi-même. — Faire ressortir les avantages que l'on retire de la bonne compagnie, des lectures morales et instructives ; exercer les enfants à s'examiner chaque jour, à se juger eux-mêmes avec sévérité, à prendre pour exemple, quand ils cherchent à acquérir une vertu, les hommes qui l'ont le mieux pratiquée ; leur montrer qu'il faut combattre les passions à leur naissance pour les détruire (l'ivrogne commence par boire sans soif un verre de vin, le voleur et l'assassin, par voler une plume ou une bille, le calomniateur, par mentir en plaisantant, etc.). — Expliquer et commenter les maximes morales (*Questions à étudier*). — Faire appel au plaisir, à l'intérêt, au devoir, au sentiment, à l'amour de la patrie, pour exciter les enfants à remplir chacun de leurs devoirs.

BIBLIOGRAPHIE.

Marion, *Leçons de morale* 15, 16, 17, 18.
   Id   la *Solidarité morale*.
Xénophon, *Mémoires sur Socrate*.
Volney, la *Loi naturelle*.
Vinet, *Essais de philosophie morale*.
Stuart Mill, *Mes Mémoires*.
Paul Janet, la *Morale*.
   Id   *Philosophie du bonheur*.
Pierre Laloi, *Petites histoires pour apprendre la vie*.
Pierre Laloi, la *Première année d'instruction morale et civique*.
A. Thierry, *Dix ans d'études historiques*.
Ad. Franck, la *Morale pour tous*.
Renouvier, la *Science de la morale*.
Kant, *Doctrine de la vertu*.
Paul Janet, l'*Union des Classes*. (Revue des cours littéraires, 1867.)
Michelet, l'*Insecte*.
Cuvier, *Recueil des Éloges historiques*.
Rapports sur les prix de vertu. (Académie française.)

Maxime Du Camp, la *Vertu en France*.
Franklin, la *Science du bonhomme Richard*.
Franklin, *Autobiographie*.
Épictète, *Manuel et Entretiens*.
Marc Aurèle, *Pensées*.
Cicéron, *Traité des Devoirs*.
La Fontaine, *Fables*.
Rousseau, *Emile*.
Descartes, *Discours de la Méthode*.
Bossuet, *Connaissance de Dieu et de soi-même*.
Necker de Saussure (Mme), *Éducation progressive*.
Bulletins de la Société protectrice des animaux.
Cl. Bernard, *Introduction à la médecine expérimentale*.
George Sand, *Lettres d'un voyageur*. (Revue des Deux-Mondes, 1868.)
Barni, la *Morale dans la démocratie*.
C. Martha, les *Moralistes sous l'empire romain*.

CHAPITRE XVIII

LA FAMILLE, LES AMIS, LES DOMESTIQUES.

SOMMAIRE.

La famille. — Devoirs des époux. — Devoirs des parents. — Devoirs des enfants envers les parents. — Droits des parents et des enfants. — Devoirs des enfants entre eux. — Devoirs envers la famille en général. — Devoirs d'amitié. — Devoirs des maîtres envers les domestiques. — Devoirs des domestiques. — Devoirs stricts et négatifs, positifs et larges.

La famille. — L'homme ne vit pas isolé, il se choisit une épouse; les époux mettent en commun leur personne et tout ce qu'ils possèdent; ils élèvent ensemble leurs enfants; ils choisissent et surveillent les domestiques; ils réunissent leurs amis autour du foyer. Au-dessus de cette petite famille qui comprend les époux, les enfants, les amis et les domestiques, se place une famille plus grande dans laquelle rentrent ceux qui portent le même nom et ont une origine commune, les oncles, les cousins, les neveux, etc.

Nous avons à examiner les devoirs des époux, des parents, des enfants envers leurs parents, les droits des parents et des enfants, les devoirs des enfants entre eux, les devoirs envers les autres membres de la famille, les devoirs des amis, des maîtres et des domestiques.

Devoirs des époux. — L'homme qui veut fonder une famille doit avoir une profession ou un métier qui lui permette de subvenir aux besoins de sa femme et de ses enfants. Il faut qu'il ait une bonne santé, qu'il ne s'expose pas à transmettre à ses enfants de terribles maladies; qu'il ait fait sa propre éducation, développé harmonieusement toutes ses facultés, qu'il soit devenu un homme, au sens propre du mot, pour être capable de faire l'éducation de ses enfants.

De même la jeune fille doit, quelle que soit la fortune de ses parents, savoir faire le ménage et gouverner un intérieur; avoir acquis les habitudes de douceur, d'ordre, d'économie, de simplicité dont elle aura besoin chaque jour avec son mari et ses enfants; être assez instruite pour surveiller et aider ses enfants dans leur éducation intellectuelle, pour s'intéresser aux travaux de son mari.

Quant au choix d'une femme ou d'un mari, il faut y procéder avec beaucoup de soin et de réflexion, car il y va du bonheur ou du malheur des époux et de leurs parents, de l'honneur des familles, de l'avenir des enfants. Il ne faut pas oublier non plus que la prospérité et la grandeur d'un pays dépendent en grande partie de la paix, de l'union, de la prospérité de chacune des familles qui l'habitent.

Celui qui va choisir une épouse dans une famille peu honorable ou désunie s'expose à introduire à son foyer une personne capable de déshonorer un jour le nom que ses parents ont conservé pur de toute souillure, mal élevée et inhabile à diriger l'éducation de ses enfants, à gouverner son intérieur et à le rendre lui-même heureux. S'il prend une femme dont les parents occupent une situation fort inférieure ou trop supérieure à la sienne, il n'aura ni les mêmes idées ni les mêmes habitudes; l'union des deux époux ne sera jamais qu'incomplète, les rapports de chacun d'eux avec la famille de l'autre, ceux des deux familles elles-mêmes seront souvent fort difficiles.

Mais il ne suffit pas de s'adresser à une famille honorable, d'une condition voisine de la sienne, il faut surtout tenir compte des qualités et du caractère de la personne qu'on veut épouser. Celui qui épouse une coquette, la verra dépenser en toilette l'argent qui servirait à mieux nourrir, à habiller plus chaudement la famille, à assurer l'existence de tous pour les jours de chômage ou de maladie. Celle qui se marie avec un ivrogne sera malheureuse et pauvre toute sa vie; elle s'expose à avoir des enfants valétudinaires ou fous, mal élevés et misérables. Celui qui prend pour son argent une femme qu'il n'aime pas, la rendra malheureuse et sera malheureux lui-même; celui qui épouse une femme beaucoup plus jeune ou plus âgée que lui, ne vivra pas longtemps en bon accord avec elle. Il faut aimer la femme qu'on veut épouser, et n'épouser que celle dont les qualités, le caractère, l'âge sont propres à conserver toujours dans la famille l'affection, le respect, l'union.

Au moment du mariage les deux époux se promettent une affection et une fidélité mutuelles. Celui qui manque à cet engagement, pris en présence des deux familles, du représentant de l'État et souvent d'un pasteur ou d'un prêtre, commet un parjure (ch. XVII); il détruit la paix de l'intérieur, prépare pour sa femme et pour lui une existence malheureuse, pour ses enfants une éducation déplorable; il donne à la société un exemple funeste. Au contraire deux époux qui s'aiment et sont fidèles l'un à l'autre, qui travaillent en commun à leur perfectionnement intellectuel et moral, à l'éducation de leurs enfants, conservent leur bonheur et l'augmentent en préparant celui de leurs enfants.

C'est au mari que la loi accorde l'autorité en cas de conflit : mais, dans la pratique, il faut que le mari dirige ses affaires, que la femme gouverne son intérieur et que chacun n'intervienne dans le domaine de l'autre que par des conseils affectueux. Il faut que les deux époux soient égaux avec des attributions différentes; que chacun se souvienne qu'il y a une solidarité complète dans la famille, que le mari paresseux et ivrogne rend la femme acariâtre, dissipatrice, malpropre et débauchée, les enfants paresseux et voleurs; que la femme, dont le ménage est en désordre et malpropre, excite son mari à aller au cabaret.

C'est au mari qu'il appartient spécialement d'assurer la subsistance de la famille, de protéger la femme et les enfants. La femme doit surtout tenir la maison avec ordre, économie, encourager son mari, élever les enfants.

Il faut, pour fonder une famille, avoir une bonne santé, une profession suffisamment lucrative pour la faire vivre, être capable d'élever les enfants et de diriger la maison. Il faut choisir, dans une famille honorable et d'une condition analogue à la sienne, une personne qu'on aime, et dont le caractère, les qualités, l'âge permettent d'espérer toujours le maintien de la paix, de l'affection et du respect dans le ménage.

Les deux époux se doivent mutuellement affection, fidélité, aide et assistance; la loi commande à la femme d'obéir à son mari; dans les ménages unis, les deux époux sont égaux avec des attributions différentes; le mari fournit aux besoins de la famille, aide et protège la femme; la femme élève les enfants et tient la maison avec ordre et économie; il y a une solidarité complète entre les deux époux.

On ne doit recourir au divorce qu'en cas de nécessité absolue.

Devoirs des parents. — Les parents doivent nourrir leurs enfants, les vêtir, les loger, les soigner; leur faire donner une instruction proportionnée à leur situation de fortune, corriger leurs défauts, développer leurs qualités et leur faire acquérir de bonnes habitudes, leur donner toujours de bons conseils et de bons exemples. Ils doivent les aimer sans les gâter, les aimer tous également, examiner avec soin le développement de leurs inclinations pour se rendre un compte exact de la profession qui leur convient le mieux, pour leur donner de bons conseils à l'époque du mariage.

Le père et la mère doivent s'entendre pour élever les enfants, ne pas se contredire; la mère doit surtout faire appel à la douceur, le père à la fermeté. Celui des deux qui reste seul chargé de leur éducation doit remplir tous les devoirs qui incombaient à l'autre.

Les parents doivent de concert développer par leurs leçons, leurs conseils, leurs exemples, les qualités physiques, intellectuelles et morales qui permettront à tous leurs enfants de s'acquitter de leurs devoirs envers eux-mêmes, envers la patrie, la famille et leurs semblables.

Devoirs des enfants envers les parents. — Les parents aiment leurs enfants plus qu'eux-mêmes; ils ont l'expérience de la vie et savent ce qui leur est le plus avantageux; ils savent comment on acquiert certaines qualités et quels avantages elles procurent, comment on évite certains défauts; ils sont obligés d'enseigner à l'enfant les devoirs qu'il ignore, d'en faire un homme intelligent, capable de se suffire et un bon citoyen. Aussi la loi oblige-t-elle les enfants à obéir à leurs parents jusqu'à la majorité (ch. XXXIII); elle prolonge la minorité de 21 à 25 ans, pour les jeunes gens, de 18 à 21 pour les jeunes filles, quand il s'agit du mariage, c'est-à-dire d'un acte qui intéresse la famille, puisqu'il y introduit une personne nouvelle, qui en augmentera ou en diminuera l'honorabilité.

Quand l'enfant n'est plus obligé d'obéir à ses parents, mais se conduit lui-même et gouverne sa propre famille, il faut qu'il conserve de la déférence pour leurs avis.

Il doit tout à ses parents, la nourriture, les vêtements, l'éducation, l'instruction qu'ils lui font donner, la profession qui le fait vivre; il faut qu'il les aime et les respecte, qu'il leur vienne en aide dès son plus jeune âge, qu'il leur rende dans leur vieillesse les soins et l'affection qu'ils ont eus pour son enfance.

La loi intervient pour contraindre à nourrir, loger, vêtir leurs parents, les enfants qui ne le feraient pas de plein gré; l'opinion publique juge sévèrement ceux qui se contentent d'obéir aux prescriptions légales et se dispensent des soins affectueux qu'ils ont autrefois reçus; leurs enfants, témoins de leur ingratitude, apprennent à être eux-mêmes ingrats.

Les enfants doivent jusqu'à la majorité obéir à leurs parents, avoir ensuite de la déférence pour leurs avis, surtout s'il s'agit du mariage ou du choix d'une profession. Ils doivent toujours les aimer, les respecter, leur venir en aide, leur rendre quand ils sont vieux les soins qu'ils en ont reçus.

Droits des parents et des enfants. — A certaines époques et chez certains peuples, les parents avaient le droit de mettre à mort leurs enfants, de les vendre comme esclaves, de les faire travailler et de recueillir le fruit de leur travail : ils les considéraient comme une propriété dont ils pouvaient user et abuser. Mais de même que la loi morale n'accorde pas tout droit sur sa personne à l'individu, elle n'accorde pas au père de famille tout droit sur son enfant. Il a le droit de se faire obéir jusqu'à la majorité, parce qu'il ne pourrait autrement mener à bonne fin l'éducation qu'il a le devoir de donner; il a le droit de le corriger et de le punir, de l'obliger à gagner sa vie par le travail, quand il a atteint l'âge de 13 ans, de le faire arrêter et emprisonner lorsqu'il a commis une faute grave, de l'empêcher de se marier avant 25 ans, de l'obliger à lui fournir dans sa vieillesse la nourriture, le logement et les vêtements; mais il n'a pas le droit d'exiger l'obéissance de l'enfant devenu majeur, de le laisser grandir dans l'ignorance (ch. xxxiv) ou mourir de faim, de lui infliger de mauvais traitements, capables de nuire à sa santé, de l'exciter à la débauche, d'intervenir dans ses affaires quand il est majeur, de le priver complètement de sa part d'héritage au profit de ses autres enfants ou de personnes étrangères (ch. xxxiii).

De même que l'État intervient pour forcer les enfants à l'obéissance quand il s'agit du mariage, pour leur infliger une punition exemplaire quand les parents sont impuissants à les corriger, pour les obliger à subvenir aux besoins de parents vieux et pauvres, il intervient pour faire respecter les droits des enfants : il force les parents à les nourrir, à les loger, à les vêtir, à leur faire donner une instruction primaire de 6 ans à 13 ans: il punit les parents barbares ou dénaturés qui, par leurs mauvais traitements ou leurs excitations, détruisent la santé physique et morale de leurs enfants; il les empêche de les épuiser par un travail prématuré; il leur réserve la plus grande partie de l'héritage paternel et exige que le partage se fasse d'une façon à peu près égale entre tous les enfants. (Cf. *Questions à étudier.*)

Les parents n'ont pas la propriété absolue de leurs enfants : ils ont le droit de les faire obéir jusqu'à la majo-

rité, de les corriger, de les obliger à leur venir en aide dans leur vieillesse ; mais les enfants ont le droit, garanti par l'Etat, d'être logés, nourris, vêtus, instruits jusqu'à 13 ans, de partager également entre eux presque tout l'héritage paternel, de n'être ni brutalisés, ni corrompus, ni astreints de trop de bonne heure à un travail nuisible.

Devoirs des enfants entre eux. — Les frères et les sœurs reçoivent des mêmes parents la vie, la nourriture et l'éducation ; ils jouent ensemble, sont grondés ensemble ; ils vivent sans cesse les uns avec les autres ; ils portent le même nom et habitent la même maison. Ils ont en commun bon nombre d'idées et de sentiments ; ils apprennent insensiblement à s'aimer les uns les autres en même temps qu'ils apprennent à aimer leurs parents ; leur affection réciproque augmente chaque jour en raison des services mutuels qu'ils se rendent, des plaisirs et des chagrins qu'ils partagent.

C'est un devoir, en même temps qu'un plaisir, de s'aimer entre frères et sœurs. Pour rendre cette affection durable, pour l'augmenter, il faut que chacun s'habitue à tenir compte des goûts et des préférences des autres, à les respecter comme il est obligé de se respecter lui-même, à montrer pour eux de la complaisance, à être patient et à veiller sur ses mouvements de mauvaise humeur. Il faut que les aînés protègent leurs frères et sœurs, qu'ils n'abusent jamais de leurs forces ; qu'ils concourent à l'éducation des plus jeunes et se préparent à remplacer les parents s'ils venaient à mourir, à donner aux orphelins les soins et la direction qu'ils ont déjà reçus eux-mêmes. De leur côté, les plus jeunes doivent payer en affection et en obéissance, en respect et en complaisance le dévouement de leurs aînés, la protection qu'ils leur accordent, l'éducation qu'ils leur transmettent.

Les frères doivent être bons et polis envers leurs sœurs, les protéger en toute circonstance, lutter avec elles de douceur et de complaisance.

Les relations entre les enfants d'une même famille doivent se continuer après qu'ils ont quitté le foyer paternel ; il faut qu'ils se voient à des époques déterminées, que ceux qui ont une situation aisée viennent en aide à ceux qui se trouvent dans la misère, qu'ils se réjouissent ensemble de ce qui arrive d'heureux à l'un d'eux, qu'ils consolent celui qui devient malheureux ; qu'ils habituent leurs enfants à s'aimer, à se venir en aide comme ils s'aiment et se secourent les uns les autres.

Les enfants doivent s'aimer, se respecter, être complaisants et polis les uns pour les autres. Les aînés doivent protéger les plus jeunes et remplacer auprès d'eux les parents ; les plus jeunes, aimer, respecter leurs aînés et leur obéir. Les frères doivent protéger leurs sœurs et lutter avec elles de douceur et de complaisance.

Les relations doivent continuer entre les enfants devenus majeurs ; ils doivent se voir, s'aider les uns les autres et établir entre leurs familles respectives des relations analogues à celles qu'ils ont entre eux.

Devoirs envers la famille en général. — Le père et la mère de notre père et de notre mère les ont élevés, nourris, fait instruire ; ils leur ont donné une profession qui leur a permis de nous élever à leur tour. Nous devons payer en affection, en respect la dette de nos parents, nous rappeler que les grands parents sont meilleurs encore pour nous qu'ils n'ont été pour leurs enfants, rendre leurs derniers jours heureux et respectés.

Nos oncles et nos tantes ont été élevés avec notre père ou notre mère comme nous le sommes avec nos frères et nos sœurs : il faut avoir pour eux une affection voisine de celle que nous avons pour nos frères et y joindre le respect que commande leur âge. Quant à nos cousins et à nos cousines, ils partagent souvent nos travaux et nos jeux, nos joies et nos peines : il faut les aimer comme nos parents ont aimé les leurs.

On doit respecter le nom de sa famille, aimer ceux qui le portent, même quand ils ne sont que des parents éloignés, les assister autant qu'on le peut, les aider à conserver l'honneur de la famille, éviter avec tous les querelles, les procès, saisir toutes les occasions de réunion, se tenir au courant de leurs joies et de leurs peines, leur apprendre ce qui nous arrive d'heureux ou de malheureux.

Il faut avoir affection et respect pour nos grands parents, pour nos oncles et nos tantes; il faut aimer nos cousins, cousines et tous nos parents, leur venir en aide et conserver tous ensemble l'honneur du nom que nous portons.

Devoirs d'amitié. — Un ami véritable se réjouit de notre bonheur, s'afflige de notre malheur, il nous avertit de nos défauts et de nos fautes; il nous vient en aide dans le besoin; il reste auprès de nous quand tout le monde nous abandonne. Si nous prenons pour ami un homme vicieux, ses conseils, ses exemples nous excitent et excitent nos enfants à mal faire. Il faut donc choisir avec soin nos amis, ne donner ce nom qu'à des personnes honnêtes dont nous avons étudié le caractère et les goûts, avec lesquelles nous voulons travailler à nous rendre meilleurs.

Quand on a choisi un ami, il faut le conserver, être complaisant et poli, le bien accueillir, lui venir en aide quand on le peut, lui donner en toutes circonstances des marques d'affection, éviter tout ce qui pourrait le blesser.

Il faut choisir pour ami un honnête homme dont le caractère et les goûts s'accordent avec les nôtres, travailler ensemble à notre amélioration, vivre comme des frères.

Devoirs des maîtres, envers les domestiques. — Les domestiques (du latin *domus* = *maison*) sont chargés d'accomplir les travaux que les époux ne peuvent faire eux-mêmes; ils disposent de sommes quelquefois importantes et connaissent la plupart des affaires de la maison; ils suppléent souvent les parents auprès des enfants. S'ils sont honnêtes et intelligents, s'ils font bien leur besogne, ils contribuent à la prospérité de la famille et interviennent utilement dans l'éducation des enfants. Dans le cas contraire, ils deviennent quelquefois une cause de ruine; ils donnent aux enfants de mauvais conseils, de mauvais exemples et leur font contracter des habitudes funestes. Il importe donc, pour la tranquillité et la sécurité de la famille, pour l'éducation des enfants, qu'il y ait de *bons* domestiques dans la maison.

Pour cela, il faut bien les choisir : il faut s'entourer de tous les renseignements, en examiner scrupuleusement la valeur (ch. XIII).

Il faut ensuite les diriger et les surveiller. La maîtresse de maison doit être en état de faire elle-même les travaux qu'elle commande et voir s'ils sont bien faits. De même le maître doit veiller sur ses serviteurs et savoir exécuter par lui-même ou juger avec compétence ce qu'il leur commande. Tous deux doivent étudier avec grand soin le caractère des domestiques, leurs aptitudes et la manière dont ils se comportent avec les enfants. Avec des domestiques honnêtes, actifs et d'une moralité incontestable, ils seront indulgents pour certains défauts qui ne nuisent ni au service ni à l'éducation des enfants; tout en continuant une surveillance générale qui supprime les tentations de mal faire, ils leur manifesteront une confiance proportionnée à leur honnêteté et à leur zèle; les traiteront comme des *personnes*, ne leur demanderont que les choses qui relèvent de leur service, les respecteront et leur parleront avec politesse, n'oublieront jamais que les bons maîtres sont seuls capables de faire les bons domestiques. Enfin ils en changeront le plus rarement possible, témoigneront aux vieux serviteurs la reconnaissance que méritent leurs services, veilleront à ce que les enfants ne soient avec eux ni impolis ni grossiers, les considèreront enfin comme faisant réellement partie de la famille.

On doit choisir avec soin les domestiques, les surveiller, leur accorder une confiance proportionnée à leur honnêteté et à leur zèle, les conserver autant qu'on le peut, être bon et reconnaissant pour les anciens serviteurs, n'oublier jamais qu'ils sont hommes et ne pas permettre que les enfants l'oublient et les traitent avec dureté et grossièreté.

LA FAMILLE, LES AMIS, LES DOMESTIQUES.   307

Devoirs des domestiques. — Celui qui loue ses services pour subvenir à ses besoins s'engage à veiller sur les intérêts de ses maîtres comme sur ses propres intérêts, à ne rien détourner de ce qui leur appartient, à faire convenablement leur besogne, à devenir le collaborateur des parents dans l'éducation des enfants, à être poli, patient, complaisant.

Les domestiques ont intérêt à servir des personnes honnêtes qui apprécient leur honnêteté et leur zèle, à changer rarement de maison : quand ils connaissent leur service, la manière dont ils doivent le faire et se comporter avec leurs maîtres, leur tâche est plus facile, ils trouvent des égards et de l'affection, ils deviennent réellement membres de la famille dont ils sont les serviteurs. D'un autre côté, ils sont d'autant plus à même de faire des économies ou de se préparer des ressources pour leur vieillesse qu'ils restent plus longtemps dans une maison où leurs services sont convenablement rétribués.

Les domestiques doivent être honnêtes, zélés, polis et complaisants, ne donner aux enfants que de bons conseils et de bons exemples, rester le plus longtemps possible chez les maîtres où ils trouvent bonté et affection.

Devoirs stricts et négatifs, positifs et larges. — Le mari ne doit pas maltraiter sa femme, laisser mourir de faim ses enfants; ceux-ci ne doivent ni manquer de respect à leurs parents, ni être impolis ou grossiers entre eux; il ne faut ni ternir l'honneur de la famille à laquelle on appartient, ni blesser ses amis; les maîtres ne doivent pas conserver des domestiques qui pourraient corrompre leurs enfants; les domestiques ne doivent pas voler leurs maîtres. Les époux, les enfants, les membres d'une même famille, les maîtres et les domestiques ont, comme l'individu, des devoirs *négatifs* et *stricts*.

Les parents doivent donner à leurs enfants une éducation et une profession qui soient en rapport avec leur position personnelle; les enfants, soigner leurs vieux parents et leur fournir des ressources proportionnées à leur propre situation de fortune. Chacun doit venir en aide à tous les membres de sa famille, dans une mesure qui varie selon leurs besoins et ses ressources personnelles. Les maîtres doivent témoigner à leurs domestiques une affection et une confiance en rapport avec leurs services et leurs qualités ; les domestiques, être attachés à leurs maîtres et leur donner des marques de dévouement d'autant plus grandes qu'ils sont plus malheureux. Les parents, les enfants, les amis, les domestiques et les maîtres ont des devoirs *positifs*, parce qu'ils impliquent toujours un acte déterminé, *larges*, parce que les obligations qu'ils imposent varient avec les circonstances.

Il y a, à propos de la famille, des amis, des domestiques, comme à propos de l'individu, des devoirs stricts ou négatifs, des devoirs larges ou positifs.

RÉSUMÉ

Que faut-il examiner à propos de la famille? — Nous avons à examiner les devoirs des époux, des parents, des enfants envers leurs parents, les droits des parents et des enfants, les devoirs des enfants entre eux, les devoirs envers les autres membres de la famille, les devoirs des amis, des maîtres et des domestiques.

Quels sont les devoirs des époux? — Il faut, pour fonder une famille, avoir une bonne santé, une profession suffisamment lucrative pour la faire vivre, être capable d'élever ses enfants et de diriger la maison. Il faut choisir, dans une famille honorable et d'une condition égale à la sienne, une personne qu'on aime, et dont le caractère, les qualités, l'âge nous permettent d'espérer toujours le maintien de la paix, de l'affection et du respect dans le ménage.

Les époux se doivent mutuellement affection, fidélité, aide et assistance ; la loi commande à la femme d'obéir à son mari ; dans les ménages unis, les deux époux sont égaux avec des attributions différentes ; le mari fournit aux besoins de la famille, aide et protège la femme; la femme élève les enfants et tient la maison avec ordre et économie; il y a une solidarité complète entre les deux époux.

On ne doit recourir au divorce qu'en cas de nécessité absolue.

Quels sont les devoirs des parents? — Les parents doivent de concert développer par leurs leçons, leurs conseils, leurs exemples, les qualités physiques, intellectuelles et morales qui permettront à tous leurs enfants de s'acquitter de leurs devoirs envers eux-mêmes, envers la patrie, la famille et leurs semblables.

Quels sont les devoirs des enfants envers leurs parents? — Les enfants doivent jusqu'à la majorité obéir à leurs parents, avoir ensuite de la déférence pour leurs avis, surtout s'il s'agit du mariage ou du choix d'une profession. Ils doivent toujours les aimer, les respecter, leur venir en aide, leur rendre, quand ils sont vieux, les soins qu'ils en ont reçus.

Quels sont les droits des parents et des enfants? — Les parents n'ont pas la propriété absolue de leurs enfants : ils ont le droit de les faire obéir jusqu'à la majorité, de les corriger, de les obliger à leur venir en aide dans leur vieillesse; mais les enfants ont le droit, garanti par l'État, d'être logés, nourris, vêtus, instruits jusqu'à 13 ans, de partager également entre eux presque tout l'héritage paternel, de n'être ni brutalisés, ni corrompus, ni astreints de trop bonne heure à un travail nuisible.

Quels sont les devoirs des frères et des sœurs? — Les enfants doivent s'aimer, se respecter, être complaisants et polis les uns pour les autres. Les aînés doivent protéger les plus jeunes et remplacer auprès d'eux les parents; les plus jeunes, aimer, respecter leurs aînés et leur obéir. Les frères doivent protéger leurs sœurs et lutter avec elles de douceur et de complaisance. Les relations doivent continuer entre les enfants devenus majeurs; ils doivent se voir, s'aider les uns les autres et établir entre leurs familles respectives des relations analogues à celles qu'ils ont entre eux.

Quels sont nos devoirs envers les autres membres de la famille? — Il faut avoir affection et respect pour nos grands parents, pour nos oncles et nos tantes ; il faut aimer nos cousins, nos cousines et tous nos parents, leur venir en aide et conserver tous ensemble l'honneur du nom que nous portons.

Quels sont nos devoirs envers nos amis? — Il faut choisir pour ami un homme honnête dont le caractère et les goûts s'accordent avec les nôtres, travailler ensemble à notre amélioration, vivre comme des frères.

Quels sont les devoirs des maîtres envers les domestiques? — On doit choisir avec soin les domestiques, les surveiller, leur accorder une confiance proportionnée à leur honnêteté et à leur zèle, les conserver autant qu'on le peut, être bon et reconnaissant pour les anciens serviteurs, n'oublier jamais qu'ils sont hommes et ne pas permettre que les enfants l'oublient et les traitent avec dureté et grossièreté.

Quels sont les devoirs des domestiques? — Les domestiques doivent être honnêtes, zélés, polis et complaisants, ne donner aux enfants que de bons conseils et de bons exemples, rester le plus longtemps possible chez les maîtres où ils trouvent bonté et affection.

Que savez-vous à propos des devoirs de la famille, des amis, des domestiques? — Il y a, à propos de la famille, des amis, des domestiques, comme à propos de l'individu, des devoirs stricts ou négatifs, des devoirs larges ou positifs.

DEVOIRS A TRAITER

I. Devoirs des époux.
II. Devoirs des parents et des enfants.
III. Droits des parents et des enfants.
IV. Les frères et les sœurs.
V. Les amis.
VI. Les maîtres et les domestiques.
VII. La famille au sens large du mot.

QUESTIONS A ÉTUDIER

I. Que l'amour que vous devez à vos semblables commence à se manifester en vous dans toute sa perfection à l'égard de ceux avec qui vous êtes liés, par la plus étroite de toutes les fraternités, celle qui naît de la communauté du sang. (Silvio Pellico.*)

II. Le premier mérite qu'il faut chercher dans notre ami, c'est la vertu. (Mme de Saint-Lambert*.)

III. L'amitié d'après Montaigne*. (*Essais*, I, 17 et III, 9.)

IV. L'union conjugale est de nature républicaine. (Aristote*.)

V. Marie-toi parmi tes égaux, autrement tu auras des maîtres et non des parents. (Cléobule.)

VI. La solidarité dans la famille.

VII. Un bon mariage est une douce société de vie, pleine de constance, de peine et d'un nombre infini d'utiles et solides offices et obligations mutuelles (Montaigne*.)

VIII. Les mariages de raison et les mariages d'inclinations.

IX. Le divorce.

X. La polygamie.

XI. Le droit d'aînesse.

XII. De l'obligation pour les parents de ne pas gâter leurs enfants, de les corriger et de ne pas avoir de préférences injustes.

XIII. Les rapports des parents et des enfants devenus majeurs.

XIV. La famille chez les sauvages et dans l'antiquité.

XV. Les époux d'après Xénophon*. (*Économiques*.)

Examiner et commenter, au point de vue moral, les fables suivantes de la Fontaine:

1. *Parole de Socrate;*
2. *Le Fermier, le Chien et le Renard;*
3. *L'Ours et l'Amateur des jardins;*
4. *Les deux Pigeons;*
5. *Le Corbeau, la Gazelle, la Tortue et le Rat;*
6. *Les deux Amis.*

Expliquer et commenter au point de vue moral les articles suivants du Code civil:

ART. 146. Il n'y a pas de mariage lorsqu'il n'y a point de consentement.

ART. 148. Le fils qui n'a pas atteint l'âge de 25 ans accomplis, la fille qui n'a pas atteint l'âge de 21 ans accomplis, ne peuvent contracter mariage sans le consentement de leurs père et mère; en cas de dissentiment, le consentement du père suffit.

ART. 155. Après l'âge de 30 ans, il pourra être, à défaut de consentement, sur un acte respectueux, passé outre, un mois après, à la célébration du mariage.

ART. 203. Les époux contractent ensemble, par le fait seul du mariage, l'obligation de nourrir, entretenir et élever leurs enfants.

ART. 205. Les enfants doivent des aliments à leurs père et mère et autres ascendants qui sont dans le besoin.

ART. 212. Les époux se doivent mutuellement fidélité, secours, assistance.

ART. 213. Le mari doit protection à sa femme, la femme obéissance à son mari.

ART. 371. L'enfant, à tout âge, doit honneur et respect à ses père et mère.

ART. 375 à 377. Le père qui aura des sujets de mécontentement très graves sur la conduite d'un enfant pourra, si l'enfant est âgé de moins de 16 ans commencés, le faire détenir pendant un temps qui ne pourra excéder un mois; depuis 16 ans commencés jusqu'à la majorité ou l'émancipation, le père pourra seulement requérir la détention de son enfant pendant 6 mois au plus.

ART. 389. Le père est, durant le mariage administrateur des biens personnels de ses enfants mineurs. Il est comptable quant à la propriété et aux revenus, des biens dont il n'a pas la jouissance, et quant à la propriété seulement, de ceux des biens dont la loi lui donne l'usufruit.

ART. 1421. Le mari administre seul les biens de la communauté.

ART. 1426. Les actes faits par la femme sans le consentement du mari et même avec l'autorisation de la justice, n'engagent point les biens de la communauté, si ce n'est lorsqu'elle contracte comme marchande publique et pour le fait de son commerce.

ART. 1428. Le mari a l'administration de tous les biens personnels de la femme Il est responsable de tout dépérissement de ces biens, causé par défaut d'actes conservatoires.

ART. 1384-1780-913 (ch. xx.)

Expliquer et commenter, au point de vue moral, les principales dispositions de la loi sur le travail des enfants dans les manufactures, sur l'obligation scolaire.

QUESTIONS POSÉES.

I. Les devoirs des parents et des enfants. (Brev. sup., Écoles maternelles, Sèvres.)

II. L'autorité paternelle. (Brev. sup., Ens. second. des jeunes filles.)

III. Pourquoi un enfant doit-il obéissance, respect et amour à ses parents? (Brev. sup., Écoles maternelles.)

IV. Choix et surveillance des domestiques. (Ens. second. des jeunes filles.)

V. Rôle de la femme dans la famille. (Ens. second. des jeunes filles.)

VI. Part de la femme dans l'administration de la maison. (Ens. second. des jeunes filles.)

VII. Quels sentiments doit ressentir un enfant pour ses frères et sœurs? Quels sont les devoirs de l'aîné? (Écoles maternelles, Ens. second. des jeunes filles.)

VIII. Devoirs envers la famille. (Écoles maternelles, Bacc. ès lettres, Brev. élém. et sup., Sèvres.)

IX. L'amitié. (Ens. second. des jeunes filles, Brev. sup. et élém., Bacc. ès lettres.)

X. L'éducation des enfants. (Écoles normales, Brev. sup., Écoles maternelles.)

XI. Devoirs des enfants envers les domestiques. (Écoles maternelles, Ens. second. des jeunes filles.)

XII. Pourquoi, les parents doivent-ils avoir une égale affection pour tous leurs enfants? (Écoles maternelles, Ens. second. des jeunes filles.)

Conseils pédagogiques. — Expliquer et commenter au point de vue moral un certain nombre d'articles du Code, pour faire comprendre quels sont les devoirs que les époux et surtout les parents et les enfants sont, par la société, contraints d'accomplir. — Montrer en même temps que le Code ne prescrit qu'un *minimum* de devoirs, qu'on évite la prison ou l'amende si on les remplit, mais qu'il y a d'autres obligations auxquelles les parents et les enfants ne peuvent se soustraire sans encourir le blâme de leurs semblables et sans manquer à la loi morale. — Invoquer tout à la fois le plaisir, l'intérêt, le sentiment, le devoir pour obtenir l'accomplissement des devoirs dans la famille. — Procéder d'une façon concrète, par des récits (*Pierre Laloi*, La famille Seclin, Le bon ménage; La petite mère de famille, etc.), par des fables (*Cf. Questions à traiter*) dont on tire des conclusions pratiques. — Bien montrer, aux enfants, mais d'une façon discrète, qu'ils ne sont jamais dispensés de remplir leurs devoirs envers leurs parents, quelle que soit d'ailleurs la conduite de ces derniers; insister sur l'obligation stricte pour eux d'être toujours respectueux et polis. Faire sentir par des exemples, combien est précieuse pour l'enfant l'affection de ses frères et de ses sœurs, montrer de la même façon comment il la conserve et l'augmente. — Le maître doit éviter, dans ses rapports avec l'enfant, tout ce qui pourrait diminuer son respect pour ses parents; lui faire voir que l'on apprend à vivre dans la famille et que celui qui a été un bon fils et un bon frère, sera aisément un bon chef de famille, un bon citoyen, un homme honnête et utile à ses semblables. — Insister sur la nécessité de conserver sans souillure le nom que l'on porte (ch. xx); sur la solidarité de tous les membres d'une même famille, sur le choix d'un ami et les moyens de le conserver. — Bien montrer que le domestique dévoué et fidèle est aussi honorable que le maître qui remplit tous ses devoirs à son égard, qu'il faut beaucoup de bonne volonté de part et d'autre pour éviter les froissements inutiles, que les bons maîtres font les bons domestiques et que réciproquement les bons domestiques trouvent rarement de mauvais maîtres.

BIBLIOGRAPHIE

Henri Marion, *Leçons de morale*, leç. 26 et 27.
Henri Marion, la *Solidarité morale*.
Xénophon, *Mémoires sur Socrate*.
Xénophon, *Économiques*.
Pierre Laloi, *Petites histoires pour apprendre la vie*.
Pierre Laloi, *la 1re année d'instruction morale et civique*.
Maxime du Camp, la *Vertu en France*.
Montaigne, *Essais*.
Necker de Saussure (Mme), l'*Éducation progressive*.
Fénelon, *Éducation des filles*.
Spencer, *Essai sur l'éducation*.
Bain, la *Science de l'éducation*.
Barni, la *Morale dans la démocratie*.
A. Franck, *Philosophie du droit civil*.
Preyer, l'*Ame de l'enfant*.

Ad. Garnier, *Morale sociale*.
Paul Janet, la *Famille*.
Silvio Pellico, *Des Devoirs de l'homme*.
Paul Janet, la *Philosophie du bonheur*.
Paul Janet, la *Morale*.
Fustel de Coulanges, la *Cité antique*.
B. Pérez, (ouvrages cités ch. 1er).
Lubbock, les *Origines de la civilisation*.
Tylor, la *Civilisation primitive*.
Rousseau, *Émile*.
Épictète, *Manuel et Entretiens*.
Marc-Aurèle, *Pensées*.
Cicéron, *Traité des Devoirs*.
Aristote, *Morale à Nicomaque*.
Paul Janet, *Histoire de la science politique*.
De Nadaillac, les *Premiers hommes*.

CHAPITRE XIX

DEVOIRS CIVIQUES ET INTERNATIONAUX

SOMMAIRE.

La patrie et l'État. — La patrie, les éléments qui la constituent. — L'État et les citoyens. — Les trois pouvoirs de l'État; les droits de l'État; les devoirs de l'État. — Les droits des citoyens; les devoirs des citoyens, le patriotisme. — Les relations internationales : les relations en temps de paix; les relations en temps de guerre. — Devoirs stricts et larges, négatifs et positifs de l'État, des citoyens, des nations.

La patrie et l'État. — La constitution de la famille assure la dignité de la femme et l'éducation des enfants; le groupement des familles produit un *État*, qui donne une *patrie* commune à chacun de ceux qui les composent, assure à chaque famille une existence plus agréable et une sécurité plus grande.

La patrie, les éléments qui la constituent. — Si l'on considère les nations qui occupent actuellement le sol de l'Europe, on verra qu'il y a, entre les individus dont chacune se compose, un certain nombre de points communs.

Les Anglais et les Écossais possèdent en commun le territoire qu'on appelle la Grande-Bretagne et auquel la mer sert de *frontière naturelle*. De même les Italiens possèdent un territoire que limitent la mer et les montagnes. Mais la Belgique, qui forme une nation véritable, est séparée de la France et de la Hollande par des frontières toutes conventionnelles.

La Hollande est peuplée presque entièrement par les descendants des anciens Bataves et Frisons : la *communauté de race* contribue à resserrer les liens qui unissent les Hollandais. Mais la France comprend les descendants des Ibères (Basques), des Celtes (Bretons), des Belges, des Romains, des Francs, des Burgondes; la Grande-Bretagne, ceux des Bretons, des Calédoniens, des Scots, des Saxons, des Angles, des Danois et des Normands. D'un autre côté les États-Unis d'Amérique se sont séparés de l'Angleterre, quoique les habitants des deux pays fussent de même race; les colonies espagnoles de l'Amérique du Sud se sont proclamées indépendantes.

Nous avons vu quel rapport étroit existe entre la pensée et son expression (ch. VIII) : ceux qui parlent la même langue ont en commun beaucoup d'idées et de sentiments; les liens qui unissent les habitants d'un pays sont plus étroits quand ils ont une *langue commune*. Mais les Bretons, les Basques, les Flamands, les Alsaciens et une partie des Lorrains, des Niçois ne parlent pas la langue française; les Suisses parlent français, italien et allemand; les Belges, le flamand et le français. D'un autre côté, les Américains du Nord, qui parlent anglais, ceux du Sud qui parlent espagnol, les Canadiens qui parlent français, ne demandent pas à former une seule et même nation avec les Anglais, les Espagnols ou les Français.

C'est pour défendre leurs croyances religieuses que les Hollandais ont proclamé contre l'Espagne, l'indépendance de leur pays : ceux qui ont la *même religion* sont rapprochés par des pratiques, des idées, des sentiments communs. Mais parmi les Français, il y a des protestants, luthériens et calvinistes, des catholiques, des juifs, des musulmans, il y a des hommes qui ne se rattachent à aucune religion positive, il y en a même qui ne reconnaissent pas la religion naturelle*. Toutes les sectes religieuses ont des représentants aux États-Unis.

Les États-Unis d'Amérique se sont coalisés en 1776 pour défendre leurs intérêts menacés par la mère patrie : les hommes qui ont les *mêmes intérêts* sont disposés à se rapprocher les uns des autres. Mais les individus qui constituent une grande nation comprennent souvent leurs intérêts de façons fort différentes : les uns réclament qu'on protège leurs produits en mettant des droits sur les produits étrangers ; d'autres veulent les échanger librement avec ceux des autres peuples.

Les hommes qui ont les *mêmes mœurs*, les *mêmes coutumes*, se voient avec plus de plaisir, éprouvent plus d'affection les uns pour les autres. Mais des hommes qui ont des mœurs et des coutumes différentes peuvent faire partie d'une même nation : les Provençaux vivent autrement que les Flamands, les Gascons autrement que les Bretons.

Un des éléments les plus importants pour la constitution de la nationalité, c'est que les individus dont se compose l'État aient dans le passé les *mêmes souvenirs* malheureux ou glorieux. Vercingétorix, Duguesclin, Jeanne d'Arc, Michel de l'Hôpital, Vauban, Turgot et Malesherbes sont honorés par tous les Français, quelles que soient leur religion et leurs préférences politiques ; les défaites de Poitiers, d'Azincourt, de Waterloo, de Sedan sont pour tous des souvenirs douloureux. Les Allemands se souviennent des incendies du Palatinat, des humiliations que Napoléon Ier imposa à la famille royale de Prusse.

Enfin l'obéissance *aux mêmes lois*, librement consenties, est la condition essentielle qui, à elle seule, suffit même pour rendre concitoyens un certain nombre d'individus. Pour qu'il y ait une nation, une patrie, un État, il faut que par un contrat social, accepté d'une façon explicite ou tacite, les individus s'engagent à respecter les lois et à considérer comme concitoyens ceux qui prennent le même engagement.

Les hommes qui acceptent les mêmes institutions, les mêmes lois, mettent en commun leurs volontés ; ceux qui sont de même race, qui parlent la même langue, qui ont les mêmes croyances, les mêmes intérêts, les mêmes mœurs et les mêmes coutumes, les mêmes souvenirs malheureux ou glorieux ont un grand nombre d'idées et de sentiments communs ; ils forment une grande famille ; la patrie est pour eux une mère, leurs concitoyens sont des frères.

Plus la communauté de volonté, de sentiments et d'idées est complète entre les habitants d'un même pays, plus les liens qui les unissent sont étroits. La communauté de territoire, de race, de langue, de religion, d'intérêts, de mœurs, de souvenirs augmente la communauté d'idées et de sentiments ; toutefois la communauté de volonté, marquée par l'acceptation de la même constitution et des mêmes lois, suffit à former une nation.

L'État et les citoyens. — L'État exige que chacun de ses membres respecte sa constitution et ses lois ; mais d'un autre côté, il les protège contre les ennemis du dedans et du dehors, il met à leur portée les moyens de s'instruire, de transporter certains de leurs produits (ch. XXXIV et XXXV). Les citoyens participent directement ou indirectement à la confection des lois ; ils sont obligés de payer l'impôt, d'être soldats, de respecter les droits de leurs concitoyens.

L'État a des droits et des devoirs, les citoyens ont des droits, des devoirs envers l'État ou envers leurs concitoyens.

Les trois pouvoirs de l'État. — En France, un certain nombre de citoyens sont chargés par la majorité de veiller aux intérêts et de diriger les affaires de la communauté. Les Français, ne pourraient, comme autrefois les Athéniens, se réunir pour délibérer sur toutes les affaires importantes et faire les lois : ils choisissent des sénateurs et des députés qui examinent chaque année le budget (ch. XXXV) et votent les lois que commande l'intérêt du pays. Les députés et les sénateurs constituent le pouvoir *législatif*.

Le président de la République reçoit les représentants des nations étrangères et choisit des ministres. Ceux-ci nomment les généraux qui commandent les corps d'armée, les magistrats qui veillent à l'exécution des lois pénales, les préfets qui administrent les départements, les ambassadeurs qui représentent notre pays à l'étranger. Le président de la République, les ministres et les fonctionnaires qui leur sont subordonnés, depuis les préfets jusqu'aux gardes champêtres et aux agents de police, forment le pouvoir *exécutif*, chargé d'accomplir ce qu'ont résolu ou voté les sénateurs et les députés.

Il y a des cas où il est difficile d'établir que la loi a été violée, de trouver ceux qui l'ont transgressée, de déterminer quelle peine il convient de leur appliquer; il s'élève entre les particuliers ou même entre les particuliers et l'État des conflits dans lesquels chacune des parties prétend avoir la loi pour elle. Les procureurs, avocats généraux, juges, jurés, chargés spécialement d'examiner si la loi a été violée, de chercher les coupables, de déterminer la peine à leur appliquer, constituent le pouvoir *judiciaire* (ch. XXXI et XXXII).

Les citoyens délèguent en France le pouvoir législatif, le pouvoir exécutif, le pouvoir judiciaire à un certain nombre d'entre eux qu'ils chargent de gouverner l'État pendant un temps déterminé.

Droits de l'État. — Dans certaines républiques antiques, à Sparte par exemple, l'État avait tous les droits : il pouvait même supprimer les enfants contrefaits qu'il croyait devoir lui être inutiles ou nuisibles. De nos jours, il y a deux conceptions opposées sur le rôle de l'État : les *autoritaires* voudraient le grandir sans cesse, charger les pouvoirs qui le représentent de veiller sur la santé, la fortune, la moralité des particuliers et leur attribuer le droit de forcer l'individu à régler toute sa conduite d'après leurs prescriptions. Les *individualistes* s'efforcent de diminuer le rôle de l'État, de laisser aux individus le soin de faire eux-mêmes toutes leurs affaires, et ne demandent aux trois pouvoirs que de garantir l'ordre.

En France, l'État chargé de faire des lois pour protéger chaque citoyen et lui garantir l'exercice de ses droits, a le *droit de punir* l'assassin qui porte atteinte à la vie de ses semblables, le voleur qui attaque sa propriété, le fraudeur qui trompe ses clients ou l'État lui-même, le déserteur, l'espion, le traître qui refusent de défendre leurs concitoyens ou même qui se joignent à leurs ennemis pour les combattre, l'ivrogne qui se met de propos délibéré en état de leur nuire, le père qui impose à ses enfants un travail excessif et prématuré, qui les prive de l'instruction nécessaire à chaque citoyen pour exercer ses droits.

Pour assurer l'obéissance aux lois, pour protéger à l'intérieur la vie, l'honneur, la propriété de chacun, il faut des préfets, des juges, des gendarmes, des agents de police et des gardes champêtres. L'État, qui les paye, a le *droit de lever des impôts*, c'est-à-dire de demander à chacun une partie de ce qu'il possède pour entretenir les individus qui, veillant à l'intérêt public, ne peuvent se procurer par le travail ce qui leur est nécessaire pour vivre (ch. XXXIV). Pour garantir l'indépendance, la sécurité et la liberté des citoyens considérés dans leur ensemble, il faut une armée puissante : l'État a le *droit d'imposer le service militaire* à tous ses membres jusqu'à un certain âge, et de ne dispenser de ce service que les infirmes ou ceux qu'il pense devoir le servir mieux ailleurs (ch. XXXIV). Enfin si les agents qu'il charge de l'exécution des lois ne sont pas assez forts ou assez nombreux pour arrêter ceux qui les violent, il a *le droit* d'exiger que chaque citoyen vienne en aide à ses représentants.

Par suite, les députés et les sénateurs qui constituent le pouvoir législatif, ont le droit de voter les lois, de prendre les résolutions nécessaires pour maintenir la liberté, l'indépendance et la sécurité de leurs concitoyens, de se laisser guider par le bien général plutôt que par l'intérêt de quelques individus. Le pouvoir exécutif a le droit de prendre les mesures nécessaires pour assurer l'exécution des lois votées par les députés, des arrêts prononcés par les magistrats. Les représentants du pouvoir judiciaire ont le droit de rechercher, d'arrêter les coupables, de les interroger, d'appeler devant eux tous ceux qui sont en état de leur donner des renseignements utiles, de poursuivre ceux qui refuseraient de comparaître ou qui feraient de fausses dépositions. (*Enseignement civique*, ch. XXXII.)

Les autoritaires cherchent à grandir, les individualistes à diminuer le rôle de l'État. En France, l'État a le droit de punir, de lever des impôts, d'imposer le service militaire, d'exiger que chaque citoyen vienne en aide à ses représentants pour assurer l'exécution des lois.

Les députés et les sénateurs ont le droit de préférer dans leurs votes le bien général à l'intérêt de quelques-uns, le gouvernement et les magistrats celui de prendre les mesures nécessaires pour faire exécuter les lois, rechercher et juger les coupables.

Aucun représentant de l'État n'a le droit de violer les lois.

Devoirs de l'État. — Les autoritaires veulent augmenter les devoirs comme les droits de l'État; les individualistes cherchent à les restreindre autant que possible. Dans notre pays le devoir de l'État, tel qu'il est fixé par les lois, est d'assurer à chaque citoyen l'exercice de ses droits en le protégeant contre ses concitoyens ou les étrangers qui tenteraient d'y porter atteinte; d'exécuter certains travaux qui ne pourraient être menés à bonne fin par les particuliers; de fournir à ses membres le moyen de s'instruire, en organisant l'instruction publique à tous les degrés; de venir en aide, dans la mesure de ses ressources, à ceux que l'âge, la maladie ou un chômage involontaire rendent incapables de subvenir à leurs besoins; d'encourager l'industrie, l'agriculture et le commerce dans la limite de ses moyens; de protéger l'enfant, le mineur, le fou contre tous ceux qui voudraient porter atteinte à leurs droits.

Les législateurs ne font de lois que pour assurer le respect des droits de l'individu et de l'État; ils ne cherchent pas à transformer en lois toute obligation morale, mais ils ne doivent voter ni promettre à leurs électeurs de proposer aucune loi contraire à la morale. Ils tiennent compte des vœux de leurs électeurs, remplissent les engagements qu'ils ont pris ou déposent leur mandat s'ils trouvent que ce qu'ils ont promis est contraire à l'intérêt du pays, mais ils doivent toujours faire passer le bien général avant les intérêts particuliers et chercher avant tout la grandeur, la sécurité du pays dont ils sont les représentants.

Tous les fonctionnaires qui représentent le pouvoir exécutif doivent faire exécuter impartialement la loi, ne jamais user de leurs fonctions pour servir leurs intérêts particuliers ou ceux de leurs amis, ne pas oublier qu'ils sont choisis par leurs concitoyens pour faire un service public (ch. XVII).

Le ministère public, les juges et les jurés doivent oublier leurs préférences ou leurs antipathies, se souvenir qu'ils sont obligés tout à la fois de défendre les intérêts, les droits de l'État ou des citoyens et de s'entourer de renseignements suffisants, de contrôler minutieusement les témoignages (ch. XIII), pour ne pas condamner un innocent ou pour ne pas infliger à un coupable une peine excessive (ch. XXXII).

L'État assure à tout citoyen français l'exercice de ses droits, le protège contre les ennemis du dedans ou du dehors, exécute certains travaux, organise l'instruction et l'assistance publiques, encourage l'industrie et le commerce, défend les droits de l'enfant, du mineur, du fou.

Les législateurs ne doivent promettre ou voter aucune chose contraire à la morale; ils doivent remplir leurs enga-

gements ou se désister de leur mandat, avoir en vue le bien général et non les intérêts particuliers.

Les fonctionnaires chargés du pouvoir exécutif doivent être impartiaux, désintéressés, exacts et dévoués au service public; le ministère public, les juges et les jurés doivent être impartiaux, examiner avec soin les témoignages, de manière à défendre la société contre tous ceux qui en violent les lois et à ne pas condamner injustement un accusé.

Tous les représentants de l'État doivent donner l'exemple du respect des lois.

Droits des citoyens. — Tout Français qui obéit aux lois et respecte les droits de ses concitoyens dispose comme il l'entend de sa personne : il ne peut être privé de sa liberté individuelle. Il peut, dans les mêmes conditions, professer le culte qu'il lui plaît ou n'en professer aucun; sa propriété est inviolable; si l'on a besoin, pour cause d'utilité publique, de sa maison ou de son champ, il ne doit être exproprié qu'en vertu d'une loi et moyennant indemnité. De même, personne ne peut pénétrer dans son domicile sans son autorisation, les magistrats eux-mêmes ne s'y introduisent qu'en certains cas et en suivant les prescriptions légales. Il se réunit, s'associe avec ses concitoyens, parle, écrit librement ce qu'il pense, pourvu qu'il se conforme aux lois établies pour sauvegarder les droits de l'État et des particuliers; il se livre au travail qui lui plaît, s'entend avec ses compagnons pour faire grève, pourvu qu'il n'use de violence ni envers son patron, ni envers les ouvriers qui voudraient continuer à travailler. Enfin tous les Français sont égaux devant la loi : tous sont astreints à payer l'impôt, à servir l'État comme soldats à moins que ce dernier ne préfère utiliser autrement leurs services, à venir en aide aux représentants de l'État, à obéir aux lois. La Constitution a proclamé les *droits publics* de tous les Français (ch. xxx).

Tout Français majeur et non interdit jouit de *ses droits civils* : il peut vendre, acheter, donner ou recevoir, hériter ou transmettre par succession, être tuteur et faire partie d'un conseil de famille, à condition de ne jamais violer les lois qui ont pour objet d'assurer le respect des droits de l'État, de tous les citoyens, des mineurs, des fous, des enfants.

Enfin il a des *droits politiques* : il est électeur et peut être élu conseiller municipal, conseiller général, député ou sénateur dans les conditions déterminées par la loi; il peut parvenir à toutes les fonctions publiques, civiles ou militaires, être juré, témoin dans un acte notarié. Il est privé de ses droits s'il fait faillite, s'il est interdit (ch. xviii), s'il est condamné à trois mois de prison pour vol, abus de confiance, attentat aux mœurs, vente de boissons falsifiées, tromperie sur la marchandise, etc., ou à des peines infamantes (ch. xxxiii).

Tout Français majeur a des droits publics : liberté individuelle, d'association, de réunion, dans les limites fixées par la loi, liberté de pensée et de conscience, liberté de la presse et du travail; inviolabilité de la propriété et du domicile, égalité devant la loi.

Il a des droits civils dont il est privé par l'interdiction, des droits politiques qu'il perd par la dégradation civique.

Devoirs des citoyens, patriotisme. — Le citoyen a plus de droits en France que dans tout autre pays; mais par cela même, il a plus de devoirs civiques.

Il faut qu'il s'instruise, qu'il connaisse les institutions de son pays, les lois principales qui règlent les rapports des citoyens entre eux et avec l'État, qu'il sache quels sont les devoirs des conseillers municipaux ou généraux, des députés ou des sénateurs, pour choisir en connaissance de cause ses mandataires, pour juger la manière dont ils s'acquittent de leur mandat, pour remplir lui-même ces fonctions s'il vient à les demander. Il faut qu'il étudie la situation politique et économique des autres peuples, pour savoir ce qu'il faut espérer ou craindre des rapports amicaux ou des conflits que son pays pourra avoir avec chacun d'eux.

Le citoyen contribue directement ou indirectement à la

confection des lois civiles et politiques : il peut demander le changement des unes et des autres et essayer de persuader à ses concitoyens qu'il serait utile et bon pour tous de les changer ; mais il doit procéder avec une grande circonspection, se défier de proposer une loi mauvaise pour en remplacer une médiocre, se rappeler que la critique est toujours facile, enfin obéir aux lois qui n'ont pas été rapportées et user de son influence légitime pour exciter ses concitoyens à y obéir.

Il ne suffit pas de pratiquer soi-même et de recommander aux autres l'obéissance aux lois : il faut respecter tous ceux qui, à un degré quelconque, depuis le député jusqu'au conseiller municipal, depuis le Président de la République jusqu'au garde champêtre, détiennent une portion de l'autorité publique et sont chargés par la majorité de nos concitoyens de gouverner et d'administrer notre pays. Il faut venir en aide à chacun de ceux qui font exécuter les lois : un pays, dans lequel on ne respecte ni les lois ni les magistrats, est désarmé et sans force contre un ennemi discipliné et puissant.

C'est pour protéger notre personne et notre propriété que l'État lève des impôts ; c'est par nos représentants que ces impôts sont votés. Nous devons payer sans murmurer notre part des contributions votées par les Chambres. Celui qui recourt à la fraude, qui introduit sans les déclarer des marchandises étrangères, qui trompe le fisc sur les produits qu'il fabrique ou transporte, vole l'État. En même temps il augmente la part de ses concitoyens, parce que l'État est obligé de relever la contribution de chacun pour compenser la perte qu'il a subie ; il donne un mauvais exemple qui, s'il est suivi, oblige l'État à augmenter le nombre des employés et à lever de nouveaux impôts.

De même c'est un devoir strict pour chacun de ceux que l'État appelle à le servir de s'acquitter avec zèle en temps de paix des exercices militaires, de respecter ses chefs et de leur obéir, de combattre avec courage, de supporter les fatigues et les privations en temps de guerre. Celui qui se mutile pour échapper au service militaire manque à ses devoirs envers lui-même, il s'expose à être sévèrement puni, il fait preuve de lâcheté en refusant d'aller avec ses camarades défendre la vie, la propriété et la liberté de ses parents et de ses concitoyens. Celui qui déserte son régiment ou qui trahit son pays est un lâche et un infâme (ch. xxxiv).

Les infirmes, les femmes et les enfants doivent en temps de guerre encourager leurs frères, leurs amis, leurs maris, leurs parents, faire les écritures, les travaux qui étaient confiés auparavant à des hommes valides, préparer le linge et la charpie pour les blessés, de manière à assurer à la défense nationale le concours de toutes les forces du pays.

Tout citoyen doit se faire inscrire sur les listes électorales et prendre part au scrutin toutes les fois qu'il s'agit de nommer des conseillers municipaux ou généraux, des députés ou des sénateurs. Il doit examiner avec soin les candidatures entre lesquelles il est appelé à choisir, ne jamais voter que pour des hommes d'une honorabilité et d'une compétence incontestées ; peser toutes les professions de foi, se rendre compte des réformes proposées et des moyens indiqués pour les accomplir, se défier de ceux qui promettent à leurs électeurs tout ce qu'ils leur demandent, alors même qu'ils savent que l'Assemblée dans laquelle ils veulent entrer ne pourra ni examiner ni résoudre les questions qu'ils soulèvent, voir de quelle manière ils se sont acquittés déjà de leurs fonctions et s'en rapporter plus aux actes qu'aux paroles. Il ne faut pas demander aux candidats de s'occuper des intérêts particuliers au détriment du bien public; il ne faut pas plus se laisser effrayer par les menaces que séduire par les promesses : un bon citoyen doit voter consciencieusement pour celui qui lui semble le plus propre à remplir la fonction vacante; il peut déposer un bulletin blanc quand aucun candidat ne le satisfait, mais il doit très rarement s'abstenir de voter. Quand il a fait son choix, il doit veiller sans doute sur ses mandataires, mais il doit leur savoir gré de voter selon leur conscience dans les circonstances difficiles, de préférer toujours la grandeur, la prospérité et la sécurité de la France aux intérêts particuliers.

Tout Français doit respecter les droits de ses concitoyens, les considérer comme des frères, travailler à leur perfectionnement intellectuel et moral, en se disant que celui-là fait véritablement œuvre de patriote qui contribue à donner à la France des enfants plus dévoués, de meilleurs soldats et de meilleurs citoyens. C'est surtout quand un pays a été malheureux que chacun de ceux qui l'habitent a le devoir de lui témoigner son affection en s'efforçant de lui rendre la place qu'il a perdue.

Tout citoyen doit s'instruire de manière à mieux remplir ses devoirs ; il doit obéir aux lois, même à celles qu'il trouve mauvaises et ne les critiquer qu'avec circonspection ; il doit respecter tous les magistrats et les aider à faire exécuter les lois, payer l'impôt, satisfaire au service militaire, voter et choisir des mandataires honnêtes et éclairés, ne leur demander que de chercher le bien général.

Le vrai patriote traite ses concitoyens comme des frères, travaille à la grandeur du pays en augmentant tous les jours sa valeur intellectuelle et morale, en aidant ses concitoyens à devenir meilleurs et plus instruits.

Les relations internationales. — Chaque nation est représentée par son gouvernement. Les gouvernements entretiennent des relations, comparables à celles qu'ont entre eux les individus : une nation est une personne qui doit suivre avec les autres nations les règles de la morale, respecter leur honneur, leur indépendance, leur territoire, leur propriété et exiger qu'elles aient pour elle le même respect (ch. XVII et XX).

Mais il n'y a pas de pouvoir régulier qui puisse contraindre les nations à respecter les droits des autres nations : la guerre où l'appel à la force est le seul moyen par lequel une nation peut conserver son indépendance menacée.

Si les gouvernements n'observent pas dans leurs rapports ordinaires toutes les règles de la morale, s'ils les violent même d'une façon absolue quand ils se déclarent la guerre, ils obéissent en temps de paix et en temps de guerre à un certain nombre de prescriptions qui constituent ce qu'on appelle le *droit international* ou *droit des gens* (du lat. *gentes* = nations.)

Les nations ont entre elles des rapports qui devraient être régis comme ceux des individus par la loi morale; elles suivent en temps de paix ou en temps de guerre, les règles du droit international (ch. XXVIII).

Les relations en temps de paix. — Les peuples civilisés entretiennent chez les autres peuples des consuls, des ministres plénipotentiaires, des ambassadeurs, chargés de protéger leurs nationaux, de renseigner leurs gouvernements sur la situation économique, politique, militaire et financière de l'État auprès duquel ils sont accrédités, de préparer avec ce dernier les traités de commerce qui mettent les États en relations plus intimes, de régler avec lui les différends qui surviennent entre les habitants des deux pays. Le domicile et la personne de ces représentants sont inviolables.

Les citoyens des différents États peuvent aller dans les pays voisins, y habiter, y travailler en se soumettant aux lois. Les peuples échangent entre eux des marchandises : la France expédie ses vins, l'Angleterre, ses fers, la Belgique, sa houille, l'Allemagne, de la bière et des alcools ; ils travaillent en commun au développement de la science, et les savants français profitent des découvertes faites par les savants anglais, italiens ou allemands. De même en lisant les romans anglais, russes ou allemands, traduits en notre langue, nous acquérons des idées nouvelles, nous connaissons des sentiments nouveaux.

Les nations se livrent mutuellement les criminels de droit commun : elles font des traités d'extradition.

Mais il arrive souvent qu'en temps de paix, les nations se comportent les unes à l'égard des autres d'une façon que la morale réprouve. Les gouvernements se suscitent des embarras, se font des guerres de tarifs, se préparent à la guerre en augmentant leurs effectifs et en cherchant à conclure des alliances défensives et offensives. Les peuples, par esprit de chauvinisme, exagèrent leurs qualités personnelles et ne voient plus leurs défauts ; ils exagèrent les défauts de leurs voisins et ne voient plus leurs qualités. Ils se méconnaissent, se méprisent et seront tout disposés à en venir aux mains, au grand détriment des uns et des autres, dès que l'occasion s'en présentera.

Au lieu de se décrier, de se mépriser, les peuples pourraient chercher à se connaître, à s'estimer, travailler en commun à développer la civilisation générale, à diminuer la misère, à répandre chez les peuples non civilisés les bienfaits de l'instruction et de l'éducation qu'ils ont eux-mêmes reçues de leurs ancêtres, à se rendre de plus en plus maîtres par la science de toute la nature, à saisir de mieux en mieux la beauté dans les œuvres d'art, à s'approcher de plus en plus de la sainteté en cultivant la vertu.

Les peuples civilisés entretiennent en temps de paix des relations qui sont déterminées par les lois de chaque état, par les traités d'alliance, offensive ou défensive, les traités de paix, de commerce et d'extradition. Le domicile et la personne des consuls, ministres plénipotentiaires, ambassadeurs, sont inviolables.

La morale commande aux nations de chercher à se connaître et à s'estimer, de travailler en commun aux progrès des sciences, des arts, de la moralité et de la civilisation.

Les relations en temps de guerre. — Un homme dont on viole les droits est obligé de les défendre ; une nation dont on menace l'indépendance, l'honneur ou l'existence, peut recourir d'abord à tous les moyens que la diplomatie met à sa disposition, à l'arbitrage, qui a déjà permis de maintenir plusieurs fois la paix entre différentes nations. Mais c'est un devoir pour elle de défendre ensuite par la force ses droits attaqués : la guerre défensive est pour une nation ce que le droit de légitime défense est pour l'individu (ch. xx).

Quand la guerre est déclarée entre deux nations, il ne faut pas croire qu'elles n'ont plus de devoirs à remplir. Le droit international comprend un certain nombre de prescriptions généralement suivies par les nations européennes qui les ont adoptées en 1867, en signant la Convention de Genève. On n'entre en campagne qu'après avoir déclaré la guerre ; on respecte la personne, le territoire, les vaisseaux, les propriétés des neutres qui ne font pas acte d'hostilité ; on se sert pour combattre, de troupes qui ont un uniforme, on ne tire ni sur les femmes, ni sur les enfants, ni sur les vieillards, ni sur les hommes désarmés, ni sur les soldats qui ont déposé les armes, ni sur les ambulances. Les blessés sont soignés, quelle que soit leur nationalité, par ceux qui les relèvent, les villes ouvertes ne sont pas bombardées, les prisonniers sont rendus à la liberté au moment de la paix ; les propriétés particulières sont respectées.

La morale va plus loin : elle oblige les individus à ne faire à ceux qui les attaquent que le mal nécessaire pour les mettre dans l'impossibilité de nuire ; elle oblige de même une nation à ne faire à celle qui l'a injustement attaquée que le mal nécessaire pour sauvegarder son indépendance et son territoire ; elle ne l'autorise pas à user de représailles et à lui enlever, quand elle l'a vaincue, son territoire ou son indépendance. L'intérêt est d'accord avec le devoir pour commander aux nations de défendre énergiquement leurs droits, mais de ne pas porter atteinte aux droits des autres : le peuple qui a su repousser une agression injuste et qui n'a pas abusé de sa victoire, acquiert une force morale qui lui attire toujours les sympathies et quelquefois l'assistance effective des autres peuples ; celui qui abuse de sa puissance militaire pour dépouiller ses voisins, ou qui après la victoire ne se contente pas d'un dédommagement légitime et viole à son tour les droits de son adversaire, détourne de lui les sympathies et provoque pour l'avenir une coalition des peuples menacés, qui amènera sa propre ruine.

C'est un devoir pour une nation de défendre par la guerre ses droits attaqués, quand elle ne peut les préserver par aucun autre moyen : le droit international pose en principes le respect des neutres, l'obligation de ne considérer comme belligérants que les soldats, de soigner tous les blessés, de rendre les prisonniers à la paix, de respecter les propriétés privées.

La morale condamne les guerres injustes, elle condamne

celui qui, après avoir repoussé une agression injuste, viole les droits de son adversaire : le devoir et l'intérêt commandent aux nations d'être fortes pour se défendre contre les attaques, d'être justes pour avoir toujours le droit de leur côté.

Devoirs stricts et larges, négatifs et positifs de l'État, des citoyens, des nations. — L'État ne doit rien faire pour porter atteinte aux droits de ceux qui respectent les droits de l'État et de leurs concitoyens : il a envers eux des devoirs *négatifs* ou *stricts* dont il ne peut jamais se dispenser.

De même les citoyens ne doivent rien faire qui soit de nature à léser les droits de l'État ou de leurs concitoyens : ils ne doivent ni voler, ni frauder, ni trahir leur pays, ni empêcher leurs concitoyens de travailler ou de voter librement.

Les nations ne doivent se nuire les unes aux autres ni dans leur indépendance, ni dans leur honneur, ni dans leur propriété : elles ont des devoirs *négatifs* ou *stricts*.

L'État est obligé, dans des mesures diverses selon les pays et les circonstances, de protéger les droits des citoyens, de défendre les mineurs, les enfants et les fous, d'encourager le commerce, l'agriculture et l'industrie, d'organiser l'instruction et l'assistance publiques. Les citoyens doivent travailler à rendre leur patrie plus forte et plus prospère, leurs concitoyens meilleurs, plus instruits et plus heureux : aucun d'eux ne peut se soustraire à ce devoir, mais les obligations qu'il impose varient avec l'instruction et la position des individus, la situation de l'État et des citoyens. Enfin les nations civilisées doivent chercher à faire bénéficier leurs voisines des lumières qu'elles ont acquises, des progrès qu'elles ont réalisés, à introduire chez les peuples qui ne sont pas civilisés ou qui sont tout à fait sauvages, les arts, les sciences, les habitudes morales qu'elles tiennent de leurs ancêtres; mais leurs obligations varient selon les dispositions et la situation des nations avec lesquelles elles sont en relations. Il serait ridicule de vouloir faire accepter à un peuple ennemi une civilisation qu'il déteste et décrie, d'entreprendre d'enseigner aux Fuégiens toutes nos sciences et tous nos arts.

L'État, les citoyens, les nations ont des devoirs stricts ou négatifs, des devoirs larges ou positifs.

RÉSUMÉ.

Que savez-vous de la patrie et des éléments qui la constituent ? — Les hommes qui acceptent les mêmes institutions et les mêmes lois mettent en commun leurs volontés ; ceux qui sont de même race, qui parlent la même langue, qui ont les mêmes croyances, les mêmes intérêts, les mêmes mœurs et les mêmes coutumes, les mêmes souvenirs malheureux ou glorieux, ont un grand nombre d'idées et de sentiments communs : ils forment une grande famille, la patrie est pour eux une mère, leurs concitoyens sont des frères.

Plus la communauté de volonté, de sentiments et d'idées est complète entre les habitants d'un même pays, plus les liens qui les unissent sont étroits. La communauté de territoire, de race, de langue, de religion, d'intérêts, de mœurs, de souvenirs augmente la communauté d'idées et de sentiments, mais la communauté de volonté, marquée par l'acceptation de la même constitution et des mêmes lois, suffit à former une nation.

Que savez-vous de l'État et des citoyens ? — L'État a des droits et des devoirs, les citoyens ont des droits, des devoirs envers l'État ou envers leurs concitoyens.

Quels sont les trois pouvoirs de l'État ? — Les citoyens délèguent en France le pouvoir législatif, le pouvoir exécutif, le pouvoir judiciaire à un certain nombre d'entre eux qu'ils chargent de gouverner l'État pendant un temps déterminé.

Quels sont les droits de l'État ? — Les autoritaires cherchent à grandir, les individualistes à diminuer le rôle de l'État. En France l'État a le droit de punir, de lever des impôts, d'imposer le service militaire, d'exiger que chaque citoyen vienne en aide à ses représentants pour assurer l'exécution des lois.

Les députés et les sénateurs ont le droit de préférer dans leurs votes le bien général à l'intérêt de quelques-uns, le gouvernement et les magistrats, celui de prendre les mesures nécessaires pour faire exécuter les lois, rechercher et juger les coupables.

Aucun représentant de l'État n'a le droit de violer les lois.

Quels sont les devoirs de l'État ? — L'État assure à tout citoyen français l'exercice de ses droits, le protège contre les ennemis du dedans ou du dehors, exécute certains travaux, organise l'instruction et l'assistance publiques, encourage l'industrie et le commerce, défend les droits de l'enfant, du mineur, du fou.

Les législateurs ne doivent promettre ou voter aucune chose contraire à la morale ; ils doivent remplir leurs engagements ou se désister de leur mandat, avoir en vue le bien général et non les intérêts particuliers.

Les fonctionnaires, chargés du pouvoir exécutif doivent être impartiaux, désintéressés, exacts et dévoués au service public ; le ministère public, les juges et les jurés doivent être impartiaux, examiner avec soin les témoignages, de manière à défendre la société contre tous ceux qui en violent les lois et à ne pas condamner injustement un accusé.

Tous les représentants de l'État doivent donner l'exemple du respect des lois.

Quels sont les droits des citoyens ? — Tout Français majeur a des droits publics : liberté individuelle, d'association, de réunion, dans les limites fixées par la loi ; liberté de pensée et de conscience, liberté de la presse et du travail ; inviolabilité de la propriété et du domicile, égalité devant la loi.

Il a des droits civils dont il est privé par l'interdiction, des droits politiques qu'il perd par la dégradation civique.

Que savez-vous des devoirs des citoyens et du patriotisme ? — Tout citoyen doit s'instruire de manière à mieux remplir ses devoirs ; il doit obéir aux lois, même à celles qu'il trouve mauvaises, et ne les critiquer qu'avec circonspection ; il doit respecter tous les magistrats et les aider à faire exécuter les lois, payer l'impôt, satisfaire au service militaire, voter et choisir des mandataires honnêtes et éclairés, ne leur demander que de chercher le bien général.

Le vrai patriote traite ses concitoyens comme des frères, travaille à la grandeur du pays en augmentant tous les jours sa valeur intellectuelle et morale, en aidant ses concitoyens à devenir meilleurs et plus instruits.

Que savez-vous des relations internationales ? — Les nations ont entre elles des rapports qui devraient être régis comme ceux des individus, par la loi morale; elles suivent en général, en temps de paix ou en temps de guerre, les règles du droit international.

Quelles sont les relations des nations en temps de paix ? — Les peuples civilisés entretiennent en temps de paix des relations qui sont déterminées par les lois de chaque État, les traités d'alliance, offensive ou défensive, les traités de paix, de commerce et d'extradition. Le domicile et la personne des consuls, ministres plénipotentiaires, ambassadeurs, sont inviolables.

La morale commande aux nations de chercher à se connaître et à s'estimer, de travailler en commun aux progrès des sciences, des arts, de la moralité et de la civilisation

Quelles sont les relations des nations en temps de guerre ? — C'est un devoir pour une nation de défendre par la guerre ses droits attaqués, quand elle ne peut les préserver par aucun autre moyen : le droit international pose en principes le respect des neutres, l'obligation de ne considérer comme belligérants que les soldats, de soigner tous les blessés, de rendre les prisonniers à la paix, de respecter les propriétés privées.

La morale condamne les guerres injustes, elle condamne celui qui, après avoir repoussé une agression injuste, viole les droits de son adversaire : le devoir et l'intérêt commandent aux nations d'être fortes pour se défendre contre les attaques, d'êtres justes pour avoir toujours le droit de leur côté.

Que savez-vous des devoirs de l'État, des citoyens et des nations ? — L'État, les citoyens, les nations ont des devoirs stricts ou négatifs, des devoirs larges ou positifs.

DEVOIRS A TRAITER.

I. La patrie.
II. L'État et les trois pouvoirs.
III. Droits et devoirs de l'État.
IV. Droits et devoirs des citoyens.
V. Le patriotisme.
VI. Les relations internationales.
VII. La guerre.
VIII. L'État, les citoyens et les nations.

QUESTIONS A ÉTUDIER.

I. Souvenez-vous sans cesse que la patrie a des droits imprescriptibles et sacrés sur vos talents, sur vos vertus, sur vos sentiments et sur toutes vos actions; qu'en quelque état que vous vous trouviez, vous n'êtes que des soldats en faction, toujours obligés de veiller pour elle et de voler à son secours au moindre danger. (Barthélemy.)

II. Pour que la patrie soit heureuse, il faut que les magistrats obéissent aux lois, et les citoyens aux magistrats. (Moralistes anciens.)

III. On agit contre la nature toutes les fois que l'on combat contre sa patrie. (Fénelon*.)

IV. Le magistrat, c'est la loi vivante. (Cicéron*.)

V. Le principe des nationalités.

VI. Une nation est un groupe coopératif héréditaire. (Spencer*.)

VII. En fait de souvenirs nationaux, les deuils valent mieux que des triomphes, car ils imposent les devoirs et commandent l'effort en commun. (Renan*.)

VIII. Le contrat social.

IX. Le droit de punir.

X. Conception autoritaire et conception individualiste de l'État; — la patrie en Grèce et à Rome.

XI. Les coups d'État.

XII. La convention de Genève.

XIII. L'extradition.

XIV. Les traités de commerce.

XV. Le respect des lois d'après Socrate* et Platon*.

XVI. Expliquer et commenter, au point de vue moral et civique, la Déclaration des droits de 1789, la Constitution de 1875, la loi militaire (ch. xxx, xxxi, xxxiv.)

Expliquer et commenter, au point de vue moral et civique, les fables suivantes de la Fontaine :

1. *Les membres et l'estomac;*
2. *Le vieillard et ses enfants;*

Les articles suivants :

Loi du 31 mai 1854, art. 1er. Le condamné à une peine afflictive perpétuelle ne peut disposer de ses biens, en tout ou en partie, soit par donation entre-vifs, soit par testament, ni recevoir à ce titre, si ce n'est pour cause d'aliments. Tout testament par lui fait antérieurement à sa condamnation contradictoire, devenue définitive, est nul.

Code civil, art. 3. Les lois de police et de sûreté obligent tous ceux qui habitent le territoire.

Les immeubles, même ceux possédés par des étrangers, sont régis par la loi française.

Art. 4. Le juge qui refusera de juger, sous prétexte du silence, de l'obscurité ou de l'insuffisance de la loi, pourra être poursuivi comme coupable de déni de justice.

Art. 6. On ne peut déroger par des conventions particulières aux lois qui intéressent l'ordre public et les bonnes mœurs.

Code pénal, art. 61. Ceux qui connaissant la conduite criminelle des malfaiteurs exerçant des brigandages ou des violences contre la sûreté de l'État, la paix publique, les personnes ou les propriétés, leur fournissent habituellement logement, lieu de retraite ou de réunion seront punis comme leurs complices.

Art. 75. Tout Français qui aura porté les armes contre la France sera puni de mort.

Art. 166. Tout crime commis par un fonctionnaire public dans l'exercice de ses fonctions est une forfaiture.

Art. 167. Toute forfaiture pour laquelle la loi ne prononce pas de peines plus graves est punie de la dégradation civique.

Art. 175. Tout fonctionnaire, tout officier public, tout agent du gouvernement qui, soit ouvertement, soit par actes simulés, soit par interposition de personnes, aura pris ou reçu quelque intérêt que ce soit dans les actes, adjudications, entreprises ou régies dont il a ou avait, au temps de l'acte, en tout ou en partie l'administration ou la surveillance, sera puni d'un emprisonnement de six mois au moins et de deux ans au plus et sera condamné à une amende qui ne pourra excéder le quart des restitutions et des indemnités, ni être au-dessous du douzième. Il sera de plus déclaré à jamais incapable d'exercer aucune fonction publique.

Art. 236. Les témoins et jurés qui auront allégué une excuse reconnue fausse, seront condamnés, outre les amendes prononcées pour la non-comparution, à un emprisonnement de 6 jours à 2 mois.

Art. 34. La dégradation civique consiste : 1° Dans la destitution et l'exclusion des condamnés de toutes fonctions, emplois ou offices publics ; 2° Dans la privation du droit de vote, d'élection, d'éligibilité et en général de tous les droits civiques et politiques, et du droit de porter aucune décoration ; 3° Dans l'incapacité d'être juré expert, d'être employé comme témoin dans des actes et de déposer en justice autrement que pour y donner de simples renseignements ; 4° Dans l'incapacité de faire partie d'aucun conseil de famille et d'être tuteur, curateur, subrogé-tuteur ou conseil judiciaire, si ce n'est de ses propres enfants et sur l'avis conforme de la famille ; 5° Dans la privation du droit de port d'armes... de servir dans les armées françaises, de tenir école ou d'enseigner et d'être employé dans aucun établissement, à titre de professeur, maître ou surveillant.

QUESTIONS POSÉES.

I. Les droits de l'homme et du citoyen d'après la Constituante de 1789. (Brevet supérieur).

II. Combien distingue-t-on de pouvoirs dans l'État ? Que savez-vous du pouvoir législatif, du pouvoir exécutif et du pouvoir judiciaire ? (Brev. sup., Brev. élémentaire, Bac. ès lettres.)

III. Du patriotisme (Enseig. second. des jeunes filles, Écoles maternelles, Brev. sup., Bac. ès lettres.)

IV. Devoirs envers la patrie. (Écoles maternelles, Sèvres, Brev. élém. et sup.)

V. Comment les femmes peuvent-elles témoigner de leur amour pour la patrie ? (Écoles maternelles, Enseig. second. des jeunes filles.)

VI. Du rôle de la morale dans les relations des peuples entre eux (Sèvres, Bac. ès lettres.)

VII. La France élève des statues à ses grands hommes. Quelles réflexions, quels sentiments vous inspire cet hommage rendu à leur mémoire ? Quels enseignements peut y puiser la jeunesse ? (Saint-Cloud.)

VIII. Quels sont les droits et les devoirs des citoyens français ? (Brev. élémentaire et supérieur, Bac. ès lettres et Enseig. spécial.)

IX. Légitimité de l'impôt et du service militaire. (Brev. élémentaire et sup.)

X. Les droits civils et politiques du citoyen. (Brev. élém. et sup.)

XI. Qu'est-ce que la patrie et pourquoi doit-on l'aimer ? (Brev. élem. et sup., Écoles maternelles, Enseig. secondaire des jeunes filles.)

XII. De l'obéissance aux lois et du respect des magistrats. (Écoles matern., Brev. sup., Bac. ès lettres et Enseig. spécial.)

Conseils pédagogiques. — Se pénétrer de l'importance, dans les écoles primaires, de l'enseignement civique : chaque enfant auquel on fait connaître ses droits et ses devoirs, auquel on apprend à remplir les uns et à exercer les autres devient un citoyen utile à son pays ; chacun de ceux pour lesquels on n'arrive pas à ce résultat, reste inutile ou même nuisible. — Montrer qu'il ne suffit pas, pour être un bon citoyen, de remplir les devoirs civiques proprement dits, mais qu'il faut encore remplir ses devoirs de chef de famille, ses devoirs professionnels et individuels, ses devoirs envers ses semblables. — Faire appel à l'intérêt, au sentiment aussi bien qu'au devoir, pour faire aimer et pratiquer les vertus civiques. — Insister sur les devoirs du citoyen, commenter les articles du Code ou de la Constitution au point de vue moral ; tirer des conclusions pratiques de la vie de ceux qui ont bien servi leur pays (Duguesclin, Bayard, Jeanne d'Arc, Duguay-Trouin, Jean Bart, l'Hôpital, Sully, Colbert, Turgot *, etc.), des récits qu'on fait lire aux enfants (*Pierre Laloi*, M. Tardieu maire de Brives, La Leçon du percepteur, Journal d'un soldat, Les derniers coups de canon, etc.), des fables qu'on leur fait réciter. — Montrer l'importance du respect des lois et des magistrats dans une démocratie. — Faire bien voir que l'état de guerre ne dispense pas les individus de tous leurs devoirs, que l'étranger ne doit pas être considéré en temps de paix comme un ennemi.

BIBLIOGRAPHIE.

Marion, *Leçons de morale*, leç. 28, 29, 30, 31, 32.
Marion, la *Solidarité morale*.
Pierre Laloi, *Petites histoires pour apprendre la vie*.
Pierre Laloi, *Première année d'instruction morale et civique*.
Platon, le *Criton* et le *Phédon*.
Maxime du Camp, la *Vertu en France*.
Émile Lavisse, *Tu seras soldat*.
Spencer, *Principes de sociologie*.
Spencer, l'*Individu contre l'État*.
A. Franck, *Philosophie du droit civil*.
Fustel de Coulanges, la *Cité antique*.
E. Beaussire, la *Liberté dans l'ordre intellectuel et moral*.

E. Beaussire, les *Principes du Droit*.
E. Beaussire, les *Principes de la morale*.
Barni, la *Morale dans la démocratie*.
Renan, *Qu'est-ce qu'une nation ?*
Ernest Lavisse, *Questions d'enseignement national*.
Rousseau, le *Contrat social*.
Paul Bourde, le *Patriote*.
Montesquieu, *Esprit des lois*.
Paul Janet, *Histoire de la science politique*.
Grotius, le *Droit de la guerre et de la paix*.
Pufendorf, *Droit de la nature et des gens*.
Cicéron, *Traité des Devoirs*.

CHAPITRE XX

DEVOIRS ENVERS NOS SEMBLABLES : LA JUSTICE.

SOMMAIRE.

Devoirs envers nos semblables. — Devoirs de justice. — Respect de la vie d'autrui : le droit de légitime défense, la peine de mort, le duel, l'assassinat politique. — Respect de la liberté d'autrui. — Respect de la propriété d'autrui : le droit de propriété chez les différents peuples, le socialisme et le communisme, les devoirs de l'État et des riches. — Respect de l'intelligence d'autrui. — Respect de l'honneur et de la réputation d'autrui. — Respect de la sensibilité d'autrui.

Devoirs envers nos semblables. — Nous avons des devoirs envers nous-mêmes, envers notre famille et notre patrie. Mais nous avons des relations avec les Anglais, les Allemands, les Italiens, les Belges, les Espagnols ; nous en avons même avec les Américains, les Africains, les Asiatiques et les Australiens. Ils sont hommes et ont comme nous des droits à faire valoir, des devoirs à accomplir (ch. XVII). Nous devons respecter leurs droits comme nous demandons qu'ils respectent les nôtres, être *justes* à leur égard comme nous exigeons qu'ils le soient pour nous. Nous devons les aider à accomplir leurs devoirs, à développer toutes leurs facultés, de manière à les rendre plus instruits et meilleurs : la *charité* doit compléter la justice.

Nous devons respecter les droits de nos semblables et les aider dans l'accomplissement de leurs devoirs, pratiquer la justice et la charité.

Devoirs de justice. — Une société dans laquelle les individus ne respecteraient pas leurs droits réciproques ne présenterait ni avantages ni sécurité : chacun de ses membres, obligé de se défendre à tout instant contre les attaques des autres, produirait moins de choses utiles pour la communauté ; il serait disposé à abandonner une association qui non seulement ne lui serait pas avantageuse, mais encore qui le mettrait sans cesse en lutte avec ses semblables, beaucoup plus redoutables pour lui que les animaux les plus féroces et les bouleversements les plus terribles de la nature.

Presque toutes les sociétés humaines ont établi des lois destinées à punir ceux qui violent les droits de leurs semblables ; presque partout on condamne à la mort, à la prison, à l'amende ceux qui tuent un autre homme, qui lui dérobent ce qu'il possède, qui l'empêchent de travailler, qui le diffament ou le calomnient, quelle que soit d'ailleurs la nationalité de l'offensé. Notre intérêt et notre devoir nous commandent donc le respect des droits d'autrui.

En examinant les lois pénales aux différentes époques de l'histoire, on pourrait constater que les progrès de la civilisation ont eu pour résultat de faire garantir à un nombre de plus en plus grand d'individus des droits de plus en plus étendus. Les lois des républiques antiques ne valaient en général que pour le citoyen et ne protégeaient pas l'étranger, elles proclamaient la légitimité de l'esclavage ; celles du moyen âge reconnaissaient le servage, ne s'occupaient que fort peu du vilain et du serf et supprimaient, par le régime des corporations, la liberté du travail. Les prescriptions légales sauvegardent aujourd'hui presque tous les droits que la loi morale reconnaît à l'individu.

Une société dont les membres ne respecteraient pas réciproquement leurs droits ne saurait durer : aussi chaque société leur en garantit-elle l'exercice par des lois pénales, qui se rapprochent de plus en plus des prescriptions morales. C'est notre intérêt et notre devoir de respecter la vie, la liberté et la propriété, l'intelligence et la sensibilité, l'honneur et la réputation de nos semblables.

Respect de la vie d'autrui. — Celui qui tue de propos délibéré un de ses semblables l'empêche de remplir ses devoirs, d'exercer ses droits. Il prive souvent une famille de son soutien, la patrie, d'un bon serviteur, la société d'un membre utile. L'individu ne peut d'ailleurs en aucun cas, se faire le juge de ses semblables; il n'appartient qu'aux magistrats de connaître des délits et des crimes; celui qui tue un assassin désarmé, qui met à mort un homme funeste à son pays, commet lui-même un *assassinat*.

De même, celui qui blesse ou maltraite un autre homme est puni par les lois en raison du dommage qu'il lui cause. Il oublie que cet homme est son semblable; il peut le mettre dans l'impossibilité de remplir quelqu'un de ses devoirs, quelquefois même causer sa mort; il le rend haineux et méchant.

L'homicide est un crime que condamne la morale et que punissent les lois : l'homme qui blesse ou maltraite un de ses semblables s'expose à commettre un homicide ; il l'empêche de remplir quelqu'un de ses devoirs et le rend haineux et méchant.

Le droit de légitime défense. — Un homme se met en embuscade et dirige vers moi un fusil que je ne puis l'empêcher de décharger : j'ai un revolver en poche et je tire avant qu'il n'ait eu le temps de faire feu. Je le blesse grièvement, je le tue. Non seulement je ne suis pas coupable, mais j'ai accompli un devoir dont je ne puis me dispenser, j'ai conservé ma vie par le seul moyen dont je pouvais disposer, j'ai usé du droit de *légitime défense*.

De même le soldat est obligé, en temps de guerre, de tuer non seulement ceux de ses adversaires qui veulent le frapper, mais encore les soldats qui, ayant les armes à la main, pourraient à un moment donné les tourner contre lui ou contre ses camarades; il tue ceux qui tombent dans une embuscade. Sans doute il est dur de frapper des hommes qui, personnellement, ne nous ont rien fait, qui souvent sont de fort honnêtes gens, et c'est une raison encore de nous opposer, autant que nous le pouvons aux guerres injustes ; mais un peuple a le droit et le devoir de défendre son existence et son indépendance par la force, quand il a épuisé tous les autres moyens. Si même nous devons user de toute notre influence comme citoyens pour empêcher une guerre injuste, nous ne pouvons, quand elle est déclarée, refuser d'accomplir notre devoir de soldats et abandonner notre pays dans le danger (ch. xix).

Le droit de légitime défense a des limites : si je puis désarmer celui qui veut m'assassiner, je n'ai pas le droit de le frapper; si je puis, en le blessant, le rendre incapable de nuire, je n'ai pas le droit de le tuer. Je n'ai pas le droit de punir moi-même celui que j'ai désarmé ; je dois le remettre entre les mains des magistrats, ne pas me faire juge et partie dans ma propre cause. De même le soldat n'a pas le droit de tuer les femmes, les enfants, les vieillards ou les soldats qui ont mis bas les armes.

Le droit de légitime défense implique pour l'individu le droit et le devoir de tuer celui qui veut le faire périr, quand il n'a pas d'autres moyens de conserver sa propre vie ; pour le soldat, le droit et le devoir de tuer en temps de guerre ses adversaires qui ont les armes à la main : il n'implique pour le premier ni le droit de se faire justice lui-même, ni pour le second celui de frapper les femmes, les enfants, les vieillards ou les soldats désarmés.

La peine de mort. — L'individu, en dehors du cas de légitime défense, remet à l'État le soin de garantir ses droits contre toute attaque. L'intérêt de la société et la morale l'exigent : une société où chacun estimerait lui-même le dommage qui a été causé ou à lui ou aux siens, fixerait et appliquerait les peines, verrait la guerre régner sans cesse entre les individus, entre les familles et serait toujours dans une situation fort précaire. D'un autre côté, celui qui s'érigerait ainsi en juge n'aurait ni l'impartialité, ni la patience nécessaires pour s'assurer de la culpabilité de l'individu qu'il suspecte, pour proprotionner le châtiment à la faute.

Aussi l'État seul condamne à la prison, à l'amende, à la mort ceux qui, sains d'esprit et de propos délibéré, blessent ou tuent un autre homme, sans être en état de légitime défense. Presque toutes les nations ont abandonné la torture et tout ce qui tendait à aggraver la peine de mort. On a même de nos jours discuté la légitimité de cette dernière ; on l'a abolie dans notre pays en matière politique, on a cessé de l'appliquer en Belgique.

L'assassin viole tous les droits de ses semblables, il s'abaisse au rang des choses, détruit autant qu'il est en lui sa personnalité et n'a pas à se plaindre quand la société le traite comme une chose et le supprime pour assurer la sécurité de ses membres. La société peut et doit, quels que soient ses regrets, faire périr l'assassin, si elle n'a pas d'autre moyen d'assurer la sécurité de ses membres. Mais si elle a, comme l'individu, le droit de se défendre, il y a lieu de se demander si elle ne peut le faire sans enlever la vie à l'assassin. Il est sûr d'ailleurs que la justice humaine se trompe quelquefois et condamne à mort un innocent, ou un individu qui n'est qu'en partie responsable ; que quelquefois le condamné à mort aurait pu se corriger et rendre d'utiles et même de grands services à son pays. Si donc on peut, sans exposer davantage les honnêtes gens, laisser la vie aux assassins, donner à quelques-uns l'occasion de redevenir honnêtes et utiles à la société, rendre réparables en partie les erreurs judiciaires, il n'y a aucun inconvénient, et il y a des avantages à ne pas appliquer la peine de mort.

La société renoncera à appliquer la peine de mort si elle sait mettre le meurtrier dans l'impossibilité de nuire, car elle pourra ainsi réparer en partie les erreurs judiciaires et conserver quelques hommes capables de redevenir honnêtes et utiles; elle l'appliquera si elle n'a pas d'autres moyens pour protéger la vie de ses membres.

Le duel, l'assassinat politique. — Dans les premiers temps du moyen âge, lorsqu'il n'y avait pas de procédés réguliers de justice, on se battait devant les juges et le vainqueur était réputé avoir raison : c'est ce qu'on appelait le *jugement de Dieu*. Plus tard celui qu'on attaquait dans son honneur se battait à l'épée avec son accusateur : il pouvait perdre la vie, mais il faisait preuve d'honneur. Aujourd'hui encore, bon nombre de ceux qui proposent ou acceptent un duel, sont avant tout préoccupés de montrer qu'ils sont des hommes d'honneur et qu'ils ne craignent pas d'exposer leur vie quand leur honneur est attaqué. Le duel est resté dans nos mœurs, parce qu'on trouve que dans certains cas, quand il s'agit de l'honneur d'une femme par exemple, la réparation accordée par les tribunaux est insignifiante, qu'elle peut même sembler quelquefois une aggravation de l'injure, à laquelle le jugement donne une plus grande publicité ; parce que, d'un autre côté, les magistrats ont à peu près renoncé à faire exécuter les lois contre le duel. Au contraire il a disparu de l'Angleterre où le duel est sévèrement puni, où les attaques contre l'honneur d'une femme sont passibles d'amendes ou de dommages-intérêts qui ruinent le diffamateur.

Au point de vue moral, le duel est condamnable : celui qui a nui à un de ses semblables dans son honneur n'a qu'une chose à faire, c'est de réparer le mal qu'il a causé ; son devoir l'oblige à reconnaître devant les personnes mêmes qu'il a rendues les témoins de l'injure, les torts qu'il a pu avoir. Si au contraire, on a essayé de ternir son honneur ou celui des siens, l'individu ne doit jamais se faire justice, mais s'adresser aux tribunaux et chercher par sa conduite de chaque jour à montrer que ces attaques portent absolument à faux. A coup sûr c'est une chose désagréable d'être insulté et d'obtenir une réparation insignifiante, mais c'est une faute grave de s'exposer ou à tuer un homme, à l'empêcher ainsi de remplir tous ses devoirs, de servir sa patrie et d'être utile à tous ses semblables ou à être soi-même tué, à laisser sa famille sans soutien et sans défenseur, à renoncer à ses devoirs de citoyen et d'homme.

Dans les républiques antiques, on reconnaissait qu'il était légitime d'assassiner un tyran. Athènes applaudissait Harmodius; beaucoup de Romains approuvaient le meurtre de César par Brutus. De nos jours même, Lamartine a appelé Charlotte Corday, la meurtrière de Marat, *l'ange de l'assassinat*. On peut remarquer d'abord que le meurtre de César a préparé le triumvirat d'Octave, d'Antoine, de Lépide et le principat d'Auguste et de ses successeurs; que celui de Marat a rendu la Terreur plus violente et plus implacable; que les assassinats politiques vont directement contre le but qu'ils se proposent. En second lieu, il est impossible d'admettre que l'individu prononce ainsi à lui seul sur la vie d'un autre homme, car chacun considérerait comme un tyran digne de mort tout adversaire politique, et l'État ne tarderait pas à périr par les guerres civiles que susciteraient ces assassinats. Enfin si nous avons le droit de combattre, par tous les moyens honnêtes, ceux qui nous paraissent être les ennemis de l'État, nous devons les combattre à ciel ouvert et il y a toujours une certaine lâcheté à frapper en assassin, même un adversaire déloyal : il n'est jamais permis de commettre une mauvaise action, même à l'égard de ceux qui foulent aux pieds la loi morale.

Le duel, qui a été une forme de jugement, qui a eu plus tard pour raison la conservation de l'honneur, est condamné par la morale, parce qu'il nous expose à commettre un homicide ou un suicide.

L'assassinat politique va souvent contre le but qu'il se propose : il aurait pour résultat la destruction de l'État par la guerre civile; il suppose une certaine lâcheté et est criminel comme tous les autres assassinats.

Respect de la liberté d'autrui. — L'homme doit posséder la libre disposition de sa personne; il doit pouvoir user de ses facultés tant qu'il respecte la liberté de ses semblables (ch. XVII).

L'esclavage antique, le servage, la traite des nègres étaient une violation manifeste de ce droit, qui est le fondement de tous les autres. Aux époques les plus mauvaises, l'esclave était acheté, vendu, traité comme une bête de somme; il n'avait ni famille, ni patrie. Corrompu par la servitude, il corrompait ses maîtres, et on a pu voir avec raison dans l'esclavage, une des causes les plus actives de la dissolution de l'empire romain.

L'esclavage a été peut-être un progrès à l'origine : au lieu de tuer le prisonnier de guerre, le vainqueur lui laissait la vie en échange de sa liberté et de son travail dont il disposait comme il l'entendait. Mais en droit, on ne peut tuer l'homme qui met bas les armes ; à plus forte raison ne peut-on lui enlever sa liberté et traiter comme esclaves les enfants qu'il a dans la suite.

L'homme n'a pas le droit de disposer absolument de sa personne (ch. XVII) ; il ne peut renoncer ni à la vie ni à la liberté, ni à l'usage de son intelligence ; il ne peut donc jamais livrer sa personne à un maître ni encore moins faire l'abandon de la liberté de ses enfants. L'esclavage volontaire, en supposant qu'il ait quelquefois existé, n'est pas plus légitime que l'esclavage fondé sur le droit de la guerre.

Il faut distinguer des esclaves et des serfs, les domestiques et les ouvriers. Ces derniers s'adressent à un homme qui est plus riche qu'eux-mêmes : ils s'engagent à lui fournir leur travail dans des conditions débattues à l'amiable, pour recevoir en retour un salaire déterminé. Ils conservent la faculté de quitter le maître ou le patron, comme ceux-ci conservent la faculté de ne plus les employer. Il est vrai cependant que les uns et les autres peuvent, dans leurs rapports, en venir à ne plus respecter leur liberté réciproque : le maître et le patron profitent dans certains cas de la misère de ceux qu'ils emploient pour les faire travailler à vil prix ; les domestiques et les ouvriers usent des embarras du maître et du patron pour demander de leur travail plus qu'il ne vaut. Le maître et le patron forcent l'ouvrier et le domestique à voter contre leur conscience, en les menaçant, eux et leurs familles, du chômage et de la faim ; les ouvriers mettent en interdit le patron dont les opinions politiques leur déplaisent et provoquent des grèves que rien ne justifie. Toutes ces luttes sont nuisibles aux intérêts des uns et des autres (ch. XXIII), elles affaiblissent le pays où elles se produisent fréquemment et l'empêchent de lutter avec avantage contre les pays voisins ; elles constituent une violation de la loi morale.

L'homme a en effet le droit de choisir sa profession et de travailler pour qui bon lui semble. Personne ne doit fermer à autrui l'accès d'une carrière qui lui plaît, le forcer à choisir un métier qu'il abhorre, à fournir son travail dans des conditions qui lui paraissent désavantageuses ; mais, de son côté, l'ouvrier qui se met en grève ne peut contraindre ni ses compagnons à cesser leur travail, ni le patron à les empêcher de travailler ou à accepter des conditions qui lui paraissent absolument onéreuses. Le droit au travail implique pour l'ouvrier le droit de choisir son travail et de le cesser quand, ayant rempli son engagement, il trouve qu'il n'est pas suffisamment rémunéré ; il n'implique nullement le droit de contraindre le patron à donner le travail demandé et à le donner aux conditions réclamées.

Enfin l'autorité paternelle n'est pas absolue (ch. xviii). Il faut donc que les parents et les maîtres auxquels ils délèguent une partie de leur autorité, respectent les droits de l'enfant, qu'ils ne lui commandent jamais rien que de raisonnable, encore qu'ils ne lui donnent pas toujours les raisons qui les font agir. Il faut qu'ils encouragent en lui l'esprit d'initiative, de réflexion et de recherche.

Nous devons laisser à nos semblables la libre disposition de leur personne. L'esclavage et le servage ne sont justifiés ni par le droit de la guerre, ni par l'abandon que ferait l'individu de sa liberté.

L'intérêt personnel des maîtres et des domestiques, des patrons et des ouvriers, l'intérêt de la société dont ils font partie leur commandent, comme la morale, de tenir leurs engagements et de respecter réciproquement leur liberté.

L'homme a le droit de choisir sa profession, de cesser son travail ; il n'a pas le droit de contraindre ses compagnons à faire grève, ou le patron à accepter toutes ses conditions.

Les parents et les maîtres doivent respecter les droits de l'enfant et ne jamais rien lui commander de déraisonnable.

Respect de la propriété d'autrui. — On porte

atteinte à la propriété d'autrui quand on dérobe des fruits, des légumes, de l'argent, quand on ne rend pas un dépôt confié, quand on conserve un objet trouvé, quand on triche au jeu, et qu'on emprunte ou qu'on achète en sachant qu'on ne pourra ni rembourser ni payer, quand on incendie les maisons, les récoltes, quand on blesse les animaux domestiques.

Le domestique qui fait payer un objet plus qu'il ne l'a acheté, l'ouvrier qui ne travaille pas en l'absence du maître, le patron et le maître qui ne payent pas le prix convenu ou qui comptent moins de travail qu'il n'en a été fourni, le commerçant qui trompe sur la quantité ou sur la qualité de la marchandise vendue, le contrebandier qui introduit un objet sans payer les droits, le braconnier qui détruit le gibier de ses voisins, l'acheteur qui profite de l'ivresse ou de l'ignorance d'un homme pour se faire céder un objet à vil prix, l'homme qui refuse de payer les dettes qu'il a contractées de vive voix ou par écrit, le tuteur, le métayer, l'intendant qui ne rendent pas des comptes exacts à leurs pupilles ou à leurs propriétaires, le fonctionnaire qui se fait payer par les particuliers des services que ses fonctions l'obligent à rendre gratuitement, l'homme de lettres qui traduit ou publie comme sienne l'œuvre d'un autre, l'industriel qui exploite frauduleusement un procédé pour lequel l'inventeur a pris un brevet, le banqueroutier et le faux monnayeur se rendent coupables de vol.

Le voleur s'expose à être puni, il nuit à sa considération et déshonore le nom qu'il porte; il donne à ses semblables un mauvais exemple et travaille à détruire la société dont il fait partie, puisque l'habitude du vol aurait pour conséquence une guerre incessante, hypocrite et d'autant plus funeste entre tous ses membres. Le devoir de tout homme qui a porté atteinte à la propriété d'autrui est de réparer le tort qu'il a fait. Celui qui laisse enlever les fruits, les légumes, l'argent d'un autre homme, celui qui donne asile au contrebandier, laisse le vendeur tromper l'acheteur ou réciproquement, quand il pourrait par son intervention empêcher la fraude comme celui qui ne révèle pas les vols du tuteur, de l'intendant, du fonctionnaire, de l'homme de lettres ou de l'industriel sont coupables eux-mêmes et obligés de réparer le dommage causé.

Notre intérêt bien entendu, le bien général et la loi morale s'accordent à nous commander le respect de la propriété d'autrui, à condamner le vol sous toutes ses formes.

Celui qui a volé de quelque manière que ce soit, le complice du voleur et celui qui l'a laissé faire ou caché, doivent réparer le dommage qu'ils ont causé ou laissé causer à leurs semblables.

Le droit de propriété chez les différents peuples, le socialisme et le communisme, les devoirs de l'État et des riches. — La manière dont les différents peuples ont réglé, par leurs lois ou par leurs coutumes, le droit de propriété, a beaucoup varié.

Chez certaines nations le chef possède toutes les terres et tout ce qu'elles produisent; il dispose comme il l'entend, de la vie ou de la personne de ses sujets qui ne possèdent rien en propre. Des peuplades qui habitent un vaste territoire le laissent indivis : chacun consomme, donne, échange ou conserve les fruits qu'il cueille, les animaux qu'il tue ou le poisson qu'il pêche, fait paître à ses troupeaux l'herbe qu'il rencontre, en un mot, prend pour lui ce qu'il est le premier à trouver ou à occuper. Si la population augmente, si les objets nécessaires à la vie deviennent moins abondants, celui qui trouve le premier un terrain fertile, le défriche, le laboure, l'ensemence, récolte ce qu'il produit et conserve, pour le cultiver encore, le champ qu'il a le premier occupé et fécondé par son travail. De même les habitants d'un pays giboyeux ou poissonneux se réservent le droit de chasse ou de pêche dans un certain rayon, et laissent à leurs voisins l'usage de la région que ceux-ci se sont réservée. Chaque chef de famille possède des femmes, des enfants, des esclaves, des troupeaux, une maison, une certaine étendue de terre ou de rivière, des armes, des vêtements dont il use comme il le veut, qu'il vend, échange ou transmet à qui bon lui semble, sans que les autres chefs de famille se croient le devoir d'intervenir.

Chez les peuples civilisés l'individu n'a plus le droit de considérer sa femme et ses enfants comme une propriété dont il peut user et abuser (ch. XVIII); il n'a plus le droit de traiter d'autres hommes en esclaves. En revanche, les lois lui assurent la propriété des terres, des maisons, des meubles, de l'argent qu'il a hérités de ses parents ou acquis par son travail; de l'invention qui lui permet de produire à meilleur compte, plus et mieux; de la poésie, de l'œuvre dramatique, littéraire ou musicale, du tableau ou de la statue que son génie a créés: elles lui permettent de les transmettre, de les donner ou de les échanger. Mais sur tous ces points la législation et la coutume sont quelquefois encore différentes : le père peut, en Angleterre, disposer librement de sa fortune; il doit en France la réserver en grande partie à ses enfants. Certains pays ne reconnaissent ni la propriété littéraire, ni la propriété scientifique et industrielle, ni la propriété artistique. Enfin en France même, on trouve encore des prés communs où tous les habitants du village ont le droit de faire paître leurs troupeaux, des bois où tous vont chercher du chauffage, des étangs ou des rivières où tous pêchent et puisent de l'eau. Le possesseur d'un bois laisse ses voisins y faire la cueillette des fraises, des framboises, des noisettes et des champignons. Dans le département du Nord, la nue propriété de certaines terres reste à la commune: les familles qui l'habitaient s'en sont partagé autrefois l'usufruit et chacune d'elles en a eu une portion transmissible de mâle en mâle; s'il n'y a pas eu de fils ou si l'aîné des enfants a été une fille, la portion a passé dans une autre famille, établie postérieurement dans le pays ou ayant déjà perdu son droit d'usufruit. On trouve même en Amérique quelques sociétés communistes.

Il arrive, dans les pays civilisés, que les nouveaux venus n'ont plus de terres à cultiver et que, pour acquérir en travaillant une propriété qu'ils n'ont pas reçue de leurs parents ou qu'ils n'ont pas trouvé l'occasion de féconder par leur travail, ils sont obligés d'abandonner une partie quelquefois considérable du produit de leurs peines au possesseur de la terre, des outils ou du capital, sans lesquels ils ne pourraient exercer leur activité. D'un autre côté on voit, disent les socialistes et les communistes, à côté d'ouvriers honnêtes, laborieux et économes, que la maladie ou le chômage empêchent de faire vivre leur famille, des hommes qui ont hérité de leurs parents une fortune colossale et mal acquise, qui passent leur vie dans l'oisiveté et la débauche, qui emploient à corrompre directement ou indirectement leurs semblables, un argent qui empêcherait d'honnêtes gens de souffrir de la misère. On souhaite qu'il y ait moins d'inégalité, qu'il n'y ait ni fortune colossale ni misère extrême, que chacun puisse en travaillant faire vivre sa famille et s'assurer des ressources pour les temps de chômage ou de maladie et pour la vieillesse.

Les socialistes et les communistes ont proposé d'assurer l'égalité des fortunes par un nouveau partage des terres, de remettre toutes les richesses nationales entre les mains de la communauté, qui distribuerait à chacun selon ses besoins le produit du travail de tous. Les économistes font remarquer aux premiers que, même en supposant le partage fait de manière à assurer le nécessaire à chaque individu, l'égalité de fortune serait essentiellement instable, puisque les hommes actifs et laborieux feraient des économies, tandis que les paresseux, les ivrognes, les prodigues entameraient pour vivre leur capital; puisqu'il serait difficile de laisser aux générations nouvelles une part proportionnée à celle qu'on aurait assurée à la génération actuelle. Aux seconds, ils objectent que la communauté des biens aurait pour résultat la diminution des produits propres à satisfaire les besoins, comme on le voit par l'exemple des prés et des bois communaux, infiniment moins productifs que les prés et les bois des particuliers; que par suite, il y aurait moins d'objets à répartir entre les hommes dont on aurait excité les appétits en leur disant que les besoins sont la mesure des droits; qu'en outre la distribution des produits serait faite par l'État dont les représentants, se conformant à la formule précédente, ne manqueraient pas d'exagérer leurs besoins propres et de se faire une part plus grande, en même temps qu'ils considéreraient comme moins impérieux les besoins de leurs semblables auxquels ils assigneraient une part aussi petite que possible; qu'il faudrait recourir à une contrainte qui rendrait la vie insupportable pour forcer chacun au travail. Enfin on a fait valoir contre les uns et les autres, non seulement des arguments empruntés à l'économie politique, mais encore des raisons morales : il n'est jamais permis de violer les droits de ses semblables, on ne doit pas plus priver un individu de la fortune, dont il serait à souhaiter d'ailleurs qu'il fît un usage beaucoup meilleur, qu'on ne doit priver de la vie ou de la liberté celui qui n'use pas de l'une et de l'autre pour travailler à son développement intellectuel et moral; la violation du droit de propriété serait suivie de la violation des autres droits et commencerait la désorganisation sociale.

Mais si les remèdes proposés par les socialistes et les communistes sont pour les économistes et les moralistes aussi mauvais que le mal lui-même, on ne peut nier que la situation qu'ils indiquent ne soit périlleuse pour une société et n'appelle la sérieuse attention de chacun de ses membres. Il est extrêmement regrettable qu'un homme ne puisse en travaillant et en vivant avec économie, subvenir aux besoins de sa famille et s'assurer des ressources pour la vieillesse : le pauvre sent d'autant plus le poids de sa misère qu'il voit autour de lui plus de gens qui sans avoir travaillé, dépensent une fortune considérable en prodigalités et en folies. D'un autre côté, s'il est impossible d'établir l'égalité des fortunes, comme de rendre égales les forces physiques ou les intelligences, il ne faut pas refuser *a priori* d'examiner toutes les modifications proposées aux lois qui règlent actuellement la propriété, mais se rappeler que ces dernières sont des modifications de lois antérieures, que toute modification nouvelle qui, en respectant les droits de chacun, aurait pour résultat de diminuer la misère et d'augmenter le bien-être général, pourrait être acceptée par les législateurs. L'État doit chercher à organiser l'instruction publique et professionnelle, de manière à constituer pour ainsi dire un capital à chacun de ceux qui n'en ont pas hérité de leurs parents ou qui n'en trouvent plus de disponible; il doit venir en aide, dans la mesure de ses ressources, aux vieillards, aux malades et à ceux qu'une crise momentanée empêche de gagner leur vie par le travail. Mais il faut surtout que les riches n'oublient pas que leur fortune leur impose de grands devoirs : s'ils font des dépenses scandaleuses ou s'ils sont d'une avarice sordide, ils sont doublement répréhensibles, car ils violent leurs devoirs envers eux-mêmes, envers leurs semblables, et ils inspirent aux pauvres des pensées de haine. Ils peuvent d'ailleurs faire de leur fortune un usage tel qu'au lieu de la maudire, les plus pauvres n'aient qu'à la louer et à la bénir. Ils distribueront d'abondantes aumônes, parce que c'est quelquefois l'unique moyen de réparer l'injustice de la fortune. Mais ils essayeront surtout d'aider l'indigent à se créer un capital, à se constituer une propriété : les industriels intelligents qui assurent à leurs ouvriers une maison ou un jardin, des ressources quand ils sont vieux ou malades, qui créent des écoles spéciales pour leurs enfants, qui cherchent à connaître les aptitudes pour les utiliser d'une façon convenable, qui leur attribuent une part dans les bénéfices, travaillent en vue de leur intérêt bien entendu, car les ouvriers ne cherchent ni à les voler ni à les dépouiller ; mais en même temps ils donnent un excellent exemple et contribuent à faire disparaître ces guerres sourdes entre les diverses classes de la société, qui tôt ou tard produisent d'épouvantables conflits.

Le droit de propriété a été réglé différemment par les différents peuples : les terres, leurs produits et leurs habitants ont été considérés comme la propriété du chef; les terres, les fruits, le gibier et le poisson, comme la propriété de la communauté. Le territoire s'est divisé : chaque chef de famille a eu la propriété de ses femmes, de ses enfants, de ses esclaves, de ses troupeaux et des terrains qu'il avait le premier occupés et fécondés par son travail. Les sociétés modernes conservent des traces de propriété collective ; elles reconnaissent à l'individu, dans des mesures diverses, le droit de propriété sur les terres et leurs produits, sur les œuvres artistiques, littéraires, scientifiques et industrielles, le droit de transmission et de succession, mais elles ne considèrent comme objets de propriété ni les femmes, ni les enfants, ni les autres hommes.

Il y a, dans le régime actuel de la propriété, de scandaleuses fortunes à côté d'épouvantables misères : les socialistes et les communistes ont proposé pour supprimer les unes et les autres une autre organisation de la propriété que condamnent les économistes et les moralistes.

On doit examiner avec attention toute modification aux lois qui, en respectant les droits de chacun, a pour objet de rendre propriétaires un plus grand nombre de personnes. L'État doit largement distribuer l'instruction publique ou professionnelle, aider, dans la mesure de ses ressources, les ouvriers qui sont dans la misère ; c'est l'intérêt et le devoir des riches de ne pas se livrer à de folles dépenses, de ne pas être d'une avarice sordide, de faire l'aumône, d'aider les pauvres à se constituer un capital.

Respect de l'intelligence d'autrui. — Le mensonge sous toutes ses formes est une violation de nos devoirs individuels (ch. xvii), mais c'est en même temps une violation de nos devoirs envers nos semblables. Toute société suppose la croyance à la sincérité et à la véracité de ceux qui la constituent : c'est ce qui explique la réprobation qui s'attache au mensonge, puisqu'il tend directement à la ruine de la société en détruisant la valeur des engagements, tacites, écrits ou oraux, contractés par ses membres.

Il ne faut jamais mentir, même en plaisantant, car on prend une mauvaise habitude et on risque toujours de mettre une idée fausse dans l'esprit d'autrui. Il ne faut que dans les cas d'absolue nécessité recourir aux mensonges prudents ; mais on doit cacher à un malade, que la vérité tuerait, l'état de sa santé, à une mère, la mort soudaine de son fils.

Quand le mensonge implique violation de la parole donnée, quand il a pour but de rompre un engagement, il a souvent pour conséquence une violation du droit de propriété. Nous n'avons pas le droit de rompre un engagement librement contracté, une promesse que nous avons librement faite, et qui n'est pas réprouvée par la morale, quand même nos intérêts seraient lésés en tenant la parole donnée. L'exactitude et la ponctualité sont à ce point de vue des devoirs dont on ne peut se dispenser.

L'hypocrite qui trompe les autres en se donnant des qualités qu'il n'a pas, le flatteur qui les trompe en leur en attribuant qui leur font défaut, l'indiscret qui viole l'engagement formel ou tacite qu'il a pris de ne pas révéler un secret, le traître et le délateur qui causent un dommage considérable en manquant au silence auquel ils s'étaient tacitement engagés, le calomniateur qui impute à son semblable des fautes qu'il n'a pas commises, manquent au respect qu'ils doivent à leur intelligence et à celle d'autrui, à la propriété et à l'honneur de leurs semblables.

Il ne suffit pas de ne pas tromper nos semblables, il faut encore leur laisser librement chercher la vérité, respecter leurs croyances et leurs opinions. Il ne faut pas refuser de prendre un bon ouvrier ou un bon employé parce qu'ils n'ont pas nos opinions religieuses ou politiques; il ne faut pas traiter avec faveur celui qui remplit mal ses devoirs professionnels, mais, pense comme nous en politique et en religion; il ne faut pas prodiguer les accusations d'immoralité à ceux qui sont nos adversaires politiques, religieux ou philosophiques; il ne faut pas demander à l'État d'intervenir pour imposer aux autres nos opinions ou nos croyances. Il n'y a rien de plus horrible pour un pays que les guerres civiles suscitées par l'intolérance, rien de plus funeste que la proscription des individus qui n'ont pas les croyances de la majorité. (*Les guerres religieuses en Angleterre, en Allemagne et en France, la révocation de l'Édit de Nantes.*) Sans doute on peut et on doit même chercher à propager ses croyances, mais jamais on n'emploiera de moyens injustes et violents : il faut d'ailleurs les examiner avec soin, étudier avec sincérité et bonne foi celles auxquelles on veut les substituer, tenir compte des objections de ses adversaires et se demander d'abord non comment on pourra y répondre, mais si elles sont fondées et ne nous obligent pas à renoncer à nos propres opinions (ch. XVII et XXI).

Le respect de l'intelligence d'autrui implique la condamnation du mensonge sous toutes ses formes (plaisanterie, violation de la parole donnée et des engagements contractés, hypocrisie, flatterie, indiscrétion, trahison, délation, calomnie), la condamnation de l'intolérance en matière politique, religieuse ou philosophique.

Respect de l'honneur et de la réputation d'autrui. — C'est un plaisir pour chacun de voir ses actes approuvés, ses qualités appréciées par ses semblables : l'estime publique est une des meilleures récompenses de la vertu, un des stimulants les plus énergiques pour l'honnête homme. Elle complète le témoignage de la conscience et prouve à l'individu qu'il ne s'est pas trompé, en suivant la ligne de conduite qu'il s'est tracée En même temps, elle sert ses intérêts : on donne du travail, on vient en aide à l'homme qu'on estime, on ne craint pas de lui prêter de l'argent, on accueille mieux ses enfants et les personnes de sa famille.

Aussi se trouve-t-il moralement et matériellement lésé quand on porte atteinte à son honneur.

Celui qui est appelé à témoigner en justice doit dire la vérité comme il la connaît, par conséquent révéler le mal qu'a fait l'individu sur lequel on l'interroge. Il en est de même de celui à qui son ami demande des renseignements confidentiels sur l'homme auquel il veut accorder sa confiance. Dans tout autre cas, celui qui fait connaître à autrui le mal fait par un de ses semblables, qui révèle, par exemple, un vol commis autrefois par un individu aujourd'hui fort honorable, commet une *médisance ;* il nuit à l'honneur et souvent aux intérêts matériels de celui dont il médit, car l'auditeur ne sera plus désormais aussi confiant dans les relations commerciales ou industrielles.

Plus coupable encore est celui qui dit du mal d'autrui en sachant lui-même que ce qu'il avance est faux : la *calomnie* est un mensonge qui peut avoir des conséquences incalculables pour la considération et la fortune des individus et des familles. Quel que soit le motif auquel on obéisse, que ce soit pour le plaisir de nuire ou par légèreté, on se rend gravement coupable quand on dit sans nécessité du mal de quelqu'un, quand on en laisse dire sans protester, à plus forte raison quand on invente les mauvaises actions que l'on prête à autrui. Aussi chacun doit-il combattre énergiquement en soi l'*envie*, qui nous rend joyeux de ce qui contrarie nos semblables, mécontents de ce qui leur plaît, qui nous amène souvent à les déprécier par la calomnie et la médisance. Autant l'*émula-*

tion ou le désir d'égaler, de surpasser même nos semblables par nos qualités et nos vertus, est louable et féconde, autant l'envie est méprisable et nuisible ! Il n'est pas même jusqu'à l'*impolitesse*, qui semble toujours impliquer une sorte de mépris ou tout au moins un manque de considération propre à nuire à la réputation d'autrui, qu'il ne faille éviter avec soin.

Remarquons d'ailleurs que la société juge sévèrement l'homme impoli, l'envieux, le calomniateur et le médisant, qu'ils ne trouvent pas d'ami véritable, qu'ils s'exposent à de cruelles représailles, que la loi frappe quelquefois de peines sévères le calomniateur et le médisant.

Notre intérêt et notre devoir nous commandent de respecter l'honneur et la réputation de nos semblables, de n'être ni calomniateurs, ni médisants, ni envieux, ni impolis, de n'être les complices ni des calomniateurs ni des médisants.

Respect de la sensibilité d'autrui. — Celui qui maltraite ses semblables, qui les frappe, les tourmente, leur cause inutilement de la peine; celui qui blesse sans nécessité absolue leur amour-propre, qui met obstacle au développement légitime de leurs affections, celui qui favorise en eux la naissance des passions mauvaises (ch. VI, XVI et XVII) se rendent coupables envers l'État et la société dont ils font partie, s'exposent à se faire des ennemis acharnés et contribuent à dégrader l'humanité, à arrêter les progrès de la civilisation.

Notre intérêt, le bien général et la loi morale nous commandent également de respecter la sensibilité d'autrui.

RÉSUMÉ

Quels sont nos devoirs envers nos semblables ? — Nous devons respecter les droits de nos semblables et les aider dans l'accomplissement de leurs devoirs, pratiquer la justice et la charité.

Que savez-vous des devoirs de justice ? — Une société dont les membres ne respecteraient pas réciproquement leurs droits ne saurait durer : aussi chaque société leur en garantit-elle l'exercice par des lois pénales, qui se rapprochent de plus en plus des prescriptions morales. C'est notre intérêt et notre devoir de respecter la vie, la propriété, l'intelligence et la sensibilité, l'honneur et la réputation de nos semblables.

Parlez du respect de la vie d'autrui. — L'homicide est un crime que condamne la morale et que punissent les lois : l'homme qui blesse ou maltraite un de ses semblables s'expose à commettre un homicide ; il l'empêche de remplir quelqu'un de ses devoirs et le rend haineux et méchant.

Qu'est-ce que le droit de légitime défense ? — Le droit de légitime défense implique pour l'individu le droit et le devoir de tuer celui qui veut le faire périr, quand il n'a pas d'autres moyens de conserver sa propre vie ; pour le soldat, le droit et le devoir de tuer, en temps de guerre, ses adversaires qui ont les armes à la main : il n'implique pour le premier ni le droit de se faire justice lui-même, ni pour le second celui de frapper les femmes, les enfants, les vieillards ou les soldats désarmés.

Que faut-il penser de la peine de mort ? — La société renoncera à appliquer la peine de mort si elle sait mettre le meurtrier dans l'impossibilité de nuire ; car elle pourra ainsi réparer en partie les erreurs judiciaires et conserver quelques hommes capables de redevenir honnêtes et utiles ; elle l'appliquera si elle n'a pas d'autres moyens de protéger la vie de ses membres.

Que faut-il penser du duel et de l'assassinat politique ? — Le duel, qui a été une forme de jugement, qui a eu plus tard pour raison la conservation de l'honneur, est condamné par la morale, parce qu'il nous expose à commettre un homicide ou un suicide.

L'assassinat politique va souvent contre le but qu'il se propose ; il aurait pour résultat la destruction de l'État par la guerre civile ; il suppose une certaine lâcheté et est criminel comme tous les autres assassinats.

Que devons-nous faire à propos de la liberté d'autrui ? — Nous devons laisser à nos semblables la libre disposition de leur personne. L'esclavage et le servage ne sont justifiés ni par le droit de la guerre, ni par l'abandon que ferait l'individu de sa liberté.

L'intérêt personnel des maîtres et des domestiques, des patrons et des ouvriers, l'intérêt de la société dont ils font partie leur commandent, comme la morale, de tenir leurs engagements et de respecter réciproquement leur liberté.

L'homme a le droit de choisir sa profession, de cesser son travail; il n'a pas le droit de contraindre ses compagnons à faire grève ou le patron à accepter toutes ses conditions.

Les parents et les maîtres doivent respecter les droits de l'enfant et ne jamais rien lui commander de déraisonnable.

Parlez du respect de la propriété d'autrui. — Notre intérêt bien entendu, le bien général et la loi morale s'accordent à nous commander le respect de la propriété d'autrui, à condamner le vol sous toutes ses formes.

Celui qui a volé de quelque manière que ce soit, le complice du voleur et celui qui l'a laissé faire ou caché, doivent réparer le dommage qu'ils ont causé ou laissé causer à leurs semblables.

Que savez-vous du droit de propriété chez les différents peuples, du socialisme et du communisme, des devoirs de l'État et des riches? — Le droit de propriété a été réglé différemment par les différents peuples : les terres, leurs produits et leurs habitants ont été considérés comme la propriété du chef; les terres, les fruits, le gibier et le poisson, comme la propriété de la communauté.

Le territoire s'est divisé : chaque chef de famille a eu la propriété de ses femmes, de ses enfants, de ses esclaves, de ses troupeaux et des terrains qu'il avait le premier occupés et fécondés par son travail. Les sociétés modernes conservent des traces de propriété collective; elles reconnaissent à l'individu, dans des mesures diverses, le droit de propriété sur les terres et leurs produits, sur les œuvres artistiques, littéraires, scientifiques et industrielles; le droit de transmission et de succession, mais elles ne considèrent comme objets de propriété ni les femmes, ni les enfants, ni les autres hommes.

Il y a, sous le régime actuel de la propriété, de scandaleuses fortunes à côté d'épouvantables misères : les socialistes et les communistes ont proposé, pour supprimer les unes et les autres, une autre organisation de la propriété que condamnent les économistes et les moralistes.

On doit examiner avec attention toute modification aux lois qui, en respectant les droits de chacun, a pour objet de rendre propriétaires un plus grand nombre de personnes.

L'État doit largement distribuer l'instruction publique ou professionnelle, aider dans la mesure de ses ressources, les ouvriers qui sont dans la misère ; c'est l'intérêt et le devoir des riches de ne pas se livrer à de folles dépenses, de ne pas être d'une avarice sordide, de faire l'aumône, d'aider les pauvres à se constituer un capital.

En quoi consiste le respect de l'intelligence d'autrui ? — Le respect de l'intelligence d'autrui implique la condamnation du mensonge sous toutes ses formes (plaisanterie, violation de la parole donnée et des engagements contractés, hypocrisie, flatterie, indiscrétion, trahison, délation, calomnie); la condamnation de l'intolérance en matière politique, religieuse ou philosophique.

Parlez du respect de l'honneur et de la réputation d'autrui. — Notre intérêt et notre devoir nous commandent de respecter l'honneur et la réputation de nos semblables, de n'être ni calomniateurs, ni médisants, ni envieux, ni impolis, de n'être les complices ni des calomniateurs, ni des médisants.

Parlez du respect de la sensibilité d'autrui. — Notre intérêt, le bien général et la loi morale nous commandent également de respecter la sensibilité d'autrui.

DEVOIRS A TRAITER.

I. Qu'est-ce qu'un homme juste ?
II. L'homicide.
III. Le vol et ses formes diverses.
IV. Comment a-t-on porté atteinte, aux diverses époques, à la liberté d'autrui ?
V. Propriété individuelle, socialisme et communisme.
VI. Le mensonge et ses formes diverses.
VII. La tolérance.
VIII. La calomnie, la médisance et l'envie.

QUESTIONS A ÉTUDIER.

I. Le droit de légitime défense.
II. La peine de mort.
III. Le duel.
IV. L'assassinat politique.
V. Le droit de propriété, de succession et de transmission.
VI. La tolérance religieuse.
VII. La politesse.
VIII. L'esclavage et le servage.
IX. La liberté du travail.
X. L'envie.
XI. La justice et l'équité.
XII. La probité.
XIII. Examiner les deux formules, *Ne nuire à personne, rendre à chacun ce qui lui est dû*, par lesquelles les anciens résumaient les devoirs de justice. (Cicéron, *Traité des Devoirs*.)
XIV. Expliquer et commenter, au point de vue moral, chacune des fables suivantes :
Le Corbeau et le Renard, le Renard et la Cigogne, l'Aigle et l'Escarbot, l'Aigle, la Laie et la Chatte, la Grenouille et le Rat, le Bûcheron et Mercure, le Lièvre et la Perdrix, l'Oiseleur, l'Autour et l'Alouette, les Femmes et le Secret, le Dépositaire infidèle, l'Enfouisseur et son compère. (La Fontaine.)
XV. La probité peut suppléer à beaucoup d'autres qualités; mais sans elle, aucune qualité n'a de valeur. Il ne faut jamais se fier à ceux qui manquent de probité, quelques talents qu'ils puissent avoir. (Washington.)
XVI. La flatterie est pire que le faux témoignage : le faux témoin ne fait que tromper le juge et ne corrompt pas; le flatteur nous trompe et nous corrompt.
XVII. La politesse n'inspire pas toujours la bonté, l'équité, la complaisance, la gratitude; elle en donne du moins les apparences, et fait paraître l'homme au dehors comme il devrait être intérieurement. (Mme de Saint-Lambert*.)
XVIII. La politesse est à l'esprit
Ce que la grâce est au visage;
De la bonté du cœur, elle est la
[douce image,
Et c'est la bonté qu'on chérit.
Voltaire.
XIX. ...Le seul honneur solide
C'est de prendre toujours la vérité
[pour guide,
De regarder en tout la raison et
[la loi.
Boileau.
XX. La calomnie d'après Beaumarchais. (*Barbier de Séville*.)
XXI. Diseur de bons mots, mauvais caractère. (*Pascal et la Bruyère*.)
XXII. Il circule dans le monde une envie au pied léger : on l'appelle médisance. Elle dit étourdiment le mal dont elle n'est pas sûre et se tait prudemment sur le bien qu'elle sait. (Rivarol*.)
XXIII. Il ne serait nuls médisants, s'il n'était des écoutants.
XXIV. Bonne renommée vaut mieux que ceinture dorée.
XXV. Tout homme de courage est de parole. (*Corneille*.)
XXVI. La flatterie n'est autre chose qu'un commerce de mensonge fondé d'un côté, sur l'intérêt, de l'autre, sur la vanité. (*Rollin*.)
XXVII. Il faut que l'écrivain et le professeur n'écrivent pas une ligne, ne prononcent pas un mot qui puissent porter atteinte aux droits de leurs semblables.
XXVIII. La justice dans l'école.
XXIX. Le droit du premier occupant.
XXX. Le droit au travail.

COMMENTER ET EXPLIQUER AU POINT DE VUE MORAL LES ARTICLES SUIVANTS :

Code civ. Art. 544. La propriété est le droit de jouir et disposer des choses de la manière la plus absolue, pourvu qu'on n'en fasse pas un usage prohibé par la loi ou par les règlements.

Art. 545. Nul ne peut être contraint de céder sa propriété, si ce n'est pour cause d'utilité publique et moyennant une juste et préalable indemnité.

Art. 711. La propriété des biens s'acquiert et se transmet par succession, par donation entre vifs ou testamentaire et par l'effet des obligations.

Art. 716. La propriété d'un trésor appartient à celui qui le trouve dans son propre fonds : si le trésor est trouvé dans le fonds d'autrui, il appartient pour moitié à celui qui l'a découvert et pour l'autre moitié au propriétaire du fonds.

Art. 913. Les libéralités, soit par actes entre vifs, soit par testament, ne pourront excéder la moitié des biens du disposant s'il ne laisse à son décès qu'un enfant légitime; le tiers, s'il laisse deux enfants, le quart, s'il en laisse trois ou un plus grand nombre.

Art. 1133. La cause d'une obligation est illicite quand elle est prohibée par la loi, quand elle est contraire aux bonnes mœurs ou à l'ordre public.

Art. 1131. L'obligation sur une cause illicite ne peut avoir aucun effet.

Art. 1134. Les conventions légitimement formées tiennent lieu de loi à ceux qui les ont faites. Elles ne peuvent être révoquées que de leur consentement mutuel, ou pour les causes que la loi autorise. Elles doivent être exécutées de bonne foi.

Art. 1382. Tout fait quelconque de l'homme qui cause à autrui un dommage, oblige celui par la faute duquel il est arrivé à le réparer.

Art. 1383. Chacun est responsable du dommage qu'il a causé non seulement par son fait, mais encore par sa négligence.

Art. 1384. On est responsable encore du dommage qui est causé par le fait des personnes dont on doit répondre, ou des choses que l'on a sous sa garde.

Le père, et la mère après le décès du mari, sont responsables du dommage causé par leurs enfants mineurs habitant avec eux; les maîtres et les commettants, du dommage causé par leurs domestiques et préposés dans les fonctions auxquelles ils les ont employés; les instituteurs et les artisans, du dommage causé par leurs élèves et apprentis pendant le temps qu'ils sont sous leur surveillance, à moins qu'ils ne prouvent qu'ils n'ont pu empêcher le fait qui donne lieu à cette responsabilité.

Art. 1603 Le vendeur a deux obligations principales, celle de délivrer et celle de garantir la chose qu'il vend.

Art. 1641. Le vendeur est tenu de la garantie à raison des défauts cachés de la chose vendue qui la rendent impropre à l'usage auquel on la destine ou qui diminuent tellement cet usage, que l'acheteur ne l'aurait pas acquise ou n'en aurait donné qu'un moindre prix, s'il les avait connus.

Art. 1780. On ne peut engager ses services qu'à temps, ou pour une entreprise déterminée.

C. P. Art. 146. Sera puni des travaux forcés à perpétuité, tout fonctionnaire ou officier public qui, en rédigeant des actes de son ministère, en aura frauduleusement dénaturé la substance ou les circonstances, soit en écrivant des conventions autres que celles qui auraient été tracées ou dictées par les parties, soit en constatant comme vrais des faits faux, ou comme avoués des faits qui ne l'étaient pas.

Art. 147. Seront punies des travaux forcés à temps, toutes autres personnes qui auront commis un faux en écriture authentique, et publique, ou en écriture de commerce ou de banque, soit par contrefaçon ou altération d'écritures ou de signatures, soit par fabrication de conventions, dispositions, obligations ou décharges, ou par leur insertion après coup dans ces actes, soit par addition ou altération de clauses, de déclarations ou de faits que ces actes avaient pour objet de recevoir et de constater.

Art. 148. Dans tous les cas exprimés au présent paragraphe, celui qui aura fait usage des actes faux sera puni des travaux forcés à temps.

Art. 271. Les vagabonds ou gens sans aveu, qui auront été légalement déclarés tels, seront pour ce seul fait, punis de trois à six mois d'emprisonnement.

Art. 295. L'homicide commis volontairement est qualifié de meurtre.

Art. 296. Tout meurtre, commis avec préméditation ou de guet-apens, est qualifié assassinat.

Art. 297. La préméditation consiste dans le dessein formé, avant l'action, d'attenter à la personne d'un individu déterminé, ou même de celui qui sera trouvé ou rencontré, quand même ce dessein serait dépendant de quelque circonstance ou de quelque condition.

Art. 298. Le guet-apens consiste à attendre plus ou moins de temps, dans un ou divers lieux, un individu, soit pour lui donner la mort, soit pour exercer sur lui des actes de violence.

Art. 301. Est qualifié empoisonnement tout attentat à la vie d'une personne, par l'effet de substances qui peuvent donner la mort plus ou moins promptement, de quelque manière que ces substances aient été employées ou administrées, et quelles qu'en aient été les suites.

Art. 302. Tout coupable d'assassinat, de parricide, d'infanticide et d'empoisonnement sera puni de mort.

Art. 304. Le meurtre emportera la peine de mort, lorsqu'il aura précédé, accompagné ou suivi un autre crime.

Le meurtre emportera également la peine de mort lorsqu'il aura eu pour objet, soit de préparer, soit de faciliter ou exécuter un délit, soit de favoriser la fuite ou d'assurer l'impunité des auteurs ou complices de ce délit.

En tout autre cas, le coupable de meurtre sera puni des travaux forcés à perpétuité.

Art. 309. Tout individu qui, volontairement, aura fait des blessures ou porté des coups ou commis des violences ou toute autre voie de fait, s'il est résulté de ces sortes de violences une maladie ou incapacité de travail pendant plus de vingt jours sera puni d'un emprisonnement de deux ans à cinq ans et d'une amende de 16 francs à 2,000 francs.

Si les coups portés ou les blessures faites volontairement, mais sans intention de donner la mort, l'ont pourtant occasionnée, le coupable sera puni de la peine des travaux forcés à temps.

Art. 319. Quiconque, par maladresse, imprudence, inattention ou inobservation des règlements, aura commis involontairement un homicide, ou en aura été involontairement la cause, sera puni d'un emprisonnement de trois mois à deux ans, et d'une amende de 50 francs à 600 francs.

Art. 321. Le meurtre ainsi que les blessures et les coups sont excusables, s'ils ont été provoqués par des coups ou violences graves envers les personnes.

Art. 329. Sont compris dans les cas de nécessité actuelle de défense, les deux cas suivants :

1° Si l'homicide a été commis, si les blessures ont été faites ou si les coups ont été portés en repoussant pendant la nuit l'escalade ou l'effraction des clôtures, murs ou entrée d'une maison ou d'un appartement habité ou de leurs dépendances;

2° Si le fait a eu lieu en se défendant contre les auteurs de vols ou de pillages exécutés avec violence.

Art. 361. Quiconque sera coupable de faux témoignage en matière criminelle, soit contre l'accusé, soit en sa faveur, sera puni de la peine de la réclusion.

Art. 362. Quiconque sera coupable de faux témoignage en matière correctionnelle, soit contre le prévenu, soit en sa faveur, sera puni d'un emprisonnement de deux ans au moins, de cinq ans au plus et d'une amende de 50 francs à 2,000 francs.

Quiconque sera coupable de faux témoignage en matière de police, soit contre le prévenu, soit en sa faveur, sera puni d'un emprisonnement d'un an au moins et de trois ans au plus, d'une amende de 16 francs à 500 francs.

Art. 364. Le faux témoin en matière criminelle, qui aura reçu de l'argent, une récompense quelconque ou des promesses, sera puni des travaux forcés à temps.

Le faux témoin en matière correctionnelle ou civile, qui aura reçu de l'argent, une récompense quelconque ou des promesses sera puni de la réclusion, en matière de police d'un emprisonnement de deux à cinq ans, d'une amende de 50 à 2,000 francs. Dans tous les cas, ce que le faux témoin aura reçu sera confisqué.

Art. 366. Celui à qui le serment aura été déféré ou référé en matière civile, et qui aura fait un faux serment sera puni d'un emprisonnement d'une année au moins et de cinq ans au plus, et d'une amende de 100 francs à 3,000 francs.

Art. 373. Quiconque aura fait par écrit une dénonciation calomnieuse contre un ou plusieurs individus aux officiers de justice ou de police administrative ou judiciaire sera puni d'un emprisonnement d'un mois à un an et d'une amende de 100 à 3,000 francs.

Art. 378. Les médecins, chirurgiens et autres officiers de santé, ainsi que les pharmaciens, les sages-femmes et toutes autres personnes dépositaires, par état ou profession, des secrets qu'on leur confie, qui, hors le cas où la loi les oblige à se porter dénonciateurs, auront révélé ces secrets seront punis d'un emprisonnement d'un mois à six mois, et d'une amende de 100 francs à 500 francs.

Art. 381. Seront punis des travaux forcés à perpétuité les individus coupables de vols commis avec la réunion des cinq circonstances suivantes :

1° Si le vol a été commis la nuit ;

2° S'il a été commis par deux ou plusieurs personnes ;

3° Si les coupables ou l'un d'eux étaient porteurs d'armes apparentes ou cachées ;

4° S'ils ont commis le crime, soit à l'aide d'effraction extérieure ou d'escalade ou de fausses clefs, dans une maison, appartement, chambre ou logement habités ou servant à l'habitation ou leurs dépendances, soit en prenant le titre d'un officier civil ou militaire, ou après s'être revêtus de l'uniforme ou du costume du fonctionnaire ou de l'officier, ou en alléguant un faux ordre de l'autorité civile ou militaire ;

5° S'ils ont commis le crime avec violence ou menace de faire usage de leurs armes.

Art. 382. Sera puni de la peine des travaux forcés à temps, tout individu coupable de vol commis à l'aide de violence.

Si la violence à l'aide de laquelle le vol a été commis a laissé des traces de blessures ou de contusions, cette circonstance seule suffira pour que la peine des travaux forcés à perpétuité soit prononcée.

Art. 386. Sera puni de la peine de la réclusion, tout individu coupable de vol commis dans l'un des cas ci-après :

1° Si le vol a été commis la nuit, et par deux ou plusieurs personnes, ou s'il a été commis avec une de ces circonstances seulement, mais en même temps dans un lieu habité ou servant à l'habitation ou dans les édifices consacrés aux cultes légalement établis en France ;

2° Si le coupable ou l'un des coupables étaient porteurs d'armes apparentes ou cachées, même quoique le lieu où le vol a été commis ne fût ni habité ni servant à l'habitation et encore quoique le vol ait été commis le jour et par une seule personne ;

3° Si le voleur est un domestique ou un homme de service à gages, même lorsqu'il aura commis le vol envers des personnes qu'il ne servait pas mais qui se trouvaient, soit dans la maison de son maître, soit dans celle où il l'accompagnait ; ou si c'est un ouvrier, compagnon ou apprenti, dans la maison, l'atelier ou le magasin de son maître, ou un individu travaillant habituellement dans l'habitation où il aura volé ;

4° Si le vol a été commis par un aubergiste, un hôtelier, un voiturier, un batelier ou un de leurs préposés, lorsqu'ils auront volé tout ou partie des choses qui leur étaient confiées à ce titre.

Art. 388. Quiconque aura volé ou tenté de voler dans les champs, des chevaux ou des bêtes de charge, de voiture ou de monture, gros et menus bestiaux ou des instruments d'agriculture, sera puni d'un emprisonnement d'un an au moins et de cinq ans au plus, et d'une amende de 16 francs à 500 francs. Il en sera de même à l'égard des vols de bois dans les ventes et des pierres dans les carrières, ainsi qu'à l'égard du vol de poisson en étang, vivier ou réservoir. Quiconque aura volé ou tenté de voler dans les champs, des récoltes ou autres productions utiles à la terre, déjà détachées du sol, ou des meules de grain faisant partie de récoltes, sera puni d'un emprisonnement de quinze jours à deux ans, et d'une amende de 16 francs à 200 francs. Si le vol a été commis, soit la nuit, soit par plusieurs personnes, soit à l'aide de voitures ou d'animaux de charge, l'emprisonnement sera d'un an à cinq ans, et l'amende de 16 francs à 500 francs.

Lorsque le vol ou la tentative de vol de récoltes ou autres productions utiles de la terre, qui, avant d'être soustraites, n'étaient pas encore détachées du sol, aura eu lieu, soit avec des paniers ou des sacs ou autres objets équivalents, soit la nuit, soit à l'aide de voitures ou d'animaux de charge, soit par plusieurs personnes, la peine sera d'un emprisonnement de quinze jours à deux ans, et d'une amende de 16 francs à 200 francs.

Dans tous les cas spécifiés du présent article, les coupables pourront, indépendamment de la peine principale, être interdits de tout ou partie des droits mentionnés en l'article 42, pendant cinq ans au moins et dix ans au plus, à compter du jour où ils auront subi leur peine. Ils pourront aussi être mis, par l'arrêt ou le jugement, sous la surveillance de la haute police pendant le même nombre d'années.

Art. 389. Tout individu qui, pour commettre un vol aura enlevé ou tenté d'enlever des bornes servant de séparation aux propriétés, sera puni d'un emprisonnement de deux à cinq ans et d'une amende de 16 à 500 francs.

Art. 400. Quiconque aura extorqué par force, violence ou contrainte, la signature ou la remise d'un écrit, d'un acte, d'un titre, d'une pièce quelconque contenant ou opérant obligation, disposition ou décharge, sera puni de la peine des travaux forcés à temps.

Art. 402. Ceux qui, dans es cas prévus par le Code de commerce, seront déclarés coupables de banqueroute, seront punis ainsi qu'il suit :

Les banqueroutiers frauduleux seront punis de la peine des travaux forcés à temps.

Les banqueroutiers simples seront punis d'un emprisonnement d'un mois au moins et de deux ans au plus.

Art. 405. Quiconque, soit en faisan usage de faux noms ou de fausses qualités, soit en employant des manœuvres frauduleuses pour persuader l'existence de fausses entreprises, d'un pouvoir ou d'un crédit imaginaire, ou pour faire naître l'espérance ou la crainte d'un succès, d'un accident ou de tout autre événement chimérique, se sera fait remettre ou délivrer des fonds, des meubles ou des obligations, dispositions, belles promesses, quittances ou décharges et aura, par un de ces moyens, escroqué ou tenté d'escroquer la totalité ou partie de la fortune d'autrui, sera puni d'un emprisonnement d'un an au moins et de cinq ans au plus, et d'une amende de 50 francs au moins à 3,000 francs au plus.

Art. 425. Toute édition d'écrits, de composition musicale, de dessin, de peinture ou toute autre production, imprimée ou en partie, au mépris des lois et règlements relatifs à la propriété des auteurs, est une contrefaçon ; et toute contrefaçon est un délit.

Art. 434. Quiconque aura volontairement mis le feu à des édifices, navires, bateaux, magasins, chantiers, quand ils sont habités ou servant à l'habitation, et généralement aux lieux habités ou servant à l'habitation qu'ils appartiennent ou n'appartiennent pas à l'auteur du crime, sera puni de mort.

Sera puni de la même peine, quiconque aura volontairement mis le feu, soit à des voitures ou wagons contenant des personnes, soit à des voitures ou wagons ne contenant pas des personnes, mais faisant partie d'un convoi qui les contient. Quiconque aura volontairement mis le feu à des édifices, navires, bateaux, magasins, chantiers, lorsqu'ils ne sont ni habités, ni servant à habitation, ou à des forêts, bois, taillis ou récoltes sur pied, lorsque ces objets ne lui appartiennent pas sera puni de la peine des travaux forcés à perpétuité.

Celui qui, en mettant ou en faisant mettre le feu à l'un des objets énumérés dans le paragraphe précédent et à lui-même appartenant, aura volontairement causé un préjudice quelconque à autrui,

DEVOIRS ENVERS NOS SEMBLABLES : LA JUSTICE.

sera puni des travaux forcés à temps.

Quiconque aura volontairement mis le feu, soit à des pailles ou récoltes en tas ou en meules, soit à des bois disposés en tas ou en stères, soit à des voitures ou wagons chargés ou non de marchandises ou autres objets mobiliers et ne faisant point partie d'un convoi contenant des personnes, si ces objets ne lui appartiennent pas, sera puni des travaux forcés à temps.

Celui qui, en mettant ou en faisant mettre le feu à l'un des objets énumérés dans le paragraphe précédent et à lui-même appartenant, aura volontairement causé un préjudice quelconque à autrui, sera puni de la réclusion.

Celui qui aura communiqué l'incendie à l'un des objets énumérés dans les précédents paragraphes, en mettant volontairement le feu à des objets quelconques, appartenant soit à lui, soit à autrui et placés de manière à communiquer ledit incendie, sera puni de la même peine que s'il avait directement mis le feu à l'un desdits objets.

Dans tous les cas, si l'incendie a occasionné la mort d'une ou plusieurs personnes, se trouvant dans les lieux incendiés au moment où il a éclaté, la peine sera la mort.

Art. 440. Tout pillage, tout dégât de denrées ou marchandises, effets, propriétés mobiliaires, commis en réunion ou bande et à force ouverte, sera puni des travaux forcés à temps ; chacun des coupables sera de plus condamné à une amende de 200 francs à 5,000 francs.

Art. 444. Quiconque aura dévasté des récoltes sur pied ou des plants venus naturellement ou faits des mains d'homme, sera puni d'un emprisonnement de deux ans au moins, de cinq ans au plus.

QUESTIONS POSÉES.

I. Que faut-il penser de l'assassinat politique ? (Brev. sup.)

II. La justice doit-elle intervenir dans l'école pour la distribution des récompenses et des punitions. (Brev. sup., Écoles maternelles, Écoles normales.)

III. La morale sociale nous impose-t-elle certains devoirs que la loi ne nous impose pas ? (Brev. sup., Bac. ès lettres, Enseig. sec. des jeunes filles.)

IV. Quels étaient les rapports entre l'esclave et le maître, le seigneur et le serf ? (Brev. sup.)

V. Qu'est-ce que la liberté de conscience ? (Brev. sup., Bac. ès lettres et Enseig. spécial) ?

VI. Qu'entendez-vous par propriété industrielle ? (Brev. sup., Bac. enseig. spécial.)

VII. Des restrictions apportées par la loi à la liberté de tester ou de donner. (Enseig. second. des jeunes filles, Brev. sup.)

VIII. Les diverses espèces de propriétés. (Enseig. second. des jeunes filles.)

IX. La propriété. (Écoles maternelles, Bac. ès lettres et Enseig. spéc., Écoles normales).

X. Dans le programme des écoles primaires figurent sous le titre Éducation morale ces mots : « probité, équité, loyauté, délicatesse ». Expliquez ce que vous entendez par chacun de ces mots et appuyez vos définitions par des exemples. (Écoles normales, Sèvres, Écoles maternelles, Brev. élém. et sup.)

XI. Que répondriez-vous à quelqu'un qui vous dirait que la propriété n'est pas légitime, que l'épargne n'est pas utile, que tout irait mieux si les biens étaient partagés entre tous ? (Certificat d'études commerciales, jeunes filles.)

XII. Pourquoi devons-nous respecter et honorer la vieillesse ? (Brev. élém., Écoles maternelles.)

XIII. Doit-on en classe écouter les rapporteurs et les délateurs ? (Écoles maternelles, Sèvres, Écoles normales, Brev. élém. et sup.)

Conseils pédagogiques. — Se montrer juste avec les enfants, exiger qu'ils respectent la justice dans leurs rapports réciproques, c'est le meilleur moyen de leur apprendre à respecter plus tard les droits de leurs semblables. — Ne pas écouter les rapporteurs et les délateurs, habituer les enfants à la franchise en évitant dans certains cas de punir celui qui avoue sa faute. — A propos du respect de la propriété, insister sur les diverses formes du vol, montrer que le commerçant qui trompe sur la qualité ou la quantité des étoffes, des denrées, du lait, du beurre, qu'il vend, vole comme le filou qui saisit un porte-monnaie dans une poche, mais qu'il commet en plus un abus de confiance puisqu'on se fie à son honnêteté, tandis qu'on sait qu'il faut veiller sur ses poches si l'on ne veut se voir enlever son argent. — Se servir d'exemples concrets, faire lire des histoires (*Pierre Laloi*, La maison du patron, Mésaventure d'un fraudeur, Le Médisant et le Calomniateur, Une veillée chez Grégoire, La Banqueroute de Larmuzeau, Jean le criminel, etc.), expliquer et commenter, au point de vue moral, des fables ou des articles du Code (Cf. *Questions à étudier*.) — Bien montrer aux enfants qu'il ne suffit pas pour être un honnête homme de ne pas tuer et de ne pas voler, mais qu'il faut respecter et faire respecter la liberté de ses semblables, leur honneur, leur sensibilité, leur intelligence. — Faire appel au plaisir, à l'intérêt, au sentiment, au devoir pour les amener à être justes à l'égard de tous : leur faire voir que l'homme juste est heureux d'avoir fait son devoir, qu'il rencontre plus aisément aide et assistance, qu'il est aimé et considéré ; que l'homme injuste s'expose à être puni par les lois, à être traité par les autres comme il les traite lui-même, qu'il est tourmenté par le remords, détesté et méprisé de ses semblables, qu'il ne rencontre chez eux ni affection ni secours, qu'il manque au devoir que lui impose sa dignité d'homme.

BIBLIOGRAPHIE.

Marion, *Leçons de Morale*, leç. 19, 20, 21, 22, 23, 24.
Marion, la *Solidarité morale*.
Becher-Stove (Mme), la *Case de l'oncle Tom*.
Montesquieu, *Esprit des lois*.
Xénophon, *Mémoires sur Socrate*.
Pierre Laloi, *Petites histoires pour apprendre la vie*.
Pierre Laloi, la *Première année d'instruction morale et civique*.
Maxime du Camp, la *Vertu en France*.
Montaigne, *Essais*.
Wallon, *Histoire de l'esclavage dans l'antiquité*.
Paul Janet, la *Philosophie du bonheur*.
Paul Janet, *Histoire de la science politique*.
Stuart Mill, l'*Utilitarianisme*.
Volney, la *Loi naturelle*.
Reybaud, *Études sur les réformateurs et socialistes modernes*.
Fouillée, la *Science sociale comtemporaine*.
Kant, *Doctrine du droit*.
Cicéron, *Traité des Devoirs*.
Epictète, *Manuel et Entretiens*.
Marc Aurèle, *Pensées*.
Platon, la *République*.
Aristote, *Morale à Nicomaque*.
Cousin, *Justice et Charité*.
Bastiat, *Harmonies économiques*.

Thiers, la *Propriété*.
Renouvier, *Science de la morale*.
Taine, *La Fontaine et ses fables*.
Barni, la *Morale dans la démocratie*.
Franck, *Principes du droit civil*.
Beaussire, *Principes du droit*.
Fouillée, la *Propriété sociale et la démocratie*.

Sudre, *Histoire du communisme*.
De Laveleye, la *Propriété et ses formes primitives*.
Beaussire, la *Liberté dans l'ordre intellectuel et moral*.
H. Spencer, les *Principes de sociologie*.
Sully Prudhomme, la *Justice*.

CHAPITRE XXI

DEVOIRS ENVERS NOS SEMBLABLES, LA CHARITÉ; LES DEVOIRS RELIGIEUX.

SOMMAIRE.

Devoirs de charité. — Dévouement et sacrifice, altruisme ou amour d'autrui. — Devoirs de charité envers la vie, l'intelligence, la sensibilité, la réputation et l'honneur de nos semblables. — Devoirs de charité envers la liberté et la propriété d'autrui. — Le bienfaiteur et l'obligé. — Justice et charité. — Droits et devoirs religieux. — L'individu, la famille, la patrie, l'humanité.

Devoirs de charité. — Il ne suffit pas à l'individu de ne rien faire qui puisse porter atteinte à sa vie, à sa liberté, à sa propriété, à son intelligence, à son honneur et à sa réputation, à sa sensibilité (ch. XVII); au citoyen de ne pas léser les droits de ses concitoyens ou de l'État (ch. XIX), il faut encore que le premier travaille au perfectionnement de ses facultés physiques et morales, que le second contribue à rendre sa patrie plus grande et plus forte, ses concitoyens meilleurs et plus heureux.

De même il faut que l'homme ne se contente pas de respecter les droits de ses semblables, mais qu'il s'efforce de les rendre plus forts et plus intelligents, plus libres et plus riches, plus honorés et plus heureux, plus moraux, plus savants et plus aptes à créer où à apprécier des œuvres d'art.

Il faut joindre la charité à la justice, chercher à développer la santé et la force, la liberté et la propriété, l'intelligence et la sensibilité, l'honneur et la réputation de nos semblables.

Dévouement et sacrifice, altruisme ou amour d'autrui. — L'homme qui s'expose à la mort pour sauver un de ses semblables, s'oublie lui-même pour ne songer qu'à autrui; celui qui se prive du superflu et quelquefois du nécessaire pour faire vivre les misérables, impose silence à ses penchants égoïstes et sacrifie son plaisir et son intérêt, pour assurer l'existence de ses semblables. Enfin celui qui défend l'homme calomnié, ou même l'homme dont on dit avec raison du mal, tout en prenant grand soin de taire le bien qu'on en sait, s'expose à être attaqué par ses adversaires, à voir suspecter sa probité et son honneur, il fait acte de dévouement.

L'accomplissement des devoirs de charité suppose la prédominance de l'altruisme ou de l'amour d'autrui sur les penchants égoïstes, il implique dévouement et sacrifice.

Devoirs de charité envers la vie, l'intelligence, la sensibilité, la réputation et l'honneur de nos semblables. — Le médecin et les gardes-malades sont obligés, par leurs devoirs professionnels, d'exposer leur vie en temps d'épidémie pour soigner leurs semblables. C'est un devoir professionnel pour les pompiers de chercher à sauver les personnes menacées par un incendie. Mais celui qui se jette à l'eau pour sauver un enfant qu'il ne connaît pas, enlève une personne impotente d'une maison incendiée, arrête au péril de sa vie un cheval emporté et préserve d'une mort certaine des personnes entraînées vers un précipice, désarme l'assassin au moment où il allait frapper sa victime, qui soigne jusqu'à leurs derniers moments ou parvient à guérir les malheureux atteints de choléra, fait acte de charité et de dévouement. Sauver la vie d'un de ses semblables, c'est conserver le bien sans lequel il lui est impossible de jouir de tous les autres, le mettre à même de rendre de nouveaux services à sa famille, à sa patrie et à l'humanité. C'est donner un exemple salutaire et exciter chacun à secouer le joug de l'égoïsme, à s'oublier pour ne penser qu'aux autres. On jouit intérieurement, en agissant ainsi, du plaisir délicieux d'avoir rempli un devoir difficile, d'avoir été utile à une famille, à son pays, à l'humanité ; on conquiert l'estime, l'admiration même de ses semblables et on devient ainsi plus capable d'exercer sur eux une influence bienfaisante : l'ivrogne, qui n'avait su par lui-même dompter sa passion, réussit à la vaincre pour obéir aux exhortations de l'homme qui lui a sauvé la vie. On fait disparaître, autant qu'il est en soi, l'état de guerre et on contribue à faire de la société dans laquelle on vit une réunion d'hommes qui se comportent comme des frères, au lieu d'entrer à chaque instant en lutte pour la satisfaction de leurs intérêts personnels.

Nous n'avons pas tous les jours l'occasion de sauver la vie d'un autre homme, mais nous pouvons tous les jours donner l'exemple de la sobriété, de la propreté, de la chasteté, de la tempérance ; nous pouvons faire connaître les lois de l'hygiène et essayer de les faire observer par tous ; montrer les avantages des exercices gymnastiques et militaires, des jeux qui demandent agilité, souplesse et force, de la culture des sens intellectuels ; contribuer ainsi à développer les facultés physiques, les facultés intellectuelles et morales d'un certain nombre d'autres hommes (ch. XVI). Celui qui, par ses conseils, par les remèdes et la nourriture substantielle qu'il distribue, par les exercices qu'il recommande, par les soins qu'il donne ou fait donner, réussit à redresser la taille d'un enfant contrefait, à guérir les poumons de celui que la phtisie semblait avoir attaqué, à rendre fort et robuste l'enfant malingre et chétif, à conserver à l'adolescent ou au jeune homme la santé, la souplesse et la vigueur en le détournant du cabaret et en lui donnant le goût des exercices propres à augmenter son adresse et sa force, à l'habituer à supporter la fatigue et les privations, accomplit une œuvre aussi utile et quelquefois plus difficile que celui qui sauve la vie d'un de ses semblables.

La justice nous oblige à ne pas tromper nos semblables, à leur laisser librement chercher la vérité et professer les opinions qu'ils croient véritables. La charité exige davantage : elle nous demande d'exécuter l'engagement que nous n'avions pas cru prendre lorsque d'autres ont pu penser avec raison que nous le prenions, de ne pas exiger l'exécution d'un contrat devenu trop onéreux pour celui qui l'a signé ; d'instruire les ignorants, de leur apprendre leur devoirs civiques et moraux, de les aider à se perfectionner dans leur profession, de répandre la vérité par notre enseignement et par nos écrits ; de remplacer en eux les idées fausses par les idées justes, les croyances puériles par des croyances morales et élevées. Répandre l'instruction et en donner le goût est un bon moyen d'augmenter la valeur personnelle de ceux qui nous entourent, de les rendre meilleurs et plus propres à servir leur pays et les autres hommes, de sauvegarder en même temps notre vie, notre liberté et notre propriété.

De même la justice nous ordonne de ne faire souffrir aucun de nos semblables sans y être moralement contraints, comme le sont le médecin qui coupe une jambe brisée ou le père qui corrige un enfant paresseux et désobéissant. La charité nous commande de songer à leur bonheur, de travailler autant que nous le pouvons à leur procurer les plaisirs permis, à leur épargner les souffrances inutiles. Faire le bonheur d'autrui, c'est exciter les autres à s'occuper du nôtre, c'est, pour être heureux soi-même, un moyen souvent plus sûr que la poursuite constante de son propre bonheur. La charité nous commande encore d'aider nos semblables à combattre leurs passions, à développer harmonieusement toutes leurs inclinations (ch. xvi), à devenir meilleurs, plus capables de servir leur pays et d'être utiles aux autres hommes.

Enfin si la justice nous défend de calomnier ou de médire, d'écouter les médisants et les calomniateurs, la charité nous oblige à combattre la calomnie en montrant aux personnes auxquelles s'adresse le calomniateur qu'elles ont affaire à un menteur, à demander au médisant des preuves souvent bien difficiles à donner, à dire en toutes circonstances, mais surtout quand nous entendons mal parler d'une personne sans pouvoir nier les faits avancés, tout le bien que nous savons d'elle et des siens. Nous ne devons jamais oublier que l'honneur nous est aussi cher que la vie, que celui qui attaque la réputation d'une personne nuit souvent à ses intérêts, qu'il nuit à l'honneur et aux intérêts des personnes qui portent le même nom et n'ont absolument rien à se reprocher, qu'il trouve dans chacun des auditeurs un complice inconscient, heureux d'entendre déprécier autrui, parce qu'il croit du même coup avoir conscience de sa supériorité : il faut souvent autant de courage et il y a presque autant de mérite à défendre l'honneur qu'à défendre la vie de nos semblables. Aussi rien n'est plus propre à augmenter notre considération et à nous donner sur nos semblables une heureuse et légitime influence que l'habitude de défendre les personnes dont on attaque sans raison la réputation, de dire du bien de celles dont on ne cite que les défauts ou les mauvaises actions. Enfin la charité, sous sa forme la plus parfaite, comporte l'amour des ennemis, le pardon des injures, la générosité, la clémence, la magnanimité.

La charité nous commande de sauver la vie de nos semblables, même au péril de notre vie, de les aider à conserver leur santé et leurs forces, à développer leurs aptitudes physiques ; elle nous commande de répandre la vérité autour de nous, de contribuer directement ou indirectement aux progrès de l'instruction, de travailler au bonheur de nos semblables, de les aider à développer harmonieusement leurs inclinations, de les défendre contre les calomniateurs, de combattre la médisance en disant tout le bien que nous pouvons sur leur compte; elle implique la générosité, la clémence, le pardon des injures, l'amour des ennemis.

Devoirs de charité envers la liberté et la propriété d'autrui. — Celui qui veut être juste doit respecter la liberté de ses semblables et ne pas en faire ses esclaves, tenir ses engagements avec les patrons et les maîtres, ou avec les ouvriers et les domestiques, laisser à l'ouvrier le droit de travailler ou de faire grève, au patron le droit de faire cesser les travaux, enfin ne rien commander de déraisonnable à l'enfant. La charité va plus loin : elle nous ordonne d'employer tous les moyens de persuasion dont nous pouvons disposer pour inspirer à chacun le respect de la liberté d'autrui; elle nous oblige à combattre par la force ceux qui veulent réduire d'autres hommes en esclavage. La morale approuve les conventions qu'ont faites entre elles les nations européennes pour mettre fin à la traite des nègres et les châtiments terribles qu'elles infligent aux négriers; elle approuve la lutte qu'ont entreprise en 1866 les États américains du Nord pour contraindre ceux du Sud à proclamer l'abolition de l'esclavage. C'est d'ailleurs l'intérêt de chaque homme, de chaque peuple de s'opposer à ce que des hommes ou des peuples soient traités en esclaves, car l'asservissement des uns prépare et en apparence justifie l'esclavage des autres.

On n'est pas souvent à même de protéger ses semblables contre ceux qui voudraient les réduire en esclavage, mais on peut chaque jour les aider à conserver la libre disposition de leurs facultés, user de son influence pour exciter les maîtres et les patrons à laisser les ouvriers et les domestiques voter selon leur conscience, pratiquer ou ne pas pratiquer telle ou telle religion. On peut souvent fournir du travail, dans des conditions avantageuses à ceux qui ne demandent qu'à travailler, encourager l'ouvrier à respecter le droit qu'ont ses compagnons de ne pas faire grève et le patron de ne pas consentir aux conditions qu'on prétend lui imposer, les parents et les maîtres à diriger l'instruction et l'éducation des enfants de manière à développer leurs facultés, mais surtout à leur apprendre à les diriger et à se gouverner eux-mêmes. Celui qui instruit un de ses semblables ou qui lui donne le goût de l'étude, qui lui fait aimer l'ordre, le travail et l'économie, qui lui apprend à vaincre ses passions, travaille d'une manière fort efficace au développement de sa liberté.

La justice nous oblige à respecter le bien d'autrui et à réparer les dommages que nous lui avons causés directement ou indirectement (ch. xx). La charité nous commande d'aider

DEVOIRS ENVERS NOS SEMBLABLES : LA CHARITÉ.

chacun à conserver et à augmenter sa propriété, en la défendant contre ceux qui veulent la prendre de vive force ou la dérober, en fournissant du travail à ceux qui en manquent, en leur enseignant l'ordre et l'économie, en leur faisant connaître les moyens de rendre leur travail plus fructueux : M. Pasteur [*], en divulguant les procédés nouveaux qu'il avait trouvés pour la fabrication du vinaigre, a fait acte de charité et contribué à enrichir bon nombre de ses concitoyens. Mais la charité impose aux riches des devoirs plus précis et plus étendus à l'égard des misérables. Dans les sociétés modernes, les terres sont occupées depuis longtemps, le capital est centralisé dans un nombre plus ou moins limité de familles ; un certain nombre d'hommes n'ont à leur naissance ni terres ni capitaux qui leur permettent d'exercer leur activité et de se procurer des biens extérieurs ; ils ne réussissent pas toujours à acquérir par le travail les ressources suffisantes pour subsister pendant les temps de chômage et de maladie. C'est un devoir pour ceux qui ont hérité ou acquis une fortune considérable de leur venir en aide, de donner aux pauvres la nourriture et les vêtements qu'ils n'ont pu gagner par leur travail, de faire largement l'aumône. Sans doute, il ne faut favoriser ni la paresse, ni le vice, il ne faut donner ni à l'ivrogne ni au fainéant l'argent qui leur permettra de s'enivrer ou de vivre sans travailler, mais il faut, autant qu'on le peut, empêcher ses semblables de mourir de faim, leur donner les moyens de se nourrir, de se vêtir, de se chauffer : on conserve ainsi pour son pays des hommes qui peuvent lui être utiles, on les prémunit contre les tentations de la misère et on travaille à préserver sa vie et sa propriété, la vie et la propriété de ses concitoyens.

Toutefois l'aumône n'est ni le seul ni toujours le meilleur moyen de leur venir en aide. Celui qui fait travailler les pauvres, qui leur apprend l'ordre et l'économie, qui les rend plus habiles et plus moraux, qui leur fournit les moyens de s'établir, de faire instruire leurs enfants, de leur donner une profession honorable et lucrative, atteint un résultat beaucoup plus avantageux que celui dont la charité se limite à l'aumône : il en fait des hommes qui doivent surtout à leurs efforts la propriété dont ils jouissent, qui augmentent la prospérité de leur pays et sont capables de le servir, qui peuvent à leur tour soulager les malheureux et les aider à sortir de leur situation misérable.

De même celui qui visite les pauvres et s'informe de leurs besoins, qui recueille les malades ou qui va les soigner, qui donne aux uns et aux autres de bonnes paroles et de bons conseils, qui les traite comme des frères, remplit beaucoup mieux les devoirs imposés par la charité que celui qui se borne à distribuer son argent sans s'occuper du misérable qu'il soulage ou du malade qu'il fait soigner.

La charité nous commande de défendre la liberté de nos semblables, de les aider à la développer, de défendre leur propriété contre toute attaque, de les aider dans l'acquisition des biens extérieurs. Elle commande aux riches de faire l'aumône, mais surtout de donner aux pauvres les moyens de sortir de la misère et de devenir capables à leur tour de secourir les malheureux.

Le bienfaiteur et l'obligé. — Celui qui emploie en aumônes un argent mal acquis manque à son devoir, car il devrait avant tout restituer ce qu'il a pris; ceux qui, pour faire l'aumône imposent des privations rigoureuses à leurs enfants, ou négligent de fournir à de vieux parents ce qui leur est nécessaire, qui empruntent de l'argent dont ils ne pourront faire le remboursement ou qui ne payent pas leurs dettes, qui se privent eux-mêmes du nécessaire et se rendent incapables de remplir leurs devoirs d'homme et de citoyen, oublient que la charité ne nous dispense d'accomplir aucun de nos devoirs.

Sauver la vie d'un assassin ou la liberté d'un voleur, c'est mettre en danger la vie et la propriété des honnêtes gens; donner de l'argent à l'ivrogne, fournir au paresseux, capable de travailler, les moyens de vivre à ne rien faire, c'est rendre un mauvais service à l'un et à l'autre. Distribuer sans discernement son superflu aux premiers venus, c'est se mettre dans l'impossibilité de soulager ceux qui le méritent.

DEVOIRS ENVERS NOS SEMBLABLES : LA CHARITÉ.

Celui qui fait l'aumône et humilie l'indigent, qui vient en aide au misérable et prétend ensuite le diriger toute sa vie, celui qui veut faire du bien à ses semblables comme il l'entend et sans tenir compte de leurs préférences politiques ou religieuses, qui les traite comme des choses et oublie à leur égard le respect qu'on doit à tout être humain, entendent mal la pratique de la charité.

Celui qui a reçu les bienfaits d'un autre homme et qui porte ensuite atteinte à la vie, à la liberté, à la propriété, à l'honneur de son bienfaiteur est un monstre ; celui qui ne rend pas les services qu'il a reçus et qui hésite à sacrifier sa vie pour sauver celle de son bienfaiteur, à dépenser pour lui venir en aide la fortune qu'il lui doit, est un *ingrat*.

Il faut, pour avoir le droit d'excercer la charité envers ses semblables, s'être acquitté des devoirs de justice, avoir fait pour sa famille et pour soi-même ce qu'on est strictement obligé de faire ; il ne faut ni être charitable aux dépens d'autrui, ni traiter comme des choses ceux que l'on oblige ; l'obligé qui nuit à son bienfaiteur est un monstre ; celui qui ne sacrifie pas à l'occasion sa vie et sa propriété pour sauver celles de son bienfaiteur est un ingrat.

Justice et charité. — La justice nous oblige à ne rien faire contre la vie, la propriété, la liberté, l'intelligence, la sensibilité et l'honneur d'autrui : *Ne fais pas à autrui ce que tu ne voudrais pas qu'on te fît*, telle est la formule qui, expliquée par les devoirs et les droits de l'individu, résume ce que nous devons faire et ce que les lois positives nous contraignent de faire à l'égard de nos semblables.

La charité nous dit de venir en aide à nos semblables dans l'accomplissement de leurs devoirs positifs, de contribuer au développement progressif et continu de leurs inclinations et de leurs facultés : *Fais à autrui ce que tu voudrais qu'on te fît* est la formule par laquelle on résume les devoirs que les lois humaines ne nous contraignent pas d'accomplir, mais que la loi morale impose comme ceux de justice, à tout homme qui veut en lui obéissant se rapprocher de la perfection.

Les devoirs de justice sont des devoirs *stricts* ou *négatifs* qui constituent le minimum de nos obligations envers nos semblables. Les devoirs de charité sont des devoirs *positifs* ou *larges* qui, également obligatoires pour tous, varient selon les individus et la situation dans laquelle ils se trouvent, selon la position de ceux envers qui ils ont à les remplir. L'accomplissement des devoirs de justice doit précéder celui des devoirs de charité et il ne faut jamais violer les premiers pour accomplir les seconds ; la charité complète la justice.

Il est d'ailleurs quelquefois difficile, dans la pratique, de savoir à laquelle de ces deux catégories appartiennent certains devoirs. Celui qui expulse en plein hiver une honnête famille qui ne peut payer son loyer manque à la charité ; mais si les lois humaines l'autorisent à agir ainsi, il n'est pas bien sûr qu'il ne viole pas les règles de la justice, qu'en usant de son droit strict il ne commette une criante injustice (*Summum jus, summa injuria*) : nous devons en effet pour être juste, réparer le mal que nous avons causé, celui qu'ont causé nos parents ou les membres de la société dans laquelle nous vivons, puisqu'il y a une étroite solidarité entre les membres de la famille, les hommes d'une même génération, les habitants du même pays. Or, parmi tous les malheureux que la charité nous oblige de secourir, il en est peu qui soient absolument et uniquement la cause de leurs malheurs, qui ne puissent souvent en rendre responsables en partie quelques-uns de leurs semblables. Et qui d'entre nous oserait affirmer que ni lui, ni ses parents, ni ses concitoyens n'ont contribué à créer des misères qu'il ignore ? qu'il n'est pas tenu pour être juste de soulager les misérables qu'il connaît, encore qu'il croie n'avoir été aucunement la cause de leur misère ? Pratiquer la charité n'est souvent qu'un moyen d'éviter l'injustice.

Les devoirs de justice sont stricts et négatifs, les devoirs de charité, larges et positifs : nos semblables peuvent exiger de nous, en s'appuyant sur les lois positives, l'accomplissement des premiers, mais non celui des seconds. La justice précède la charité et doit la régler, la charité complète la justice. Pratiquer la charité est souvent une obligation pour qui ne veut pas être injuste.

Droits et devoirs religieux. — Les hommes forment entre eux des sociétés religieuses qui ont fort rarement les mêmes limites que leurs sociétés politiques. Il y a des catholiques en France, en Italie, en Espagne, en Allemagne, en Irlande, en Autriche ; des protestants en France, en Angleterre, en Allemagne ; des chrétiens grecs en Russie, en Bulgarie, en Asie Mineure, en Grèce ; des bouddhistes dans l'Inde et dans la Chine ; des mahométans en Turquie, en Perse, en Égypte, dans l'Inde ; on trouve en France, en Angleterre, en Allemagne, des hommes qui, sans pratiquer aucun culte, reconnaissent une religion naturelle * ; on en trouve qui refusent de se rattacher à une religion révélée ou naturelle.

Chacun de nous a le droit de penser comme il l'entend, en matière religieuse, de professer une religion révélée, d'accepter la religion naturelle ou de n'en suivre aucune, de pratiquer le culte qu'il a choisi et de ne se livrer à aucune des pratiques imposées par les cultes qu'il ne reconnaît pas, pourvu qu'il se conforme aux prescriptions légales et respecte les droits de ses semblables.

Quant aux devoirs religieux, c'est aux autorités reconnues par chacune des religions positives ou révélées, à la conscience et à la raison s'il s'agit de la religion naturelle, qu'il appartient de les fixer. Tout ce qu'on peut dire à ce sujet, en se plaçant au point de vue civique et moral, c'est qu'aucune religion ne doit nous dispenser de remplir nos devoirs d'homme, de chef de famille et de citoyen, c'est qu'on ne doit jamais attribuer d'imperfection à l'Être qu'on adore et qu'on prie, qu'il faut choisir en connaissance de cause l'opinion religieuse à laquelle on se rattache, que l'hypocrisie n'est nulle part plus odieuse qu'en matière religieuse.

Toutefois, comme il y a des rapports entre les individus qui professent des opinions religieuses différentes, il convient d'indiquer comment on doit agir à ce point de vue, à l'égard de ses semblables. Nous devons laisser à chacun le droit de penser ce qu'il veut en matière religieuse, de pratiquer un culte ou de n'en suivre aucun : la tolérance religieuse est un devoir qui s'impose à tout homme et à tout citoyen. Les luttes religieuses sont les plus acharnées et les plus redoutables des guerres, elles divisent profondément les citoyens d'un même pays et les mettent à la merci d'un peuple uni et fort; les persécutions qui ont pour prétexte les opinions religieuses sont celles qui blessent le plus chaque homme, parce qu'elles visent la partie la plus intime de sa personne, qu'elles violent le plus sacré de ses droits. Il ne suffit pas d'ailleurs pour pratiquer la tolérance, de laisser nos semblables professer les opinions et pratiquer ou ne pas pratiquer le culte que la loi leur reconnaît le droit de choisir; il faut éviter de suspecter leur sincérité, d'incriminer leurs actes, de railler ou de mépriser leurs croyances : il ne faut jamais oublier qu'ils sont nos concitoyens et nos semblables, que notre devoir à tous est de travailler en commun, par des moyens divers, à rendre notre patrie plus grande et plus forte, l'humanité plus heureuse, plus instruite et meilleure.

Tout homme a le droit, en se soumettant aux lois, de professer ou de ne pas professer une religion révélée ou naturelle*; c'est aux autorités religieuses qu'il reconnaît, à sa conscience et à sa raison de déterminer ses devoirs religieux proprement dits. Aucune religion ne doit nous dispenser de remplir nos devoirs d'homme et de citoyen; l'hypocrisie religieuse est la plus condamnable de toutes les hypocrisies.

La tolérance religieuse implique le respect des opinions et du culte choisis par nos semblables; elle condamne le dédain, la raillerie, le mépris des croyances qui ne sont pas les nôtres; elle nous oblige à nous rappeler que nous poursuivons tous, par des moyens divers, un but commun, la grandeur de notre pays et le progrès de l'humanité.

L'individu, la famille, la patrie, l'humanité. — On a dans l'antiquité subordonné complètement l'individu à la famille et reconnu à son chef une autorité absolue. On a essayé de nos jours de faire la part de l'individu et de la famille ; on a limité les droits du père et garanti certains droits à la femme et à l'enfant.

Les communistes ont presque toujours voulu sacrifier la famille à l'État. En supprimant les liens qui unissent les pères aux enfants, en chargeant l'État de faire l'éducation de ces derniers et en le considérant comme le seul propriétaire, on arrêterait selon eux le développement des tendances égoïstes qui portent l'individu à entrer en lutte avec ses semblables pour s'enrichir et enrichir sa famille ; on ferait de la société une seule famille dont tous les membres se comporteraient entre eux comme des frères.

Enfin on a cru que le maintien des liens qui unissent entre eux les habitants d'un même pays est en grande partie la cause des guerres et des querelles de toute espèce qui divisent les différents peuples ; que la persistance des nationalités diverses, le groupement des individus en États particuliers et en nations distinctes, sont des obstacles au règne de la fraternité universelle. On a proposé de supprimer la patrie au profit de l'humanité, de ne plus considérer les hommes comme appartenant à une nation, mais comme des citoyens de l'univers, de substituer le *cosmopolitisme* au *patriotisme*.

Il faut remarquer d'abord qu'il est difficile de persuader aux individus de se sacrifier à la famille, aux familles de se dissoudre dans l'État, aux nations de se fondre entre elles pour ne former qu'un seul et même État ; que dès lors une nation qui, par exemple, considérerait comme ses frères des peuples qui persisteraient à voir en elle une ennemie, jouerait un rôle de dupe et serait exposée à être promptement détruite au détriment même de la civilisation générale qu'elle servait à sa manière et pour sa part. En second lieu, il est évident qu'on ne devrait supprimer ni les droits de l'individu, ni la famille, ni la patrie, quand même on le pourrait. Il faut être capable de défendre ses droits, de remplir ses devoirs individuels, s'être fait un homme pour savoir diriger une famille et servir sa patrie ; il faut avoir connu sa mère et vécu avec ses frères pour aimer sa patrie comme une mère et ses concitoyens comme des frères. Enfin il faut avoir aidé ses concitoyens à atteindre un haut degré de perfectionnement pour travailler avec eux au développement intellectuel et moral des autres peuples. Il ne faut supprimer aucune des inclinations qui se trouvent en nous : on peut développer ses facultés personnelles et aimer sa famille, remplir ses devoirs de chef de famille et être un bon citoyen, travailler à rendre sa patrie grande et forte et n'oublier aucun des devoirs que la justice et la charité nous imposent à l'égard de nos semblables (ch. VI et XVIII).

Il ne faut détruire aucune de nos inclinations, mais développer nos inclinations personnelles de manière à être capables de bien remplir nos devoirs envers la famille et envers l'État, apprendre dans la famille à aimer la patrie et nos concitoyens, travailler ensuite à faire profiter les autres peuples des progrès qu'a réalisés la nation à laquelle nous appartenons.

RÉSUMÉ

Que savez-vous des devoirs de charité ? — Il faut joindre la charité à la justice, chercher à développer la santé et la force, la liberté et la propriété, l'intelligence et la sensibilité, l'honneur et la réputation de nos semblables.

Que suppose l'accomplissement des devoirs de charité ? — L'accomplissement des devoirs de charité suppose la prédominance de l'altruisme ou de l'amour d'autrui, sur les penchants égoïstes, il implique dévouement et sacrifice.

Quels sont nos devoirs de charité envers la vie, l'intelligence, la sensibilité, la réputation et l'honneur de nos semblables ? — La charité nous commande de sauver la vie de nos semblables, même au péril de notre vie, de les aider à conserver leur santé et leurs forces, à développer leurs aptitudes physiques ; elle nous commande de répandre la vérité autour de nous, de contribuer directement aux progrès de l'instruction, de travailler au bonheur de nos semblables, de les aider à développer harmonieusement leurs inclinations, de les défendre contre les calomniateurs, de combattre la médisance en disant tout le bien que nous savons sur leur compte ; elle

DEVOIRS ENVERS NOS SEMBLABLES : LA CHARITÉ.

implique la générosité, la clémence, le pardon des injures, l'amour des ennemis.

Quels sont nos devoirs de charité envers la liberté et la propriété de nos semblables ? — La charité nous commande de défendre la liberté de nos semblables, de les aider à la développer, de défendre leur propriété contre toute attaque, de les aider dans l'acquisition des biens extérieurs. Elle commande aux riches de faire l'aumône, mais surtout de donner aux pauvres les moyens de sortir de la misère et de devenir capables à leur tour de secourir les malheureux.

Que savez-vous du bienfaiteur et de l'obligé ? — Il faut, pour avoir le droit d'exercer la charité envers ses semblables, s'être acquitté des devoirs de justice, avoir fait pour sa famille et pour soi-même ce qu'on est strictement obligé de faire ; il ne faut ni être charitable aux dépens d'autrui, ni traiter comme des choses ceux que l'on oblige ; l'obligé qui nuit à son bienfaiteur est un monstre ; celui qui ne sacrifie pas à l'occasion sa vie et sa propriété pour sauver celles de son bienfaiteur est un ingrat.

Parlez de la justice et de la charité ? — Les devoirs de justice sont stricts et négatifs, les devoirs de charité, larges et positifs ; nos semblables peuvent exiger de nous, en s'appuyant sur les lois positives, l'accomplissement des premiers, mais non celui des seconds. La justice précède la charité et doit la régler ; la charité complète la justice. Pratiquer la charité est souvent une obligation pour qui ne veut pas être injuste.

Que savez-vous des droits et des devoirs religieux ? — Tout homme a le droit, en se soumettant aux lois, de professer ou de ne pas professer une religion révélée ou naturelle* ; c'est aux autorités religieuses qu'il reconnaît, à sa conscience et à sa raison, de déterminer ses devoirs religieux proprement dits. Aucune religion ne doit nous dispenser de remplir nos devoirs d'homme et de citoyen ; l'hypocrisie religieuse est la plus condamnable de toutes les hypocrisies.

La tolérance religieuse implique le respect des opinions et

du culte choisis par nos semblables ; elle condamne le dédain, la raillerie, le mépris des croyances qui ne sont pas les nôtres, elle nous oblige à nous rappeler que nous poursuivons tous, par des moyens divers, un but commun, la grandeur de notre pays et le progrès de l'humanité.

Que savez-vous de l'individu, de la famille, de la patrie, de l'humanité? — Il ne faut détruire aucune de nos inclinations, mais développer nos inclinations personnelles de manière à être capables de bien remplir nos devoirs envers la famille et envers l'État, apprendre dans la famille à aimer la patrie et nos concitoyens, travailler ensuite à faire profiter les autres peuples des progrès qu'a réalisés la nation à laquelle nous appartenons.

DEVOIRS A TRAITER

I. Egoïsme et altruisme.
II. Les devoirs de charité.
III. Le bienfaiteur et l'obligé.
IV. Justice et charité.
V. Droits et devoirs religieux.
VI. L'individu, la famille, la patrie, l'humanité.

QUESTIONS A ÉTUDIER

I. La satisfaction qu'on tire de la vengeance ne dure que peu de moments ; mais celle que produit la clémence ne finit jamais. (Henri IV.)
II. Le bonheur des riches ne consiste pas dans les biens qu'ils ont, mais dans le bien qu'ils peuvent faire. (Fléchier.)
III. La reconnaissance.
IV. L'ingratitude.
V. L'aumône.
VI. La bienveillance.
VII. Comment peut-on, dans la vie ordinaire, faire preuve de charité et de dévouement ?
VIII. La clémence d'après Corneille. (*Cinna.*)
IX. Le pardon des injures.
X. Expliquer et commenter, au point de vue moral, les fables suivantes : *le Lion et le Rat, la Colombe et la Fourmi, les Loups et les Brebis, le Villageois et le Serpent, le Cheval et l'Ane, les Vautours et les Pigeons, l'Ane et le Chien, la Forêt et le Bûcheron*. (La Fontaine.)
XI. Comment peut-on travailler à accroître l'honneur et la réputation d'autrui ?
XII. Comment peut-on contribuer à développer la personnalité et à créer le caractère de ses semblables ?
XIII. Patriotisme et Cosmopolitisme.
XIV. Que votre main gauche ignore ce que donne votre main droite. (*Evangile.*)

QUESTIONS POSÉES

I. Développez ces deux pensées : *Ne fais pas à autrui ce que tu ne voudrais pas qu'on te fît ; Fais à autrui ce que tu voudrais qu'on te fît*, (Brev. sup., Brev. élémentaire, Bac. ès lettres, Sèvres.)
II. Qu'entendez-vous par la solidarité ? (Brev. sup., Bac. ès lettres.)
III. Quelle différence y a-t-il entre les institutions de charité et les institutions de prévoyance ? (Brev. sup., Ens. second. des jeunes filles.)

IV. Comment la Fontaine entendait-il la charité, quand il disait : On a souvent besoin d'un plus petit que soi? (Brev. sup.)

V. Parlez de l'égoïsme et de l'altruisme. (Brev. sup., Bac. ès lettres.)

VI. Définir et distinguer les devoirs de justice et de charité, citer des exemples à l'appui de cette distinction. (Bac. enseign. spécial, Sèvres, Écoles normales.)

VII. Montrer ce que l'ingratitude a d'odieux. (Brev. élém., Brev. sup., Écoles maternelles.)

VIII. De la reconnaissance, de ses principales manifestations, envers quelles personnes l'enfant est-il tenu à la reconnaissance? (Brev. élémentaire et supérieur, Écoles matern.)

IX. Expliquer cette maxime : « Il se faut entr'aider, c'est la loi de nature. » — Rappeler les fables dans lesquelles la Fontaine l'a mise en action. — Montrer à des enfants comment ils peuvent la pratiquer dans leur famille et avec leurs camarades. (Brev. élém. et Brev. sup.)

X. Montrer qu'on ne peut en pratiquant la charité, se dispenser d'être juste. (Brev. sup., Écoles normales, Ens. second. des jeunes filles.)

XI. Expliquer le proverbe suivant : « La manière de donner vaut mieux que ce qu'on donne. » (Brev. élém. et sup., Ens. sec. des jeunes filles.)

Conseils pédagogiques. — Pour habituer les enfants à remplir leurs devoirs de charité, il faut d'abord les amener à penser aux autres, à comprendre que leurs semblables souffrent comme eux et sont malheureux de perdre la vie ou la santé, la liberté, leur propriété, leur réputation ; que c'est une bonne chose de faire cesser leurs souffrances quand nous le pouvons, qu'ils sont heureux quand nous les aidons à conserver leur vie, à augmenter leur propriété, à accroître leur réputation, qu'ils sont eux-mêmes disposés ensuite à nous venir en aide, que le pays dont les habitants se traitent ainsi comme des frères est plus prospère et plus puissant. En second lieu, il faut leur faire comprendre que la charité est soumise à des règles, qu'on ne peut, sous prétexte de charité, violer la justice. — Leur montrer qu'il est beau de se dévouer pour sauver une personne qui se noie ou qui est exposée à être brûlée, de soigner les malades atteints de maladies contagieuses, de trouver comme saint Vincent de Paul, de nouvelles formes de dévouement et de sacrifice ; leur raconter la vie des hommes qui l'ont consacrée tout entière à leurs semblables, les exciter à prendre l'un d'eux pour modèle. — Mais insister sur les moyens que nous avons tous les jours d'être charitables et bienveillants, de faire acte de dévouement et de sacrifice. — Faire lire des histoires (*Pierre Laloi*, Un Patron, M. Tardieu maire de Brive, etc., *Maxime du Camp*, la Vertu en France), commenter et expliquer des fables (Cf. *Questions à étudier*) propres à donner le goût de la charité et du dévouement. Faire appel au plaisir, à l'intérêt, au sentiment comme au devoir, pour rendre les enfants charitables et bienveillants. — Insister sur le respect que chacun de nous doit avoir pour les opinions religieuses de ses semblables, sur les conséquences désastreuses pour un pays, des luttes religieuses, sur la tolérance que les croyants doivent pratiquer à l'égard des incrédules et réciproquement, sur la nécessité de laisser de côté les questions qui nous divisent pour travailler ensemble à la grandeur de la France.

BIBLIOGRAPHIE

Marion, *Leçons de morale* (leç. 25).
Id. la *Solidarité morale*.
Pierre Laloi, *Petites histoires pour apprendre la vie*.
Pierre Laloi, *Première année d'instruction morale et civique*.
Silvio Pellico, *Devoirs des hommes*.
Maxime du Camp, la *Vertu en France*.
Volney, la *Loi naturelle*.
Paul Janet, la *Philosophie du bonheur*.
C. Martha, les *Moralistes sous l'empire romain*.
Fouillée, la *Propriété sociale et la Démocratie*.
Stuart Mill, l'*Utilitarianisme*.
Id. Mes *Mémoires*.
Sénèque, *Traité des Bienfaits*.
Épictète, *Manuel et Entretiens*.
Marc-Aurèle, *Pensées*.

Cicéron, *Traité des Devoirs*.
Aristote, *Morale à Nicomaque*.
Kant, *Doctrine de la vertu*.
Platon, la *République*.
Cousin, *Justice et Charité*.
Barni, la *Morale dans la Démocratie*.
H. Spencer, l'*Individu contre l'État*.
Id. *Essais sur le progrès*.
Id. Les *Bases de la morale évolutioniste*.
Guyau, la *Morale anglaise contemporaine*.
Renan, *Qu'est-ce qu'une nation ?*
Beaussire, la *Liberté dans l'ordre intellectuel et moral*.
Beaussire. Les *Principes du droit*.
Id. Les *Principes de la morale*.
Franck, les *Principes du droit civil*.
Carrau, la *Morale utilitaire*.

FIN DE LA MORALE PRATIQUE

ÉCONOMIE POLITIQUE

CHAPITRE XXII

PRODUCTION DE LA RICHESSE.

SOMMAIRE.

L'économie politique, le besoin, l'utilité, la richesse. — La production de la richesse : la nature et l'homme. — Le travail et le capital. — Le travail musculaire et le travail intellectuel. — Division du travail et coopération. — Liberté du travail, concurrence, association. — La formation du capital, l'épargne. — Les formes diverses du capital, les machines. — Association des capitaux.

L'économie politique, le besoin, l'utilité, la richesse. — L'homme a des besoins ; il doit se nourrir, se vêtir, se loger, se défendre contre les animaux féroces ou contre ses semblables (ch. vi et xvi). Il se sert de pain, de viande, de légumes, de fruits pour apaiser sa faim ; d'eau, de vin, pour se désaltérer ; d'arbres, de pierres, de métaux, pour se construire une demeure et se fabriquer des armes. Tout ce qui satisfait un besoin est une chose *utile*.

On dit d'ordinaire d'un homme qu'il est riche, quand il possède de l'or, de l'argent, des terres, des troupeaux, avec lesquels il peut se procurer plus de choses utiles qu'il ne lui en faut pour satisfaire ses besoins. En réalité, toute chose utile, l'air qui sert à la respiration, l'eau qui désaltère, qui fait aller les machines ou transporte les marchandises, comme la terre qui produit le blé et les fruits, comme les troupeaux, constituent des *richesses*. L'or et l'argent, ne servant pas directement à la satisfaction de nos besoins, sont plutôt des signes de richesse que des richesses véritables.

Xénophon[*] avait appelé *Économiques* (du grec *oikos* = *maison* et *nomos* = *administration*), un ouvrage dans lequel il donnaît les règles qui doivent présider à la direction d'une maison. On a appelé *Économie politique* (du grec *polis* = cité), la science qui s'occupe, non des besoins d'une famille et des choses qui lui sont utiles, mais des besoins et des choses utiles aux sociétés humaines.

Le propriétaire qui loue sa terre, le fermier qui fournit la charrue et les chevaux, le domestique qui donne son temps et sa peine, *produisent* en commun le blé récolté dans un champ. L'argent que le fermier retire de la vente de ce blé est *réparti* entre le domestique qui reçoit des gages, le propriétaire qui touche un fermage et le fermier qui garde le reste. Le blé est transporté par voie de terre ou de mer; l'argent passe du domestique, du fermier et du propriétaire au boucher, au tailleur, qui donnent en échange de la viande et des vêtements; la richesse *circule*. Enfin le blé transformé en farine et en pain est *consommé* et sert ainsi à la satisfaction de nos besoins.

Une chose utile est une chose propre à satisfaire un besoin. On donne le nom de richesse à toute chose utile.

L'économie politique est la science de la richesse; elle étudie la production, la répartition ou la distribution, la circulation et la consommation des richesses.

La production de la richesse : la nature et l'homme. — Pour produire le pain dont nous nous nourrissons, il faut un terrain où l'on dépose le grain; il faut que ce terrain contienne les sucs propres à nourrir la plante, que l'atmosphère lui fournisse du carbone et de l'eau, que le soleil lui donne de la lumière et de la chaleur. Il faut en outre que le vent ou l'eau fasse tourner les meules qui broient le blé; que les forêts produisent le bois nécessaire à la cuisson du pain; en un mot, que la *nature* nous donne des matériaux et mette à notre disposition des forces dont nous nous servons pour produire la richesse.

Mais la nature nous fournit peu d'objets propres à satisfaire immédiatement nos besoins. Sans doute elle donne l'air et l'eau en abondance, et la terre produit d'elle-même différents fruits, mais il faut que nous allions souvent chercher assez loin l'eau dont nous avons besoin ; l'homme doit construire le moulin dont le vent ou l'eau feront tourner les roues, extraire du sol le fer, l'or, l'argent, leur faire subir ensuite une préparation longue et difficile pour les transformer en armes, en outils, en monnaie ; il faut retourner la terre, y enfouir de l'engrais, se livrer à des soins incessants pour obtenir un blé nourrissant, des fruits succulents et des raisins riches en vin. Il faut que l'homme travaille pour mettre en œuvre les matériaux que fournit la nature, pour utiliser les forces qu'elle renferme.

La nature fournit des matériaux (terre, métaux, air, eau), et des forces (lumière, chaleur, air, eau, etc.).

L'homme, par son travail, met en œuvre ces matériaux et utilise ces forces. La nature et l'homme concourent ainsi à la production de la richesse.

Le travail et le capital. — Pour faire produire à un champ une récolte de blé, il faut le labourer, y mettre de l'engrais, y jeter le grain, sarcler, moissonner, battre et vanner le blé. Il faut, chaque année, fournir un *travail* déterminé ; mais les chevaux, les harnais, les charrues, les engrais, les outils, faux, fourches, fléaux, machines à battre, etc., représentent le produit d'un travail antérieur, constituent un *capital* qui contribue, avec le travail actuel, à la production d'une richesse nouvelle.

L'homme produit la richesse par le concours de son travail actuel et d'un travail antérieur, dont il a conservé les produits (outils, machines, argent, etc.), par le concours du travail et du capital.

Le travail musculaire et le travail intellectuel. — Le laboureur dirige sa charrue et ses chevaux, le moissonneur coupe le blé, retourne et charge les gerbes ; le maçon place les briques, les pierres et le mortier ; le vigneron façonne la terre, y porte des engrais, taille la vigne, écrase le raisin ; tous emploient leurs forces physiques, font des efforts *musculaires*, remuent leurs bras et leurs jambes pour produire des choses utiles.

L'avocat qui, par un plaidoyer éloquent et longuement préparé, met en lumière l'innocence de l'accusé, le médecin qui ordonne un remède par lequel il rappelle un mourant à la vie, l'ingénieur qui dirige l'exploitation d'une mine ou la construction d'un chemin de fer, le chimiste qui imagine, comme M. Pasteur*, des procédés nouveaux pour fabriquer le vinaigre, pour préserver des maladies contagieuses les animaux domestiques et les hommes, le poëte qui écrit une comédie, une tragédie ou une ode, le musicien qui compose un opéra, l'instituteur qui enseigne la lecture, l'écriture, le calcul, l'orthographe, des éléments d'histoire et de morale ; les professeurs qui enseignent la physique, la chimie, les mathématiques, les sciences naturelles, l'histoire, la philosophie, le droit, la médecine ; le savant qui résout un problème ou invente une machine, ne dépensent pas pour produire un effet utile une grande force musculaire, ils se livrent surtout à un travail *cérébral* et *intellectuel*.

Sans doute, chacun de ces derniers peut être obligé, pour atteindre le but qu'il poursuit, de faire à un moment donné usage de ses muscles ; l'avocat pendant son plaidoyer, l'instituteur et le professeur pendant la leçon, se fatiguent quelquefois plus que le maçon, le manœuvre ou le moissonneur ; mais dans l'ensemble de leur travail, l'effort cérébral et intellectuel l'emporte de beaucoup sur l'effort musculaire. Inversement, le maçon, le manœuvre, le forgeron, le moissonneur, chez lesquels prédomine l'effort musculaire, sont obligés de faire œuvre d'intelligence ; celui d'entre eux qui trouve des procédés plus expéditifs ou plus sûrs, produit, en dépensant la même force physique, une quantité beaucoup plus grande de travail utile.

Deux hommes d'intelligence égale, dont les forces physiques sont inégales, produisent des quantités de travail utile qui diffèrent assez peu. Un enfant qui se sert d'un levier soulèvera aisément une pierre que ne saurait remuer l'homme le plus robuste. Un chauffeur et un mécanicien, avec une locomotive, transporteront, sur un chemin de fer, les marchandisces que ne pourraient porter des centaines de portefaix, ils le feront plus vite et conserveront en meilleur état les objets transportés. Les progrès réalisés par le travail intellectuel rendent beaucoup plus fécond le travail musculaire.

Tout travail exige des efforts cérébraux, intellectuels et musculaires; on donne le nom de travail intellectuel à celui dans lequel on fait une part plus grande au cerveau et à l'intelligence, le nom de travail musculaire, corporel ou physique à celui qui exige surtout des forces physiques.

Le travail intellectuel rend plus facile et infiniment plus fécond le travail musculaire.

Division du travail et coopération. — Robinson Crusoë, seul dans son île déserte, est obligé de chasser, de pêcher, de labourer, de semer, de moissonner et de faire son pain, de se défendre contre les sauvages et les bêtes féroces, de fabriquer ses vêtements et ses chaussures, de construire sa maison, de se faire des meubles, de se creuser une barque, de soigner son bétail, etc. Aussi tous ses moments sont occupés, il ne se suffit qu'avec peine, il dépense beaucoup de travail pour produire peu de choses utiles et les fait assez mal.

Dans une grande ville, il y a des boulangers, des bouchers, des cordonniers, des tailleurs, des maçons, des couvreurs, des menuisiers, des charpentiers, des forgerons, des serruriers, des imprimeurs, des avocats, des professeurs, des médecins, etc. Chacun d'eux est exclusivement occupé de produire une chose utile : le boulanger ne fait que du pain et satisfait à ses besoins et à ceux d'un grand nombre d'autres hommes. Avec l'argent qu'il reçoit en échange de son pain, il achète des vêtements au tailleur, des chaussures au cordonnier, il paye l'instituteur de ses enfants, le médecin qui les soigne. De même le maçon, le serrurier, le menuisier, le charpentier, le couvreur, ne font chacun dans une maison qu'une partie du travail, toujours la même ; ils la font mieux et plus vite, et peuvent, par leur coopération, construire plus de maisons commodes que s'ils étaient obligés comme Robinson d'en faire successivement toutes les parties.

Dans l'industrie, chaque ouvrier a son travail déterminé : plusieurs centaines de personnes fabriquent en coopération le mètre d'indienne qu'on vend moins d'un franc. La division du travail est poussée jusqu'à ses dernières limites dans la fabrication des aiguilles et des épingles : elle a pour résultat la production d'un nombre plus grand d'objets utiles, vendus à meilleur marché.

Par contre, elle a des inconvénients : l'ouvrier ne sait faire que sa besogne habituelle. Un homme qui gagnerait comme maçon des journées moyennes, mais qui saurait labourer, moissonner, faucher et faner, ne serait pas réduit à la misère par une crise du bâtiment. Au contraire, l'ouvrier qui ne sait que rattacher un fil sur un métier, diviser en parties égales les dents d'une roue de montre, fabriquer telle ou telle partie d'une épingle ou d'une aiguille, se trouve souvent sans moyen d'existence si l'on invente une machine destinée à faire sa besogne, si l'industrie pour laquelle il travaille est en souffrance, si le patron refuse de l'employer. Il faut donc que par une instruction professionnelle très solide, par l'habitude de l'observation ou de la réflexion, il se rende capable d'apprendre promptement un métier nouveau qui lui permette de gagner sa vie.

La division du travail, qui fait coopérer à la production d'un même objet un grand nombre de personnes, rend chacune d'elles plus habile, augmente le nombre des produits et en diminue le prix; mais elle expose l'ouvrier à la misère quand vient à lui manquer sa besogne ordinaire, s'il ne s'est préparé, par une forte éducation professionnelle et par la culture générale de son intelligence, à apprendre rapidement un nouveau métier.

Liberté du travail, concurrence, association. — L'esclave qui était la propriété de son maître, qui n'avait ni famille, ni biens personnels, ne travaillait que par crainte des châtiments : il produisait peu et donnait des produits souvent fort imparfaits. L'ouvrier qui, au moyen âge, faisait partie d'une corporation, était assuré de trouver, s'il devenait patron, un débouché pour ses produits ; il n'avait aucun intérêt à chercher des procédés nouveaux plus expéditifs et plus économiques, puisqu'il lui,était défendu d'en faire usage. La plupart des ouvriers, qui ne pouvaient être patrons, n'avaient qu'un intérêt secondaire à se perfectionner dans leur métier.

Aujourd'hui, la loi reconnaît à chacun la liberté de sa personne et de ses facultés, lui assure la possession de ce qu'il a gagné par son travail, lui permet de choisir la profession ou le métier qu'il préfère (ch. XVI à XXI). Chaque ouvrier est intéressé à bien faire pour conserver ses clients et en trouver de nouveaux, à chercher les procédés les plus expéditifs et les moins coûteux pour produire au plus bas prix un plus grand nombre d'objets. La *liberté du travail* et *la concurrence* ont pour résultat l'augmentation de la production, elles font qu'un plus grand nombre d'hommes peuvent satisfaire leurs besoins d'une façon plus complète. Sans doute, le producteur n'est plus assuré, comme au moyen âge, de trouver une rémunération de son travail à peu près suffisante pour le faire vivre lorsqu'il est trop inférieur à ses concurrents ; mais dans ce cas même, il bénéficie de la concurrence comme consommateur et trouve à meilleur marché et en plus grand nombre, tous les objets qu'il ne fabrique pas et dont il a besoin.

Un homme ne réussit pas à soulever seul un bloc de pierre de 200 kilogrammes, il y parvient, avec l'aide de cinq ou six de ses semblables. Un ingénieur fait le tracé d'un chemin de fer qu'il ne pourrait construire ; l'entrepreneur qui dirige les travaux et fournit les matériaux est incapable de faire le tracé et de préparer la voie ; le terrassier, qui déblaie le terrain, ne sait ni tracer la voie, ni vérifier s'il se conforme au tracé indiqué. L'ingénieur, l'entrepreneur, le terrassier associent leur travail et mènent à bonne fin ce que chacun d'eux n'aurait pu faire à lui seul.

Grâce à la liberté du travail et à la concurrence, les consommateurs trouvent, pour satisfaire leurs besoins, un plus grand nombre d'objets mieux fabriqués et à meilleur marché ; le producteur même auquel la concurrence est nuisible, en est dédommagé comme consommateur.

L'association des travailleurs a pour résultat la production de choses utiles qu'aucun d'eux n'eût pu fournir à lui seul.

La formation du capital, l'épargne. — Quand Robinson ne consommait dans son île qu'une portion du blé qu'il avait récolté, il se préparait pour l'année suivante une récolte plus abondante : quand il faisait sécher des raisins au lieu d'en manger le plus possible et de laisser pourrir le reste, il conservait pour l'hiver une nourriture agréable et s'assurait des loisirs qui lui permettaient de se fabriquer des meubles et des outils. Quand il soignait le chevreau qu'il avait pris auprès de sa mère, quand il enfermait dans un enclos, au lieu de les manger, les chèvres qu'il avait capturées, il se préparait des ressources assurées en lait et en viande pour le temps où il ne pourrait plus chasser.

L'ouvrier laborieux qui chaque jour met en réserve une partie de son gain, achète avec ses économies une vache et loue un pré. Il continue à économiser une partie de son salaire et y joint le bénéfice qu'il retire de sa vache : il en achète une seconde et loue un autre pré. Puis les économies augmentent chaque année, les enfants grandissent; il se trouve en possession d'un capital suffisant pour prendre à bail une ferme importante et il en fait toute la besogne avec ses enfants. L'aisance entre dans la maison : les enfants, habitués à l'épargne et pourvus déjà d'un certain capital que leur abandonnent leurs parents, peuvent à leur tour vivre dans l'aisance, faire des économies, augmenter la prospérité de leur pays et venir en aide aux malheureux.

De même le porte-balle rangé, actif et économe achète un âne et une voiture avec lesquels il transporte une plus grande quantité de marchandises, puis un cheval qui lui permet d'étendre ses tournées, enfin un magasin où d'abord sa femme, puis des commis reçoivent les clients auxquels il offre un choix de plus en plus varié de marchandises : l'épargne crée le capital qui permet de produire, avec le même travail, plus d'objets utiles.

L'État a établi en France un certain nombre d'institutions

au moyen desquelles l'ouvrier, le petit employé peuvent se constituer peu à peu, par l'épargne, un capital assez considérable. Il y a des Caisses d'épargne scolaires : chaque enfant remet sou à sou ses économies à l'instituteur qui les inscrit sur le livret scolaire ; quand la somme s'élève à un franc, elle est versée dans une Caisse d'épargne ordinaire et l'enfant reçoit un livret sur lequel s'ajoute chaque franc qui a été inscrit par des versements successifs sur le livret scolaire.

Les Caisses d'épargne, ordinairement ouvertes le dimanche et installées à la Mairie, les Caisses d'épargne postales, ouvertes tous les jours et placées dans les bureaux de poste, reçoivent des versements depuis 1 franc ; elles donnent au déposant un intérêt de 3 à 3 $1/2$ % et capitalisent chaque année les intérêts. Elles remboursent à bref délai les sommes qu'on leur réclame et achètent des rentes sur l'État au déposant dont l'avoir vient à dépasser 2.000 francs. Les Caisses d'épargne sont de véritables banques populaires qui permettent au pauvre de se créer un capital, de faire produire intérêt à de petites sommes qui demeureraient improductives, d'acquérir l'habitude de l'économie (ch. XVI et XX).

Le capital est le produit de l'épargne ; c'est de l'utilité conservée et employée à produire une utilité nouvelle. Les Caisses d'épargne scolaires, postales ou ordinaires sont de véritables banques populaires : elles donnent aux plus pauvres le moyen de se créer un capital et l'habitude de l'économie.

Les formes diverses du capital, les machines. — Le fil est un capital que le tisserand transforme en toile ; la nourriture, un capital que l'homme et les animaux consomment et transforment en force productive ; le fumier, la semence sont des capitaux que le cultivateur fait consommer à la terre pour en tirer une richesse nouvelle. Il y a des capitaux qui, consommés immédiatement, ne servent qu'une fois à la production.

Le métier du tisserand, l'usine de l'industriel, les bâtiments de ferme et les instruments aratoires, les chevaux, les bœufs et les vaches que possède le fermier, la terre qu'il cultive, constituent des capitaux qui font un assez long usage et sont employés plusieurs fois à produire des choses utiles.

Une femme pouvait, avec une quenouille, filer 5.000 mètres dans une journée, une ouvrière avec un métier renvideur en donne 5.000.000 dans le même temps; un moulin à eau, d'une valeur de 30.000 francs, fait la besogne de plus de 100 hommes employés à tourner la meule ; les presses impriment à Paris en une nuit plus de journaux que n'en copieraient les habitants en travaillant tous ensemble du matin au soir; un seul ouvrier, manœuvrant au moyen d'un robinet un marteau-pilon, forge des pièces d'acier que ne pourraient mettre en œuvre tous les forgerons de France réunis.

Le capital circulant ne produit qu'une fois et est consommé immédiatement ; le capital fixe sert, à plusieurs reprises et souvent pendant un temps assez long, à la production.

Les machines, qui sont le résultat du travail intellectuel, rendent infiniment plus productif et moins pénible le travail de l'ouvrier; elles donnent des produits plus abondants, moins coûteux et augmentent la richesse et le bien-être des nations.

Association des capitaux. — Un négociant n'a pas à sa disposition une somme suffisante pour étendre son commerce et réaliser d'importants bénéfices ; il s'adresse à un ou à plusieurs autres négociants avec lesquels il met en commun ses capitaux et forme une société *en nom collectif* dont chacun des membres est personnellement responsable des engagements pris au nom de la raison sociale. Ou bien encore il s'adresse à plusieurs personnes qui lui avancent, à condition d'avoir part aux bénéfices, l'argent dont il a besoin, mais qui ne sont responsables que jusqu'à concurrence de la somme versée : il forme avec elles une société *en commandite*. Enfin un certain nombre de personnes peuvent constituer une *société anonyme*, désignée par l'objet de l'exploitation (Compagnie du chemin de fer de Paris-Lyon-Méditerranée), administrée par un directeur et des administrateurs pris parmi les associés et dans laquelle chaque actionnaire ne s'engage que jusqu'à concurrence de la somme qu'il a souscrite.

Les associations de capitaux, sociétés en nom collectif, sociétés en commandite, sociétés anonymes, donnent des résultats que ne pourraient obtenir ceux qui les forment, s'ils employaient séparément les capitaux qu'ils possèdent.

RÉSUMÉ

Parlez de l'économie politique, du besoin, de l'utilité, de la richesse. — Une chose utile est une chose propre à satisfaire un besoin. On donne le nom de richesse à toute chose utile. L'économie politique est la science de la richesse : elle étudie la production, la répartition ou la distribution, la circulation et la consommation des richesses.

Quelle est la part de la nature et de l'homme dans la production de la richesse ? — La nature fournit des matériaux (terre, métaux, air, eau) et des forces (lumière, chaleur, air, eau, etc.).

L'homme, par son travail, met en œuvre ces matériaux et utilise ces forces. La nature et l'homme concourent ainsi à la production de la richesse.

Que savez-vous du capital et du travail ? — L'homme produit la richesse par le concours de son travail actuel et d'un travail antérieur dont il a conservé les produits (outils, machines, argent, etc.), par le concours du travail et du capital.

Parlez du travail musculaire et du travail intellectuel ? — Tout travail exige des efforts cérébraux, intellectuels et musculaires ; on donne le nom de travail intellectuel à celui dans lequel on fait une part plus grande au cerveau et à l'intelligence, le nom de travail musculaire, corporel ou physique, à celui qui exige surtout des forces physiques. Le travail intellectuel rend plus facile et infiniment plus fécond le travail musculaire.

Que faut-il entendre par la division du travail et la coopération ? — La division du travail, qui fait coopérer à la production d'un même objet un grand nombre de personnes, rend chacune d'elles plus habile, augmente le nombre des produits et en diminue le prix, mais elle expose l'ouvrier à la misère quand vient à lui manquer sa besogne ordinaire, s'il ne s'est préparé, par une forte éducation professionnelle et par la culture générale de son intelligence, à apprendre rapidement un nouveau métier.

Parlez de la liberté du travail, de la concurrence, de l'association. — Grâce à la liberté du travail et à la concurrence, les consommateurs trouvent, pour satisfaire leurs besoins, un plus grand nombre d'objets mieux fabriqués et à meilleur marché ; le producteur même auquel la concurrence est nuisible en est dédommagé comme consommateur.

L'association des travailleurs a pour résultat la production des choses utiles qu'aucun d'eux n'eût pu fournir à lui seul.

Comment se forme le capital ? — Le capital est le produit de l'épargne ; c'est l'utilité conservée et employée à produire une utilité nouvelle. Les Caisses d'épargne scolaires, postales ou ordinaires sont de véritables banques populaires ; elles donnent aux plus pauvres le moyen de se créer un capital et l'habitude de l'économie.

Que savez-vous des formes diverses du capital et des machines ? — Le capital circulant ne produit qu'une fois et est consommé immédiatement, le capital fixe sert, à plusieurs reprises et souvent pendant un temps assez long, à la production.

Les machines, qui sont le résultat du travail intellectuel, rendent infiniment plus productif et moins pénible le travail de l'ouvrier ; elles donnent des produits plus abondants, moins coûteux et augmentent la richesse et le bien-être des nations.

Que savez-vous de l'association des capitaux ? — Les associations de capitaux, sociétés en nom collectif, sociétés en commandite, sociétés anonymes, donnent des résultats que ne pourraient obtenir ceux qui les forment s'ils employaient séparément les capitaux qu'ils possèdent.

DEVOIRS A TRAITER

I. La production de la richesse.
II. Travail et capital.
III. Division du travail et coopération.
IV. Liberté du travail et concurrence.
V. Association du travail et des capitaux.
VI. Épargne et capital.

QUESTIONS A ÉTUDIER

I. La part de la nature et la part de l'homme dans la production de la richesse.
II. Du rôle de l'intelligence dans la production.
III. Dignité et utilité du travail musculaire et intellectuel.
IV. Les machines.
V. Les monopoles.
VI. Quelle différence y a-t-il entre le droit de travailler et le droit au travail? (ch. xx.)
VII. Les sociétés coopératives de travailleurs.
VIII. Les sociétés en nom collectif, les sociétés en commandite, les sociétés anonymes.
IX. L'épargne d'après la morale et l'économie politique.

QUESTIONS POSÉES

I. La division du travail, ses résultats. (Bac. ens. spécial, Brev. sup., Bac. ès lettres.)
II. Indiquer les diverses formes de sociétés commerciales. (Bac. ens. spécial, Cert. d'études comm. j. filles, brev. sup.)
III. Que répondriez-vous à quelqu'un qui vous dirait que la propriété n'est pas légitime, que l'épargne n'est pas utile, que tout irait mieux si les biens étaient partagés entre tous? (Certificat d'études comm. j. filles, Bac. ens. spécial et ès lettres.)
IV. Montrer aux enfants, par des exemples bien choisis, le rôle et l'utilité des machines dans l'industrie. (Éc. maternelles, Écoles norm., Brev. sup., Ens. sec. des j. filles.)
V. Expliquer par des exemples le sens des mots *utilité, richesse, travail, circulation, répartition* et *consommation* en Économie politique. (Écoles. norm., Brev. sup., Ens. sec. des j. filles.)
VI. Travail et capital. (Ecoles norm., Bac. ens. spécial et ès lettres, Brev. sup., Ens. sec. des j. filles.)

Conseils pédagogiques. — Insister sur le sens spécial qu'ont, en économie politique, les mots utilité, richesse, travail, capital; bien le distinguer du sens qu'ils ont dans le langage ordinaire. — Ne parler de l'économie politique qu'à l'occasion des questions morales, industrielles et commerciales; faire servir les notions d'économie politique à l'explication des choses usuelles ou morales, sur lesquelles on n'a d'ordinaire que des idées confuses et erronées. — Insister sur l'utilité du travail intellectuel; montrer par des exemples précis, empruntés aux industries que connaissent les enfants, le rôle bienfaisant des machines, mais en même temps, faire comprendre l'obligation qu'elles imposent au travailleur de développer son intelligence, de cultiver ses aptitudes professionnelles, afin de se rendre promptement capable de faire une autre besogne, si celle à laquelle il était habitué vient à lui manquer.

394 ÉCONOMIE POLITIQUE.

— Faire voir que l'économie politique et la morale s'accordent à recommander l'épargne, à établir la légitimité du capital et de la propriété. — Expliquer par des exemples empruntés à la vie ordinaire et à des industries bien connues, la division du travail, ses avantages et ses inconvénients. — Faire ressortir les avantages et les inconvénients des sociétés en nom collectif, des sociétés en commandite, des sociétés anonymes. — Montrer comment fonctionnent les sociétés coopératives de travailleurs, insister sur les qualités qu'elles exigent de ceux qui les constituent.

BIBLIOGRAPHIE

Pierre Laloi, *Petites histoires pour apprendre la vie.*
Pierre Laloi, la *Première année d'instruction morale et civique.*
Bastiat, *Œuvres complètes.*
Baudrillart, *Manuel d'économie politique.*
Baudrillard. *Etudes de philosophie morale.*
L. Reybaud, *Études sur les réformateurs ou socialistes modernes.*
Sudre, *Histoire du communisme.*
A. Smith, *Recherches sur la nature et les causes de la richesse des nations.* (Trad. G. Garnier.)
Joseph Garnier, *Traité d'Économie politique.*
J.-B. Say, *Traité d'Économie politique.*
Stuart Mill, la *Liberté.* (Trad. Dupont-White.)
Stuart Mill, *Mes Mémoires.*
Id. *Fragments de socialisme.* (R. ph.)
Blanqui, *Histoire de l'économie politique.*
Paul Janet, *Histoire de la science politique.*
Paul Janet, *Philosophie de la révolution française.*

Paul Janet, *Saint-Simon et le Saint-Simonisme.*
Paul Janet, les *Origines du socialisme contemporain.*
Franck, *Philosophie du droit civil.*
Id. *Réformateurs et publicistes de l'Europe.*
H. Spencer, *Principes de sociologie.*
Id. *Introduction à la science sociale.*
Id. *L'Individu contre l'État.*
Laveleye, *De la Propriété et de ses formes primitives.*
Bagehot, *Lois scientifiques du développement des nations.*
Turgot, *Œuvres.*
Proudhon, *Qu'est-ce que la propriété ?*
Thiers, *De la propriété.*
Ch. Robert, *La question sociale.*
Franklin, *Autobiographie.*
Levasseur, *Cours d'économie rurale, industrielle et commerciale.*
Levasseur, la *Prévoyance et l'épargne.*
Id. *Du rôle de l'intelligence dans la production.*
Beaussire, les *Principes du droit.*
Id. la *Liberté dans l'ordre intellectuel et moral.*
Léon Say, *Turgot.*

CHAPITRE XXIII

RÉPARTITION ET CIRCULATION DE LA RICHESSE

SOMMAIRE.

Propriété et répartition de la richesse. — Les salaires. — L'intérêt du capital et le bénéfice de l'entrepreneur. — La circulation de la richesse, l'échange. — Le commerce, les voies de communication, le crédit, les banques.

Propriété et répartition de la richesse. — Celui qui possède un champ, qui le laboure lui-même avec le cheval et la charrue qu'il doit à ses économies, qui l'ensemence et le moissonne seul, a seul droit à la récolte, en a seul la *propriété* légitime (ch. xx et xxii). L'entrepreneur qui dirige la construction d'une maison, le capitaliste qui lui prête l'argent avec lequel sont payés les fournisseurs et les ouvriers, le maçon qui en bâtit les murs, le charpentier, le couvreur, le menuisier, le serrurier qui en font les toits, les portes et les fenêtres, les serrures et les gonds, contribuent, dans des mesures diverses, à produire la maison qui servira à loger un certain nombre de familles. On procède dans ce cas à une répartition qui assure le *salaire* des ouvriers, l'*intérêt* du capital, le *bénéfice* de l'entrepreneur.

Celui qui produit seul une chose utile en a seul la propriété; dans le cas où plusieurs personnes concourent à la production d'un même objet, la répartition se fait de manière à assurer le salaire des ouvriers, le bénéfice de l'entrepreneur, l'intérêt du capital.

Les salaires. — Le domestique et la servante qui aident le cultivateur dans les travaux de la ferme reçoivent, outre la nourriture et le logement, une certaine somme qui constitue leurs gages. Les employés d'un commerçant, d'un industriel ont chaque mois une somme plus ou moins élevée qui représente leurs appointements. Il en est de même des fonctionnaires de l'État. Enfin, les ouvriers qui travaillent dans une mine, dans une fabrique, dans une filature sont payés par huitaine, par quinzaine, par mois d'après un taux fixé à l'avance, pour les services qu'ils ont rendus. Le domestique et la servante, l'employé et le fonctionnaire reçoivent comme l'ouvrier une somme fixe, un *salaire* pour prix de leur travail.

Lorsque dans un pays il y a beaucoup d'hommes qui disposent de capitaux abondants, ils construisent, pour utiliser ces capitaux, des usines, des filatures, des fabriques; les ouvriers trouvent un nombre plus grand d'établissements qui ont besoin de leur travail; ils peuvent demander une rémunération plus élevée. En outre, si l'aisance est générale, les produits ainsi fabriqués sont vendus avec bénéfice par l'industriel; son capital augmente, il étend ses affaires; de nouveaux capitalistes, séduits par son exemple, l'imitent et le salaire augmente encore. Au contraire si les capitaux deviennent moins abondants ou ne donnent plus aux propriétaires de maisons, par exemple, une rémunération suffisante, on bâtit moins, on emploie moins d'ouvriers, on paie moins ceux que l'on emploie.

Si la loi de l'offre et de la demande règle le taux général des salaires, c'est la force et l'habileté, l'intelligence et les qualités morales de l'individu qui déterminent son salaire personnel : l'ouvrier robuste, qui exécute promptement et bien toutes les besognes dont on le charge, qui travaille aussi bien en l'absence du maître qu'en sa présence, traite avec douceur les animaux dont il est chargé, les surveille, sait leur donner les remèdes convenables quand ils sont malades et ne fréquente pas les cabarets, rend beaucoup plus de services au fermier que l'ouvrier paresseux, maladroit qui fait le lundi et croit toujours travailler trop pour l'argent qu'on lui donne. Il est donc juste qu'il reçoive un salaire plus élevé, en raison même de l'utilité plus grande qu'il a contribué à produire.

Si l'ouvrier et l'employé devaient attendre pour être rémunérés de leur travail la vente du produit fabriqué, ils seraient exposés, eux et leur famille, à mourir de faim; en supposant même qu'ils pussent se suffire jusque-là avec leur gain antérieur, ils se trouveraient dans une situation difficile lorsque les produits sont vendus avec perte ou sans bénéfice. Mais d'un autre côté, l'ouvrier qui a reçu son salaire est porté à se désintéresser de la marche des affaires, il n'est pas encouragé, par l'espoir d'un bénéfice personnel, à produire une quantité plus grande d'objets, à les faire mieux, tout en diminuant le prix de revient. Les patrons qui intéressent les ouvriers à leur entreprise, en leur réservant une part du bénéfice, contribuent à rendre les rapports plus faciles entre le travail et le capital, améliorent le sort des ouvriers et travaillent en même temps à sauvegarder leurs intérêts.

Les ouvriers peuvent se coaliser et se mettre en grève pour obtenir une augmentation de salaire, les patrons s'entendre pour cesser de fabriquer ou diminuer les salaires, mais ce sont là des remèdes qu'il ne faut employer qu'en dernière ressource, quand tout accord est devenu impossible entre les uns et les autres, car l'ouvrier qui est en grève perd tous les jours le salaire avec lequel il nourrit sa famille et risque de s'habituer à la paresse, à la fréquentation des cabarets; le patron perd les bénéfices qu'il aurait pu réaliser, l'intérêt de son capital, quelquefois même la clientèle qui lui donnerait des bénéfices dans l'avenir. Enfin, les grèves perpétuent les luttes entre les classes de citoyens, et nuisent à la sécurité et à la prospérité du pays.

Le salaire est la part de l'ouvrier ou de l'employé dans l'utilité produite; le taux général des salaires est déterminé par la loi de l'offre et de la demande, le salaire de chacun, par sa force et son habileté, son intelligence et ses qualités morales. Le salaire assure l'existence du travailleur, mais il le désintéresse trop du résultat de l'entreprise. Le patron qui laisse une part du bénéfice à ses ouvriers, améliore leur sort sans nuire à ses intérêts.

Les coalitions et les grèves sont dangereuses pour les ouvriers, pour les patrons, pour le pays.

L'intérêt du capital et le bénéfice de l'entrepreneur.

— L'entrepreneur paye chaque semaine les salaires des ouvriers, sans avoir reçu lui-même le prix du travail effectué, il paye de même les matériaux mis en œuvre, il passe son temps à surveiller les travaux, à chercher des ouvriers, à se procurer des entreprises nouvelles; il court le risque de perdre des sommes quelquefois considérables s'il a soumissionné à trop bas prix, si le travail n'est pas terminé à l'époque convenue, s'il n'est pas fait dans les conditions voulues.

Il arrive que l'entrepreneur ne possède pas les sommes nécessaires pour payer la matière première et avancer les salaires. Il s'adresse à un banquier qui lui prête de l'argent et contribue ainsi, avec l'entrepreneur et les ouvriers, à produire une richesse nouvelle : comme eux, il a droit à une rémunération, à un *intérêt* pour le capital fourni. L'entrepreneur, l'industriel, ont droit à un *bénéfice* qui les dédommage du temps qu'ils emploient et des risques qu'ils courent, le capitaliste, à l'intérêt du capital qu'il leur prête.

La part du salarié, de l'entrepreneur, du capitaliste ne peut être déterminée à priori; chacun d'eux doit, dans tous les cas, obéir aux règles de la justice et de l'équité (ch. xx).

La circulation de la richesse, l'échange.

— Aussitôt que la division du travail s'introduit dans une société, chacun de ses membres produit en trop grande quantité, pour les consommer tous, des objets déterminés : c'est ce qui arrive pour le boulanger, le tailleur, le cordonnier, etc. Mais il ne produit plus les autres objets nécessaires à la satisfaction de ses besoins : le boulanger ne bâtit pas sa maison, ne fait ni ses souliers, ni ses vêtements, ni ses meubles; il importe donc que la richesse *circule*, qu'il y ait échange entre le boulanger, qui a trop de pain, et qui a besoin de souliers, de maison, de meubles, de vêtements, et le cordonnier, le maçon et l'entrepreneur, le tailleur, le menuisier et l'ébéniste qui peuvent chacun lui fournir ce dont il a besoin en échange du pain qui leur est nécessaire.

Dans les sociétés primitives, chez les peuples sauvages, on échange un produit contre un autre produit : l'un donne à l'autre le gibier qu'il a en trop en échange des armes qui lui manquent, ou les fourrures qu'il a réunies pour le poisson et le grain dont il veut se nourrir; aujourd'hui encore, les trafiquants se procurent de l'ivoire en donnant aux nègres des verroteries, de l'eau-de-vie, des armes, des étoffes. Mais, chez les peuples civilisés, les échanges se font au moyen de la monnaie de bronze, d'argent et d'or. On estime, par exemple, qu'un bœuf vaut 500 francs et on le livre en échange de 25 pièces de 20 francs. De même, le cordonnier évalue à 20 francs les souliers qu'il fournit au boulanger, et lui rend cette somme en échange de 18 pains de 6 livres chacun. De cette manière, les échanges se font plus facilement : avec une quantité d'or relativement peu considérable, on peut se procurer tout ce dont on a besoin, tandis qu'il faudrait des caravanes si l'on devait échanger, pour des bœufs, des chevaux, des vêtements, des outils, des voitures, etc., la nourriture et le logement nécessaires en voyage. En outre la monnaie, et surtout la monnaie d'or, est une véritable marchandise qui a une valeur équivalente à celle de l'objet qu'on achète; elle est peu altérable et conserve ainsi fort longtemps en pièces la valeur qu'elle avait en lingot.

La circulation fait passer des objets utiles de celui qui en a trop à celui qui en manque; chez les sauvages, l'échange se fait entre un acheteur qui fournit un produit et un vendeur qui donne un produit équivalent; chez les peuples civilisés, la monnaie est l'instrument des échanges : c'est en monnaie qu'on évalue chaque produit, qu'on en établit le prix; grâce à la monnaie d'or, les échanges se font très aisément et le vendeur conserve entre les mains un produit d'une valeur à peu près invariable.

Le commerce, les voies de communication, le crédit, les banques. — Non seulement chez les peuples civilisés on n'échange plus les marchandises contre des marchandises, mais encore l'échange ne se fait plus directement entre les deux producteurs. Il y a dans les environs de Paris un certain nombre de personnes qui sont occupées à faire pousser les légumes et les fruits nécessaires à l'alimentation des Parisiens; mais elles ne vendent pas elles-mêmes leurs produits à chacun des consommateurs, elles vont aux Halles, où elles les cèdent à des commerçants dont l'unique métier est de les vendre dans leur quartier. Le producteur vend un peu moins cher, le consommateur paie un peu plus, mais l'un et l'autre ne perdent pas un temps précieux. La Russie et l'Amérique produisent beaucoup plus de blé qu'il n'en faut à leurs habitants : un commerçant va acheter ce blé et le revend avec bénéfice en France et en Angleterre, où la récolte a été insuffisante, et il achète pour les Américains des étoffes et des vins; dans ce cas encore, le commerçant a rendu service au producteur et au consommateur qui sans lui eussent été fort embarrassés.

Le commerce intérieur consiste dans les échanges que font entre eux, de leurs divers produits, les habitants d'un pays : la Bourgogne fournit des vins, Lyon des soieries, Lille et Roubaix des toiles et des lainages, la Normandie du beurre et du cidre. Les douanes intérieures, qui empêchaient la libre circulation des marchandises, ont été abolies en 1789.

Les habitants des divers pays font aussi des échanges entre eux, la Russie achète les vins de France et y expédie des blés et des fourrures; l'Inde fournit du coton à la France et à l'Angleterre, qui lui renvoient des tissus et des armes; l'Amérique nous envoie du blé et de la viande, nous achète des vins et des tableaux. Grâce à cet échange international, chacun des habitants d'un pays satisfait ses besoins avec les produits des régions les plus variées. (BASTIAT*.) Des droits de douane sont presque toujours perçus pour l'entrée des marchandises dans les divers pays qui veulent *protéger* l'industrie et l'agriculture nationales; le *libre-échange* n'existe pas entre les divers États, comme entre les diverses parties d'un même État (ch. xxxv).

Pour que les produits d'une contrée soient transportés dans une autre contrée, il faut qu'il y ait en abondance de rapides et sûrs moyens de communication : certains hameaux, où l'on n'arrivait autrefois que par des chemins de terre, dans lesquels deux chevaux ne pouvaient faire avancer un chariot presque vide, vendaient difficilement leurs œufs, leurs fromages et leur beurre, et ne pouvaient se débarrasser de leurs fruits. Aujourd'hui les routes sont empierrées, un chemin de fer passe dans le voisinage : les œufs, le beurre, le fromage ont augmenté de prix, les fruits, chèrement vendus, sont expédiés en Allemagne et en Angleterre. De même, un train rapide apporte à Paris les fleurs de Nice, un navire amène vivants à Anvers les bœufs d'Amérique.

Si l'on ne pouvait jamais obtenir un produit sans le payer immédiatement, on serait souvent fort embarrassé ; le patron serait obligé de payer au moins chaque jour ses ouvriers et devrait par conséquent entretenir un plus grand nombre d'employés ; l'ouvrier paierait chaque jour ce qu'il achète chez le boulanger, le fruitier, le boucher et l'épicier ; le commerçant ne pourrait faire venir de marchandises que pour l'argent dont il dispose. Au contraire, en payant tous les quinze jours, le patron peut supprimer plusieurs employés dont les appointements sont convertis en augmentation de salaires et de bénéfice ; l'ouvrier, réglant tous les quinze jours sa note chez les fournisseurs, peut immédiatement après la paye déposer à la Caisse d'épargne la plus grande partie de l'argent qui lui reste et s'éviter ainsi la tentation de le dépenser au cabaret ; le commerçant achète plus de marchandises qu'il n'en peut actuellement payer, en vend davantage et réalise des bénéfices plus considérables. De même, un ouvrier s'établit en empruntant à un capitaliste l'argent nécessaire, il a bientôt une nombreuse clientèle, rembourse ce qu'il avait emprunté et fait lui-même des économies ; un négociant augmente le chiffre de ses affaires en prenant des commanditaires (ch. XXII), ses marchandises se renouvellent plus souvent, ses clients sont plus satisfaits ; ses commanditaires tirent un intérêt suffisant de leur argent, ses propres bénéfices augmentent.

Les banques sont des instruments de crédit : elles reçoivent des capitaux dont elles paient les intérêts aux déposants et qu'elles prêtent à leur tour moyennant un intérêt ; en outre, elles paient à l'avance, moyennant un escompte, les effets de commerce, et fournissent encore ainsi de l'argent à ceux qui en ont besoin. La Banque de France fait les mêmes opérations que les autres banques, mais elle a en outre le privilège d'émettre des billets qui, ayant un cours forcé, remplacent avantageusement la monnaie d'or et d'argent.

Le commerçant sert d'intermédiaire entre les producteurs pour l'échange de leurs produits; le commerce intérieur se fait librement en France depuis 1789; le commerce extérieur n'est pas complètement libre, car dans presque tous les pays, pour protéger les produits nationaux, on frappe de droits de douane les produits étrangers.

Des voies de communication sûres, rapides et commodes facilitent les échanges, rendent le commerce prospère.

De même, le crédit facilite la circulation des richesses; les banques sont des établissements de crédit.

Le crédit n'est jamais nuisible pour les ouvriers ou les commerçants actifs qui ont de l'ordre et de l'économie (ch. xx).

RÉSUMÉ

Parlez de la propriété et de la répartition de la richesse. — Celui qui produit seul une chose utile en a seul la propriété; dans le cas où plusieurs personnes concourent à la production d'un même objet, la répartition se fait de manière à assurer le salaire des ouvriers, le bénéfice de l'entrepreneur, l'intérêt du capital.

Parlez des salaires. — Le salaire est la part de l'ouvrier ou de l'employé dans l'utilité produite; le taux général des salaires est déterminé par la loi de l'offre et de la demande, le salaire de chacun, par sa force et son habileté, son intelligence et ses qualités morales. Le salaire assure l'existence du travailleur, mais il le désintéresse trop du résultat de l'entreprise. Le patron qui laisse une part du bénéfice à ses ouvriers améliore leur sort sans nuire à ses intérêts.

Les coalitions et les grèves sont dangereuses pour les ouvriers, pour les patrons, pour le pays.

Que savez-vous du bénéfice de l'entrepreneur et de l'intérêt du capital? — La part du salarié, de l'entrepreneur, du capitaliste ne peut être déterminée *a priori*, chacun d'eux doit, dans tous les cas, obéir aux règles de la justice et de l'équité (ch. xx).

Que savez-vous de la circulation des richesses, de l'échange, de la monnaie et du prix? — La circulation fait passer des objets utiles de celui qui en a trop à celui qui en manque; chez les sauvages, l'échange se fait entre un acheteur qui fournit un produit et un vendeur qui donne un produit équivalent; chez les peuples civilisés, la monnaie est l'instrument de l'échange : c'est en monnaie qu'on évalue chaque produit, qu'on en établit le prix; grâce à la monnaie d'or, les échanges se font très aisément et le vendeur conserve entre les mains un produit d'une valeur à peu près invariable.

Que savez-vous du commerce, des voies de communication, du crédit et des banques? — Le commerçant sert d'intermédiaire entre les producteurs pour l'échange de leurs produits; le commerce intérieur se fait librement en France depuis 1789; le commerce extérieur n'est pas complètement libre, car, dans presque tous les pays, pour protéger les produits nationaux, on frappe de droits de douane les produits étrangers.

Des voies de communication sûres, rapides et commodes facilitent les échanges, rendent le commerce prospère.

De même, le crédit facilite la circulation des richesses; les banques sont des établissements de crédit.

Le crédit n'est jamais nuisible pour les ouvriers ou les commerçants actifs, qui ont de l'ordre et de l'économie (ch. xx).

ÉCONOMIE POLITIQUE.

DEVOIRS A TRAITER.

I. La répartition de la richesse.
II. La circulation de la richesse.
III. Les salaires.
IV. Le crédit.

QUESTIONS A ÉTUDIER.

I. Examiner la formule : « *A chacun selon ses besoins* » que certains socialistes voudraient substituer à la formule généralement acceptée dans la détermination des salaires : « *A chacun selon ses œuvres.* »

II. La monnaie et la question du double étalon.

III. Libre échange et protection.

IV. Les voies de communication et le commerce.

V. La propriété d'après la morale et l'économie politique.

VI. Le crédit d'après la morale et l'économie politique.

VII. Les coalitions et les grèves.

QUESTIONS POSÉES.

I. Des diverses formes de propriété, la propriété industrielle. (Bac. ens. spécial, Ens. sec. des jeunes filles.)

II. Le crédit et les banques. (Bac. ens. spécial, Écoles norm.)

III. L'ouvrier, l'entrepreneur, le capitaliste, par rapport à la répartition de la richesse. (Bac. ens. spécial, Écoles norm., Brev. sup.).

IV. Le rôle de la monnaie dans l'échange. (Bac. ens. spécial, Brev. sup., Écoles. norm.)

Conseils pédagogiques. — Montrer aux enfants que l'économie politique établit l'utilité de la propriété individuelle comme la morale en justifie la légitimité. — Expliquer par des exemples précis, que la fixation des salaires ne peut pas être faite *a priori* pour tous les cas possibles, que le taux doit en être débattu entre le patron et l'ouvrier et qu'il dépend en tout temps de la loi de l'offre et de la demande. — Faire voir qu'il est légitime, utile au patron de donner un salaire plus élevé aux ouvriers qui se distinguent par leur habileté, leur intelligence et leurs qualités morales ; montrer en même temps que ce salaire plus élevé est une récompense méritée par l'ouvrier qui l'obtient. — Faire comprendre que si l'économie politique et la morale établissent qu'il faut accorder, dans la répartition de la richesse, une part à l'ouvrier, à l'entrepreneur, au capitaliste, elles ne peuvent déterminer quelle doit être cette part pour chaque cas particulier, que par conséquent les ouvriers et les patrons doivent toujours montrer beaucoup de bonne volonté pour s'entendre, et se guider d'après la justice et l'équité. (*Pierre Laloi,* La maison du patron, Une veillée chez Grégoire, L'opinion de Grégoire sur la concurrence, Un patron, etc.) — Montrer par des exemples empruntés à la vie pratique, quels sont les avantages et les inconvénients du crédit ; expliquer de même le mécanisme des banques, l'utilité de la monnaie, des voies de communication de toute espèce. — Montrer les avantages que la France a retirés de la suppression des douanes intérieures, la complexité de la question plus générale débattue entre les partisans du libre échange et les protectionnistes.

BIBLIOGRAPHIE

Bastiat, *Œuvres complètes*.
Baudrillart, *Manuel d'économie politique*.
Baudrillart, *Études de philosophie morale*.
L. Reybaud. *Études sur les réformateurs ou socialistes modernes*.
Sudre, *Histoire du communisme*.
A. Smith, *Recherches sur la nature et les causes de la richesse des nations* (trad. G. Garnier).
Joseph Garnier, *Traité d'économie politique*.
J. B. Say, *Traité d'économie politique*.
Stuart Mill, *la Liberté* (trad. Dupont-White).
Stuart Mill, *Mes Mémoires*.
Id. *Fragments de socialisme* (Rev. ph.).
Blanqui, *Histoire de l'économie politique*.
Paul Janet, *Histoire de la science politique*.
Paul Janet, *Philosophie de la Révolution française*.
Paul Janet, *Saint-Simon et le Saint-Simonisme*.

Beaussire, *la Liberté dans l'ordre intellectuel et moral*.
Paul Janet, les *Origines du socialisme contemporain*.
Franck, *Philosophie du droit civil*.
Id. *Réformateurs et publicistes de l'Europe*.
H. Spencer, *Principes de sociologie*.
H. Spencer, *Introduction à la science sociale*.
Spencer, *L'individu contre l'État*.
Laveleye, *De la propriété et de ses formes primitives*.
Bagehot, *Lois scientifiques du développement des nations*.
Turgot, *Œuvres*.
Proud'hon, *Qu'est-ce que la propriété ?*
Thiers, *De la propriété*.
Ch. Robert, la *Question sociale*.
Franklin, *Autobiographie*.
Levasseur, *Cours d'économie rurale, industrielle et commerciale*.
Levasseur, la *Question de l'or*.
Id. *Histoire des classes ouvrières en France*, 4 vol.

CHAPITRE XXIV

CONSOMMATION DE LA RICHESSE.

SOMMAIRE.

La consommation. — Les consommations de prévoyance. — L'économie politique et la morale.

La consommation. — Le blé qui a été transporté de Russie ou d'Amérique en France, est transformé en pain par le boulanger, consommé par lui et par ses voisins; le bœuf nourri en Normandie ou en Bretagne est tué par le boucher parisien et livré à la consommation; les vêtements fabriqués à Paris avec les draps d'Elbeuf et de Sedan servent à habiller non seulement les Parisiens, mais encore bon nombre de provinciaux ou d'étrangers; les montres, les bijoux, les riches vêtements parent ceux qui les portent. Toute richesse est destinée à être *consommée*.

Quand un commerçant met en œuvre de la laine pour en fabriquer du drap, quand le tailleur emploie ce drap pour en faire des vêtements, quand le fabricant utilise un arbre pour en tirer des planches, quand le menuisier et l'ébéniste font avec ces planches des portes, des fenêtres ou des meubles, la richesse consommée donne naissance à une nouvelle richesse; la consommation est *productive*.

D'autres consommations servent, non à produire une richesse nouvelle, mais à conserver une utilité déjà produite ou une force productive; ainsi le drap qui est employé à raccommoder les vêtements, la laine avec laquelle on ravaude des chaussettes et des bas, le cuir et le fer qu'on remet aux harnais et aux équipages; le pain et le vin, la viande et la bière qui conservent et réparent les forces du travailleur, constituent des consommations *d'entretien*.

Celui qui achète des bijoux à sa femme, des jouets précieux à ses enfants, qui fait en famille un voyage que ne nécessitent ni sa santé ni ses affaires, se livre à des consommations de *luxe* qui n'ont pour objet ni d'entretenir son existence ou celle des siens, ni de produire une nouvelle richesse. Quand les dépenses de luxe n'obligent pas l'individu à s'abstenir du nécessaire, quand elles n'ont pas pour résultat de corrompre directement ou indirectement d'autres personnes, elles ne sont nullement condamnables; elles peuvent même être très avantageuses, d'un côté, en fournissant du travail aux ouvriers, de l'autre, en donnant aux personnes qui les font, un plaisir qui contribue à conserver leur santé et leurs forces (ch. xx).

Enfin, il y a des consommations qui sont absolument nuisibles : une vitre cassée, des marchandises englouties dans un naufrage, une usine détruite par un incendie, des maisons renversées par l'inondation, etc. D'ordinaire on dit de ces accidents *qu'ils font marcher le commerce*, mais cette appréciation est le résultat d'un jugement tout à fait superficiel; sans doute le vitrier replace une vitre, les maçons, les menuisiers, les charpentiers, les serruriers, reconstruisent l'usine, mais l'industriel est obligé de restreindre pendant plusieurs années ses dépenses ordinaires; les tailleurs, les marchands d'étoffe et de robes sont privés par cela même des bénéfices qu'ils auraient pu faire, ils perdent ce qu'ont gagné les ouvriers du bâtiment et la richesse sociale se trouve diminuée de la vitre cassée, des marchandises englouties dans la mer, de l'usine incendiée.

Toute richesse est destinée à être consommée; les consommations productives donnent naissance à une richesse nouvelle; les consommations d'entretien conservent une richesse déjà produite ou une force productrice; les consommations de luxe n'ont que l'agrément pour objet; les consommations absolument improductives sont celles qui proviennent de la destruction des objets par incendie, naufrage, etc.

Les consommations de prévoyance. — Celui qui possède une maison peut, sans qu'il y ait de sa faute, la voir consumée par un incendie; il arrivera souvent alors qu'il ne pourra la faire reconstruire et qu'il devra restreindre ses dépenses pour payer la location de celle où il se logera. Ajoutez qu'il peut perdre du même coup les meubles, les vêtements qu'il s'est acquis avec ses économies et être dénué de toutes ressources. S'il paye chaque année à une *Compagnie d'assurances* une somme proportionnée à la valeur de sa maison et de son mobilier, il sera, en cas d'incendie, dédommagé par cette Compagnie de toutes ses pertes.

L'ouvrier qui n'a que son salaire pour vivre serait réduit, lui et les siens, à la misère, si dépensant chaque jour tout ce qu'il gagne, il venait à tomber malade ou à être sans travail. S'il a payé chaque mois une somme modique à une *Société de secours mutuels*, il recevra *gratuitement* les soins du médecin, des médicaments, et pendant un certain temps, une indemnité modique qui empêchera sa famille de mourir de faim. S'il a habitué ses enfants à déposer à la *Caisse d'épargne scolaire* leurs petites économies, s'il a lui-même prélevé chaque quinzaine une partie de sa paye pour la déposer à la *Caisse d'épargne* (ch. XXII), il supportera sans trop souffrir les époques de chômage et de maladie. Enfin s'il est sans famille et qu'il verse chaque année à partir de 30 ans, 100 francs à la *Caisse de retraites pour la vieillesse*, il recevra à partir de 65 ans, une rente viagère de près de 1.800 francs. S'il a des enfants, et qu'il verse pour chacun d'eux à la *Caisse des retraites* une somme de 100 francs quand ils ont 3 ans, il leur assurera pour l'âge de 65 ans une rente viagère de 370 francs.

Un employé, un fonctionnaire, un commerçant gagnent chaque année par leur travail ce qui est nécessaire à l'entretien de la famille, à l'éducation des enfants. S'ils n'ont pas de fortune personnelle et qu'ils viennent à mourir jeunes, la femme et les enfants se trouvent dans une situation d'autant plus déplorable qu'ils ont été habitués jusque-là à vivre dans l'aisance et ne sont pas préparés à supporter la misère. Le chef de famille qui paye chaque année, à partir de 30 ans, une prime de 4 à 500 francs à une *compagnie d'assurances sur la vie*, assurera à sa femme et à ses enfants un capital minimum de 20,000 francs, qui les mettra à même de satisfaire leurs besoins les plus urgents, s'il disparaissait avant d'avoir constitué par ses économies un capital suffisant pour les faire vivre. (*Pierre Laloi*, 1re année.)

Quand l'individu prélève sur ses ressources la somme que l'État lui réclame pour sa part d'*impôt* (ch. XIX, XXXIV et XXXV), il fait une dépense de prévoyance. Avec l'argent ainsi recueilli, l'État fait construire et entretenir des routes, des voies ferrées et des canaux qui permettent au producteur de vendre plus aisément ses produits, au consommateur de les avoir à meilleur compte ; il entretient une armée qui protège chaque citoyen contre les attaques des étrangers ; il paye des gendarmes, des juges qui défendent sa vie et sa propriété ; il donne l'instruction primaire, secondaire et supérieure et met ainsi chacun de ses membres à même de remplir ses devoirs de citoyen, d'occuper une meilleure situation sociale, en même temps qu'il diminue le nombre de ceux qui, n'ayant aucun moyen de gagner leur vie, sont tentés de porter atteinte à la propriété d'autrui. Il vient en aide à ceux que l'âge ou la maladie empêchent de travailler et protège indirectement encore la propriété du riche ; à ceux qu'une calamité imprévue, incendie, inondation, tremblement de terre, a brusquement exposés à mourir de faim.

Il y a des consommations de prévoyance : telles sont les dépenses que l'on fait en payant une prime à une Compagnie d'assurances contre l'incendie, à une Compagnie d'assurances sur la vie, à la Caisse de retraites pour la vieillesse, à une société de secours mutuels ; tels sont encore les placements à la Caisse d'épargne, et le paiement des impôts.

L'économie politique et la morale. — La morale nous commande de travailler, afin de nous procurer ce qui nous est nécessaire pour vivre dans le présent et dans l'avenir ; l'économie politique nous montre comment nous pouvons acquérir des ressources ; comme la morale, l'économie politique nous fait voir les avantages de l'ordre, de l'épargne et des dépenses de prévoyance. La morale nous commande de nous instruire, l'économie politique montre combien l'instruction est utile au patron, à l'entrepreneur et à l'ouvrier.

La morale ordonne aux ouvriers de respecter la propriété et les droits du patron, au patron de payer autant qu'il le peut ses ouvriers et de ne jamais oublier qu'ils sont comme lui des hommes ; l'économie politique établit que les grèves, que les luttes entre patrons et ouvriers sont, comme toutes les guerres, désastreuses pour les deux partis. La morale nous oblige à payer exactement les impôts, à travailler à l'instruction des enfants pauvres, à venir en aide aux malheureux ; l'économie politique nous prouve qu'en agissant ainsi nous sauvegardons nos intérêts propres. La morale nous dit de travailler au bonheur de nos concitoyens, à la prospérité de notre pays, au rapprochement des nations; l'économie politique nous indique quelques-uns des moyens par lesquels on peut atteindre ces résultats, et nous montre les avantages de l'accord entre les peuples comme entre les individus.

L'économie politique nous fait connaître tout ce qui concerne la production, la circulation, la répartition et la consommation de la richesse; la morale nous apprend que nous devons tenir compte non seulement de notre intérêt, mais encore du sentiment et du devoir, elle nous commande d'obéir dans tous les cas à la justice et à l'équité, elle exige, lorsque l'occasion s'en présente, le désintéressement et le sacrifice : elle complète et domine l'économie politique.

L'économie politique confirme bon nombre des prescriptions morales et indique les moyens de les exécuter; la morale complète et domine l'économie politique.

RÉSUMÉ

Que savez-vous de la consommation ? — Toute richesse est destinée à être consommée : les consommations productives donnent naissance à une richesse nouvelle, les consommations d'entretien conservent une richesse déjà produite ou une force productrice; les consommations de luxe n'ont que l'agrément pour objet; les consommations absolument improductives sont celles qui proviennent de la destruction des objets par incendie, naufrage, etc.

Parlez des consommations de prévoyance. — Il y a des consommations de prévoyance : telles sont les dépenses que l'on fait en payant une prime à une compagnie d'assurances contre l'incendie, à une Compagnie d'assurances sur la vie, à la Caisse de retraites pour la vieillesse, à une société de secours mutuels; tels sont encore les placements à la Caisse d'épargne, et le payement des impôts.

Quels sont les rapports de l'économie politique et de la morale? — L'économie politique confirme bon nombre des prescriptions morales et indique les moyens de les exécuter; la morale complète et domine l'économie politique.

DEVOIRS A TRAITER.

I. La consommation de la richesse.
II. Les consommations de prévoyance.
III. La morale et l'économie politique.

QUESTIONS A ÉTUDIER.

I. Les consommations productives.
II. Le luxe d'après la morale et l'économie politique.
III. Les consommations d'entretien d'après la morale et l'économie politique.
IV. Les Caisses d'épargne d'après la morale et l'économie politique.
V. Les assurances sur la vie et contre l'incendie, les sociétés de secours mutuels, la Caisse de retraites pour la vieillesse, d'après la morale et l'économie politique.
VI. Examiner successivement quelles indications l'économie politique nous fournit pour accomplir :
1° Nos devoirs individuels ;
2° Nos devoirs dans la famille ;
3° Nos devoirs envers la patrie ;
4° Nos devoirs de justice ;
5° Nos devoirs de charité ;
6° Nos devoirs envers les animaux.
VII. Exposer la naissance et les développements de l'économie politique.
VIII. La psychologie et l'économie politique.

QUESTIONS POSÉES.

I. Quelle différence y a-t-il entre les institutions de charité et les institutions de prévoyance ? (Brev. sup., Écoles norm., Ens. sec. des jeunes filles.)
II. Les institutions de prévoyance et leurs avantages. (Bac. ens. spécial, Brev. sup., Écoles norm., Ens. sec. des jeunes filles.)
III. Montrer comment le paiement de l'impôt est une dépense de prévoyance. (Brev. sup., Écoles norm., Bac. ens. spécial, Ens. sec. des jeunes filles.)
IV. Les rapports de l'économie politique et de la morale. (Bac. ens. spécial et ès lettres, Écoles norm., Ens. sec. des jeunes filles.)

Conseils pédagogiques. — Faire comprendre par des exemples empruntés à la vie journalière ce qu'il faut entendre par consommation productive, consommation d'entretien ou de luxe. — Combattre, par de nombreux exemples, le préjugé généralement accepté, d'après lequel toute destruction inutile ferait aller le commerce. — Rappeler que les dépenses de luxe, indifférentes en elles-mêmes, sont blâmables au point de vue moral et au point de vue économique, lorsqu'elles empiètent sur les dépenses nécessaires, qu'elles corrompent soit directement, soit indirectement nos semblables. — Faire relire et commenter, au point de vue économique et moral, les histoires et les fables que nous avons déjà indiquées (ch. XVI et XX), pour montrer aux enfants les avantages des caisses d'épargne, des sociétés de secours mutuels, de la Caisse de retraites pour la vieillesse, des assurances contre l'incendie et sur la vie, etc. — Revoir la morale pratique et donner à propos de chacun des devoirs qu'elle impose, les enseignements que fournit l'économie politique. — Insister particulièrement sur ce point que la charité, sous toutes ses formes, est souvent un excellent moyen de protéger nos intérêts propres.

BIBLIOGRAPHIE

Bastiat, *Œuvres complètes.*
Baudrillart, *Manuel d'économie politique.*
L. Reybaud. *Études sur les réformateurs ou socialistes modernes.*
Sudre, *Histoire du communisme.*
A. Smith, *Recherches sur la nature et les causes de la richesse des nations* (trad. G. Garnier).
Joseph Garnier, *Traité d'économie politique.*
J.-B. Say, *Traité d'économie politique.*
Stuart Mill, la *Liberté* (tr. Dupont White).
Stuart Mill, *Mes mémoires.*
Id. *Fragments de socialisme* (Rev. ph.).
Blanqui, *Histoire de l'économie politique.*
Pierre Laloi, la *Première Année d'instruction civique.*
Pierre Laloi, *Petites histoires pour apprendre la vie.*
Paul Janet, *Histoire de la science politique.*
Paul Janet, *Philosophie de la Révolution française.*
Paul Janet, *Saint-Simon et le Saint-Simonisme.*
Paul Janet, les *Origines du socialisme contemporain.*

Franck, *Philosophie du droit civil.*
Id. *Réformateurs et publicistes de l'Europe.*
Beaussire, la *Liberté dans l'ordre intellectuel et moral.*
Beaussire, les *Principes du droit.*
H. Spencer, *Principes de sociologie.*
Id. *Introduction à la science sociale.*
H. Spencer, *L'individu contre l'État.*
Laveleye, *De la propriété et de ses formes primitives.*
Bagehot, *Lois scientifiques du développement des nations.*
Turgot, *Œuvres.*
Proud'hon, *Qu'est-ce que la propriété ?*
Thiers, *De la propriété.*
Ch. Robert, le *Question sociale.*
Franklin, *Autobiographie.*
Baudrillart, *Études de philosophie morale et d'économie politique.*
Baudrillart, *Histoire du luxe public et privé.*
Levasseur, *Cours d'économie rurale, industrielle et commerciale.*
Levasseur, l'*Assurance.*
Maurice Block, *Dictionnaire d'économie politique.*
Fouillée, la *Propriété sociale et la démocratie.*
Léon Say, *Turgot.*

FIN DE L'ÉCONOMIE POLITIQUE.

MORALE THÉORIQUE

CHAPITRE XXV

LA CONSCIENCE MORALE, LA LOI MORALE.

SOMMAIRE.

Les idées, les jugements, les sentiments moraux. — La conscience en psychologie et en morale. — La loi morale, ses caractères. — Fondement de la loi morale.

Les idées, les jugements, les sentiments moraux. — Si nous interrogeons un adolescent, un sauvage ou un homme peu cultivé, ils seront incapables à coup sûr de donner une définition exacte du *bien* et du *mal*, du *juste* et de l'*injuste*, de la *vertu* et du *vice*, du *droit* et du *devoir*, de la *responsabilité*. Mais ils nous diront qu'il est bien de nourrir ceux qui n'ont pas de pain, qu'il est mal de commettre un assassinat, qu'il est juste de payer ses dettes, que le vol est une injustice. Ils trouveront que celui qui a fait une bonne action a augmenté sa valeur personnelle, qu'il mérite d'être récompensé en proportion du bien qu'il a fait, qu'au contraire celui qui a mal agi a démérité et vaut moralement moins qu'auparavant. Ils appelleront vertueux l'homme qui a l'habitude de bien faire, vicieux celui qui agit mal d'ordinaire. Ils savent qu'ils ont le droit de défendre leur vie contre un assassin, leur propriété contre un voleur, que c'est un devoir pour eux de respecter leurs parents, de ne pas s'emparer du bien d'autrui, de ne pas se livrer à l'ivrognerie et à la débauche. Enfin, ils déclareront responsable de ses actes l'homme qui, sain d'esprit, a agi après réflexion et délibération, sans y être physiquement contraint.

Il leur semblera juste que celui qui, dans ces conditions, a volé ou assassiné, soit puni par les tribunaux, que celui qui a nourri, secouru, soigné des malheureux ou des malades en soit récompensé par l'estime publique. Ils admettront qu'on enferme le fou qui a tué un autre homme, afin de l'empêcher de recommencer à l'avenir, ils ne le déclareront pas responsable de ses actes et ne demanderont pas qu'une Cour d'assises le condamne à mort; ils ne considéreront pas plus comme responsable en ce sens, l'enfant qui, avant l'âge de raison agit sans réfléchir et sans délibérer. Tous les hommes ont ainsi un certain nombre d'*idées* morales d'après lesquelles ils *jugent* leurs actes et ceux de leurs semblables.

Quand nous pensons qu'un homme a fait son devoir, qu'il a été juste, nous éprouvons pour lui de l'*estime;* s'il a toujours été vertueux, s'il n'a jamais hésité à exposer sa vie, à donner son temps et son argent pour venir en aide à ses semblables, nous sommes fiers de sa conduite, disposés à profiter de son exemple, encouragés à bien faire : nous éprouvons pour lui de l'*admiration,* du *respect*.

Nous *blâmons* celui qui agit mal, nous éprouvons pour lui de l'*aversion*, du *mépris* quand ayant pris l'habitude du vice, il ne recule devant aucune mauvaise action.

S'il s'agit de nous-mêmes, nous sommes joyeux quand nous croyons avoir fait notre devoir, nous éprouvons une *satisfaction* d'autant plus vive que nous avons eu plus de peine à prendre une résolution et à la mettre à exécution. Si nous avons mal agi nous éprouvons un déplaisir intérieur, nous avons conscience de notre déchéance morale, nous souffrons d'autant plus que la faute commise est plus grave : le *remords* est le premier châtiment du coupable, celui auquel il ne peut échapper, quelles que soient les précautions qu'il ait prises pour cacher sa faute ou son crime. Chaque fois qu'il pense à ce qu'il a fait, il ressent la même douleur, il voudrait supprimer cette action de sa vie, il prend la ferme résolution de ne plus commettre la même faute, il *se repent*.

Le remords et le repentir se distinguent profondément du regret : on regrette de n'avoir pas entrepris une affaire avan tageuse, de n'avoir pas fait un voyage agréable ; on n'a de remords qu'après avoir commis une mauvaise action et perdu une partie de sa valeur morale, on ne se repent qu'après s'être décidé à faire tout ce que l'on peut pour la reconquérir.

Les jugements moraux que nous portons sur nos semblables et sur nous-mêmes, supposent les idées du bien et du mal, du juste et de l'injuste, de la vertu et du vice, du droit et du devoir, de la responsabilité.

Ces jugements font naître en nous des sentiments moraux, l'estime, l'admiration, le respect, la désapprobation, le mépris, l'aversion s'il s'agit d'autrui, la satisfaction de conscience, le remords et le repentir s'il s'agit de nous-mêmes.

La conscience en psychologie et en morale
— Nous avons vu en psychologie (ch. IV) que la conscience spontanée nous fait connaître ce qui se passe en nous, que la conscience réfléchie nous donne les idées de cause, de substance, de fin, d'être, d'identité, de durée. On dit vulgairement d'un homme qu'il n'a pas de conscience, quand il ne gouverne sa conduite d'après aucune règle morale, quand il ne se soucie, en agissant, ni de ce qui est bien, ni de ce qui est mal, ni de ce qui est juste, ni de ce qui est injuste, ni de la vertu ou du vice ; on trouve qu'il a la conscience large, lorsque, trop indulgent pour lui-même, il proclame bons ses actes indifférents, et indifférents ses actes mauvais ; on dit au contraire d'un homme qu'il a la conscience droite, quand jugeant sévèrement tous ses actes, il déclare mauvais tous ceux qui sont contraires à la loi morale et ne s'attribue pas trop de mérite pour les actes vertueux qu'il a pu accomplir. La *conscience morale* est donc la faculté qui nous permet de distinguer le bien et le mal, le juste et l'injuste.

A vrai dire, la conscience morale n'est pas une faculté spéciale ; de même que la raison, jugeant en matière spéculative, prononce sur ce qui est vrai et sur ce qui est faux (ch. IV) et fait la science, la raison pratique, prononçant sur ce qui est bien et sur ce qui est mal, constitue la morale et rend possible la vertu. On fait l'éducation de la raison spéculative, on forme l'esprit à chercher le vrai, à cultiver les sciences ; on peut aussi développer la raison pratique, l'exercer à prononcer avec plus de rigueur et d'exactitude, habituer l'esprit à ne porter en morale que des jugements droits.

La conscience morale nous permet de distinguer le bien du mal, le juste de l'injuste, c'est la faculté de juger ou la raison appliquée aux choses morales. On peut exercer la raison pratique comme la raison spéculative, faire l'éducation de la conscience morale.

La loi morale, ses caractères. — Si l'on considère les idées, les jugements et les sentiments moraux, si l'on tient compte des institutions diverses que les différents peuples ont imaginées pour punir des actions mauvaises et récompenser certaines actions vertueuses, on affirmera que les hommes ont toujours cru à l'existence d'une loi non écrite d'après laquelle ils devaient régler leur conduite, d'une *loi morale* à laquelle ils ont emprunté les prescriptions introduites dans leurs lois écrites ou positives.

Examinée *a priori*, la loi morale doit, par cela seul qu'elle est une loi, être *universelle*, c'est-à-dire s'appliquer à tous les temps et à tous les lieux ; être *fixe*, c'est-à-dire la même pour tous les individus (ch. v et xi). Elle n'est pas nécessaire comme les lois physiques et naturelles, car l'expérience nous montre qu'elle est fréquemment violée ; elle est *obligatoire*, l'individu doit l'accomplir en vertu de sa dignité d'homme, mais il peut la violer et suspendre pour un moment, tout au moins, la réalisation de l'ordre moral (ch. xxix).

De ce que la loi morale est obligatoire et non nécessaire, il résulte que l'universalité et la fixité de cette loi diffèrent de l'universalité et de la fixité des lois physiques. Ce qui est universel et fixe, c'est la loi idéale, celle dont les conceptions humaines tendent à se rapprocher de plus en plus ; ce qui ne l'est pas d'une façon absolue, ce sont les formules diverses en certains points qu'en donnent les époques et les peuples différents : les Romains ne se faisaient pas la même idée que nous des devoirs et des droits du chef de famille ; les hommes du xviie siècle se représentaient tout autrement les rapports de l'État et de ses membres ; mais comme nous, les premiers croyaient que le père de famille a des droits et des devoirs déterminés par la morale, les seconds pensaient que les souverains, comme leurs sujets, ont des obligations morales.

La loi étant obligatoire doit être *claire*, c'est-à-dire comprise par les ignorants comme par les savants, elle doit être *praticable*, c'est-à-dire imposer des choses difficiles, mais non des choses impossibles.

Les idées, les jugements et les sentiments moraux font croire à l'existence d'une loi morale, obligatoire et non nécessaire, universelle et fixe, claire et praticable.

Fondement de la loi morale. — Pour donner la formule générale qui doit régir tous nos actes, pour trouver le *fondement* de la loi morale, on ne peut, comme lorsqu'il s'agit des phénomènes physiques ou naturels, en observer un certain nombre pour déterminer les rapports qui les unissent et généraliser le résultat obtenu (ch. xi et xii). En effet, la loi morale peut être violée et elle l'est fréquemment ; on serait donc exposé à la chercher où elle n'est pas, c'est-à-dire dans les actes qui en sont la violation.

Si l'on remarque que dans nos actes volontaires et réfléchis, nous nous décidons toujours à agir en vue d'un motif ou d'un mobile déterminé (ch. vii), on affirmera qu'il faut chercher le fondement de la loi morale parmi les motifs ou les mobiles qui président à nos actes.

Or si à première vue on croit que ces motifs et ces mobiles sont innombrables, on ne tarde pas à s'apercevoir qu'ils peuvent être réduits à un petit nombre : nous agissons en vue du plaisir ou par intérêt, en nous laissant guider par les sentiments désintéressés, sympathie, bienveillance, etc., enfin, pour réaliser le bien et accomplir notre devoir (ch. xvi à xxi).

On a cherché le fondement de la morale dans les motifs ou les mobiles qui président à nos actes ; ces mobiles peuvent être réduits à quatre, le plaisir et l'intérêt, le sentiment et le bien ou le devoir.

RÉSUMÉ.

Que savez-vous des idées, des jugements, des sentiments moraux? — Les jugements moraux que nous portons sur nos semblables et sur nous-mêmes, supposent les idées du bien et du mal, du juste et de l'injuste, de la vertu et du vice, du droit et du devoir, de la responsabilité.

Ces jugements font naître en nous des sentiments moraux : l'estime, l'admiration, le respect, la désapprobation, le mépris, l'aversion, s'il s'agit d'autrui, la satisfaction de conscience, le remords et le repentir, s'il s'agit de nous-mêmes.

Qu'est-ce que la conscience morale? — La conscience morale nous permet de distinguer le bien du mal, le juste de l'injuste, c'est la faculté de juger ou la raison appliquée aux choses morales. On peut exercer la raison pratique comme la raison spéculative, faire l'éducation de la conscience morale.

Que savez-vous de la loi morale? — Les idées, les jugements et les sentiments moraux nous font croire à l'existence d'une loi morale, obligatoire et non nécessaire, universelle et fixe, claire et praticable.

Parlez du fondement de la loi morale. — On a cherché le fondement de la loi morale dans les motifs ou les mobiles qui président à nos actes ; ces mobiles peuvent être réduits à quatre : le plaisir et l'intérêt, le sentiment et le bien ou le devoir.

DEVOIRS A TRAITER

I. Les idées, les jugements, les sentiments moraux.
II. La conscience morale.
III. La loi morale.
IV. Caractères et fondement de la loi morale.

QUESTIONS A ÉTUDIER

I. Universalité des principes moraux.
II. Quel rapport peut-on établir entre les idées, les jugements et les sentiments moraux ?
III. La conscience en psychologie et en morale.
IV. Peut-on faire l'éducation de la conscience morale ?
V. Distinguer la loi morale des lois physiques et naturelles, des lois positives ou écrites.
VI. Comment faut-il procéder à la recherche de la loi morale ?
VII. Y a-t-il absence de moralité chez les sauvages, et une moralité contradictoire chez les peuples civilisés ? (*Paul Janet*.)

QUESTIONS POSÉES

I. Quels sont les différents sens du mot conscience dans la langue? Qu'appelle-t-on conscience morale? (Brev. sup., Écoles norm., Ens. second. des jeunes filles.)

II. Quand sommes-nous responsables de nos actes? Qu'est-ce que la responsabilité morale? (Brev. sup., Écoles norm., Bac. ès lettres et Ens. spécial.)

III. Quels sont les différents motifs d'action? (Brev. sup., Ens. second. des jeunes filles, Bac. ens. spécial.)

IV Parlez de l'idée de droit et de l'idée de devoir? (Brev. sup., Bac. ès lettres et Ens. spécial, Ens. sec. des jeunes filles, Écoles norm.)

V. Quelle est la base de la morale? (Brev. sup., Bac. ès lettres et Ens. spécial, Écoles norm., Ens. sec. des jeunes filles.)

VI. Quelles sont les principales espèces de lois? (Brev. sup., Ens. sec. des jeunes filles, Écoles normales.)

VII. Quels sont les degrés de la responsabilité? Pourquoi les animaux ne sont ils pas responsables? (Brev., sup., Ens. sec. des jeunes filles, Sèvres.)

VIII. Qu'est-ce que le mérite? le démérite? (Brev. sup., Écoles normales, Ens. sec. des jeunes filles.)

IX. Faire comprendre par des exemples très précis ce que l'on entend par les idées, les jugements et les sentiments moraux. (Brev. sup., Écoles norm. Ens. sec. des jeunes filles, Bac. ès lettres et Ens. spécial.)

Conseils pédagogiques. — Employer des exemples familiers, se servir de chacune des circonstances de la vie scolaire, pour faire comprendre aux enfants ce que l'on entend par le bien et le mal, le juste et l'injuste, la vertu et le vice, le droit et le devoir, la responsabilité, l'estime et le blâme, l'admiration, le respect et le mépris, le remords, la satisfaction de conscience et le repentir; examiner successivement à ce point de vue les diverses divisions de la morale pratique; développer par ce moyen les sentiments moraux qui sont en germe chez l'enfant, lui donner des idées morales de plus en plus nettes, l'habituer à porter des jugements de plus en plus exacts sur les choses morales, faire l'éducation en même temps que l'instruction de la conscience morale. *Poser en principe qu'il faut être indulgent dans les jugements qu'on porte sur autrui, et se montrer très sévère quand il s'agit de diriger et d'apprécier sa propre conduite.* — Insister sur le caractère obligatoire de la loi morale, faire voir que nous pouvons la violer, mais que nous ne devons pas le faire si nous voulons être d'honnêtes gens; faire comprendre que c'est en raison même du caractère obligatoire de la loi morale qu'on a pu, en constatant uniquement chez les peuples sauvages ou même chez les peuples civilisés des dérogations à la morale, soutenir que les principes moraux ne sont pas universels. Montrer de même, en se servant d'exemples empruntés à la morale pratique, que les moralistes ont pu chercher dans le plaisir, l'intérêt, le sentiment ou le devoir la base de la loi morale, parce qu'ils ont trouvé des actes essentiellement moraux qui procuraient du plaisir à l'agent, qui servaient ses intérêts, donnaient satisfaction à ses sentiments, ou enfin qui lui étaient uniquement commandés par le devoir.

BIBLIOGRAPHIE

Marion, *Leçons de morale*, leç. 2 et 3.
Id. la *Solidarité morale*.
Paul Janet, la *morale*.
Id. la *Philosophie du bonheur*.
Id.. *Histoire de la science politique*.
Stuart Mill, l'*Utilitarianisme*.
Id. *Mes Mémoires*.
H. Spencer, les *Bases de la morale évolutioniste*.
H. Spencer, *Introduction à la science sociale*.
H. Spencer, *Principes de sociologie*.
Fouillée, *Critique des systèmes de morale contemporaine*.
Renouvier, la *Science de la morale*.
Guyau, la *Morale d'Épicure*.
Id. la *Morale anglaise contemporaine*.
Guyau, *Esquisse d'une morale sans obligation ni sanction*.
Ferraz, le *Devoir*.
Beaussire, les *Principes de la morale*.

Beaussire, les *Principes du droit*.
A. Franck, les *Principes du droit civil*.
A. Franck, la *Morale pour tous*.
Xénophon, *Mémoires sur Socrate*.
Cicéron, *Traité des Devoirs*.
Epictète, *Manuel et Entretiens*.
Jouffroy, *Cours de droit naturel*.
Caro, les *Problèmes de morale sociale*.
Carrau, la *Morale utilitaire*.
Id. *Études sur la théorie de l'évolution*.
Carrau, la *Conscience psychologique et morale*.
F. Bouillier, la *Vraie Conscience*.
De Quatrefages, *Unité de l'espèce humaine*.
Kant, *Critique de la raison pratique* (tr^{on} Picavet).
Fustel de Coulanges, la *Cité antique*.
Lubbock et Tylor (Ouvr. cités, ch. 1).
Jules Simon, le *Devoir*.
Id. la *Religion naturelle*

CHAPITRE XXVI

LE PLAISIR ET L'INTÉRÊT.

SOMMAIRE.

Le plaisir. — Le plaisir et l'intérêt. — L'intérêt particulier et la quantité des plaisirs. — L'intérêt général. — Qualité des plaisirs.

Le plaisir. — L'animal, aux premiers temps de son existence, recherche et saisit tout ce qui lui est agréable, fuit tout ce qui lui cause de la douleur. Le jeune enfant ne pense de même qu'à s'amuser, à échapper à l'ennui, à la douleur, sans se demander si le plaisir qu'il goûte aujourd'hui ne le privera pas demain d'un plaisir plus grand, si la douleur ou l'ennui actuels ne lui assureraient pas de grands plaisirs pour l'avenir. De même, certains hommes n'ont jamais, dans toute leur vie, le courage de renoncer au plaisir qui s'offre à eux ou d'accepter une douleur nécessaire : le gourmand subordonne tous ses actes au plaisir de manger, l'ivrogne, au plaisir de boire, le paresseux, au plaisir de ne rien faire.

Mais le chien qui a été déjà châtié s'abstient de dévorer le gigot laissé à sa portée, par crainte des coups qu'il pourrait recevoir; l'enfant qui a eu une indigestion pour avoir trop mangé de gâteaux, résiste aux invitations et fuit un plaisir qui pourrait être suivi de douleur. Enfin, à l'exception des hommes que la passion domine, aucun de ceux qui cherchent le plaisir, ne se laisse aller à toutes les excitations du moment présent; il réfléchit, examine les conséquences d'un acte, les plaisirs ou les douleurs qui le suivront dans l'avenir, et ne se décide ni à poursuivre tout plaisir qu'il peut obtenir, ni à fuir toute douleur qu'il est capable d'écarter.

Le plaisir est d'abord pour l'animal et pour l'enfant, quelquefois pour l'homme, le mobile de l'activité; mais la réflexion et l'expérience amènent l'animal, l'enfant, l'homme à examiner les conséquences de leurs actes, à substituer la recherche de l'intérêt à celle du plaisir.

Le plaisir et l'intérêt. — Un homme a cinq francs à sa disposition; il les emploie à acheter deux litres de vin qu'il boira avec ses compagnons, à prendre un billet pour passer la soirée au théâtre, à se procurer un livre dont la lecture l'occupe agréablement quelques heures. Dans tous ces cas, il a agi en vue d'un plaisir immédiat.

Mais il peut réfléchir sur la manière dont il dépensera son argent, considérer qu'en achetant du vin, il éprouvera sans doute un plaisir assez vif, mais que ce plaisir ne durera pas longtemps et sera quelquefois suivi de douleurs qui le feront oublier. Il pensera de plus qu'il viendra un moment où il sera incapable de gagner sa vie par le travail et il voudra s'assurer la subsistance pour ses vieux jours : il mettra ces cinq francs à la Caisse d'épargne, renonçant à un plaisir présent pour assurer la satisfaction d'un besoin futur, c'est-à-dire pour chercher un autre plaisir.

L'intérêt est le calcul du plaisir.

L'intérêt particulier et la quantité des plaisirs. — On peut comparer deux plaisirs, le plaisir de boire et le plaisir de mettre son argent à la Caisse d'épargne, pour savoir quel est le plus vif. Il est certain que, pour beaucoup de personnes, le premier l'emporte en *intensité* sur le second.

En examinant ces deux plaisirs au point de vue de la *durée*, ce sera le second qui l'emportera sur le premier.

En comparant le plaisir que l'on se procure en allant immédiatement au théâtre avec celui qu'on aurait en y allant dans quinze jours voir une pièce nouvelle, on pensera que dans quinze jours on peut être mort, que par suite le premier plaisir a plus de *certitude* que le second. Enfin, si l'on met en parallèle le plaisir de lire un livre instructif et amusant avec celui de boire, on constatera que le premier n'est presque jamais suivi d'inconvénients graves, tandis que le second peut amener des douleurs d'estomac ou un mal de tête. On verra que le second est moins *pur* que le premier.

Si l'on trouve que le plaisir de placer son argent à la Caisse d'épargne est moins vif que celui que procure un bon repas, mais qu'il est aussi certain, beaucoup plus durable et infiniment plus pur, puisqu'il n'entraîne après lui aucune douleur, on affirmera que *la quantité de plaisir* est plus grande dans le premier cas que dans le second.

On examine les plaisirs au point de vue de l'intensité, de la durée, de la certitude, de la pureté. Le calcul indique ce que nous devons faire dans une circonstance déterminée : la morale devient une espèce d'arithmétique ; le malhonnête homme, un mauvais calculateur.

L'intérêt général. — Si chaque individu cherche son propre intérêt sans se préoccuper d'autrui, il arrive que, les intérêts particuliers étant en opposition, comme celui du médecin qui souhaite qu'il y ait des malades, et celui des autres hommes, qui est d'être bien portants, les efforts de l'un détruisent les efforts de l'autre. Il y a plus : nos intérêts peuvent être en opposition avec ceux d'un certain nombre ou même de la majorité de nos concitoyens. Dans ce cas, notre calcul est mal fait, et nous sommes assurés de ne pas acquérir les plaisirs recherchés. L'homme qui essaye de se procurer de l'argent en volant, réunira contre lui la majorité de ses concitoyens, également intéressés à s'assurer les uns aux autres la possession de leurs biens.

Il faudra donc, dans nos calculs, tenir compte de l'intérêt de nos semblables. Tout ce qui semblerait devoir nous être utile, mais qui peut amener un dommage pour autrui, doit être laissé de côté. Il faudra même, pour que les plaisirs recherchés présentent le caractère de certitude, qu'ils ne soient pas de nature à priver de certains plaisirs le plus grand nombre de nos semblables.

En agissant ainsi, non seulement nous évitons d'être contrariés dans notre recherche par nos semblables, mais encore nous contribuons à leur bonheur, nous augmentons notre plaisir en faisant plus d'heureux autour de nous, en diminuant le nombre de ceux qui souffrent. En cherchant l'intérêt général, nous avons encore trouvé notre intérêt particulier.

Il faut, pour obéir à l'intérêt général, régler notre conduite de manière à acquérir pour la majorité de nos semblables, la plus grande quantité possible de plaisirs.

Qualité des plaisirs. — On peut remarquer que nous ne plaçons pas sur la même ligne les plaisirs que nous jugeons égaux en quantité. Si nous mettons en comparaison les plaisirs qui résultent de la satisfaction de nos appétits, le plaisir de boire ou le plaisir de manger, avec le plaisir que saint Vincent de Paul goûtait en travaillant sans cesse à secourir ses semblables, nous affirmerons que ce dernier est de beaucoup préférable. Si nous trouvons même qu'il manque quelquefois de pureté, en ce sens qu'il est accompagné d'une douleur causée par l'ingratitude de ceux qu'on a obligés, par le spectacle des souffrances qu'endurent les malheureux ou la dureté de ceux qui, pouvant leur venir en aide, ne le font pas, nous estimerons cependant qu'il a plus de valeur que les premiers. Supposez même que nous nous trouvons dans l'obligation d'accepter certaines douleurs, certaines souffrances et de rejeter certains plaisirs, pour nous assurer la possession de plaisirs que nous tenons pour plus nobles, nous dirons avec Stuart Mill * *qu'un Socrate* mécontent vaut mieux qu'un pourceau satisfait.*

Après avoir considéré les plaisirs au point de vue de la quantité, il faut les considérer au point de vue de la qualité.

Dès lors, en tenant compte comme précédemment de l'intérêt général, la règle à suivre dans toutes nos actions consiste à rechercher pour la majorité de nos semblables la plus grande quantité possible de plaisirs et les meilleurs possible.

Historique. — La morale du plaisir a été exposée dans l'antiquité par Aristippe * de Cyrène, disciple de Socrate * ; à l'école cyrénaïque se rattache Hégésias * qui, interprétant à sa façon les doctrines d'Aristippe * et d'Épicure *, conseillait le suicide et fut chassé d'Alexandrie où il convertissait les jeunes gens à ses doctrines.
La morale de l'intérêt a été systématisée par *Épicure* * qui faisait consister le plaisir dans l'absence de douleur et distinguait trois sortes de désirs : 1º Désirs naturels et nécessaires (avoir du pain et de l'eau pour apaiser sa faim et sa soif) ; 2º Désirs naturels et non nécessaires (avoir des mets délicats) ; 3º Désirs qui ne sont ni naturels ni nécessaires (avoir des statues ou des couronnes). Il recommandait de ne satisfaire que les premiers : « Avec un peu d'orge et d'eau, disait-il, on peut le disputer en bonheur à Dieu même. » Sa morale aboutit ainsi à un véritable *ascétisme* *. Épicure * la mit en pratique. — La morale d'Épicure * fut reprise au XVIIᵉ siècle par le Français Gassendi * et par l'Anglais Hobbes *. — La Rochefoucauld * exposa dans ses célèbres Maximes une morale utilitaire. — Helvétius * soutint, au XVIIIᵉ siècle, la morale de l'intérêt général ; elle fut défendue également par Volney * et Saint-Lambert *. Bentham * essaya de faire de la morale une véritable arithmétique du plaisir. — J. Stuart Mill * a insisté sur la *qualité* du plaisir. — Darwin * et M. Herbert Spencer * ont ajouté à l'utilitarisme des éléments nouveaux.

RÉSUMÉ

Que savez-vous du plaisir ? — Le plaisir est d'abord pour l'animal et pour l'enfant, quelquefois pour l'homme, le seul mobile de l'activité; mais la réflexion ou l'expérience amènent l'animal, l'enfant, l'homme, à examiner les conséquences de leurs actes, à substituer la recherche de l'intérêt à celle du plaisir.

Qu'est-ce que l'intérêt? — L'intérêt est le *calcul* du plaisir.

Que faut-il faire pour calculer notre intérêt particulier? — Il faut examiner les plaisirs au point de vue de l'*intensité*, de la *durée*, de la *certitude*, de la *pureté* et chercher *la plus grande quantité* de plaisirs avec le moins de douleurs possible.

Que faut-il faire, au nom de l'intérêt général? — Il faut chercher, pour le plus grand nombre de nos semblables, la plus grande quantité de plaisirs, en évitant le plus de douleurs possible.

Que faut-il faire, en tenant compte de la quantité et de la qualité du plaisir? — Il faut chercher, pour le plus grand nombre d'hommes possible, la plus grande quantité possible de plaisirs et les meilleurs plaisirs possible.

DEVOIRS A TRAITER.

I. Le plaisir et l'intérêt.
II. La morale de l'intérêt général.
III. La quantité et la qualité des plaisirs.
IV. La morale utilitaire et la morale du devoir.

QUESTIONS A ÉTUDIER.

I. La morale d'après l'école cyrénaïque.
II. La morale d'Épicure*.
III. La morale de Hobbes*.
IV. La morale d'après les Maximes de La Rochefoucauld*.
V. La morale d'après Helvétius*.
VI. La morale d'après Volney*.
VII. La morale d'après Saint-Lambert*.
VIII. La morale de Bentham*.
IX. La morale de Stuart Mill*.
X. La morale d'après Darwin* et Spencer*.
XI. La morale utilitaire et l'économie politique.

QUESTIONS POSÉES.

I. N'est-on pas souvent obligé d'employer en éducation le mobile de l'intérêt? (Brev. sup., Écoles norm., Ens. sec. des jeunes filles.)
II. Qu'est-ce que l'intérêt, en quel sens l'intérêt est-il opposé au devoir? Se trouve-t-il réellement opposé au devoir dans l'action de faire l'aumône? (Brev. sup., Éc. maternelles, Ens. sec. des jeunes filles.)
III. L'intérêt est-il un mobile bien puissant? Est-il légitime? (Brev. sup., Bac. ès lettres et Ens. spécial, Écoles norm.)
IV. Le plaisir peut-il être la base de la morale? (Brev. sup., Ec. maternelles,

Écoles norm., Bac. ès lettres et Ens. spécial.)

V. Pourquoi certains philosophes font-ils reposer la morale sur l'intérêt? (Brev. sup., Écoles norm., Ens. sec. des jeunes filles.)

VI. A quel mobile obéissent les animaux ? (Brev. sup., Éc. maternelles.)

VII. Indiquer et caractériser les rapports véritables de l'intérêt privé et de l'intérêt public avec le devoir. (Bac. ens. spécial et ès lettres., Écoles norm., Ens. sec. des jeunes filles.)

VIII. Expliquer ce qu'entendent les disciples de Bentham* quand ils veulent faire de la morale une espèce d'arithmétique. (Brev. sup., Écoles norm., Bac. ès lettres et ens. spécial, Ens. sec. des jeunes filles.)

IX. Montrer ce qu'a voulu dire Stuart Mill* quand il a recommandé de tenir compte de la qualité du plaisir. (Écoles norm., Ens. sec. des jeunes filles, Bac. ès lettres et Ens. spécial.)

Conseils pédagogiques. — Les enfants sont disposés à chercher en toutes choses leur plaisir immédiat. On peut leur montrer qu'en agissant ainsi, en n'apprenant pas une leçon au temps fixé, ils se préparent une peine pour l'avenir — la réprimande qui leur sera infligée, — et se privent d'un plaisir, celui de jouer en récréation avec leurs camarades — plaisir d'autant plus vif qu'il est accompagné de la conscience du devoir accompli. — Montrer que l'ivrogne qui cherche son plaisir dans la boisson calcule mal, se prépare pour le lendemain des douleurs de tête et d'estomac, pour l'avenir le mépris de ses semblables, la misère et la ruine de sa santé. — Faire de même pour le paresseux, car il se prive des plaisirs qu'il aurait pu se procurer avec le produit de son travail et sera misérable dans ses vieux jours. — Raisonner d'une façon analogue pour le prodigue, pour le voleur, etc. — Montrer ensuite à l'enfant que s'il cherche son plaisir sans penser à ses camarades, ceux-ci feront de même et ne lui viendront jamais en aide. — Enfin lui faire comparer le plaisir qu'il a éprouvé en achetant pour quelques sous de bonbons et celui qu'il a goûté en donnant son argent à une pauvre femme et à ses enfants pour acheter du pain — lui montrer que l'un est supérieur à l'autre en qualité. — En parlant à l'enfant de son plaisir, on se fera écouter, on l'amènera à préférer l'intérêt au plaisir, son intérêt *bien entendu*, c'est-à-dire mis en accord avec l'intérêt général, à son intérêt particulier, enfin les plaisirs nobles et élevés aux plaisirs égoïstes et inférieurs. — Indiquer en faisant des emprunts à l'économie politique, comment on peut travailler pour le mieux à satisfaire son intérêt particulier et l'intérêt général. — Revoir toute la morale pratique pour rappeler aux enfants quels sont les devoirs que leur commandent également le plaisir, l'intérêt particulier, l'intérêt général, pour leur faire remarquer que la morale utilitaire, telle que l'a exposée Stuart Mill*, commande à peu près tous les actes que prescrit la morale du devoir. — Relire et commenter à ce point de vue les histoires, les fables et les maximes déjà indiquées (ch. XVI à XXI).

BIBLIOGRAPHIE.

Marion, *Leçons de morale*, leç. 4, 5, 6, 7.
Id. la *Solidarité morale*.
Paul Janet, la *Morale*.
Id. la *Philosophie du bonheur*.
Id. *Histoire de la science politique*.
Stuart Mill, l'*Utilitarianisme*.
Id. *Mes Mémoires*.
H. Spencer, les *Bases de la morale évolutioniste*.
H. Spencer, *Introduction à la science sociale*.
H. Spencer, *Principes de sociologie*.
Fouillée, *Critique des systèmes de morale contemporaine*.
Guyau, la *Morale d'Épicure*.
Id. la *Morale anglaise contemporaine*.
Guyau, *Esquisse d'une morale sans obligation ni sanction*.
La Rochefoucauld, *Maximes*.
Volney, la *Loi naturelle*.
Saint-Lambert, *Catéchisme universel*.
Prévost-Paradol, *Études sur les moralistes français*.
Beaussire, les *Principes de la morale*.
Id. les *Principes du droit*.
A. Franck, les *Principes du droit civil*.

Xénophon, *Mémoires sur Socrate*.
Cicéron, *Traité des Devoirs*.
Épictète, *Manuel* et *Entretiens*.
Jouffroy, *Cours de droit naturel*.
Caro, les *Problèmes de la morale sociale*.
Carrau, la *Morale utilitaire*.
Id. *Études sur la théorie de l'évolution*.
Carrau, la *Conscience psychologique et morale*.
F. Bouillier, la *Vraie Conscience*.
Renouvier, la *Science de la morale*.
Kant, *Critique de la raison pratique* (tr. Picavet).
Kant, *Fondements de la métaphysique des mœurs*.
Helvétius, *De l'esprit*.
Bentham, *Déontologie*.
Id. *Traité de législation civile et pénale*.
Bentham, *Théorie des peines et des récompenses*.
Darwin (Ouvr. cités, ch. IX).
Franklin, *Autobiographie*.
Id. la *Science du bonhomme Richard*.
Taine, *Histoire de la littérature anglaise*.

CHAPITRE XXVII

LE SENTIMENT ET LE DEVOIR.

SOMMAIRE.

Le sentiment : historique des doctrines fondées sur le sentiment. — Le devoir ou le bien : la morale stoïcienne; la morale de Kant *. — Rôle du plaisir, de l'intérêt et du sentiment en morale.

Le sentiment. — En admettant que la morale utilitaire, sous la forme élevée que lui a donnée Stuart Mill *, commande en général les mêmes actes que la morale ordinaire, qu'elle peut nous conduire, en partant de l'intérêt personnel, à pratiquer le dévouement et le sacrifice, on fait remarquer qu'il faut, pour lui enlever son caractère égoïste, donner au mot *intérêt* un sens différent de celui qu'il a dans la langue usuelle, que dès lors il y a toujours lieu de craindre que quelques-uns de ceux auxquels elle s'adresse ne se bornent à en accepter le principe et à chercher leur intérêt personnel sans se soucier de l'intérêt général ou de la qualité des plaisirs.

L'homme, ajoute-t-on, est d'ailleurs toujours suffisamment porté à penser à soi; il a, par contre, une tendance fâcheuse à méconnaître les intérêts d'autrui, à négliger l'accomplissement des actes qui supposent l'oubli de sa personne, le désintéressement et le sacrifice. Ce qui importe donc en morale, c'est de développer dans l'homme les tendances altruistes, c'est de lui faire suivre ses inclinations désintéressées, en reléguant au second plan les tendances égoïstes qu'il ne sera que trop rarement disposé à sacrifier. On lui dira de prendre pour guide la bienveillance, la sympathie, la conscience morale; de se demander avant d'agir, si sa conscience approuve l'acte qu'il va faire, si cet acte est le fait d'un homme bienveillant ou enfin s'il éprouverait de la sympathie pour l'individu qui agirait comme il se prépare à le faire : le *sentiment* deviendra le fondement de la morale.

Pour éviter la prédominance des tendances égoïstes dans la vie humaine, on lui donne pour guide la bienveillance, la sympathie, la conscience morale, on fait reposer la morale sur le sentiment.

Historique. — L'école écossaise, qui en métaphysique prend généralement le sens commun pour guide, a presque tout entière professé la morale du sentiment. Hutcheson[*] veut que chacun prenne pour règle la *bienveillance naturelle* qui nous porte à travailler au bonheur de nos semblables. David Hume[*] soutient qu'il existe une sorte de *sens moral* qui nous révèle le bien, comme la vue nous fait connaître les couleurs et le toucher, la forme des objets matériels. Adam Smith[*] fait de la *sympathie* le fondement de la loi morale : nous avons selon lui une tendance naturelle à partager les plaisirs et les peines de nos semblables, à chercher leur approbation. Lorsqu'une personne agit en notre présence : que nous éprouvons pour elle à la suite de cet acte de la sympathie ou de l'antipathie, nous disons qu'elle a bien ou mal agi : nous apprenons ainsi à juger les actions d'autrui. Quand il s'agit de nous-mêmes, nous nous demandons si l'acte que nous allons faire provoquerait à notre égard de la sympathie ou de l'antipathie chez le *spectateur impartial* qui en serait le témoin ; dans le premier cas, nous disons que l'action est bonne, dans le second cas, qu'elle est mauvaise.

J.-J. Rousseau [*], en France, a soutenu que l'homme est bon en sortant des mains de la nature, qu'il suffit, pour être vertueux, d'obéir à l'instinct du cœur, à la voix de la nature, à la conscience qui nous dicte ce que nous devons faire ou ne pas faire. Jacobi [*], en Allemagne, a soutenu, en opposition à Kant [*], une doctrine à peu près identique à celle de J.-J. Rousseau [*].

La morale du sentiment a été professée par l'école écossaise, par Hutcheson [*], *Hume* [*]. *et A. Smith* [*]; *en France par J-.J. Rousseau* [*]; *en Allemagne par Jacobi* [*].

Le devoir ou le bien. — Les partisans de la morale du devoir ou du bien ont en général reconnu que les doctrines fondées sur le sentiment sont supérieures aux théories utilitaires, en ce sens qu'elles prennent comme point de départ la nécessité de s'oublier soi-même pour penser aux autres, mais ils ont en même temps soutenu l'insuffisance de toute morale fondée sur le sentiment. On ne saurait, disent-ils, éprouver à volonté tel ou tel sentiment ; ceux qui ne trouvent en eux ni la bienveillance dont parle Hutcheson [*], ni le sens moral de Hume [*], ni la sympathie d'Adam Smith [*] ou l'instinct naturel de J.-J. Rousseau [*] et de Jacobi [*], seront par cela même dispensés de toute moralité. La théorie de Smith [*] en particulier suppose l'existence de la société et serait impuissante à donner une morale à l'individu isolé ; elle prend pour point de départ la sympathie et elle s'adresse en dernière analyse à un spectateur *impartial*, c'est-à-dire à un spectateur qui juge au point de vue de la raison, sans tenir compte de ses sympathies ou de ses antipathies.

D'une manière générale, ajoute-t-on, le sentiment ne présente aucun des caractères que doit offrir la loi morale (ch. xxv) : il ne saurait être question d'obligation puisqu'il ne dépend pas de nous d'avoir ou de ne pas avoir tel ou tel sentiment ; il n'y aurait ni universalité, ni fixité puisque le développement des inclinations varie avec les individus, que les tendances égoïstes dominent chez les uns tandis que la bienveillance, la sympathie se développent presque seules chez les autres, puisque le même individu est bienveillant après avoir dîné ou reçu une bonne nouvelle, tandis qu'il est cruel, égoïste, à jeun et quand il souffre moralement ou physiquement. Enfin une loi qui aurait pour base le sentiment, manquerait de clarté et serait peu pratique, puisqu'elle laisserait toujours sans guide ceux qui n'éprouvent ni sympathie, ni bienveillance, et qu'elle dirigerait par intervalles seulement, en raison même de la nature éphémère du sentiment ceux chez lesquels il est le plus développé.

Les défenseurs de la morale du devoir soutiennent que le sentiment ne présente pas plus que le plaisir ou l'intérêt les caractères de la loi morale, que le bien seul est obligatoire, universel et fixe, clair et praticable. La morale stoïcienne et la morale de Kant* sont les plus importantes des morales fondées sur le devoir ou le bien.

La morale stoïcienne. — Le stoïcisme (du grec *stoa = portique*), fut représenté en Grèce par Zénon*, Cléanthe* et Chrysippe*; introduit à Rome par Panétius* et Posidonius*. Cicéron* lui a emprunté la plus grande partie de sa morale et spécialement les doctrines exposées dans l'admirable traité des *Devoirs*. Sénèque* adopte à peu près dans leur ensemble les théories stoïciennes, qui guidèrent pendant tout l'empire les hommes les plus remarquables par leur vertu et leur courage. Épictète* est, avec Marc-Aurèle*, le plus illustre des stoïciens romains. D'abord esclave de l'affranchi Épaphrodite qui prenait plaisir à le torturer et lui cassa la jambe sans réussir à l'émouvoir, ensuite affranchi lui-même, il vécut au milieu des gens du peuple, resta pauvre toute sa vie, excita sans cesse à la vertu les hommes de sa condition et ceux qui venaient lui demander des conseils : son disciple Arrien* a conservé ses pensées dans un *Manuel* et des *Entretiens*. Épictète* distingue les choses qui dépendent de nous, nos pensées, nos désirs, nos inclinations, nos actes et les choses qui ne dépendent pas de nous, la santé, la richesse, la réputation, les honneurs. Il veut que l'on place uniquement son bonheur dans les premières et que l'on considère les secondes comme des choses indifférentes, ne constituant par elles-mêmes ni des biens, ni des maux. Il résume toute la morale dans les deux maximes célèbres, *supporte et abstiens-toi* : supporte les choses qui ne dépendent pas de toi, la maladie, la pauvreté, le mépris des autres, abstiens-toi de désirer ou d'avoir en aversion la santé ou la maladie, la richesse ou la pauvreté, la réputation ou le mépris. Marc-Aurèle *, occupé à administrer l'empire et à le défendre contre les barbares, a laissé des *Pensées* dont la morale est digne d'admiration ; tout en acceptant la doctrine stoïcienne dans ses grandes lignes, il y joint quelque chose de personnel, il recommande la bienfaisance désintéressée, il s'exhorte à remplir ses devoirs d'homme et d'empereur, il examine sa conduite et la juge avec sévérité.

La morale des stoïciens dérive de leur physique : ils croyaient qu'il y a dans l'univers deux principes *corporels*, l'un passif, la matière, l'autre actif, la force ou l'éther divin. Le principe actif, répandu dans la matière, y produit successivement et conformément aux lois de son intelligence, tous les êtres dont la réunion forme l'univers : il maintient par sa tension, par ses *efforts*, l'ordre et la liaison de toutes les choses à travers lesquelles il circule. L'homme, comme les minéraux, les végétaux et les animaux, contient un principe actif et un principe passif, une partie divine et une partie matérielle. Il doit *imiter Dieu, vivre conformément à la raison ou à la droite raison*, c'est-à-dire conserver en lui par ses efforts l'ordre et l'harmonie que Dieu maintient dans l'univers, donner à la portion divine de son être la direction et le gouvernement de la partie matérielle. Le seul but qu'il puisse se proposer d'atteindre, le *souverain bien* auquel il doit aspirer en sa qualité d'être raisonnable, c'est l'*honnête*. Le plaisir et la douleur n'ont aucune valeur morale; les avantages corporels, la santé, la richesse ne sont pas non plus des biens. La force, la sagesse, la prudence, la justice, la dignité morale constituent seules des biens véritables, parce que seules elles supposent le développement de la raison, l'effort continu qui fait régner l'ordre dans la partie inférieure de notre être. La santé, la richesse, les avantages corporels, les honneurs, les dignités sont des choses en elles-mêmes *indifférentes*, que le sage peut prendre ou rejeter selon qu'elles lui sont ou non avantageuses. L'homme qui possède la force suffisante pour maintenir l'ordre en lui, la raison nécessaire pour imprimer à toute sa conduite une direction convenable est un homme vertueux : dès qu'il a la science de l'honnête et la force de mettre cette science en pratique, il a toutes les vertus, de même que celui qui n'a ni l'une ni l'autre est essentiellement vicieux et méchant.

La morale des stoïciens se complète par le portrait du sage, que ces philosophes se représentent surtout comme l'idéal suprême auquel nous devons tâcher de ressembler. Le sage, disent-ils, c'est-à-dire l'homme qui posséderait la raison et la force nécessaires pour gouverner sa personne comme Dieu gouverne l'univers, serait seul *libre* puisque tous les autres hommes se laissent plus ou moins dominer par leurs passions, *impassible*, puisque ni le plaisir, ni la douleur, ni l'espérance, ni la crainte n'auraient d'action sur lui. Seul, il serait *vertueux* et *heureux* puisque ne demandant son bonheur qu'à lui-même il serait au-dessus de tous les évènements extérieurs ; seul il serait *riche* puisque seul il serait capable de se servir des richesses sans se laisser asservir par elles ; seul il serait *roi*, il aurait droit à tous les emplois, puisque seul il posséderait la science du gouvernement. Le stoïcisme exigeait beaucoup de l'homme ; il lui demandait de considérer comme des choses indifférentes celles auxquelles tiennent le plus la plupart d'entre nous, la santé, le plaisir, la richesse, la réputation, les honneurs ; de n'estimer que l'honnête, de ne rechercher que la vertu. Mais, en raison même de son austérité et de sa grandeur, la morale stoïcienne, commandant à l'homme de n'écouter ni son plaisir, ni son intérêt, ni ses sentiments, a été acceptée, pratiquée quelquefois d'une manière admirable, presque toujours favorablement appréciée par les hommes les plus énergiques, les plus grands et les mieux doués de l'antiquité et des temps modernes.

Remarquons en outre, qu'en considérant chaque homme comme renfermant en lui une portion de la divinité, elle a été amenée à condamner l'esclavage, à proclamer l'égalité naturelle de tous les hommes, à affirmer qu'ils sont tous frères ; qu'elle a réussi à modifier heureusement le droit romain, à préparer indirectement l'avènement des doctrines modernes qui proclament la liberté, l'égalité et la fraternité de tous les hommes, à exercer une grande influence sur la marche générale de l'humanité.

Les stoïciens ont professé une morale sévère et élevée qui a gouverné la conduite d'un grand nombre d'hommes célèbres par leur vertu dans l'antiquité et dans les temps modernes, qui a grandement contribué aux progrès de la civilisation.

La morale de Kant*. — Kant* a donné, dans les temps modernes, une morale fondée sur le devoir, qui a beaucoup de ressemblance avec celle des stoïciens. Il admettait des principes spéculatifs *a priori*, des principes directeurs de la connaissance qui rendent selon lui la science possible (ch. iv). Il croyait de même à l'existence de principes pratiques *a priori*, servant de fondement à la morale. Il distinguait des *conseils* de l'intérêt qui nous dit d'être tempérants si nous voulons la santé, les *commandements* de la raison qui sans conditions nous ordonne d'être tempérants ; il appelait les premiers des commandements *hypothétiques* et conditionnels, les seconds des commandements *catégoriques* et absolus. Si la raison oblige la volonté, lui impose le *devoir*, celle-ci, à son tour suppose la liberté, puisqu'il ne peut y avoir d'obligation que pour un être libre. L'accord de la liberté et de la raison constitue la *bonne volonté*, dans laquelle Kant* fait consister le bien. La liberté est le législateur de la personne, puisqu'elle prononce avec la raison dont elle est inséparable; elle est en même temps le sujet auquel s'applique la loi, puisqu'elle doit obéir aux ordres de la raison : chacun de nous trouve en lui-même la loi qu'il se donne, il y a *autonomie** de la personne. La volonté libre a un caractère absolu, la personne, une valeur absolue. De ces prémisses, Kant* tire plusieurs formules qui doivent selon lui suffire à nous diriger dans toutes les circonstances de la vie : 1° *Agis de telle façon, que tu traites l'humanité, aussi bien dans ta propre personne que dans la personne d'autrui, toujours comme une fin, jamais comme un simple moyen;* 2° *Agis toujours comme si tu étais législateur en même temps que sujet dans le royaume des volontés libres et raisonnables;* 3° *Agis de telle sorte que la maxime de ton vouloir puisse toujours également valoir comme principe d'une législation universelle.*

Le sentiment ne joue qu'un rôle tout à fait secondaire dans la morale de Kant*. Faire son devoir par attrait, ce n'est pas être vraiment moral, car la vraie moralité suppose le devoir accompli uniquement par respect pour la loi.

La morale de Kant* comporte un certain nombre de *postulats* : la croyance au devoir ou à l'obligation morale suppose selon lui la croyance à la liberté, puis la croyance à l'immortalité, enfin la croyance à l'existence d'une cause intelligente et juste, qui permet à l'âme de réaliser dans une autre vie la sainteté qu'elle n'a pu atteindre dans celle-ci, et qui lie étroitement le bonheur et la vertu (ch. XXIX).

La morale de Kant* considère le devoir comme un impératif catégorique et fait consister le bien dans la bonne volonté ou l'accord de la raison et de la liberté, elle se résume en trois formules célèbres et suppose un certain nombre de postulats ou de principes métaphysiques.

Rôle du plaisir, de l'intérêt et du sentiment en morale. — La morale utilitaire sous sa forme la plus élevée et la plus pure, les différentes morales qui reposent sur le sentiment, nous commandent, si l'on se place au point de vue pratique, à peu près tous les mêmes actes que la morale du devoir; on peut donc prendre pour point de départ la morale du devoir ou du bien, moins exposée aux objections théoriques que les morales utilitaires ou fondées sur le sentiment, et poser en principe qu'il faut accomplir par devoir et non par plaisir, par intérêt, par sympathie ou par bienveillance tous les actes que nous impose la morale pratique. Mais on ne doit pas oublier que le plaisir, l'intérêt et le sentiment sont des motifs ou des mobiles d'une très grande puissance. Si donc on réussit à établir que le plaisir le plus sûr et le meilleur est celui qui suit l'accomplissement d'une bonne action, que pour chercher utilement son intérêt, il faut tenir compte de l'intérêt d'autrui et de la qualité des plaisirs, que celui-là se trompe qui pense travailler pour ses intérêts en violant un devoir, enfin que l'accomplissement des devoirs les plus difficiles, que le dévouement et le sacrifice satisfont les plus élevés et les plus nobles de nos sentiments, on aura de nouvelles raisons d'accomplir son devoir, de pratiquer la vertu dans les cas mêmes où il nous semble le plus pénible d'obéir à la loi morale (ch. XXVIII et XXIX).

On doit accomplir par devoir tous les actes que commande la morale pratique, on peut chercher dans le plaisir, l'intérêt ou le sentiment, des mobiles ou des motifs qui nous aident à remplir notre devoir.

RÉSUMÉ

Que savez-vous du sentiment? — Pour éviter la prédominance des tendances égoïstes dans la vie humaine, on lui donne pour guide la bienveillance, la sympathie, la conscience morale ; on fait reposer la morale sur le sentiment.

Quels sont les principaux représentants de la morale du sentiment? — La morale du sentiment a été professée par l'école écossaise, par Hutcheson *, Hume * et A. Smith * ; en France par J.-J. Rousseau * ; en Allemagne par Jacobi *.

Que savez-vous de la morale du devoir ou du bien? — Les défenseurs de la morale du devoir soutiennent que le sentiment ne présente pas plus que le plaisir ou l'intérêt, les caractères de la loi morale, que le bien seul est obligatoire, universel et fixe, clair et praticable. La morale stoïcienne et la morale de Kant * sont les plus importantes des morales fondées sur le devoir ou le bien.

Parlez de la morale stoïcienne. — Les stoïciens ont professé une morale sévère et élevée qui a gouverné la conduite d'un grand nombre d'hommes célèbres par leur vertu, dans l'antiquité et dans les temps modernes, qui a grandement contribué aux progrès de la civilisation.

*Parlez de la morale de Kant *.* — La morale de Kant * considère le devoir comme un impératif catégorique, et fait consister le bien dans la bonne volonté ou l'accord de la raison et de la liberté; elle se résume en trois formules célèbres et suppose un certain nombre de postulats ou de principes métaphysiques.

Quel est le rôle du plaisir, de l'intérêt et du sentiment en morale? — On doit accomplir par devoir tous les actes que commande la morale pratique, on peut chercher dans le plaisir, l'intérêt ou le sentiment des mobiles ou des motifs qui nous aident à remplir notre devoir.

DEVOIRS A TRAITER.

I. La morale du sentiment.
II. Le devoir ou le bien.
III. La morale stoïcienne.
IV. La morale de Kant *.
V. Rôle du plaisir, de l'intérêt, du sentiment et du devoir en morale.

QUESTIONS A ÉTUDIER.

I. La morale de la sympathie.
II. La morale de J.-J. Rousseau *.
III. Y a-t-il un sens moral?
IV. La morale écossaise.
V. La morale d'après les stoïciens grecs.
VI. La morale stoïcienne d'après Cicéron *.
VII. La morale de Sénèque *.
VIII. La morale d'Épictète *.
IX. La morale d'après Marc-Aurèle *.
X. Commenter et expliquer au point de vue moral le proverbe suivant : « Fais ce que dois, advienne que pourra ».
XI. Examiner successivement chacune des formules de Kant * et juger si elle s'applique à toutes les circonstances de la vie.

QUESTIONS POSÉES.

I. Le sentiment peut-il être la base de la morale? (Brev. sup., Éc. normales, Ens. sec. des jeunes filles, bac. ès lettres et Ens. spécial.)
II. Que vous indique le bien? (Brev. sup., Éc. maternelles, Éc. normales, Ens. sec. des jeunes filles.)
III. Que savez-vous de la morale de Kant *? (Bac. ens. spécial et ès lettres, Ens. sec. des jeunes filles, Éc. normales.)
IV. Morale de l'intérêt et morale du devoir. (Sèvres, Éc. normales, Ens. sec. des jeunes filles, Bac. ès lettres et Ens. spécial.)
V. La morale stoïcienne. (Éc. normales, Ens. sec. des jeunes filles, Bac. ès lettres et Ens. spécial.

VI. La morale de la sympathie. (Éc. normales, Ens. sec. des jeunes filles, Bac. ès lettres et Ens. spécial.)
VII. Quelle part faut-il faire au plaisir, à l'intérêt et au sentiment dans une morale fondée sur le devoir? (Éc. normales, Ens. sec. des jeunes filles, Bac. ès lettres et Ens. spécial.)

Conseils pédagogiques. — Passer en revue toute la morale pratique pour montrer comment les diverses morales du sentiment nous engagent à accomplir chacun de nos devoirs. — Faire comprendre la grandeur de la morale stoïcienne en racontant la vie des principaux stoïciens, surtout des stoïciens romains, en lisant et en expliquant quelques passages empruntés aux livres où elle est exposée sous la forme la plus pratique et la plus saisissante (Cicéron *, Épictète *, Marc-Aurèle *, etc.). — Reprendre toute la morale pratique pour indiquer dans quelle mesure les formules établies par Kant * résument l'ensemble de nos devoirs, pour faire voir comment et dans quelle mesure le plaisir, l'intérêt, le sentiment et le devoir peuvent concourir à nous faire exécuter les diverses prescriptions de la loi morale. — Ne pas oublier que les enfants sont beaucoup plus disposés à faire ce qu'on leur demande au nom de l'intérêt, du sentiment et surtout du plaisir qu'à accomplir ce qu'on leur impose comme un devoir : se servir du plaisir, de l'intérêt, du sentiment pour développer en eux l'amour du bien, pour leur donner l'habitude des bonnes actions, pour leur rendre aisée la pratique des devoirs les plus difficiles.

BIBLIOGRAPHIE.

Marion, *Leçons de morale*, leç. 8, 9, 10, 11, 12.
Marion, la *Solidarité morale*.
Paul Janet, la *Morale*.
Id. la *Philosophie du bonheur*.
Id. *Histoire de la science politique*.
Stuart Mill, l'*Utilitarianisme*.
Id. *Mes Mémoires*.
H. Spencer, les *Bases de la morale évolutioniste*.
H. Spencer, *Introduction à la science sociale*.
H. Spencer, *Principes de sociologie*.
Fouillée, *Critique des systèmes de morale contemporaine*.
Guyau, la *Morale d'Épicure*.
Id. la *Morale anglaise contemporaine*.
Guyau, *Esquisse d'une morale sans obligation ni sanction*.
Mme de Staël, de l'*Allemagne*.
Rousseau, *Émile*.
Jules Simon, le *Devoir*.

Jules Simon, la *Liberté politique*.
Id. la *Liberté civile*.
Id. la *Liberté de conscience*.
Ferraz, le *Devoir*.
Montesquieu, l'*Esprit des lois*.
Id. *Grandeur et décadence des Romains*.
Maxime du Camp, la *Vertu en France*.
Beaussire, les *Principes de la morale*.
Id. les *Principes du droit*.
A. Franck, les *Principes du droit civil*.
Xénophon, *Mémoires sur Socrate*.
Cicéron, *Traité des Devoirs*.
Épictète, *Manuel* et *Entretiens*.
Marc-Aurèle, *Pensées*.
Sénèque, *Lettres à Lucilius*.
Id. *De la vie heureuse*.
Aristote, la *Morale à Nicomaque*.
Jouffroy, *Cours de droit naturel*.
Caro, *Problèmes de la morale sociale*.
Carrau, la *Morale utilitaire*.
Id. *Études sur la théorie de l'évolution*.

Carrau, la *Conscience psychologique et morale*.
Renouvier, la *Science de la morale*.
F. Bouillier, la *Vraie conscience*.
Kant, *Fondements de la métaphysique des mœurs*.
Kant, *Critique de la raison pratique* (trᵒⁿ Picavet).
Ogereau, *Essai sur le système philosophique des stoïciens*.

Thamin. *Étude sur la casuistique stoïcienne*.
C. Martha, les *Moralistes sous l'empire romain*.
C. Martha, le *Poème de Lucrèce*.
Ravaisson, *Mémoire sur le stoïcisme*.
Duruy, *Histoire romaine*.
Duruy, *Histoire grecque*.
Sully Prudhomme, le *Bonheur*.

CHAPITRE XXVIII

LE DEVOIR, LE DROIT, LA VERTU.

SOMMAIRE.

Les devoirs et le devoir. — Les droits et le droit. — Les devoirs et les droits, le devoir et le droit. — Les vertus et la vertu.

Les devoirs et le devoir. — L'individu doit conserver sa vie, sa liberté, sa propriété, son intelligence, sa sensibilité, son honneur et sa réputation (ch. XVI, XVII) : ces devoirs sont *stricts*, parce qu'ils constituent un *minimum* d'obligations que personne ne doit, sous aucun prétexte, se dispenser d'accomplir : *négatifs*, parce qu'ils sont ordinairement formulés par des défenses ou des prohibitions. L'individu doit développer ses facultés physiques, intellectuelles et morales, accroître sa propriété et sa réputation : il a envers lui-même des devoirs *larges* qui, en principe, sont obligatoires à l'égal des devoirs stricts, mais qui, en réalité, forment un *maximum* d'obligations qu'aucun homme ne peut complètement remplir, et dans lesquelles chacun doit faire un choix d'après ses aptitudes, ses ressources ou les circonstances dans lesquelles il est placé ; ces devoirs sont encore appelés *positifs*, parce qu'ils prennent ordinairement la forme de commandements. Tous les devoirs individuels peuvent se résumer en un seul : *conserver et développer sa personnalité*.

L'individu a des devoirs sociaux : le père de famille ne doit pas refuser à ses enfants et à sa femme la nourriture qui leur est nécessaire ; l'enfant mineur ne doit pas se marier sans le consentement de ses parents ; le citoyen ne doit ni violer les lois de son pays, ni refuser de le servir comme soldat ou de payer les impôts ; aucun homme ne doit porter atteinte à la vie, à la liberté, à la propriété, à l'intelligence, à la sensibilité ou à l'honneur d'un autre homme, ne doit le contraindre à pratiquer une religion qu'il n'accepte pas ou l'empêcher de pratiquer celle qu'il a choisie (ch. XVIII à XX). Ces devoirs sont *stricts* et *négatifs,* parce que les lois écrites de presque tous les peuples en prescrivent l'accomplissement et condamnent à l'amende, à la prison, aux travaux forcés, à la mort même ceux qui les violent. Mais il a aussi à ce point de vue des devoirs *larges* et *positifs* : le père de famille doit donner à ses enfants une instruction en rapport avec ses ressources, développer dans la mesure de ses moyens leurs aptitudes physiques, intellectuelles et morales ; l'enfant, donner à ses vieux parents des soins proportionnés à leurs besoins et à ses ressources ; le citoyen doit, autant qu'il le peut, travailler à la grandeur de son pays, à la prospérité de ses concitoyens ; tout homme est obligé de venir en aide, selon ses forces et les circonstances, à ses semblables pour la culture de leur intelligence, de leur volonté et de leur sensibilité, pour le développement de leurs aptitudes physiques, l'accroissement de leur propriété et de leur honneur. Tous les devoirs sociaux se résument en un seul : *respecter et développer la personnalité d'autrui.*

Les devoirs individuels et sociaux, stricts ou larges, négatifs ou positifs, nous indiquent ce que nous devons faire dans les diverses circonstances de la vie ; le devoir est la formule générale qui les résume tous, l'expression abrégée de la loi morale ; il nous commande de conserver et de développer notre personnalité, de respecter et de développer la personnalité d'autrui.

Les droits et le droit. — L'individu a des droits comme il a des devoirs ; les lois de notre pays garantissent à chaque Français majeur l'exercice de droits généraux, de droits civils, de droits politiques (ch. XVIII à XX).

On entend, dans le langage ordinaire, par droit civil, droit public, droit administratif, droit commercial, droit pénal, droit international, l'ensemble des prescriptions légales qui dans un pays règlent les actes publics et privés, les rapports entre les gouvernements et les sujets, entre les fonctionnaires et leurs administrés, entre les commerçants, entre les magistrats et les accusés, enfin les conventions conclues entre les divers États pour déterminer leurs rapports réciproques. La morale reconnaît aux individus et aux nations les droits que leur garantissent les lois et les conventions écrites, mais elle leur en reconnaît d'autres encore : elle admet que chacun a le droit non seulement de défendre sa vie, sa propriété, sa liberté, sa réputation, en un mot sa personnalité contre toutes les attaques, mais encore qu'il a le droit de choisir sa profession, de travailler à développer ses aptitudes physiques, intellectuelles et morales, d'accroître sa propriété, d'augmenter sa réputation. Elle lui indique ce qu'il peut faire dans les diverses circonstances où il se trouve placé, et elle résume tous ces droits particuliers dans une formule générale : elle reconnaît à l'homme *le droit de conserver et de développer sa personnalité*. Elle formule les principes du *droit naturel*, sur lequel se fondent le droit civil, le droit public, le droit administratif, le droit commercial et le droit pénal (ch. XXXI à XXXIV).

De même, la morale établit que les nations ont le droit de travailler librement à leur prospérité intérieure, le droit de vivre, d'être libres, de s'administrer comme elles l'entendent, d'avoir une certaine réputation et de jouer un rôle en rapport avec leur importance commerciale et industrielle, scientifique et artistique ; elle leur reconnaît comme aux individus le droit de conserver et de développer leur personnalité; elle établit ainsi un *droit des gens* (du latin *gentes* = *nations*) auquel sont empruntées les prescriptions du droit international.

Le droit civil, le droit public, le droit administratif, le droit commercial, le droit pénal, le droit international comprennent l'ensemble des prescriptions légales et des conventions qui garantissent aux individus et aux nations l'exercice d'un certain nombre de leurs droits; ils supposent le droit naturel et le droit des gens, que la morale résume en disant que chaque individu, chaque peuple a le droit de conserver et de développer sa personnalité.

Les devoirs et les droits, le devoir et le droit. — Robinson dans son île avait, comme auparavant en Angleterre, des devoirs à remplir envers lui-même, mais il n'avait plus de devoirs envers une famille, une patrie, une société dont il était séparé. Il avait le droit de faire servir à son usage les animaux et les choses naturelles qui se trouvaient dans l'île; ce droit n'était plus limité comme autrefois par les droits de ses semblables, mais il l'était encore par le devoir qui continuait à lui être imposé de respecter sa dignité d'homme (ch. xvi et xx). Le père de famille a le devoir de nourrir et d'élever ses enfants; il a le droit de les contraindre à l'obéissance, de les obliger à lui fournir la nourriture et le logement quand il est vieux et pauvre; il ne saurait, sous aucun prétexte, renoncer à remplir ses devoirs envers eux; il peut ne pas user du droit que lui reconnaissent la morale et les lois et s'imposer des privations plutôt que de recourir à eux dans le besoin. De même l'enfant ne peut jamais manquer au respect qu'il doit à ses parents; il peut ne pas exercer le droit, que lui reconnaissent la morale et les lois, de se marier après sa majorité sans leur consentement. Le citoyen a des devoirs envers l'État : il doit respecter les lois, payer l'impôt, s'acquitter du service militaire. Il a aussi des droits : il est électeur et éligible; il est libre de renoncer à se faire élire, il ne peut s'abstenir de voter, parce que c'est pour lui un devoir comme un droit.

Comme membre de la société humaine, l'individu a des devoirs de justice envers ses semblables, qui ont des droits correspondants dont les lois écrites punissent la violation : c'est un devoir pour moi de respecter la vie d'autrui, c'est un droit pour mon semblable d'exiger que je respecte sa vie;

de même, c'est un devoir pour chacun de mes semblables de ne pas me tuer comme c'est un droit pour moi d'exiger qu'ils respectent ma vie. Mais l'individu a des devoirs de charité envers ses semblables qui n'ont aucun droit correspondant : c'est mon devoir de donner du travail à l'ouvrier qui en manque ; il n'a pas le droit de m'y obliger.

Si l'on prend la formule générale du droit, qui suppose pour chacun le pouvoir de développer et de conserver sa personnalité, et qu'on la compare à la formule générale du devoir, qui implique l'obligation de conserver et de développer notre personnalité, de respecter et de développer la personnalité d'autrui, on verra dans le devoir et le droit deux notions corrélatives. On pourra se demander si le droit se fonde sur le devoir ou inversement si le devoir se fonde sur le droit ; on pourra encore chercher le fondement commun du devoir et du droit dans la personnalité humaine (ch. VII).

Il y a des droits qui correspondent à presque tous les devoirs ; il n'est jamais permis de renoncer à accomplir un devoir, on peut ne pas user de tous ses droits. Le devoir ou l'obligation morale de conserver et de développer notre personnalité, de respecter et de développer la personnalité d'autrui et le droit ou le pouvoir moral de conserver et de développer notre personnalité sont deux notions corrélatives qui ont pour fondement commun la personnalité humaine.

Les vertus et la vertu. — Celui qui accomplit ses devoirs envers lui-même est sobre, tempérant, propre et économe, sincère et discret, énergique et courageux ; celui qui accomplit ses devoirs sociaux est juste et équitable, bienveillant et charitable. La tempérance, la propreté, l'économie, la sincérité et la véracité, le courage et la tolérance, la justice et l'équité, la bienveillance et la charité sont *des vertus*. Il y a des vertus *privées*, des vertus *civiques* et *militaires*, des vertus *sociales* ; la réunion de toutes ces vertus particulières, qui suppose l'accomplissement des devoirs individuels et de famille, des devoirs envers la patrie et envers la société, constitue *la vertu* ou la perfection morale. Aucun homme ne réalise cet idéal de perfection, mais il y a des individus qui unissent un certain nombre de vertus particulières à peu de défauts : on leur donne d'ordinaire le nom d'hommes vertueux.'

Il faut pour être tempérant savoir que la tempérance est un devoir et en quoi elle consiste : la vertu suppose d'abord la *science* du bien. Mais il ne suffit pas de connaître le bien pour le pratiquer; il nous arrive souvent, au contraire, de faire ce que nous connaissons être mal et de ne pas faire le bien auquel nous nous savons obligé par la loi morale : il y a des ivrognes qui n'ignorent aucune des conséquences, funestes pour eux-mêmes et pour leurs familles, qu'entraîne l'ivrognerie; mais dès qu'ils ont pris un verre de vin, la passion les entraîne et ils retombent dans le vice; le mobile l'emporte sur le motif (ch. VII); la volonté n'est pas assez forte pour vouloir le bien que connaît l'intelligence. *Vouloir* le bien est une condition essentielle pour être vertueux.

Pour combattre l'influence que prennent sur nos résolutions les divers mobiles qui tendent à nous écarter de la vertu, il faut faire appel à des mobiles contraires, il faut développer en nous l'amour du bien sous toutes ses formes, c'est-à-dire les inclinations généreuses et désintéressées. L'homme qui aime sa femme et ses enfants aura moins de peine à refuser de dépenser au cabaret une partie de sa paye ; celui qui a développé en lui les tendances bienveillantes et sympathiques résiste facilement à la tendance de thésauriser et court peu le risque de devenir avare; celui qui s'est habitué à considérer sa patrie comme une mère et ses concitoyens comme des frères, sacrifiera, s'il le faut, sa propriété et sa vie pour faire son devoir de citoyen. L'*amour du bien* facilite l'accomplissement du devoir et rend aisée la pratique de la vertu.

Enfin l'homme qui obéit un jour à une prescription morale et qui la viole le lendemain, n'est pas un homme vertueux : il faut, pour qu'il y ait vertu, que l'individu ait pris l'*habitude* d'accomplir la loi morale, que l'obéissance à la loi soit devenue pour lui une seconde nature.

L'accomplissement d'un devoir donne naissance à une vertu particulière; il y a des vertus privées, des vertus civiques et militaires, des vertus sociales; la réunion de toutes les vertus particulières constitue la vertu ou la perfection morale.

La vertu suppose la science et l'amour du bien, la volonté et l'habitude de l'accomplir.

RÉSUMÉ

Parlez des devoirs et du devoir. — Les devoirs individuels et sociaux, stricts ou larges, négatifs ou positifs, nous indiquent ce que nous devons faire dans les diverses circonstances de la vie; le devoir est la formule générale qui les résume tous, l'expression abrégée de la loi morale; il nous commande de conserver et de développer notre personnalité, de respecter et de développer la personnalité d'autrui.

Que savez-vous des droits et du droit? — Le droit civil, le droit public, le droit administratif, le droit commercial, le droit pénal, le droit international comprennent l'ensemble des prescriptions légales et des conventions qui garantissent aux individus et aux nations l'exercice d'un certain nombre de leurs droits; ils supposent le droit naturel et le droit des gens, que la morale résume en disant que chaque individu, chaque peuple a le droit de conserver et de développer sa personnalité.

Parlez des devoirs et des droits, du devoir et du droit. — Il y a des droits qui correspondent à presque tous les devoirs; il n'est jamais permis de renoncer à accomplir un devoir, on peut ne pas user de tous ses droits. Le devoir ou l'obligation morale de conserver et de développer notre personnalité, de respecter et de développer la personnalité d'autrui et le droit ou le pouvoir moral de conserver et de développer notre personnalité sont deux notions corrélatives qui ont pour fondement commun la personnalité humaine.

Que savez-vous des vertus et de la vertu? — L'accomplissement d'un devoir donne naissance à une vertu particulière;

il y a des vertus privées; des vertus civiques et militaires, des vertus sociales; la réunion de toutes les vertus particulières constitue la vertu ou la perfection morale.

La vertu suppose la science et l'amour du bien, la volonté et l'habitude de l'accomplir.

DEVOIRS A TRAITER.

I. Les devoirs et le devoir.
II. Les droits et le droit.
III. Les devoirs et les droits, le devoir et le droit.
IV. Les vertus et la vertu.

QUESTIONS A ÉTUDIER.

I. Distinguer, en résumant toute la morale pratique, les devoirs et les droits.
II. Montrer comment tous *les* devoirs que nous impose la morale pratique peuvent se résumer en une formule unique qui constitue *le* devoir.
III. Montrer comment le droit civil, public, administratif, commercial, pénal et international se rattache au droit naturel et au droit des gens.
IV. Les principes du droit civil.
V. Le droit naturel.
VI. Le droit des gens.
VII. La vertu est-elle, comme l'ont cru Socrate*, Platon* et les Stoïciens*, la science du bien ?
VIII. Expliquer la pensée suivante : Un seul acte vertueux ne constitue pas plus la vertu que la vue d'une seule hirondelle ne fait croire à l'arrivée du printemps.
IX. La vertu.
X. Le devoir, le droit et la vertu.
XI. Distinguer le droit de la force et du besoin.

QUESTIONS POSÉES.

I. Qu'est-ce que le droit ? (Brev. sup., Éc. normales, Ens. sec. des jeunes filles, Bac. ès lettres et Ens. spécial.)
II. Qu'est-ce que la vertu ? Qu'est-ce que le vice ? Suffit-il d'aimer le bien pour être vertueux ? Quelle définition donnerez-vous de la vertu ? (Brev. sup., Éc. normales, Ens. sec. des jeunes filles, Bac. ès lettres et Ens. spécial.)
III. Le devoir a-t-il un corrélatif ? Qu'est-ce que le devoir ? Qu'est-ce que le droit ? (Brev. sup , Éc. normales, Ens. sec. des jeunes filles.)
IV. Chaque devoir implique-t-il un droit corrélatif ? (Éc. normales, Ens. sec. des jeunes filles, Bac. ès lettres et Ens. spécial.)
. VI. Apprécier la formule célèbre : La force prime le droit. (Éc. normales, Ens. sec. des jeunes filles, Bac. ès lettres, Ens. spécial, Brev. sup.)

Conseils pédagogiques. — Rappeler brièvement les devoirs individuels et les devoirs sociaux pour montrer quel en est le caractère commun et en quoi consiste le devoir ; faire de même pour les droits. — Examiner tous les devoirs et tous les droits pour déterminer quels sont des uns et des autres, ceux qui se correspondent. — Bien montrer que l'on ne peut jamais se dispenser d'accomplir ses devoirs, tandis qu'il est permis et quelquefois même ordonné moralement (ch. xxi) de ne pas user de ses droits.

— Distinguer les droits que nous reconnaît la morale et les droits dont les lois écrites nous assurent l'exercice. — Montrer par des exemples précis comment les diverses prescriptions du droit civil, public, administratif etc., et international découlent du droit naturel ou du droit des gens : commenter à ce point de vue un certain nombre d'articles du Code civil, du Code pénal, la Convention de Genève, etc. — Rappeler ce qui distingue l'homme de l'animal, ce qui constitue la personnalité (ch. IX), pour expliquer pourquoi il a des devoirs et des droits. — Indiquer en résumant rapidement la morale pratique, les vertus particulières qui correspondent à chacun des devoirs qu'elle commande, et montrer en quoi consistent la tempérance, la sobriété, la modestie, la bienveillance, la justice, la charité etc., etc. — Insister sur chacun des éléments que suppose la pratique d'une vertu, et essayer de faire successivement acquérir aux enfants la science et l'amour du bien, la volonté et l'habitude de bien faire. — Montrer que *la* vertu ou la perfection morale suppose l'accomplissement de tous les devoirs, la réunion de toutes les vertus particulières, que c'est un idéal dont on peut se rapprocher de plus en plus et qu'il y a certains moyens dont il est bon d'user pour essayer de l'atteindre (calendrier de Franklin*).

BIBLIOGRAPHIE.

Marion, *Leçons de morale* leç. 14.
id. la *Solidarité morale.*
Paul Janet, la *Morale.*
Id. la *Philosophie du bonheur.*
Id. *Histoire de la science politique.*
Stuart Mill, l'*Utilitarianisme.*
id. *Mes mémoires.*
H. Spencer, les *Bases de la morale évolutioniste*
H. Spencer, *Introduction à la science sociale.*
H. Spencer, *Principes de sociologie.*
Fouillée, *Critique des systèmes de morale contemporaine.*
Guyau, la *Morale d'Epicure.*
Id. *Morale anglaise contemporaine.*
Guyau, *Esquisse d'une morale sans obligation ni sanction.*
Jules Simon, le *Devoir.*
Renouvier, la *Science de la morale.*

Beaussire, les *Principes de la morale.*
id. les *Principes du droit.*
A. Franck, les *Principes du droit civil.*
Id. *Philosophie du droit pénal.*
Xénophon, *Mémoires sur Socrate.*
Cicéron, *Traité des Devoirs.*
Epictète, *Manuel* et *Entretiens.*
Marc-Aurèle, *Pensées.*
Jouffroy, *Cours de droit naturel*
Caro, les *Problèmes de la morale sociale.*
Carrau, la *Morale utilitaire.*
Id. *Etudes sur la théorie de l'évolution.*
Carrau, la *Conscience psychologique et morale.*
F. Bouillier, la *Vraie conscience.*
Ferraz, le *Devoir.*
Kant, *Critique de la raison pratique.* (tron Picavet).
Kant, *Doctrine du droit.*
Id. *Doctrine de la vertu.*
Bentham, *ouvr. cités* (ch. XXVI).

CHAPITRE XXIX

LES SANCTIONS DE LA LOI MORALE.

SOMMAIRE.

Les sanctions dans les lois écrites, physiques et naturelles. — Les sanctions de la loi morale : les sanctions sociales ; la sanction physique et matérielle ; la sanction intérieure, le remords et la satisfaction de conscience ; la sanction surnaturelle et l'immortalité de l'âme.

La sanction dans les lois écrites, physiques et naturelles. — L'assassin que le jury reconnaît coupable sans circonstances atténuantes, est condamné à mort et guillotiné, si le Président de la République ne lui fait grâce ; le voleur est puni des travaux forcés à perpétuité ou à temps, de l'emprisonnement, de l'amende ; le diffamateur est condamné à l'amende, à l'emprisonnement, à des dommages-intérêts ; le failli perd ses droits politiques, l'interdit, ses droits civils (ch. XVI à XXI). Le militaire qui a été blessé en défendant son pays, le fonctionnaire qui l'a loyalement servi, le savant ou l'industriel qui lui font honneur et l'enrichissent, obtiennent des récompenses honorifiques, décorations, médailles, des pensions ou des fonctions plus importantes. Il y a quelquefois des récompenses pour ceux qui obéissent, toujours des peines pour ceux qui désobéissent aux lois écrites, il y a des *sanctions* aux lois établies par les différents législateurs.

Les lois physiques et naturelles sont l'expression du rapport universel et nécessaire qui unit deux phénomènes (ch. IV, XI et XII). L'aéronaute s'élève dans l'air et se soustrait à l'action de la pesanteur, parce qu'il fait appel à la loi d'après laquelle un corps plongé dans un gaz perd un poids égal à celui du volume qu'il déplace ; les montagnards du Tyrol prennent impunément une quantité d'arsenic plus que suffisante d'ordinaire pour tuer un homme, parce qu'ils ont observé que l'organisme peut graduellement s'habituer à absorber des substances vénéneuses; la marmotte est plusieurs mois sans prendre de nourriture, parce qu'elle reste engourdie et puise dans sa propre chair ce qui est nécessaire au maintien de la vie. On peut combattre une loi naturelle par une autre loi naturelle, et le rôle de la science est justement de nous indiquer les moyens par lesquels nous pouvons, selon Bacon *, tout en obéissant à la nature, la vaincre et la dompter. Mais d'une façon absolue, il nous est impossible de suspendre l'effet d'une loi physique ou naturelle : celui qui se lance par la fenêtre d'un cinquième étage tombe sur le sol, celui qui absorbe une quantité déterminée de poison ou qui ne prend pas de nourriture ne tarde pas à mourir; l'animal qui va être asphyxié, revient à la vie si on le place dans un air pur. Les lois de la nature portent avec elles leur *sanction immédiate*.

Les législateurs établissent quelquefois des récompenses pour ceux qui exécutent, et toujours des peines contre ceux qui violent les lois par lesquelles ils règlent les rapports des individus ; ce sont les sanctions des lois humaines. Les lois physiques et naturelles, qui sont universelles et nécessaires, ont en elles-mêmes leur sanction immédiate.

Les sanctions de la loi morale. — La loi morale est universelle, comme les lois physiques et naturelles, mais elle n'est pas nécessaire comme elles : on peut mentir sans être immédiatement puni d'avoir violé la loi morale, comme l'est immédiatement celui qui absorbe du poison ou se jette par une fenêtre. De même, on peut être un parfait honnête homme et paraître beaucoup plus malheureux que ceux qui n'ont aucune honnêteté.

Mais l'individu qui vit dans la débauche et l'ivrognerie s'aperçoit qu'on ne viole pas impunément la loi morale, quand il est saisi par une maladie qui le conduit à la mort en lui infligeant d'horribles souffrances; il en est de même du calomniateur, que les tribunaux condamnent à l'amende et à la prison, du menteur, qui n'est plus cru par ses semblables, du meurtrier qui vient se dénoncer lui-même pour échapper aux reproches de sa conscience. Par contre l'homme qui a vécu avec sobriété trouve dans une vieillesse vigoureuse la récompense de son obéissance à la loi morale ; celui qui a évité de mentir, en s'exposant à mécontenter un homme qui eût fait sa fortune, ou à se donner, par sa franchise, des ennemis redoutables, en est dédommagé par l'estime et le respect qu'il inspire à ses semblables, par les avantages que lui vaut pour son commerce sa probité bien connue ; celui qui a exposé sa vie, qui a sacrifié sa santé et sa fortune pour venir en aide à ses semblables, trouve dans la joie qu'il éprouve d'avoir fait son devoir un ample dédommagement des sacrifices qu'il s'est imposés.

La loi morale a des récompenses pour ceux qui l'observent, des châtiments pour ceux qui la violent. Les sanctions morales sont : 1° les sanctions sociales, 2° la sanction physique et matérielle, 3° la sanction intérieure, auxquelles on ajoute quelquefois une sanction surnaturelle.

Les sanctions sociales. — Chaque société établit des lois pour assurer à chacun de ses membres l'exercice de ses droits (ch. xx) : elle promet des récompenses honorifiques, des pensions, de l'avancement à ceux qui s'acquittent avec intelligence et honnêteté de leurs fonctions ; elle condamne à la prison, à l'amende, aux travaux forcés et même à la mort celui qui vole, calomnie ou assassine. Elle contraint ainsi chaque individu à s'acquitter de certains devoirs et donne une sanction *légale* à quelques prescriptions de la loi morale.

Sans doute, les lois positives ne nous contraignent à remplir ni nos devoirs individuels (ch. xvi) ni nos devoirs de charité (ch. xxi) ; certains individus peuvent violer la justice et ne pas donner prise à une instruction judiciaire, bien des coupables échappent au châtiment des crimes ou des délits qu'ils ont commis ; les récompenses honorifiques, pécuniaires ou professionnelles ne sont pas toujours accordées à ceux qui les mériteraient le mieux, des erreurs judiciaires sont quelquefois commises et amènent la condamnation d'un innocent. Mais les délits et les crimes dont les auteurs sont découverts et convaincus sont réprimés avec une sévérité qui, à elle seule suffirait à faire réfléchir ceux qui auraient la tentation de les imiter, car non seulement ils perdent leur propriété et leur liberté, leur honneur et quelquefois même la vie, mais ils déshonorent le nom de leur famille, ils laissent à leurs enfants une réputation qui leur rendra l'existence plus difficile.

Il y a une autre sanction sociale : les membres de toute société aiment et estiment ceux de leurs semblables qui s'acquittent de leurs devoirs d'hommes, de citoyens, de chefs de famille; ils respectent, vénèrent et admirent ceux qui exposent leur vie, qui dépensent ce qu'ils possèdent pour venir en aide aux malheureux. Ils n'ont au contraire que du mépris, de l'éloignement, du dédain, ou même de la haine pour l'ivrogne qui détruit sa santé et son intelligence, pour le mari qui délaisse sa femme et ses enfants, pour l'homme qui, en évitant des poursuites judiciaires, s'enrichit par des moyens déshonnêtes, pour le citoyen qui ne remplit envers sa patrie que les devoirs auxquels il est matériellement contraint. A coup sûr, nos semblables ne connaissent pas toujours exactement nos actes et nos intentions, ils n'apprécient pas toujours impartialement notre conduite, et il peut se faire qu'un honnête homme ne jouisse pas de toute l'estime qu'il mérite ou qu'un homme peu estimable soit bien reçu dans la société. C'est qu'il y a dans chacun de nous des qualités qui commandent l'estime, des défauts qui font naître un sentiment contraire et que l'opinion publique s'exprime différemment sur notre compte, selon qu'elle s'attache aux uns ou aux autres; mais presque toujours l'honnête homme finit par conquérir la considération publique, le coquin par être apprécié à sa valeur. Rien n'est plus agréable à l'homme de bien que de voir sa conduite approuvée, rien n'est plus propre à le consoler dans le malheur que de trouver estime et sympathie chez ses semblables; enfin la réputation dont il jouit lui procure partout aide et assistance, assure à sa famille et à ses enfants des avantages matériels : « Bonne renommée, dit avec raison un ancien proverbe, vaut mieux que ceinture dorée. » Par contre le mépris d'autrui est un véritable supplice pour celui qui, l'ayant mérité, ne rencontre partout que froideur et dédain, voit ses enfants mal accueillis à cause de lui, trouve plus de difficultés à réussir dans ses affaires, parce que chacun le considère comme un adversaire qu'il faut combattre, comme un ennemi dont il faut prévenir les attaques.

Les sanctions sociales sont la sanction légale et la sanction sociale proprement dite. La première comprend les peines et les récompenses que les lois édictent pour régler les rapports des citoyens entre eux et avec l'État : elle est suffisante pour faire accomplir à beaucoup d'hommes leurs devoirs les plus essentiels. La seconde, qui consiste dans l'estime ou le dédain, l'admiration, le respect ou le mépris de nos semblables, complète la première et s'applique à tous nos actes considérés dans leur ensemble.

La sanction physique et matérielle. — Le gourmand s'expose à une indigestion, l'ivrogne et le débauché, à des maladies qu'ils transmettent à leurs enfants. L'homme qui suit les règles de l'hygiène, qui fait des exercices militaires ou gymnastiques, conserve et accroît ses forces. On dit bien que celui dont la constitution est forte peut impunément, pendant un certain temps, faire des excès de toute espèce, tandis que celui dont le tempérament est débile souffre tout en se conduisant fort bien. On dit encore que le menteur et le voleur, l'égoïste et l'avare, l'ambitieux et le fourbe n'ont ni douleurs ni maladies quand ils violent la loi morale; que l'homme qui sacrifie ses veilles et son argent, qui expose sa vie, rencontre souvent, au lieu de la santé et du bien-être physique qui lui seraient dus, la souffrance, la maladie et la mort.

Il y a quelque chose de vrai dans ces objections, et la sanction physique serait à elle seule manifestement insuffisante. Mais trop souvent aussi on en restreint la portée et on prend les exceptions pour la règle. On voit bien, par exemple, quelques individus commettre des excès sans en ressentir immédiatement un dommage physique, mais le fait ne se produit que pour un nombre fort restreint de personnes et, en outre, aucun de nous ne sait à l'avance s'il peut impunément manquer à la tempérance. Jamais on n'est tout à fait sûr qu'une faute ne nous laissera pas le germe de la maladie qui nous tuera ou torturera nos enfants. De même, il est évident que celui dont le tempérament est débile serait bien plus sujet à la souffrance et à la maladie, s'il ne s'appliquait à conserver et à ménager ses forces. Il n'est pas vrai non plus, d'une façon absolue, que certaines fautes ou que certains actes vertueux n'aient aucune conséquence physique ou amènent toujours des conséquences contraires à celles que réclamerait la morale, car le physique et le moral étroitement unis, réagissent avec force l'un sur l'autre (ch. IX). L'homme passionné détruit en lui l'harmonie des tendances, introduit dans le moral un désordre qui retentit dans le physique : l'ambition ne *dessèche*-t-elle pas, comme l'a remarqué le vulgaire, celui qu'elle domine, l'envie ne *ronge*-t-elle pas l'homme qui ne peut supporter la vue du bonheur d'autrui? Au contraire, le sentiment du devoir accompli, la paix et la tranquillité intérieures qui en résultent ont les conséquences les plus heureuses au point de vue physique : des personnes frêles et délicates donnent sans que leur santé en souffre, les soins les plus assidus et les plus répugnants à des malades que leurs parents très robustes ne sauraient soigner que par instants.

A la sanction physique s'ajoute, pour la compléter, la sanction matérielle. Il n'est pas un de nos actes, vertueux ou immoraux, qui ne contribue, directement ou indirectement, à améliorer ou à rendre plus mauvaise notre situation : un mensonge nous fait perdre la confiance de nos semblables et rend plus difficiles les relations d'affaires entre eux et nous; la probité du marchand lui amène de nouveaux clients; la générosité du riche le garantit contre les attaques des pauvres; le dévouement provoque la sympathie d'autrui et suscite en faveur de celui qui se sacrifie d'autres dévouements.

En un mot, si les fripons connaissaient la valeur de l'honnêteté, ils seraient honnêtes par friponnerie. (FRANKLIN*.)

La sanction physique consiste dans les souffrances et les maladies, la santé ou le bien-être qui résultent d'une bonne ou d'une mauvaise conduite; quoiqu'elle soit à elle seule manifestement insuffisante, on peut dire que tout acte, moral ou immoral, a, par suite de l'union intime du physique et du moral, son retentissement heureux ou malheureux dans l'organisme.

La sanction matérielle s'ajoute à la sanction physique; un acte vertueux tend à améliorer notre situation, un acte mauvais à la rendre pire.

La sanction intérieure, le remords et la satisfaction de conscience. — Celui qui accomplit son devoir ressent une joie d'autant plus grande qu'il a délibéré plus longtemps et rencontré plus de difficultés dans l'exécution. L'homme qui a violé la loi morale éprouve le sentiment de la déchéance qu'il a encourue : le remords le torture d'autant plus, le repentir est d'autant plus cuisant que l'acte accompli est plus immoral, que la déchéance est plus irrémédiable (ch. xxv). Toutefois, le remords, dit-on, tourmente surtout ceux qui, ayant déjà atteint une certaine perfection, se montrent très sévères pour eux-mêmes, tandis que le coupable habitué à mal faire, commet les plus grands crimes sans que sa conscience lui fasse aucun reproche; il n'y a pas proportion entre le sacrifice de ceux qui donnent leur temps, leur fortune, leur santé, même leur vie, et la joie qu'ils éprouvent d'avoir fait leur devoir; il n'y a même, ajoute-t-on encore, aucune récompense intérieure pour le dernier, qui semblerait avoir le plus mérité d'être heureux.

Dire qu'aucune satisfaction intérieure ne saurait récompenser certains sacrifices, c'est juger d'une manière tout à fait extérieure; car ceux-là mêmes qui, selon nous, ne sont pas suffisamment récompensés ne songent pas à se plaindre de leur sort. D'ailleurs les cas invoqués sont des exceptions; nous savons tous par nous-mêmes que la conscience d'avoir accompli notre tâche nous fait supporter les souffrances physiques et morales que nous n'avons pu éviter, qu'elle suffit souvent à nous dédommager amplement de tous nos malheurs. D'un autre côté, la perte du remords est le premier châtiment du coupable, le signe d'une déchéance morale qui le fait descendre au rang des choses. Enfin l'homme le plus endurci n'est jamais sûr de ne pas assister au réveil de sa conscience, qui lui reproche ses crimes avec une telle violence qu'il préfère, pour échapper à ce juge terrible, se remettre entre les mains des hommes et leur demander le châtiment, si rude soit-il, de ses mauvaises actions.

La sanction intérieure, qui comprend le remords et la satisfaction de conscience, s'applique à tous nos actes; elle proportionne assez exactement la récompense ou le châtiment au mérite ou au démérite.

En résumé, les sanctions légale et sociale, physique et matérielle, intérieure, en s'additionnant à propos de chacun de nos actes, établissent entre le bonheur et la vertu, entre le vice et le malheur une harmonie suffisante pour engager les hommes à pratiquer l'une et à fuir l'autre.

La sanction surnaturelle et l'immortalité de l'âme. —
Il y a des cas où les diverses sanctions paraissent absolument insuffisantes, où il n'y a pas une harmonie complète entre le malheur et le vice, entre la vertu et le bonheur. Des moralistes constatant que la conscience humaine réclame impérieusement au nom de la justice l'expiation du crime et la récompense des bonnes actions, ont affirmé que l'âme doit survivre à sa séparation d'avec le corps, qu'il y a un Dieu juste et bon, souverainement intelligent et tout-puissant, capable de changer l'ordre actuel et d'assurer à chacun le sort qu'il a mérité.

Ils ont donné, outre cette raison morale, différents arguments destinés à en augmenter la force. Ils ont invoqué le consentement universel et soutenu que les hommes de tous les temps et de tous les pays ont cru à l'immortalité de l'âme. Ils se sont appuyés sur les doctrines spiritualistes concernant la distinction de l'âme et du corps (ch. IX), pour affirmer que la destruction du second, qui consiste dans la séparation de ses éléments constitutifs, n'entraîne nullement celle de la première, simple et une par nature.

Des moralistes affirment la nécessité d'une sanction surnaturelle, l'immortalité de l'âme et l'existence d'un Dieu juste et bon, intelligent et tout-puissant. Ils invoquent, outre l'argument moral, le consentement universel et la distinction essentielle de l'âme et du corps.

RÉSUMÉ

Que savez-vous des sanctions dans les lois écrites, physiques et naturelles ? — Les législateurs établissent quelquefois des récompenses pour ceux qui exécutent, toujours des peines contre ceux qui violent les lois par lesquelles ils règlent les rapports des individus : ce sont les sanctions des lois humaines. Les lois physiques et naturelles, qui sont universelles et nécessaires, ont en elles-mêmes leur sanction immédiate.

Parlez des sanctions de la loi morale. — La loi morale a des récompenses pour ceux qui l'observent, des châtiments pour ceux qui la violent. Les sanctions morales sont : 1° les sanctions sociales, 2° la sanction physique et matérielle, 3° la sanction intérieure, auxquelles on ajoute quelquefois une sanction surnaturelle.

Que savez-vous des sanctions sociales ? — Les sanctions sociales sont la sanction légale et la sanction sociale proprement dite. La première comprend les peines et les récompenses que les lois édictent pour régler les rapports des citoyens entre eux et avec l'État ; elle est suffisante pour faire accomplir à beaucoup d'hommes leurs devoirs les plus essentiels. La seconde, qui consiste dans l'estime ou le dédain, l'admiration, le respect ou le mépris de nos semblables, complète la première et s'applique à tous nos actes considérés dans leur ensemble.

Que savez-vous de la sanction physique et matérielle ? — La sanction physique consiste dans les souffrances et les maladies, la santé ou le bien-être qui résultent d'une bonne ou d'une mauvaise conduite ; quoiqu'elle soit à elle seule manifestement insuffisante, on peut dire que tout acte, moral ou immoral, a par suite de l'union intime du physique et du moral, son retentissement heureux ou malheureux dans l'organisme. La sanction matérielle s'ajoute à la sanction physique : un acte vertueux tend à améliorer notre situation, un acte mauvais à la rendre pire.

Parlez de la sanction intérieure. — La sanction intérieure, qui comprend le remords et la satisfaction de conscience, s'applique à tous nos actes ; elle proportionne assez exactement la récompense ou le châtiment au mérite ou au démérite.

En résumé, les sanctions légale et sociale, physique et matérielle, intérieure, en s'additionnant à propos de chacun de nos actes établissent entre le bonheur et la vertu, entre le vice et le malheur une harmonie suffisante pour engager les hommes à pratiquer l'une et à fuir l'autre.

Qu'entend-on par la sanction surnaturelle et l'immortalité de l'âme ? — Des moralistes affirment la nécessité d'une sanction surnaturelle, l'immortalité de l'âme et l'existence d'un Dieu juste et bon, intelligent et tout-puissant. Ils invoquent, outre l'argument moral, le consentement universel et la distinction essentielle de l'âme et du corps.

DEVOIRS A TRAITER

I. Les sanctions sociales de la loi morale.
II. La sanction physique et matérielle.
III. La sanction intérieure.
IV. Les sanctions de la loi morale.

QUESTIONS A ÉTUDIER

I. Examiner jusqu'à quel point la sanction légale s'applique à chacun de nos devoirs individuels, de nos devoirs dans la famille et dans la patrie, de nos devoirs de justice et de charité.
II. Faire successivement le même examen à propos des sanctions sociale proprement dite, physique, matérielle et intérieure.
III. La sanction surnaturelle.
IV. Le remords et la satisfaction de conscience d'après Montaigne*. (*Essais*).
V. L'immortalité de l'âme d'après J.-J. Rousseau *(Émile, IV)*.
VI. La croyance à l'immortalité chez les anciens et chez les sauvages, chez les peuples modernes et civilisés.
VII. Examiner la sanction surnaturelle d'après Kant*.
VIII. Comparer les sanctions des lois écrites, physiques et naturelles, avec celles de la loi morale.
IX. La morale indépendante.

QUESTIONS POSÉES

I. Qu'appelle-t-on sanctions de la morale? (Brev. sup., Bac. ens. spécial, Sèvres, Éc. normales, Bac. ès lettres.)

II. Que veut-on indiquer quand on dit que la conscience est le bourreau du criminel? (Brev. sup., Ens. sec. des jeunes filles, Éc. maternelles.)

III. Les sanctions légale et sociale, physique et matérielle jointes à la sanction intérieure constituent-elles une sanction suffisante de la loi morale? (Brev. sup., Éc. normales, Ens. sec. des jeunes filles, Bac. ès lettres et Ens. spécial.)

IV. Montrer par des exemples précis pourquoi on peut comparer aux sanctions des lois physiques ou écrites les conséquences légales et sociales, physiques, matérielles et intérieures qui résultent pour l'homme de l'accomplissement ou de la violation de la loi morale. (Brev. sup., Éc. normales, Ens. sec. des jeunes filles.)

Conseils pédagogiques. — Passer en revue chacun des groupes de devoirs et montrer aux enfants comment s'y appliquent les diverses sanctions. — Insister sur chaque devoir pour montrer par des exemples, que l'accomplissement de la loi morale a tôt ou tard des conséquences heureuses au point de vue social, physique et matériel, qu'il donne toujours la paix de l'âme, le plus grand des biens et le seul qu'on ne puisse jamais nous ravir ; qu'au contraire la violation de la loi morale a presque toujours des conséquences malheureuses pour le coupable et pour les siens, que la conscience a des réveils terribles. — Examiner les exceptions et montrer d'un côté qu'elles sont toujours plus apparentes que réelles, que l'avenir se charge de les faire rentrer dans la règle ; de l'autre, qu'en admettant même que dans certains cas l'homme de bien soit malheureux et le méchant heureux, il n'en reste pas moins vrai que le premier serait encore plus malheureux s'il violait la loi morale et que le second serait infiniment plus heureux s'il l'accomplissait. — Lire et commenter des fables, des histoires réelles ou fictives (ch. XVI à XXI).

BIBLIOGRAPHIE.

Marion, *Leçons de morale*, leç. 13.
Paul Janet, la *Morale*.
   Id. la *Philosophie du bonheur*.
J.-J. Rousseau, *Émile*.
Kant, *Critique de la raison pratique* (tr. Picavet).
Stuart Mill, l'*Utilitarianisme*.
   Id. *Mes mémoires*.
Renouvier, la *Science de la morale*.
H. Spencer, *Principes de sociologie*.
L. Carrau, *Mémoire sur le Phédon*.
L. Carrau, *Études sur la théorie de l'évolution*.
Coignet, la *Morale indépendante*.
Beaussire, les *Principes de la morale*.
   Id. les *Principes du droit*.
De Quatrefages, *Unité de l'espèce humaine*.
H. Spencer, *Introduction à la science sociale*.
H. Spencer, les *Bases de la morale évolutioniste*.
Pierre Laloi, *Petites histoires pour apprendre la vie*.
Pierre Laloi, *Première année d'instruction civique*.
A. Franck, les *Principes du droit civil*.

Marion, la *Solidarité morale*.
Ferraz, le *Devoir*.
Platon, le *Phédon*, la *République* et *les Lois*.
Xénophon, *Mémoires sur Socrate*.
Cicéron, *Traité des Devoirs*.
Épictète, *Manuel* et *Entretiens*.
Marc-Aurèle, *Pensées*.
C. Marthá, les *Moralistes sous l'empire romain*.
Caro, les *Problèmes de morale sociale*.
Fustel de Coulanges, la *Cité antique*.
Tylor, *ouvr. cité* (ch. 1).

John Lubbock, *ouvr. cité* (ch. 1).
Ravaisson, *Mémoire sur l'immortalité chez les Grecs*.
Jouffroy, *Cours de droit naturel*.
Fouillée, *Critique des systèmes de morale contemporaine*.
Guyau, *Esquisse d'une morale sans obligation ni sanction*.
Guyau, *L'irréligion de l'avenir*.
A. Franck, la *Morale pour tous*.
Jules Simon, le *Devoir*.
La *Religion naturelle*.
Jean Reynaud, *Terre et Ciel*.

FIN DE LA MORALE THÉORIQUE

INSTRUCTION CIVIQUE

CHAPITRE XXX

LE DROIT PUBLIC ET LA SOUVERAINETÉ NATIONALE

SOMMAIRE.

La morale, l'économie politique, l'instruction civique. — Les origines de notre droit public : 1789, 1848, 1875. — La France ancienne. — La souveraineté nationale. — Légitimité et limites de la souveraineté nationale, devoirs qu'elle impose. — Exercice de la souveraineté nationale, suffrage restreint ou universel, direct ou à plusieurs degrés. — Les agents de la souveraineté, les trois pouvoirs.

La morale, l'économie politique, l'instruction civique. — La morale nous apprend que les membres d'une nation ont des droits publics ou généraux, civils et politiques; que les lois écrites assurent à chaque citoyen l'exercice d'un certain nombre de ses droits (ch. xix et xxviii); l'instruction civique fait connaître quels sont de ces droits ceux que nous garantissent la Constitution et les lois et à quelle époque ils ont été reconnus et proclamés.

La morale enseigne que tout citoyen (ch. xix) possède une partie de la souveraineté nationale; l'instruction civique nous apprend quelles sont les limites de la souveraineté nationale, comment elle s'exerce, quels en sont les agents; elle nous fait connaître l'organisation des trois groupes politiques, l'État, le département, la commune, dans lesquels nous avons à exercer notre portion de souveraineté. La morale nous impose le respect de la Constitution, des lois et des divers agents ou fonctionnaires qui sont chargés de faire les lois, de veiller à leur exécution, de punir ceux qui les violent;

LE DROIT PUBLIC ET LA SOUVERAINETÉ NATIONALE.

l'instruction civique nous fait connaître la Constitution de la France, les agents qui, à des titres divers, en assurent le fonctionnement et exercent par une délégation directe ou indirecte, quelques-unes des nombreuses fonctions que supposent l'administration et le gouvernement d'un grand pays. Elle nous apprend comment se confectionnent les lois, comment les tribunaux et les représentants de la force publique les font respecter et exécuter. La morale nous recommande avec insistance de remplir nos devoirs militaires, d'obéir à la loi scolaire, de payer l'impôt (ch. XVIII et XIX); l'instruction civique nous indique, après avoir brièvement rappelé les prescriptions les plus importantes du Code civil, quelles obligations nous imposent la loi militaire et la loi scolaire, quelles sont les formes diverses de l'impôt et comment se confectionne le budget.

L'économie politique montre l'utilité de la propriété individuelle, dont la morale soutient la légitimité (ch. XX, XXII et XXIII); elle range l'impôt parmi les dépenses de prévoyance (ch. XXIV); l'instruction civique fait connaître le régime auquel est soumise la propriété dans notre pays, nous montre en détail l'utilité de chacune des dépenses portées au budget.

L'instruction civique complète la morale et l'économie politique, elle fait connaître les droits publics, civils et politiques que garantit la loi, nous apprend à remplir nos devoirs de citoyens, en exposant l'organisation de l'État, du département, de la commune, les obligations que nous imposent le Code civil, les lois militaires et scolaires, les formes diverses de l'impôt, la confection du budget. Elle nous permet de travailler utilement à la grandeur et à la prospérité de notre pays.

Les origines de notre droit public : 1789, 1848, 1875. — Les États généraux de 1789, formés en Assemblée Constituante, ont fait entrer dans la *Déclaration des droits de l'homme et du citoyen* les principes qui, depuis cette époque ont servi en général de fondement à notre droit public. Les articles 1 et 6 de cette *Déclaration* établissent pour tous les Français l'égalité des droits et l'égalité devant la loi ; les articles 2 et 7 garantissent la liberté individuelle, à laquelle l'article 4 impose des limites, le droit de propriété est affirmé par les articles 2 et 17 ; la liberté de conscience, le droit de professer le culte que l'on veut ou de n'en pratiquer aucun sont formulés dans l'article 10 ; l'article 11, qui garantit la liberté de la parole et de la presse, donne à la liberté de conscience son complément naturel. Les droits, généraux ou publics, reconnus par la morale à l'individu (ch. xix) sont ainsi passés dans la loi.

Il en a été de même des droits politiques : l'article 3 fait résider essentiellement dans la nation le principe de toute souveraineté ; par l'article 5, les actes privés sont soustraits à l'autorité de la loi, qui ne peut défendre que les actions nuisibles à la société ; l'article 16 établit la séparation des pouvoirs ; l'article 6 garantit à tous les citoyens le droit de concourir personnellement ou par leurs représentants à la formation de la loi ; l'article 8 n'accorde qu'à la loi le droit d'établir des peines ; l'article 15 proclame la responsabilité des agents publics ; l'article 12 explique, par l'avantage de tous, et non par l'utilité particulière de ceux à qui elle est confiée, l'institution d'une force publique ; les articles 13 et 14 constatent la nécessité d'une contribution commune, mais en même temps exigent que tous les citoyens participent au paiement et au vote de l'impôt.

Dans la Constitution à laquelle la Déclaration servait d'introduction, la Constituante complétait son œuvre en abolissant les institutions qui blessaient la liberté et l'égalité des droits : la noblesse, la pairie, les distinctions héréditaires, les distinctions d'ordres, le régime féodal, les justices patrimoniales, les titres, dénominations et prérogatives qui en dérivaient, les ordres de chevalerie, la vénalité et l'hérédité des offices publics, les privilèges et les exceptions au droit commun de tous les Français, les jurandes et les corporations. Elle décrétait la création d'un établissement général de Secours publics pour élever les enfants abandonnés, soulager les pauvres infirmes, fournir du travail aux pauvres valides qui n'auraient pu s'en procurer, d'une Instruction publique commune à tous les citoyens, gratuite à l'égard des parties d'enseignement indispensables à tous. Elle réservait au Corps législatif le droit de décréter la guerre sur la proposition du roi, de ratifier les traités de paix, d'alliance et de commerce, établissait le jury en matière criminelle, proclamait la liberté de réunion pour ceux qui seraient sans armes et se soumettraient aux lois de police, reconnaissait le droit de pétition, réclamait un code de lois civiles communes à tout le royaume.

La *Déclaration des droits* qui précédait la Constitution de l'an III était suivie d'une Déclaration des *devoirs* de l'homme et du citoyen, qui dérivent, y était-il dit, de ces deux principes gravés par la nature dans tous les cœurs : Ne faites pas à autrui ce que vous ne voudriez pas qu'on vous fît ; Faites constamment aux autres le bien que vous voudriez en recevoir. La Convention, qui avait rédigé cette Déclaration, avait aussi préparé un projet de Code civil.

La Constitution de l'an VIII était fondée, disaient les Consuls en la présentant à l'acceptation du peuple, sur les vrais principes du gouvernement représentatif, sur les droits sacrés de la propriété, de l'égalité, de la liberté. C'est sous le Consulat que le projet préparé par la Convention fut repris et aboutit à la rédaction définitive du Code civil qui nous régit encore aujourd'hui.

La Charte constitutionnelle de 1814 reconnaissait l'égalité des Français devant la loi, le devoir pour chacun de contribuer en proportion de sa fortune aux charges de l'État, l'admissibilité de tous aux emplois civils et militaires ; elle garantissait la liberté individuelle, la liberté des cultes, le droit de publier et de faire imprimer ses opinions en se conformant aux lois qui devaient réprimer les abus de cette liberté, l'inviolabilité des propriétés. Celle de 1830 énonçait les mêmes principes.

La Constitution de 1848 établit le suffrage universel, déclara électeurs tous les Français âgés de 21 ans et jouissant de leurs droits civils et politiques ; elle supprima la peine de mort en matière politique, l'esclavage dans les colonies, et institua une République *démocratique*, qui devait se proposer d'augmenter l'aisance de chacun, en réduisant les dépenses publiques et les impôts, de faire parvenir tous les citoyens à un degré toujours plus élevé de moralité, de lumière et de bien-être.

La République actuelle, qui en 1870 a remplacé l'Empire, est régie par les lois constitutionnelles de 1875 qui ne reproduisent pas les principes proclamés en 1789 par l'Assemblée Constituante. Mais ces principes continuent à former le fond de notre droit public, civil et politique; des lois récentes ont rétabli la liberté de la presse, la liberté de réunion, ont cherché à rendre plus complète la liberté de conscience, en un mot ont eu pour but de mettre l'ensemble de notre droit en rapport avec ces principes et avec les besoins de la société moderne.

L'Assemblée Constituante de 1789 a proclamé les droits de l'homme et du citoyen, fixé les droits généraux ou publics, les droits politiques, décrété la création d'un Code civil qui a été préparé par la Convention et achevé sous le Consulat; celle de 1848 a établi l'égalité politique, supprimé l'esclavage aux colonies, aboli la peine de mort en matière politique; la République actuelle, régie par les lois constitutionnelles de 1875, essaye de mettre ses lois et ses institutions en accord avec les principes de 1789 et avec les besoins modernes.

La France ancienne. — Si les Français n'avaient point réussi avant 1789 à se donner des institutions qui garantissent les droits publics, civils et politiques de chacun d'eux, ils avaient fait de grandes choses et préparé l'avènement de la France nouvelle. Les rois avaient, comme Philippe-Auguste et Louis XI, contribué à former l'unité territoriale; comme Charlemagne, François Ier et Louis XIV, ranimé ou développé le goût des lettres, des sciences et des arts. Charlemagne, saint Louis, Charles V, Louis XII, Henri IV, avaient essayé de gouverner avec justice et de rendre leurs sujets heureux; Charlemagne, Henri IV et Louis XIV pendant la première moitié de son règne, avaient rendu la France puissante et lui avaient donné en Europe une place considérable. Si Louis XIV a révoqué l'Édit de Nantes, Henri IV l'avait publié, Louis XVI a rendu aux protestants leur état civil, aboli la torture, supprimé, tout en les laissant rétablir ensuite, les corporations et les jurandes. Enfin les rois, souvent alliés avec les communes, avaient contribué à ruiner la domination tyrannique des seigneurs et combattu le servage qui n'existait plus guère, en 1789, qu'à l'abbaye de Saint-Claude; ils avaient appelé le Tiers État aux assemblées de 1302, de 1355, de 1356, de 1484, de 1560, de 1576, de 1588, de 1614, protégé les légistes, pris pour ministres de *petites gens*, préparé la fusion des trois ordres et l'égalité civile et politique de tous les Français. Ils avaient été aidés dans leur tâche par des ministres habiles, soucieux de la grandeur du pays, quelquefois même remarquables par la noblesse du caractère et l'élévation des idées : le cardinal d'Amboise, le chancelier de l'Hôpital, Sully, Richelieu et Mazarin, Colbert et Louvois, Turgot et Malesherbes.

Les nobles avaient vaillamment fait la guerre et donné souvent sans hésiter leur vie pour défendre le pays ou pour augmenter sa puissance; le clergé avait produit des hommes illustres, Bossuet*, Bourdaloue, Fénelon*, Massillon, saint Vincent de Paul et l'abbé de l'Épée ; les gens du Tiers avaient tenté au temps des communes de conquérir leurs droits politiques, ils avaient peu à peu conquis leurs droits civils, s'étaient enrichis par le commerce et l'industrie, avaient vaillamment combattu les ennemis du pays même lorsqu'il était abandonné, comme au temps de Jeanne d'Arc, par une partie des nobles et du clergé. Les Français de toutes conditions avaient souffert et combattu ensemble pendant les Croisades, pendant la guerre de Cent ans, la guerre de la Succession d'Espagne. Il faudrait pour citer tous ceux qui ont illustré ou aimé notre pays, qui lui ont consacré leur vie, qui l'ont voulu plus heureux, plus honoré des autres nations, passer en revue toute l'histoire de France, rappeler Vercingétorix et sainte Geneviève, Charles Martel et Charlemagne, Robert le Fort et Eudes, Philippe-Auguste, Blanche de Castille et saint Louis, Eustache de Saint-Pierre, Duguesclin et Charles V, le grand Ferré et Jeanne d'Arc, Louis XI, Jeanne Hachette et Commines, Anne de Beaujeu, Gaston de Foix, Louis XII et le cardinal d'Amboise, François Ier et Bayard, Bernard Palissy, Rabelais et Cujas, Michel de l'Hôpital et Montaigne*, Amyot* et Ronsard, Henri IV, Crillon et Sully, Richelieu, Gassendi* et Descartes*, Malherbe, Rotrou et Corneille, Mazarin et Louis XIV, Turenne et Condé, Catinat et Vauban, Luxembourg et Villars, Tourville, Duquesne, Duguay-Trouin et Jean Bart, Colbert et Louvois, la Fontaine, Racine, Boileau et Molière, Pascal, Bossuet*, Massillon, Bourdaloue, La Rochefoucauld*, de Retz et Saint-Simon, Fénelon*, la Bruyère et Bayle*, Le Poussin, Le Sueur et Lebrun, Maurice de Saxe, le chevalier d'Assas, La Bourdonnais et Dupleix, Turgot* et Malesherbes*, Montesquieu et Voltaire, Fontenelle* et Buffon*, Condillac*, Diderot* et d'Alembert*, Lavoisier*, Haüy* et les Jussieu*. Ajoutons en outre que les grands écrivains du XVIIIe siècle ont popularisé les idées qui ont triomphé en 1789, que Turgot et Malesherbes* ont tenté de les appliquer pendant leur ministère et ont failli réaliser sans révolution les réformes réclamées à cette époque.

La France a produit avant 1789, un grand nombre d'hommes illustres qui ont contribué à sa grandeur politique, militaire, scientifique et littéraire, commerciale et industrielle, qui ont élaboré et popularisé les principes que la nation a fait triompher en 1789 ; la France ancienne nous a transmis des souvenirs glorieux et douloureux qui constituent un lien de plus entre tous les Français.

La souveraineté nationale. — Dans les temps anciens ou chez les peuples sauvages c'est souvent le plus fort des membres d'une société qui en prend le commandement, règle comme il l'entend les rapports avec les sociétés voisines, choisit ceux qu'il lui plaît pour ses collaborateurs, juge les différends, possède en un mot toute la souveraineté. Dans d'autres sociétés, dans l'ancienne monarchie française, par exemple, le pouvoir appartenait tout entier à une famille qui croyait avoir été désignée par Dieu lui-même pour gouverner à perpétuité la nation. Dans ces deux cas le gouvernement monarchique est *despotique, autocratique,* ou *absolu.*

Dans certaines contrées de l'Europe, en Angleterre et en Italie par exemple, on admet en principe que la souveraineté appartient à la nation ; les citoyens choisissent un certain nombre d'entre eux pour les représenter et faire les affaires de la nation, mais en même temps un monarque reste le chef du pouvoir exécutif et quelquefois même a des droits législatifs ; la souveraineté est en fait partagée entre le roi qui transmet son pouvoir à ses héritiers et la nation qui le délègue à des représentants ; on se trouve en présence du *système représentatif,* d'une monarchie *tempérée* ou *parlementaire.*

En supprimant le pouvoir héréditaire du monarque, la nation choisit, comme en France, des députés et des sénateurs chargés pendant un temps déterminé de voter l'impôt et de faire les lois. Les députés et les sénateurs se réunissent et nomment le Président de la République ; celui-ci choisit des ministres qui sont responsables de la politique générale et de leurs actes personnels ; les ministres à leur tour choisissent les fonctionnaires qui sont chargés des diverses parties de l'administration politique, financière, judiciaire, etc. Les sénateurs et d'une façon plus spéciale les députés (ch. XXXI) peuvent renverser les ministres ; les électeurs peuvent de leur côté ne pas réélire ceux de leurs mandataires dont les votes leur ont déplu, ceux qui ont soutenu des ministres qui leur paraissent avoir mal gouverné ou mal choisi les fonctionnaires ; ils peuvent poursuivre juridiquement les fonctionnaires qui auraient violé la loi et leur auraient fait éprouver quelque dommage. La majorité des électeurs choisit donc indirectement ou directement tous ceux qui gouvernent le pays, et peut remplacer, faire destituer ou poursuivre ceux qui se sont mal acquittés à son gré de leurs fonctions ; la souveraineté appartient tout entière à la nation.

La monarchie est absolue, despotique ou autocratique, quand elle s'appuie sur la force ou sur le droit divin ; elle est tempérée ou parlementaire, quand l'autorité est partagée entre une royauté héréditaire et des représentants nommés par la nation ; la souveraineté appartient tout entière à la nation quand la majorité des citoyens nomme directement ou indirectement tous les gouvernants et peut les remplacer ou les faire destituer.

Légitimité et limites de la souveraineté nationale, devoirs qu'elle impose. — Tout Français est contraint de respecter les lois et les magistrats, de s'acquitter du service militaire, de payer sa part d'impôt. Il ne peut voter lui-même les lois et l'impôt, déclarer la guerre ou faire la paix, puisque tous les citoyens français ne peuvent se réunir pour délibérer ; il est *juste*, tout au moins, qu'il soit appelé à choisir ceux qui voteront ces lois, qui établiront le budget, qui auront le droit de faire la paix ou la guerre, qu'il participe indirectement à des résolutions qui auront pour lui-même et pour les siens une importance si considérable.

Il est *utile* en outre d'accorder à chaque citoyen le droit de suffrage, car celui qui use du bulletin de vote, qui manifeste ainsi son approbation ou sa désapprobation pour la façon dont l'État est gouverné, qui n'a, pour faire triompher ses idées, qu'à persuader ses concitoyens de voter comme lui, est bien moins tenté de faire appel à la force, de provoquer une émeute ou d'y prendre part.

Enfin le droit de vote peut être un *moyen de moralisation :* l'individu comprend mieux sa responsabilité, il cherche à s'éclairer, à s'instruire, il réfléchit, il est amené à augmenter sa valeur intellectuelle et morale.

La souveraineté de la nation a remplacé en France l'autorité absolue des rois, mais il ne faudrait pas croire que le peuple est tout-puissant, que l'individu perd tous ses droits du moment où il fait partie d'une société politique, que la souveraineté nationale n'a pas de *limites*. L'État ou la majorité de ses membres n'a pas plus que chacun d'eux, pris individuellement, le droit de violer les prescriptions morales (ch. xix); l'État ne doit intervenir, en ce qui concerne les devoirs et les droits individuels, les devoirs et les droits de la famille, que dans les cas rares où il est obligé de défendre ses propres droits ou de garantir l'exercice de leurs droits à ceux de ses membres qui sont impuissants à les défendre (ch. xvi à xix). Mais il y a surtout un certain nombre de droits naturels auxquels l'État doit se garder de porter atteinte, que la majorité doit respecter chez la minorité pour ne pas commettre une criante injustice, pour ne pas amener de guerre civile et préparer la dissolution et la ruine de la nation tout entière.

Chaque citoyen a le droit de disposer de sa personne (ch. xvii), de n'être arrêté et détenu que selon les formes déterminées par les lois : les lettres de cachet sous l'ancien régime, les mesures de salut public sous la Convention, les ordres de police sous l'Empire, les arrestations et les préventions sous la Restauration, la loi de sûreté générale sous le second Empire, violaient la *liberté individuelle*. Aujourd'hui un individu ne peut être arrêté, sauf les cas de flagrant délit, qu'en vertu d'un mandat du juge d'instruction décerné sur la réquisition du ministère public, dans des cas nettement déterminés par le Code d'instruction criminelle (art. 61, 91, 94, 97). Toutefois le Préfet de police à Paris et les préfets dans les départements, peuvent ordonner ou requérir l'arrestation d'individus coupables d'un délit ou d'un crime qu'ils veulent livrer à l'autorité judiciaire. Les arrestations, les détentions arbitraires sont punies par le Code pénal (art. 341, 342). Le *domicile* est *inviolable*, en raison même de la liberté individuelle. Les officiers de police peuvent y pénétrer quand ils sont munis d'un ordre régulier de justice, quand ils y sont appelés par le propriétaire, quand il y a flagrant délit, quand la maison est un débit de boissons, quand il y a inondation ou incendie ; ceux qui s'y introduisent dans d'autres cas contre le gré du propriétaire sont punis de l'amende ou de la prison (C. P. art. 184).

La *liberté de conscience* est, avec la liberté individuelle, un des droits auxquels l'homme tient le plus : il implique le droit de choisir librement les opinions religieuses ou philosophiques que l'on croit vraies, de les exposer de vive voix ou par écrit, de les répandre par l'enseignement (ch. xxi), sans être exposé à perdre, comme le protestant français du xviiie siècle, une partie de ses droits civils, comme le juif anglais, une partie de ses droits politiques. En Amérique, les Églises sont absolument libres, les édifices, construits au frais des fidèles, les prêtres ou pasteurs, payés par ceux qui réclament leurs services ; l'État n'intervient que dans les cas où une secte prêcherait et pratiquerait ouvertement le mépris des lois : c'est ce qui est arrivé pour les Mormons, partisans de la polygamie. En France, l'Etat assure une égale protection à tous les citoyens pour l'exercice de leur culte quand ils se soumettent aux lois et aux règlements de police, quand ils respectent les droits de leurs concitoyens ; il reconnaît un certain nombre de cultes, les cultes catholique, luthérien, calviniste et israélite dont il rétribue les ministres, mais auxquels il impose en échange certaines obligations établies par le Concordat, les Articles organiques et diverses lois qui constituent un véritable traité entre l'État et les Églises. Il paie en Algérie le personnel du culte musulman (ch. xxxi).

Enfin la nation n'a pas le droit de disposer pleinement et entièrement des biens possédés par ses membres. Sauf le cas d'expropriation pour cause d'utilité publique (ch. xxxiii), l'État s'interdit et doit s'interdire de porter atteinte à la propriété privée, dont la garantie est une des raisons les plus puissantes qui portent l'individu à accepter les charges que l'État lui impose.

La violation de la liberté individuelle ou de la liberté de conscience, les confiscations seraient d'autant plus injustes lorsque la nation est souveraine, que dans ce cas, la minorité n'exerçant déjà plus sa portion de souveraineté que par des votes dont l'influence est nulle ou presque nulle sur le gouvernement du pays, mais continuant à payer l'impôt, à subir le service militaire et à obéir aux lois, perdrait les derniers avantages et non les moins importants que chacun de nous cherche dans la vie sociale.

La souveraineté nationale n'a pas seulement des limites qu'elle ne doit pas franchir, elle impose encore des devoirs spéciaux à ceux qui l'exercent dans ces limites. Quand un électeur pense à l'importance que peuvent avoir pour lui, pour les siens, pour ses concitoyens et même pour les autres peuples l'établissement de nouveaux impôts, une augmentation dans les effectifs et les armements, une loi douanière, un traité de commerce ou une déclaration de guerre, il doit se dire que jamais il n'aura trop d'instruction générale et civique, il n'examinera avec trop d'attention et de désintéressement les hommes qui se présentent à ses suffrages, les déclarations qu'ils lui font, les votes qu'ils émettent. A plus forte raison ceux qui sont chargés par leurs concitoyens d'exercer le pouvoir doivent-ils s'y être préparés longuement par l'étude et la réflexion (ch. xvii), être impartiaux, désintéressés, prendre la vérité, même de leurs adversaires et ne chercher en toutes choses que le bien général du pays, les progrès de la moralité et de la civilisation (ch. xvii).

La nation qui reconnaît le droit de suffrage à chacun de ses membres fait un acte juste, utile à l'État, moralisateur pour l'individu.

La souveraineté nationale a des limites : elle doit d'une manière générale respecter les prescriptions de la morale et plus spécialement la liberté individuelle, la liberté de conscience et le droit de propriété ; elle ne doit porter que sur des objets d'intérêt général.

Elle impose des devoirs : l'électeur doit développer son instruction générale et civique, examiner avec attention et désintéressement la conduite, les votes et les déclarations de ceux qu'il est appelé à nommer ; les fonctionnaires de tout ordre doivent se préparer, par l'étude et la réflexion, à exercer leurs fonctions, être impartiaux, désintéressés, ne chercher que la vérité et le bien général.

Exercice de la souveraineté nationale : suffrage restreint ou universel, direct ou à plusieurs degrés. — La Constitution de 1791 n'accordait le droit de suffrage qu'aux citoyens *actifs*, c'est-à-dire à ceux qui, nés ou naturalisés français, âgés de 25 ans, payaient une contribution directe de la valeur de trois journées de travail, qui n'étaient pas serviteurs à gages, qui étaient inscrits aux rôles des gardes nationales et avaient prêté le serment civique. En Portugal, ne sont électeurs aujourd'hui encore que ceux qui paient un peu plus de 5 francs de contributions directes ; les maîtres ès arts sont, à Oxford et à Cambridge, électeurs sans les conditions de cens exigées des autres citoyens. Dans ces conditions la souveraineté n'est exercée que par un nombre limité de citoyens, le suffrage est *restreint*.

Au contraire, dans les États-Unis d'Amérique, en France sous la République de 1848 et la République actuelle, tous les citoyens prennent part par leur vote au gouvernement du pays : le suffrage est *universel*.

Dans la Constitution de 1791, les citoyens actifs choisissaient parmi ceux d'entre eux qui avaient un revenu égal à la valeur de 200 ou 150 journées de travail selon les localités, des électeurs, qui nommaient ensuite les représentants du département. Aujourd'hui encore, les élections législatives se font à deux degrés au Brésil, en Bavière, en Norvège, en Prusse ; en France même, le Sénat est nommé par des électeurs de droit, députés, conseillers généraux et d'arrondissement et par des délégués élus par chaque conseil municipal (ch. xxxi). Au contraire les députés, les conseillers généraux, les conseillers municipaux sont élus par les habitants du département, du canton ou de la commune. Dans le premier cas, le suffrage est à *deux* ou à *trois degrés*, dans le second il est *direct*.

La Constitution actuelle exige certaines conditions de ceux qu'elle appelle à contribuer par leur vote au gouvernement de la France : il faut d'abord qu'ils soient nés ou naturalisés Français, qu'ils n'aient pas été privés de leurs droits civils et politiques par suite de condamnations judiciaires, qu'ils soient inscrits sur les listes municipales pour l'élection des conseillers municipaux, généraux et d'arrondissement, sur les listes politiques pour les élections des députés. En outre, il faut être majeur, avoir 21 ans : on doit exiger au moins autant de maturité de celui qui veut prendre part aux affaires de son pays que de celui qui peut vendre, acheter et diriger ses propres affaires. La loi ne reconnaît le droit de vote, en matière politique, ni aux femmes, ni aux militaires en activité de service ; enfin, elle exige 6 mois de résidence et écarte ainsi tous les gens nomades dont l'honorabilité peut être douteuse, sans exclure ceux qui sont obligés de changer de temps à autre leur résidence pour se procurer du travail.

Les électeurs ne sauraient exiger trop d'intelligence, de probité, d'application et de souci du bien public chez leurs représentants ; mais la loi ne peut entrer dans ces considérations et limite peu leur choix. Elle exige la résidence pour l'éligibilité au conseil municipal ou général (chap. xxxvi et xxxvii), mais non pour les élections législatives. Les candidats ne peuvent être élus au conseil municipal, général ou d'arrondissement, à la Chambre des députés, s'ils n'ont pas 25 ans, au Sénat s'ils n'en ont pas 40 ; enfin, les fonctionnaires salariés par l'État ne peuvent en général être élus députés ou sénateurs.

Le vote est soumis à des formes et à des conditions déterminées : il est secret, exprimé avec un bulletin fermé, afin d'en assurer la sincérité et de ne pas exposer les électeurs qui votent selon leur conscience, aux rancunes ou aux tentatives de corruption des personnes dont ils dépendent pour avoir des moyens d'existence ; il a lieu dans un édifice public où tous les électeurs sont admis, et au chef-lieu de la commune ; enfin le dépouillement du scrutin se fait en présence des électeurs.

Le suffrage est restreint ou universel, direct ou à plusieurs degrés, tous les Français majeurs jouissant de leurs droits civils et politiques, inscrits sur les listes électorales, ont le droit de voter dans la commune où ils ont six mois de résidence ; tous les électeurs âgés de 25 ans et résidant dans la commune ou dans le canton sont éligibles au conseil municipal, général ou d'arrondissement ; tous ceux qui ont 25 ans ou 40 ans peuvent être élus députés ou sénateurs ; les fonctionnaires sont en général inéligibles. Le vote est secret, il a lieu dans un édifice public, au chef-lieu de la commune, le dépouillement du scrutin se fait en présence des électeurs.

Les agents de la souveraineté, les trois pouvoirs. — Les citoyens ne sauraient, dans un grand État, se rassembler pour décider toutes les questions qui se posent, ou exécuter en commun les décisions prises. D'ailleurs un grand nombre d'entre eux sont occupés de leurs propres affaires qui réclament tout leur temps et tous leurs soins. Ils délèguent donc les pouvoirs qu'ils ne peuvent exercer ; ils chargent certains d'entre eux de proposer, de discuter et de voter les lois qui doivent régler les rapports des citoyens avec l'État et des citoyens entre eux ; ils nomment directement ou indirectement les agents qui assureront l'exécution des lois ; enfin ils délèguent de la même manière à d'autres agents le soin de punir ceux qui ont violé les lois ; ils constituent ainsi les pouvoirs *législatif, exécutif* et *judiciaire* (ch. xix).

En France, le pouvoir législatif est exercé par les députés et les sénateurs ; le pouvoir exécutif est confié au Président de la République, aux ministres et aux fonctionnaires des diverses administrations (ch. xix et xxxi).

Le pouvoir judiciaire est exercé par des magistrats, inamovibles pour la plupart, qui peuvent ainsi juger impartialement les accusés sans se laisser influencer par les ministres qui les nomment, ou par les législateurs qui peuvent renverser les ministres (ch. XIX et XXXII).

En confiant les trois pouvoirs à des agents différents, une nation est moins exposée à voir ces agents abuser de la souveraineté qu'elle leur délègue : si les mêmes individus votaient les lois, en assuraient l'exécution, en punissaient la violation, il arriverait plus d'une fois que les délégués feraient contre leurs adversaires des lois injustes qu'ils n'appliqueraient pas à leurs amis ; que la loi aurait pour but des intérêts particuliers et non le bien général. Il pourrait en outre se faire qu'un homme délégué à l'exercice suprême de la souveraineté eût la tentation de conserver ce qui ne lui a été confié que pour un temps déterminé et trouvât dans l'autorité dont il dispose les moyens de dépouiller la nation de sa souveraineté. Enfin en réglant les rapports des trois pouvoirs, en établissant entre eux une certaine subordination et en les faisant travailler en commun à assurer la sécurité et la prospérité du pays, la nation évite les conflits entre ses gouvernants, l'anarchie et le désordre.

La nation délègue à un certain nombre d'agents le soin de la gouverner ; elle prévient les tentatives de tyrannie, en séparant les trois pouvoirs, législatif, exécutif, judiciaire ; elle assure l'ordre en les faisant travailler en commun à la sécurité et à la prospérité du pays.

RÉSUMÉ

Que savez-vous de la morale, de l'économie politique, de l'instruction civique ? — L'instruction civique complète la morale et l'économie politique, elle fait connaître les droits publics, civils et politiques que garantit la loi, nous apprend à remplir nos devoirs de citoyens, en exposant l'organisation de l'État, du département, de la commune, les obligations que nous imposent le Code civil, les lois militaires et scolaires, les formes diverses de l'impôt, la confection du budget. Elle nous permet de travailler utilement à la grandeur et à la prospérité de notre pays.

Parlez des origines de notre droit public. — L'Assemblée Constituante de 1789 a proclamé les droits de l'homme et du citoyen, fixé les droits généraux ou publics, les droits politiques, décrété la création d'un Code civil qui a été achevé sous le Consulat ; celle de 1848 a établi l'égalité politique, supprimé l'esclavage aux colonies, aboli la peine de mort en matière politique ; la République actuelle, régie par les lois constitutionnelles de 1875, a essayé de mettre ses lois et ses institutions en accord avec les principes de 1789 et les besoins modernes.

Que savez-vous de l'ancienne France ? — La France a produit avant 1789 un grand nombre d'hommes illustres qui ont contribué à sa grandeur politique, militaire, scientifique, et littéraire, commerciale et industrielle, qui ont élaboré et popularisé les principes que la nation a fait triompher en 1789 ; la France ancienne nous a transmis des souvenirs douloureux et glorieux qui constituent un lien de plus entre tous les Français.

Que savez-vous de la souveraineté nationale ? — La monarchie est absolue, despotique ou autocratique, quand elle s'appuie sur la force ou sur le droit divin ; elle est tempérée ou parlementaire quand l'autorité est partagée entre une royauté héréditaire et des représentants nommés par la nation ; la souveraineté appartient tout entière à la nation, quand la majorité des citoyens nomme directement ou indirectement tous les gouvernants et peut les remplacer ou les faire destituer.

Parlez de la légitimité et des limites de la souveraineté nationale, des devoirs qu'elle impose. — La nation qui reconnaît le droit de suffrage à chacun de ses membres fait un acte juste, utile à l'État, moralisateur pour l'individu.

La souveraineté nationale a des limites ; elle doit, d'une manière générale, respecter les prescriptions de la morale et plus spécialement la liberté individuelle, la liberté de conscience et le droit de propriété ; elle ne doit porter que sur des objets d'intérêt général.

Elle impose des devoirs : l'électeur doit développer son

instruction générale et civique, examiner avec attention et désintéressement la conduite, les votes et les déclarations de ceux qu'il nomme ; les fonctionnaires de tout ordre doivent se préparer par l'étude et la réflexion à exercer leurs fonctions, être impartiaux, désintéressés, ne chercher que la vérité et le bien général.

Comment s'exerce la souveraineté nationale ? — Le suffrage est restreint ou universel, direct ou à plusieurs degrés ; tous les Français majeurs, jouissant de leurs droits civils et politiques, inscrits sur les listes électorales, ont le droit de voter dans la commune où ils ont six mois de résidence ; tous les électeurs âgés de 25 ans et résidant dans la commune ou dans le canton sont éligibles au conseil municipal, général ou d'arrondissement ; tous ceux qui ont 25 ans ou 40 ans peuvent être élus députés ou sénateurs ; les fonctionnaires sont en général inéligibles. Le vote est secret, il a lieu dans un édifice public, au chef-lieu de la commune, le dépouillement du scrutin se fait en présence des électeurs.

Que savez-vous des agents de la souveraineté, des trois pouvoirs ? — La nation délègue à un certain nombre d'agents le soin de la gouverner ; elle prévient les tentatives de tyrannie en séparant les trois pouvoirs, législatif, exécutif, judiciaire ; elle assure l'ordre en les faisant travailler en commun à la sécurité et à la prospérité du pays.

DEVOIRS A TRAITER

I. La morale, l'économie politique et l'instruction civique.
II. Les origines de notre droit public.
III. La souveraineté nationale.
IV. Le suffrage universel.
V. Les agents de la souveraineté.

QUESTIONS A ÉTUDIER

I. La France ancienne et la France moderne.
II. Les trois pouvoirs.
III. L'exercice de la souveraineté nationale en France depuis 1789.
IV. Les limites de la souveraineté nationale.
V. La liberté d'enseignement. (Beaussire [*].)
VI. La liberté de conscience. (Beaussire [*].)
VII. La liberté de la presse. (Beaussire [*].)
VIII. La liberté d'association. (Beaussire [*].)
IX. Le suffrage restreint depuis 1791 jusqu'à 1848.
X. Les déclarations des droits. (Janet et Boutmy [*].)

XI. Le suffrage à plusieurs degrés.
XII. L'exercice de la souveraineté nationale en Suisse et aux États-Unis.
XIII. La Constitution anglaise.
XIV. La Constitution belge.
XV. La Constitution de la Suisse et des États-Unis.
XVI. Les Constitutions françaises depuis 1789.
XVII. Les devoirs des électeurs d'après les lois et d'après la morale dans les pays où la nation est souveraine.

Expliquer et commenter au point de vue civique et moral :

A. La déclaration des droits de l'homme et du citoyen (3 novembre 1789).

Les représentants du peuple français, constitués en Assemblée nationale, considérant que l'ignorance, l'oubli ou le mépris des droits de l'homme sont les seules causes des malheurs publics et de la corruption des gouvernements, ont résolu d'exposer dans une déclaration solennelle, les droits naturels, inaliénables et sacrés de l'homme, afin que cette déclaration, constamment présente à tous les membres du corps social, leur rappelle sans cesse leurs droits et leurs devoirs ; afin que les actes du pouvoir législatif, et ceux du pouvoir exécutif, pouvant être à chaque instant comparés avec le but de toute institution politique, en soient plus respectés ; afin que les réclamations des citoyens, fondées désormais sur des principes simples et incontestables, tournent toujours au maintien de la Constitution et au bonheur de tous.

En conséquence l'Assemblée nationale reconnaît et déclare en présence et sous les auspices de l'Être Suprême, les droits suivants de l'homme et du citoyen :

Art. 1er. Les hommes naissent et demeurent libres et égaux en droits. Les distinctions sociales ne peuvent être fondées que sur l'utilité commune.

Art. 2. Le but de toute association politique est la conservation les droits naturels et imprescriptibles de l'homme. Ces droits sont, la liberté, la propriété, la sûreté et la résistance à l'oppression.

Art. 3. Le principe de toute souveraineté réside essentiellement dans la nation. Nul corps, nul individu ne peut exercer d'autorité qui n'en émane expressément.

Art. 4. La liberté consiste à pouvoir faire tout ce qui ne nuit pas à autrui : ainsi l'exercice des droits naturels de chaque homme n'a de bornes que celles qui assurent aux autres membres de la société la jouissance de ces mêmes droits. Ces bornes ne peuvent être déterminées que par la loi.

Art. 5. La loi n'a le droit de défendre que les actions nuisibles à la société. Tout ce qui n'est pas défendu par la loi ne peut être empêché, et nul ne peut être contraint à faire ce qu'elle n'ordonne pas.

Art. 6. La loi est l'expression de la volonté générale. Tout les citoyens ont droit de concourir personnellement, ou par leurs représentants, à sa formation. Elle doit être la même pour tous, soit qu'elle protège, soit qu'elle punisse. Tous les citoyens étant égaux à ses yeux, sont également admissibles à toutes dignités, places et emplois publics, selon leur capacité, et sans autre distinction que celle de leurs vertus et de leurs talents.

Art. 7. Nul homme ne peut être accusé, arrêté ni détenu que dans les cas déterminés par la loi, et selon les formes qu'elle a prescrites. Ceux qui sollicitent, expédient, exécutent ou font exécuter des ordres arbitraires, doivent être punis ; mais tout citoyen appelé ou saisi en vertu de la loi doit obéir à l'instant : il se rend coupable par la résistance.

Art. 8. La loi ne doit établir que des peines strictement et évidemment nécessaires, et nul ne peut être puni qu'en vertu d'une loi établie et promulguée antérieurement au délit et légalement appliquée.

Art. 9. Tout homme étant présumé innocent jusqu'à ce qu'il ait été déclaré coupable, s'il est jugé indispensable de l'arrêter, toute rigueur qui ne serait pas nécessaire pour s'assurer de sa personne, doit être sévèrement réprimée par la loi.

Art. 10. Nul ne doit être inquiété pour ses opinions, même religieuses, pourvu que leur manifestation ne trouble pas l'ordre public établi par la loi.

Art. 11. La libre communication des

pensées et des opinions est un des droits les plus précieux de l'homme : tout citoyen peut donc parler, écrire, imprimer librement, sauf à répondre de l'abus de cette liberté, dans les cas déterminés par la loi.

ART. 12. La garantie des droits de l'homme et du citoyen nécessite une force publique ; elle est donc instituée pour l'avantage de tous, et non pour l'utilité particulière de ceux auxquels elle est confiée.

ART. 13. Pour l'entretien de la force publique, et pour les dépenses d'administration, une contribution commune est indispensable : elle doit être également répartie entre tous les citoyens, en raison de leurs facultés.

ART. 14. Tous les citoyens ont le droit de constater, par eux-mêmes ou par leurs représentants, la nécessité de la contribution publique, de la consentir librement, d'en suivre l'emploi, et d'en déterminer la quotité, l'assiette, le recouvrement et la durée.

ART. 15. La société a le droit de demander compte à tout agent public de son administration.

ART. 16. Toute société dans laquelle la garantie des droits n'est pas assurée, ni la séparation des pouvoirs déterminée, n'a point de Constitution.

ART. 17. La propriété étant un droit inviolable et sacré, nul ne peut en être privé, si ce n'est lorsque la nécessité publique, légalement constatée, l'exige évidemment, et sous la condition d'une juste et préalable indemnité.

B. La déclaration des devoirs (Constitution de l'an III) :

ART. 1er. La déclaration des droits contient les obligations des législateurs : le maintien de la société demande que ceux qui la composent connaissent et remplissent également leurs devoirs.

ART. 2. Tous les devoirs de l'homme et du citoyen dérivent de ces deux principes gravés par la nature dans tous les cœurs :

Ne faites pas à autrui ce que vous ne voudriez pas qu'on vous fît.

Faites constamment aux autres le bien que vous voudriez en recevoir.

ART. 3. Les obligations de chacun envers la société consistent à la défendre, à la servir, à vivre soumis aux lois, et à respecter ceux qui en sont les organes.

ART. 4. Nul n'est bon citoyen, s'il n'est bon fils, bon père, bon frère, bon ami, bon époux.

ART. 5. Nul n'est homme de bien, s'il n'est franchement et religieusement observateur des lois.

ART. 6. Celui qui viole ouvertement les lois, se déclare en état de guerre avec la société.

ART. 7. Celui qui, sans enfreindre ouvertement les lois, les élude par ruse ou par adresse, blesse les intérêts de tous ; il se rend indigne de leur bienveillance et de leur estime.

ART. 8. C'est sur le maintien des propriétés que reposent la culture des terres, toutes les productions, tout moyen de travail, et tout l'ordre social.

ART. 9. Tout citoyen doit ses services à la patrie et au maintien de la liberté, de l'égalité et de la propriété, toutes les fois que la loi l'appelle à les défendre.

QUESTIONS POSÉES

I. Le programme de 1884 prescrit pour la classe préparatoire des lycées, des biographies des grands inventeurs, des grands voyageurs, des grands *patriotes*. Comment savez-vous à l'aide de ces biographies, intéresser les enfants et leur donner déjà un enseignement moral et patriotique ? (Cert. apt. péd., Brev. sup. et élém., Enseig. second. des j. filles.)

II. De l'instruction civique à l'école primaire. En quoi doit consister cet enseignement et comment doit-il être donné ? (Écoles normales, Brevet sup. et élém.)

III. C'est préparer des citoyens que d'apprendre aux enfants l'histoire et la géographie de leur pays, et par dessus tout, la langue nationale. (Saint-Cloud, Écoles normales, Ens. second., des jeunes filles.)

IV. Qu'est-ce que l'instruction civique ? (Brev. élém. et supér., Écoles normales).

LE DROIT PUBLIC ET LA SOUVERAINETÉ NATIONALE.

V. La France élève des statues à ses grands hommes. Quelles réflexions, quels sentiments vous inspire cet hommage rendu à leur mémoire? Quels enseignements peut y puiser la jeunesse? (Saint-Cloud, Sèvres, Écoles normales, Brev. sup. et élém..)

VI. Qu'entend-on par le suffrage à deux degrés? (Brev. élém. et sup., Enseig. second. des j. filles.)

VII. Qu'est-ce que le suffrage universel? Depuis quand a-t-il été établi en France? (Brev. élém. et sup., Enseig. second. des jeunes filles, Écoles normales.)

VIII. Combien distinguez-vous de pouvoirs? (Brev. sup., Brev. élém., Enseig. second. des jeunes filles, Bac. ès lettres et Enseig. spécial, Écoles normales.)

IX. Quelle différence y a-t-il entre le citoyen français actuellement, et le citoyen français sous les autres gouvernements? (Brev. élém. et sup., Écoles normales.)

Conseils pédagogiques. — Résumer, avant de passer à l'instruction civique, les connaissances acquises en morale et en économie politique. — Insister sur les grands hommes qu'a produits l'ancienne France; faire lire leur vie, raconter leurs travaux, mettre en lumière les beaux côtés de leur histoire. — Bien faire voir aux enfants que si les institutions antérieures à 1789 ne garantissaient aux Français ni les droits civils, ni les droits publics ou généraux, ceux qui disposaient du pouvoir n'en ont pas toujours abusé; que si les institutions actuelles nous les garantissent, ils peuvent être cependant violés quelquefois encore, si les hommes qui gouvernent ne sont pas intègres et moraux; que les *meilleures* institutions ne produisent d'excellents résultats que quand les gouvernants et les gouvernés travaillent de concert à les faire bien fonctionner. — Insister sur les obligations qu'impose à un peuple l'exercice de la souveraineté; bien mettre en relief celles des gouvernants à tous les degrés, qui doivent n'avoir en vue que la grandeur, la prospérité et la sécurité de la France; recourir à des récits imaginaires (*Pierre Laloi*, M. Tardieu, maire de Brive) ou à des exemples réels (Aristide, Léonidas, Thémistocle, Epaminondas, Philopœmen, Washington, Hoche, Marceau, etc.) pour indiquer les vertus et les mérites qu'il convient de chercher dans ceux à qui on délègue une portion de la souveraineté. — Bien faire ressortir les obligations de l'électeur: il confie à ses élus le soin d'administrer la fortune du pays, de veiller sur son honneur, de travailler à sa prospérité, de prendre dans les moments difficiles de graves résolutions; il peut être ruiné par les impôts qu'ils établiront, par les traités de commerce qu'ils ratifieront, être obligé d'abandonner sa famille et de risquer sa vie pour défendre le pays pendant la guerre qu'ils auront déclarée etc.; il expose sa famille et ses concitoyens aux mêmes dangers et devient ainsi l'artisan de son malheur et du malheur d'autrui; faire lire et commenter à ce point de vue la Déclaration des Droits et celle des Devoirs (p. 475), des histoires imaginaires (*Pierre Laloi*: Les droits et les devoirs du citoyen; Les derniers coups de canon, etc.) — Insister pour bien faire comprendre que la souveraineté nationale ne comporte pas pour un peuple le pouvoir de *faire tout ce qui lui plaît*, qu'il doit, comme l'individu, obéir aux prescriptions de la morale et respecter les droits de ses membres ; que la majorité doit éviter, hors le cas d'absolue nécessité, même les mesures vexatoires qui ne violent ni les règles morales, ni les droits de la minorité. (*Voyez les Conseils pédagogiques des chapitres suivants*).

BIBLIOGRAPHIE

Pierre Laloi, *Petites histoires pour apprendre la vie*.

Pierre Laloi, la *Première année d'instruction civique*.

Ernest Lavisse, *Sully*.

Ernest Lavisse, *Questions d'enseignement national*.

Léon Say, *Turgot*.

Rambaud, *Histoire de la civilisation française*.

Montesquieu, l'*Esprit des lois*.

J.-J. Rousseau, le *Contrat social*.

Paul Janet, *Histoire de la science politique*.

Paul Janet, la *Philosophie de la révolution française*.

Paul Janet, *Saint-Simon et le Saint-Simonisme*.

Fouillée, la *Propriété sociale et la démocratie*.

Franck, la *Philosophie du droit civil*.

Franck, *Des rapports de la religion et de l'Etat*.

Beaussire, la *Liberté dans l'ordre intellectuel et moral*.

Beaussire, les *Principes du droit*.

Bardoux, les *Légistes et leur influence sur la société française*.

Taine, les *Origines de la France contemporaine* (l'*Ancien régime*, la *Révolution*, etc.).

Flint, la *Philosophie de l'Histoire en France* (traduction Carrau).

Sybel, *Histoire de l'Europe pendant la Révolution française*.

Barni, *Histoire des idées morales et politiques en France au* xviiie *siècle*.

Barni, la *Morale dans la démocratie*.

Constitutions françaises (*Recueil des*).

Demonbynes, *Constitutions européennes*.

Bagehot, la *Constitution anglaise*.

Stuart Mill, le *Gouvernement représentatif* (traduction Dupont-White).

Stuart Mill, la *Liberté* (trad^{on} Dupont White).

H. Spencer, *Principes de sociologie*.

H. Spencer, *Essais sur le progrès*.

H. Spencer, *Essais de politique*.

H. Spencer, l'*Individu contre l'Etat*.

Émile Boutmy, *Études de droit constitutionnel*.

CHAPITRE XXXI

L'ÉTAT : LA CONSTITUTION, LES POUVOIRS PUBLICS.

SOMMAIRE

La Constitution de 1875. — Le Président de la République. — Le Sénat. — La Chambre des députés. — Les deux Chambres. — Les Ministres. — L'Intérieur. — L'Instruction publique. — Les Beaux-Arts. — La Justice. — Les Cultes. — L'Agriculture, le Commerce et l'Industrie, les Travaux publics, les Postes et les Télégraphes. — Les Affaires étrangères. — La Guerre. — La Marine. — Les Colonies. — Les Finances.

La Constitution de 1875. — Ouvrons un recueil des Constitutions qui ont été faites pour la France depuis 1789 : celle de 1791 traite des dispositions fondamentales garanties par la Constitution (titre I"), de la division du royaume et de l'état des citoyens (titre II), des pouvoirs publics (titre III) comprenant l'Assemblée nationale législative (ch. i), la royauté, la régence et les ministres (ch. ii), l'exercice du pouvoir législatif (ch. iii), l'exercice du pouvoir exécutif (ch. iv), le pouvoir judiciaire (ch. v); enfin de la force publique (titre IV), des contributions publiques (titre V), des rapports de la nation française avec les nations étrangères (titre VI), de la revision des décrets constitutionnels (titre VII). Celle de 1795 contient une Déclaration des droits et des devoirs de l'homme et du citoyen, une division du territoire (titre Ier), elle traite de l'état politique des citoyens (titre II), des assemblées primaires (titre III), des assemblées électorales (titre IV), du pouvoir législatif, Conseil des Cinq-Cents et Conseil des Anciens (titre V), du pouvoir exécutif, confié à un Directoire (titre VI), des corps administratifs et municipaux (titre VII), du pouvoir judiciaire (titre VIII), de la force armée (titre IX), de l'instruction publique (titre X), des finances (titre XI), des relations extérieures (titre XII), de la revision de la Constitution (titre XIII). La Charte constitutionnelle de 1814, volontairement et par le libre exercice de l'autorité royale disait le préambule, *accordée, concédée, octroyée* à toujours par Louis XVIII à ses sujets, réglait successivement le droit public des Français, les formes du gouvernement du roi; la Constitution et le rôle de la Chambre des pairs et de la Chambre des députés des départements; elle traitait ensuite des ministres, de l'ordre judiciaire et des droits particuliers garantis par l'État. Enfin la Constitution de 1875 comprend la loi, relative à l'organisation des pouvoirs publics, du 25 février 1875, qui règle les attributions du Président de la République, de la Chambre des députés et du Sénat; la loi relative à l'organisation du Sénat, du 24 février 1875; la loi sur les rapports des pouvoirs publics, du 16 juillet 1875; on y joint deux lois dites *organiques*, l'une relative à l'élection des députés du 30 novembre 1875, l'autre à celle des sénateurs, du 2 août 1875. Les lois constitutionnelles ne peuvent être modifiées que par les deux Chambres, réunies en Assemblée nationale, les lois organiques peuvent, comme les lois ordinaires, être remplacées par d'autres lois votées successivement par les deux Chambres. La première a été modifiée pour déterminer le tableau des circonscriptions électorales et augmenter le nombre des représentants de l'Algérie et des colonies (28 juillet 1881), pour rétablir le scrutin de liste (16 juin 1885); la seconde, pour décider que le Sénat ne remplacerait plus lui-même ses membres inamovibles et pour augmenter le nombre des délégués des communes importantes (9 décembre 1884).

Une Constitution est une loi fondamentale qui règle la nature, l'étendue, l'exercice des pouvoirs publics. La Constitution de 1875 comprend 3 lois dites constitutionnelles, qui ne peuvent être changées que par une résolution des deux Chambres réunies en Assemblée nationale : elles confient le pouvoir exécutif au Président de la République et à ses ministres, le pouvoir législatif au Sénat et à la Chambre des députés. Deux lois organiques, qui peuvent

Loi du 17 Juillet 1889.

Article premier. — Nul ne peut être candidat dans plus d'une circonscription.

Art. 2. — Tout citoyen qui se présente ou est présenté aux élections générales ou partielles, doit, par une déclaration signée ou visée par lui et dûment légalisée, faire connaître dans quelle circonscription il entend être candidat.

Cette déclaration est déposée, contre reçu provisoire, à la préfecture du département intéressé, le cinquième jour au plus tard avant le jour du scrutin. Il en sera délivré récépissé définitif dans les vingt-quatre heures.

Art. 3. — Toute déclaration faite en violation de l'article 1er de la présente loi est nulle et irrecevable.

Si des déclarations sont déposées par le même citoyen dans plus d'une circonscription, la première en date est seule valable. Si elles portent la même date, toutes sont nulles.

Art. 4. — Il est interdit de signer ou d'apposer des affiches, d'envoyer ou de distribuer des bulletins, circulaires ou professions de foi dans l'intérêt d'un candidat qui ne s'est pas conformé aux prescriptions de la présente loi.

Art. 5. — Les bulletins au nom d'un citoyen dont la candidature est posée en violation de la présente loi n'entrent pas en compte dans le résultat du dépouillement.

Les affiches, placards, professions de foi, bulletins de vote apposés ou distribués pour appuyer une candidature dans une circonscription où elle ne peut légalement être produite, seront enlevés ou saisis.

Art. 6. — Seront punis d'une amende de 10,000 fr. le candidat contrevenant aux dispositions de la présente loi et d'une amende de 1,000 à 5,000 fr. toute personne qui agira en violation de l'article 4 de la présente loi.

être modifiées comme les lois ordinaires, sont relatives à l'élection des députés et des sénateurs.

Le Président de la République. — La Constitution de 1848, la Constitution actuelle des Etats-Unis remettent la nomination du Président de la République au suffrage universel, direct ou indirect. Les Constituants de 1875 avaient vu que l'élection par tous les citoyens avait, en 1849, donné un Président qui, profitant de sa situation privilégiée, comme représentant de toute la nation, avait pu supprimer par la force la Constitution qu'il était chargé de défendre, avait été approuvé ensuite par un plébiscite et reconnu empereur. Ils ont décidé que le chef du pouvoir exécutif serait nommé par les deux Chambres réunies en Assemblée nationale : ils ont pensé que le Président, nommé par les sénateurs et les députés, perdrait sa force en même temps que ses droits, s'il essayait de s'attribuer un pouvoir que la loi ne lui reconnaît pas, que la nation, nommant ses représentants, pouvait leur déléguer sans aliéner sa souveraineté, le droit d'élire le magistrat suprême comme celui de renverser les ministres ou de faire les lois, que le collège électoral ainsi formé offre plus de garanties de compétence et ne sera jamais moins impartial qu'un collège qui comprendrait un nombre considérable d'individus, pour lesquels chacun des candidats serait absolument inconnu.

Le maréchal de Mac-Mahon, nommé Président de la République après M. Thiers et avant le vote des lois constitutionnelles, donna sa démission le 30 janvier 1879; le même jour les deux Chambres se réunissaient en Assemblée nationale, le scrutin était ouvert, M. Grévy obtenait 563 voix sur 670 votants et remplaçait le soir le Président démissionnaire. Le 28 décembre 1885, M. Grévy, arrivé au terme de son mandat, était réélu par 457 voix sur 589 votants, pour 7 ans à partir du 31 janvier 1886. Le 2 décembre 1887, M. Grévy adressait à la Chambre des députés et au Sénat un message par lequel il annonçait sa démission; le lendemain à 2 heures les membres des deux assemblées, convoqués et présidés par le Président du Sénat, se réunissaient à Versailles; on procédait immédiatement au tirage au sort des scrutateurs, puis, au second tour de scrutin, M. Carnot était élu par 616 voix sur 827 votants et la séance était levée avant 7 heures. Le Conseil des Ministres, qui avait pris toutes les mesures nécessaires pour assurer l'ordre et l'expédition des affaires, était chargé de porter au nouvel élu le procès-verbal de la séance qui constatait sa nomination.

Le Président de la République nomme à tous les emplois civils et militaires : mais en réalité ce sont les Chambres qui lui désignent par leurs votes les ministres qui doivent l'assister, ce sont les ministres qui font les nominations de fonctionnaires, qui défendent devant les Chambres la politique du gouvernement, qui prennent l'initiative des mesures politiques, qui contresignent chacun des actes ou décrets du Président, qui, par suite, sont responsables solidairement de la politique générale, et individuellement de leurs actes personnels; tandis que le président n'est responsable que dans le cas de haute trahison. De même le Président dispose de la force armée, promulgue les lois, en surveille et en assure l'exécution, nomme les titulaires des postes vacants au Conseil d'État, convoque, ajourne les Chambres et clôt leurs sessions, déclare la guerre avec l'assentiment préalable des Chambres, négocie et ratifie les traités, présente des projets de lois et envoie aux Chambres des messages ; mais, en réalité ce sont les ministres responsables qui nomment les commandants de la force armée, qui promulguent les lois, qui convoquent les Chambres, qui déclarent la guerre, en un mot qui accomplissent tous les actes que la Constitution réserve au pouvoir exécutif. Personnellement le Président préside aux solennités nationales, reçoit les envoyés et les ambassadeurs étrangers, a le droit de faire grâce, de dissoudre, sur l'avis conforme du Sénat, la Chambre des députés avant l'expiration légale de son mandat, le droit et le devoir de remplacer les ministres auxquels les Chambres ont refusé leur confiance, en se conformant aux intentions manifestées par la majorité qui les a renversés. (*Loi du 25 février* 1875.) Enfin il exerce une influence morale proportionnée à la dignité de sa conduite politique et privée.

Le Président de la République est nommé pour sept ans par les Chambres réunies en Assemblée nationale, il est rééligible; les ministres provoquent et contresignent, sous leur responsabilité, les décrets par lesquels il signifie les actes que la Constitution lui reconnaît le droit d'accomplir. Il a le droit de faire grâce, préside aux solennités nationales, reçoit les ambassadeurs et envoyés étrangers, remplace, en s'inspirant des intentions des Chambres, les ministres qui ont perdu la majorité, peut, sur l'avis conforme du Sénat, dissoudre la Chambre des députés, enfin exerce, par la dignité de sa conduite privée et publique, une influence morale favorable au bien général, sur les Chambres, les ministres et sur le pays lui-même.

Le Sénat. — Le Sénat se compose de 300 membres. L'Assemblée nationale avait établi que 75 sénateurs, élus par elle et remplacés ensuite par le Sénat, seraient inamovibles. La loi du 9 décembre 1884 a stipulé qu'il y aurait 300 membres élus par les départements et les colonies : elle donne 10 sénateurs à la Seine, 8 au Nord, 5 aux Côtes-du-Nord, au Finistère, à la Gironde, à l'Ille-et-Vilaine, à la Loire, à la Loire-Inférieure, au Pas-de-Calais, au Rhône, à Saône-et-Loire, à la Seine-Inférieure, 2 aux Basses-Alpes, aux Hautes-Alpes, aux Alpes-Maritimes, à l'Ariège, au Cantal, à la Lozère, aux Hautes-Pyrénées, aux Pyrénées-Orientales, au Tarn-et-Garonne, à Vaucluse, 3 à chacun des autres départements français. Belfort, les départements de l'Algérie, la Martinique, la Guadeloupe, la Réunion et les Indes françaises élisent un sénateur.

Plusieurs départements ont aujourd'hui plus de représentants que ne leur en donnait la loi du 24 février 1875 : la Seine en a 5 nouveaux, le Nord 3 ; la Seine-Inférieure, le Pas-de-Calais, la Gironde, le Rhône, le Finistère, les Côtes-du-Nord 1 ; la Loire-Inférieure, Saône-et-Loire, l'Ille-et-Vilaine, la Loire, 2 ; Seine-et-Oise, l'Isère, le Puy-de-Dôme, la Somme, les Bouches-du-Rhône, l'Aisne, la Manche, Maine-et-Loire, le Morbihan, la Dordogne, la Haute-Garonne, la Charente-Inférieure, l'Ain, l'Ardèche, les Ardennes, l'Aube, l'Aude, la Charente, le Cher, la Corrèze, la Corse, la Côte-d'Or, la Creuse, le Doubs, la Drôme, l'Eure, Eure-et-Loir, le Gers, l'Indre, Indre-et-Loire, le Jura, les Landes, Loir-et-Cher, la Haute-Loire, le Loiret, le Lot, Lot-et-Garonne, la Marne, la Haute-Marne, la Mayenne, Meurthe-et-Moselle, la Meuse, la Nièvre, la Haute-Saône, la Savoie, la Haute-Savoie, Seine-et-Marne, les Deux-Sèvres, le Tarn, le Var, la Vienne, la Haute-Vienne, l'Yonne, 1. L'augmentation s'effectuera à mesure des vacances qui se produiront parmi les inamovibles ; un tirage au sort déterminera le département qui sera appelé à élire un sénateur.

Pour être sénateur, il faut avoir 40 ans au moins et jouir de ses droits civils et politiques. Les membres des familles qui ont régné sur la France, sont inéligibles ; les militaires des armées de terre et de mer ne peuvent être élus. Toutefois les maréchaux et amiraux, les officiers généraux, maintenus sans limite d'âge dans la première section du cadre de l'état-major général et non pourvus de commandement, les officiers généraux ou assimilés placés dans la deuxième section du cadre de l'état-major général, les militaires qui appartiennent à la réserve de l'armée active ou à l'armée territoriale, peuvent faire partie du Sénat. La loi du 9 décembre 1884 laisse à une loi spéciale le soin de prononcer sur les incompatibilités parlementaires et maintient en vigueur l'article 8 de la loi organique du 30 novembre 1875.

Les sénateurs sont élus au scrutin de liste par un collège qui se réunit au chef-lieu du département ou de la colonie et comprend les députés, les conseillers généraux et d'arrondissement, les délégués élus par les conseils municipaux, parmi les électeurs de chaque commune. Les conseils élisent 1, 2, 3, 6, 9, 12, 15, 18, 21, 24 délégués selon qu'ils comprennent 10, 12, 16, 21, 23, 27, 30, 32, 36 membres (ch. XXXVII); celui de la Seine élit 30 délégués. Ils nomment en même temps des suppléants (1, 2, 3, 4, 5, 8,) chargés de remplacer les délégués en cas de refus ou d'empêchement.

Un décret du Président de la République fixe, six semaines au moins à l'avance, le jour où doivent être choisis les délégués et celui où doivent avoir lieu les élections sénatoriales. Les délégués sont élus sans débat dans une réunion dont l'heure est fixée par arrêté préfectoral. Le collège électoral du Sénat est présidé par le président, le vice-président ou le juge le plus ancien du tribunal du chef-lieu, qu'assistent les 2 plus jeunes et les 2 plus âgés des électeurs présents. Le bureau, qui choisit un secrétaire, parmi les électeurs, les répartit par ordre alphabétique en sections de vote comprenant au moins 100 électeurs, en nomme les présidents et scrutateurs. Le premier scrutin ouvre à 8 heures et ferme à midi, le second ouvre à 2 heures et ferme à 4 heures, le troisième ouvre à 6 heures et ferme à 8 heures. Le bureau recense le résultat, que proclame le président. Pour être élu sénateur au premier ou au deuxième tour, il faut réunir la majorité absolue des suffrages exprimés et le quart des électeurs inscrits, au troisième la majorité relative suffit. Les délégués qui ont pris part à tous les scrutins, reçoivent sur les fonds de l'État, s'ils la requièrent, une indemnité de déplacement, payée sur les mêmes bases et de la même manière que celle que l'on accorde aux jurés.

Les sénateurs, élus pour 9 ans, sont renouvelables par tiers tous les 3 ans. Ils reçoivent, comme les députés, une indemnité annuelle de 9,000 francs.

Le Sénat a, concurremment avec la Chambre des députés, l'initiative et la confection des lois; toutefois les lois de finances doivent être présentées en premier lieu à la Chambre et votées par elle. Il peut être constitué en Cour de justice, pour juger le Président de la République, accusé de haute trahison, les Ministres mis en accusation par la Chambre, les auteurs d'attentats commis contre la sûreté de l'État. Dans ce dernier cas, la constitution en Cour de justice est prononcée par un décret rendu en conseil des ministres, une loi détermine le mode de procéder pour l'accusation, l'instruction et le jugement; le Sénat désigne la ville et le local où il veut siéger comme Cour de justice. Enfin l'avis conforme du Sénat est nécessaire pour la dissolution de la Chambre.

Le Sénat a arrêté son règlement le 10 juin 1876. A l'ouverture de chaque session ordinaire, le doyen d'âge préside, les 6 plus jeunes sénateurs remplissent les fonctions de secrétaires; le Sénat élit immédiatement, ou dans une séance ultérieure, un bureau définitif qui comprend un président, 4 vice-présidents, 6 secrétaires et 3 questeurs. Le Sénat statue sur la validité, après avoir examiné les procès-verbaux des opérations électorales des départements et des colonies, répartis entre les bureaux d'après l'ordre alphabétique des départements. Il se partage en 9 bureaux, renouvelés chaque mois par le tirage au sort et choisissant leur président et leur secrétaire. Les bureaux nomment, au commencement de chaque session ordinaire, une commission du budget de 18 membres, et une commission de 9 membres pour la comptabilité intérieure; tous les mois, une commission de 18 membres chargée d'examiner les projets émanant de l'initiative parlementaire, des commissions de 9 membres pour l'examen des projets relatifs aux intérêts communaux et départementaux, des pétitions, des demandes de congés. Ils discutent les questions qui leur sont renvoyées et nomment chacun un ou plusieurs commissaires qui forment les commissions spéciales. Toute commission nomme un président, un secrétaire et un rapporteur.

Le président, qui peut être remplacé par un des vice-présidents, ouvre la séance, dirige les délibérations et maintient l'ordre; les secrétaires surveillent la rédaction du procès-verbal de chaque séance. Le président donne la parole aux sénateurs dans l'ordre où ils se sont fait inscrire ; toutefois les ministres, les commissaires du gouvernement, les rapporteurs ne sont point assujettis à l'ordre d'inscription ; un sénateur obtient toujours la parole après un membre du gouvernement. Le président rappelle à la question l'orateur qui s'en écarte, il peut demander au Sénat de lui interdire la parole pour la séance et sur la même question ; mais il doit accorder la parole au sénateur qui la demande pour un fait personnel. Le Sénat peut se former en comité secret sur la demande écrite de 5 membres. Il vote par assis et levé ; il vote au scrutin public, si le bureau proclame douteuses deux épreuves par assis et levé, s'il s'agit de l'ensemble de projets de loi, autres que ceux d'intérêt local, si un membre le demande après une épreuve douteuse, si 10 membres en font la demande écrite. Le vote au scrutin public se fait à l'aide de bulletins au nom de chaque sénateur, l'un *blanc*, qui indique l'adoption, l'autre *bleu* qui indique le rejet : les secrétaires dépouillent les bulletins déposés dans les urnes et le président fait connaître le nombre des voix qui ont adopté, le nombre de celles qui ont rejeté la proposition. Dans les cas ordinaires, les urnes circulent dans la salle et les sénateurs déposent leur bulletin au passage ; mais si 10 membres demandent le scrutin public à la tribune et que le Sénat, par assis et levé, s'associe à leur demande, 2 urnes sont placées sur la tribune : dans l'une sont placés les bulletins de vote au nom des sénateurs, dans l'autre des boules de contrôle, qui doivent être en nombre égal à celui des bulletins déposés. Si 20 membres le demandent par écrit, le Sénat vote au scrutin secret dans tous les cas où le scrutin public peut ou doit être admis : le vote a lieu comme dans le scrutin public à la tribune, mais le bulletin est remplacé par une boule blanche (*adoption*) ou noire (*rejet*) ; on peut en outre réclamer en ce cas l'appel nominal, sur lequel le Sénat prononce par assis et levé. C'est au scrutin secret que se font les nominations en assemblée générale, dans les bureaux et les commissions. Il faut qu'il y ait 151 membres présents pour que les votes soient valables, mais le second tour de scrutin, fait sur le même objet, n'a besoin le lendemain que de la majorité relative.

Tout sénateur peut, si le ministre y consent, poser une question ; il a toujours le droit d'interpeller un ministre : le Sénat, sur la demande écrite remise au président, fixe le jour de l'interpellation, après avoir entendu le gouvernement ; mais il ne peut renvoyer au delà d'un mois les interpellations qui portent sur la politique intérieure. La discussion de l'interpellation se termine par un vote de confiance ou de blâme : l'ordre du jour pur et simple n'implique par lui-même ni blâme ni approbation, mais indique que le Sénat entend revenir à l'examen des questions qu'il s'était réservées pour cette séance, il est mis aux voix avant les ordres

L'ÉTAT : LA CONSTITUTION, LES POUVOIRS PUBLICS. 487

du jour motivés et rédigés par écrit. Les pétitions, écrites et signées avec légalisation, qui n'ont pas été apportées ou transmises par un rassemblement formé sur la voie publique, sont renvoyées à une commission spéciale qui décide si elles doivent être renvoyées aux ministres ou rapportées devant le Sénat ; les ministres doivent faire connaître avant 6 mois la suite donnée par eux aux renvois ordonnés.

Le président accorde d'urgence un congé à un sénateur, à charge d'en aviser le Sénat ; le Sénat seul, après le rapport de la commission spéciale, peut donner un congé régulier. Tout sénateur qui, pendant 6 séances consécutives, ne répond pas à l'appel nominal, ou qui n'a pas pris part aux travaux des bureaux et commissions, aux discussions et aux scrutins en séance publique, est réputé absent sans congé et privé de son indemnité.

Le président habite le palais du Luxembourg, veille à la sûreté extérieure et intérieure du Sénat, fixe les forces militaires qu'il juge nécessaires pour protéger l'Assemblée et qui sont placées sous ses ordres. Il peut, après 2 rappels à l'ordre, proposer au Sénat d'interdire la parole à l'orateur, de prononcer la censure simple, l'exclusion temporaire, qui oblige le sénateur à quitter immédiatement la salle et à n'y pas reparaître pendant les 3 séances qui suivent. Il se couvre en cas de tumulte et peut suspendre la séance pendant une heure, la renvoyer au lendemain si le tumulte renaît.

Les questeurs sont chargés de l'administration des fonds assignés au Sénat.

Il y a 300 sénateurs élus par les départements et les colonies : le collège électoral qui les nomme comprend les députés, les conseillers généraux et d'arrondissement, les délégués des conseils municipaux ; les sénateurs sont élus pour 9 ans, renouvelables par tiers tous les 3 ans et reçoivent une indemnité annuelle de 9,000 francs. Ils doivent être âgés de 40 ans et ne pas tomber dans les cas d'inéligibilité ou d'incompatibilité proclamés par la loi. Le Sénat a, comme la Chambre des députés, l'initiative et la confection des lois, il peut être constitué en Cour de justice pour juger le Président de la République, accusé de haute trahison, les Ministres mis en accusation par la Chambre, les auteurs d'attentats commis contre la sûreté de l'État ; il a le droit d'autoriser le Président de la République à dissoudre la Chambre des députés. Le Sénat a déterminé par un règlement intérieur, la formation et le rôle de son bureau, son mode de votation, le rôle de son président et de ses questeurs, la manière dont les sénateurs exercent leur droit d'interrogation et d'interpellation envers le gouvernement, les peines disciplinaires qui peuvent frapper ses membres.

La Chambre des députés. — Les députés, nommés autrefois au scrutin d'arrondissement, sont élus, d'après la loi du 16 juin 1885, au scrutin de liste : chaque département élit un député par 70.000 habitants, les étrangers non compris.

La Cochinchine, la Guyane et l'Inde Française, le Sénégal ont chacun 1 député; la Guadeloupe, la Martinique, la Réunion, Alger, Constantine, Oran, Belfort en ont 2; les Basses et les Hautes-Alpes, les Alpes-Maritimes, la Lozère, les Pyrénées-Orientales en ont 3; l'Ariège, l'Aube, le Cantal, la Corse, la Creuse, Eure-et-Loir, le Gers, le Loir-et-Cher, le Lot, la Haute-Marne, les Hautes-Pyrénées, la Savoie, la Haute-Savoie, le Tarn, Tarn-et-Garonne, Vaucluse en ont 4 ; les Ardennes, l'Aude, la Corrèze, le Doubs, la Drôme, l'Indre, Indre-et-Loire, le Jura, les Landes, la Haute-Loire, le Lot-et-Garonne, Mayenne, la Meuse, la Nièvre, la Haute-Saône, Seine-et-Marne, les Deux-Sèvres, la Vienne, la Haute-Vienne, en ont 5 ; l'Ain, l'Allier, l'Ardèche, l'Aveyron, la Charente, le Cher, la Côte-d'Or, l'Eure, le Gard, le Loiret, la Marne, Meurthe-et-Moselle, l'Oise, l'Orne, les Basses-Pyrénées, le Tarn, les Vosges, l'Yonne, 6 ; le Calvados, la Charente-Inférieure, la Haute-Garonne, l'Hérault, la Sarthe, la Vendée, 7 ; l'Aisne, les Bouches-du-Rhône, la Dordogne, Maine-et-Loire, la Manche, le Morbihan, la Somme, 8 ; les Côtes-du-Nord, l'Ille-et-Vilaine, l'Isère, la Loire, la Loire-Inférieure, le Puy-de-Dôme, Saône-et-Loire, Seine-et-Oise, 9 ; le Finistère, 10 ; la Gironde, le Rhône, 11 ; le Pas-de-Calais, la Seine-Inférieure, 12 ; le Nord, 20, et la Seine, 38.

Les députés sont élus pour 4 ans et renouvelés intégralement. En cas de vacance par décès, démission, etc., l'élection doit être faite dans les 3 mois, excepté quand la vacance se produit dans les 6 mois qui précèdent le renouvellement de la Chambre. Les élections générales ont lieu dans les 60 jours qui précèdent l'expiration des pouvoirs de la Chambre. Tout électeur âgé de 25 ans est éligible; les membres des familles qui ont régné sur la France sont inéligibles ; les militaires ou marins en activité de service, qui ne prennent part à aucun vote, ne peuvent être élus, mais les officiers placés dans la 2ᵉ section du cadre de l'état-major général, ceux qui, maintenus dans la 1ʳᵉ section comme ayant commandé en chef devant l'ennemi, ne sont plus employés activement, ceux qui sont envoyés ou maintenus dans leurs foyers en attendant la liquidation de leur pension de retraite, ceux qui font partie de la réserve de l'armée active ou de l'armée territoriale, peuvent faire partie de la Chambre.

Les fonctionnaires, rétribués sur les fonds de l'État, sont remplacés dans leurs fonctions s'ils sont élus députés ; tout député nommé ou promu à une fonction publique salariée cesse d'appartenir à la Chambre : toutefois les ministres et les sous-secrétaires d'État, les ministres plénipotentiaires, le préfet de la Seine et le préfet de police, le premier Président de la Cour de cassation, de la Cour des comptes, de la Cour d'appel de Paris et les Procureurs généraux près les mêmes Cours, les archevêques et évêques, les pasteurs présidents de Consistoire dans les circonscriptions consistoriales dont le chef-lieu compte 2 pasteurs et au-dessus, le grand rabbin du Consistoire central, le grand rabbin du Consistoire de Paris, les professeurs titulaires de chaires qui sont données au concours ou sur la présentation des corps où la vacance s'est produite, sont exceptés de cette disposition, et les députés qui acceptent l'une de ces fonctions peuvent être réélus immédiatement à la Chambre ; les députés nommés ministres ou sous-secrétaires d'État ne sont pas soumis à la réélection. Pendant l'exercice de leurs fonctions, pendant les 6 mois qui suivent la cessation de leurs fonctions, par destitution, démission, changement de résidence, etc., ne peuvent être élus par le département ou la colonie, compris en tout ou en partie dans leur ressort, les premiers présidents et présidents, les membres des parquets des Cours d'appel ; les présidents, vice-présidents, juges titulaires, juges d'instruction et membres des parquets des tribunaux de première instance, le préfet de police, les préfets et les secrétaires généraux des préfectures, les sous-préfets, les gouverneurs, directeurs de l'intérieur et secrétaires généraux des colonies, les ingénieurs en chef et d'arrondissement, les agents voyers en chef et d'arrondissement, les recteurs, inspecteurs d'académie et inspecteurs primaires, les archevêques, évêques et vicaires généraux, les trésoriers payeurs généraux et les receveurs particuliers des finances, les directeurs des contributions directes et indirectes, de l'enregistrement, des domaines et des postes, les conservateurs et inspecteurs des forêts.

La loi défend au député de se lier à l'avance envers ses électeurs par un contrat absolu qui engagerait tous ses votes et règlerait tous ses actes ; elle déclare que tout *mandat impératif* est nul et de nul effet ; elle exige pour l'élection au premier tour de scrutin la majorité absolue des suffrages exprimés et le quart des électeurs inscrits, pour le second tour la majorité relative ; elle proclame élu pour la Chambre, comme pour toutes les autres assemblées électives, le plus âgé des deux candidats qui ont un nombre égal de suffrages. Elle accorde aux députés une indemnité de 9,000 francs.

C'est devant la Chambre que doivent être présentées d'abord les lois de finances, c'est la Chambre qui met en accusation le Président de la République et les Ministres. Elle a, concurremment avec le Sénat, l'initiative et la confection des lois, elle peut être dissoute avant l'expiration légale de ses pouvoirs par le Président de la République, sur l'avis conforme du Sénat, mais dans ce cas les collèges électoraux sont convoqués dans le délai de 3 mois.

La Chambre a arrêté son règlement le 16 juin 1876 et l'a modifié le 13 novembre 1877 et le 1ᵉʳ décembre 1879. A l'ouverture de sa première session ordinaire, elle procède, sous la présidence du doyen d'âge, assisté des 6 membres les plus jeunes, à l'élection d'un président et de deux vice-présidents provisoires ; elle est divisée, par le tirage au sort, en 11 bureaux qui examinent les procès-verbaux des élections ; des rapporteurs, désignés par les bureaux, proposent la validation ou l'invalidation, la Chambre prononce. Quand elle a vérifié les pouvoirs de la moitié plus un de ses membres, elle nomme pour toute la session ordinaire son bureau définitif qui comprend 1 président, 4 vice-présidents, 8 secrétaires et 3 questeurs. Les bureaux, renouvelés tous les mois, élisent 1 président, 1 secrétaire, 1, 2 ou 3 commissaires après la discussion des projets de loi et des propositions qui leur sont renvoyés ; 4 commissions, celles des congés, des pétitions, des projets concernant les intérêts départementaux et communaux, comprenant chacune 11 membres, celle d'initiative parlementaire qui en a 22, sont renouvelées tous les mois avec les bureaux qui les ont nommées. Les bureaux élisent encore pour l'année une commission de comptabilité intérieure et une commission du budget de 33 membres. La Chambre peut décider que les membres d'une commission seront nommés au scrutin de liste en assemblée générale ou dans les bureaux ; toute commission comporte 1 président, 1 secrétaire, et 1 rapporteur. La Chambre consacre deux jours par semaine au travail des commissions et des bureaux.

Le règlement de la Chambre est à peu près le même que celui du Sénat en ce qui concerne le rôle du président, des secrétaires et des questeurs, les interpellations et les questions, la procédure suivie à propos des pétitions, le mode de votation, l'obtention des congés, les peines disciplinaires. Toutefois la censure simple et la censure avec exclusion entraînent l'impression et l'affichage, à 200 exemplaires aux frais du député, de l'extrait du procès-verbal mentionnant la censure ; la première de ces deux mesures entraîne en outre, pendant un mois, la seconde pendant deux mois la privation de la moitié de l'indemnité ; enfin le député frappé de cette dernière pénalité, qui persiste à assister aux séances, peut être mis aux arrêts dans le palais législatif pendant trois jours.

Les députés sont nommés par département au scrutin de liste, à raison d'un député pour 70,000 habitants français ; ils sont élus pour 4 ans, renouvelables intégralement et reçoivent une indemnité annuelle de 9,000 francs. Ils doivent être électeurs et âgés de 25 ans, n'être inéligibles ni dans toute la France ou dans un rayon déterminé, ni chargés de fonctions déclarées incompatibles par la loi avec celles de député.

C'est devant la Chambre que doivent d'abord être présentées les lois de finance, la Chambre seule peut mettre en accusation le Président de la République et les ministres. Le règlement intérieur de la Chambre des députés est en beaucoup de points analogue à celui du Sénat.

Les deux Chambres. — La Constitution de 1875 a confié le pouvoir législatif à deux chambres : elle a établi que toute loi, toute proposition intéressant le pays serait examinée et discutée à deux moments différents par des hommes qui seraient, à des titres divers, les représentants de la nation ; elle a ainsi prévenu les résolutions précipitées auxquelles pourrait se décider une seule assemblée dans un moment d'emportement ou d'affolement, les mesures vexatoires auxquelles pourrait recourir une assemblée unique, qui ne trouverait aucune limitation à son pouvoir ; elle a voulu écarter les conflits entre le pouvoir législatif et le pouvoir exécutif ou leur assurer, dans les cas où ils ne peuvent être empêchés, un dénouement légal : le Président de la République ne dissout la Chambre que sur l'avis conforme du Sénat, les ministres qui voient revenir une majorité dont ils ont demandé et obtenu la dissolution, n'ont plus qu'à donner leur démission. D'un autre côté, les députés, choisis parmi les électeurs de 25 ans sont nommés par les citoyens, dont la majorité est composée d'hommes n'ayant pas 40 ans ; les sénateurs doivent avoir au moins 40 ans et leurs électeurs, députés, conseillers généraux ou d'arrondissement, délégués des conseils municipaux sont en majorité du même âge. La Chambre représente d'une façon plus spéciale les *jeunes générations*, le Sénat, les *générations antérieures* ; les lois votées par les sénateurs et les députés sont l'expression de la volonté nationale, manifestée par les générations diverses qui possèdent chacune une portion de souveraineté.

Les deux Chambres se réunissent de droit chaque année, le second mardi de janvier, à moins d'avoir été convoquées antérieurement par le Président de la République ; elles doivent siéger cinq mois au moins chaque année, la session de l'une commence et finit avec celle de l'autre ; elles peuvent être ajournées pendant un mois et deux fois dans la même session par le Président de la République ; elles sont convoquées par lui en séance extraordinaire s'il le juge nécessaire ou si la majorité absolue des députés ou des sénateurs le demande dans l'intervalle des sessions. Toute assemblée tenue hors du temps de la session commune est illicite et nulle de plein droit, sauf le cas où les Chambres se réunissent en congrès pour élire le Président de la République, où le Sénat est constitué en Cour de justice. Les séances sont publiques, à moins que la majorité ne décide qu'il y a lieu de se former en scrutin secret ; les Chambres élisent leur bureau pour toute la session ordinaire et pour toute session extraordinaire qui aurait lieu avant la session ordinaire de l'année suivante ; elles jugent la validité de l'élection de leurs membres ; les présidents, chargés de veiller à la sûreté intérieure et extérieure de leur assemblée, peuvent requérir la force armée et toutes les autorités dont ils jugent le concours nécessaire, requérir directement tous les officiers, commandants ou fonctionnaires, qui sont tenus d'obtempérer à la réquisition sous les peines portées par les lois ; ils peuvent déléguer le droit de réquisition aux questeurs ou à l'un d'eux.

Aucun membre des Chambres ne peut être poursuivi ou recherché à l'occasion des opinions ou des votes qu'il a émis pendant l'exercice de ses fonctions, ne peut, pendant la durée de la session, être poursuivi en matière correctionnelle ou criminelle, sauf le cas de flagrant délit, qu'avec l'autorisation de la Chambre dont il fait partie.

L'ÉTAT : LA CONSTITUTION, LES POUVOIRS PUBLICS.

Les Chambres ont le droit de reviser la Constitution après avoir décidé chacune à la majorité absolue des voix, soit spontanément, soit sur la demande du Président de la République, qu'il y a lieu pour elles de se réunir en Assemblée nationale. D'après la loi du 14 août 1884, la forme républicaine ne peut faire l'objet d'une proposition de revision. Les deux Chambres réunies en Assemblée nationale, à Versailles, ne peuvent prendre de résolution qu'à la majorité absolue des voix. C'est à Versailles encore qu'elles sont convoquées pour la nomination du Président de la République : le bureau de l'Assemblée nationale est formé du président, des vice-présidents et des secrétaires du Sénat.

L'institution de deux Chambres garantit le pays contre l'absolutisme d'une seule assemblée, donne des lois mieux préparées et qui sont l'expression plus exacte de la volonté nationale. Les deux Chambres, qui siègent en même temps, se réunissent en Assemblée nationale pour reviser la Constitution ou nommer le Président de la République ; leurs membres sont inviolables, leurs présidents ont le droit de requérir la force publique pour assurer la sûreté intérieure et extérieure de l'assemblée qu'ils président.

Les ministres. — Les ministres sont les *serviteurs* de l'État : ils préparent le budget et les projets de loi (ch. XXXII), négocient les traités, soutiennent devant les Chambres la politique du gouvernement dont ils sont responsables, prennent les mesures politiques que réclament les circonstances, contresignent les actes ou *décrets* du Président de la République, prennent des *arrêtés*, rédigent, avec l'aide du Conseil d'État les *règlements d'administration publique* qui ont pour but de compléter et d'expliquer la loi, des *circulaires* dans lesquelles ils donnent des instructions aux fonctionnaires placés sous leurs ordres.

Les ministres sont choisis en général dans les Chambres ; le Président de la République appelle auprès de lui l'homme politique qui lui semble désigné par les représentants et le charge de constituer le *cabinet*, de choisir les collaborateurs qui formeront avec lui le *Conseil* dont il sera le Président. Les ministres, qui gouvernent de concert et sont solidairement responsables, doivent avoir les mêmes opinions politiques ou tout au moins s'être mis d'accord sur les questions qu'ils auront à résoudre et sur les solutions qu'il convient de leur donner. Chaque ministre peut être questionné sur ses actes individuels; la Chambre ou le Sénat se bornent à prendre acte de sa réponse sans émettre un vote de confiance ou de blâme; s'il est *interpellé*, la discussion se termine par un vote, le ministre blâmé remet sa démission au président du conseil. D'ordinaire le cabinet tout entier, qui a délibéré en conseil sur la mesure attaquée par un ou plusieurs représentants, se déclare solidaire du ministre interpellé, son président prend part à la discussion et tous les ministres, s'il y a un vote de blâme ou si l'une des Chambres refuse le vote de confiance qui lui est demandé, remettent leur démission entre les mains du président du Conseil qui la transmet au Président de la République. Les ministres démissionnaires restent chargés de l'exécution des affaires jusqu'à la constitution d'un nouveau cabinet. Lorsque l'interpellation porte sur la politique générale du gouvernement, c'est le président du Conseil qui répond, les autres ministres n'interviennent que si l'on attaque leurs actes personnels; c'est lui encore qui fait, au nom du cabinet tout entier, les déclarations aux Chambres. Si les députés ne se contentent pas de blâmer les ministres, s'ils leur reprochent d'avoir commis des *crimes* dans l'exercice de leur fonctions, ils peuvent les mettre en accusation : le Sénat, constitué en Cour de justice, est chargé de les juger.

Outre leurs fonctions politiques, les ministres ont des fonctions administratives : chacun d'eux, chargé d'une partie des services publics, est le chef d'un *département ministériel.*

Le nombre de ces départements n'est pas fixé par la Constitution et varie selon les cabinets. Ils comprennent : l'*Intérieur*, l'*Instruction publique*, les *Beaux-Arts*, la *Justice*, les *Cultes*, l'*Agriculture*, l'*Industrie*, le *Commerce*, les *Travaux publics*, les *Postes* et les *Télégraphes*, les *Affaires étrangères*, la *Guerre*, la *Marine*, les *Colonies*, les *Finances*. On réunit quelquefois, pour en former un seul ministère, l'Instruction publique et les Beaux-Arts, la Justice et les Cultes; l'Industrie, l'Agriculture et le Commerce; les Finances, les Postes et les Télégraphes; la Marine et les Colonies. Les Ministres sont parfois assistés de sous-secrétaires d'État; ainsi le ministre de l'instruction publique peut avoir un sous-secrétaire d'État, chargé spécialement des Beaux-Arts.

Chaque ministère constitue une grande administration centrale qui comprend des directeurs généraux, des directeurs ou sous-directeurs, des chefs ou sous-chefs de division et de bureau, des employés, rédacteurs ou expéditionnaires. Ainsi le ministère de l'Instruction publique compte quatre directions : celle du secrétariat et de la comptabilité, celle de l'enseignement supérieur, celle de l'enseignement secondaire et celle de l'enseignement primaire. La direction de l'enseignement primaire a 6 bureaux : le 1er s'occupe du personnel de l'enseignement primaire, de l'enseignement primaire supérieur et des secours; le 2e du contentieux et de la discipline, de l'organisation pédagogique et des examens; le 3e des maisons d'école, du mobilier scolaire, des créations d'écoles et d'emplois; le 4e de la comptabilité; le 5e des bibliothèques scolaires et pédagogiques, du matériel d'enseignement; le 6e de l'administration, de la comptabilité des écoles normales primaires et des écoles primaires supérieures, des bourses d'enseignement primaire.

Chaque ministère a en outre un certain nombre d'agents répartis sur toute la surface du territoire, nommés directement ou indirectement par le ministre qui a le droit de réformer leurs actes. Les décisions des ministres en matières contentieuses peuvent être attaquées en Conseil d'État par ceux dont les droits acquis sont violés; il n'en est pas de même de celles qui portent sur l'administration pure.

Les Ministres, choisis par le Président de la République d'après les indications des Chambres, constituent un Cabinet ou un Conseil qui a pour président l'homme politique chargé de le constituer, qui se réunit et délibère sous la présidence du chef de l'État, qui est chargé du gouvernement et de l'administration du pays. Les ministres sont responsables devant les chambres qui les obligent à se retirer en leur infligeant un vote de blâme; ils peuvent être mis en accusation par la Chambre des députés et jugés par le Sénat. Les départements ministériels, dont le nombre varie comprennent : l'Intérieur, l'Instruction publique, les Beaux-Arts, la Justice, les Cultes, l'Agriculture, l'Industrie, le

Commerce, les Travaux publics, les Postes et les Télégraphes, les Affaires étrangères, la Guerre, la Marine, les Colonies, les Finances ; ils comportent une administration centrale et des agents répandus sur tout le territoire.

L'Intérieur. — Le Ministre de l'intérieur est spécialement chargé de diriger l'administration des départements, des arrondissements et des communes. Il a sous ses ordres le préfet de la Seine et le préfet de police à Paris, les préfets des départements, les sous-préfets, les secrétaires généraux et les conseillers de préfecture, dont il propose la nomination et la révocation au Président de la République, les maires qui sont choisis par les conseils municipaux. A ce ministère ressortissent encore les commissaires de police, chargés de veiller à l'exécution des règlements de police, de dresser les procès-verbaux en matière criminelle, correctionnelle et de simple police, de remplir les fonctions de ministère public devant le tribunal de simple police (ch. xxxii) ; le service de l'assistance publique, hôpitaux, hospices, asiles d'aliénés, dépôts de mendicité, crèches, institutions des sourds-muets (Paris, Chambéry, Bordeaux), des jeunes aveugles, les inspecteurs des enfants assistés, les commissions d'hygiène des arrondissements, etc. ; le service pénitentiaire, comprenant les prisons départementales, qui sont des maisons d'arrêt, de justice ou de correction, où sont subies les peines inférieures à 1 an, les maisons centrales, qui renferment les condamnés à un emprisonnement correctionnel de plus d'un an, les condamnés à la réclusion, les condamnés aux travaux forcés âgés de 60 ans au moment du jugement, les femmes et les filles condamnées aux travaux forcés, les colonies pénitentiaires où sont retenus les jeunes détenus. Le gouvernement général de l'Algérie qui comprend une administration centrale, une administration civile et militaire, les services de la police, de l'assistance publique, de la colonisation, etc., relève du ministère de l'Intérieur.

Le ministre de l'Intérieur est chargé de l'administration générale, de la police, de l'assistance publique, du service pénitentiaire : il a sous ses ordres le gouvernement général de l'Algérie.

L'Instruction publique. — L'enseignement *primaire* comprend l'instruction morale et civique, la lecture, l'écriture, les éléments de la langue et de la littérature française, les éléments de l'histoire et de la géographie de la France, des notions usuelles de droit et d'économie politique, les éléments des sciences naturelles, physiques et mathématiques, leurs applications à l'agriculture, à l'hygiène, aux arts industriels, travaux manuels et usage des outils des principaux métiers, les éléments du dessin, du modelage et de la musique, la gymnastique et, pour les garçons, les exercices militaires, pour les filles, les travaux à l'aiguille. Il est donné au nom de l'État, par les directrices d'écoles maternelles, par des instituteurs et des institutrices, laïques pour la plupart. Un certificat d'études primaires est accordé aux enfants qui subissent un examen satisfaisant sur ces matières. Des Écoles normales primaires, établies dans chaque département, lui fournissent et lui fourniront surtout dans l'avenir, presque tous les instituteurs et les institutrices dont il a besoin; elles préparent au brevet élémentaire et au brevet supérieur. Les instituteurs et les institutrices sont nommés par le préfet sur la proposition de l'inspecteur d'académie, qui a pour auxiliaires dans les arrondissements les inspecteurs primaires. Des écoles primaires supérieures préparent aux carrières commerciales et industrielles. Les Écoles normales primaires supérieures établies à Saint-Cloud et à Fontenay-aux-Roses forment des professeurs pour les Écoles normales primaires d'instituteurs et d'institutrices. Les inspecteurs primaires et les inspecteurs d'académie, les professeurs, les directeurs et les directrices d'écoles normales sont nommés par le Ministre. Le Conseil départemental comprend le préfet, président, l'inspecteur d'Académie, vice-président, 4 conseillers généraux élus par leurs collègues, le directeur de l'École normale primaire d'instituteurs, la directrice de l'École normale primaire d'institutrices, 2 instituteurs et 2 institutrices élus par les instituteurs et les institutrices titulaires, parmi les directeurs et directrices d'écoles à plusieurs classes, des écoles annexes à l'École normale et parmi les instituteurs et institutrices en retraite; 2 inspecteurs primaires désignés par le Ministre. Deux membres de l'enseignement libre, l'un laïque, l'autre congréganiste, élus par leurs collègues, sont adjoints au Conseil pour les affaires contentieuses et disciplinaires. Le Conseil a un rôle administratif : il veille à l'application des programmes et règlements, donne son avis sur les budgets et les comptes des Écoles normales primaires, la création d'écoles mixtes, etc. Il a aussi des fonctions judiciaires (ch. XXXII).

L'enseignement *secondaire spécial* comprend l'étude de la langue et de la littérature française, des langues étrangères, de l'histoire et de la géographie, des sciences, de la morale, de la philosophie, de la législation usuelle, commerciale et industrielle, de l'économie politique, du dessin et de la comptabilité; il comprend un cours normal de 6 années; les élèves peuvent se présenter au baccalauréat de l'enseignement spécial, quand ils ont terminé leurs études; ils peuvent recevoir après la quatrième année un certificat d'études délivré par le chef d'établissement en conseil des professeurs, sous le contrôle de l'autorité académique. L'enseignement spécial est donné dans les lycées et collèges; il y a à Cluny une École normale chargée d'en préparer les professeurs.

L'enseignement *secondaire classique* comprend l'étude de la langue et de la littérature française, des langues et des littératures grecque et latine, des langues et des littératures modernes, de l'histoire et de la géographie, des sciences et de la philosophie, du dessin, etc. Les élèves qui ont suivi cet enseignement sont préparés à subir les épreuves du baccalauréat ès lettres ou du baccalauréat ès sciences; ils peuvent, après la quatrième, se présenter au certificat de grammaire. Les maitres qui leur donnent cet enseignement ont dans les collèges le titre de professeurs s'ils sont licenciés, celui de chargés de cours s'ils ne sont que bacheliers; dans les lycées les agrégés seuls sont professeurs titulaires, les licenciés ne sont que chargés de cours. Les professeurs, les principaux et proviseurs relèvent de l'inspecteur d'académie et du recteur, ils sont nommés par le ministre; ils sont préparés à leurs fonctions à l'École normale supérieure, dans les Facultés des lettres et des sciences.

On a créé en 1882 *un enseignement secondaire des jeunes filles,* qui comprend l'instruction morale, la langue française et une langue vivante, les littératures anciennes et modernes, la géographie et la cosmographie, l'histoire nationale et un aperçu de l'histoire générale, l'arithmétique, les éléments de la géométrie, de la chimie, de la physique et de l'histoire naturelle, l'hygiène, l'économie domestique, les travaux à l'aiguille, des notions de droit usuel, le dessin, la musique et la gymnastique. Un certificat d'études secondaires de troisième année est délivré aux élèves des lycées et collèges qui ont subi avec succès les épreuves de l'examen de passage de troisième en quatrième année; un diplôme de fin d'études est conféré par le ministre aux jeunes filles qui ont satisfait aux épreuves devant le jury spécial chargé de cet examen. Une École normale a été fondée à Sèvres pour préparer les professeurs de cet enseignement.

L'enseignement *supérieur* est donné dans treize facultés de droit, cinq facultés de médecine, seize facultés de sciences et de lettres. Les facultés de droit délivrent les diplômes de bachelier, de licencié, de docteur; les facultés de médecine, ceux d'officier de santé et de docteur; les facultés des sciences, ceux de bachelier, de licencié (ès sciences mathématiques, physiques ou naturelles) de docteur; les facultés des lettres, ceux de bachelier, de licencié, (lettres, philosophie, histoire, langues vivantes), de docteur. Les professeurs des facultés de médecine et de droit doivent, pour être nommés, subir, après avoir été reçus docteurs, les épreuves d'un concours d'agrégation, institué spécialement pour recruter ces facultés. Les professeurs des facultés des lettres et des sciénces ont subi ordinairement avant les épreuves du doctorat celles d'un concours d'agrégation (lettres, grammaire, histoire, allemand, anglais, philosophie, mathématiques, sciences physiques ou naturelles) qui leur avait donné le droit d'occuper une chaire d'enseignement secondaire.

L'école des Chartes, les Écoles françaises d'Athènes et de Rome, le Bureau des longitudes, les Observatoires de Paris, de Montsouris, de Meudon, des départements, l'école des Hautes-Études, le Muséum d'histoire naturelle, le Collège de France sont également des établissements d'enseignement supérieur. L'Institut de France, dont les membres se recrutent par voie d'élection, comprend 5 Académies : l'Académie française (40 membres), l'Académie des Inscriptions et Belles-Lettres (40), l'Académie des Sciences (65), l'Académie des Beaux-Arts (40), l'Académie des Sciences morales (40).

La France est partagée en 16 *académies* administrées par des recteurs, assistés par des inspecteurs d'académie placés dans chaque département. Des inspecteurs généraux sont chargés par lui de visiter chaque année un certain nombre d'établissements d'enseignement primaire, d'enseignement secondaire et d'enseignement supérieur. Auprès de chaque recteur se trouve un *Conseil académique* comprenant les inspecteurs d'académie du ressort, les doyens des facultés, les directeurs des écoles supérieures de pharmacie, des écoles de plein exercice ou préparatoires de médecine et de pharmacie du ressort, un professeur de chaque faculté et de chaque école préparatoire élu par ses collègues, 4 professeurs de lycées et 2 professeurs de collèges communaux élus par leurs collègues, enfin 2 conseillers généraux, 2 conseillers municipaux, 2 membres de l'enseignement libre nommés par le ministre. Le recteur est le président du Conseil. Un *Conseil général des facultés* composé du recteur président, des doyens des facultés, du directeur de l'école supérieure de pharmacie, de l'école de plein exercice ou préparatoire de médecine et de pharmacie, de 2 délégués de chaque faculté, d'un délégué des écoles précédemment indiquées, veille au maintien des règlements d'études, donne son avis sur le maintien ou la suppression des chaires, délibère sur les projets de budget de chaque faculté, etc. Il a aussi des fonctions judiciaires.

A côté du ministre se trouve le *Conseil supérieur de l'instruction publique*, il comprend 58 membres, dont quarante sont élus par les différents corps universitaires : le Collège de France en nomme deux, le Muséum un, les facultés de théologie protestante un, les facultés de droit, de médecine, des sciences et des lettres en nomment chacune deux, les écoles supérieures de pharmacie un, l'École normale supérieure deux, l'école de Cluny, l'école des Chartes, l'Ecole des langues orientales, l'École polytechnique, l'Ecole des Beaux-Arts, le Conservatoire des arts-et-métiers, l'Ecole centrale des arts et manufactures, l'Institut agronomique en nomment un chacune ; les agrégés en exercice choisissent huit d'entre eux qui représentent l'enseignement dans les lycées de la philosophie, de l'histoire, de la grammaire, des lettres, des mathématiques, des sciences physiques et naturelles, des langues vivantes, de l'enseignement spécial; les professeurs des collèges communaux choisissent 2 délégués, l'un pour les sciences, l'autre pour les lettres; le directeur de l'enseignement primaire de la Seine, les inspecteurs d'académie des départements, les directeurs et directrices des écoles normales primaires, la directrice de l'école Pape-Carpentier, les délégués des salles d'asile et les inspecteurs primaires nomment 6 délégués.

Le Président de la République nomme, sur la proposition du Ministre, 4 membres de l'enseignement libre et 9 membres choisis parmi les fonctionnaires ou anciens fonctionnaires de l'Université. Les cinq sections de l'Institut élisent chacune un délégué au Conseil supérieur. Tous les membres, élus pour 4 ans sont rééligibles; les 9 membres nommés par décret et six autres choisis parmi les membres élus constituent la *section permanente*. Le Ministre préside le Conseil.

L'Université est constituée par la réunion des trois ordres d'enseignement, primaire, secondaire et supérieur; le Ministre de l'instruction publique en est le Grand Maître : il a sous sa direction les recteurs, les inspecteurs généraux, les inspecteurs d'académie, les inspecteurs primaires. Il nomme les professeurs de l'enseignement supérieur, de l'enseignement secondaire classique et spécial, les professeurs et les directeurs des écoles primaires supérieures et des écoles normales primaires, délègue aux préfets, sur la proposition des Inspecteurs d'académie, la nomination des instituteurs et institutrices, nomme quelques-uns des membres du Conseil départemental, du Conseil académique et du Conseil supérieur, préside le Conseil supérieur.

Beaux-Arts. — Le ministre des beaux-arts a sous sa direction les bâtiments civils, les palais nationaux, les monuments historiques et mégalithiques *, les musées, les manufactures nationales de Sèvres, des Gobelins, de Beauvais, les théâtres, le Conservatoire national de musique et de déclamation, les succursales du Conservatoire et les écoles nationales de musique dans les départements, l'Ecole spéciale d'architecture à Paris, les écoles des beaux-arts, l'école spéciale des beaux-arts et de dessin dans les départements, l'Ecole nationale de dessin pour les jeunes filles, l'Ecole nationale des arts décoratifs, l'École nationale et spéciale des Beaux-Arts à Paris, l'Académie de France à Rome.

Le ministre des Beaux-Arts, qui est souvent titulaire d'un autre ministère, s'occupe des bâtiments civils et de tout ce qui concerne les Beaux-Arts.

Justice. — La justice *civile* règle les contestations entre particuliers, la justice *criminelle* examine les infractions à la loi, les contraventions, les délits et les crimes ; la justice *administrative*, les procès où l'administration est en cause (ch. xxxii). Les juges de paix, les magistrats, juges et présidents, les membres du parquet ou du ministère public, procureur de la République et substituts, des tribunaux de première instance ; les juges, conseillers, présidents et premier président, les membres du parquet, procureur général, avocats généraux et substituts des 26 cours d'appel ; les conseillers, présidents et premier président, le procureur général, le premier avocat général, les 5 avocats généraux de la Cour de cassation, sont nommés par le Président de la République sur la proposition du ministre de la justice.

Les juges des tribunaux de première instance, ceux des Cours d'appel et de la Cour de cassation, qui constituent la magistrature assise, sont inamovibles ; les membres du parquet et les juges de paix peuvent être révoqués par décret.

Le Conseil d'État (ch. xxxii), dont les membres sont nommés par le Président de la République en conseil des ministres, forme un tribunal administratif dont le garde des sceaux*, ministre de la justice, est le président. Le Tribunal des conflits qui comprend 3 conseillers d'État en service ordinaire et 3 conseillers à la Cour de cassation élus par leurs collègues, 2 autres membres et deux suppléants choisis à l'élection dans un ordre quelconque de fonctions par les six premiers, est présidé de droit par le ministre de la justice (ch. xxxii).

Le Ministre de la justice ou garde des sceaux* nomme et révoque les juges de paix et les membres du parquet, procureurs et substituts, procureurs généraux, avocats généraux et substituts du procureur général, procureur général, premier avocat général et avocats généraux de la Cour de cassation ; il nomme les juges des tribunaux de première instance, les conseillers et les présidents des Cours d'appel et de la Cour de cassation qui sont tous inamovibles ; il préside le Conseil d'État et le Tribunal des conflits.

Cultes. — Les rapports de l'Église catholique avec l'État sont déterminés en France par le *Concordat* conclu en 1801 entre le premier Consul et le pape Pie VII, et par les articles organiques qui réglèrent à cette époque l'organisation du culte. La religion *catholique* est librement exercée en France, mais le culte public doit se conformer aux règlements de police que le gouvernement juge nécessaires pour la tranquillité publique.

La France comprend 17 provinces ecclésiastiques administrées chacune par un *archevêque*, 67 *évêchés*, en tout 84 *diocèses*. Les évêques et archevêques sont nommés par le Président de la République sur la proposition du Ministre des cultes; ils reçoivent du Pape l'institution canonique. L'archevêque administre son propre diocèse et la province ecclésiastique dans laquelle il a plusieurs évêques pour suffragants, il préside les conciles provinciaux et consacre les évêques. L'évêque est assisté de vicaires généraux qui forment d'ordinaire l'*officialité diocésaine* ou le conseil chargé de protéger le clergé du second ordre contre les empiètements et les abus de pouvoir de leurs supérieurs; il a sous son autorité le chapitre des chanoines de la cathédrale, le séminaire diocésain où sont formés les jeunes gens qui se préparent à être ordonnés prêtres, le petit séminaire et les communautés religieuses du diocèse. Quelques archevêques, nommés *cardinaux* par le pape, sur la présentation du chef de l'État, sont membres du *Sacré-collége* qui élit les papes.

Dans chaque chef-lieu de canton, il y a une *cure* dont le titulaire, nommé par l'évêque et agréé par le gouvernement, est inamovible; il est assisté par un ou plusieurs vicaires; chaque commune constitue une *succursale* à la tête de laquelle se trouve un *desservant* que l'évêque nomme, déplace ou révoque. Le temporel de chaque église, cure ou succursale, est administré par la *fabrique* qui comprend le conseil et le bureau des marguilliers (ch. XXXVI).

Le Concordat assure un traitement aux évêques et aux curés; le gouvernement paie en outre les desservants et entretient un certain nombre de bourses dans les séminaires.

Le Concordat établit pour les membres du clergé catholique l'obligation, aujourd'hui tombée en désuétude, de prêter serment d'obéissance et de fidélité au gouvernement établi, détermine la formule de prière qui doit être récitée ou chantée pour le gouvernement à la fin des offices. Les *articles organiques*, qui constituent le règlement de police mentionné par le Concordat et jugé nécessaire par le gouvernement consulaire pour la tranquillité publique, proclament la nécessité d'une autorisation gouvernementale pour la réunion ou le déplacement des évêques, pour la publication ou l'impression en France des bulles, des brefs, des décrets des Papes ou des conciles. Le gouvernement peut intervenir, lorsque, dans l'exercice de leurs fonctions, les ministres du culte usurpent ou excèdent leurs pouvoirs, contreviennent aux lois et règlements de l'État, enfreignent les règles consacrées par les canons reçus en France, attentent aux libertés, franchises et coutumes de l'Église gallicane, compromettent l'honneur des citoyens, troublent arbitrairement leur conscience, etc.; le ministre des cultes fait alors un recours contre eux devant le Conseil d'État, emploie l'*appel comme d'abus*; si le Conseil prononce affirmativement, un décret, signé par le Président de la République, déclare qu'il y a eu abus. Mais le ministre du culte n'est poursuivi devant les tribunaux compétents que si un délit se joint à l'abus : la déclaration d'abus ne constitue qu'une peine morale. Dans certains cas, le ministre peut suspendre les traitements des membres du clergé.

Les protestants forment en France deux communions reconnues par l'État : les réformés ou calvinistes et les luthériens qui se réclament de la Confession d'Augsbourg. Les *calvinistes*, qui forment la majorité, se trouvent surtout dans le Midi ; ils ont à Montauban une faculté de théologie ; les pasteurs de chaque paroisse sont nommés par le consitoire, ils président le conseil presbytéral, composé de 4 à 7 membres laïques que choisissent tous les fidèles, et chargé de l'administration de la paroisse. Tout groupe de 6,000 fidèles forme une circonscription consistoriale déterminée par décret (18 novembre 1882) et administrée par un *consistoire*; 5 églises consistoriales constituent un *synode*, dont la réunion ne peut avoir lieu qu'avec l'autorisation du gouvernement, dont les résolutions sont soumises à son approbation ; un Conseil central, siégeant à Paris, comprend les deux plus anciens pasteurs de cette ville, des notables nommés par l'Etat et représente ses coreligionnaires auprès du ministre des cultes.

Les *luthériens* se trouvent surtout dans l'Est : ils ont une faculté de théologie à Paris ; la paroisse a son conseil presbytéral, son pasteur *nommé* par un directoire de 5 personnes, dont trois sont nommées par le gouvernement et deux par le consistoire supérieur auquel le directoire rend annuellement ses comptes.

Les *israélites* se trouvent dans l'Est, à Paris, à Bordeaux, à Marseille ; un consistoire central, siégeant à Paris et présidé par le grand rabbin, surveille 5 consistoires départementaux et leur sert d'intermédiaire auprès du Ministre des cultes ; les membres des consistoires, élus par les fidèles, nomment les assemblées qui choisissent les rabbins et les ministres officiants.

Le culte *musulman* est subventionné en Algérie par le gouvernement.

Le Ministre des cultes, qui est souvent titulaire d'un autre ministère, veille à l'exécution du Concordat de 1801 et des articles organiques; il propose, à la nomination du Président de la République, les archevêques et évêques, agrée les curés; il provoque les déclarations d'abus et peut suspendre les traitements des membres du clergé; il détermine les circonscriptions consistoriales, autorise les synodes, nomme un certain nombre des membres du Conseil central des calvinistes, du directoire des luthériens, entre en relations avec le consistoire central des israélites, distribue les subventions au culte musulman en Algérie.

Agriculture, Commerce et Industrie, Travaux publics, Postes et Télégraphes. — Il y a des inspecteurs généraux chargés de visiter les campagnes, des comices agricoles, institués dans les arrondissement ou les cantons par l'administration ou par des associations qu'elle subventionne; il y a chaque année 12 concours régionaux qui se tiennent dans les diverses parties de la France, des concours d'animaux de boucherie à Lille, à Nancy, à Châteauroux, Nîmes, Nantes, Bordeaux, Lyon et Poissy. Des chambres consultatives d'agriculture, établies dans chaque arrondissement, font connaître leurs vœux au gouvernement, dans des séances annuelles. Il y a des fermes-écoles, des écoles d'agriculture (Grignon, Grandjouan, Montpellier), et de médecine vétérinaire (Alfort, Lyon, Toulouse), une école de bergers (Rambouillet), un Institut agronomique installé à Paris, des dépôts d'étalons, des courses de chevaux. C'est encore au ministère de l'agriculture qu'est rattachée l'administration des forêts avec ses trente-deux conservateurs, ses inspecteurs et sous-inspecteurs, ses gardes généraux et forestiers. L'École forestière de Nancy prépare les jeunes gens, qui y entrent après concours, à l'administration des forêts.

Le Ministre du commerce et de l'industrie négocie les traités qui règlent les taxes de douanes que doivent payer les marchandises françaises à leur entrée en pays étranger ou les marchandises étrangères à leur entrée en France. Il organise des expositions partielles, nationales ou universelles, où sont installés et examinés les produits industriels et commerciaux; il a sous sa dépendance l'hôtel de la Monnaie de Paris et la Banque de France (ch. XXIII), la vérification des poids et mesures qui comprend un personnel nombreux, chargé de s'assurer si les marchands se servent de mesures exactes. Des chambres de commerce, des chambres consultatives des arts et manufactures nommées par les notables commerçants sont chargées de faire connaître au gouvernement les vœux des commerçants et des industriels. A ce ministère se rattachent encore le Conservatoire national des arts-et-métiers, les Écoles nationales d'arts-et-métiers, à Aix, à Angers, à Châlons, l'École nationale d'horlogerie de Cluses, l'école d'apprentissage de Dellys, l'École centrale des arts et manufactures; l'École supérieure du commerce, l'École des hautes études commerciales, l'inspection du travail des enfants dans les manufactures, la pêche maritime, la marine marchande, les établissements thermaux, le service sanitaire et le comité consultatif d'hygiène publique, etc.

Le Ministre des Travaux publics a sous ses ordres le personnel des ponts et chaussées : les agents voyers chargés du service des chemins vicinaux, qui font communiquer ensemble deux ou plusieurs villages et qui se divisent en chemins de grande communication, en chemins d'intérêt commun et chemins vicinaux ordinaires; les conducteurs, les sous-ingénieurs et ingénieurs, qui sont chargés de l'entretien des routes nationales et départementales, des canaux, des fleuves et des rivières navigables ; l'École des ponts et chaussées forme une partie des ingénieurs. Il commande au personnel du corps des mines, inspecteurs généraux, ingénieurs en chef, ingénieurs ordinaires et gardes-mines, a sous sa direction l'École supérieure des mines qui prépare des ingénieurs, l'École des mines de Saint-Étienne qui forme des gardes-mines et des directeurs d'exploitation de mines et d'usines minéralogiques, les Écoles des maîtres ouvriers mineurs, établies à Alais et à Douai. Il dirige le personnel des officiers et maîtres de port, du service maritime, des gardes de navigation, éclusiers, pontonniers, etc., des maîtres et gardiens des phares et fanaux, des agents préposés à la surveillance de la pêche fluviale, des commissaires généraux et des inspecteurs de l'exploitation commerciale des chemins de fer, des commissaires de surveillance administrative des chemins de fer, etc. Il y a un Conseil supérieur du commerce, de l'agriculture et de l'industrie, un Comité consultatif des arts et manufactures, un Conseil général des mines, des ponts et chaussées, etc.

Le Ministre des postes et télégraphes a sous ses ordres les directeurs départementaux, les receveurs d'arrondissement et les receveurs des postes, les inspecteurs des télégraphes, l'école supérieure de télégraphie qui forme les fonctionnaires du service technique des postes et télégraphes ; il subventionne les paquebots qui font le service des dépêches entre la France et les autres pays.

Les ministères de l'agriculture, du commerce et de l'industrie, des travaux publics, des postes et des télégraphes sont chargés des écoles qui ont pour objet de former des agriculteurs, des commerçants, des chefs d'ateliers, des ingénieurs, etc. ; ils entretiennent ou surveillent les forêts, les routes, les ponts, les canaux, les mines, les chemins de fer, etc., la transmission des lettres et des dépêches. Les Ministres sont assistés par des Conseils ou des comités consultatifs.

Affaires étrangères. — Le Ministre des affaires étrangères nomme et dirige les ambassadeurs, les ministres plénipotentiaires qui, accrédités auprès des nations étrangères, lui servent d'auxiliaires pour entretenir avec elles des relations politiques, les consuls généraux, consuls et vice-consuls que la France entretient dans les villes étrangères où son commerce est intéressé ; il entre en relations avec les ambassadeurs, les ministres plénipotentiaires, les consuls et agents consulaires que les autres nations entretiennent auprès de notre gouvernement ou dans certaines villes de France. Il est en outre chargé de la direction des protectorats que la France exerce sur l'Annam, le Cambodge et le Tonkin, sur la Tunisie et Madagascar.

Le Ministre des affaires étrangères entretient des rapports politiques ou commerciaux avec les autres nations par l'intermédiaire des ambassadeurs et des ministres plénipotentiaires, des consuls et des agents consulaires; il est chargé du service des protectorats.

Guerre. — La France est divisée en 18 *régions* militaires occupées chacune par un *corps d'armée*. Chaque corps comprend 8 régiments d'infanterie, 1 bataillon de chasseurs à pied, 1 brigade de cavalerie, 1 brigade d'artillerie, 1 bataillon du génie, 1 escadron du train des équipages; il est commandé par un général de division. Chaque région est partagée en 8 *subdivisions*. L'armée *permanente* comprend : 1° l'*infanterie*, composée de 162 régiments, de 30 bataillons de chasseurs à pied, de 4 régiments de zouaves, de 4 régiments de tirailleurs algériens, de 2 régiments de légion étrangère, de 3 bataillons d'infanterie légère d'Afrique ; 2° la *cavalerie* avec 82 régiments dont 12 de cuirassiers, 28 de dragons, 20 de chasseurs, 12 de hussards, 6 de chasseurs d'Afrique, 4 de spahis, 8 compagnies de cavalerie de remonte ; 3° l'*artillerie* ayant 16 bataillons d'artillerie de forteresse, 38 régiments, 2 régiments de pontonniers, 10 compagnies d'ouvriers, 3 d'artificiers ; 4° le *génie*, avec 4 régiments et 4 compagnies d'ouvriers de chemins de fer ; 5° le *train des équipages* formant 20 escadrons ; 6° la *gendarmerie* avec 31 légions départementales, la garde de Paris, 1 légion pour l'Afrique et 4 compagnies pour les colonies. L'armée *territoriale* compte comme infanterie, les douaniers et les chasseurs forestiers, 145 régiments et 9 bataillons de zouaves ; pour la cavalerie, 144 escadrons, 4 escadrons de chasseurs d'Afrique ; pour l'artillerie 18 régiments, 3 batteries en Algérie ; en outre elle a 18 bataillons du génie, 18 escadrons pour le train des équipages, etc.

Le plus haut rang est occupé dans l'armée par le *maréchal de France* : on ne peut créer de nouveaux maréchaux qu'en vertu d'une loi et pour des services éminents. Au-dessous se placent les *généraux de division*, dont 18 sont préposés au commandement d'un corps d'armée, dont les autres sont au ministère de la guerre, à la tête d'une subdivision militaire ou chargés de commander une division, c'est-à-dire une réunion de 2 ou 3 brigades d'infanterie ou de cavalerie, accompagnées d'artillerie, de génie et d'équipages militaires. Les *généraux de brigade* ont sous leurs ordres 2 régiments : le régiment d'infanterie comprend 4 bataillons ; le régiment de cavalerie 5 escadrons ; un régiment est commandé par un *colonel*, assisté d'un *lieutenant-colonel*. Le bataillon, sous les ordres d'un *commandant*, l'escadron, sous ceux d'un *chef d'escadron*, forment plusieurs compagnies commandées chacune par un capitaine, assisté de *lieutenants* et de *sous-lieutenants*. Les généraux de division et de brigade sont des officiers *généraux*; les colonels, lieutenants-colonels, commandants et chefs d'escadron sont des officiers *supérieurs*. Au-dessous des *officiers* (capitaines, lieutenants, sous-lieutenants) sont les *sous-officiers*, adjudants, sergents-majors ou maréchaux des logis-chefs, sergents ou maréchaux des logis, caporaux ou brigadiers.

L'École *polytechnique* prépare pour l'artillerie et le génie des officiers qui vont compléter leur éducation militaire à l'École d'*application* de Fontainebleau. L'École spéciale militaire de *Saint-Cyr* forme des officiers pour l'infanterie et la cavalerie, pour l'état-major et l'infanterie de marine. L'École de *cavalerie* de Saumur complète l'instruction des sous-lieutenants sortis de Saint-Cyr, des sous-officiers de cavalerie qui ont réussi à un concours et forme des aides vétérinaires pour l'armée; l'École de *Saint-Maixent* reçoit des sous-officiers d'infanterie qui en sortent sous-lieutenants; celle de Versailles reçoit, dans les mêmes conditions, les sous-officiers de l'artillerie, du génie et du train des équipages. L'École *supérieure de guerre* à Paris reçoit des officiers de toutes armes, ayant au moins cinq ans de service, qui obtiennent après deux ans et s'ils satisfont aux examens de sortie, le brevet d'état-major. Le *Prytanée* militaire de la Flèche reçoit des enfants d'officiers; six écoles militaires préparatoires pour l'instruction des enfants de troupe ont été créées; il y a au Val-de-Grâce une école de médecine et de pharmacie militaire, à Vincennes une école de gymnastique.

L'armée comprend en outre l'*état-major* ou réunion d'officiers sans troupe qui forment le conseil des officiers supérieurs, le service d'*intendance* qui est chargé d'assurer aux troupes tout ce qui leur est nécessaire; le *service de santé*, inspecteurs, médecins principaux, majors et aides-majors, pharmaciens, etc., la *télégraphie* militaire, les officiers d'*administration*, de *recrutement*, etc. (ch. XXXIV).

Le Ministre de la guerre a sous ses ordres l'armée active et l'armée territoriale comprenant chacune 18 corps d'armée, des officiers généraux, des officiers supérieurs, des officiers, des sous-officiers, des soldats, les écoles militaires, l'état-major, les services d'intendance et de santé.

Marine. — Le Ministre de la marine commande à l'armée navale qui comprend les cuirassés d'escadre, les garde-côtes, les croiseurs, les avisos, les torpilleurs, etc., placés sous les ordres des amiraux, vice-amiraux, contre-amiraux, capitaines de vaisseau, capitaines de frégate, lieutenants, enseignes; aux troupes de la marine, infanterie, gendarmerie, artillerie, génie ; aux préfets maritimes des cinq arrondissements établis dans les grands ports militaires de Cherbourg, Brest, Lorient, Rochefort, Toulon. Il y a à Brest une école navale qui prépare les officiers de marine, à Paris une École du génie maritime, dans les principales villes maritimes des écoles d'hydrographie qui préparent les capitaines au long cours et les maîtres au cabotage*, des écoles de médecine et de pharmacie navales à Brest, Toulon et Rochefort (ch. xxxiv).

Le Ministre de la marine a sous ses ordres l'armée navale, les troupes de marine, les écoles navales.

Colonies. — L'Algérie, le Tonkin, le Cambodge et l'Annam, la Tunisie, Madagascar sont rattachés aux ministères de l'intérieur et des affaires étrangères (ch. xxxv). Les autres colonies comportent un personnel des services civils, de la justice, des services militaires, des cultes, du service pénitentiaire (condamnés aux travaux forcés et récidivistes contre lesquels a été prononcée la peine de la relégation), des chemins de fer, des hôpitaux, etc.

Le Ministre des colonies a sous ses ordres tous les services organisés dans les colonies autres que l'Algérie, la Tunisie, le Tonkin, le Cambodge et l'Annam, Madagascar.

Finances. — Le Ministre des finances prépare le *budget* et administre le *Trésor public ;* il a sous ses ordres des inspecteurs généraux, des trésoriers payeurs généraux, des receveurs particuliers, des percepteurs, les directeurs, inspecteurs et contrôleurs des contributions directes, les directeurs de l'enregistrement et des domaines, les vérificateurs et receveurs de l'enregistrement, les conservateurs des hypothèques, les directeurs, inspecteurs, receveurs, etc., des douanes et des contributions indirectes, les entreposeurs des tabacs, etc. La Cour des comptes relève du ministère des finances. (ch. xxxiv et xxxv).

Le Ministre des finances prépare le budget et administre le Trésor public : les administrations des contributions directes et indirectes, de l'enregistrement, des domaines et du timbre, la Cour des comptes relèvent du ministère des finances.

RÉSUMÉ

Parlez de la Constitution. — Une Constitution est une loi fondamentale qui règle la nature, l'étendue, l'exercice des pouvoirs publics. La Constitution de 1875 comprend trois lois dites constitutionnelles, qui ne peuvent être changées que par une résolution des deux Chambres réunies en Assemblée nationale : elles confient le pouvoir exécutif au Président de la République et à ses ministres, le pouvoir législatif au Sénat et à la Chambre des députés. Deux lois organiques, qui peuvent être modifiées comme les lois ordinaires, sont relatives à l'élection des députés et des sénateurs.

Que savez-vous du Président de la République ? — Le Président de la République est nommé pour sept ans par les Chambres réunies en Assemblée nationale, il est rééligible ; les ministres provoquent et contresignent sous leur responsabilité les décrets par lesquels il signifie les actes que la Constitution lui reconnaît le droit d'accomplir. Il a le droit de faire grâce, préside aux solennités nationales, reçoit les ambassadeurs et envoyés étrangers ; remplace, en s'inspirant des intentions des Chambres, les ministres qui ont perdu la majorité ; peut, sur l'avis conforme du Sénat, dissoudre la Chambre des députés ; enfin exerce, par la dignité de sa conduite privée et publique, une influence morale, favorable au bien général, sur les Chambres, les ministres et sur le pays lui-même.

Parlez du Sénat. — Il y a 300 sénateurs élus par les départements et les colonies ; le collège électoral qui les nomme comprend les députés, les conseillers généraux, et d'arrondissement, les délégués des conseils municipaux ; les sénateurs sont élus pour 9 ans, renouvelables par tiers tous les 3 ans et reçoivent une indemnité annuelle de 9,000 francs. Ils doivent être âgés de 40 ans, et ne pas tomber dans les cas d'inéligibilité ou d'incompatibilité proclamés par la loi. Le Sénat a, comme la Chambre des députés, l'initiative et la confection des lois ; il peut être constitué en Cour de justice pour juger le Président de la République, accusé de haute trahison, les ministres mis en accusation par la Chambre, les auteurs d'attentats commis contre la sûreté de l'État ; il a le droit d'autoriser le Président de la République à dissoudre la Chambre des députés.

Le Sénat a déterminé par un règlement intérieur la formation et le rôle de son bureau, son mode de votation, le rôle de son président et de ses questeurs, la manière dont les sénateurs exercent leur droit d'interrogation et d'interpellation envers le gouvernement, les peines disciplinaires qui peuvent frapper ses membres.

Que savez-vous de la Chambre des députés? — Les députés sont nommés par département au scrutin de liste, à raison d'un député pour 70,000 habitants; ils sont élus pour 4 ans, renouvelables intégralement et reçoivent une indemnité annuelle de 9,000 francs. Ils doivent être électeurs, âgés de 25 ans, n'être inéligibles ni dans toute la France ou dans un rayon déterminé, ni chargés de fonctions déclarées incompatibles par la loi avec celles de député.

C'est devant la Chambre que doivent d'abord être présentées les lois de finances; la Chambre seule peut mettre en accusation le Président de la République et les Ministres.

Le règlement de la Chambre est en beaucoup de points analogue à celui du Sénat.

Que savez-vous des deux Chambres ? — L'institution des deux Chambres garantit le pays contre l'absolutisme d'une seule Assemblée, donne des lois mieux préparées, qui sont l'expression plus exacte de la volonté nationale. Les deux Chambres, qui siègent en même temps, se réunissent en Assemblée nationale pour reviser la Constitution ou nommer le Président de la République; leurs membres sont inviolables; leurs présidents ont le droit de requérir la force publique pour assurer la sûreté intérieure et extérieure de l'assemblée qu'ils président.

Parlez des Ministres. — Les Ministres, choisis par le Président de la République, d'après les indications des Chambres, constituent un Cabinet ou un Conseil qui a pour président l'homme politique chargé de le constituer, qui se réunit et délibère sous la présidence du chef de l'État, qui est chargé du gouvernement et de l'administration du pays. Les Ministres sont responsables devant les Chambres qui les obligent à se retirer en leur infligeant un vote de blâme; ils peuvent être mis en accusation par la Chambre des députés et jugés par le Sénat. Les départements ministériels, dont le nombre varie, comprennent : l'Intérieur, l'Instruction publique, les Beaux-Arts, la Justice, les Cultes, l'Agriculture, l'Industrie, le Commerce, les Travaux publics, les Postes et les Télégraphes, les Affaires étrangères, la Guerre, la Marine, les Colonies, les Finances; ils comportent une administration centrale et des agents répandus sur tout le territoire.

Que savez-vous du Ministre de l'intérieur ? — Le Ministre de l'Intérieur est chargé de l'administration générale, de la police, de l'assistance publique, du service pénitentiaire; il a sous ses ordres le gouvernement général de l'Algérie.

Que savez-vous de l'Instruction publique ? — L'Université est constituée par la réunion des trois ordres d'enseignement, primaire, secondaire et supérieur; le Ministre de l'instruction publique en est le Grand-Maître, il a sous sa direction les recteurs, les inspecteurs généraux, les inspecteurs d'académie, les inspecteurs primaires. Il nomme les professeurs de l'enseignement supérieur, de l'enseignement secondaire classique et spécial, les professeurs et les directeurs des écoles primaires supérieures et des écoles normales primaires; il délègue au préfet, sur la proposition des inspecteurs d'académie, la nomination des instituteurs et institutrices, nomme quelques-uns des membres du Conseil départemental, du Conseil académique et du Conseil supérieur, préside le Conseil supérieur.

Que savez-vous des Beaux-Arts ? — Le Ministre des beaux-arts, qui est souvent titulaire d'un autre ministère, s'occupe des bâtiments civils et de tout ce qui concerne les Beaux-Arts.

Que savez-vous de la justice ? — Le Ministre de la justice ou garde des sceaux* nomme et révoque les juges de paix et les membres du parquet, procureurs et substituts, procureurs généraux, avocats généraux et substituts du procureur général, procureur général, premier avocat général et avocats généraux de la Cour de cassation; il nomme les juges des tribunaux de première instance, les conseillers et les présidents des Cours d'appel et de la Cour de cassation qui sont tous inamovibles; il préside le Conseil d'État et le Tribunal des conflits.

Que savez-vous des cultes ? — Le Ministre des cultes, qui est souvent titulaire d'un autre ministère, veille à l'exécution du concordat de 1801 et des articles organiques; il propose à la nomination du Président de la République les archevêques et évêques, agrée les curés; il provoque les déclarations d'abus et peut suspendre les traitements des membres du clergé; il détermine les circonscriptions consistoriales, autorise les synodes, nomme un certain nombre des membres du conseil central des calvinistes, du directoire des luthériens, entre en relations avec le consistoire central des israélites, distribue les subventions au culte musulman en Algérie.

Que savez-vous de l'Agriculture, du Commerce et de l'Industrie, des Travaux publics, des Postes et des Télégraphes ? — Les ministères de l'agriculture, du commerce et de l'industrie, des travaux publics, des postes et des télégraphes sont chargés des écoles qui ont pour objet de former des agriculteurs, des commerçants, des chefs d'ateliers, des ingénieurs, etc. ; ils entretiennent ou surveillent les forêts, les routes, les ponts, les canaux, les mines, les chemins de fer, etc, la transmission des lettres et des dépêches. Les Ministres sont assistés par des Conseils ou des Comités consultatifs.

Que savez-vous des Affaires étrangères ? — Le Ministre des affaires étrangères entretient des rapports politiques ou commerciaux avec les autres nations par l'intermédiaire des ambassadeurs et des ministres plénipotentiaires, des consuls et des agents consulaires, il est chargé du service des protectorats.

Que savez-vous de la guerre ? — Le Ministre de la guerre a sous ses ordres l'armée active et l'armée territoriale, comprenant chacune 18 corps d'armée, des officiers généraux, des officiers supérieurs, des officiers, des sous-officiers, des soldats; les écoles militaires, l'état-major, les services d'intendance et de santé.

Que savez-vous de la Marine ? — Le Ministre de la marine a sous ses ordres l'armée navale, les troupes de marine, les écoles navales.

Que savez-vous des Colonies ? — Le Ministre des colonies a sous ses ordres tous les services organisés dans les colonies autres que l'Algérie, la Tunisie, le Tonkin, le Cambodge et l'Annam, Madagascar.

Que savez-vous des Finances ? — Le Ministre des finances prépare le budget et administre le Trésor public ; les administrations des contributions directes et indirectes, de l'enregistrement, des domaines et du timbre, la Cour des comptes relèvent du Ministre des finances.

DEVOIRS A TRAITER.

I. La Constitution de 1875.
II. Le Président de la République.
III. Les deux Chambres.
IV. Les Ministres.
V. L'Instruction publique et les Beaux-Arts.
VI. La Justice et les Cultes.
VII. La Guerre, la Marine, les Colonies, les Affaires étrangères.
VIII. L'Intérieur.
IX. L'Agriculture, le Commerce et l'Industrie, les Travaux publics, les Postes et les Télégraphes.
X. Les Finances.

L'ÉTAT : LA CONSTITUTION, LES POUVOIRS PUBLICS.

QUESTIONS A ÉTUDIER.

I. Le scrutin de liste et le scrutin d'arrondissement.

II. La nomination du Président de la République aux États-Unis et en Suisse.

III. Les deux chambres en Angleterre, en Belgique, aux États-Unis.

IV. La seconde chambre en France depuis la Révolution.

V. Les rapports de la Chambre des Députés et du Sénat d'après la Constitution de 1875.

VI. Les rapports des deux Chambres et du Président de la République.

VII. Les Ministres et les Chambres.

VIII. Les Ministres et le Président de la République.

IX. Les Ministres en France, sous Louis XIV et actuellement ; les Ministres en Suisse, aux États-Unis, en Belgique, en Angleterre.

X. Les devoirs imposés aux députés et aux sénateurs par les lois et par la morale.

XI. Les devoirs du collège électoral chargé de nommer les Sénateurs, d'après les lois et la morale.

XII. Les devoirs des électeurs qui choisissent des députés, d'après les lois et d'après la morale.

QUESTIONS POSÉES.

I. Nommez les grandes assemblées qui constituent le gouvernement? (Brev. sup. et élém., Enseig. second. des jeunes filles.)

II. Comment sont nommés les sénateurs et les députés? (Brev. sup., Brev. élém., Enseig. second. des jeunes filles, Bac. ens. spécial.)

III. Quels sont les éléments du pouvoir exécutif ? (Brev. sup., Brev. élém., Ens. second. des jeunes filles.)

IV. Indiquer l'organisation du pouvoir législatif et du pouvoir exécutif. (Bac. ens. spécial, Ens. second. des jeunes filles, Brev. élém. et sup.)

V. De quoi sont chargées les Chambres ? (Brev. élém. et sup., Ens. second. des jeunes filles.)

VI. Des ministres. (Brev. élém. et supérieur.)

VII. Qu'est-ce que la Chambre ? le Sénat? (Brev. élém. et sup., Ens. second. des jeunes filles.)

VII. Quel est le rôle de la Chambre des députés et du Sénat ? (Brev. élém. et sup., Ens. second. des jeunes filles, Bac. ens. spécial.)

Qu'est-ce que le scrutin de liste? (Brev. élém. et brev. sup.)

Qui exerce le pouvoir législatif? (Brev. élém. et sup., Bac. ens. spécial, Ens. second. des jeunes filles.)

Quelle est la Constitution qui nous régit? (Brev. élém. et sup., Ens. second. des jeunes filles, Bac. ens. spécial.)

IX. Quels sont les représentants de la France à l'étranger? (Brev. élém. et sup., Ens. second. des jeunes filles.)

Conseils pédagogiques. — Faire lire et commenter, pour expliquer aux enfants le mécanisme de la Constitution qui nous régit, les principaux articles des lois constitutionnelles et des lois organiques ; leur exposer d'une façon générale, quelle est l'organisation politique et administrative de l'Angleterre, de la Belgique, de l'Allemagne, de la Russie, de la Suisse, des États-Unis. — Profiter du moment où ont lieu les élections des députés et des sénateurs, pour expliquer quels sont dans la commune les individus qui ont le droit de prendre part à l'élection des premiers, comment se forment les listes électorales, comment se constitue le bureau, comment se fait le dépouillement du scrutin, etc. ; comment le conseil municipal élit des délégués, comment ces délégués nomment les sénateurs etc. — Prendre des exemples familiers aux enfants pour leur donner des notions exactes et précises sur le rôle des divers ministères : montrer quelles fonctions sont remplies par le maire, le garde-champêtre, le curé ou le pasteur, l'instituteur, le receveur des postes ou des douanes, le percepteur etc., de la commune, avant d'indiquer les autorités départementales (xxxvi) dont ils relèvent, les services ministériels auxquels ils se rattachent. — Prendre occasion des concours régionaux, des comices agricoles, de l'inauguration d'un chemin de fer, des traités de paix ou de commerce conclus avec les nations étrangères, pour faire connaître aux enfants une partie de la vie administrative, politique et internationale de la nation. — Se proposer pour but d'amener les enfants ou les jeunes gens à se rendre compte des obligations qu'imposent aux députés et aux sénateurs les fonctions dont ils sont investis, aux électeurs le devoir de s'éclairer pour juger les professions de foi de ceux qui désirent les représenter, apprécier leur valeur intellectuelle et morale, aussi bien que la manière dont ils s'acquittent ensuite du mandat qui leur a été confié.

BIBLIOGRAPHIE.

Pierre Laloi, *Petites histoires pour apprendre la vie.*
Pierre Laloi, la *Première année d'instruction civique.*
Ernest Lavisse, *Questions d'enseignement national.*
Ernest Lavisse, *Sully.*
Émile Lavisse, *Tu seras soldat.*
Platon, *Criton* et *République.*
Montesquieu, l'*Esprit des lois.*
J.-J. Rousseau, le *Contrat social.*
Paul Janet, *Histoire de la science politique.*
Paul Janet, la *Philosophie de la Révolution française.*
Fouillée, la *Propriété sociale et la démocratie.*
Franck, la *Philosophie du droit civil.*
Id. *Des rapports de la religion et de l'État.*
Beaussire, la *Liberté dans l'ordre intellectuel et moral.*
Beaussire, les *Principes du droit.*
Waddington, *Criton ou le devoir du citoyen.*
Léon Say, *Turgot.*
Rambaud, *Histoire de la civilisation française.*

Tocqueville (de), la *Démocratie en Amérique.*
Taine, les *Origines de la France contemporaine* (l'*Ancien régime*, la *Révolution*).
Barni, *Histoire des idées morales et politiques en France au* xviiie *siècle.*
Barni, la *Morale dans la démocratie.*
Constitutions françaises (Recueil des).
Demonbynes, *Constitutions européennes.*
Bagehot, la *Constitution anglaise.*
Stuart Mill, le *Gouvernement représentatif* (traduction Dupont-White).
Stuart Mill, la *Liberté* (traduction Dupont-White).
H. Spencer, *Principes de sociologie.*
Id. *Essais sur le progrès.*
Id. *Essais de politique.*
Id. l'*Individu et l'État.*
Delalain, le *Livret de l'étudiant de Paris.*
Delalain, *Recueil des lois et actes de l'instruction publique depuis 1848.*
Maurice Block, *Dictionnaire de l'administration française.*

CHAPITRE XXXII

L'ÉTAT : LA CONFECTION ET L'EXÉCUTION DES LOIS, L'ORGANISATION JUDICIAIRE.

SOMMAIRE.

La confection des lois. — L'exécution des lois. — L'organisation judiciaire : les juges de paix ; les Tribunaux de première instance ; la Cour d'assises ; les Cours d'appel et la Cour de Cassation ; les Tribunaux de commerce et les Conseils de prud'hommes ; les Tribunaux militaires et universitaires ; les Tribunaux administratifs.

La confection des lois. — Les lois qui régissent notre société actuelle ont pour but de déterminer la quotité de l'impôt et la manière dont il doit être perçu ; les catégories de délits ou de crimes, les formes à employer dans la procédure et l'instruction, les peines à appliquer, la nature, l'étendue, l'exercice des pouvoirs publics (ch. xxx), les relations des citoyens et du gouvernement, les relations des citoyens entre eux, etc. ; elles sont *fiscales, pénales* et *criminelles, constitutionnelles, politiques, civiles,* etc. (ch. xxviii).

Les lois constitutionnelles, qui forment la base de l'ordre social et politique, ne peuvent être modifiées que par une procédure spéciale. Il n'en est pas de même des autres lois.

Les ministres ont le droit de présenter des *projets de lois* qui sont de plein droit discutés par les Chambres. Ces projets sont souvent, par un décret spécial, soumis au Conseil d'État avant d'être présentés aux Chambres.

Le Conseil d'État a : 1º 32 conseillers d'État en service ordinaire, nommés et révoqués par décret rendu en conseil des ministres, renouvelables par tiers tous les trois ans et rééligibles ; 2º 18 conseillers d'État en service extraordinaire, nommés par simple décret du Président de la République, parmi les chefs des services ministériels ; ils n'ont voix délibérative dans l'assemblée générale que dans les affaires relevant de la section à laquelle ils appartiennent ; 3° 30 maîtres des requêtes qui ont voix délibérative dans leur section et en assemblée générale sur les affaires dont ils sont rapporteurs ; ils sont nommés par décret sur la présentation et l'avis des présidents de section et du vice-président du Conseil d'État ; 4° 36 auditeurs choisis au concours, après des épreuves qui portent sur l'économie politique et le droit administratif ; ils ont, dans les affaires où ils sont rapporteurs, voix délibérative, en section, voix consultative en assemblée générale. Le Ministre de la justice préside le Conseil d'État qui a un vice-président ; les autres Ministres ont voix délibérative dans les assemblées générales où l'on traite des affaires relatives à leur ministère.

Le Conseil d'État comprend 5 sections ayant chacune leur président : la section de *législation* étudie et prépare les projets de loi, examine tout ce qui concerne les ministères des affaires étrangères et de la justice ; celle du *contentieux* prépare le rapport des affaires que le Conseil traite comme corps judiciaire ; une autre section s'occupe des affaires qui ressortissent aux ministères de l'intérieur, des cultes, de l'instruction publique et des beaux-arts ; la 4°, de celles qui se rapportent aux finances, aux postes et télégraphes, à la guerre, à la marine et aux colonies ; la 5°, des travaux publics, de l'agriculture et du commerce.

Le projet de loi, présenté à la Chambre des députés ou au Sénat, est renvoyé aux bureaux qui nomment chacun 1, 2 ou 3 délégués, de manière à constituer des commissions de 11, 22, ou 33 membres à la Chambre ; de 9, 18 ou 27 membres au Sénat. La commission élit un président et un secrétaire, elle examine la loi, la rejette, l'adopte telle qu'elle a été présentée ou la modifie plus ou moins, elle choisit un rapporteur qui résume les discussions de la commission, les décisions prises et les raisons qui les justifient. Le rapport, entendu et approuvé par la commission, est lu ensuite à la Chambre. Si l'*urgence* n'a pas été demandée, le projet doit être soumis à deux délibérations en séance publique ; dans la 1re on examine l'ensemble du projet de loi, puis on décide s'il y a lieu de passer à la discussion des articles ; enfin la discussion s'établit sur les articles et les amendements qui ont été proposés pour remplacer ou modifier les articles du projet ou ceux que la commission y a substitués. Chaque député a le droit de demander la parole et de proposer des amendements. Après un intervalle minimum de 5 jours, le projet revient devant la Chambre et y est l'objet d'une nouvelle discussion, d'une nouvelle délibération. Dans le cas où l'urgence est déclarée et lorsqu'il s'agit du budget, des lois de comptes, d'intérêt local ou de crédits spéciaux, la Chambre ne se livre qu'à une seule délibération. Si le projet est repoussé en 1re ou en seconde lecture, il ne peut être représenté avant 3 mois; s'il est adopté, le président de la Chambre le transmet dans le délai d'un mois au président du Sénat, à moins que la Chambre n'ait réduit ce délai à trois jours en décidant que la transmission aura lieu d'urgence. A son tour le Sénat renvoie le projet à une commission déjà établie ou nommée par les bureaux; cette commission examine le texte, l'accepte, le modifie ou le rejette dans son ensemble. Elle choisit un rapporteur et le projet subit, comme devant la Chambre, l'épreuve des deux lectures, si l'urgence n'est pas déclarée en sa faveur. Si le Sénat adopte, sans le modifier, le projet qui lui vient de la Chambre, son Président le transmet, par l'intermédiaire du ministre qui l'a déposé, au Président de la République; si le projet est modifié, il est renvoyé à la Chambre des députés et son Président le transmet, par l'intermédiaire d'un ministre, au Président de la République quand les députés acceptent après délibération les modifications proposées par le Sénat.

Une loi peut être présentée à la Chambre ou au Sénat par un de leurs membres; en ce cas la *proposition de loi* est transmise à la *Commission d'initiative* ou à une commission déjà constituée, qui fait un rapport sommaire concluant à la question préalable, au rejet pur et simple, à la prise en considération; si l'Assemblée vote la prise en considération, la proposition, renvoyée aux bureaux, est soumise aux mêmes formalités que les projets de loi, c'est-à-dire aux deux délibérations successives, séparées par un intervalle de 5 jours au moins, devant chacune des deux Chambres, lorsqu'elles n'ont pas prononcé l'urgence. La proposition peut être renvoyée au Conseil d'État, avant d'être mise en discussion. En exigeant que les propositions de loi ne soient soumises à une délibération publique qu'après avoir été prises en considération, on écarte des délibérations et des discussions stériles; en imposant à chacune des Chambres l'obligation de soumettre chaque projet et chaque proposition de loi à une double lecture, on évite les résolutions hâtives, on prépare des lois sages, on est moins exposé à violer, par trop de précipitation, des droits ou des intérêts respectables.

Quand les deux Chambres se sont entendues sur un texte unique, quand la loi est définitivement votée, il reste à la *promulguer* et à la *publier*. Le Président de la République, à qui elle est transmise, peut demander, par un message motivé, lu aux Chambres par les ministres, une seconde délibération qu'elles n'ont pas le droit de refuser. Si après cette seconde délibération, la loi a été de nouveau votée ou si le Président ne réclame pas une nouvelle délibération, il est obligé de la promulguer dans le mois qui suit la transmission ou dans les trois jours, quand l'urgence a été déclarée.

Un décret du 6 avril 1876 a établi les formes à suivre pour la promulgation des lois : le texte, voté par les Chambres, doit être précédé de la formule suivante : *Le Sénat et la Chambre des députés ont adopté ; Le Président de la République promulgue la loi dont la teneur suit...* Il doit être suivi d'une autre formule : *La présente loi, délibérée et adoptée par le Sénat et par la Chambre des députés, sera exécutée comme loi de l'État.* Enfin la publication de la loi, qui seule oblige les citoyens, résulte de son insertion au *Journal officiel* ou au *Bulletin des lois* : sauf le cas où le gouvernement ordonnera, par disposition spéciale, l'exécution immédiate d'un décret, les lois et décrets sont obligatoires à Paris, un jour franc après la promulgation et, dans l'étendue de chaque arrondissement, un jour franc après que le *Journal officiel* est parvenu au chef-lieu de l'arrondissement (art. 2 du décret du 5 novembre 1870).

Les législateurs laissent assez souvent au gouvernement le soin de compléter et d'expliquer leur œuvre. La loi du 16 juin 1881, sur la gratuité absolue de l'enseignement primaire dans les écoles publiques, établit qu'un *décret* fixera la quotité des traitements en ce qui concerne les salles d'asile ou les classes enfantines (art. 5). La loi sur les récidivistes a chargé le gouvernement de déterminer, par un *règlement d'administration publique*, les lieux et conditions de la relégation ; le Conseil d'État est consulté et souvent même chargé de préparer ces règlements. L'enseignement secondaire spécial, organisé par la loi du 21 juin 1865, a été réorganisé par un décret du Président de la République en date du 8 août 1886, d'après le rapport du ministre et après avoir entendu le Conseil supérieur de l'Instruction publique ; une *circulaire* a été envoyée aux recteurs le 29 septembre pour indiquer la direction à donner à l'enseignement réorganisé. C'est par des *arrêtés ministériels,* rendus sur la demande des inspecteurs d'académie et des conseils départementaux, que sont déterminées chaque année les communes où, par suite d'insuffisance des locaux scolaires, les prescriptions de certains articles sur l'obligation ne pourraient être appliquées (art. 18 de la loi du 28 mars 1882). L'arrêté du 27 juillet 1882, réglant, après avoir entendu le Conseil supérieur, l'organisation des écoles primaires publiques, établit que les conditions que devront remplir les locaux scolaires seront déterminées par une *instruction spéciale*, rédigée par la commission des bâtiments scolaires du ministère de l'Instruction publique (art. 17). Le règlement scolaire modèle laisse au préfet le soin de fixer chaque année, en Conseil départemental, l'époque et la durée des vacances (art. 22), établit que tout ce qui se rapporte à l'organisation pédagogique (emploi du temps, programme d'études, classement des élèves, etc.), sera réglé par le Conseil départemental sur la proposition de l'inspecteur et avec l'approbation du recteur (art. 24). Le décret relatif à la création de lycées et de collèges de jeunes filles, en exécution de la loi du 21 décembre 1880, stipule que le Conseil supérieur de l'instruction publique arrêtera le programme des examens à subir par les candidats aux bourses de l'État, des départements et des communes (art. 8), qu'un programme rédigé après avis du Conseil, déterminera le nombre des années d'études, les objets de l'enseignement de chaque classe, l'emploi du temps, etc. (art. 12).

Le gouvernement présente des projets de loi à la préparation desquels contribue quelquefois le Conseil d'État; chaque député ou sénateur a le droit de faire des propositions de loi. Les projets, les propositions prises en considération, sont examinés par une commission qui fait un rapport, quelquefois renvoyés au Conseil d'État, puis discutés en séance publique, où ils sont, à moins d'une déclaration d'urgence, l'objet de deux délibérations successives, séparées par un intervalle de 5 jours au moins, ils peuvent être amendés et modifiés. Le président de la Chambre qui les a votés les transmet à l'autre Chambre, devant laquelle ils sont soumis aux mêmes formalités. Quand les deux Chambres ont voté un texte unique, la loi est, à moins que le Président de la République n'ait par un message, demandé une seconde délibération, promulguée et publiée au Journal officiel *ou au* Bulletin des lois. *Des règlements d'adminis-*

tration publique, préparés par le Conseil d'État, des décrets rendus, sur la proposition du ministre et après avis des comités consultatifs, Conseil supérieur de l'Instruction publique, du Commerce, de l'Industrie, de l'Agriculture, Conseil départemental, etc., des arrêtés, des circulaires ministérielles, des circulaires rectorales, des arrêtés préfectoraux interviennent pour compléter et expliquer l'œuvre des législateurs.

L'exécution de la loi. — Quand la loi a été votée par les législateurs, promulguée, publiée et expliquée par les ministres et leurs délégués, il reste à la faire exécuter ; c'est l'œuvre spéciale du pouvoir exécutif. Le Ministre de l'intérieur et ses agents, préfets, sous-préfets, maires (ch. XXXI, XXXVI et XXXVII), veillent à l'exécution des lois qui ont rapport à l'administration générale ; le Ministre des finances, les trésoriers payeurs généraux, les receveurs, les percepteurs, les inspecteurs et les contrôleurs, les douaniers et les préposés assurent l'application des lois fiscales ; le Ministre de l'instruction publique, les inspecteurs généraux, les recteurs et les inspecteurs d'académie, les préfets et les inspecteurs primaires sont chargés de faire exécuter les lois scolaires, etc.

Les ministres et leurs agents font exécuter les lois et les décrets, les règlements, les arrêtés qui les complètent et les expliquent.

L'organisation judiciaire. — Si un membre de l'enseignement public ou privé viole les lois, règlements décrets et arrêtés que sont chargés de faire exécuter le ministre, les inspecteurs généraux, les recteurs, les inspecteurs d'académie, les inspecteurs primaires, les préfets; ces derniers ne sont pas chargés de les juger, mais des corps spéciaux, le Conseil départemental, le Conseil académique, le Conseil supérieur décident s'il y a eu réellement violation de la loi : il y a des *tribunaux universitaires*. Les Conseils de guerre sont chargés de juger les délits et les crimes commis par les militaires et les marins ; leurs jugements peuvent être annulés par les Conseils de revision : les uns et les autres sont des *tribunaux militaires*. Les particuliers qui se croient lésés dans leurs droits par les actes de l'administration peuvent recourir au Conseil de préfecture, au Conseil d'État; le préfet, dont un tribunal de 1re instance a repoussé le *déclinatoire*˙, les parties qui pensent qu'un tribunal judiciaire ou administratif s'est déclaré à tort incompétent dans une affaire qui les intéresse, s'adressent au Tribunal des conflits ; il y a des *tribunaux administratifs*. Les commerçants ont des tribunaux spéciaux qui prononcent sur leurs contestations ; les Conseils de prud'hommes concilient ou jugent les différends entre patrons et ouvriers. Enfin les juges de paix, les Tribunaux de 1re instance, les Cours d'appel et la Cour de cassation, les Cours d'assises prononcent en matière civile et en matière criminelle.

Il y a des tribunaux civils et criminels, des tribunaux spéciaux pour les commerçants, les patrons et ouvriers, pour les militaires et les universitaires ; il y a des tribunaux administratifs.

Les juges de paix. — Le juge de paix, établi au chef-lieu de canton et assisté de deux suppléants, a des fonctions multiples : il prononce dans les contestations entre hôteliers et voyageurs, entre fermiers ou locataires et propriétaires, etc. S'il s'agit d'une somme inférieure à 100 francs, il statue définitivement et sans appel ; si la somme est supérieure à 100 francs, il prononce encore en premier ressort jusqu'à 200 francs, jusqu'à 1,500 francs et même jusqu'à une somme indéterminée dans certains cas ; mais le plaideur peut en appeler au tribunal de 1re instance et lui demander de réformer la sentence. Tout jugement en matière civile, qu'il relève de la justice de paix ou du Tribunal de 1re instance, doit être précédé d'une tentative de conciliation : le juge de paix doit chercher à accorder les deux parties, à terminer à l'amiable leur différend. Il prononce encore en dernier ressort sur les contestations relatives aux listes électorales.

En matière pénale, il juge les *contraventions*, c'est-à-dire les infractions que la loi punit par des amendes qui n'excèdent pas 15 francs, par un emprisonnement qui ne dépasse pas 5 jours. Il statue, dans les cas d'injures verbales, contre ceux qui ont dégradé un chemin, embarrassé la voix publique, cueilli des fruits, coupé de l'herbe dans le champ de leur voisin. Dans ce cas, il constitue le tribunal de *simple police* devant lequel le commissaire de police ou, s'il n'y a pas de commissaire au chef-lieu de canton, le maire et ses adjoints remplissent les fonctions de ministère public et réclament la punition des contrevenants. Ses décisions en matière pénale peuvent être attaquées devant le Tribunal correctionnel, lorsque l'amende dépasse 5 francs ou s'il y a prison. Le juge de paix peut, en matière criminelle, être chargé de présider aux instructions et aux enquêtes.

Enfin il est chargé de convoquer, de présider les conseils de famille (ch. xxxiii), de dresser les actes de reconnaissance, d'adoption, d'émancipation, d'apposer et de lever les scellés, d'assister à l'ouverture des portes en cas de saisie, de présider le petit jury en matière d'expropriation pour les chemins vicinaux, etc.

Le Juge de paix essaye de concilier les parties dans les affaires de sa compétence et dans la plupart de celles qui sont de la compétence du Tribunal de 1re instance; il prononce en dernier ressort ou en premier ressort seulement, sur un certain nombre de contestations; il constitue, en matière pénale, un tribunal de simple police assisté d'un ministère public et peut prononcer en premier ressort jusqu'à 15 francs d'amende et 5 jours de prison. Enfin il a des attributions extrajudiciaires.

Les tribunaux de première instance. — Il y a dans chaque arrondissement, à l'exception de ceux de Saint-Denis, de Sceaux et de Puget-Théniers, un tribunal de 1re instance. Il comprend au minimum un président et deux juges; à Paris il a 74 juges et 15 suppléants formant 11 chambres. Il juge comme tribunal d'appel et en dernier ressort les décisions rendues par le juge de paix en 1er ressort; il prononce en 1er et dernier ressort dans les actions personnelles et mobilières jusqu'à 1,500 francs en principal, dans les actions immobilières jusqu'à 60 francs de revenu, dans toutes les contestations relatives à la perception des droits d'enregistrement, quelle que soit la valeur du litige. Dans les affaires qui dépassent 1,500 francs en principal et 60 francs en revenu, il ne juge qu'en 1er ressort et les parties peuvent demander à la Cour d'appel la revision du jugement, elles peuvent en outre se pourvoir devant la Cour de cassation contre toutes les décisions prises par le Tribunal en dernier ressort. Le Tribunal délègue un de ses membres pour présider le jury chargé de fixer les indemnités en matière d'expropriation pour cause d'utilité publique (ch. xxxiii).

Le tribunal de 1re instance est un tribunal *correctionnel* comme un tribunal *civil*; il statue en appel et en dernier ressort sur les décisions rendues en 1er ressort par le tribunal de simple police; en 1er ressort seulement sur les contraventions en matière de chasse, de pêche, de presse et sur les contraventions forestières dont l'administration requiert la poursuite ou sur tous les *délits*, c'est-à-dire sur les infractions que la loi punit par des peines correctionnelles de 6 jours à 5 ans de prison, la privation de certains droits politiques, l'amende. Toutefois certains hauts fonctionnaires ou magistrats (grands-officiers de la Légion d'honneur, généraux commandant une division, archevêques, évêques et président de consistoire, juges de paix, préfets, membres des tribunaux, des Cours d'appel, de la Cour de cassation. etc.) sont jugés en matière de délits par la Chambre civile de la Cour d'appel [1]. En outre, la loi du 23 décembre 1875 a soustrait aux tribunaux correctionnels la plupart des délits politiques et de presse, qui sont déférés à la Cour d'assises. On peut interjeter appel, devant la cour du ressort, des jugements correctionnels rendus en 1er ressort, on peut se pourvoir en cassation contre tous.

Des *huissiers* sont chargés de signifier les actes judiciaires, d'assigner les parties devant le tribunal ; les *avoués* font pour leurs clients les démarches et actes de procédure que nécessitent les affaires civiles, ils plaident par exception devant les tribunaux où il n'y a pas d'avocats ; les *avocats* font d'ordinaire valoir devant les juges les arguments de chacune des parties ; un *greffier en chef*, assisté de commis greffiers, écrit les arrêts et jugements, en garde l'original, en délivre des copies. Le *ministère public*, constitué par un procureur de la République et par un ou plusieurs substituts, est représenté à toutes les audiences civiles et correctionnelles. Il est chargé de rechercher et de poursuivre d'office certains délits qui relèvent du tribunal, d'en poursuivre d'autres sur la plainte des parties intéressées ; dans les deux cas, il transmet au juge d'instruction les documents, les procès-verbaux et les pièces saisies. Il peut attaquer devant la chambre de mise en accusation de la Cour d'appel, les décisions prises par le juge d'instruction ; il réclame devant le tribunal l'application de la loi et demande la condamnation de l'accusé, qui est toujours défendu par un avocat ou un avoué.

Le *juge d'instruction* fait, en cas de flagrant délit, tous les actes qui sont d'ordinaire dans les attributions du procureur ; il interroge le prévenu, les témoins et dirige l'enquête ; il peut mettre au *secret*, c'est-à-dire faire enfermer dans une cellule sans le laisser communiquer avec personne, l'individu auquel on reproche un fait qui entraîne l'emprisonnement. Quand il a fini son instruction, il rend une ordonnance de non-lieu, s'il croit qu'il n'y a pas de preuves suffisantes pour établir la culpabilité de l'accusé ; il le renvoie devant le juge de paix, s'il pense qu'il y contravention, devant le tribunal correctionnel, s'il y a délit ; s'il croit à un crime, il envoie toutes les pièces au procureur général qui les remet à la chambre de mise en accusation pour achever l'instruction et décider s'il y a lieu de traduire l'accusé en Cour d'assises.

---

1. La loi du 30 août 1883 confère en partie cette juridiction à la Cour de cassation.

Le tribunal de 1ʳᵉ instance juge en dernier ou en premier ressort presque toutes les contestations civiles ; il prononce en premier ou en dernier ressort sur certaines contraventions et sur la plupart des délits ; un juge est spécialement chargé de l'instruction des affaires correctionnelles; le ministère public, toujours représenté aux audiences civiles et correctionnelles, recherche et poursuit les délits; le tribunal est assisté d'un greffier en chef, de commis greffiers; il a auprès de lui des officiers ministériels, huissiers et avoués, souvent un certain nombre d'avocats.

La Cour d'assises. — Quand un crime a été commis, quand l'infraction à la loi est passible de peines infamantes, bannissement, dégradation civique, ou de peines afflictives et infamantes, réclusion, détention, travaux forcés, mort, la chambre de mise en accusation, après avoir examiné l'instruction que lui a transmise le procureur général, décide qu'il y a lieu de traduire l'accusé en Cour d'assises. C'est encore la Cour d'assises qui est chargée de juger un certain nombre de délits politiques et de délits de presse : dans ce cas, le ministère public renvoie, d'office ou sur la plainte du fonctionnaire qui a été injurié ou diffamé, le coupable en Cour d'assises.

La Cour d'assises est un tribunal temporaire qui se réunit d'ordinaire au chef-lieu de chaque département en janvier, en avril, en juillet et en octobre. Il comprend un président, qui est membre de la Cour d'appel du ressort ; deux assesseurs qui sont des Conseillers dans le département où il y a une Cour d'appel, qui peuvent être empruntés au tribunal de 1ʳᵒ instance dans les autres départements ; le ministère public est représenté, dans le premier cas, par le procureur général, par un de ses avocats généraux ou de ses substituts, dans le second, par le procureur de la République ou un substitut, à moins que le procureur général ne siège lui-même ou ne délègue un de ses substituts. Mais ce qui caractérise surtout ce tribunal, c'est la présence de simples citoyens ou *jurés* qui constituent le *jury*.

Chaque année on dresse une liste des citoyens qui peuvent faire partie du jury (loi du 21 novembre 1872) ; on n'y fait entrer que ceux qui savent lire et écrire en français, qui sont âgés de 30 ans, jouissent de leurs droits civils, politiques ou de famille, sont domiciliés dans le département et n'y sont ni serviteurs ni domestiques à gages. La loi établit une longue série d'*incapacités* frappant surtout les individus qui ont subi certaines condamnations, d'*incompatibilités*, visant surtout les fonctionnaires de toute espèce, députés, ministres, préfets, juges des diverses juridictions, militaires ou marins en activité, instituteurs primaires communaux, etc.; elle dispense les septuagénaires, ceux qui vivent d'un travail manuel et journalier, ceux qui ont rempli les fonctions de juré l'année courante ou précédente. La liste comprend à Paris 3,000 noms, dans les départements 1 juré par 500 habitants, sans qu'aucune liste puisse en contenir moins de 400 ou plus de 600. Une commission cantonale, comprenant le juge de paix, ses suppléants et les maires des communes du canton, se réunit en août et forme une liste préparatoire qui contient un nombre de noms double de celui que forme le contingent du canton. En septembre, la commission d'arrondissement, composée du président ou d'un juge du Tribunal de 1re instance, des juges de paix, des conseillers généraux ou d'arrondissement, se réunit et arrête la liste définitive pour l'arrondissement. Les listes d'arrondissement sont centralisées au chef-lieu du département. Les commissions d'arrondissement forment une liste spéciale de 300 jurés suppléants, résidant dans la ville où se tiennent les assises, pour Paris, de 50 dans les départements. Dix jours avant l'ouverture de la session, le premier président de la Cour d'appel ou le président du Tribunal tire au sort 36 noms de la liste annuelle et 4 de la liste spéciale, destinés à remplacer à l'ouverture des assises ceux des 36 jurés qui ne se présentent point. Pour chaque affaire, il y a 12 jurés : le ministère public et l'avocat du prévenu ont un droit égal de récusation et peuvent ainsi chacun éliminer 12 des 36 jurés indiqués pour la session. Le juré qui, sans une excuse admise par la Cour, ne se présente pas ou se retire avant d'avoir accompli ses fonctions, peut être la première fois condamné à une amende de 500 francs, la seconde à une de 1000 francs, la troisième à une de 1,500 francs; il est en outre, dans ce dernier cas, déclaré incapable d'exercer les fonctions de juré.

Le président de la Cour d'assises dirige les débats. Après la lecture de l'acte d'accusation, qui expose les faits imputés au prévenu, il interroge l'accusé et les témoins à charge ou à décharge ; puis le ministère public prend la parole pour prononcer un *réquisitoire* dans lequel il soutient que l'accusé est coupable et requiert contre lui l'application de tel ou tel article de loi; l'avocat, que le prévenu a choisi ou qui lui a été donné d'office, répond par une *plaidoirie* dans laquelle il discute l'accusation, les dépositions des témoins et cherche à montrer que l'accusé n'est pas coupable, qu'il n'est pas responsable de ses actes, qu'il mérite l'indulgence du jury, etc. Le ministère public peut répliquer, mais c'est le défenseur de l'accusé qui parle toujours le dernier. Quand il a fini on emmène l'accusé, la Cour et le jury se retirent ; les jurés, qui ont écouté la lecture de l'acte d'accusation, l'interrogatoire du prévenu et des témoins, le réquisitoire et les plaidoiries, délibèrent pour répondre aux questions qui leur sont posées par le président. La délibération finie, le jury revient en séance, le président et ses assesseurs remontent sur leurs sièges, l'accusé est ramené à son banc ; le chef du jury déclare en son âme et conscience que la réponse du jury aux questions a été *oui* ou *non*. Dans le premier cas, l'accusé est déclaré coupable : la Cour statue sur l'application de la peine et sur les réparations civiles à accorder aux personnes lésées par l'accusé ; elle abaisse la peine dans le cas où le jury a accordé des circonstances atténuantes. Si le jury répond par *non*, le prévenu est acquitté; il l'est encore dans le cas où il y a partage égal des voix. La Cour applique, s'il n'est pas accordé de circonstances atténuantes, le minimum ou le maximum de la peine, elle peut, si elle croit que les jurés en répondant *oui* se sont trompés au fond tout en observant les formes, surseoir au jugement et renvoyer l'affaire à une autre session. L'accusé et le ministère public peuvent se pourvoir, en cas de condamnation, devant la Cour de cassation qui casse l'arrêt et renvoie l'affaire devant une autre Cour d'assises, s'il y a eu omission des formes prescrites ou violation de la loi.

La Cour d'assises juge les crimes, les délits politiques et de presse ; elle comprend 3 magistrats et 12 jurés. La liste annuelle des jurés, sur laquelle ne figurent ni ceux que la loi déclare incapables d'être jurés, ni ceux dont les fonctions sont incompatibles avec celle de juré, ni ceux qui sont légalement dispensés, est préparée par une commission cantonale, arrêtée par une commission d'arrondissement, qui dresse en outre une liste de jurés suppléants. A chaque session on tire au sort les noms de 36 jurés et de 4 jurés suppléants, 12 jurés prononcent dans chaque affaire si l'accusé est coupable ou non ; la Cour statue sur l'application de la loi. Le condamné et le ministère public peuvent se pourvoir contre l'arrêt devant la Cour de cassation, qui renvoie l'affaire devant une autre Cour, s'il y a eu omission des formes prescrites, ou violation de la loi.

Les Cours d'appel et la Cour de cassation. — Chaque *Cour d'appel* compte un premier président, des présidents de chambre et des conseillers : celle de Paris a 72 membres, les autres en comptent de 20 à 31. La chambre *civile* doit avoir 7 membres pour juger : elle tranche en dernier ressort les appels des jugements rendus par les tribunaux de 1re instance et de commerce, des décisions prises par les consuls ; elle juge en 1er et dernier ressort quelques procédures relatives à l'adoption et à la réhabilitation des faillis ; elle juge de même, en matière pénale, les délits commis par certains fonctionnaires ou magistrats (Cf. *les Tribunaux de* 1re *instance*).

La chambre des *appels correctionnels* juge, avec 5 membres et en dernier ressort, les appels interjetés contre les jugements rendus en matière correctionnelle par les tribunaux de 1re instance; avec 7 membres, elle peut statuer en matière civile. La chambre de *mise en accusation* doit compter 5 membres, elle est saisie par le procureur général des ordonnances qui renvoient devant elles un inculpé, des oppositions aux ordonnances de non-lieu, de renvoi en simple police ou en correctionnelle, rendues par le juge d'instruction; elle statue souverainement, ordonne le renvoi du prévenu en simple police, en correctionnelle, en Cour d'assises. La Cour d'appel, en toutes affaires, ordonne des poursuites, réclame les pièces nécessaires, charge un des membres de la chambre de mise en accusation de faire fonction de juge d'instruction, d'entendre les témoins, d'interroger le prévenu, elle décide ensuite sur le rapport du procureur général.

Le *procureur général*, assisté d'avocats-généraux et de substituts, remplit devant chacune des chambres les fonctions de ministère public; il est le chef hiérarchique des procureurs de la République du ressort.

La *Cour de cassation* comprend un 1er président, 3 présidents de chambre et 45 conseillers; elle est divisée en 3 chambres, la chambre des *requêtes*, la chambre *civile* et la chambre *criminelle*, dans chacune desquelles la présence de 11 conseillers est nécessaire et où le ministère public, constitué par un procureur général et 6 avocats généraux, est toujours représenté. On peut demander devant elle la cassation de tous les jugements rendus en dernier ressort par les juges de paix en matière de police ou en matière civile, lorsqu'ils ont excédé leur pouvoir, par les tribunaux de première instance en matière civile et en matière correctionnelle, par les tribunaux de commerce et les conseils de prud'hommes, par les Cours d'assises et les Cours d'appel. Elle n'a pas à examiner le *fond* des affaires, mais à voir si les *formes* ont été omises ou si la loi a été violée : la chambre des *requêtes* examine les pourvois en matière civile, qu'elle renvoie à la chambre *civile* si elle croit qu'ils doivent être reçus; la chambre *civile* statue directement sur les pourvois formés par le procureur général ou en matière d'expropriation pour cause d'utilité publique; la chambre *criminelle* prononce sur les demandes en revision, sur les pourvois formés en matière de police correctionnelle ou criminelle. Quand un jugement cassé par une des chambres, est cassé de nouveau par la Cour suprême en une audience solennelle par toutes les chambres, le tribunal ou la cour saisis ensuite de l'affaire, doivent se conformer, sur le point de droit, à la décision de la Cour de cassation.

Elle statue dans des audiences solennelles en matière civile sur les questions de dol*, de fraude, de concussion ou déni de justice, la Chambre des requêtes prononce sur les conflits de juridiction entre les tribunaux ordinaires, sur les demandes de renvoi d'un tribunal à un autre pour cause de suspicion légitime ou de sûreté publique ; la Chambre civile prononce sur les poursuites exercées par le ministre de la justice contre les magistrats inamovibles. Enfin c'est la Cour de cassation qui est chargée de l'instruction criminelle lorsqu'il s'agit d'un juge de paix, d'un commissaire de police faisant les fonctions de ministère public, d'un magistrat, d'un procureur ou d'un substitut du tribunal de 1re instance, qui ont commis un crime dans l'exercice de leurs fonctions, d'un membre d'une Cour d'appel ou d'un des officiers du ministère public auprès de ces Cours, qui se sont rendus coupables d'un crime.

Chaque Cour d'appel comprend : une chambre civile, une chambre des appels correctionnels, une chambre de mise en accusation ; elle statue sur les appels des jugements rendus par les Tribunaux de 1re instance et de commerce, sur les ordonnances de renvoi et de non-lieu rendues par le juge d'instruction ; le procureur général, ses avocats généraux ou ses substituts remplissent devant chacune des chambres les fonctions de ministère public.

La Cour de cassation comprend : la chambre des requêtes, la chambre civile et la chambre criminelle ; elle annule tous les jugements dans lesquels les formes de la procédure ont été omises ou la loi violée ; sa décision en matière de droit est obligatoire pour la Cour ou le Tribunal chargés de l'affaire après une seconde cassation. Elle prononce sur les conflits de juridiction, sur les demandes de renvoi à un autre tribunal, elle est chargée de l'instruction quand l'accusé est un magistrat ou un membre du parquet.

Tribunaux de commerce et Conseils de prud'hommes. — Le Tribunal de commerce comprend : un président, des juges et des juges suppléants ; il est constitué au minimum avec 3 membres et ne peut en avoir plus de 14. Les membres en sont élus pour 2 ans, peuvent être réélus pour 2 autres années, après lesquelles ils cessent leurs fonctions au moins pendant 1 an ; ils ne sont pas rétribués. Les électeurs comprennent la dixième partie des commerçants patentés ; une commission spéciale dresse et revise chaque année cette liste qui ne peut contenir ni moins de 50 ni plus de 1,000 noms, excepté à Paris où il doit y avoir 3,000 électeurs ; elle y fait figurer les commerçants recommandables par leur probité, leur esprit d'ordre et d'économie, les agents de change, les directeurs des compagnies anonymes de commerce, de finance et d'industrie, les anciens membres de la chambre et du tribunal de commerce, les anciens présidents de prud'hommes, elle ne peut y porter les commerçants qui ont subi certaines condamnations, les officiers ministériels destitués, les faillis non réhabilités, ceux qui sont privés du droit de vote aux élections législatives. Les électeurs choisissent, dans un scrutin présidé par le maire assisté des 2 plus âgés et des 2 plus jeunes des électeurs présents, d'abord le président, puis les juges et suppléants, parmi les commerçants et agents de change, âgés de 30 ans, inscrits à la patente depuis 5 ans et domiciliés dans le ressort, les directeurs de sociétés anonymes, les capitaines au long cours, les maîtres au cabotage*, les anciens commerçants et agents de change. Le tribunal est renouvelable par moitié tous les ans ; les juges doivent être choisis parmi les suppléants, le président, parmi les anciens juges.

Le Tribunal de commerce juge en dernier ressort les appels contre les jugements des prud'hommes, en 1er et dernier ressort, les affaires commerciales sur lesquelles ne peut prononcer le juge de paix, jusqu'à 1,500 francs ; en 1er ressort les affaires commerciales supérieures à 1,500 francs, les déclarations et les règlements de faillites. On appelle à la Cour du ressort, de ses jugements en 1er ressort, à la Cour de cassation de ses jugements en dernier ressort.

Le *Conseil des prud'hommes* est institué par un décret qui en fixe la circonscription, le nombre des membres, les professions qui seront soumises à sa juridiction ; il ne peut avoir moins de 6 membres et comprend un nombre égal de patrons et d'ouvriers. Les électeurs du Conseil des prud'hommes sont d'un côté les patrons, de l'autre les contremaîtres et ouvriers français âgés de 25 ans, patentés ou exerçant leur industrie depuis 5 ans et au moins depuis 3 ans dans la circonscription du Conseil. Les patrons se réunissent en assemblée particulière sur la convocation du préfet et nomment la moitié du Conseil, les ouvriers, contremaîtres et chefs d'ateliers se réunissent dans les mêmes conditions pour nommer l'autre moitié ; il faut, pour être éligible, remplir les conditions exigées de l'électeur, avoir 30 ans, savoir lire et écrire. Les prud'hommes, élus pour 6 ans, sont renouvelés par moitié tous les 3 ans et rééligibles ; le président et le vice-président, élus par tous les prud'hommes, doivent être l'un patron et l'autre ouvrier ; les patrons ne reçoivent aucune indemnité, les ouvriers prud'hommes peuvent obtenir des jetons de présence.

Le rôle du Conseil est de concilier les différends entre fabricants et ouvriers, contremaîtres, ouvriers et apprentis, de les juger quand il n'a pu les concilier ; il prononce sur les contestations que fait naître le contrat d'apprentissage, la délivrance des congés d'acquit, il accomplit certaines formalités en ce qui concerne les dessins, les modèles de fabrique, pour sauvegarder la propriété industrielle, il juge en dernier ressort jusqu'à 200 francs; passé cette somme, on peut appeler de ses jugements devant le Tribunal de commerce.

Les membres du Tribunal de commerce sont élus par des électeurs dont la liste est dressée et revisée chaque année ; leurs fonctions sont gratuites, ils constituent un tribunal d'appel par rapport au Conseil des prud'hommes, jugent les affaires commerciales jusqu'à 1,500 francs en dernier ressort, en premier ressort au delà de 1,500.

Le Conseil des prud'hommes comprend un nombre égal de patrons et d'ouvriers élus respectivement par les patrons, les chefs d'atelier, contre-maîtres et ouvriers. Comme le juge de paix, le Conseil des prud'hommes concilie quand il le peut, et juge quand il ne peut concilier les différends, mais il ne juge que les contestations entre patrons et ouvriers, en dernier ressort jusqu'à 200 francs, au delà de 200 francs, on peut faire appel devant le Tribunal de commerce.

Tribunaux militaires et universitaires. — Les militaires et les marins ont des devoirs spéciaux et sont régis par un Code spécial de justice. Ce code est appliqué par des Conseils de guerre qui comprennent un président et 6 juges dont le grade varie avec celui de l'accusé, qui ont auprès d'eux un commissaire du gouvernement remplissant les fonctions de ministère public, un rapporteur qui instruit les affaires. Il y a un *Conseil de guerre* dans chaque division militaire, dans chaque arrondissement maritime. Le Conseil de guerre remplace, pour les militaires, le tribunal de simple police, le tribunal correctionnel, la Cour d'assises; il applique en outre des peines spéciales, les travaux publics, par exemple, aux déserteurs à l'intérieur. Il n'y a pas d'appel pour les jugements des Conseils de guerre, on peut seulement se pourvoir devant les Conseils de revision, qui comprennent un président et 4 juges et sont établis partout où il y a un Conseil de guerre. Le *Conseil de revision*, comme la Cour de cassation, n'examine pas les affaires et se borne à annuler les jugements dans lesquels les règles juridiques ont été violées.

Dans le cas où *l'état de siège* est proclamé soit en temps de paix, soit en temps de guerre, l'autorité militaire possède tous les pouvoirs et les Conseils de guerre jugent tous les crimes et délits contre la sûreté de la République, contre la Constitution, l'ordre et la paix publique. L'état de siège, en temps de guerre, est voté par le parlement, proclamé par décret ou résulte de plein droit de l'investissement d'une place forte ou d'une attaque dirigée par l'ennemi contre un point du territoire.

Le *Conseil départemental* (ch. XXXI) prononce sur les affaires contentieuses qui ont pour objet l'ouverture des écoles libres et l'exercice du droit d'enseigner, sur les poursuites qui tendent à interdire l'exercice de la profession d'instituteur libre, sur les affaires disciplinaires qui concernent les instituteurs publics ou libres. On peut appeler des décisions du Conseil départemental au Conseil supérieur. Le *Conseil académique* est chargé d'instruire les affaires, contentieuses ou disciplinaires, qui concernent les membres de l'enseignement secondaire et supérieur, public ou libre, les candidats aux divers examens, etc.; il prononce et décide sur les peines à appliquer, on peut appeler de ses décisions au Conseil supérieur.

Le *Conseil général des facultés* statue sans appel et en dernier ressort et supprime au maximum 2 années de scolarité; il peut exprimer l'avis que l'affaire soit portée devant le Conseil académique.

Le *Conseil supérieur* statue en appel et en dernier ressort sur les jugements des Conseils départementaux qui prononcent contre un instituteur public ou libre l'interdiction absolue d'enseigner, sur les jugements des Conseils académiques, qui ont rapport à l'obtention des grades et aux Concours devant les facultés, à l'exclusion des étudiants de toutes les académies, à la révocation, au retrait d'emploi, à la suspension et à la mutation pour emploi inférieur des professeurs titulaires de l'enseignement secondaire ou supérieur public, à l'interdiction du droit d'enseigner ou de diriger un établissement d'enseignement prononcé contre les membres de l'enseignement public ou libre (ch. XXXI).

Les Conseils de guerre jugent sans appel les contraventions, délits et crimes dont se rendent coupables les militaires ou les marins en activité de service; ils jugent les civils quand l'état de siège est proclamé; les Conseils de révision annulent ceux de leurs jugements dans lesquels les règles légales ont été violées.

Les Tribunaux universitaires sont: le Conseil départemental, le Conseil académique, le Conseil général des Facultés et le Conseil supérieur; ils prononcent sur certaines affaires qui intéressent spécialement les membres de l'enseignement public ou privé.

Tribunaux administratifs. — Le *Conseil de préfecture* (ch. XXXVI) juge les réclamations des particuliers à propos des dommages que leur ont causés les entrepreneurs des travaux publics, ou de leur cote de contributions directes, les contestations qui s'élèvent entre les entrepreneurs des travaux publics et l'administration ; il prononce sur les indemnités dues aux particuliers pour les terrains qu'on leur prend ou qu'on fouille en construisant des chemins ou des canaux, sur les difficultés qui s'élèvent en matière de grande voirie. Il examine, en outre, les contestations entre fabriques relatives au temporel du culte, les contestations en matière de cadastre, en matière d'élections (prud'hommes, conseils municipaux et d'arrondissement), en matière d'établissements insalubres, etc. Il statue enfin comme tribunal de police et prononce des amendes sur certaines contraventions en matière de grande voirie, de police de roulage, de police de carrières et tourbières, des lignes télégraphiques, etc. On peut appeler des décisions du Conseil de préfecture devant la Cour des comptes (ch. XXXVII) ou le Conseil d'État.

Le *Conseil d'État* (ch. XXXI) prononce en dernier ressort sur les décisions rendues par les Conseils de préfecture ; il examine les pourvois formés contre les actes du chef du pouvoir exécutif, contre un décret qui prononcerait par exemple la mise à la retraite d'un fonctionnaire ayant le droit de rester en activité, contre les actes des maires, sous-préfets, préfets, ministres ; il juge les contestations relatives aux élections des conseillers généraux, examine les recours pour excès de pouvoir contre les décisions rendues par le Conseil départemental, le Conseil académique, le Conseil supérieur de l'instruction publique, il statue enfin comme tribunal de cassation sur certaines décisions de la Cour des comptes. La section du *contentieux* prépare le rapport des affaires qui sont jugées en assemblée publique par les membres de la section et 8 autres conseillers ordinaires au moins ; 4 maîtres des requêtes remplissent les fonctions de commissaires du gouvernement; des avocats au Conseil d'État représentent les parties.

La *Cour des comptes* est chargée de juger les comptes des trésoriers et receveurs principaux ; des receveurs des communes, des établissements hospitaliers ou de bienfaisance, des asiles d'aliénés, des Écoles normales primaires, quand les revenus sont supérieurs à 30,000 francs ; de ceux qui, sans l'autorisation de la loi, se sont immiscés dans le maniement des deniers publics ; elle prononce des peines et des amendes contre les comptables en retard, juge en appel les recours formés contre les décisions du Conseil de préfecture en matière de comptabilité publique. Le ministère public y est représenté par un procureur général qui a le droit d'assister et de prendre la parole aux audiences des trois chambres. Le Conseil d'État peut casser les décisions de la Cour qui violent la loi ou les formes prescrites.

Le *Tribunal des conflits* (ch. XXXI), devant lequel les avocats au Conseil d'État peuvent représenter les parties, prononce sur les conflits positifs et sur les conflits négatifs. Quand le préfet

L'ÉTAT : LA CONFECTION ET L'EXÉCUTION DES LOIS.

oppose un *déclinatoire* et demande le renvoi, devant l'autorité administrative, d'une affaire portée devant un tribunal de 1re instance ou déjà jugée et transmise à la Cour d'appel, il peut, si le tribunal rejette le déclinatoire* ou si la partie demanderesse interjette appel du jugement qui admet le déclinatoire*, soulever un conflit *positif* sur lequel prononce le Tribunal des conflits. En aucun cas le préfet ne peut élever de conflits en matière criminelle ni devant les juges de paix, les Tribunaux de commerce et les prud'hommes, ni devant les Conseils de guerre ou la Cour de cassation. Les parties intéressées ou les ministres, s'il s'agit de l'État, peuvent recourir au Tribunal des conflits, quand l'autorité administrative et l'autorité judiciaire se sont déclarées incompétentes sur la même question. Enfin le Tribunal prononce encore sur les conflits qui s'élèvent entre la juridiction d'un ministre et celle du Conseil d'État.

Le Conseil de préfecture, le Conseil d'État, la Cour des comptes et le Tribunal des conflits sont les principaux tribunaux administratifs.

RÉSUMÉ

Comment se confectionnent les lois ? — Le gouvernement présente des projets de loi à la préparation desquels contribue quelquefois le Conseil d'État ; chaque député ou sénateur a le droit de faire des propositions de loi. Les projets, les propositions prises en considération sont examinés par une commission qui fait un rapport, quelquefois renvoyés au Conseil d'État, puis discutés en séance publique où ils sont, à moins d'une déclaration d'urgence, l'objet de deux délibérations successives séparées par un intervalle de 5 jours au moins ; ils peuvent être amendés et modifiés. Le Président de la Chambre qui les a votés les transmet à l'autre Chambre devant laquelle ils sont soumis aux mêmes formalités. Quand les deux Chambres ont voté un texte unique, la loi est, à moins que le Président de la République n'ait par un message demandé une seconde délibération, promulguée et publiée au *Journal officiel* ou au *Bulletin des Lois*. Des règlements d'administration publique, préparés par le Conseil d'État, des décrets rendus sur la proposition du Ministre et après avis des comités consultatifs, Conseil supérieur de l'Instruction publique, du Commerce, de l'Industrie, de l'Agriculture, Conseil départemental, etc., des arrêtés, des circulaires ministérielles, des circulaires rectorales, des arrêtés préfectoraux interviennent pour compléter et expliquer l'œuvre des législateurs.

Que savez-vous de l'exécution des lois ? — Les Ministres et leurs agents font les lois et les décrets, les règlements, les arrêtés qui les complètent et les expliquent.

Que savez-vous de l'organisation judiciaire ? — Il y a des tribunaux civils et criminels, des tribunaux spéciaux pour les commerçants, les patrons et ouvriers, des tribunaux administratifs.

Parlez du juge de paix. — Le juge de paix essaye de concilier les parties dans les affaires de sa compétence et dans la plupart de celles qui sont de la compétence du Tribunal de 1re instance ; il prononce en dernier ressort ou en premier ressort seulement, sur un certain nombre de contestations ; il constitue, en matière pénale, un tribunal de simple police assisté d'un ministère public et peut prononcer en premier ressort jusqu'à 15 francs d'amende et 5 jours de prison. Enfin, il a des attributions extrajudiciaires.

Que savez-vous du Tribunal de 1re instance ? — Le Tribunal de 1re instance juge, en dernier ou en premier ressort, presque toutes les contestations civiles ; il prononce, en premier ou en dernier ressort, sur certaines contraventions et sur la plupart des délits ; un juge est spécialement chargé de l'instruction des affaires correctionnelles ; le ministère public, toujours représenté aux audiences civiles et correctionnelles, recherche et poursuit les délits ; le tribunal est assisté d'un greffier en chef, de commis greffiers ; il a auprès de lui des officiers ministériels, huissiers et avoués, souvent un certain nombre d'avocats.

Qu'est-ce que la Cour d'assises ? — La Cour d'assises juge les crimes, les délits politiques et de presse, elle comprend 3 magistrats et 12 jurés. La liste annuelle des jurés, sur laquelle ne figurent ni ceux que la loi déclare incapables d'être jurés, ni ceux dont les fonctions sont incompatibles avec celle de juré, ni ceux qui sont légalement dispensés, est préparée par une commission cantonale, arrêtée par une commission d'arrondissement qui dresse en outre une liste de jurés suppléants. A chaque session on tire au sort les noms des 36 jurés et des 4 jurés suppléants, 12 jurés prononcent dans chaque affaire si l'accusé est coupable ou non : la Cour statue sur l'application de la loi. Le condamné et le ministère public peuvent se pourvoir contre l'arrêt devant la Cour de cassation, qui renvoie l'affaire devant une autre Cour s'il y a eu omission des formes prescrites ou violation de la loi.

Parlez des Cours d'appel et de la Cour de cassation. — Chaque Cour d'appel comprend une chambre civile, une chambre des appels correctionnels, une chambre de mise en accusation ; elle statue sur les appels des jugements rendus par les Tribunaux de 1re instance et de commerce, sur les ordonnances de renvoi ou de non-lieu rendues par le juge d'instruction ; le procureur général, les avocats généraux ou ses substituts remplissent devant chacune des chambres les fonctions de ministère public.

La Cour de cassation comprend : la chambre des requêtes, la Chambre civile et la Chambre criminelle ; elle annule tous les jugements dans lesquels les formes de la procédure ont été omises ou la loi violée ; sa décision en matière de droit est obligatoire pour la Cour ou le Tribunal chargés de l'affaire après une seconde cassation. Elle prononce sur les conflits de juridiction, sur les demandes de renvoi à un autre tribunal, elle est chargée de l'instruction, quand l'accusé est un magistrat ou un membre du parquet.

Que savez-vous des Tribunaux de commerce et du Conseil des prud'hommes ? — Les membres du Tribunal de commerce sont élus, par des électeurs dont la liste est dressée et revisée chaque année ; leurs fonctions sont gratuites, ils constituent un tribunal d'appel par rapport au Conseil des prud'hommes, jugent les affaires commerciales jusqu'à 1,500 francs en dernier ressort, en premier ressort au delà de 1,500 francs.

Le Conseil des prud'hommes comprend un nombre égal de patrons et d'ouvriers élus respectivement par les patrons, les chefs d'atelier, contremaîtres et ouvriers. Comme le juge de paix, le Conseil des prud'hommes concilie, quand il le peut, et juge quand il ne peut concilier les différends, mais il ne juge que les contestations entre patrons et ouvriers, en dernier ressort jusqu'à 200 francs, au delà de 200 francs, on peut faire appel devant le Tribunal de commerce.

Parlez des Tribunaux militaires et universitaires. — Les Conseils de guerre jugent sans appel les contraventions, délits et crimes dont se rendent coupables les militaires ou les marins en activité de service ; ils jugent les civils quand l'état de siège est proclamé ; les Conseils de revision annulent ceux de leurs jugements dans lesquels les règles légales ont été violées.

Les tribunaux universitaires sont : le Conseil départemental, le Conseil académique, le Conseil général des Facultés et le Conseil supérieur ; ils prononcent sur certaines affaires qui intéressent spécialement les membres de l'enseignement public ou privé.

Que savez-vous des Tribunaux administratifs ? — Le Conseil de préfecture, le Conseil d'État, la Cour des comptes et le Tribunal des conflits sont les principaux tribunaux administratifs.

DEVOIRS A TRAITER.

I. Comment procède-t-on à la confection d'une loi ?
II. Comment veille-t-on à l'exécution des lois ?
III. Par quels tribunaux et comment sont examinées les infractions aux lois ?

QUESTIONS A ÉTUDIER.

I. Les projets de lois.
II. Les propositions de lois.
III. Le rôle du pouvoir exécutif (Président de la République, Ministres, etc.) dans la confection des lois.
IV. L'organisation judiciaire.
V. Le ministère public.
VI. Les juges de paix.
VII. Les Tribunaux de première instance.
VIII. La Cour d'assises et le Jury.
IX. Les Cours d'appel.
X. La Cour de cassation.
XI. Les Tribunaux de commerce.
XII. Les Conseils de prud'hommes.
XIII. Les Conseils de guerre et les conseils de revision.
XIV. Le Conseil départemental, le Conseil général des facultés, le Conseil académique et le Conseil supérieur de l'Instruction publique.
XV. Le Conseil de préfecture.
XVI. Le Conseil d'État.
XVII. Le Tribunal des conflits.
XVIII. La Cour des Comptes.
XIX. Le respect des lois (ch. xix).
XX. Les devoirs des jurés d'après les lois et d'après la morale.
XXI. Les devoirs des juges.
XXII. Les devoirs des électeurs qui choisissent les membres du Conseil des prud'hommes, du Tribunal de commerce, du Conseil départemental, du Conseil académique, etc.

QUESTIONS POSÉES.

I. Par qui les lois sont-elles votées ? (Brev. élém. et sup., Ens. second. des jeunes filles.)
II. Doit-on obéir aux lois qu'on trouve injustes ? (Bac. ès lettres et Ens. spécial, Brev. sup. et élém., Ens. secondaire des jeunes filles.)
III. Qu'est-ce qu'un tribunal ? quels sont les différents tribunaux ? (Brev. élém. et sup., Ens. second. des jeunes filles, Bac. ens. spécial.)
IV. Qu'est-ce que le ministère public ? qu'est-ce qu'un avocat général ? (Brev. élém. et sup., Ens. second. des jeunes filles.)
V. Qui est-ce qui nomme les membres du Conseil d'État, de la Cour de cassation ? (Brev. sup. et élém.)
VI. Quelle est l'organisation de la justice en France ? (Brev. sup., Bourses d'ens. primaire sup., Brev. élém., Ens. second. des jeunes filles, Bac. ens. spécial.)
VII. Parlez des juges de paix. (Brev. sup., Bourses d'ens. primaire sup., Brev. élém.)
VIII. Qu'est-ce que la Cour d'assises ? le jury ? (Brev. sup., Bourses d'ens. primaire sup., Brev. élém.)
IX. Qu'est-ce que la Cour d'appel ? (Bourses d'ens. prim. sup., Brev élém.)
X. Quels sont les tribunaux dont les décisions peuvent être frappées d'appel ? (Bourses d'ens. prim. sup., Brev. élém. Ens. second. des jeunes filles.)
XI. Les tribunaux universitaires. (Écoles normales, brev. sup. et élém.)
XII. Qu'est-ce qu'un tribunal de 1re instance ? (Brev. élém. et sup.)
XIII. Les tribunaux de commerce. (Ens. commercial des jeunes filles.)
XIV. De quoi se compose la Cour de cassation ? (Brev. élém. et sup., Ens. second. des jeunes filles, Bac. ens. sp.)

L'ÉTAT : LA CONFECTION ET L'EXÉCUTION DES LOIS. 537

Conseils pédagogiques. — Prendre une loi d'intérêt local, une loi de finances, une loi militaire, une loi scolaire, etc., les lire et montrer comment elles ont été discutées, votées, promulguées, etc. — Prendre de même quelques règlements d'administration publique, décrets, circulaires ministérielles, etc., les lire, les commenter et faire voir, dans les grandes lignes, comment le pouvoir exécutif complète l'œuvre des législateurs. — Se servir de jugements rendus par le juge de paix, le tribunal de première instance, la Cour d'assises, le Tribunal de commerce, le Conseil de guerre, etc., pour faire connaître l'organisation judiciaire et la manière dont fonctionnent les divers tribunaux. — Faire lire, commenter et expliquer des récits imaginaires (*Pierre Laloi*, « Mésaventure d'un fraudeur », « Le médisant et le calomniateur », « La banqueroute de Larmuzeau », « Pierre le plaideur », « Jean le criminel », etc.). — Tirer de tout cet enseignement une double conclusion : la nécessité d'obéir aux lois votées par les représentants de la majorité et l'obligation pour chacun de s'instruire et de choisir avec soin les membres des assemblées législatives qui feront les lois, nommeront directement ou indirectement les représentants du pouvoir exécutif et judiciaire. — Insister sur les devoirs que la morale impose aux jurés (ch. XIII), aux témoins, aux juges, etc.

BIBLIOGRAPHIE.

Pierre Laloi, *Petites histoires pour apprendre la vie.*
Pierre Laloi, la *Première année d'instruction civique.*
Ernest Lavisse, *Questions d'enseignement national.*
Émile Lavisse, *Tu seras soldat.*
Léon Say, *Turgot.*
Rambaud, *Histoire de la civilisation française.*
Montesquieu, *l'Esprit des lois.*
J.-J. Rousseau, le *Contrat social.*
Paul Janet. *Histoire de la science politique.*
Paul Janet, la *Philosophie de la révolution française.*
Fouillée, la *Propriété sociale et la démocratie.*
Franck, *Des rapports de la religion et de l'État.*
Beaussire, la *Liberté dans l'ordre intellectuel et moral.*
Beaussire, les *Principes du droit.*
Tocqueville (de), la *Démocratie en Amérique.*
Bardoux, les *Légistes et leur influence sur la société française.*
Taine, les *Origines de la France contemporaine.* (*L'ancien régime, la Révolution, etc.*)
Barni, *Histoire des idées morales et politiques en France au XVIIIe siècle.*
Barni, la *Morale dans la démocratie.*
Constitutions françaises (*Recueil des*).
Demonbynes, *Constitutions européennes.*
Bagehot, la *Constitution anglaise.*
Stuart Mill, le *Gouvernement représentatif* (traduction Dupont-White.)
Stuart Mill, la *Liberté* (traduction Dupont-White.)
H. Spencer. *Principes de sociologie.*
Id. *Essais sur le progrès.*
Id. *Essais de politique.*
Id. *l'Individu contre l'État.*
Delalain, *Annuaire de l'Instruction publique, des Beaux-Arts et des cultes* (2e partie).
Delalain, le *Livret de l'étudiant de Paris.*
Maurice Block. *Dictionnaire de l'administration française.*
Platon, *Criton et République.*

CHAPITRE XXXIII

L'ÉTAT : LES LOIS USUELLES, LE CODE CIVIL.

SOMMAIRE.

Le Code civil. — Les personnes d'après le Code. — Les Français et les étrangers. — L'état civil, les naissances, les décès, les mariages. — La minorité, la tutelle, l'émancipation, l'interdiction. — La propriété, l'usufruit, les servitudes, les hypothèques. — Les successions, donations, testaments. — Les contrats : ventes, échanges, louages, sociétés, prêts, dépôts et séquestres, procurations, cautionnements, mariages.

Le Code civil. — Les règles du droit usuel, civil ou privé sont, en grande partie, formulées dans un recueil de 36 lois préparées par la Convention, remaniées, votées et promulguées sous le Consulat en 1803 et 1804 : c'est le *Code civil*. On trouve encore quelques indications sur ce sujet dans le Code de *procédure civile*, promulgué en 1806 et dans le Code de *commerce* de 1807.

Le Code civil comprend 3 livres : le Ier traite des personnes, le IIe des biens, le IIIe des différentes manières dont les personnes acquièrent les biens ou s'obligent les unes envers les autres. Le Code compte 2281 articles.

Le Ier livre a 5 titres ou subdivisions, qui concernent la jouissance et la privation des droits civils, les actes de l'état civil, le domicile, les absents, le mariage, le divorce, la paternité et la filiation, l'adoption et la puissance paternelle, la minorité, la tutelle et l'émancipation, la majorité, l'interdiction et le conseil judiciaire.

Le IIe livre a 4 titres ou subdivisions, qui portent sur la distinction des biens, sur la propriété, sur l'usufruit, l'usage et l'habitation, sur les servitudes ou services fonciers.

Le IIIe, qui à lui seul compte 1571 articles, a 20 titres ou subdivisions qui ont pour objet les successions, les donations entre-vifs et les testaments, les contrats ou les obligations conventionnelles en général, les engagements qui se forment sans convention, le contrat de mariage et les droits respectifs des époux, la vente, l'échange, le contrat de louage, le contrat de société, le prêt, le dépôt et le séquestre, les contrats aléatoires, le mandat, le cautionnement, les transactions, la contrainte par corps en matière civile, le nantissement, les privilèges et hypothèques, l'expropriation forcée et les ordres entre les créanciers, la prescription.

Un certain nombre de ces titres ont été modifiés en tout ou en partie par des lois postérieures : la loi du 31 mai 1854 a abrogé et remplacé les articles 22 à 33 sur la privation des droits civils par suite de condamnations judiciaires; les articles sur le divorce ont été abrogés en 1816 et rétablis en partie par la loi du 27 juillet 1884; le dernier alinéa de l'art. 896, qui autorisait la constitution de dotations héréditaires, a été abrogé par les lois du 12 mai 1735 et du 7 mai 1849; la contrainte par corps en matière civile a été abrogée par la loi du 22 juillet 1867, etc.

Le Code civil renferme en 36 lois et 2281 articles, les règles principales du droit usuel ou privé : le Ier livre traite des personnes, en 5 titres ou subdivisions; le IIe en 4 titres, des biens et des différentes modifications de la propriété; le IIIe en 20 titres, des différentes manières dont on acquiert la propriété. Un certain nombre d'articles et même de titres ont été modifiés ou abrogés par des lois postérieures.

Les personnes d'après le Code. — Une personne est, au point de vue psychologique, un être qui se distingue des animaux et des choses (ch. vii, ix); pour la morale, c'est un être responsable de ses actes, capable de faire le bien ou le mal. Le Code civil considère comme des *personnes* ceux qui peuvent devenir propriétaires d'un champ ou d'une maison, vendre ou louer l'un et l'autre, prêter de l'argent ou en emprunter, être créanciers ou débiteurs. Aussi accorde-t-il le caractère de personnes à des êtres abstraits, qui ont des droits à exercer, des obligations à remplir. L'État, les départements, les communes, les établissements de bienfaisance, les Facultés, ont des propriétés qu'ils vendent ou louent et doivent entretenir (ch. xxxv à xxxvii) : ils constituent ce que la loi appelle des personnes *juridiques* ou *morales*.

La loi distingue les *Français* et les *étrangers* : elle attribue aux premiers des droits qu'elle ne reconnaît pas aux seconds ; elle distingue les *mineurs* qui ne peuvent ni acheter ni vendre, des *majeurs*, qui administrent eux-mêmes leur fortune ; les personnes *mariées*, des personnes non-mariées, les *enfants* et les *parents*, les *ascendants* et les *descendants*, etc.

La loi considère comme personne tout être qui a des droits à exercer ou des obligations à remplir : l'État, le département, la commune, etc., sont des personnalités juridiques ou morales, parce qu'ils peuvent être propriétaires, créanciers, débiteurs. Elle distingue les Français et les étrangers, les mineurs et les majeurs, les ascendants et les descendants, etc.

Les Français et les étrangers d'après le Code. — La morale nous apprend que nous devons nous acquitter envers tous nos semblables, compatriotes ou étrangers, des devoirs de justice et de charité (ch. xx et xxi) ; le Code établit que les enfants nés en France ou à l'étranger d'un père français sont Français, que les enfants, nés en France d'un père étranger né lui-même en France sont Français, s'ils ne réclament pas la qualité d'étrangers dans l'année qui suit leur majorité ; que les enfants nés en France de parents étrangers peuvent, dans l'année qui suit leur majorité, réclamer la qualité de Français, en déclarant qu'ils veulent fixer leur domicile en France et l'y fixent en effet ; que les enfants de Français qui ont perdu cette qualité, ceux qui sont nés en France de parents étrangers et ont satisfait à la loi du recrutement ou servi dans l'armée française peuvent à toute époque réclamer la qualité de Français ; que l'étrangère qui épouse un Français devient elle-même Française ; que l'étranger qui a obtenu l'autorisation de fixer son domicile en France et y a résidé effectivement 3 ans ou même un an, en rendant à la France des services importants, peut être *naturalisé* Français par un décret, rendu après enquête et avis du Conseil d'État ; que les enfants nés après la naturalisation sont Français, que les autres peuvent réclamer la qualité de Français. Il considère comme étrangers tous ceux qui n'ont pas usé du droit que la loi leur attribue de réclamer le titre de Français, qui ne sont ni nés ni devenus Français, la Française qui épouse un étranger, les Français qui se sont fait naturaliser à l'étranger, qui ont accepté sans autorisation de leur gouvernement des fonctions publiques ou pris du service militaire à l'étranger, qui y ont fondé, sans esprit de retour, un établissement autre qu'une maison de commerce.

Les Français peuvent seuls prendre part aux votes, être élus ou remplir des fonctions publiques, faire partie de l'armée. Les étrangers ne peuvent exercer aucune fonction politique, administrative ou judiciaire, ils ne sont admis au service militaire que dans la *légion étrangère*; ils jouissent en France des droits civils accordés aux Français par les traités avec la nation à laquelle ils appartiennent, ils sont obligés en toute matière autre que celle de commerce, de donner caution quand ils sont demandeurs et qu'ils ne possèdent pas en France des immeubles d'une valeur suffisante pour le paiement des frais et des dommages intérêts résultant du procès.

Le Code distingue les individus nés ou devenus Français, de ceux qui sont étrangers de naissance, qui n'ont pas réclamé les droits que leur reconnaissait la loi ou qui ont perdu leur qualité de Français. Les premiers seuls peuvent jouir complètement des droits politiques et des droits civils.

L'État civil : les naissances, les mariages, les décès. — Quand on demande à un individu quel est son *état civil*, on désire savoir son nom, son âge, s'il est marié ou célibataire, etc. Il est important, au point de vue légal, d'avoir ces renseignements sur les individus avec lesquels on entre en relations d'affaires. Celui qui ne sait pas qu'un individu est mineur s'expose à voir déclarer nuls les actes qu'il contracte avec lui ; il en est de même de celui qui traite avec une femme mariée ou avec un homme divorcé stipulant au nom de la communauté. Pour être renseigné d'une façon exacte sur l'état civil de chacun, il faut recourir aux actes authentiques de naissance, de mariage et de décès qui sont inscrits sur des registres spéciaux, tenus par les maires ou les adjoints officiers de l'état civil (ch. XXXVII).

Les actes sont dressés sur la déclaration des personnes intéressées, en présence de 2 témoins, s'il s'agit d'une naissance ou d'un décès, de 4 s'il s'agit d'un mariage. Ces témoins, choisis par les parties intéressées, doivent être du sexe masculin et âgés de 21 ans au moins ; l'acte est signé après lecture par les parties, les témoins et l'officier de l'état civil. Il est rédigé en double et l'un des exemplaires reste à la commune, tandis que l'autre est déposé au greffe du tribunal de 1re instance. Il ne peut être écrit sur des feuilles volantes ; chaque année le préfet ou le sous-préfet envoie au maire des registres composés de feuilles de papier timbré dont chacune est numérotée (*cotée*) et paraphée par le président du tribunal. Tout individu a le droit de réclamer du maire de la commune ou du greffier du tribunal une copie des actes qui y sont inscrits; la signature du maire ou du greffier est légalisée par le président du tribunal ou par le juge de paix. Ces copies, faites sur papier timbré, donnent lieu au paiement de certains droits, excepté lorsqu'elles sont, dans certains cas, demandées par des indigents, par ceux qui veulent faire des versements à la caisse des retraites ou comme pièces administratives, notamment en matière de recrutement. Si des inexactitudes ont été introduites dans l'acte, la rectification n'a lieu qu'en vertu d'un jugement du tribunal de 1re instance, dont on fait mention à la marge de l'acte sur le registre où il a été inscrit.

Les naissances doivent être déclarées dans les 3 jours, sous peine d'emprisonnement et d'amende, par le père ou par les docteurs en médecine ou en chirurgie, sages-femmes, officiers de santé ou autres personnes présentes à l'accouchement, par la personne chez laquelle se trouve la mère si celle-ci n'est pas à son domicile. L'acte, rédigé immédiatement en présence de 2 témoins, énonce le jour, l'heure, le lieu de la naissance, le sexe de l'enfant et les prénoms qui lui seront donnés, les prénoms, nom, profession et domicile des père et mère, et ceux des témoins.

Le décès est déclaré par 2 témoins et autant que possible par les 2 plus proches parents ou voisins du défunt; l'inhumation ne peut avoir lieu que 24 heures après le décès et avec l'autorisation de l'officier de l'état civil qui le constate ou plutôt le fait constater par un médecin délégué à cet effet (ch. xxxvii). L'acte mentionne les nom, prénoms, âge, profession, lieu de naissance et domicile de la personne décédée, les prénoms et noms de l'autre époux, il indique si le défunt était célibataire, marié ou veuf, les prénoms, nom, âge, profession et domicile des parents.

Le mariage (ch. xviii) est, au point de vue du Code, un *contrat* civil qui suppose certaines conditions. Le jeune homme avant 18 ans, la jeune fille avant 15 ans ne se marient qu'avec des dispenses accordées par le Président de la République; ils ne peuvent, avant 25 ans ou 21 ans, se marier sans le consentement de leurs ascendants. Le consentement du père suffit s'il y a dissentiment entre les parents; celui des ascendants de la ligne paternelle suffit quand les parents n'existent plus et qu'il y a discussion entre les ascendants paternels et maternels. Celui et celle qui, n'ayant plus ni parents, ni ascendants, ont un conseil de famille doivent jusqu'à 21 ans avoir le consentement de ce conseil. Le fils de 25 ans, la fille de 21 sont obligés de demander le conseil et, en cas de refus, d'adresser des *actes respectueux* à l'ascendant qui s'oppose au mariage; le notaire qui rédige ces actes, se présente avec 2 témoins au domicile de l'ascendant qui doit donner son consentement et lui demande le motif de son refus. De 21 à 25 ans pour les filles, de 25 à 30 pour les fils, il y a trois actes respectueux à faire de mois en mois; après 25 pour les premières, après 30 pour les seconds, il n'y en a plus qu'un : le mariage ne peut être célébré moins d'un mois après le dernier ou le seul acte respectueux.

Celui qui est déjà marié ne peut contracter un second mariage ; la bigamie est punie des travaux forcés. Le mariage est absolument interdit entre les parents en ligne directe, père et fille, mère et fils, grand'père et petite-fille, etc., entre les alliés en ligne directe, gendre et belle-mère, bru et beau-père. Il est encore prohibé dans la ligne collatérale entre frères et sœurs, beaux-frères et belles-sœurs, oncle et nièce, tante et neveu. La prohibition peut, pour des causes graves, être levée par des dispenses du Président de la République, entre l'oncle et la nièce, la tante et le neveu, les beaux-frères et les belles-sœurs.

Pour que l'officier de l'état civil soit informé des obstacles légaux qui s'opposent à la célébration du mariage, le Code oblige de faire avant le mariage 2 publications à 8 jours d'intervalle et le dimanche, à la mairie du domicile de chacun des époux et des ascendants dont le consentement est requis pour le mariage. Les affiches apposées à la mairie énoncent les noms, prénoms, professions et domiciles des futurs époux, leur qualité de mineurs ou de majeurs, les prénoms, noms, professions et domiciles de leurs pères et mères, les jours, lieux et heures où les publications sont faites ; elles ne sont qu'un extrait de l'acte de publication, inscrit sur un seul registre spécial, coté, paraphé comme les autres registres de l'état civil et déposé à la fin de chaque année au greffe du tribunal d'arrondissement. Le mariage peut être célébré 3 jours après la 2ᵉ publication, le mercredi, s'il n'y a point d'opposition. Mais il peut y avoir opposition : la personne engagée par mariage avec l'une des 2 parties contractantes ; le père, la mère ou l'ascendant dont le consentement est requis, sans donner de motifs et même quand les enfants ont 25 ans accomplis, le frère ou la sœur, l'oncle ou la tante, le cousin ou la cousine germaine majeurs, à défaut d'ascendants et quand le consentement du conseil de famille n'a pas été obtenu ou quand ils ont à invoquer l'état de démence d'un des futurs, le tuteur ou curateur qui y sera autorisé, dans les mêmes cas, par le conseil de famille, pourront, par un acte authentique, signifié à la personne ou au domicile des parties et à l'officier de l'état civil qui doit procéder au mariage, s'opposer à ce que le mariage soit célébré, 3 jours après la 2ᵉ publication. L'officier de l'état civil qui passerait outre deviendrait passible de 300 francs d'amende et de dommages intérêts. Le tribunal de 1ʳᵉ instance prononce dans les 10 jours sur la valeur de l'opposition ; s'il décide qu'il y a lieu de la lever, il peut condamner à des dommages-intérêts les opposants autres que les ascendants.

Le mariage est célébré par l'officier de l'état civil de la commune où l'un des futurs époux habite depuis 6 mois au moins. Chacune des parties doit remettre son acte de naissance, si elle n'est pas née dans la commune, ou, dans le cas où il serait impossible de se le procurer, un acte de notoriété délivré par le juge de paix; l'acte de décès de son premier conjoint, si elle est veuve, l'acte de décès des parents ou des ascendants que la loi appelle à les remplacer ou l'acte authentique par lequel ils donnent leur consentement au mariage s'ils n'y assistent pas, un certificat délivré par l'officier de l'état civil de chacune des communes où ont eu lieu les publications, constatant qu'il n'existe point d'opposition ou que l'opposition a été levée. Enfin les jeunes gens qui, en raison de leur âge, sont compris dans l'armée active doivent justifier qu'ils ont été exemptés, ou dispensés du service militaire, placés dans la disponibilité de l'armée active ou dans l'armée territoriale, ou autorisés à se marier par le ministre de la guerre (ch. xxxiv).

L'officier de l'état civil, en présence de 4 témoins, lit aux parties les pièces produites, le chapitre du Code qui règle les droits et les devoirs respectifs des époux, demande aux futurs et aux personnes qui autorisent le mariage s'il a été fait un contrat de mariage, reçoit de chacune des parties, l'une après l'autre, la déclaration qu'elles veulent se prendre pour mari et femme, prononce au nom de la loi qu'elles sont unies par le mariage et en dresse acte sur-le-champ. L'acte énonce : 1° les prénoms, noms, professions, âge, lieux de naissance et domiciles des époux ; 2° s'ils sont majeurs ou mineurs ; 3° les prénoms, noms, professions et domiciles des pères et mères ; 4° le consentement des pères et mères, aïeuls et aïeules, et celui de la famille, dans les cas où il est requis ; 5° les actes respectueux s'il en a été fait ; 6° les publications dans les divers domiciles ; 7° les oppositions s'il y en a eu, leur main levée ou la mention qu'il n'y a point eu d'opposition ; 8° la déclaration des contractants de se prendre pour époux et le prononcé de leur union par l'officier public ; 9° les prénoms, noms, âges, professions et domiciles des témoins et leur déclaration s'ils sont parents ou alliés des parties, de quel côté et à quel degré ; 10° la déclaration faite sur l'interpellation prescrite, qu'il a été ou non fait un contrat de mariage et autant que possible la date du contrat s'il existe, les nom et lieu de résidence du notaire qui l'a reçu ; le tout à peine contre l'officier de l'état civil d'une amende qui ne pourra excéder 100 francs (art. 75).

Jamais le mariage *religieux* ne peut être célébré avant le mariage civil.

Le mariage se dissout par la mort de l'un des époux ou par le divorce légalement prononcé. Le divorce peut être demandé par chacun des époux pour cause d'adultère, pour excès, sévices ou injures graves, pour condamnation de l'autre à une peine afflictive et infamante (ch. xxxii). La séparation de biens peut être

L'ÉTAT : LES LOIS USUELLES, LE CODE CIVIL.

poursuivie en justice par la femme dont la dot est mise en péril et lorsque le désordre des affaires du mari donne lieu de craindre que les biens de celui-ci ne soient point suffisants pour remplir les droits et reprises de la femme (art. 1443). La séparation de corps, qui emporte la séparation de biens, peut être demandée dans tous les cas où le divorce est réclamé. Elle permet aux époux de vivre à part, mais non de contracter une nouvelle union ; quand elle a duré 3 ans, le jugement qui l'a prononcé peut être converti en jugement de divorce sur la demande de l'un des époux.

L'état civil fait connaître la date de la naissance et le sexe ; il indique si l'individu est mineur ou majeur, marié ou célibataire ; il s'établit par les extraits des registres tenus dans chaque commune par les maires ou adjoints, officiers de l'état civil, qui inscrivent, en présence de témoins, les naissances, les décès, les mariages. La déclaration des naissances et des décès doit être faite par les personnes que la loi y oblige ; l'acte, rédigé en double, doit contenir les indications stipulées par le Code. Le mariage suppose le consentement de chacun des époux, celui des pères, mères ou ascendants. Le Code exige un âge déterminé, prohibe les unions entre certains parents ou alliés, demande deux publications qui donnent aux oppositions légitimes l'occasion de se produire ; le mariage est célébré par l'officier de l'état civil, quand toutes les pièces et toutes les formalités exigées ont été fournies ou remplies : l'acte en est dressé en double selon les prescriptions légales. Le mariage se dissout par la mort d'un des époux ou par le divorce : la séparation de biens et la séparation de corps ne rompent pas le mariage.

Le procureur de la République est tenu de vérifier l'état des registres déposés au greffe du tribunal et de requérir condamnation contre les officiers de l'état civil, quand il y découvre des contraventions ou délits.

La minorité, la tutelle, l'émancipation, l'interdiction. — Le Code civil déclare mineur l'individu de l'un ou de l'autre sexe qui n'a point encore 21 ans accomplis. Durant le mariage, le père administre les biens personnels des enfants mineurs ; à sa mort, la mère le remplace. L'un et l'autre ont le droit d'usufruit ou de jouissance légale sur les biens propres de l'enfant qui n'a pas atteint 18 ans, mais ils doivent prélever sur les revenus les sommes nécessaires à son éducation ; ils sont comptables, quant à la propriété de ces biens, quant à la propriété et à l'usufruit des biens légués à l'enfant sous la condition expresse qu'ils n'en auront pas l'usufruit, ou de ceux qu'il a acquis par son travail.

Si le père ou la mère laissent en mourant des enfants mineurs, ils peuvent désigner par testament un *tuteur* chargé d'administrer les biens et de représenter les enfants dans tous les actes où ils sont intéressés. Si le dernier survivant ne désigne personne, la tutelle est déférée par la loi aux ascendants (aïeul paternel ou maternel); s'il ne reste plus d'ascendant, un conseil de famille, comprenant trois parents ou alliés du côté paternel et trois parents ou alliés du côté maternel, présidé par le juge de paix du canton, procède à la nomination du tuteur, d'un *subrogé tuteur* chargé d'agir pour les intérêts du mineur, lorsqu'ils sont en opposition avec ceux du tuteur, de surveiller la gestion, de provoquer, s'il y a lieu, la destitution du tuteur.

Le tuteur prend soin de la personne du mineur et le représente dans tous les actes civils; il administre ses biens en bon père de famille et répond des dommages qui résulteraient d'une mauvaise gestion; il ne peut ni les acheter, ni les prendre à ferme, ni accepter la cession d'aucun droit, d'aucune créance contre son pupille; il fait procéder, dans les 10 jours qui suivent sa nomination, à l'inventaire des biens du mineur, en présence du subrogé tuteur; fait vendre les biens meubles qu'il n'a pas été autorisé à conserver, fixer par le conseil de famille la dépense annuelle du mineur, changer les titres de rentes au porteur en titres nominatifs (ch. xxxv), etc. Le tuteur loue ou afferme les biens, reçoit les revenus et les capitaux, remplit seul les actes de simple administration; il emploie les capitaux dans le délai de trois mois et sous la surveillance du subrogé tuteur. Le tuteur demande l'autorisation du conseil de famille pour accepter une succession ou y renoncer, pour accepter une donation, demander le partage d'une succession, former une demande en justice relative à un immeuble du mineur, pour aliéner les créances, rentes, obligations, actions appartenant au mineur. Une succession ne peut jamais être acceptée pour le mineur que sous bénéfice d'inventaire (cf. **Successions**), afin de ne pas employer ce que lui ont laissé ses parents au paiement des dettes de la succession. Pour emprunter, pour hypothéquer ou vendre les immeubles, pour vendre des titres dont la valeur dépasse 1,500 francs, la délibération du conseil de famille qui autorise le tuteur, doit être approuvée par le tribunal civil, qui entend le procureur de la République avant d'accorder l'homologation*.

La tutelle cesse par l'*émancipation*. Le mineur qui se marie est émancipé, il peut l'être à 15 ans par le père, ou par la mère si le père est mort, au moyen d'une déclaration devant le juge de paix; celui qui n'a plus ni père ni mère ne peut l'être qu'à 18, à la suite d'une délibération du conseil de famille et de la déclaration faite par le juge de paix qui le préside, que le mineur est émancipé. Le mineur peut alors se choisir une résidence, faire seul les actes de simple administration, passer les baux dont la durée n'excède pas 9 ans, recevoir ses revenus, etc.; il peut à 18 ans faire un commerce, s'il y est autorisé par ses père et mère ou par une délibération du conseil de famille approuvée par le tribunal. Mais pour intenter une action ou la soutenir, pour toucher ses capitaux et les employer, il doit être assisté d'un *curateur* nommé par le conseil de famille; pour vendre, hypothéquer ou emprunter, il est soumis aux formalités prescrites au mineur non émancipé.

La tutelle cesse encore par la mort ou par la majorité du mineur. Le tuteur, dans tous les cas où la tutelle prend fin, rend ses comptes au mineur devenu majeur, au mineur émancipé, assisté de son curateur, aux héritiers du mineur. Si le compte n'a pas été réclamé dans les 10 ans qui suivent la fin de la tutelle, le mineur ou ses représentants ne peuvent adresser aucune réclamation au tuteur.

Le majeur qui est dans un état habituel d'imbécillité, de démence ou de fureur, doit être *interdit*, même lorsqu'il est dans un intervalle lucide : tout parent, un époux ou le procureur de la République peuvent réclamer l'interdiction : le tribunal prononce, après avoir pris l'avis du conseil de famille. Ce conseil nomme un tuteur et un subrogé tuteur : l'interdit est assimilé au mineur pour sa personne et pour ses biens. Ceux qui ont le droit de demander l'interdiction peuvent également réclamer que les prodigues ne puissent plaider, transiger, emprunter, recevoir un capital mobilier et en donner décharge, aliéner ni grever leurs biens d'hypothèques, sans l'assistance d'un *conseil* qui leur est nommé par le tribunal.

Le mineur est l'individu qui n'a pas 21 ans accomplis : il est jusqu'à cet âge sous l'autorité paternelle. Si le père et la mère meurent avant que les enfants aient 21 ans, un conseil de famille, présidé par le juge de paix, leur nomme un tuteur et un subrogé tuteur : le tuteur représente le mineur dans tous les actes civils qu'il accomplit, sous la surveillance du subrogé tuteur, de sa propre autorité ou avec l'autorisation du conseil de famille, quelquefois avec celle du tribunal de première instance. Il est obligé, pendant 10 ans après que la tutelle a pris fin, à rendre des comptes.

Le mineur peut être émancipé à 15 ans par son père et sa mère, à 18 par le conseil de famille; il fait les actes de simple administration, mais il doit être assisté dans certains cas d'un curateur nommé par le conseil de famille, il reste dans certains autres soumis aux mêmes formalités que le mineur non émancipé.

L'interdit est un majeur qui est, pour sa personne et ses biens, assimilé au mineur; le prodigue peut être pourvu d'un conseil judiciaire sans l'assistance duquel il ne peut accomplir certains actes.

La propriété, l'usufruit, les servitudes, les hypothèques. — Le Code distingue les biens *immeubles* et les biens *meubles* : les fonds de terre et les bâtiments, sont *immeubles par leur nature;* il en est de même des moulins à vent ou à eau fixés sur piliers et faisant partie des bâtiments, des récoltes pendantes par les racines, des fruits des arbres non encore recueillis. Les animaux attachés à la culture, les ustensiles aratoires, les semences données aux fermiers, les pigeons des colombiers, les lapins des garennes, les ruches à miel, les poissons des étangs, les pressoirs, chaudières, alambics, cuves et tonnes, les ustensiles nécessaires à l'exploitation des forges, papeteries et autres usines, les pailles et engrais, quand ils ont été placés par le propriétaire pour le service et l'exploitation des fonds, sont des *immeubles par destination.* L'usufruit des choses immobilières, les servitudes ou services fonciers, les actions qui tendent à revendiquer un immeuble sont des *immeubles par l'objet auquel ils s'appliquent.*

Les corps qui peuvent se transporter d'un lieu à un autre, soit qu'ils se meuvent par eux-mêmes comme les animaux, soit qu'ils ne puissent changer de place que par l'effet d'une force étrangère, comme les choses inanimées sont *meubles* (du latin *mobilis = qu'on peut remuer) par leur nature.* Ainsi les animaux que le propriétaire donne à cheptel *, à d'autres qu'au fermier et au métayer, les grains coupés et les fruits détachés, les arbres abattus, les objets destinés à l'usage et à l'ornement des appartements (tapisseries, lits, sièges, glaces, pendules, tables, porcelaines, etc.), sont meubles par leur nature. Les obligations et actions qui ont pour objet des sommes exigibles ou des effets mobiliers, les actions ou intérêts dans les compagnies de finances, de commerce ou d'industrie, les rentes perpétuelles ou viagères, soit sur l'État, soit sur des particuliers, sont *meubles par la détermination de la loi,* constituent des *valeurs mobilières.*

Le Code définit la propriété (ch. xvi et xxxi), *le droit de jouir et de disposer des choses de la manière la plus absolue, pourvu qu'on n'en fasse pas un usage prohibé par les lois ou règlements* (art. 544). Le propriétaire d'un champ peut le cultiver, en recueillir les produits, le louer, le vendre, le transmettre par succession, par donation, par testament. Le propriétaire d'une maison peut l'habiter, la louer et en recevoir le loyer, la démolir, la vendre, la transmettre par succession, donation, testament. Mais si l'État, les départements ou les communes ont absolument besoin d'un champ, d'une maison pour construire un chemin de fer, une école, un canal, le Code leur accorde le droit de contraindre le propriétaire à céder son terrain ou ses bâtiments qui sont, en vertu d'une loi, *expropriés pour cause d'utilité publique* : ils ne prennent toutefois possession de la propriété expropriée qu'après avoir payé l'indemnité fixée par un jury spécial, comprenant 12 membres choisis par la cour d'appel ou le tribunal civil, sur une liste dressée par le conseil général (ch. XXXVI). De même le Code limite, en raison du droit des enfants, les libéralités par actes entre vifs ou par testament (art. 913, p. 359); il oblige le riverain d'un cours d'eau servant à la navigation, à laisser sans construction et sans clôture l'espace réservé au chemin de halage, il interdit les constructions dans un rayon déterminé autour des places de guerre.

La personne qui habite une maison ou qui peut la louer, mais qui ne peut ni la démolir, ni la vendre, ni la donner, celle qui cultive un champ, en recueille les produits ou en reçoit le prix de location, ont l'*usufruit* de cette maison ou de ce champ. Celles qui les possèdent sans en jouir, en ont la *nue propriété*.

La loi accorde aux parents l'usufruit des biens de leurs enfants jusqu'à 18 ans ou jusqu'à leur émancipation ; l'usufruit peut être le résultat d'une vente, d'une donation, d'un testament. L'usufruitier jouit de tous les fruits, naturels, industriels (*obtenus par la culture*) ou civils (*loyers des maisons, intérêts des sommes exigibles, arrérages des rentes, prix des baux*), que produit l'objet dont il a l'usufruit. Il doit faire, avant d'entrer en jouissance, un inventaire des meubles et un état des immeubles sujets à l'usufruit. S'il n'en est dispensé par l'acte constitutif de l'usufruit ou par la loi comme les parents à l'égard de leurs enfants, le vendeur et le donateur sous réserve d'usufruit, il donne *caution*, c'est-à-dire présente une personne solvable qui s'engage à indemniser le nu-propriétaire dans le cas où l'usufruitier laisserait périr ou détériorerait la chose dont il jouit. Il est tenu d'acquitter les impôts et de faire les frais d'entretien, de payer au propriétaire l'intérêt des charges qui seraient imposées à la propriété pendant la durée de l'usufruit. L'usufruit s'éteint par la mort de l'usufruitier, à l'expiration du temps pour lequel il a été accordé, par la consolidation ou la réunion sur la même tête des qualités d'usufruitier et de nu-propriétaire, par le non usage du droit pendant 30 ans, par la perte de la chose sur laquelle il est établi ; par un jugement prononçant que l'usufruitier a abusé de sa jouissance en commettant des dégradations sur le fonds ou en le laissant dépérir faute d'entretien.

Dans certains cas le propriétaire, tout en conservant la jouissance de son champ, est obligé de laisser un autre individu y puiser de l'eau, y faire passer ses bestiaux ou les produits qu'il retire de son exploitation : son fonds est grevé d'une charge, d'une *servitude* qui lui est imposée pour l'usage et l'utilité d'un autre fonds. Certaines servitudes dérivent *de la situation des lieux* : les fonds inférieurs doivent recevoir les eaux qui découlent naturellement des fonds supérieurs, sans que le propriétaire de ces derniers, puisse rien faire pour aggraver la servitude; le propriétaire d'une source doit en laisser l'usage aux voisins qui en ont acquis le droit par vente, partage, héritage ou qui en ont joui depuis 30 ans, il ne peut en changer le cours quand l'eau est nécessaire à une commune, village ou hameau. Tout propriétaire peut irriguer sa propriété avec un cours d'eau qui n'est ni navigable ni flottable, s'il est riverain d'un côté, en user à sa volonté s'il traverse sa propriété, à condition de la rendre à son cours naturel au sortir de sa propriété. Il peut contraindre son voisin à procéder à frais communs au bornage de leurs propriétés respectives.

D'autres servitudes sont établies par *la loi* : les murs qui séparent 2 bâtiments jusqu'à la hauteur du moins élevé ou des cours, des jardins, des terrains enclos, sont présumés *mitoyens* ou appartenant en commun aux 2 propriétaires, à moins que des titres ou certains signes extérieurs n'établissent que le mur appartient à un seul d'entre eux. Chacun des co-propriétaires peut y adosser des constructions, mais ne peut y pratiquer ni fenêtres ni jours; celui à qui il n'appartient pas peut acquérir la mitoyenneté en remboursant la moitié de la valeur du mur et la valeur du sol sur lequel il est construit : la réparation, la reconstruction du mur mitoyen sont à la charge des co-propriétaires. Enfin chaque propriétaire peut, dans les villes et faubourgs, obliger son voisin à contribuer à la construction du mur de clôture qui séparera leurs terrains. La loi fixe à 2 mètres pour les arbres d'une hauteur de plus de 2 mètres, à 1 demi-mètre pour les autres plantations, la distance à laquelle il faut les éloigner de la propriété voisine : elle autorise le voisin à faire arracher ou couper à 2 mètres les arbres qui seraient à une distance moindre, à faire élaguer ceux dont les branches viennent sur sa propriété, à couper les racines qui y pénètrent. Elle autorise le propriétaire dont les fonds sont enclavés et qui n'a sur la voie publique aucune issue ou qui n'a qu'une issue insuffisante pour l'exploitation agricole ou industrielle de sa propriété, à réclamer un passage sur le fonds de ses voisins, mais l'oblige à payer une indemnité proportionnelle au dommage qu'il occasionne.

Enfin les servitudes peuvent être établies par des actes de vente, de partage, de donation, de testament, c'est-à-dire par *titre*, ou par la *possession de 30 ans*.

Les servitudes s'éteignent lorsque le fonds à qui elle est due et celui qui la doit sont réunis dans la même main ou quand on n'en a pas fait usage pendant 30 ans.

Un propriétaire peut, pour obtenir un prêt, en garantir le remboursement sur la maison ou le terrain qu'il ne veut ou ne peut vendre en ce moment : il donne à son créancier un droit réel sur les immeubles affectés à l'acquittement de la dette qu'il a contractée : ce droit est une *hypothèque*.

Le Code attribue l'hypothèque *légale* aux droits et créances des femmes mariées sur les biens de leur mari, des interdits et des mineurs sur ceux de leur tuteur, de l'État, des communes et des établissements publics sur les biens des receveurs et administrateurs comptables. Il y a des hypothèques *judiciaires* qui résultent de jugements contradictoires ou par défaut, définitifs ou provisoires, de reconnaissances ou vérifications faites en jugement des signatures apposées à un acte obligatoire sous seing privé. Enfin il y a des hypothèques *conventionnelles* que seuls ceux qui ont le droit d'aliéner les immeubles peuvent consentir, par un acte passé en forme authentique devant 2 notaires ou devant un notaire et 2 témoins. Les hypothèques sont inscrites sur un registre tenu par le *conservateur* des hypothèques de l'arrondissement et l'inscription renouvelée tous les 10 ans.

Le débiteur qui s'acquitte de sa dette obtient mainlevée de l'hypothèque : le créancier qui a une hypothèque est payé avant ceux qui n'en ont pas; les créanciers hypothécaires sont payés dans l'ordre de l'inscription. Toutefois les mineurs et les interdits, les femmes, en ce qui concerne leurs dots et conventions matrimoniales, sont considérés par la loi comme ayant un droit d'hypothèque, même quand l'inscription n'a pas été faite, sur les biens du tuteur et du mari à partir du jour où la tutelle a été acceptée ou du jour du mariage. Enfin les créanciers hypothécaires ont le droit *de suite* : ils peuvent faire vendre l'immeuble hypothéqué, qui est passé entre les mains d'un tiers acquéreur. L'acquéreur peut conserver l'immeuble s'il paie tous les intérêts et capitaux exigibles; il peut l'abandonner, si le prix de vente est inférieur aux charges hypothécaires; dans ce dernier cas, un *curateur* est créé à l'immeuble délaissé, afin de pouvoir procéder à l'expropriation forcée. Le tiers acquéreur qui a payé la dette hypothécaire, délaissé l'immeuble ou subi l'expropriation a recours contre le débiteur personnel. Pour se garantir de l'effet des poursuites, il peut notifier aux créanciers un extrait de son titre et de la transcription de l'acte de vente, un tableau indiquant la date des hypothèques et des inscriptions, le nom des créanciers et le montant des créances, s'offrir à acquitter les dettes et charges hypothécaires jusqu'à concurrence seulement du prix. Si les créanciers ne réclament pas la mise aux enchères de l'immeuble, l'acquéreur le conserve, purgé et libéré de toute hypothèque, en leur payant le prix stipulé dans le contrat ou déclaré par lui.

Le Code distingue les biens, immeubles par leur nature, par destination, par l'objet auquel ils s'appliquent, et les biens, meubles, par leur nature ou par la détermination de la loi; il définit la propriété le droit de jouir et de disposer des choses de la manière la plus absolue, pourvu qu'on n'en fasse pas un usage prohibé par les lois ou règlements : il établit le droit d'expropriation pour cause d'utilité publique et met certaines limites à l'exercice du droit de propriété ; il détermine les obligations et les droits de l'usufruitier ou du nu-propriétaire, distingue les servitudes qui dérivent de la situation des lieux des servitudes légales et des servitudes établies par titre ou par une possession de 30 ans. Il établit des hypothèques légales, judiciaires et conventionnelles qui constituent un privilège en faveur des créanciers qui les possèdent, détermine l'ordre dans lequel doivent être payés les créanciers hypothécaires et la manière dont s'exerce le droit de suite qu'ils ont contre le tiers acquéreur.

Les successions, donations, testaments. — Lorsqu'une personne meurt sans avoir disposé de sa fortune par testament, ou comme dit le Code *ab intestat*, la succession, ouverte au jour du décès et comprenant les biens qui constituaient son patrimoine et les dettes ou charges qui les grevaient, passe à ceux que la loi considère comme ses héritiers. Ses descendants, enfants ou petits enfants forment un 1er ordre d'héritiers auquel revient la succession ; s'il y a plusieurs enfants vivants, le partage se fait entre eux par portions égales, par *têtes;* s'il y a des enfants et des petits-enfants, dont les parents sont morts, le partage se fait par *souches* et non par têtes : il y a autant de parts qu'il y a d'enfants vivants et d'enfants morts en laissant des descendants; chacune de ces parts est divisée par portions égales entre les petits-enfants de chaque enfant décédé. S'il n'y a pas de descendants, la succession est dévolue à un 2e ordre d'héritiers, les frères et les sœurs ou leurs descendants, les père et mère ; le père et la mère prennent ensemble la moitié, si l'un seulement des deux survit, il prend un quart; l'autre moitié ou les trois autres quarts sont partagés par têtes entre les frères ou les sœurs, s'il sont tous vivants, par souches entre les frères et les sœurs vivant encore et les descendants des frères ou des sœurs déjà morts. A défaut de père, de mère et de descendants, la succession échoit tout entière aux frères, aux sœurs et à leurs descendants. Si le défunt n'a ni enfants, ni petits-enfants, ni frères ni sœurs, ni descendants d'eux, la succession est déférée aux ascendants vivants (père, mère, grand-père, grand'mère, etc.) et aux collatéraux (oncles et tantes, cousins et cousines) jusqu'au 12e degré : elle est divisée entre la ligne paternelle et la ligne maternelle. Dans chaque ligne l'ascendant le plus proche, le père par exemple, prend la moitié de la succession ; s'il y a plusieurs ascendants du même degré, par exemple, deux bisaïeuls paternels, ils se partagent cette moitié par portions égales. Si l'autre ligne ne comprend que des collatéraux, le plus proche ou les plus proches égaux recueillent la moitié de la succession, et le père ou la mère ont alors droit au 1/3 de l'usufruit de l'autre moitié ; si l'une des deux lignes ne présente ni ascendants ni collatéraux au degré successible, la succession échoit tout entière à l'autre ligne. S'il n'y a pas de parents au degré successible dans aucune ligne, la succession revient aux enfants naturels[1], s'il n'y en a pas, elle revient à l'époux survivant ; s'il n'y a pas de conjoint survivant, à l'Etat.

Aucun de ceux qui sont appelés à bénéficier d'une succession n'est tenu de l'accepter purement et simplement. S'il le fait, il est obligé de payer les dettes du défunt, non seulement avec les biens de la succession, mais encore avec sa propre fortune, si la succession est insuffisante. L'acceptation est expresse, si l'on prend le titre d'héritier dans un acte authentique ou privé, elle est tacite si l'on fait un acte qu'on n'a le droit de faire que comme héritier, si l'on vend, par exemple, des immeubles ou des objets mobiliers qui proviennent de la succession. L'héritier peut déclarer au greffe du tribunal civil qu'il n'accepte la succession que *sous bénéfice d'inventaire;* dans ce cas, il fait faire par un notaire un inventaire de tous les biens de la succession qui sont vendus d'après les règles prescrites par la loi, il en paie les dettes avec le produit des biens, conserve s'il y a lieu ce qui reste, mais n'est pas tenu de solder les dettes avec ses biens personnels. Enfin, l'héritier peut déclarer au greffe du tribunal qu'il *renonce* à la succession : il n'est ni obligé de payer les dettes, ni appelé à entrer en possession des biens. L'héritier qui renonce à la succession laisse sa part aux héritiers qui doivent après lui la recueillir.

Si les héritiers sont majeurs, le partage se fait entre eux à l'amiable, si l'un d'eux se croit lésé par le partage, il peut en demander l'annulation. S'il y a des mineurs, le partage ne peut avoir lieu que judiciairement sous la surveillance d'un juge et devant un notaire que désigne le tribunal. Chacun des cohéritiers rapporte à la masse ce qu'il a reçu du défunt par donation ou par legs ; s'il y a 2 héritiers et que l'un d'eux ait déjà reçu par don ou par legs 10,000 francs, il n'a plus rien à toucher sur une succession dont l'actif ne dépasse pas cette somme. Si les dons et legs ont été faits par *préciput* * et hors part avec dispense de rapport, l'héritier peut retenir les dons et réclamer les legs jusqu'à concurrence tout au moins de la quotité disponible.

Le propriétaire d'un bien meuble ou immeuble peut, d'après le

---

[1]. La part de l'enfant naturel varie d'ailleurs selon la qualité des héritiers avec lesquels il concourt.

Code, en disposer à titre gratuit de deux manières, par *donation entre vifs* et par *testament*. Le donateur se dépouille actuellement et irrévocablement, par un acte devant notaire, d'une chose au profit d'un donataire dont il ne reçoit rien en échange. Les mineurs ne peuvent faire de donation entre vifs; toutefois le mineur peut, par le contrat de mariage, faire une donation au profit de son conjoint. Par le testament une personne dispose, non pour le moment actuel, mais pour l'époque où elle ne sera plus et en conservant la faculté de révoquer ses dispositions, de tout ou partie des biens dont elle est possesseur. Le testament *par acte public*, que dicte le testateur, est reçu par un notaire et 4 témoins ou par 2 notaires et 2 témoins. Le testament *olographe* doit être écrit en entier, daté et signé de la main du testateur. Le testament *mystique* ou *secret*, écrit par le testateur ou par un tiers, est signé par le premier, puis il est clos, scellé et présenté par le testateur à un notaire, assisté de 6 témoins. Le notaire dresse un acte de suscription, et à la mort du testateur, le testament olographe, dont le président du tribunal de première instance fait la description et constate l'état après l'avoir ouvert, est déposé dans l'étude d'un notaire. Le testateur peut faire un *legs universel* ; s'il n'y a point d'héritier à réserve, le légataire universel, déclaré tel par un testament public, se met en possession immédiate de tous les biens de la succession; s'il y a un testament olographe ou mystique, il faut une ordonnance du président du tribunal pour envoyer en possession le légataire universel; s'il y a des héritiers auquels une partie des biens est légalement réservée, ils sont saisis de plein droit par la mort du testateur, de tous les biens de la succession et le légataire universel doit demander leur consentement à l'exécution du legs. Comme tout autre héritier il est tenu au paiement des dettes et peut n'accepter la succession que sous bénéfice d'inventaire.

Le testateur peut faire un *legs à titre universel*, par lequel il laisse une partie des biens dont la loi permet de disposer, la moitié, le tiers, le quart de tous ses meubles et immeubles, ou tous ses immeubles, ou tout son mobilier, ou une partie déterminée de ses immeubles ou de son mobilier. Le légataire à titre universel doit demander la délivrance du legs aux héritiers ou au légataire universel; il paie les dettes en proportion de la part qu'il touche dans la succession. Le *legs particulier* porte sur une maison, sur un champ, sur une somme d'argent, etc. ; il n'oblige pas au paiement des dettes, la délivrance doit en être demandée aux héritiers, au légataire universel ou à titre universel.

Le testateur peut nommer un ou plusieurs *exécuteurs testamentaires* qui font apposer les scellés, s'il y a des héritiers mineurs, interdits ou absents, dresser l'inventaire des biens, provoquent la vente du mobilier si elle est nécessaire pour acquitter les legs, veillent à l'exécution du testament, interviennent, en cas de contestation, pour en soutenir la validité et rendent compte de leur gestion un an après le décès du testateur.

La loi *réserve* aux descendants et aux ascendants une part de la succession; à un enfant la moitié, à 2, les 2/3, à plus de 2 les 3/4 (page 359). L'individu ne dispose par testament ou par donation que de la moitié dans le premier cas, du tiers dans le second, du quart de sa fortune dans le troisième. Le Code réserve un quart des biens au profit des ascendants s'il n'y en a que dans une seule ligne, une moitié, s'il y en a dans les deux; l'individu ne dispose par donation ou testament que de la moitié ou des trois quarts de sa fortune.

Lorsqu'il s'agit des époux, chacun d'eux peut, s'il y a des ascendants dans les deux lignes ou dans une seule, laisser à l'autre la moitié ou les trois quarts de ses biens et l'usufruit du reste. S'il y a des enfants nés de leur mariage, chacun d'eux peut laisser à l'autre 1/4 de ses biens en propriété, 1/4 en usufruit ou la moitié de sa fortune tout entière en usufruit. L'époux remarié ne peut laisser à son conjoint, quand il a des enfants de son premier mariage, plus du quart de sa succession, il ne peut même disposer que d'un 5ᵉ s'il y a 4 enfants, d'un 6ᵉ s'il y en a 5, etc. Les héritiers auxquels la loi réserve une part de la succession peuvent demander, quand le défunt a excédé la *quotité disponible*, la réduction proportionnelle des legs, puis des donations entre vifs, en commençant par la plus récente, de manière à reconstituer la réserve légale.

La personne qui meurt ab intestat *a pour héritiers : 1º ses descendants, enfants et petits-enfants; 2º s'il n'y a pas de descendants ses père, mère, frères et sœurs, 3º s'il n'y a ni descendants, ni père, ni mère, ses frères et sœurs ou leurs enfants; 4º les ascendants et les collatéraux jusqu'au 12ᵉ degré; 5º les enfants naturels; 6º l'époux survivant; 7º l'État.*

Les héritiers acceptent purement et simplement la succession ou ils y renoncent, ou ils l'acceptent sous bénéfice d'inventaire. Chacun des cohéritiers, sauf le cas d'une clause de préciput * *rapporte à la succession ce qu'il a reçu par donation ou par legs. Les donations entre vifs ont un effet actuel et sont irrévocables, les testaments n'ont d'effet qu'après la mort du testateur, ils sont par actes publics, olographes, mystiques ou secrets : ils contiennent des legs universels, des legs à titre universel, des legs particuliers; ils peuvent toujours être annulés par un testament postérieur. Le testateur peut désigner un ou plusieurs exécuteurs testamentaires; la loi réserve une partie de la succession* aux descendants et aux ascendants ; le reste constitue la quotité dont l'individu peut disposer par donation ou par testament.

Les contrats : ventes, échanges, louages, sociétés, prêts, dépôts et séquestres, procurations, cautionnements, mariages. — Le Code définit le *contrat* une convention par laquelle une ou plusieurs personnes s'obligent envers une ou plusieurs autres à donner, à faire ou à ne pas faire quelque chose. Il exige, pour qu'une convention soit valable, 4 conditions essentielles : le consentement de la partie qui s'oblige, la capacité de contracter, un objet certain qui forme la matière de l'engagement, une cause licite dans l'obligation. Tout contrat dans lequel le consentement d'une partie a été extorqué par violence ou surpris par dol*, dans lequel il y a eu erreur sur la qualité essentielle de la chose qui fait l'objet du contrat, est nul devant la loi. De même les contrats préjudiciables que souscrirait un mineur ou un interdit, pourraient être annulés ; ceux qui porteraient sur une chose prohibée par la loi, contraire aux bonnes mœurs ou à l'ordre public n'auraient aucun effet.

Le contrat a pour objet la transmission de la propriété ; il crée une obligation à la charge d'une seule partie ou des obligations réciproques à la charge de chacune de ces parties. Le contrat de vente transmet à l'acheteur la propriété du vendeur, le contrat de prêt oblige l'emprunteur, le contrat de mariage oblige les deux époux. L'obligation est *conditionnelle* lorsqu'on la fait dépendre d'un événement futur et incertain ; elle est *à terme* lorsqu'on en retarde seulement l'exécution : je prends un engagement conditionnel quand je m'oblige à céder à un agent d'affaires la moitié d'une créance qu'il s'occupe de faire rentrer ; j'en prends un à terme quand je m'engage à rembourser dans 10 ans une somme de 10 000 francs que j'emprunte actuellement. Je contracte une obligation *solidaire* quand je m'engage à rembourser en totalité, à un créancier commun, la dette que nous avons été plusieurs à contracter, si les autres débiteurs ne pouvaient rembourser leur quote-part.

Toute obligation donne au créancier le droit de contraindre, même par des voies judiciaires, le débiteur à remplir son engagement. Elle s'éteint d'ordinaire par le paiement, c'est-à-dire par l'exécution effective de l'obligation. Celui qui réclame l'exécution d'une obligation doit la prouver : lorsqu'il s'agit d'une valeur supérieure à 150 francs, la preuve ne peut être faite que par un acte écrit qui prend le nom d'acte *sous seing privé*, s'il est rédigé par les parties elles-mêmes, ou d'*acte authentique* s'il est rédigé par un notaire assisté de témoins. Certains actes, comme le contrat de mariage, la constitution d'hypothèques, la donation ne peuvent être rédigés que sous forme authentique.

Le *contrat de vente* est l'acte par lequel un vendeur s'oblige à livrer une chose que l'acheteur s'engage à payer. Le vendeur doit délivrer la chose vendue à l'acheteur, il doit la lui garantir ; celui qui vend un champ doit mettre l'acheteur en possession du champ et ne lui livrer qu'un champ dont il soit possesseur ; l'acheteur a pour principale obligation de payer le prix au jour et au lieu réglés par la vente. S'il s'agit d'immeubles, l'acte de vente, pour avoir tout effet, doit être transcrit sur le registre des hypothèques de l'arrondissement.

Lorsque, au lieu de donner de l'argent, l'un des contractants donne à l'autre une chose au lieu d'une autre, il y a *échange* : l'échange s'opère par le seul consentement comme la vente.

Quand une personne s'engage, moyennant un prix convenu, à faire jouir une autre personne d'une chose pendant un temps déterminé, il y a contrat de *louage*. Le louage des maisons et des meubles s'appelle *bail à loyer ;* celui des héritages ruraux, *bail à ferme ;* celui des animaux dont le profit est partagé entre le propriétaire et celui à qui il les confie, *bail à cheptel**. Le bailleur ou propriétaire s'engage à délivrer, à entretenir pendant la durée du bail la chose louée, à en faire jouir paisiblement le preneur. Le preneur, locataire ou fermier, s'engage à payer aux termes convenus le prix du bail, à jouir de la chose louée suivant la destination qui lui est affectée et en bon père de famille, à ne point la dégrader, etc. On peut louer par écrit ou verbalement ; dans le premier cas l'acte peut être authentique ou sous seing privé, mais toujours le bail doit être *enregistré*. Le bail cesse à l'expiration du temps fixé, ou si l'une des parties, quand le contrat n'a pas de durée limitée, donne *congé* dans un délai déterminé par l'usage local.

Le *louage d'ouvrage* est un contrat par lequel l'une des parties s'engage à faire quelque chose pour l'autre, moyennant un prix convenu : les domestiques et ouvriers ne peuvent engager leurs services qu'à temps ou pour une entreprise déterminée (ch. xx).

Les *contrats de société* sont ceux par lesquels deux ou plusieurs personnes conviennent de mettre en commun de l'argent, d'autres biens ou leur industrie, dans la vue de partager le bénéfice qui pourra en résulter (ch. xxii).

Par le *contrat de prêt*, un individu livre à un autre individu une chose, de l'argent, par exemple, que l'emprunteur s'engage à lui rendre en égale quantité : il est permis de stipuler des intérêts pour le simple prêt soit d'argent, soit de denrées, ou d'autres choses mobilières, mais le taux légal ne peut dépasser 5 0/0 en matière civile et 6 0/0 en matière commerciale.

Il y a *contrat de dépôt* quand on reçoit la chose d'autrui, à la charge de la garder et de la restituer en nature ; il y a *séquestre conventionnel*, quand une ou plusieurs personnes déposent une chose contentieuse entre les mains d'un tiers qui s'oblige à la rendre après la contestation terminée, à la personne qui sera jugée devoir l'obtenir ; il y a *séquestre judiciaire* quand un tribunal ordonne le dépôt chez un tiers des meubles saisis sur un débiteur, des choses qu'il offre pour sa libération, des immeubles ou des choses mobilières dont la propriété est litigieuse entre plusieurs personnes.

Il y a *contrat aléatoire* quand les effets d'une convention réciproque dépendent, quant aux avantages et aux pertes, d'un événement incertain : tels sont les contrats de rente viagère, les contrats d'assurance. Le *mandat* ou *procuration* est l'acte par lequel une personne donne à une autre le pouvoir de faire quelque chose pour elle et en son nom ; le mandat peut être donné par acte public, par écrit sous seing-privé, même par lettre ou verbalement. Le mandataire doit accomplir le mandat dont il est chargé, en rendre compte au mandant, il est responsable des fautes qu'il commet dans sa gestion ; le mandant doit indemniser le mandataire des avances et frais qu'il a faits pour exécuter le mandat, lui payer son salaire, lorsqu'il en a été promis.

Le *cautionnement* est un contrat par lequel un individu s'engage envers un créancier à acquitter la dette d'un tiers si le débiteur n'y satisfait pas lui-même, la personne qui s'engage ainsi à remplir les obligations d'une autre est la *caution*, elle a recours contre le débiteur si elle est obligée de payer la dette.

Enfin le *contrat de mariage* est l'acte qui règle l'association conjugale quant aux biens : il établit le régime de la *communauté*, qui conserve à chacun des époux la propriété des immeubles qu'il avait avant le mariage et de ceux qu'il acquerra par succession ou donation ; mais les revenus de ces biens sont communs, ainsi que les *acquêts* ou acquisitions faites pendant le mariage, les dettes sont communes, le mari a seul l'administration des biens de la communauté ; il peut établir le *régime dotal* dans lequel chacun conserve la propriété des immeubles et des meubles qu'il a apportés ou qui lui adviendront ; les biens dotaux de la femme ne peuvent être vendus, même avec son consentement, à moins que le contraire n'ait été stipulé sous condition de remplacer la chose vendue par une chose de même valeur ; le mari administre les biens dotaux et en perçoit les revenus, à condition de participer aux charges du ménage. Enfin le contrat peut établir la *séparation de biens*, chacun des époux conserve la propriété de ses meubles et immeubles, les administre et en touche les revenus. Quand il n'y a pas de contrat, les époux sont légalement sous le régime de la communauté.

Un contrat est une convention par laquelle une ou plusieurs personnes s'obligent envers une ou plusieurs autres à donner, à faire ou à ne pas faire quelque chose ; il a pour objet la transmission de la propriété ou bien il crée une obligation conditionnelle, à terme ou solidaire.

Les principaux contrats dont s'occupe le Code sont : le contrat de vente, d'échange, de louage de choses ou d'ouvrage, de société, le contrat de prêt, le contrat de dépôt et de séquestre, les contrats de rente viagère et d'assurance, les mandats ou procurations, les cautionnements, les contrats de mariage.

RÉSUMÉ

Parlez du Code civil. — Le Code civil renferme en 36 lois et 2 281 articles, les règles principales du droit usuel ou privé; le Ier livre traite des personnes en 5 titres ou subdivisions; le IIe, en 4 titres, des biens et des différentes modifications de la propriété; le IIIe, en 20 titres, des différentes manières dont on acquiert la propriété. Un certain nombre d'articles et même de titres ont été modifiés ou abrogés par des lois postérieures.

Que sont les personnes d'après le Code? — La loi considère comme personne tout être qui a des droits à exercer ou des obligations à remplir : l'État, le département, la commune, etc., sont des personnalités juridiques ou morales, parce qu'ils peuvent être propriétaires, créanciers, débiteurs. Elle distingue les Français et les étrangers, les mineurs et les majeurs, les ascendants et les descendants, etc.

Que savez-vous des Français et des étrangers ? — Le Code distingue les individus nés ou devenus Français de ceux qui sont étrangers de naissance, qui n'ont pas réclamé les droits que leur reconnaissait la loi ou qui ont perdu leur qualité de Français. Les premiers seuls peuvent jouir complètement des droits politiques et des droits civils.

Qu'est-ce que l'État civil ? Quelles sont les prescriptions imposées par le Code à l'égard des naissances, des mariages, des décès ? — L'état civil fait connaître la date de la naissance et le sexe; il indique si l'individu est mineur ou majeur, marié ou célibataire; il s'établit par les extraits des registres tenus dans chaque commune par les maires ou adjoints, officiers de l'état civil; qui inscrivent, en présence de témoins, les naissances, les décès, les mariages.

La déclaration des naissances et des décès doit être faite par les personnes que la loi y oblige; l'acte rédigé en double doit contenir les indications stipulées par le Code. Le mariage suppose le consentement de chacun des époux, celui des pères, mères ou ascendants : le Code exige un âge déterminé, prohibe les unions entre certains parents ou alliés, demande 2 publications qui donnent aux oppositions légitimes l'occasion de se produire; le mariage est célébré par l'officier de l'état civil quand toutes les pièces et toutes les formalités exigées ont été fournies ou remplies;

l'acte en est dressé en double selon les prescriptions légales. Le mariage se dissout par la mort d'un des époux ou par le divorce; la séparation de biens et la séparation de corps ne rompent pas le mariage.

Le procureur de la République est tenu de vérifier l'état des registres déposés au greffe du tribunal et de requérir condamnation contre les officiers de l'état civil, quand il y découvre des contraventions ou délits.

Que savez-vous de la minorité, de la tutelle, de l'émancipation et de l'interdiction ? — Le mineur est l'individu qui n'a pas 21 ans accomplis : il est jusqu'à 21 ans sous l'autorité paternelle. Si le père et la mère meurent avant que les enfants aient 21 ans, un conseil de famille, présidé par le juge de paix, leur nomme un tuteur et un subrogé tuteur : le tuteur représente le mineur dans tous les actes civils qu'il accomplit, sous la surveillance du subrogé tuteur, de sa propre autorité ou avec l'autorisation du conseil de famille, quelquefois avec celle du tribunal de première instance. Il est obligé, pendant 10 ans après que la tutelle a pris fin, à rendre des comptes.

Le mineur peut être émancipé à 15 ans par son père ou sa mère, à 18 ans par le conseil de famille : il fait les actes de simple administration, mais il doit être assisté dans certains cas d'un curateur nommé par le conseil de famille, il reste dans certains autres soumis aux mêmes formalités que le mineur non émancipé.

L'interdit est un majeur qui est pour sa personne et ses biens, assimilé au mineur ; le prodigue peut être pourvu d'un conseil judiciaire sans l'assistance duquel il ne peut accomplir certains actes.

Que savez-vous de la propriété, de l'usufruit, des servitudes, des hypothèques ? — Le Code distingue les biens, immeubles par leur nature, par destination, par l'objet auquel ils s'appliquent et les biens, meubles par leur nature ou par la détermination de la loi : il définit la propriété, le droit de jouir et de disposer des choses de la manière la plus absolue, pourvu qu'on n'en fasse pas un usage prohibé par les lois ou règlements : il établit le droit d'expropriation pour cause d'utilité publique et met certaines limites à l'exercice du droit de propriété; il détermine les obligations et les droits de l'usufruitier ou du nu-propriétaire, distingue les servitudes qui dérivent de la situation des lieux, des servitudes légales et des servitudes établies par titre ou par une possession de 30 ans. Il établit des hypothèques légales, judiciaires et conventionnelles qui constituent un privilège en faveur des créanciers qui les possèdent, détermine l'ordre dans lequel doivent être payés les créanciers hypothécaires et la manière dont s'exerce le droit de suite qu'ils ont contre le tiers-acquéreur.

Parlez des successions, des donations, des testaments ? — Une personne qui meurt *ab intestat* a pour héritiers : 1° ses descendants, enfants et petits enfants ; 2° s'il n'y a pas de descendants, ses père, mère, frères et sœurs ; 3° s'il n'y a ni descendants, ni père, ni mère, ses frères et sœurs ou leurs enfants ; 4° les ascendants et les collatéraux jusqu'au 12e degré ; 5° les enfants naturels ; 6° l'époux survivant ; 7° l'État.

Les héritiers acceptent purement et simplement la succession ou ils y renoncent, ou ils l'acceptent sous bénéfice d'inventaire. Chacun des cohéritiers, sauf le cas d'une clause de préciput *, rapporte à la succession ce qu'il a reçu par donation, ou par legs. Les donations entre-vifs ont un effet actuel et sont irrévocables ; les testaments n'ont d'effet qu'après la mort du testateur, ils sont par actes publics, olographes, mystiques ou secrets, ils contiennent des legs universels, des legs à titre universel, des legs particuliers ; ils peuvent toujours être annulés par un testament postérieur. Le testateur peut désigner un ou plusieurs exécuteurs testamentaires. La loi réserve une partie de la succession aux descendants et aux ascendants, le reste constitue la quotité dont l'individu peut disposer par donation ou par testament.

Que savez-vous des contrats qui règlent les ventes, les échanges, les louages, les constitutions de sociétés, les prêts, dépôts et séquestres, procurations, cautionnements et mariages ? — Un contrat est une convention par laquelle une ou plusieurs personnes s'obligent envers une ou plusieurs autres à faire ou à ne pas faire quelque chose ; il a pour objet la transmission de la propriété ou bien il crée une obligation conditionnelle, à terme ou solidaire.

Les principaux contrats dont s'occupe le Code sont : les contrats de vente, d'échange, de louage de choses ou d'ouvrage, de société, le contrat de prêt, le contrat de dépôt et de séquestre, les contrats de rente viagère et d'assurance, les mandats ou procurations, les cautionnements, les contrats de mariage.

DEVOIRS A TRAITER.

I. Le Code civil.
II. L'État civil.
III. La propriété d'après le Code.
IV. Les successions.
V. Les contrats.

QUESTIONS A ÉTUDIER.

I. Les changements introduits dans la condition des personnes et dans la constitution des propriétés par le Code civil.
II. Les personnes d'après le Code.
III. Les Français et les étrangers d'après le Code.
IV. Les actes de naissance.
V. Les actes de décès.
VI. Les actes de mariage.
VII. La minorité et la tutelle.
VIII. L'émancipation.
IX. L'interdiction.
X. L'usufruit.
XI. Les servitudes.
XII. Les hypothèques.
XIII. Les donations.
XIV. Les testaments.

XV. Les contrats de vente, de louage, de société, de prêts, de dépôts et séquestres.
XVI. Les contrats de mariages.
XVII. Les procurations et cautionnements.
XVIII. Les devoirs du tuteur et du mineur, d'après le Code et d'après la morale.
XIX. La propriété d'après le Code, d'après la morale et d'après l'économie politique.
XX. Les contrats d'après le Code et d'après la morale.
XXI. Montrez comment les électeurs sont intéressés au point de vue civil, à bien choisir leurs divers représentants.
XXII. Les obligations du donateur et du testateur d'après le Code et d'après la morale.

QUESTIONS POSÉES.

I. La propriété : comment on l'acquiert ou on la transmet par vente, donation ou testament. (Bac. ens. spécial, Ens. sec. des j. filles.)
II. Quelles distinctions nos lois établissent-elles entre les Français et les étrangers ? (Brev. sup. et élém., Bac. ens. spécial, Ens. sec des j. filles.)
III. Comment la loi règle-t-elle les formalités à remplir pour la rédaction des actes de décès, de naissance, de mariage ? (Bac. ens. spécial, Ens. sec. des j. filles, Brev. sup. et élém.)
IV. Expliquer pourquoi le Code a limité le droit de tester et supprimé le droit d'aînesse. (Ens. second. des j. filles, Bac. ens. spécial, Écoles normales, Brev. sup. et élém.)
V. Qu'entendez-vous par meubles et immeubles ? (Bac. ens. sec. spécial, Brev. élém. et sup.)
VI. L'état civil. (Ens. sec. des j. filles, Brev. sup. et élém., Écoles normales, Bac. ens. spécial.)
VII. La sucession *ab intestat*. (Ens. sec. des j. filles, Bac. ens. spécial.)
VIII. De l'interdiction. (Ens. sec. des j. filles, Brev. sup. et élém.)
IX. Du mariage, du régime dotal. (Ens. sec. des j. filles, Brev. sup. et élém.)
X. De la tutelle. (Ens. sec. des j. filles, Bac. ens. spécial, Brev. sup. et élem.)
XI. Des formes de testament. (Ens. sec. des j. filles, Brev. élém. et sup.)
XII. Des différentes formes que peut prendre un testament. (Ens. sec. des j. filles, Bac. ens. spécial.)
XIII. Des restrictions apportées par la loi à la liberté de tester ou de donner. (Ens. sec. des j. filles, Brev. sup. et élém.)
XIV. Des différentes sortes de contrats. (Ens. sec. des j. filles, Bac. ens. spécial.)
XV. De l'usufruit et des servitudes. (Ens. sec. des j. filles, Brev. sup. et élém.)
XVI. Des hypothèques. (Ens. sec. des j. filles, Brev. sup. et élém.)

Conseils pédagogiques. — Lire et commenter les principaux articles du Code civil ; prendre des exemples concrets pour en faire saisir le sens et la portée. — Lire et commenter un acte de naissance, de décès, de mariage etc., pour montrer les indications qu'ils doivent contenir. — Se servir d'exemples familiers et caractéristiques, successions échues à des collatéraux ou revenant à des parents éloignés, qui sont obligés d'établir leur parenté par des extraits des registres de l'état civil, pour montrer combien il importe que ces registres soient bien tenus. — Faire lire et commenter des actes de donation, des testaments, des contrats de toute espèce, ventes, échanges, baux, procurations, cautionnements etc., pour indiquer quelles sont les formalités exigées par la loi et quelles conséquences pratiques peut entraîner l'omission de l'une d'elles. Bien marquer dans tous les cas ce que la loi exige pour la validité des actes, montrer aux enfants comment on doit légalement sauvegarder ses intérêts, en même temps leur faire voir qu'il ne faut jamais se contenter de ne pas violer les prescriptions du Code, mais qu'il faut encore obéir aux prescriptions morales (ch. xx, xxviii). — Conclure encore toutes ces considérations en rappelant combien il importe de réfléchir pour élire les conseillers municipaux, qui choisiront les maires chargés de la tenue des registres de l'état civil, les sénateurs et les députés qui pourront modifier en tel ou tel sens les dispositions du Code, qui nommeront directement ou indirectement les magistrats chargés de l'interpréter; combien est lourde la charge qu'assument les élus et combien ils doivent avoir à cœur de se préparer à la remplir avec intelligence et avec impartialité, pour le plus grand bien de leur pays et de leurs concitoyens.

BIBLIOGRAPHIE.

Pierre Laloi, *Petites histoires pour apprendre la vie.*
Pierre Laloi, la *Première année d'instruction civique.*
Montesquieu, l'*Esprit des lois.*
J.-J. Rousseau, le *Contrat social.*
Paul Janet, *Histoire de la science politique.*
Fouillée, la *Propriété sociale et la démocratie.*
Franck, la *Philosophie du droit civil.*
Beaussire, la *Liberté dans l'ordre intellectuel et moral.*
Beaussire, les *Principes du droit.*
Taine, les *Origines de la France contemporaine (l'ancien régime, la Révolution, etc.)*
Barni, *Histoire des idées morales et politiques en France au xviii° siècle.*
Barni, la *Morale dans la démocratie.*
Constitutions françaises (*Recueil des*).
Demombynes, *Constitutions européennes.*
H. Spencer, l'*Individu contre l'état.*
Rivière, F. Hélie et Pont, *Code civil annoté.*
Acollas, *Le droit mis à la portée de tous.*

CHAPITRE XXXIV

L'ÉTAT : LES LOIS MILITAIRES, SCOLAIRES, FISCALES.

SOMMAIRE.

La force publique. — Le service militaire obligatoire. — Les exclusions, exemptions, sursis, dispenses. — L'armée active. — L'armée territoriale. — L'armée de mer. — L'obligation scolaire. — L'impôt. — Les diverses formes d'impôts.

La force publique. — L'État est chargé de faire

respecter les lois que la majorité des citoyens a votées par l'intermédiaire de ses représentants, de protéger contre toute attaque la vie, la propriété et la liberté de tous ses membres. Il doit défendre l'indépendance, l'honneur et le territoire du pays ; il a besoin d'une *force publique* (ch. xxxi). Tous les citoyens sont intéressés au maintien de l'ordre intérieur, tous sont exposés à perdre leur vie, leur propriété et leur liberté quand la nation cesse d'être indépendante : l'armée doit être *nationale* dans un pays où la souveraineté appartient à tous. En outre, à une époque où certains États européens entretiennent des armées formidables, peuvent en quelques jours faire entrer en ligne des millions de soldats exercés, il faut qu'une nation ait une armée solidement organisée, constamment exercée, habituée à la discipline comme à la fatigue, pour être sans cesse en état de se défendre contre les agressions injustes, de mettre la force au service du droit : il faut qu'elle ait une armée *permanente*.

L'État a besoin d'une force publique pour assurer l'ordre intérieur, pour défendre le territoire, l'indépendance et l'honneur du pays ; l'armée doit être nationale et permanente.

Le service militaire obligatoire. — Avant 1872, tous les jeunes gens tiraient au sort, et ceux qui prenaient les numéros inférieurs étaient appelés à faire partie pendant 7 ans de l'armée active. Ceux qui disposaient d'une somme de 1 800 à 2 500 francs pouvaient acheter un remplaçant ou se faire exonérer du service militaire; ceux qui avaient de bons numéros ou s'étaient fait exonérer ne passaient pas sous les drapeaux. Aujourd'hui le service est obligatoire pour tous les Français *valides* qui ne sont pas indignes, incapables, ou dispensés d'être soldats. Chacun d'eux fait partie de l'armée active pendant 5 ans, de la réserve de l'armée active pendant 4, de l'armée territoriale pendant 5, de la réserve de l'armée territoriale pendant 6 ; chacun est astreint pendant 20 ans au service militaire.

Le service militaire est obligatoire pendant 20 ans pour

La nouvelle loi militaire est du Juillet 1889.

L'ÉTAT : LES LOIS MILITAIRES, SCOLAIRES, FISCALES.

tous les Français qui ne sont ni indignes, ni incapables, ni dispensés d'être soldats.

Exclusions, exemptions, sursis, dispenses. — C'est un devoir pour chaque citoyen de défendre sa patrie quand les représentants qu'il a lui-même élus proclament la nécessité de recourir à la guerre pour sauver l'indépendance et l'honneur du pays, de se préparer en temps de paix à remplir ses devoirs de soldat, de s'imposer tous les exercices et toutes les fatigues que croient utiles ceux que, directement ou indirectement, il a chargés d'organiser la défense nationale (ch. XIX). Mais en même temps c'est un honneur pour un Français de concourir à assurer la sécurité de sa famille et de ses amis, l'indépendance et l'honneur du pays, comme c'est un honneur pour le citoyen de voter et de concourir au gouvernement de la France. Aussi la loi déclare-t-elle *indignes* d'être soldats, comme d'exercer leurs droits civils et politiques, ceux qui ont perdu l'honneur. Tous les individus frappés d'une peine afflictive ou infamante, tous ceux qui, condamnés à 2 ans de prison, ont perdu en tout ou en partie leurs droits civils et politiques, ont été frappés de la peine d'interdiction de séjour, ne peuvent faire partie de l'armée française.

Les jeunes gens que des infirmités graves rendent incapables d'exercer le métier de soldats, les aveugles, les sourds, les nains, ceux qui ont perdu un bras ou une jambe, sont *exemptés pour toujours* de tout service actif ou auxiliaire, par le conseil de revision. Ceux qui sont jugés trop faibles ou qui n'ont pas la taille de 1m54 au moment où ils passent devant le conseil sont *ajournés* à un nouvel examen pendant 2 années : s'ils sont ensuite trouvés bons pour le service actif, ils sont placés dans la condition des jeunes gens qui ont tiré au sort avec eux, et les années d'ajournement sont comptées en déduction de leur temps de service. S'ils sont définitivement trouvés trop faibles, ils sont exemptés pour toujours ; ils sont, dans certains cas, classés dans les services auxiliaires (ateliers, arsenaux, magasins, bureaux). Quant à ceux qui simulent des infirmités, ou qui se mutilent eux-mêmes pour être exemptés, ils sont frappés de peines légales et obligés de faire ensuite leur temps de service.

En temps de paix, le gouvernement peut accorder, pour 2 ans et dans la proportion de 4 % , des *sursis d'appel* aux conscrits qui demandent avant le tirage au sort à continuer leurs études ou leur apprentissage, à ne pas interrompre une entreprise commerciale, agricole ou industrielle; mais ils font partie comme les autres de l'armée pendant 20 ans.

De même, en temps de paix, la loi *dispense* du service actif, l'aîné d'orphelins de père et de mère, le fils unique ou l'aîné des fils d'une femme veuve ou dont le mari est déclaré légalement absent, le petit-fils unique ou l'aîné des petits-fils d'une femme veuve ou dont le mari est déclaré légalement absent, quand elle n'a ni fils vivant ni gendre, le fils aîné ou unique d'un aveugle ou d'un septuagénaire, l'aîné des deux frères qui tirent au sort la même année, quand le cadet est reconnu propre au service militaire, le frère d'un militaire sous les drapeaux ou mort à l'ennemi. Elle permet en outre aux conseils de revision de dispenser à titre de soutien de famille un certain nombre de jeunes gens (4 °/₀ du contingent départemental) qui, sans être dans aucun des cas précédemment cités, peuvent seuls cependant faire vivre par leur travail leurs parents ou leurs frères. Tous les hommes qui sont dispensés du service en temps de paix sont à la *disposition* du ministre de la guerre, qui les soumet à des revues et à des exercices. Ils sont appelés en cas de guerre avec les hommes de leur classe.

La loi reconnaît d'autres dispenses conditionnelles, mais valables en temps de guerre et applicables à certaines professions dont elle juge l'exercice indispensable au service de l'État : les membres de l'instruction publique, (enseignement primaire, secondaire et supérieur) les élèves des Écoles normales, les professeurs des institutions nationales des Sourds-Muets, des Jeunes aveugles, les membres novices des associations religieuses vouées à l'enseignement, reconnues comme établissements d'utilité publique et légalement autorisées, qui ont contracté, devant le Recteur de l'Académie, l'engagement de se vouer pendant 10 ans à l'enseignement, sont entièrement dispensés du service militaire et considérés par la loi comme ayant satisfait à toutes leurs obligations quand ils ont enseigné pendant 10 ans ; ils sont à la disposition du Ministre de la guerre, s'ils quittent l'enseignement par suite de révocation ou de démission, avant d'avoir fini l'engagement décennal. Les élèves pensionnaires de l'École des langues orientales vivantes, les élèves de l'École des Chartes nommés après examen sont dispensés de même du service militaire s'ils passent 10 ans dans ces écoles et dans un service public ; il en est encore de même des artistes qui, ayant obtenu un grand prix de l'Institut passent à l'école de Rome les années réglementaires et remplissent les obligations que l'État leur impose. Les élèves des séminaires qui se destinent à la prêtrise et qui sont désignés par les évêques et archevêques, les jeunes gens qui se vouent aux cultes protestant ou israélite (ch. xxxi), sont dispensés du service militaire s'ils remplissent les fonctions auxquelles ils se sont préparés.

Il faut distinguer, à propos du service militaire plus encore qu'à propos des autres obligations que nous imposent les lois de notre pays, les prescriptions *légales* et les prescriptions *morales*. La loi impose à chaque Français un minimum d'obligations qu'elle le contraint à accomplir ; la morale va plus loin (ch. xxvii). Elle commande à celui qui est exclu de l'armée comme indigne, de chercher à obtenir la réhabilitation qui lui donnera le droit de remplir ses devoirs de soldat ; elle fait voir à celui qui a été exempté pour ses infirmités, qu'il lui reste toujours quelque moyen d'être utile à son pays en temps de guerre et elle lui impose le devoir de contribuer, dans la mesure de ses forces et de ses ressources, à la défense de la patrie qu'il ne peut servir comme soldat. Les législateurs ont eu sans doute de bonnes raisons pour accorder un certain nombre de dispenses : les soutiens de famille conservent à l'État, par leur travail, des membres qui peuvent encore lui rendre des services en surveillant l'éducation de leurs enfants, le dispensent de faire appel à la bourse des contribuables pour subvenir aux besoins de malheureux, contribuent à lui préparer de nouveaux défenseurs et à diminuer le nombre des misérables que le besoin pourrait exciter au vol et à l'assassinat. De même, en dispensant conditionnellement les membres de l'instruction publique, ils assurent le fonctionnement régulier d'un des services publics les plus importants, en agissant de même à l'égard des membres de certaines associations religieuses, des représentants des divers cultes reconnus par l'État, ils contribuent à garantir à chaque citoyen l'exercice d'un des droits auxquels il tient le plus et à écarter les querelles religieuses (ch. xxi et xxx). Mais les dispensés ne doivent pas oublier que si la loi se borne à exiger d'eux l'accomplissement d'un seul des devoirs qui leur incombent, la morale les oblige à faire tout ce qu'ils peuvent pour s'acquitter du second ; celui qui vient en aide à ses parents, à ses frères et à ses sœurs, s'acquitte de ses devoirs de famille, mais il fera bien de se souvenir qu'il a des devoirs envers sa patrie, qu'il doit se préparer à les remplir et chercher les moyens de concilier ce que réclament de lui les siens et son pays. L'instituteur, le professeur, laïque ou congréganiste, le prêtre, le pasteur, le rabbin sont obligés de s'acquitter des devoirs professionnels auxquels la loi les autorise à se consacrer tout entiers. Mais la morale les oblige, comme tous les Français, à contribuer directement à la défense du pays quand il est menacé par des ennemis : les membres de l'enseignement public, surtout ceux qui par leur âge devraient faire partie de l'armée, doivent, en cas de guerre, se demander s'ils seront plus utiles à leur pays en continuant à remplir leur profession ou en rejoignant un régiment, et ne s'inspirer en aucune façon pour répondre de leurs intérêts et de leurs convenances particulières. Les congréganistes, les prêtres, les pasteurs, les rabbins se demanderont si leur place n'est pas dans les ambulances, auprès des blessés et des mourants, s'ils ne doivent pas supporter les mêmes fatigues, quelquefois même s'exposer aux mêmes dangers que ceux qu'ils sont chargés de diriger, d'encourager, de consoler et de conduire au bien par leurs leçons et par leurs exemples.

Enfin ceux auxquels la loi n'impose aucune obligation en raison de leur âge ou de leur sexe n'en ont pas moins des devoirs à remplir : la morale oblige l'homme qui a dépassé 40 ans, qui est robuste et bien portant, qui n'a pas de famille à faire vivre, à prendre part, comme le jeune homme, à une guerre défensive d'où peut résulter la ruine complète de son pays ; elle oblige tous les autres à un examen dans lequel ils tiendront d'autant moins compte de leurs intérêts que la loi n'intervient plus pour les obliger à songer à leurs devoirs de patriotes; elle oblige les femmes et les enfants eux-mêmes à concourir, dans la mesure de leurs moyens, à conserver l'indépendance et la liberté de leur patrie.

La loi déclare indignes d'être soldats les hommes qui ont subi certaines condamnations déshonorantes, incapables, ceux qui ont des infirmités graves ; elle ordonne d'ajourner 2 années de suite ceux qui sont trop faibles ou qui ont une taille inférieure à 1^m,54, elle permet d'accorder des sursis d'appel, valables pour le même temps, à un certain nombre de conscrits. Elle dispense du service actif en temps de paix un certain nombre d'individus qui presque tous sont considérés comme des soutiens de famille ; elle accorde d'autres dispenses conditionnelles, valables en temps de guerre et applicables aux professions jugées indispensables au service public.

La morale commande à ceux qui sont déclarés indignes, de se réhabiliter afin de pouvoir remplir leurs devoirs de soldat, aux infirmes, à ceux qui ont plus de 40 ans, aux femmes, de chercher par quels moyens ils pourront en cas de guerre, contribuer à défendre leur pays, à tous les dispensés d'examiner impartialement s'ils ne doivent pas préférer l'accomplissement de leurs devoirs de patriote aux devoirs de famille ou aux devoirs professionnels qui justifient leur exemption légale.

L'armée active. — On dresse dans chaque commune un tableau de *recensement* dans lequel figurent tous les jeunes gens qui ont atteint 20 ans au 1er janvier, qui sont domiciliés réellement ou légalement dans le canton. Ces tableaux sont publiés et affichés avant le 15 janvier. Tous les jeunes gens inscrits sur ces listes prennent part à un *tirage au sort*, qui a lieu au chef-lieu de canton et qui suppose autant de numéros que de conscrits. Le ministre de la guerre fixe chaque année le nombre d'hommes qui, d'après les ressources dont il dispose, seront conservés 5 ans sous les drapeaux. Le nombre d'hommes qui devront être fournis par chaque canton est déterminé d'après le nombre des conscrits qui y ont été recensés et d'après le nombre total des conscrits de toute la France, qui forment le *contingent* de l'année.

Le *conseil de revision* se réunit ensuite au chef-lieu de canton.

L'ÉTAT : LES LOIS MILITAIRES, SCOLAIRES, FISCALES. 569

Il comprend le Préfet, qui en est le président, un conseiller de préfecture, un conseiller général, un conseiller d'arrondissement, un officier supérieur. A ces 5 membres se joignent le sous-préfet, un officier de l'intendance, un médecin militaire, qui ont voix consultative : un commandant de recrutement suit le conseil pour noter les aptitudes militaires des conscrits. Les maires des communes intéressées y assistent pour fournir les renseignements nécessaires. Ce conseil examine tous les jeunes gens, déclare ceux qui sont impropres pour toujours au service militaire, prononce les exclusions, les ajournements, les dispenses facultatives, déclare bons pour le service les conscrits qui sont incorporés dans un régiment de ligne, dans l'artillerie ou la cavalerie, la marine ou l'infanterie de marine : ils font partie d'un des 18 corps d'armée et peuvent être envoyés dans une région militaire autre que celle qui comprend leur commune et leur canton (ch. xxxi).

Outre le contingent annuel, qui est incorporé tout entier, l'armée active reçoit encore des *engagés volontaires*. Les jeunes gens qui ont 18 ans, qui savent lire et écrire, qui ne sont ni mariés ni veufs avec enfants, peuvent contracter un engagement pour la durée de la guerre ou pour 5 ans en temps de paix. Les jeunes gens qui peuvent produire un diplôme de bachelier ès sciences ou ès lettres, de bachelier de l'enseignement spécial, ou subir avec succès les épreuves de l'examen dit du *volontariat d'un an*, contractent, avant le tirage au sort, un engagement conditionnel d'un an, versent 1500 francs et entrent au régiment avant la classe dont ils font partie. Ceux qui ont obtenu un sursis, qui sont déclarés propres au service après avoir été ajournés, sont au contraire incorporés lorsque les conscrits de leur classe ont déjà fait une partie de leur temps.

Tous les engagés volontaires, tous les hommes qui, d'après leur numéro, font partie de la 1re portion du contingent restent 5 ans sous les drapeaux, peuvent devenir, s'ils se conduisent bien et travaillent, caporaux ou brigadiers, sergents ou maréchaux des logis, adjudants, préparer l'examen d'entrée aux Ecoles de Saint-Maixent ou de Saumur, d'où ils sortiront officiers (ch. xxxi). Les sous-officiers peuvent en outre contracter, après avoir fini leurs 5 ans de service actif, un nouvel engagement de 5 ans. Ils reçoivent immédiatement 600 francs ; puis 2000 francs à la fin du temps de service ; ils ont droit à une haute-paie journalière de 0 fr. 30 ; s'ils reprennent du service après ces 10 années, ils obtiennent 500 francs immédiatement et une pension viagère de 365 francs au moins à l'expiration de leur congé, c'est-à-dire pour l'âge de 35 ans environ ; leur haute-paie journalière s'augmente de 0 fr. 20 et ils ont droit à un emploi civil quand ils sortent du régiment. Les engagés conditionnels qui se conduisent bien et qui ont une instruction militaire suffisante, sont renvoyés après une année de service. Les hommes de la seconde portion du contingent, qui ont obtenu des numéros supérieurs au nombre qui formait le contingent cantonal, sont renvoyés dans leurs foyers après 6 mois ou 1 an de service : on peut retenir une seconde année ceux qui ne savent pas lire et écrire, qui n'ont pas une instruction militaire suffisante.

Les hommes en activité de service ne peuvent se marier sans l'autorisation du ministre de la guerre (ch. XXXIII) et sont justiciables des *conseils de guerre,* qui leur appliquent les prescriptions du Code militaire (ch. XXXII).

Les soldats de la seconde partie du contingent, qui ont été renvoyés du régiment, les jeunes gens qui ont été dispensés du service, constituent la *disponibilité* de l'armée active : ils sont à la disposition du ministre de la guerre, qui les soumet à des exercices et à des revues ; mais ils peuvent se marier sans autorisation.

Les hommes de 25 à 29 ans, qui n'ont pas contracté un nouvel engagement, restent immatriculés dans les régiments ou bataillons de l'armée active, mais ils en constituent la *réserve.* Ils sont rappelés au régiment en cas de guerre, ils y sont rappelés en temps de paix pour les manœuvres annuelles pendant 28 jours. Les réservistes peuvent se marier sans autorisation : comme les disponibles, ils doivent présenter leur livret à toute réquisition, déclarer à la mairie qu'ils changent de domicile ou de résidence, qu'ils entreprennent un voyage devant durer plus de 2 mois et faire viser leur livret au point de départ et d'arrivée par le commandant de la brigade de gendarmerie.

Les conscrits ou les engagés qui n'ont pas rejoint leur corps dans le mois qui suit le jour fixé par l'ordre de route, les disponibles et les réservistes qui, en cas d'appel ou de mobilisation, ne se sont pas rendus à destination dans les 15 jours qui suivent le jour fixé par leur ordre de route, sont déclarés *insoumis,* passent devant un conseil de guerre et sont passibles d'un emprisonnement de 1 mois à 1 an en temps de paix, de 2 ans à 5 ans en temps de guerre.

La désertion à l'*intérieur,* en temps de paix, est punie de 2 à 5 ans de prison, en temps de guerre, de 2 à 5 ans de travaux publics ; la désertion à l'*étranger* en temps de paix est punie de 2 à 5 ans, en temps de guerre de 5 à 10 ans de travaux publics ; la désertion *en présence de l'ennemi* est punie de 5 à 20 ans de détention, la désertion à l'*ennemi* est punie de mort.

On fait chaque année par canton le recensement des conscrits qui tirent au sort, puis passent devant un conseil de revision, chargé de prononcer les exclusions, les exemptions, les ajournements, les dispenses facultatives.

L'armée active reçoit chaque année des engagés ou des réen-

gagés volontaires, des engagés conditionnels, et les deux portions du contingent.

La disponibilité de l'armée active comprend les dispensés et les jeunes gens de la seconde partie du contingent, qui sont renvoyés après 6 mois, 1 ou 2 ans. La réserve comprend tous les hommes de 25 à 29 ans qui restent immatriculés dans les régiments ou bataillons de l'armée active.

L'armée territoriale. — Tous les hommes qui ont fait partie pendant 5 ans de l'armée active et pendant 4 ans de la réserve de l'armée active passent dans l'armée *territoriale*, spécialement destinée en temps de guerre à défendre le territoire, c'est-à-dire les places fortes, les côtes, etc., quoiqu'elle puisse alors en cas de nécessité tenir campagne avec l'armée active. Les soldats de l'armée territoriale sont levés dans la région militaire où ils résident, ils restent dans leurs foyers, sauf en cas d'appel ou de mobilisation, il n'y a de permanent que le personnel nécessaire à la tenue des contrôles, à la comptabilité, à l'administration. Les hommes qui font partie de l'armée territoriale depuis 29 jusqu'à 34 ans sont appelés pour 13 jours à des manœuvres annuelles. Les disponibles et les réservistes de l'armée active sont versés dans l'armée territoriale, dès qu'ils ont 4 enfants vivants. Chaque région fournit à l'armée territoriale un régiment d'artillerie, un bataillon du génie, un nombre variable d'escadrons de cavalerie. De 34 à 40 ans on fait partie de la réserve de l'armée territoriale, qui ne peut être mise en activité que dans le cas de nécessité absolue.

L'armée territoriale comprend les hommes de 29 à 34 ans qui ont fini leur temps dans l'armée active et dans la réserve, les disponibles et les réservistes qui ont 4 enfants. La réserve de l'armée territoriale comprend les hommes de 34 à 40 ans.

Armée de mer. — Tous les habitants des côtes qui se livrent à la pêche, à la navigation, à une profession maritime, sont inscrits depuis 18 ans jusqu'à 50 et demeurent pendant tout ce temps, à moins qu'ils n'abandonnent la pêche ou la navigation, à la disposition de l'État, qui peut les faire servir sur ses navires à tour de rôle et suivant ses besoins. En temps de paix, les inscrits maritimes font à 20 ans sur les navires de l'État un service de 3 ans qui leur est compté comme service militaire; en temps de guerre on appelle d'abord les célibataires, puis les veufs sans enfants, puis les hommes mariés sans enfants, enfin les pères de famille. Les inscrits maritimes ont seuls le droit de pêche et de navigation.

L'armée de mer comprend, outre les marins de l'*inscription maritime*, des engagés et des rengagés volontaires, des conscrits qui, au moment du conseil de revision, ont demandé à entrer dans un des corps de la marine et ont été reconnus propres à en faire le service; enfin, si ces deux catégories ne fournissent pas un nombre d'hommes suffisant, on y incorpore, dans une proportion déterminée par le ministre de la guerre, les jeunes gens qui dans chaque canton ont tiré les plus bas numéros. Les hommes qui ne proviennent pas de l'inscription maritime font 5 ans de service actif et 2 ans de réserve, puis ils passent dans l'armée territoriale (ch. XXXI).

L'armée de mer est recrutée par l'inscription maritime, par des engagements volontaires; elle comprend encore les conscrits qui demandent à en faire partie au moment du conseil de revision et quelquefois ceux qui ont les plus bas numéros au tirage au sort.

L'obligation scolaire. — La morale oblige les parents à donner ou à faire donner à leurs enfants une instruction proportionnée à leurs ressources (ch. XVIII). L'État, a, de son côté le devoir et le droit de protéger les droits de l'enfant (ch. XIX). Le Code civil établissait déjà pour les parents l'obligation d'*élever* leurs enfants (art. 203 p. 311), la loi du 28 mars 1882 a complété le Code et établi l'*obligation scolaire*.

Dans un pays où la souveraineté appartient à la nation, où le suffrage universel dirige, directement ou indirectement, le gouvernement tout entier, chaque citoyen est intéressé à ce que tous ceux qui prennent part au vote connaissent leurs droits et leurs devoirs, les lois et les institutions qui les régissent, qu'ils soient assez intelligents et assez instruits pour juger les professions de foi et apprécier les actes de ceux qui se présentent à leurs suffrages. Sans doute les hommes qui se rendront compte de leurs devoirs de citoyens et de la conduite qu'ils devraient tenir pour accomplir leurs obligations, agiront quelquefois d'une façon toute différente, se laisseront guider par leurs rancunes, leurs passions, leurs sympathies ou leurs antipathies. Mais s'il ne suffit pas (ch. XXVIII) de connaître le bien pour le pratiquer, on peut affirmer que la 1re condition pour faire son devoir c'est de le connaître que l'enfant qui grandit dans l'ignorance, qui n'apprend ni à lire, ni à écrire, dont on n'exerce ni l'intelligence, ni le jugement, à qui on ne fait connaître ni la Constitution, ni les lois de son pays, ni les droits publics, civils et politiques qu'il devra exercer dans la suite, ni les devoirs qu'il aura à remplir envers lui-même, envers sa famille, envers sa patrie et envers les autres hommes, qui est ensuite pris pendant toutes ses journées par un travail manuel dont le produit le fait vivre, sera, sans le savoir et sans le vouloir, nuisible à ses concitoyens et à son pays, incapable même de réparer le temps qu'on lui a fait perdre, s'il s'aperçoit par hasard qu'on l'a fort mal préparé à remplir son rôle d'homme et de citoyen. L'État, qui intervient pour forcer les parents à nourrir, à loger, à entretenir leurs enfants, pour les empêcher de les maltraiter, de les déshériter (ch. xxxiii) ou de les ruiner, de leur imposer un travail excessif et nuisible, a cru devoir intervenir pour contraindre les parents à donner à leurs enfants le minimum d'instruction qui leur permettra de se faire une position plus avantageuse, de développer leur intelligence et leur moralité, de tenir une place honorable dans l'État et dans la société.

La loi du 28 mars 1882 établit que l'instruction primaire est obligatoire pour les enfants des deux sexes âgés de 6 ans révolus à 13 ans révolus (*art.* 4). Elle laisse aux parents la liberté de faire donner l'instruction dans des établissements d'instruction primaire ou secondaire, dans des écoles publiques ou libres, de la donner eux-mêmes ou de confier à une personne qu'ils auront choisie le soin de la donner; en outre elle dispense du temps de scolarité obligatoire qui leur restait à passer à l'école, les enfants qui ont obtenu le *certificat d'études primaires*, elle permet à la Commission scolaire d'accorder des dispenses de fréquentation allant jusqu'à 3 mois, des dispenses d'une des 2 classes de la journée aux enfants employés dans l'industrie ou dans l'agriculture; mais elle établit des pénalités sévères contre ceux qui persistent à violer la loi, quand ils ont été à plusieurs reprises déjà invités à l'observer.

Proclamer l'instruction primaire obligatoire, c'était s'obliger à la déclarer *gratuite* pour tous ceux qui, vivant avec peine de leur travail, auraient pu objecter, pour ne pas obéir à la loi, qu'ils étaient dans l'impossibilité de payer les mois d'école de leurs enfants.

Les législateurs ont été plus loin, ils ont proclamé la *gratuité absolue* et dispensé les parents non indigents de payer l'instruction de leurs enfants, en répartissant entre l'État, les départements et les communes, les charges financières qu'impose la gratuité absolue. On a établi des bourses, presque toujours données aux concours, pour permettre aux enfants pauvres et bien doués de recevoir l'enseignement primaire supérieur, l'enseignement secondaire et l'enseignement supérieur (ch. xxxi).

On ne pouvait se borner à déclarer gratuite l'instruction publique : en effet tous ceux qui ne peuvent instruire eux-mêmes leurs enfants, leur donner des maîtres ou les envoyer dans les écoles libres dont les maîtres sont dévoués aux doctrines qu'ils préfèrent, et sont obligés de recourir aux écoles publiques, auraient le droit de protester si, dans ces écoles on enseignait des doctrines contraires à la liberté de conscience, reconnue par la Constitution à tous les citoyens. Personne ne peut exiger que l'État renonce à enseigner dans ses écoles le respect des lois et de la Constitution, ne peut lui imposer de laisser ignorer aux enfants les droits qu'exercent leurs parents ou les devoirs qu'ils sont obligés de remplir. Mais chacun peut souhaiter qu'on ne fasse pas de l'enseignement civique une œuvre de parti, qu'on s'occupe d'apprendre aux enfants à respecter les lois et la Constitution, à aimer la patrie et leurs concitoyens, plutôt qu'à haïr les institutions disparues et à dédaigner ou à mépriser un certain nombre de Français. Il ne faut pas que les enfants des catholiques entendent dire en classe du mal des doctrines que professent leurs parents, il ne faut pas que les enfants des protestants ou des israélites soient obligés de recevoir directement ou indirectement l'enseignement catholique auquel leurs parents n'ont jamais voulu se soumettre, il ne faut pas qu'on essaie de convertir à une religion positive les enfants de ceux qui pratiquent la religion naturelle ou qui ne veulent suivre aucun culte (ch. xxi).

L'État doit, dans son enseignement obligatoire comme dans ses lois, respecter la liberté de conscience, ne rien faire pour soulever les querelles religieuses, mais protéger les droits de tous ceux de ses membres qui n'empiètent pas sur les droits d'autrui, rendre l'école publique *neutre, sécularisée, laïque,* en laissant aux parents le soin de faire donner l'instruction religieuse à leurs enfants par qui ils veulent et où ils veulent.

La loi contraint les parents à faire instruire leurs enfants comme à les nourrir; elle a institué la gratuité de l'enseignement primaire dans les écoles publiques et a voulu qu'il ne fût ni antireligieux, ni religieux, mais neutre; elle a établi l'instruction obligatoire pour tous, gratuite et laïque dans les écoles publiques.

L'impôt. — L'État établit des écoles, entretient les canaux et les routes, paie les fonctionnaires chargés de veiller à l'exécution des lois, organise l'instruction et l'assistance publiques, en un mot fait des dépenses qui ont pour but de protéger la vie, la propriété, la liberté, l'honneur de ses membres, de rendre le commerce, l'industrie et l'agriculture plus florissants. Il est donc juste que tous les citoyens *contribuent* à ces dépenses, paient leur part des *impôts* qui fournissent à l'État les ressources nécessaires. Mais il faut que tous les citoyens concourent directement ou indirectement à la fixation de l'impôt, il faut que les Chambres, nommées par la majorité des électeurs, établissent les impôts ou autorisent les agents du fisc à continuer de les percevoir. Tout citoyen doit refuser de payer l'impôt dont les Chambres n'ont pas autorisé la perception : les fonctionnaires qui voudraient le percevoir et tous ceux qui les y aideraient, coupables de concussion, seraient justiciables de la Cour d'assises.

La déclaration des droits (ch. xxx) a proclamé l'égalité de tous les Français devant l'impôt, elle a supprimé les privilèges des nobles et du clergé, elle a établi que tout impôt devait être consenti par les représentants de la nation.

Il serait à souhaiter que chaque contribuable, calculant ses ressources et les dépenses de l'État, fît de lui-même l'abandon d'une somme exactement proportionnelle aux unes et aux autres ; il serait même désirable que le riche prélevât une portion de son superflu pour acquitter l'impôt qui enlève au pauvre son nécessaire, comme il serait désirable qu'il y eût moins de fortunes colossales et moins d'affreuses misères (ch. xxi). Mais l'État serait incapable de se rendre un compte exact des ressources de chacun et ne saurait jamais suivre, dans la répartition de l'impôt, toutes les règles d'une justice absolue. D'un autre côté, il n'a pas le droit de faire payer aux uns la part des autres, d'établir un impôt *progressif*, d'exempter de toute contribution ceux qui ne gagnent que ce qui leur est absolument nécessaire et de frapper les autres d'autant plus lourdement que leur revenu excède davantage leurs besoins de nécessité, pas plus qu'aucun de nous n'a le droit de contraindre le riche à abandonner au pauvre une portion de son superflu. D'ailleurs, qui serait chargé de déterminer ce qui est strictement nécessaire, d'établir la progression d'après laquelle l'impôt devrait croître, sinon des contribuables trop souvent disposés à songer à leurs propres intérêts et à rejeter sur autrui les charges les plus lourdes ? En outre, il n'est pas bon qu'en principe aucun de ceux qui jouissent de tous leurs droits publics, civils et politiques, soit dispensé des charges qui pèsent sur ses concitoyens.

L'Etat, pour établir l'impôt, doit s'adresser aux revenus dont il peut plus aisément se rendre un compte exact, chercher à exempter les objets de première nécessité, préférer les contributions qui exigent le moins de frais de perception, fixer la quote-part de chacun, l'époque et la forme du paiement, de manière à éviter les erreurs, les contestations. Enfin, les législateurs ne doivent pas oublier qu'il ne faut voter de nouveaux impôts qu'en cas de nécessité absolue, qu'il faut chercher à diminuer ceux qui existent, en administrant avec ordre et économie les finances de l'État.

L'impôt est nécessaire, chaque citoyen doit contribuer en proportion de son revenu aux dépenses que l'État fait pour tous.

Les diverses formes d'impôt. — Le possesseur d'une maison ou d'un champ paie un impôt proportionnel aux revenus et à l'importance de sa maison, à l'étendue et à la valeur de son champ. Le locataire paie la contribution des portes et fenêtres d'après le nombre d'ouvertures de cette espèce que possède la maison où il habite ; le commerçant paie une patente. Dans tous ces cas, on demande directement et nominativement à l'individu sa quote-part de contributions, l'impôt est *direct*.

Au contraire, le marchand qui introduit à Paris une certaine quantité de bière, paie à l'octroi un droit de 15 francs par hectolitre ; il revend ensuite cette bière à des consommateurs et fait entrer dans le prix du litre, ce qu'il lui a coûté d'achat, ce qu'il veut gagner et les 15 centimes qu'il a dû payer à l'octroi. L'impôt payé en définitive par le consommateur, ne lui a pas été demandé directement et nominativement, il est *indirect* et porte sur la consommation.

La situation, l'étendue, le mode d'exploitation, le revenu net et seul imposable, déduction faite des frais de production et d'entretien, de tous les immeubles bâtis, ou non bâtis, sont indiqués pour chaque commune dans un registre public, appelé *cadastre*.

L'impôt *foncier* est payé par tous les propriétaires, en raison du revenu net attribué à leurs immeubles par le cadastre.

Tout habitant, français ou étranger, paie une taxe *personnelle*, équivalant à 3 journées de travail, dont la valeur est fixée par le Conseil général, une cote *mobilière*, calculée d'après la valeur locative de la maison ou de l'appartement qu'il occupe ; ces deux contributions sont dues tout entières au 1ᵉʳ janvier ; les indigents seuls sont dispensés de les payer.

Toutefois dans les villes où il y a un octroi, le conseil municipal peut, en versant à l'État une somme prélevée sur le produit de l'octroi, exempter de la contribution personnelle et mobilière une partie de la population. A Paris, par exemple, les locataires qui paient un loyer inférieur à 400 francs, ne doivent ni taxe personnelle, ni cote mobilière.

Les locataires, ou les propriétaires qui habitent une maison leur appartenant, sont obligés de payer une contribution, sur les *portes et fenêtres*, qui varie d'après le nombre de ces ouvertures, d'après l'importance de la maison et la population de la commune. Les ouvertures des granges, des serres, des greniers, des écuries ou des étables, de toutes les constructions ou parties de constructions qui ne sont pas habitées sont exemptées de cet impôt.

Enfin le revenu industriel, qui représente le résultat obtenu par l'emploi des capitaux et du travail (ch. XXII et XXIII) est atteint par l'impôt des *patentes* qui frappe tous ceux qui exercent pour leur compte personnel une profession, un commerce, une industrie. Les fonctionnaires publics, les instituteurs et professeurs, les employés salariés, les artistes, les éditeurs de feuilles périodiques, les laboureurs et les cultivateurs qui ne vendent que leurs récoltes, les ouvriers, même en chambre, avec un apprenti ayant moins de 16 ans, les concessionnaires de mines et de marais salants, les pêcheurs, les sociétés en commandite, les caisses d'épargne, les assurances mutuelles, la plupart des marchands ambulants ne paient pas de patente. Les épiciers, les boulangers, les bouchers, les médecins, les avocats, les avoués, les notaires sont soumis au droit de patente. La patente comporte un droit *fixe*, réglé d'après la nature de l'industrie et la population de la commune, elle comporte un droit *proportionnel* pour l'établissement duquel on tient compte de la valeur locative des magasins, ateliers, chantiers et du classement de l'industrie, dans une des 5 catégories, qui paient depuis 1/40 jusqu'à 1/15 du loyer. L'individu qui exerce plusieurs professions, industries ou commerces différents dans une ou plusieurs communes, ne paye qu'une patente, celle qui porte sur le commerce, l'industrie ou la profession qui comporte le droit fixe le plus élevé. Tous ceux qui exercent une profession patentable au 1er janvier paient cet impôt pour toute l'année.

Les contributions précédentes forment ce qu'on appelle les *grandes* contributions directes : il y a aussi de *petites* contributions directes, qui comprennent la taxe annuelle des biens de main-morte (communautés, départements, communes, hospices), la redevance payée par les concessionnaires de mines, le droit de vérification des poids et mesures, la contribution des chevaux et voitures, la taxe sur les billards, les cercles, les sociétés, les lieux de réunions, etc.

On distingue dans les contributions directes, le *principal* ou la somme à *payer* d'après la loi annuelle de finances et les *centimes additionnels* qu'y ajoutent l'État, les départements, les communes (ch. XXXVII).

Les contributions indirectes comprennent les impôts de *consommation*, les droits de *douane*, les droits d'*enregistrement* et de *timbre*.

Les impôts de consommation portent sur les boissons, et comprennent un *droit de circulation*, dû par ceux qui transportent d'un lieu à un autre plus de 3 bouteilles de vin, de cidre, de poiré, d'hydromel, et dont l'acquittement est constaté par un reçu ou *congé;* un droit *de licence*, payé en sus de la patente, par les débitants et les fabricants ; un *droit de détail* qui frappe les débitants ; enfin dans les communes qui ont un *octroi*, un *droit d'entrée* perçu au profit de l'État, et un droit d'octroi perçu au profit de la commune. Ils portent encore sur le sel, sur le sucre, les huiles minérales, le savon, sur les matières d'or et d'argent, enfin sur les tabacs, les poudres à feu, les cartes à jouer, les allumettes, les dépêches et les lettres, dont l'État s'est réservé le monopole ou l'exploitation.

Les droits de douane comprennent les sommes qui sont perçues à la frontière sur les marchandises et les denrées importées en France ou exportées à l'étranger. Les tarifs sont fixés par la loi : tout expéditeur doit déclarer les marchandises soumises à un droit, sous peine d'être considéré comme contrebandier et d'être passible de peines corectionnelles.

Les actes passés devant les officiers ministériels, notaires, avoués, huissiers, ou ceux qu'ils font en vue d'une procédure judiciaire, sont inscrits sur des registres tenus par des employés de l'État, afin d'en garantir la date et l'authenticité. L'*enregistrement* ou l'inscription des actes au registre des *hypothèques* comporte un droit fixe variant avec la nature des actes, et un droit proportionnel, s'il s'agit d'une transmission de propriétés ou de valeurs quelconques par prêt, vente, donation, succession (ch. xxxiii). Les actes faits par les particuliers, les actes sous *seing privé*, ne doivent être enregistrés que si l'on veut en faire usage devant les tribunaux. Il faut excepter les baux à ferme ou à loyer, les ventes de fonds de commerce, qui doivent être sous peine d'amende, enregistrés dans un délai fixé. Les prêts en garantie desquels on donne le droit de faire vendre un immeuble ne sont valables que s'ils sont inscrits sur le registre tenu par le conservateur des hypothèques (ch. xxxviii).

En outre la loi exige que certains actes, destinés à constater un droit, ou à être produits en justice, les baux, les contrats de mariage, les actes respectueux, les effets de commerce, les actions et obligations négociables, les bordereaux d'agents de change, soient écrits sur des papiers dits *timbrés*, ainsi nommés à cause de l'empreinte qui y est marquée par l'État.

Le timbre *de dimension*, marqué à l'encre noire, a un prix fixe, en raison de la dimension de la feuille de papier (0 fr. 60, 1 fr. 20, 1 fr. 80, 2 fr. 40, 3 fr. 60 pour les actes ; 0 fr. 06, 0 fr. 12, 0 fr. 18 pour les affiches); le timbre *proportionnel*, frappé à sec, varie avec les sommes et valeurs dont l'acte constate la transmission (0 fr. 05 par 100 francs ou fraction de 100 francs). La loi exige encore que toute quittance, reçu ou décharge supérieure à 10 francs porte un timbre de *quittance* (0 fr. 10), tout connaissement, un timbre de 0 fr. 60, tout récépissé de chemins de fer, un timbre de 0 fr. 35 ou de 0 fr. 70, selon que l'expédition a été faite par grande ou par petite vitesse.

L'impôt foncier, la contribution personnelle et mobilière, celle des portes et fenêtres, sont votés en bloc par les Chambres, qui fixent en même temps le contingent de chaque département. Le Conseil général en fait la répartition entre les arrondissements, le conseil d'arrondissement la fait entre les communes; le directeur des contributions directes dresse les rôles et répartit ensuite l'impôt entre tous les contribuables. Ces impôts, dont le montant total est connu à l'avance, sont des impôts de *répartition*.

Au contraire la loi fixe bien les tarifs douaniers, les droits à percevoir sur les boissons, sur les lettres et dépêches, le droit fixe et le droit proportionnel qui atteindront tel ou tel patentable, les droits à payer à l'enregistrement pour ceux qui feront tel ou tel héritage, qui achèteront telle propriété ou telle maison; mais on ne sait pas à l'avance quelle quantité de marchandises passibles de droits seront importées en France, combien d'hectolitres de vin, de bière, d'alcool, combien de kilogr. de sel, de sucre seront fabriqués, transportés, détaillés, consommés; combien il y aura de personnes exerçant des professions, des industries, des commerces patentables; à combien s'élèvera la valeur locative qui sert à fixer le droit proportionnel; on ne sait pas plus combien il y aura de lettres et de dépêches expédiées dans l'année, combien il y aura de mutations par décès en ligne directe, entre époux, en ligne collatérale, d'actes judiciaires ou extrajudiciaires, de droits d'hypothèques, de transmissions à titre onéreux ou à titre gratuit de meubles ou immeubles. Il faut attendre la fin de l'année et additionner les sommes perçues pour savoir ce que tous ces impôts ont rapporté à l'État : ce sont des impôts de *quotité*.

Les contributions directes sont demandées directement et nominativement à l'individu; les contributions indirectes atteignent indirectement le revenu de l'individu.

Il y a de petites et de grandes contributions directes, ces dernières comprennent l'impôt foncier qui atteint le revenu des propriétés bâties ou non bâties, la contribution personnelle et mobilière, celle des portes et fenêtres, qui atteignent le revenu mobilier, les patentes qui constituent un impôt sur le revenu industriel. Les contributions directes comportent un principal et des centimes additionnels.

Les contributions indirectes comprennent es impôts de con-

sommation qui portent sur les boissons, le sel, le sucre, les huiles minérales, le savon, les matières d'or et d'argent, les tabacs, les cartes à jouer, les allumettes, les dépêches et les lettres ; les droits de douane, les droits d'enregistrement, de timbre, d'hypothèques, etc.

Les contributions foncière, personnelle et mobilière, des portes et des fenêtres, sont des impôts de répartition; les patentes et les contributions indirectes, des impôts de quotité.

RÉSUMÉ

Que savez-vous de la force publique? — L'État a besoin d'une force publique pour assurer l'ordre intérieur, pour défendre le territoire, l'indépendance et l'honneur du pays : l'armée doit être nationale et permanente.

Que savez-vous du service militaire? — Le service militaire est obligatoire pendant 20 ans pour tous les Français qui ne sont ni indignes, ni incapables, ni dispensés d'être soldats.

Que savez-vous des exclusions, des exemptions, des sursis, des dispenses? — La loi déclare indignes d'être soldats les hommes qui ont subi certaines condamnations déshonorantes, incapables ceux qui ont des infirmités graves, elle ordonne d'ajourner 2 années de suite ceux qui sont trop faibles ou qui ont une taille inférieure à 1^m,54, elle permet d'accorder des sursis d'appel, valables pour le même temps, à un certain nombre de conscrits. Elle dispense du service actif en temps de paix un certain nombre d'individus qui presque tous sont considérés comme des soutiens de famille ; elle accorde d'autres dispenses conditionnelles, valables en temps de guerre et applicables aux professions jugées indispensables au service public.

La morale commande à ceux qui sont déclarés indignes de se réhabiliter afin de pouvoir remplir leur devoir de soldat, aux infirmes, à ceux qui ont plus de 40 ans, aux femmes de chercher par quels moyens ils pourront en cas de guerre, contribuer à défendre leur pays, à tous les dispensés d'examiner impartialement s'ils ne doivent pas préférer l'accomplissement de leurs devoirs de patriote aux devoirs de famille ou aux devoirs professionnels qui justifient leur exemption légale.

Que savez-vous de l'armée active? — On fait chaque année par canton, le recensement des conscrits qui tirent au sort, puis passent devant un Conseil de revision, chargé de prononcer les exclusions, les exemptions, les ajournements, les dispenses facultatives.

L'ÉTAT : LES LOIS MILITAIRES, SCOLAIRES, FISCALES.

L'armée active reçoit chaque année des engagés ou des rengagés volontaires, des engagés conditionnels et les deux portions du contingent.

La disponibilité de l'armée active comprend les dispensés et les jeunes gens de la seconde partie du contingent, qui sont renvoyés après 6 mois, 1 an ou 2 ans. La réserve comprend tous les hommes de 25 à 29 ans qui restent immatriculés dans les régiments ou bataillons de l'armée active.

Que savez-vous de l'armée territoriale ? — L'armée territoriale comprend les hommes de 29 à 34 ans qui ont fini leur temps dans l'armée active et dans la réserve, les disponibles et les réservistes qui ont 4 enfants. La réserve de l'armée territoriale comprend les hommes de 34 à 40 ans.

Parlez de l'armée de mer. — L'armée de mer est recrutée par l'inscription maritime, par des engagements volontaires ; elle comprend encore les conscrits qui demandent à en faire partie au moment du conseil de révision et quelquefois ceux qui ont eu les plus bas numéros au tirage au sort.

Parlez de l'obligation scolaire. — La loi contraint les parents à faire instruire leurs enfants comme à les nourrir ; elle a institué la gratuité de l'enseignement primaire dans les écoles publiques, et a voulu qu'il n'y fût ni antireligieux ni religieux, mais neutre ; elle a établi l'instruction obligatoire pour tous, gratuite et laïque dans les écoles publiques.

Que savez-vous de l'impôt ? — L'impôt est nécessaire, chaque citoyen doit contribuer, en proportion de son revenu, aux dépenses que l'État fait pour tous.

Que savez-vous des diverses formes d'impôts ? — Les contributions directes sont demandées directement et nominativement à l'individu ; les contributions indirectes atteignent indirectement le revenu de l'individu.

Il y a de petites et de grandes contributions directes, ces dernières comprennent l'impôt foncier qui atteint le revenu des propriétés bâties et non bâties, la contribution personnelle et mobilière, celle des portes et fenêtres, qui atteignent le revenu immobilier, les patentes qui constituent un impôt sur le revenu industriel. Les contributions directes comportent un principal et des centimes additionnels.

Les contributions indirectes comprennent les impôts de consommation qui portent sur les boissons, le sel, le sucre, les huiles minérales, le savon, les matières d'or et d'argent, les tabacs, les cartes à jouer, les allumettes, les dépêches et les lettres ; les droits de douane, les droits d'enregistrement, de timbre, d'hypothèques, etc.

Les contributions foncière, personnelle et mobilière, des portes et des fenêtres, sont des impôts de répartition, les patentes et les contributions indirectes, des impôts de quotité.

DEVOIRS A TRAITER.

I. Le service militaire obligatoire.
II. L'obligation scolaire.
III. L'obligation de payer l'impôt.

QUESTIONS POSÉES.

I. Les exclusions, exemptions, sursis, dispenses.
II. L'armée active.
III. L'armée territoriale.
IV. L'armée de mer.
V. L'organisation de l'armée en France depuis 1789.
VI. L'organisation de l'armée dans les divers États de l'Europe.
VII. Les armées permanentes.
VIII. La discipline militaire.
IX. La gratuité de l'enseignement primaire public.
X. La neutralité de l'enseignement primaire public.
XI. Les contributions directes.
XII. Les contributions indirectes.
XIII. L'octroi.
XIV. Les monopoles.
XV. L'enseignement primaire public en France depuis 1789.
XVI. L'enseignement primaire public dans les diverses contrées de l'Europe et en Amérique.
XVII. Les devoirs du père de famille d'après les lois et d'après la morale.
XVIII. Les devoirs du soldat d'après la morale et les lois.
XIX. Les devoirs civiques du professeur et de l'instituteur.
XX. Les obligations du contribuable d'après les lois et d'après la morale.
XXI. Les indignes, les exemptés, les dispensés d'après la loi militaire et d'après la morale.

QUESTIONS POSÉES.

I. Qu'est-ce que le service militaire ? (Brev. élém. et Brev. sup., Ens. second. des jeunes filles.)
II. Qu'est-ce que la conscription ? (Brev. élém. et Brev. sup.)
III. L'armée active. (Brev. sup. et élém., Bourses d'ens. primaire sup.)
IV. L'armée territoriale. (Brev. élém., Brev. sup., Bourses d'ens. prim. sup.)
V. L'armée de mer. (Brev. sup., élém., Bourses d'ens. primaire sup.)
VI. Combien y a-t-il de degrés dans l'instruction en France ? Qui est à la tête de cette hiérarchie ? Comment le territoire est-il divisé sous le rapport de l'instruction ? (Brev. sup., Brev. élém., Ens. second. des jeunes filles, Bac. ens. spécial.)
VII. Comment appelle-t-on l'enseignement donné par l'État ? (Brev. élém. et sup., Bourses. d'ens. primaire sup.)
VIII. Qu'est-ce que l'impôt ? Y a-t-il plusieurs sortes d'impôts ? Qu'est-ce que les contributions directes et les contributions indirectes ? (Brev. sup., Bourses d'ens. prim. sup., Brev. élém., Bac. ens. spéc. Ens. second. des jeunes filles.)
IX. Qu'est-ce que l'octroi ? (Bourses d'ens. primaire sup., Brev. élém., Bac. ens. spécial, Ens. second. des jeunes filles.)
X. Qu'appelle-t-on un centime additionnel ? (Brev. élém., Brev. sup., Ens. second. des jeunes filles.)
XI. Qu'est-ce que l'impôt foncier, direct, indirect ? (Brev. élém. sup., Bac. ens. spécial, Ens. second. des jeunes filles.)

Conseils pédagogiques. — Faire lire et commenter, au point de vue civique et moral, les principaux articles de la loi militaire :

montrer que le service militaire est un honneur et un devoir pour ceux qui jouissent d'une part de souveraineté, pour ceux qui, comme les Français, ont des droits civils, publics et politiques, qui interviennent, directement ou indirectement, dans la confection des lois militaires, la préparation de la défense nationale, les déclarations de guerre, etc. — Montrer que l'obligation est d'autant plus étroite encore que le pays a été plus malheureux. — Faire naître le goût des vertus militaires, en racontant la vie des grands généraux, des marins ou des soldats héroïques, Duguesclin, le grand Ferré, Jeanne d'Arc et Jeanne Hachette, d'Assas, Duguay-Trouin, Jean Bart, Latour d'Auvergne, Hoche, Marceau, etc, en lisant et en commentant certains récits (*Pierre Laloi* : Journal d'un soldat, les Derniers coups de canon ; *Émile Lavisse* : Les trois instituteurs de l'Aisne, le jardinier François Debergue, Mademoiselle Dodu, Dévouement du sergent Blandan, l'Espion allemand, Charles de Hart, le capitaine Cagnard, le sergent Bobillot, etc.). — Montrer que la loi militaire nous impose un *minimum* d'obligations qu'elle nous contraint de remplir, mais que la morale va beaucoup plus loin et réclame de chacun de nous le sacrifice de sa propriété, de sa vie s'il est nécessaire pour défendre le pays. — Profiter du tirage au sort, de l'appel des réservistes, des territoriaux, etc., pour expliquer aux enfants les prescriptions de la loi militaire. — L'instituteur ne doit jamais, dans sa classe, prononcer une parole, qui implique la violation de la neutralité religieuse ; il doit, en donnant l'instruction civique, montrer aux enfants quels sont leurs devoirs de Français, de citoyens, d'hommes, et laisser aux parents le soin de leur faire ou non donner l'instruction religieuse (ch. XXII).
— Insister sur l'obligation qui s'impose à tout citoyen, de payer l'impôt comme de défendre son pays ; faire comprendre aux enfants l'organisation fiscale en partant de ce qu'ils connaissent bien (*Pierre Laloi* : Mésaventure d'un fraudeur, les Élèves de M. Bonnier, le Certificat d'études, la Leçon du Percepteur, etc.). — Montrer que la morale nous commande plus que la loi à ce point de vue, (ch. XIX et XXV).

BIBLIOGRAPHIE.

Pierre Laloi, *Petites histoires pour apprendre la vie.*
Id. *La première année d'instruction civique.*
Ernest Lavisse, *Sully.*
Id. *Questions d'enseignement national.*
Émile Lavisse, *Tu seras soldat.*
Déroulède, *Chants et Nouveaux chants du soldat.*
Coignet, *Cahiers (du capitaine).*
Rambaud, *Histoire de la civilisation française.*

Raoul Frary, le *Péril national.*
Gal Ambert, *Récits militaires.*
Chuquet, *Chanzy.*
Id. la *Première invasion prussienne.*
Id. la *Campagne de l'Argonne.*
Paul Janet, *Histoire de la science politique.*
Id. la *Philosophie de la Révolution française.*
Fouillée, la *Propriété sociale et la démocratie.*
Franck, la *Philosophie du droit civil.*

Beaussire, la *Liberté dans l'ordre intellectuel et moral.*
Id. les *Principes du droit.*
Id. les *Principes de la morale.*
Compayré, *Histoire des doctrines sur l'éducation.*
Bain, la *Science de l'éducation.*
Taine, les *Origines de la France contemporaine, l'Ancien régime, la Révolution* etc.
Sybel, *Histoire de l'Europe pendant la révolution française.*
Barni, *Histoire des idées morales et politiques en France au* xviiie *siècle.*
Id. *La Morale dans la démocratie.*
Constitutions françaises (*Recueil des*).
Demonbynes, *Constitutions européennes.*

Bagehot, la *Constitution anglaise.*
Stuart Mill, le *Gouvernement représentatif* (trad°ⁿ *Dupont-White*).
Id. la *Liberté* (tradⁿ) *Dupont-White.*)
H. Spencer, *Principes de sociologie.*
Id. *Essais sur le progrès.*
Id. *Essais de politique.*
Id. *l'Individu contre l'État.*
Id. *De l'éducation physique, intellectuelle et morale.*
Revue Pédagogique, *depuis sa fondation.*
Delalain, *Recueil des lois et actes de l'Instruction publique depuis 1848.*
Buisson, *Dictionnaire pédagogique.*

CHAPITRE XXXV

L'ÉTAT : LE BUDGET

SOMMAIRE.

Le budget de l'État. — Le budget des recettes. — Le budget des dépenses.

Le budget de l'État. — Chaque année le Ministre des finances prépare un état des dépenses que doivent entraîner pour l'année suivante les services publics, un état des recettes au moyen desquelles on pourra faire ces dépenses; c'est ce qu'on appelle le *projet de budget*, qui doit être présenté dès le commencement de l'année, en janvier ou en février.

Ce projet est d'abord déposé à la Chambre des députés (ch. xxxi), qui nomme une commission de 33 membres, chargée de l'examiner article par article, de proposer des réductions, des augmentations, des changements. Elle se subdivise d'ordinaire en un certain nombre de sous-commissions, qui se partagent l'examen des dépenses prévues pour chaque ministère, elle nomme des rapporteurs *spéciaux* chargés de faire connaître à la Chambre son avis sur le budget de la guerre, de l'instruction publique, des affaires étrangères, etc., un *rapporteur général*, chargé d'exposer l'avis de la commission sur l'ensemble du budget. La Chambre passe alors à la discussion générale, puis à celle de chacun des articles des divers chapitres du budget, elle peut accepter les propositions du gouvernement, les modifications de la commission ou même y substituer des dispositions nouvelles. Quand la Chambre a voté le projet de budget, le gouvernement le porte au Sénat qui le renvoie à la commission de 18 membres nommée au début de la session (ch. xxxi). Le rapporteur général et les rapporteurs spéciaux font connaître au Sénat l'avis de la commission. La discussion en séance publique a lieu ensuite comme à la Chambre ; si le Sénat modifie par ses votes le projet, il faut qu'il retourne devant les députés. Quand les deux Chambres se sont mises d'accord, le projet devient loi de l'État et valable pour l'année suivante, c'est-à-dire pour l'*exercice* suivant.

Le budget est chaque année préparé par le ministre des finances, voté par les Chambres et promulgué par le Président de la République pour l'exercice suivant :

Le budget des recettes. — Les recettes sont votées en premier lieu.

La loi du 26 février 1887, qui porte fixation du budget des recettes pour l'exercice 1887, indique d'abord les droits, les produits, les revenus dont la perception est autorisée pour 1887, conformément aux lois existantes. Le dernier article rappelle que toutes contributions directes et indirectes autres que celles qui sont autorisées par les lois de finances de l'exercice 1887, à quelque titre ou sous quelque dénomination qu'elles se perçoivent, sont formellement interdites, à peine, contre les autorités qui les ordonneraient, contre les employés qui confectionneraient les rôles et tarifs et ceux qui en feraient le recouvrement, d'être poursuivis comme concussionnaires, sans préjudice de l'action en répétition pendant 3 années, contre tous receveurs, percepteurs ou individus qui auraient fait la perception. Elle évalue à 2,957,994,090 francs *les voies et moyens* ordinaires applicables aux dépenses ordinaires du budget; un tableau spécial, joint à la loi, donne l'indication des voies et moyens de l'exercice 1887, c'est-à-dire l'état approximatif des recettes sur lesquelles les Ministres croient pouvoir compter.

Les recettes comprennent le produit des contributions directes et indirectes, les ressources que l'État tire de ses domaines et des forêts.

La contribution foncière fournit près de 180 millions, la contribution personnelle et mobilière en donne 71, celle des portes et fenêtres 47, la contribution des patentes est évaluée, d'après les indications de l'exercice, à 5 millions environ, les petites contributions directes et les contributions spéciales de l'Algérie à 36 millions.

Les droits d'enregistrement sont évalués à 524 millions, ceux de timbre à 158, ceux de douanes à 330, les droits sur les boissons, les sels, les huiles, à 574, sur les sucres à 168, la vente des tabacs, à 374, celle des poudres à feu à 13, les droits de fabrication des allumettes à 17, l'impôt de 3 $^0/_0$ sur le revenu des valeurs mobilières à 46, le produit des postes et télégraphes à 137, celui du domaine à 20, celui des forêts de l'État à 26, etc., (*cf. le tableau p.* 595.)

Comment l'État arrive-t-il à faire les recettes qui sont ainsi portées au budget? — Le Conseil général répartit entre les arrondissements, le conseil d'arrondissement, entre les communes, les répartiteurs, entre les habitants d'une commune, le contingent des trois contributions directes (foncière, personnelle et mobilière, des portes et des fenêtres), qui a été attribué au département par le vote des Chambres. Les tableaux de répartition sont remis par le préfet au directeur des contributions directes, qui dresse les rôles et fixe pour chaque contribuable la part à payer. Le directeur a sous ses ordres un ou plusieurs inspecteurs, des contrôleurs chargés de surveiller l'administration des agents publics et des officiers comptables. Les rôles, dressés pour le 1er janvier, doivent être remis au préfet et au trésorier-payeur général; ce dernier a sous ses ordres des receveurs particuliers placés aux chefs-lieux d'arrondissement, des percepteurs qui résident dans les communes les plus importantes. Le percepteur envoie à chaque contribuable un avertissement sur lequel est indiquée la somme qu'il devra payer. Aux contributions directes, dont le produit revient tout entier à l'État, il joint celles qui sont exigées par le département et la commune (ch XXXVI et XXXVII).

Un tableau, placé au secrétariat de la mairie, indique à chaque contribuable la division du montant de chaque contribution entre l'État, le département, la commune ; la nature, la quotité et le produit des divers centimes additionnels au principal des contributions ; la destination des impositions départementales et communales, etc. Si le contribuable trouve trop élevée la somme qui lui est demandée, s'il est imposé pour une propriété ou pour une maison qu'il ne possède plus, porté pour la cote personnelle et mobilière dans une commune où il n'a pas d'habitation, si on lui impose une patente pour une profession qu'il a cessé d'exercer avant le 1er janvier, etc., il peut, dans un délai de 3 mois, qui court à partir du jour où le rôle a été publié, adresser au conseil de préfecture une demande de dégrèvement total ou de réduction partielle, en y joignant la quittance des termes échus, l'avertissement qu'il a reçu ou un extrait du rôle que le percepteur est tenu de lui délivrer sur papier libre. Si un propriétaire reste pendant longtemps sans locataires, si un cultivateur a sa récolte détruite par la grêle, si un vigneron a ses vignes ravagées par le phylloxera, ils peuvent adresser une demande en remise ou en diminution, qui est jugée par le préfet seul.

Le contribuable qui n'a aucune réclamation à faire paie chaque mois au percepteur un douzième de ce qu'il doit ; en cas de déménagement hors du ressort de la perception, de vente volontaire ou forcée, la contribution personnelle et mobilière, celle des patentes, sont immédiatement exigibles ; les propriétaires et principaux locataires seraient responsables s'ils ne se faisaient pas représenter les quittances de leurs locataires avant de les laisser déménager, ou s'ils ne prévenaient immédiatement le percepteur, quand il y a refus de montrer la quittance ou déménagement furtif. Le contribuable qui est en retard reçoit une *sommation* sans frais ; s'il ne paie pas dans les 10 jours, il reçoit une sommation *avec frais*, puis trois jours après, on lui signifie un *commandement ;* s'il refuse encore de payer, la *saisie* est prononcée, ses meubles sont mis en vente pour payer le principal des contributions et le montant des frais.

Les percepteurs vont verser les fonds qu'ils ont reçus à la caisse du receveur particulier : ce dernier transmet les fonds que lui ont remis les percepteurs de l'arrondissement au trésorier payeur général, qui les expédie à la caisse centrale du Trésor public à Paris, soit directement en espèces, soit par des traites sur Paris, soit par simple dépôt à une succursale de la Banque de France (ch. XXIII).

Les percepteurs, les receveurs particuliers, les trésoriers payeurs généraux versent, avant d'entrer en fonctions et comme garantie de leur gestion, un cautionnement qui est déposé à la Caisse des dépôts et consignations; en outre le receveur particulier est responsable des détournements que commettraient les percepteurs de son arrondissement, le trésorier payeur général l'est de ceux des receveurs particuliers ; des inspecteurs spéciaux vont, sans être attendus, vérifier les registres des uns et des autres; une direction générale de la comptabilité au Ministère des finances revise tous les comptes; enfin la Cour des comptes (ch. XXXII), qui comprend 1 premier président, 3 présidents, 90 référendaires, 1 procureur général, 25 auditeurs et un greffier en chef, est chargée d'examiner individuellement, après la clôture de chaque exercice, les comptes de tous les fonctionnaires de l'État, des départements et des communes qui ont manié les deniers publics; le comptable n'est libéré que quand la cour a jugé que ses comptes sont justes; dans le cas contraire, elle peut l'obliger à verser les sommes qui manquent ou aviser le Ministre des finances qui en réfère au Ministre de la justice, qu'il y a eu délit ou crime.

Il y a dans chaque département un *directeur des contributions indirectes* qui a sous ses ordres des inspecteurs, des sous-inspecteurs, des commis à cheval chargés de la surveillance, des receveurs principaux, des receveurs particuliers, sédentaires ou ambulants, des receveurs de navigation et des receveurs buralistes qui perçoivent les droits sur les boissons, sur le sel, sur les sucres, sur les cartes à jouer, les tabacs, les poudres. Il y a en outre, dans presque tous les chefs-lieux d'arrondissement, un *entreposeur* des tabacs, qui est souvent receveur principal, et reçoit en dépôt les tabacs qu'il livre aux débitants.

Les douanes forment, dans les départements frontières, un certain nombre de *directions* qui sont pour la plupart des directions mixtes des douanes et des contributions indirectes : le directeur a sous ses ordres des inspecteurs, sous-inspecteurs, receveurs principaux et autres employés ; des douaniers (30 000) organisés militairement, sont chargés du service actif.

Il y a dans tous les départements des *directeurs des postes*, dans bon nombre de communes, des *bureaux* à la tête desquels sont placés des *receveurs* et des *receveuses* qui vendent des timbres-postes, qui perçoivent les taxes sur les lettres et objets recommandés, sur les valeurs déclarées, etc. Souvent un bureau télégraphique, qui perçoit les taxes sur les dépêches, est joint au bureau de poste : un *inspecteur* dirige le service dans chaque département.

Chaque département a de même un *directeur de l'enregistrement et des domaines*, en dessous duquel sont placés, dans chaque arrondissement, un *vérificateur* de l'enregistrement et un *conservateur* des hypothèques, dans chaque canton un *receveur* de l'enregistrement. Les forêts de l'État ont une administration spéciale : les *conservateurs*, placés à la tête des arrondissements forestiers (32), ont sous leurs ordres des inspecteurs, résidant au chef-lieu de département, d'arrondissement ou de canton, des sous-inspecteurs, des gardes généraux.

Les contraventions et fraudes sont poursuivies en police correctionnelle, les jugements rendus peuvent être frappés d'appel ; dans le cas de contestation entre les particuliers et les diverses administrations qui sont chargées de la perception des contributions indirectes, c'est le tribunal civil de l'arrondissement qui, sans ministère d'avoué, sans plaidoirie, prononce sur les mémoires respectivement fournis par les deux parties. On ne peut appeler du jugement, on peut l'attaquer par la voie de la requête civile et de la cassation.

Toutes les recettes faites par les agents des contributions indirectes sont centralisées, comme le produit des contributions directes, dans la caisse des receveurs particuliers et des trésoriers payeurs généraux.

Les recettes comprennent : le produit des contributions directes et indirectes, les ressources que l'État tire de ses domaines et forêts. Les contributions directes sont perçues par les percepteurs qui remettent leurs fonds aux receveurs particuliers, d'où ils vont aux trésoriers payeurs généraux, puis à la Caisse centrale du Trésor public.

Les contributions indirectes sont perçues par les agents spéciaux des diverses administrations et centralisées par les receveurs particuliers et les trésoriers payeurs généraux.

Budget des dépenses. — Les dépenses de l'État s'appliquent à des objets divers.

La loi du 27 février 1887, qui porte fixation du budget des dépenses de l'exercice 1887, accorde aux divers ministères des crédits qui s'appliquent à la dette publique (1 286 millions), aux pouvoirs publics (13 millions), aux services généraux des ministères (1 306 millions), aux frais de régie, de perception et d'exploitation des impôts et revenus publics (331 millions), aux remboursements, restitutions, non-valeurs et primes (20 millions). Le tableau annexé à la loi montre que 740 millions sont consacrés à la dette consolidée, 337 environ à la dette remboursable à terme ou par annuités, 209 millions à la dette viagère ; les pouvoirs publics, Président de la République, Sénat et Chambre des députés, y figurent pour 13 millions, le Ministère des finances pour 210, celui de la justice pour 37, celui des affaires étrangères pour 44, l'Intérieur pour 62 environ, le gouvernement général de l'Algérie pour 7, les Cultes, pour 46, les Postes et Télégraphes pour 139, la Guerre pour 556, la Marine pour 189, les Colonies pour 41, l'Instruction publique pour 133, les Beaux-Arts pour 13, le Commerce et l'Industrie pour 20, l'Agriculture pour 40, les Travaux publics pour 121 (*Cf. tableau p.* 595).

Quand les revenus et les impôts ordinaires ne suffisent pas aux dépenses, quand l'État a été obligé après 1871 de payer 5 milliards à l'Allemagne, de reconstituer le matériel militaire, d'exécuter de grands travaux, il a contracté des *emprunts*. Il arrive aussi que les recettes sont moins élevées qu'on ne l'avait prévu, qu'il y a des dépenses extraordinaires qu'on ne peut solder avec les recettes de l'année : il faut encore faire appel à l'emprunt pour couvrir les déficits et subvenir aux besoins extraordinaires. Si l'État ne s'engage qu'à payer l'intérêt annuel ou *rente* des capitaux empruntés, et ne promet pas de les rembourser à une époque déterminée, les sommes empruntées constituent ce qu'on appelle la *dette consolidée*, qui comprend les rentes provenant des emprunts successifs.

Les rentes sur l'État sont inscrites au grand livre de la Dette publique; les inscriptions de rentes remises aux rentiers constituent des titres *nominatifs* quand elles portent le nom de celui à qui elles appartiennent, des *titres au porteur,* quand elles ne portent aucun nom. Pour toucher les arrérages des rentes nominatives, qui donnent à leur propriétaire toute sécurité contre les chances de perte ou de vol, il faut présenter les titres sur lesquels le payeur appose une estampille; pour toucher ceux des rentes au porteur, il suffit de présenter le *coupon* qu'on détache du titre à chaque échéance indiquée. On achète les titres de rentes, soit en souscrivant au moment des emprunts, soit par l'intermédiaire des agents de change, qui les négocient à la Bourse, des percepteurs, des receveurs particuliers, des trésoriers payeurs généraux; on en touche les intérêts au Ministère des finances, chez les percepteurs, les receveurs particuliers, les trésoriers payeurs généraux. Les banquiers, les changeurs, les bureaux auxiliaires des sociétés de crédit achètent ou vendent les titres de rentes, en touchent les intérêts moyennant une commission. La vente d'un titre au porteur se fait sans aucune formalité, celle d'un titre nominatif suppose le *transfert*, c'est-à-dire un acte spécial par lequel on en transmet la propriété à une autre personne.

L'État conserve le droit de rembourser le capital que le prêteur n'a pas le droit de lui réclamer : la *Caisse d'amortissement* (ch. xxxi), qui est en même temps la Caisse des dépôts et consignations, possède un fonds constitué par voie budgétaire et employé à racheter à la Bourse des titres dont elle touche les rentes, qu'elle consacre à de nouveaux rachats. L'État a encore un autre moyen de se libérer : supposons que le 5 0/0 soit émis à 82 fr. 50 et rapporte ainsi un intérêt de ($\frac{5 \times 100}{82,50} =$) 6 fr. 66 0/0; que le cours s'élève et qu'un acheteur soit obligé de donner 100 francs pour avoir un coupon de rente de 5 francs, la rente sera au pair et l'intérêt rapporté par le capital ne sera plus que de 5 0/0. Si le cours s'élève encore et arrive à 116 par exemple, l'acheteur ne reçoit plus de son argent qu'un intérêt de ($\frac{5 \times 100}{116} =$) 4 fr. 31 0/0. L'État, profitant de l'abondance des capitaux, peut, ce dont il se réserve toujours le droit en empruntant, faire une *conversion*. Il dit aux rentiers : vous ne recevrez plus par titre que 4 fr. 50 au lieu de 5 francs d'intérêt; si vous n'acceptez pas cette réduction, je vous rembourserai vos rentes *au pair*, comme cela a été implicitement convenu. Le rentier, qui a pris la rente à 82 fr. 50, qui touche encore un intérêt de ($\frac{4,5 \times 100}{82,50} =$) 5 fr. 45 0/0; celui qui l'a prise à 116 francs et qui perdrait 16 francs à être remboursé au pair, acceptent d'ordinaire la conversion. L'État paiera désormais 4 fr. 50 au lieu de 5; 4,500 au lieu de 5000; 450 millions au lieu de 500; la dette consolidée sera diminuée de plus d'un milliard, la rente annuelle, de 50 millions, par la conversion du 5 0/0 en 4 1/2. La dette consolidée de la France s'élève actuellement à 20 milliards environ de rente 4 1/2, 4 et 3 0/0 dont l'intérêt à payer annuellement est de 740 millions.

La dette publique comprend en second lieu la dette remboursable à terme ou par annuités, la dette *flottante*.

Sous ce nom on comprend les sommes qui ont été remises à l'État, mais dont on peut lui demander le remboursement, les dépôts faits aux Caisses d'épargne, les cautionnements que fournissent les fonctionnaires, les officiers ministériels ou comptables qui ont le maniement de sommes plus ou moins importantes; on y comprend encore les intérêts des obligations émises pour les garanties d'intérêt aux compagnies de chemins de fer, les annuités à ces mêmes compagnies, les intérêts et amortissements des obligations à court terme, des bons du Trésor que le Ministre des finances peut souscrire dans les limites fixées chaque année par le budget. Ces bons sont des titres, remis aux prêteurs, qui leur assurent le paiement de l'intérêt au taux fixé le jour du versement, et le remboursement à une échéance déterminée. C'est ainsi que la loi du 26 février, portant fixation du budget des dépenses sur ressources extraordinaires pour l'exercice 1887, a autorisé le Ministre des finances à pourvoir à ces dépenses (171 millions) au moyen de l'émission, au mieux des intérêts du Trésor, d'obligations à court terme dont l'échéance ne pourra dépasser 1893.

En troisième lieu vient la dette *viagère*, formée de sommes à payer tant que vivent les individus considérés comme les créanciers de l'Etat.

Elle comprend les pensions civiles et militaires qui y entrent pour 175 millions; les traitements viagers des membres de l'ordre de la Légion d'honneur et des médaillés militaires (10 millions); des secours, pensions et indemnités aux pensionnaires ou employés des listes civiles de Louis XVIII, de Charles X, de Louis-Philippe (78,000 francs), aux victimes du coup d'État du 2 décembre 1851, (7 millions 1/2), aux réformés de la magistrature (plus d'un million), des pensions à titre de récompense nationale (167,000 francs).

Les dépenses ordinaires pour l'exercice 1887 s'élevaient à la somme de 2.957.388.964 francs, les recettes étant évaluées à 2.957.994.090 francs le budget se soldait par un *excédent* de 605.126 francs, mais on avait voté un budget des dépenses sur ressources *extraordinaires* s'élevant à 171 millions; il y avait par ce fait un *déficit* de plus de 170 millions; les Chambres l'ont comblé en autorisant le Ministre des finances à émettre pour cette somme des obligations à court terme. En 1882, les Chambres avaient autorisé le Ministre à émettre un emprunt, pour faire face au budget des dépenses sur ressources extraordinaires, qui s'élevait à 464 millions.

Il se produit encore un déficit si des dépenses imprévues, secours pour inondations, incendies, etc., deviennent nécessaires pendant le cours de l'exercice, si les recettes sont, pour les douanes, les boissons, les postes, etc., inférieures à celles qui avaient été prévues. Il y a lieu en ce cas de faire des lois spéciales, un *budget rectificatif*, d'autoriser un emprunt ou une émission d'obligations à court terme. Quand l'exercice de 1887 est clos, le 31 août 1888, les comptes sont apurés, contrôlés par la Cour des comptes; le compte *général* et le compte *définitif* sont publiés par le Ministre des finances et les Chambres votent une loi portant *règlement définitif*.

Les dépenses autorisées par la loi budgétaire sont ordonnancées par chacun des fonctionnaires, qui, dans les divers services publics, en sont spécialement chargés. Le Caissier central expédie les fonds aux trésoriers-payeurs généraux qui les remettent aux intéressés ou les transmettent aux receveurs particuliers et aux percepteurs chargés d'en faire le versement. Il arrive souvent d'ailleurs que le Caissier central ordonne aux trésoriers d'utiliser pour les dépenses les sommes qu'ils ont reçues des receveurs particuliers; que le trésorier ordonne aux receveurs de disposer des fonds qu'ils ont reçus des percepteurs ou des receveurs de contributions indirectes. La Cour des comptes vérifie les dépenses comme les recettes publiques, examine les comptes de tous les agents qui sont chargés de les faire.

Les dépenses ordinaires s'appliquent à la dette publique, aux pouvoirs publics, Président de la République, Sénat, Chambre des députés, et aux différents services ministériels.

La dette publique comprend la dette consolidée, que l'État diminue par des amortissements et des conversions, la dette remboursable à terme ou par annuités, la dette viagère.

Les dépenses sur ressources extraordinaires sont payées par des emprunts ou par des émissions d'obligations à court terme. Une loi règle définitivement les comptes de chaque exercice, apurés et contrôlés par la Cour des comptes.

Le Caissier central, les trésoriers payeurs généraux, les receveurs particuliers, les percepteurs soldent les dépenses de l'État comme ils sont chargés de faire ses recettes.

BUDGET DE 1887

Recettes

1° *Contributions directes* :

Contribution foncière (propriétés bâties et non bâties)................	179.970.000	
Contribution personnelle et mobilière.....	71.136.000	
— des portes et fenêtres.........	47.136.000	
— des patentes............	104.905.600	
Taxes assimilées aux contributions directes, contributions et taxes spéciales en Algérie.	36.511.990	
Taxe de 1er avertissement..........	616.500	
TOTAL DES CONTRIBUTIONS DIRECTES.....		440.270.690

2° *Contributions indirectes* :

Droits d'enregistrement............	524.196.500	
— de timbre...............	158.598.000	
Produits du domaine de l'État.........	20.777.313	
— des forêts de l'État..........	26.783.562	
Droits de douane...............	329.716.300	
Droits sur les boissons, les sels, les huiles, les bougies, de 2/10 sur le prix des places et des transports, etc................	574.360.300	
Droits sur les sucres indigènes, coloniaux, étrangers..................	168.306.300	
Droits de la vente des tabacs.........	374.420.200	
— de la vente des poudres à feu......	13.862.000	
— de fabrication des allumettes.......	17.042.000	
— sur objets divers.............	1.556.900	
Postes et télégraphes.............	137.214.100	
Impôt de 3 % sur le revenu des valeurs mobilières...................	46.116.000	
Produits divers................	28.581.854	
Ressources exceptionnelles...........	1.082.465	
Recettes d'ordre................	57.199.976	
TOTAL.................		2.517.723.400
TOTAL GÉNÉRAL DES RECETTES ORDINAIRES..		2.957.994.090

DÉPENSES

Budget ordinaire

1° *Dette publique* :

Dette consolidée (rentes 4 1/2 % nouveau et ancien fonds, 4 %, 3 %)...........	740.093.038

Report	740.093.038	
Dette remboursable à terme ou par annuités (rentes 3 %₀ amortissables par annnités, intérêts et amortissement des obligations émises pour l'achèvement des chemins vicinaux et le construction des établissements scolaires, annuités aux compagnies de chemins de fer, intérêts de la dette flottante du trésor, intérêts de capitaux de cautionnements, etc.)	336.889.550	
Dette viagère (pensions civiles, pensions militaires de la guerre et de la marine, pensions à titre de récompense nationale, traitements viagers des membres de l'ordre de la Légion d'honneur et des médaillés militaires, indemnités viagères aux victimes du coup d'État du 2 décembre 1851, pensions et indemnités de réforme de la magistrature, etc.)	209.389.726	
TOTAL DE LA DETTE PUBLIQUE		1.286.372.314

2° *Pouvoirs et services publics* :

Président de la République (dotation, frais de maison, de voyage, de déplacement, de représentation)	1.200.000	
Sénat	4.600.000	
Chambre des députés	7.428.860	
TOTAL		13.228.860
Ministère des finances (services généraux, frais de régie, de perception et d'exploitation des impôts et revenus publics, remboursements et restitutions, non-valeurs et primes)	210.519.063	
Ministère de la justice (administration centrale, Conseil d'État, Cour de cassation, Cours d'appel, Cours d'assises, tribunaux de 1ʳᵉ instance, justices de paix, frais de justice criminelle, etc.)	37.304.001	
Ministère des affaires étrangères (administration centrale, traitement des agents diplomatiques et consulaires, frais de service des résidences, des voyages et des courriers, secours, dépenses secrètes, service des protectorats, frais de régie, de perception et d'exploitation, etc)	44.299.900	
Ministère de l'intérieur et des cultes :		
(*a*) Intérieur (administration centrale, fonctionnaires administratifs des départements, bureaux des préfectures et sous-préfectures, inspections générales, journaux officiels, commissaires de police, dépenses secrètes de sûreté publique, personnel du service péni-		
A reporter	292.131.964	

Report	292.132.964
tentiaire, entretien des détenus, subventions aux départements, aux hospices, aux institutions des sourds muets, des jeunes aveugles, dépenses du service des enfants assistés, subvention pour le rachat des ponts à péage, remboursements et restitutions, etc.)	61.916.493
(*b*) Gouvernement général de l'Algérie	7.495.815
(*c*) Cultes (traitement des archevêques, évêques, curés, allocations aux vicaires généraux, aux chanoines, aux desservants et vicaires, entretien des édifices diocésains, construction, achèvement et restauration de cathédrales, secours pour les églises et presbytères, personnel des cultes protestants, israélite, musulman, etc.)	45.645.563
Ministère des postes et télégraphes (administration centrale, frais de régie, de perception et d'exploitation, remboursements et restitutions, etc.)	138.702.168
Ministère de la guerre (administration centrale, états-majors, Écoles militaires, corps de troupes, gendarmerie, vivres, fourrages, service de santé, habillements et campements, remonte générale, établissements de l'artillerie, du génie, secours et dépenses secrètes, etc.)	555.934.529
Ministère de la marine et des colonies :	
(*a*) Service marine (administration centrale, officiers, troupes et équipages, personnel administratif, constructions navales, service des ports, ateliers, chantiers et magasins, dépenses secrètes, etc.)	188.577.814
(*b*) Service colonial (administration centrale, personnel des services civils et militaires, de la justice, des cultes, missions coloniales, matériel, service pénitentiaire, relégation, chemins de fer, etc.)	41.124.049
Ministère de l'instruction publique et des Beaux-Arts :	
(*a*) Instruction publique (administration centrale, Conseil supérieur et inspecteurs généraux, administration académique, facultés, Collège de France, écoles d'Athènes et de Rome, Muséum, Institut, bibliothèques, lycées, collèges, enseignement primaire, subventions aux communes, aux départements, etc.)	132.617.430
(*b*) Beaux-Arts (administration centrale, inspecteurs, académie de France à Rome, école des	
A reporter	1.479.146.825

Report	1.474.146.825	
Beaux-Arts, des Arts décoratifs, manufactures de Sèvres, des Gobelins, musées, souscriptions aux ouvrages d'art et publications, expositions, monuments historiques, bâtiments civils, palais nationaux, institut agronomique, etc.) .	12.686.005	
Ministère du Commerce et de l'Industrie (administration centrale, conservatoire des arts et métiers, écoles des arts et métiers, enseignement commercial et industriel, inspection du travail des enfants dans les manufactures, établissements thermaux, subvention à la marine marchande, encouragement aux pêches maritimes, service sanitaire et comité consultatif d'hygiène publique de France, etc.) .	20.230.028	
Ministère de l'agriculture (administration centrale, écoles vétérinaires, enseignement agricole, champs de démonstration, phylloxera, mildew et autres parasites, haras, encouragements à l'industrie chevaline, personnel du service des forêts, de l'enseignement forestier, remboursements, etc.)	39.578.673	
Ministère des travaux publics (administration centrale, ponts et chaussées, mines, inspection des chemins de fer, routes et ponts, navigation intérieure, ports maritimes, phares, fanaux et balises, annuités aux compagnies de chemins de fer, travaux de défense contre les inondations, etc.)	121.156.259	
TOTAL DES POUVOIRS ET SERVICES PUBLICS.		1.577.797.290
TOTAL DES DÉPENSES DU BUDGET ORDINAIRE.		2.957.388.964

Budget des dépenses sur ressources extraordinaires.

Ministère de la guerre (fabrication du nouvel armement, construction de casernements et travaux de fortification.)	86.000.000	
Ministère de la marine et des colonies (constructions navales et travaux hydrauliques extraordinaires.)	30.705.000	
Ministère des travaux publics (personnel attaché au service des travaux extraordinaires, amélioration des rivières, des ports en Algérie, etc.)	54.704.400	
TOTAL DES DÉPENSES EXTRAORDINAIRES. . .		171.409.400

RÉSUMÉ

Que savez-vous du budget de l'État ? — Le budget est chaque année préparé par le Ministre des finances, voté par les Chambres et promulgué par le Président de la République pour l'exercice suivant.

Que savez-vous des recettes de l'État ? — Les recettes comprennent : le produit des contributions directes et indirectes, les ressources que l'État tire de ses domaines et forêts. Les contributions directes sont perçues par les percepteurs qui remettent leurs fonds aux receveurs particuliers, d'où ils vont aux trésoriers payeurs généraux, puis à la Caisse centrale du Trésor public.

Les contributions indirectes sont perçues par les agents spéciaux des diverses administrations et centralisées par les receveurs particuliers et les trésoriers payeurs généraux.

Que savez-vous des dépenses de l'État ? — Les dépenses ordinaires s'appliquent à la dette publique, aux pouvoirs publics, Président de la République, Sénat, Chambre des Députés et aux différents services ministériels.

La dette publique comprend la dette consolidée que l'État diminue par des amortissements et des conversions, la dette remboursable à terme ou par annuités, la dette viagère.

Les dépenses sur ressources extraordinaires sont payées par des emprunts ou par des émissions d'obligations à court terme. Une loi règle définitivement les comptes de chaque exercice, apurés et contrôlés par la Cour des comptes.

Le Caissier central, les trésoriers payeurs généraux, les receveurs particuliers, les percepteurs soldent les dépenses de l'État, comme ils sont chargés de faire ses recettes.

DEVOIRS A TRAITER.

I. Le budget de l'État.
II. Les recettes de l'État.
III. Les dépenses de l'État.

QUESTIONS A ÉTUDIER.

I. Les recettes provenant des contributions directes.
II. Les recettes provenant des contributions indirectes.
III. Les fonctions des percepteurs.
IV. Les fonctions des receveurs particuliers.

L'ÉTAT : LE BUDGET.

V. Les fonctions des trésoriers payeurs généraux.
VI. La dette consolidée.
VII. La dette flottante.
VIII. La dette viagère.
IX. Les dépenses des divers Ministères.
X. Le budget extraordinaire.
XI. Le budget rectificatif.
XII. Les Bons du Trésor.
XIII. Le budget en France depuis 1791.
XIV. Le budget en Angleterre, en Allemagne, en Belgique, en Suisse, aux États-Unis.
XV. Les devoirs, au point de vue légal et moral, de ceux qui sont chargés de préparer et de voter le budget, de ceux qui sont chargés de faire les recettes et de payer les dépenses.
XVI. Les devoirs des électeurs chargés de nommer, directement ou indirectement, tous ceux qui interviennent dans la gestion financière du pays.

QUESTIONS POSÉES.

I. Qu'est-ce que le budget ? (Brev. élém. et sup., Ens. second. des jeunes filles.)

II. Quel est le ministre qui prépare chaque année la loi de finances ? Que fait-il de son projet de loi ? Par qui est-il discuté et voté ? (Brev. sup., et élém. Bac. ens. spécial., Ens. second. des jeunes filles.)

III. Quelles sont, outre les contributions, les ressources de l'État ? A-t-il des domaines ? (Brev. sup. et élém., ens. second. des jeunes filles.)

IV. Quelles sont au budget annuel les dépenses qui absorbent la plus grande partie des recettes ? Qu'est-ce que la dette ? (Brev. sup. et élém., Ens. second. des jeunes filles.)

Conseils pédagogiques. — Rappeler ce qu'enseignent la morale et l'économie politique (ch. XIX et XXIV) à propos du budget. — Partir de la commune ; expliquer aux enfants comment s'en constitue et s'en balance le budget (XXXVII) ; faire la même chose à propos du département (ch. XXXVI) ; puis prendre le n° du journal officiel, dans lequel se trouve publiée la loi de finances, montrer aux enfants comment les dépenses se répartissent entre le service de la dette, les pouvoirs publics et les ministères. Se servir d'exemples concrets, citer les dépenses, correspondant à ces trois catégories, que l'État fait dans presque toutes les communes pour payer les rentiers, les militaires retraités, les percepteurs et receveurs, les gendarmes, les curés, les receveurs des postes, les instituteurs, etc. — Expliquer comment ces dépenses sont contrôlées et surveillées (ch. XXXI) ; faire lire un certain nombre de récits, (*Pierre Laloi* : La leçon du percepteur.) — Procéder de même pour les recettes. — Faire comprendre aux enfants que les dépenses utiles ont pour résultat la prospérité, la sécurité du pays, qu'elles permettent à l'individu, obligé de céder par l'impôt une partie de son revenu, de développer son commerce ou son industrie, (chemins de fer, canaux, etc., ou de jouir avec plus de sécurité du reste (prisons et établissements pénitentiaires, armée de terre et de mer, écoles, etc.) — Montrer combien il importe aux électeurs, même au point de vue de leurs intérêts matériels, de choisir avec soin les députés, les sénateurs qui pourront voter des dépenses nouvelles, qui nommeront, directement ou indirectement, tous ceux qui seront chargés de faire les recettes et les dépenses.

BIBLIOGRAPHIE.

Pierre Laloi, *Petites histoires pour apprendre la vie.*
Pierre Laloi, la *première année d'instruction civique.*
Ernest Lavisse, *Sully.*
Léon Say, *Turgot.*
Paul Janet, *Histoire de la science politique.*
Fouillée, la *Propriété sociale et la démocratie.*
Beaussire, la *Liberté dans l'ordre intellectuel et moral.*
Beaussire, les *Principes du droit.*
J.-B. Say, *Traité d'économie politique.*
Joseph Garnier, *Traité d'économie politique.*
Taine, Les *Origines de la France contemporaine (l'ancien régime, la Révolution, etc.).*
Barni, la *Morale dans la démocratie.*
Constitutions françaises (*Recueil des*).
Demonbynes, *Constitutions européennes.*
Bagehot, la *Constitution anglaise.*
Stuart Mill, le *Gouvernement représentatif* (trad^{on} Dupont-White).
Stuart Mill, la *Liberté* (trad^{on} Dupont-White).
H. Spencer, *Principes de sociologie.*
Id. *Essais sur le progrès.*
Id. *Essais de politique.*
Id. *l'Individu contre l'État.*
Bastiat, *Œuvres.*
Maurice Block, *Dictionnaire d'Économie politique.*
Maurice Block, *Dictionnaire de l'adm^{on} fr^{se}.*

CHAPITRE XXXVI

LE DÉPARTEMENT, L'ARRONDISSEMENT, LE CANTON.

SOMMAIRE.

Le département. — Le conseil général et la commission départementale. — Le préfet. — Le conseil de préfecture. — Le budget du département. — L'arrondissement, le conseil d'arrondissement et le sous-préfet.

Le département. — La France a été divisée par la Constitution de 1791 en départements, aujourd'hui au nombre de 86, non compris le territoire de Belfort. Une loi du 24 janvier 1805 a donné aux départements le droit de voter des centimes facultatifs pour la réparation et l'entretien des bâtiments, la construction de canaux, de routes, de chemins et d'établissements publics ; en 1811, l'État leur a abandonné l'entretien de certaines routes et de certains édifices. En 1800,

LE DÉPARTEMENT, L'ARRONDISSEMENT, LE CANTON.

(*loi du 17 février*), on a établi dans chaque département un préfet, un conseil de préfecture, un conseil général; en 1833 (*loi du 22 juin*), on a rendu électif le conseil général, en 1871, (*loi du 10 août*), les attributions des conseils généraux ont été considérablement étendues.

Si l'on considère les divers services ministériels qui président au gouvernement de la France, on s'aperçoit que chacun d'eux est représenté dans le département. De l'Instruction publique relèvent l'inspecteur d'académie, les inspecteurs et instituteurs primaires, le conseil départemental, les professeurs des collèges et lycées, quelquefois un recteur et des facultés, un conseil académique et un Conseil général des facultés. Du Ministère de la justice relèvent la Cour d'assises, les Tribunaux de première instance, les Justices de paix, les Conseils de prud'hommes, les Tribunaux de commerce, quelquefois une Cour d'appel; des Cultes, les curés, desservants et vicaires, un évêque ou archevêque, les pasteurs et les rabbins. Au Ministère de l'agriculture se rattachent les chambres consultatives, les comices agricoles, les concours d'animaux de boucherie, les courses de chevaux, les fermes-écoles, quelquefois des concours régionaux; à l'Industrie et au Commerce, les chambres consultatives des arts et manufactures, les chambres de commerce. Chaque département forme une subdivision militaire et a dans ses garnisons de l'infanterie, de la cavalerie, etc., dans chaque chef-lieu de canton, une brigade de gendarmerie. Le Ministère des finances est représenté par les directeurs, inspecteurs, contrôleurs des contributions directes, par les directeurs de l'enregistrement et des domaines, les vérificateurs de l'enregistrement, les conservateurs des hypothèques et les receveurs de l'enregistrement, par les directeurs, inspecteurs, sous-inspecteurs, receveurs principaux des douanes, par les douaniers, par les directeurs, inspecteurs, sous-inspecteurs, receveurs des contributions indirectes, par les entreposeurs des tabacs, les percepteurs, les receveurs particuliers, les trésoriers-payeurs généraux. Les Postes et les Télégraphes ont, dans chaque département, un directeur, un inspecteur, des receveurs ou receveuses; les Travaux publics, des ingénieurs en chef, des ingénieurs et des conducteurs des ponts et chaussées, des agents-voyers. Enfin il y a dans certains départements des préfets maritimes, des commissaires de la marine; des ingénieurs en chef, des ingénieurs et des gardes-mines; des conservateurs, inspecteurs et sous-inspecteurs, gardes généraux des forêts, etc.

Mais le préfet, qui est l'agent direct du Ministère de l'intérieur, est le véritable chef du pouvoir exécutif dans le département, il y représente le gouvernement tout entier et se trouve en relations avec tous les Ministres.

Un département est une personne morale (ch. XXXIII), *ayant des propriétés, des ressources, des revenus, une initiative propre. Il a un conseil général élu, un conseil de préfecture, des agents de presque tous les départements ministériels; le préfet, agent direct du ministre de l'intérieur, y est le véritable chef du pouvoir exécutif.*

Le conseil général et la commission départementale. — Tous les électeurs municipaux prennent part à la nomination des conseillers généraux; tous les électeurs âgés de 25 ans, domiciliés dans le département ou incrits au rôle des contributions directes, ou devant y être inscrits au 1er janvier, ou ayant hérité depuis cette époque d'une propriété foncière dans le département, qui ne sont pas pourvus d'un conseil judiciaire, qui ne sont pas dans un des cas d'incapacité établis par la loi du 10 août 1871, sont éligibles au Conseil général.

Toutefois les conseillers non domiciliés dans le département ne peuvent former plus du quart du nombre total des membres du conseil. Quant aux incompatibilités, les préfets, sous-préfets, secrétaires généraux, conseillers de préfecture, les commissaires et agents de police ne peuvent être élus dans aucun département; les membres du parquet des Cours d'appel, dans le ressort de la Cour, les présidents, juges titulaires et membres du parquet des tribunaux de première instance, dans l'arrondissement du tribunal, les juges de paix dans leurs cantons, les généraux, dans l'étendue de leurs commandements, les préfets maritimes, majors généraux de la marine et commissaires de l'inscription maritime, dans les départements où ils résident; les recteurs dans leur académie; les ingénieurs des mines, les ministres des différents cultes, les conservateurs, inspecteurs et autres agents des eaux et forêts, les vérificateurs des poids et mesures, dans les cantons de leur ressort; les ingénieurs en chef de département et les ingénieurs ordinaires d'arrondissement, les inspecteurs d'académie et les inspecteurs primaires, les agents et comptables, employés à l'assiette, à la perception et au recouvrement des contributions directes ou indirectes, au paiement des dépenses publiques, les directeurs et inspecteurs des postes, des télégraphes et des manufactures de tabacs, l'architecte départemental, les agents voyers, les employés des bureaux de la préfecture ou d'une sous-préfecture, les entrepreneurs des services des départements, tous les agents salariés ou subventionnés sur les fonds départementaux, ne peuvent être élus dans le département.

Il y a autant de conseillers généraux qu'il y a de cantons dans le département (*17 à 62*).

La convocation des électeurs est faite par le pouvoir exécutif, quinze jours au moins avant l'élection, qui a lieu un dimanche, de 7 heures du matin à 6 heures du soir. Il faut, pour être élu, obtenir au premier tour la majorité absolue des suffrages exprimés, le quart des électeurs inscrits ; au second, la majorité relative. Les recours contre les élections sont portés devant le Conseil d'Etat par les électeurs du canton, les candidats, les conseillers généraux ou le préfet. Les élections partielles ont lieu dans les trois mois, à moins qu'il ne s'agisse d'un siège faisant partie de la série qui doit être renouvelée avant la session ordinaire. Les conseillers sont nommés pour six ans, renouvelables par moitié tous les trois ans et indéfiniment rééligibles.

Les Conseils généraux ont 2 sessions ordinaires : l'une qui s'ouvre de plein droit, le 2ᵉ lundi d'après Pâques et ne dure que 15 jours ; l'autre, qui s'ouvre le 1ᵉʳ lundi après le 15 août, peut durer 1 mois et est consacrée au budget et aux comptes départementaux. A l'ouverture de cette dernière session, les conseillers, présidés par le doyen d'âge, assisté du membre le plus jeune comme secrétaire, nomment au scrutin secret, pour un an, leur président, un ou plusieurs vice-présidents et des secrétaires. Le président a seul la police de l'assemblée. Des sessions extraordinaires, qui ne durent pas plus de 8 jours, peuvent avoir lieu par décret du chef du pouvoir exécutif ou sur la demande écrite des 2/3 des membres. Le conseiller qui se trouve, après son élection, dans un cas d'incapacité, celui qui manque à une session ordinaire sans une excuse légitime admise par le Conseil, sont déclarés démissionnaires par le conseil général ; celui qui, sans excuse, refuse de remplir une des fonctions que lui impose la loi, est déclaré démissionnaire par le Conseil d'État et ne peut être réélu avant un an. Les séances sont publiques : le Conseil peut, sur la demande de 5 membres, du président ou du Préfet, se former en comité secret. Le préfet est entendu quand il le demande, assiste aux délibérations, excepté quand il s'agit de l'apurement de ses comptes. Il faut, pour que le Conseil puisse délibérer, qu'il y ait la moitié plus un des membres : il vote au scrutin public quand 6 membres le demandent, il vote au scrutin secret sur les nominations et les validations d'élections. Un décret, rendu dans la forme des règlements d'administration publique, (ch. xxxii) *annule* les actes et les délibérations des Conseils qui portent sur des objets non légalement compris dans leurs attributions. Un décret motivé peut prononcer la *dissolution* d'un Conseil général ; il doit en même temps convoquer les électeurs pour le 4° dimanche qui suit.

Le Conseil général *statue définitivement* sur l'acquisition, l'aliénation, l'échange des propriétés départementales, à l'exception des hôtels de préfecture et de sous-préfecture, des locaux affectés aux Cours d'assises, aux tribunaux, aux Écoles normales, au casernement de la gendarmerie et aux prisons ; sur le mode de gestion de ces propriétés, sur le classement et le déclassement, la direction des routes départementales, des chemins vicinaux de grande communication et d'intérêt commun, sur la direction des chemins de fer d'intérêt local, sur les établissements d'aliénés, sur le service des enfants assistés, sur les délibérations des Conseils municipaux qui ont pour but l'établissement, la suppression, les changements de foires et de marchés, la prorogation des taxes additionnelles d'octroi, l'augmentation des taxes principales au delà d'un décime, sur les changements à la circonscription des communes d'un même canton et à la désignation de leurs chefs-lieux lorsqu'il y a accord entre les Conseils municipaux, etc. Dans ces cas, les délibérations sont exécutoires, si le préfet n'en demande pas, dans le délai de vingt jours, à partir de la clôture de la session, l'annulation pour excès de pouvoir, pour violation de la loi ou d'un règlement d'administration publique, si deux mois après que ce recours a été notifié au président du Conseil général l'annulation n'est pas prononcée par un décret rendu en forme des règlements d'administration publique.

Le Conseil *délibère* sur l'acquisition, l'aliénation, l'échange, le changement de destination des propriétés départementales à propos desquelles il ne statue pas définitivement, sur la part à imposer au département dans les travaux qui l'intéressent et sont exécutés par l'État, sur tous les objets d'intérêt départemental dont il est saisi par le préfet ou par ses membres, etc. Dans ces cas, les délibérations sont exécutoires, si l'exécution n'en est suspendue dans le délai de trois mois par un décret motivé, pour lequel il n'est pas nécessaire de recourir au Conseil d'État.

Il *donne son avis* sur les changements proposés aux limites des départements, des arrondissements, des cantons, des communes, sur les délibérations des Conseils municipaux relatives à l'aménagement, au mode d'exploitation et au défrichement des bois communaux, sur les objets pour lesquels les lois et les règlements le demandent ou pour lesquels il est consulté par les Ministres. Il adresse, par l'intermédiaire de son président, des réclamations aux Ministres dans l'intérêt spécial du département, leur fait connaître son opinion sur l'état et les besoins des différents services publics en ce qui concerne le département; il émet des *vœux* sur toutes les questions économiques et d'administration générale, mais les vœux politiques lui sont interdits. L'administration n'est pas obligée par les avis et les vœux du Conseil.

Le Conseil a des attributions *politiques* : chacun de ses membres est électeur pour les élections sénatoriales (ch xxxi). Si les Chambres étaient illégalement dissoutes ou empêchées de se réunir, les Conseils s'assembleraient immédiatement au chef-lieu de leur département ou partout où ils croiraient trouver plus de garanties pour la liberté de leurs délibérations : chacun d'eux nommerait 2 délégués qui se réuniraient aux délégués des autres Conseils généraux, aux députés et aux membres du gouvernement légal qui auraient pu se soustraire à la violence. L'assemblée, légalement constituée quand la moitié des départements y serait représentée, serait chargée de prendre les mesures urgentes pour maintenir l'ordre, pour rendre aux Chambres la plénitude de leur indépendance et de leurs droits, de décréter un appel à la nation si la reconstitution des Chambres ne peut se faire dans le mois : ses pouvoirs cessent quand les anciennes Chambres se sont reconstituées ou quand les nouvelles se sont constituées; tous les fonctionnaires, agents de l'autorité et commandants de la force publique doivent, sous peine de forfaiture (page 333) exécuter les décisions de l'assemblée des délégués (*loi du 15 février 1872*).

Le Conseil répartit en août les contributions directes entre les arrondissements et statue sur les demandes en réduction de contingent; il arrête en août le maximum du nombre des centimes que les conseils municipaux peuvent voter pour des dépenses extraordinaires d'utilité communale; il vote les centimes additionnels légaux et les centimes extraordinaires, dans les limites fixées par la loi de finances, les emprunts remboursables dans un délai maximum de quinze ans; il opère la reconnaissance, détermine la largeur, prescrit l'ouverture et le redressement des chemins vicinaux de grande communication et d'intérêt commun, revise toutes les sections électorales dans les communes du département, nomme et révoque les titulaires des bourses entretenues sur les fonds départementaux, détermine les conditions d'admission, les règles du concours pour les candidats aux fonctions rétribuées exclusivement sur les fonds du département. Il dresse un tableau collectif des propositions, classées par ordre d'urgence, d'après lequel le ministre compétent répartit annuellement les secours pour travaux concernant les églises et presbytères, les secours généraux à des établissements et institutions de bienfaisance, les subventions aux communes pour acquisition, construction, réparation d'écoles ou de salles d'asile, les subventions aux comices et associations agricoles. Plusieurs conseils peuvent s'entendre sur les objets d'utilité départementale qui intéressent leurs départements respectifs, entreprendre ou conserver à frais communs des ouvrages et des institutions d'utilité commune, à condition d'en avertir les préfets, qui pourront toujours assister aux conférences où chaque Conseil sera représenté.

Il délibère sur le budget qui est préparé par le Préfet, il débat les comptes d'administration et adresse directement, par son président, ses observations au Ministre de l'intérieur.

Les conseillers généraux ont des *attributions personnelles*, non seulement ils sont électeurs sénatoriaux, mais encore ils remplacent les conseillers de préfecture, siègent au conseil de revision, peuvent être nommés par le préfet membres des commissions chargées d'examiner les comptes des établissements charitables des arrondissements, appelés à faire partie des commissions d'enquête en matière d'expropriation, des commissions d'arrondissement pour autoriser la culture du tabac; ils font de droit partie de la commission qui, dans leur arrondissement, dresse la liste annuelle du jury (ch. xxxii). Trois conseillers entrent dans la commission qui revise chaque année la liste des électeurs appelés à nommer les membres des tribunaux de commerce. Un certain nombre de membres, 4 au moins et 7 au plus, constituent la *Commission départementale.*

La Commission départementale est chargée de représenter le Conseil dans l'intervalle des sessions, de contrôler les actes du préfet et d'intervenir dans l'administration.

Elle est nommée chaque année à la fin de la session d'août, elle comprend 4 membres au moins et 7 membres au plus, qui ne peuvent être ni le maire du chef-lieu ni les députés ou les sénateurs du département, qui ne reçoivent aucune indemnité et sont indéfiniment rééligibles. Le plus âgé d'entre eux préside la commission qui élit un secrétaire; elle se réunit au moins une fois par mois à la Préfecture, ne peut délibérer si la majorité de ses membres n'est pas présente, entend le préfet ou son représentant quand il le demande, a le droit de réclamer sur les affaires dont elle a à s'occuper tous les renseignements qui lui sont nécessaires, aux chefs de service des administrations publiques du département.

Elle règle les affaires que lui renvoie le Conseil général, elle délibère sur les questions que lui défère le Préfet et lui donne en outre son avis sur toutes celles qu'elle croit liées à l'intérêt du département.

Le préfet lui adresse, au commencement de chaque mois, l'état détaillé des ordonnances de délégation qu'il a reçues, des mandats de paiement qu'il a délivrés le mois précédent sur le budget départemental. La commission, quand le Conseil n'a pas prononcé, répartit les subventions diverses du budget départemental, détermine l'ordre dans lequel doivent être faits les travaux à la charge du département, fixe l'époque, le mode d'adjudication ou de réalisation des emprunts départementaux, l'époque de l'adjudication des travaux d'utilité départementale, elle vérifie l'état des archives, du mobilier du département, elle exerce les pouvoirs confiés autrefois au préfet en prononçant, sur l'avis des conseils municipaux, la déclaration de vicinalité, le classement, l'ouverture, le redressement, la largeur et la limite des chemins vicinaux ordinaires, en approuvant le tarif des évaluations cadastrales. Les décisions de la Commission peuvent, dans certains cas, être frappées d'appel devant le Conseil général pour cause d'inopportunité, de fausse appréciation des faits, par le préfet, les Conseils municipaux ou toute autre partie intéressée ; elles peuvent être déférées au Conseil d'État pour excès de pouvoir, violation de la loi ou d'un règlement d'administration publique.

La Commission fait, au commencement de chaque session ordinaire, un rapport sur ses travaux et sur les propositions qu'elle croit utiles ; en août, elle présente des observations sur le budget proposé par le préfet, un relevé de tous les emprunts communaux, de toutes les contributions extraordinaires qu'ont votées les communes depuis la session d'août précédente, une indication du chiffre total des centimes extraordinaires, et des dettes dont chacune est grevée. En cas de désaccord ou de conflit entre la commission et le préfet, c'est le Conseil général qui prononce, à moins que le pouvoir exécutif n'ait le droit d'annuler les actes évidemment illégaux, par exemple, les manifestations politiques de la commission.

Les électeurs municipaux choisissent les conseillers

généraux parmi les électeurs de 25 ans que la loi ne déclare pas inéligibles. Il y a par canton un conseiller nommé pour 6 ans; le conseil se renouvelle par moitié tous les 3 ans, il a deux sessions ordinaires et peut avoir des sessions extraordinaires, les séances du conseil sont publiques, ses délibérations peuvent être annulées par un décret rendu en Conseil d'État, il peut être dissous par un décret motivé.

Le Conseil statue définitivement sur un certain nombre de questions qui intéressent surtout le département; il délibère sur celles qui intéressent à la fois l'État et le département, il donne des avis et émet des vœux qui n'obligent pas l'administration. Il a des attributions politiques, des attributions financières et budgétaires.

Les conseillers généraux ont des attributions personnelles. La commission départementale représente le Conseil dans l'intervalle des sessions, règle les affaires qu'il lui renvoie, contrôle les actes du préfet, intervient dans l'administration.

Le préfet. — Le préfet, nommé par décret sur la proposition du Ministre de l'intérieur, sans aucune condition d'âge, ou de diplôme, correspond avec tous les Ministres, qu'il représente dans le département; il est assisté d'un secrétaire-général et peut être suppléé par ce dernier, par un conseiller général ou de préfecture. Il est chargé de maintenir l'ordre public, il requiert la force armée pour repousser les attaques des malfaiteurs, dissiper les attroupements séditieux, assurer l'exécution de la loi, il fait les règlements qui concernent la salubrité publique, autorise les ateliers dangereux et incommodes, il reçoit les plaintes des particuliers, fournit des renseignements au gouvernement, déclare exécutoires les rôles d'impositions dressés par le directeur des contributions directes, délivre l'alignement à ceux qui veulent bâtir le long des grandes routes, ordonne les mesures qui intéressent la sûreté de la circulation, autorise l'établissement des moulins, des débarcadères, après avoir consulté presque toujours l'ingénieur en chef, nomme, supprime ou révoque bon nombre de fonctionnaires (architectes départementaux, titulaires des débits de tabacs qui ne produisent pas plus de 1 000 francs, administrateurs des bureaux de bienfaisance, commissaires de police des villes qui ne dépassent pas 6 000 habitants, gardes-champêtres, préposés de l'octroi, instituteurs et institutrices, etc.)

Le préfet exécute les délibérations du Conseil général dont il ne croit pas devoir demander l'annulation ou la suspension d'exécution, il refuse ou accepte les dons et legs faits au département, passe les contrats, intente ou soutient en son nom les actions judiciaires, rend compte au Conseil, à la session d'août, de la situation du département, et de l'état des différents services publics, présente le budget et les comptes d'administration.

Il approuve les budgets annuels des communes, leurs projets de contrats, de vente ou d'achat, le mode de jouissance en nature des biens communaux, fait inscrire à leur budget, quand leurs revenus ne dépassent pas 100 000 francs, les dépenses obligatoires pour lesquelles le conseil municipal n'aurait pas voté les fonds nécessaires, suspend ou annule les arrêtés illégaux des maires, etc.

Le préfet juge en appel les recours contre les décisions des maires et des sous-préfets en matière contentieuse, en premier ressort sur la suspension ou la suppression des travaux des mines, sur les demandes d'autorisation d'établissements insalubres ou incommodes. Il préside le Conseil de préfecture et peut seul soulever par un déclinatoire * les conflits d'attribution devant les tribunaux ordinaires (ch. XXXII). Les arrêtés réglementaires du préfet peuvent être annulés par le Conseil d'État pour incompétence ou excès de pouvoir; ses autres actes peuvent être réformés par le Ministre.

Le secrétaire général, nommé par décret sur la proposition du Ministre de l'intérieur, assiste le préfet, le remplace s'il est absent, accomplit par délégation certaines de ses fonctions, signe les expéditions des actes administratifs, surveille les bureaux, remplit devant le conseil de préfecture les fonctions de ministère public.

Le préfet est, dans le département, le représentant des intérêts de l'État, il est, comme administrateur du département, chargé d'exécuter les décisions du Conseil général auquel il présente le budget, les comptes d'administration. Il exerce un droit de tutelle sur les communes, il a des fonctions judiciaires; il est assisté par un secrétaire général, qui peut le remplacer ou être chargé par délégation de quelques-unes de ses fonctions.

Conseil de préfecture. — Le Conseil de préfecture comprend 8 membres à Paris, 3 ou 4 en province. Le préfet de la Seine et le préfet de police à Paris, les préfets des départements, sont de droit présidents du Conseil, mais en fait un des conseillers est désigné chaque année par décret pour le présider. Les conseillers, nommés et révoqués par décret du président de la République, doivent avoir 25 ans, être licenciés en droit ou avoir été préfets, conseillers généraux, avoir exercé 10 ans des fonctions rétribuées dans l'ordre judiciaire ou administratif.

Le Conseil a des attributions judiciaires, financières et répressives (ch. XXXII et XXXV); il constitue un tribunal administratif dont les décisions peuvent être frappées d'appel devant le Conseil d'État ou la Cour des comptes, mais en même temps il remplit auprès du préfet le rôle de commission consultative et doit lui donner son avis dans tous les cas où il est demandé. En outre un conseiller de préfecture fait partie du conseil de revision, chacun des membres du conseil peut remplacer le préfet, etc.

Le Conseil de préfecture, dont les membres sont nommés et révoqués par décret, a des fonctions judiciaires, financières et répressives, il remplit auprès du préfet le rôle de commission consultative.

Le budget du département. — Le préfet prépare le budget.

L'agent voyer en chef du département lui donne les renseignements nécessaires pour le service vicinal, le directeur des contributions directes lui indique les recettes probables pour l'exercice, les architectes départementaux, les sous-préfets lui font connaître les besoins de leurs arrondissements respectifs, les commissions de surveillance votent les budgets des Écoles normales, les directeurs des asiles d'aliénés le renseignent sur leurs établissements, les inspecteurs des enfants assistés lui indiquent si le nombre des enfants croît ou diminue; les présidents des bureaux d'assistance judiciaire, les inspecteurs d'académie, etc., lui fournissent des indications. Enfin il a, pour se guider, le budget voté par le Conseil général l'année précédente.

Le préfet remet le budget 10 jours au moins avant la session d'août, avec les pièces à l'appui, à la Commission départementale.

Le budget est ordinaire ou extraordinaire. Les recettes du budget ordinaire comprennent le produit des centimes additionnels votés annuellement par la loi de finances; les centimes ordinaires sont consacrés aux dépenses courantes, les centimes spéciaux au service vicinal, à l'instruction publique, au cadastre. Elles comprennent encore le produit des propriétés départementales, une subvention de l'État, une contribution de l'État et des communes à certaines dépenses départementales.

Ainsi la loi annuelle de finances a fixé, pour le département de l'Aisne, à 3.906.009 fr. 44, le principal des contributions foncière, personnelle et mobilière, passible des centimes additionnels; elle a autorisé les départements à consacrer 0,25 aux dépenses ordinaires. Le département de l'Aisne a, de ce chef (3.906.009,44 × 0,25 =) 976.502 fr. 36 de recettes. De même elle a autorisé les départements à frapper, pour couvrir les dépenses ordinaires, un 26e cent. sur les 4 contributions et les bois de l'État, dont le principal est, pour le département de l'Aisne, fixé à 5.623.029 fr. 99, ce qui a donné une recette de 56.231 francs. Sur le même principal, il a imposé le maximum, 7 c., autorisé par la loi du 21 mai 1836 et a trouvé ainsi (5.623.029,99 × 0,07 =) 393.617 francs pour les chemins vicinaux; il a obtenu, en votant les 4 c. autorisés par la loi du 19 juillet 1875, 224.924 francs, pour contribuer aux dépenses de l'instruction primaire. Le produit des legs de Napoléon Ier et de Mme veuve Boulais, les subventions de l'État pour les enfants assistés et ceux du premier âge, des communes et des familles pour les aliénés, les contingents communaux pour les chemins vicinaux de grande communication et d'intérêt commun, les subventions des communes et des particuliers à des chemins de fer d'intérêt local ou général, etc., ont fait monter les recettes totales du budget ordinaire à 2.421.592 fr. 91 (*cf. budget de l'Aisne*).

Un certain nombre de dépenses sont obligatoires et sont inscrites d'office au budget départemental si le conseil refuse de les voter, par un décret rendu sous forme de règlement d'administration publique, inséré au *Bulletin des lois*, ou par une loi spéciale si la contribution portant sur les 4 contributions directes et destinée à les couvrir, doit excéder le maximum fixé par la loi annuelle de finances.

Elles concernent le loyer, le mobilier et l'entretien des hôtels de préfecture et de sous-préfecture, du local nécessaire à la réunion du Conseil départemental d'instruction publique, du bureau de l'inspecteur d'académie; le casernement ordinaire des brigades de gendarmerie, le loyer, l'entretien, le mobilier et les menues dépenses des Cours d'assises, tribunaux civils et de commerce, les menues dépenses des justices de paix, l'acquittement des dettes exigibles, les frais d'impression et de publication des listes pour les élections consulaires, les frais d'impression des cadres pour la formation des listes électorales et des listes du jury. Aucune autre dépense ne peut être inscrite d'office au budget ordinaire.

Le budget ordinaire comprend, dans l'Aisne, pour l'exercice 1887, 105,380 francs consacrés aux dépenses obligatoires ; 19.348 francs pour les travaux, acquisitions, échanges, etc. des propriétés départementales immobilières (Sous-chapitre II); 1.302.417 francs pour l'entretien des chemins de grande communication, des chemins d'intérêt commun, pour le traitement des agents voyers ; 25.400 francs pour les chemins de fer d'intérêt local (S.-ch. IV); 140.000 francs pour les enfants assistés (S.-ch. V); 185.400 francs pour les aliénés (S.-ch. VI); 106,772 francs pour l'assistance publique (S.-ch. VII); aucune somme n'est consacrée aux cultes (S.-ch. VIII). Il y a 11.000 francs pour les archives départementales (S.-ch. IX), 21.000 francs pour les encouragements aux lettres, aux sciences, aux arts (S.-ch. X), 36.000 francs pour encouragements à l'agriculture et à l'industrie (S.-ch. XI), 8.250 francs pour les subventions aux communes (S.-ch. XII), 147.439 fr. 91 pour dépenses diverses (S.-ch. XIII). Les ressources disponibles, provenant de l'exercice 1885 ayant été suffisantes pour faire face à tous les besoins du budget rectificatif de l'exercice en cours, il n'y a aucun crédit ouvert pour les dettes départementales afférentes à des dépenses non obligatoires (S.-ch. XIV). L'instruction publique a un budget des dépenses s'élevant à 343.186 francs qui doivent être couverts par les ordonnances des Ministères de l'Intérieur et de l'Instruction publique (S.-ch. XV). Les dépenses ordinaires s'élèvent ainsi à

LE DÉPARTEMENT, L'ARRONDISSEMENT, LE CANTON.

2 421 592 fr. 91, c'est-à-dire à la somme exacte à laquelle on a cru pouvoir évaluer les recettes : il y a *balance*.

Le budget *extraordinaire* s'élève pour les recettes à 1 527 082 francs. La loi du 10 août 1871 a autorisé les départements à frapper sur les 4 contributions et les bois de l'État 12 centimes pour faire face aux dépenses extraordinaires. La loi annuelle de finances fixant le principal à 5 623 099 fr. 99, a donné au département de l'Aisne une 1re recette extraordinaire dont le produit présumé est de (5 623 090 fr. 99 $\times$ 0,12 =) 674 772 francs. La loi du 27 mars 1872 a autorisé une imposition extraordinaire de 2c,20 pendant 20 ans à partir de 1873, dont le produit doit être affecté aux travaux des chemins vicinaux ordinaires et au remboursement de l'emprunt qu'elle permettait : elle donne au département 123 708 fr. 20. Celle du 12 avril 1880 autorise une imposition extraordinaire de 1c,25 dont le produit doit être employé à payer les intérêts, à amortir l'emprunt réalisé pour exécuter des travaux, des lignes de grande communication, d'intérêt commun et pour racheter les ponts à péage : le département tire de cette imposition (5 623 099 fr. 99 $\times$ 0,0125 =) 70 288 fr. 75. Une imposition de 2c,55 autorisés par la loi du 26 juillet 1883 pour rembourser l'emprunt destiné à payer la subvention de 525 600 francs que le département avait votée en faveur des chemins de fer d'intérêt général de Laon à Mézières et de Laon à Valenciennes, a donné 143 389 fr. 05; une autre imposition de 4 c. autorisés par la loi du 31 juillet 1885 pour travaux neufs, de parachèvement et de grosses réparations des chemins vicinaux de grande communication et d'intérêt commun, a fourni 224 924 francs.

Les emprunts autorisés par les lois du 12 avril 1880 (parachèvement des chemins de grande et de moyenne communication, rachat de ponts à péages, 400 000 + 1 400 000 francs), du 10 avril 1880 (chemins stratégiques du 6 août 1881, chemins vicinaux ordinaires non compris dans le réseau subventionné), réalisés par portion ou par acompte ont donné 285 000 francs, auxquels s'est jointe une somme de 5 000 francs provenant d'un remboursement du Ministre de la guerre pour amortissement de l'emprunt contracté en prévision des chemins stratégiques.

Les dépenses extraordinaires s'élèvent à la même somme. Dans les 12 c., 2,50 c. sont attribués aux bâtiments et à divers services départementaux (art. 1 à 27), 9,50 c. sont consacrés au service vicinal. Les 143 389 fr. 05, produit présumé pour 1887 de l'imposition de 2,55 c. autorisés par la loi du 24 juillet 1883, sont employés à subventionner les travaux des chemins de fer de Laon à Mézières et de Laon à Valenciennes (S. ch. XVII, § 4). Les 224 924 francs provenant des 4 c. autorisés par la loi du 31 juillet 1885, ont été employés à 9 chemins de grande communication, à 58 chemins d'intérêt commun, à une réserve pour dépenses imprévues et diverses (S. ch. XVII, § 5). 199 662 fr. 66 ont été consacrés au remboursement partiel des emprunts autorisés par les lois du 17 mars, du 12 avril, du 6 août (§ 6); 156 000 francs sont consacrés, sur l'emprunt départemental de 1 400 000 francs, aux chemins de grande communication et aux chemins d'intérêt commun (S. ch. xviii, § 1); 50 000 francs sont employés au rachat des ponts à péages (§ 2), 50 000 sont prélevés sur l'emprunt départemental de 245 000 pour le chemin d'intérêt commun de la Fère au fort de Frières et pour une réserve destinée à d'autres chemins stratégiques (§ 3), 35 000 francs sont attribués aux chemins ordinaires non subventionnés (§ 4); 5 000 à rembourser l'emprunt pour chemins stratégiques (S. ch. xviii).

Le budget départemental est préparé par le préfet, aidé des divers chefs de services; il est discuté et voté par le Conseil général : il comprend des recettes et des dépenses ordinaires, des recettes et des dépenses extraordinaires. Certaines dépenses sont obligatoires et peuvent être inscrites au budget par décret.

L'arrondissement, le conseil d'arrondissement, le sous-préfet. — La Constituante, en établissant les départements, les avait divisés en districts qui sont aujourd'hui des arrondissements, au nombre de 362. L'arrondissement forme une circonscription financière, au chef-lieu de laquelle résident le receveur particulier des finances, le receveur de l'enregistrement, le receveur des contributions indirectes, l'entreposeur des tabacs, le receveur des postes, le conservateur des hypothèques; une circonscription judiciaire, qui comprend un tribunal de 1re instance, souvent un tribunal de commerce, quelquefois un conseil de prud'hommes (ch. xxxii). Chaque arrondissement a une chambre consultative d'agriculture, quelquefois une chambre consultative des arts et manufactures et une chambre de commerce; il forme une lieutenance de gendarmerie et a souvent à son chef-lieu une garnison plus ou moins nombreuse. Il a un lycée, un collège ou une école primaire supérieure et constitue le ressort d'une inspection primaire; presque toujours une commission d'hygiène, des médecins d'enfants assistés, une commission d'inspection des pharmacies, un agent voyer chargé du service des chemins vicinaux et de grande communication, ayant sous ses ordres les agents voyers des cantons; souvent un ingénieur des ponts et chaussées, ayant sous ses ordres des conducteurs, et chargé du service des routes départementales et nationales. Mais il forme surtout une circonscription administrative, dans laquelle le *sous-préfet* représente le pouvoir central; le *conseil* d'arrondissement, les électeurs de la circonscription.

Le sous-préfet est nommé, déplacé, mis en disponibilité ou révoqué, par le Ministre de l'intérieur sans condition d'âge ou de diplôme. Il est placé directement sous les ordres du préfet, chargé d'assurer l'exécution des instructions relatives à l'administration municipale dont il est le premier surveillant; il exerce une partie de la tutelle administrative sur les communes; il exerce, en cas d'interruption de communication, l'autorité préfectorale; chargé de veiller à la sécurité publique, il peut requérir la gendarmerie dans les cas urgents à condition d'en informer immédiatement son chef. Il transmet au préfet les affaires préparées par les administrations communales ou les renseignements qui lui sont demandés; aux communes, les décisions prises par le préfet. Il prépare les rapports des affaires sur lesquelles doit délibérer le conseil d'arrondissement, assiste et prend part à ses délibérations, vise les états de répartition, nomme les répartiteurs, les cantonniers qui travaillent aux chemins de plusieurs communes, les préposés d'octroi; il arrête avec les maires les tableaux de recensement et préside aux opérations du tirage au sort; il assiste, avec voix consultative, au conseil de revision (xxxiv); il autorise les maires à employer les crédits pour dépenses imprévues et doit être avisé immédiatement par eux s'ils les emploient à des dépenses urgentes. Il joint son avis aux réclamations des coutribuables qu'il transmet au préfet, il délivre les passeports, les permis de chasse; il a certaines attributions personnelles en ce qui concerne les consistoires protestants, les bureaux de bienfaisance, la statistique, etc. Le préfet peut réformer ou annuler les actes du sous-préfet.

Le Conseil d'arrondissement (*lois du 22 juin 1833, du 10 mai 1838, du 3 juillet 1848, du 13 juillet 1870, du 30 juillet 1874*) est nommé au suffrage universel, sur les listes qui servent aux élections municipales. Sont éligibles les électeurs de 25 ans, domiciliés dans l'arrondissement ou y payant une contribution directe; sont incompatibles avec les fonctions de conseiller d'arrondissement, celles de préfet, sous-préfet, secrétaire général ou conseiller de préfecture, d'agent ou de comptable recevant, percevant, recouvrant les contributions ou payant les dépenses publiques, d'ingénieur et d'architecte, d'agent forestier employé dans le département, de conseiller général, etc. Le Conseil comprend autant de membres qu'il y a de cantons, sans pouvoir en compter moins de 9; il est élu pour 6 ans et renouvelable par moitié tous les 3 ans. C'est le Conseil de préfecture qui prononce, sauf pourvoi au Conseil d'État, sur les recours contre les élections. Le Conseil nomme son président, son vice-président et son secrétaire, règle l'ordre de ses délibérations et peut adopter un règlement intérieur; les séances ne sont pas publiques. Il ne peut délibérer qu'en présence de la moitié plus un de ses membres : tout membre qui manque à 2 séances consécutives, sans excuse légitime, est considéré comme démissionnaire et remplacé. La session ordinaire se divise en 2 parties : la 1re précède la session d'août du Conseil général : le Conseil délibère sur les réclamations que soulève la fixation du contingent de l'arrondissement dans les contributions directes, sur les demandes en réduction formées par les communes. Il donne son avis sur les changements proposés à la circonscription de l'arrondissement, des cantons, des communes, sur le classement et la direction des chemins de grande communication, sur les foires à établir, à supprimer ou à changer, etc. Il peut donner son avis sur les travaux d'utilité publique, le classement et la direction des routes départementales intéressant l'arrondissement, sur tout ce qui concerne les bâtiments destinés à la sous-préfecture, au tribunal de 1re instance, etc., sur les objets qui intéressent l'arrondissement et dont doit s'occuper le Conseil général ; il reçoit communication par le préfet, mais sans pouvoir en délibérer, du compte de l'emploi des fonds de non-valeurs en ce qui concerne l'arrondissement ; il peut, par l'intermédiaire de son président, faire connaître directement au préfet son opinion sur l'état et les besoins des services publics de l'arrondissement.

Dans la seconde partie de sa session, qui suit celle du Conseil général, il répartit entre les communes les contributions directes en se conformant aux décisions du Conseil général. Le sous-préfet a entrée au Conseil et est entendu quand il le demande, le préfet procède en Conseil de préfecture, à la répartition des contributions, quand le Conseil ne la fait pas ou ne se conforme pas aux décisions du Conseil général. Il peut suspendre le Conseil qui fait ou publie des adresses ou proclamations, déclarer illégale toute réunion tenue en dehors des sessions régulières. Le pouvoir central peut dissoudre par décret le Conseil, à charge de provoquer des élections nouvelles dans les 3 mois ; il peut prononcer également par décret la nullité des actes ou des délibérations portant sur des objets non compris dans les attributions du Conseil.

Les conseillers d'arrondissement sont électeurs, sénatoriaux, siègent au conseil de revision, à la commission qui établit la liste du jury, peuvent être désignés par le préfet pour suppléer le sous-préfet, pour faire partie des commissions d'enquête en matière d'expropriation pour utilité publique.

L'arrondissement ne forme pas une personne morale, il constitue une circonscription financière, judiciaire, administrative dans laquelle se trouvent des représentants de presque tous les services publics. Le sous-préfet, nommé par le Ministre de l'intérieur, est sous les ordres du préfet, il est un agent de transmission entre le préfet et les communes, il a aussi quelques attributions spéciales.

Le Conseil d'arrondissement répartit les contributions directes entre les communes, il donne son avis sur les questions qui intéressent l'arrondissement, ses membres ont un certain nombre d'attributions spéciales.

Le canton. — Chaque arrondissement compte un certain nombre de cantons. Les cantons, au nombre de 2868, ne constituent ni des personnes morales ni des circonscriptions administratives. Mais chacun forme une division électorale, puisqu'il est représenté par un conseiller général et un conseiller d'arrondissement: en outre, c'est par canton que se fait le recensement des conscrits, c'est au chef-lieu de canton qu'a lieu le tirage au sort, que se réunit le conseil de revision, que résident le percepteur, l'agent voyer, le conducteur des ponts et chaussées, le receveur d'enregistrement, la brigade de gendarmerie et le commissaire de police, le juge de paix et ses suppléants. Le canton a souvent une école primaire supérieure, toujours des délégués *cantonaux* qui, nommés pour 3 ans par le Conseil départemental de l'instruction publique, se réunissent au moins tous les 3 mois, élisent un président, font partie des commissions scolaires que la loi de 1881 a constituées pour surveiller et encourager la fréquentation des écoles et sont eux-mêmes chargés de surveiller les écoles primaires du canton.

Le canton forme une circonscription électorale ayant un conseiller général et un conseiller d'arrondissement, financière, militaire, judiciaire; il a en outre un agent voyer et quelquefois un conducteur des ponts et chaussées, une délégation cantonale et quelquefois une école primaire supérieure.

DÉPARTEMENT DE L'AISNE

Projet de budget départemental pour l'exercice 1887

Recettes et dépenses.	3.948.674.91
Budget ordinaire.	2.421.592.91
Budget extraordinaire.	1.527.082 »

Budget ordinaire

Recettes.

1° 25 cent. sur le principal des contributions foncière, personnelle et mobilière et sur les bois de l'État 976.502.26	
2° 1 cent. sur le principal des 4 contributions et des bois de l'État. . . . . 56.231 »	1.032.733.36
3° 7 cent. au principal des 4 contributions et biens de l'État pour le service vicinal	393.617 »
4° 4 cent. au principal des 4 contributions et biens de l'État pour l'instruction primaire. .	224.924 »
5° Produits éventuels : § 1 à 4, legs de Napoléon Ier, de Mme veuve Boulais, abonnements des communes au volume officiel du conseil général, vente de cartes topographiques et de l'inventaire des archives, subvention de l'État pour les enfants assistés et ceux du 1er âge, contingents des communes pour les enfants assistés, des communes et des familles pour les aliénés, etc.	102.848 »
§ 5. Ressources éventuelles du service vicinal (contingents communaux et bacs pour les chemins vicinaux de grande communication, contingents communaux pour les chemins d'intérêt commun, etc.).	552.800 »
§ 6. Ressources éventuelles des chemins de fer d'intérêt local et d'intérêt général (subventions des communes et des particuliers au chemin de fer d'intérêt local, de Vélu-Bertincourt à Saint-Quentin, au chemin de fer d'intérêt général de Busigny à Hirson, au chemin de fer d'intérêt général de Laon à Mézières, du Cateau à Laon, etc.).	101.410.55
§ 7. Remboursements (des avances faites pour des aliénés, des enfants assistés ou du 1er âge, des voyageurs indigents, des fournitures classiques aux communes, pour travaux d'intérêt public à la charge des particuliers, etc.) . . .	13.260 »
TOTAL DES RECETTES DU BUDGET ORDINAIRE .	2.421.592.91
Différence en moins sur le précédent exercice.	48.340 »

	Augmentat.	Diminution.
Augmentation sur le produit présumé des 26 cent. additionnels, provenant du principal des contributions foncière, personnelle-mobilière, des portes et fenêtres, diminuée de la moins-value constatée sur les patentes et l'évaluation des biens de l'État.	4.687.87	
Augmentation sur les 7.cent. de la vicinalité. .	852 »	
Augmentation sur les 4 cent. de l'instruction primaire.	486.85	
Augmentation sur le legs Boulais, etc, etc. . .	1.116 »	
Augmentation sur le contingent des communes pour les enfants assistés	2.000 »	
Augmentation sur la subvention de l'État pour la protection des enfants du 1er âge.	500 »	
Diminution des ressources éventuelles du service vicinal		31.950 »
Diminution du produit éventuel des chemins de fer		26.033.03
TOTAL.	9.642.72	57.983.03
Différence en moins.	48.340.31	

DÉPENSES

Sous-chapitre premier

Dépenses obligatoires.

	En 1886	En 1887
1. Entretien des bâtiments de l'hôtel et des bureaux de la préfecture.	4.000 »	4.000 »
2. Entretien des bâtiments et des bureaux des sous-préfectures de Château-Thierry, de Saint-Quentin, de Vervins.	3.000 »	3.500 »
3 et 4. Loyer et réparations locatives de l'hôtel et des bureaux de la sous-préfecture de Soissons.	3.850 »	3.850 »
5. Mobilier (acquisition, renouvellement, réparation, entretien) de la préfecture.	4.000 »	4.000 »
6. Mobilier (acquisition, renouvellement, réparation, entretien) des sous-préfectures . . .	3.800 »	3.800 »
7. Indemnité du loyer de bureau à l'inspecteur d'académie.	900 »	900 »
8. Entretien du mobilier du bureau de l'inspecteur d'académie.	200 »	200 »
9 et 10. Entretien des bâtiments des Écoles normales (instituteurs et institutrices).	2.900 »	2.900 »
11. Indemnité de loyer à l'économe de l'École normale d'instituteurs		550 »
A reporter.	22.650 »	23.700 »

Report..................	22.650 »	23.700 »
12 et 13. Mobilier des écoles normales.....	1.400 »	1.400 »
14. Entretien des casernes de gendarmerie appartenant au département............	6.600 »	6.600 »
15. Loyer des casernes (21), de jardins, frais de baux, etc.................	42.350 »	42.800 »
16 à 18. Réparations locatives; éclairage des casernes, remplacement de drapeaux, indemnités de literie aux gendarmes, etc......	2.200 »	2.200 »
19. Entretien des bâtiments occupés par les tribunaux..................	2.900 »	3.100 »
20. Loyer des bâtiments occupés par le tribunal de commerce de Chauny...........	800 »	800 »
21. Entretien du mobilier de la Cour d'assises et des tribunaux (civils de Laon, de Saint-Quentin, de Vervins, de Soissons, de Château-Thierry, de commerce de Chauny, de Saint-Quentin, de Vervins, de Soissons)......	1.780 »	1.780 »
22. Achat de meubles pour le tribunal de Château-Thierry.................		150 »
23. Menues dépenses de la Cour d'assises et des tribunaux.................	14.000 »	14.000 »
24. Menues dépenses des justices de paix....	1.850 »	1.850 »
25. Service des épizooties............	5.000 »	5.000 »
26. Frais d'impression et de publication (élections consulaires, listes électorales et du jury)....................	2.000 »	2.000 »
TOTAL................	103.530 »	105.380 »
Différence en plus pour 1887 (provenant de l'indemnité de loyer à l'économe, de l'augmentation de loyer des casernes, de l'entretien de l'hôtel de la sous-préfecture de Saint-Quentin, du tribunal de Vervins, etc.).........	1.850 »	

Sous-chapitre II

Propriétés départementales immobilières, travaux, acquisitions, échanges, etc.

	En **1886**	En **1887**
1. Entretien des bâtiments des prisons.....	4.300 »	4.300 »
2. Traitement des architectes du département.	7.800 »	7.800 »
3 et 4. Assurance des bâtiments départementaux contre l'incendie, contributions dues par les propriétés du département........	1.260 »	1.260 »
5 à 17. Éclairage, appareils de chauffage de la préfecture, frais d'illumination des édifices, jardin de la préfecture, service des eaux (préfecture et casernes, etc.).........	5.838 »	5.988 »
TOTAL DU SOUS-CHAPITRE II........	19.198 »	19.348 »
Différence en plus..............		150 »

Sous-chapitre IV

Chemins vicinaux, chemin de fer d'intérêt local.

	En **1886**	En **1887**
1 à 115. Entretien des chemins de grande communication :		
1° Fonds du département 515.817	932.265 »	905.417 »
2° Contingents communaux 389.600		
116 à 212. Entretien des chemins d'intérêt commun :		
1° Contingents des communes, etc.	167.450 »	163.200 »
213 à 216. Traitement des agents voyers, secours à divers.	233.800 »	233.800 »
TOTAL	1.333.515 »	1.302.417 »
§ 2. Chemin de fer d'intérêt local.	25.400 »	25.400 »
TOTAL DU SOUS-CHAPITRE IV.	1.358.915 »	1.327.817 »

Sous-chapitre V

Enfants assistés.

Dépenses intérieures (layettes, séjour des 65 pupilles à l'hospice).	15.000 »
Dépenses extérieures (enfants secourus, 480 pupilles, dépenses diverses).	125.000 »
TOTAL	140.000 »

Sous-chapitre VI

Aliénés.

490 aliénés à l'asile de Prémontré. . 178.850	185.400 »
Autres asiles, etc. 4.750	

Sous-chapitre VII

Assistance publique.

1 à 20. Propagation de la vaccine, protection des enfants du 1ᵉʳ âge, entretien des sourds-muets, hospice départemental et dépôt de mendicité de Montreuil, bourses pour jeunes aveugles, bureaux d'assistance judiciaire, subventions à diverses sociétés. etc.	106.772 »
A reporter.	432.172 »

Sous-chapitre VIII
Cultes. Néant.

Sous-chapitre IX

Report	432.172 »
Archives départementales.............	11.000 »

Sous-chapitre X

Encouragements aux lettres, aux sciences et aux arts (sociétés savantes, élèves à l'École des Arts et Métiers de Châlons, cours départemental d'accouchement, etc.)........ 21.000 »

Sous-chapitre XI

Encouragements à l'agriculture et à l'industrie (chambre d'agriculture, sociétés d'horticulture, comices agricoles, concours de taureaux, primes aux animaux reproducteurs, aux juments, courses de chevaux, etc.)....... 36.000 »

Sous-chapitre XII

Subventions aux communes (caisses d'épargne scolaires, traitement des incurables, subvention pour la propagation des compagnies de tir, orphéons, sociétés de musique instrumentale, gymnases, etc.) .... 8.250 »

Sous-chapitre XIII

Dépenses diverses (travaux des chemins de fer d'intérêt général de Busigny à Hirson, de Laon à Mézières, de Laon à Valenciennes, conseil de salubrité et d'hygiène, frais d'impression, indemnité de logement au secrétaire général de la préfecture, secours et indemnités, traitement des employés de la préfecture et des sous-préfectures que l'insuffisance des fonds d'abonnement ne permet pas de rétribuer, gratifications pour belles actions, frais de transport des détenus, etc.)...... 147.439.91

Sous-chapitre XIV

Dettes départementales afférentes à des dépenses non obligatoires (les besoins du budget rectificatif de l'exercice en cours ont été réglés par les ressources provenant de l'exercice 1887).

A reporter. 655.861.91

Sous-chapitre XV

Instruction publique.

Report..................	655.861.91
Ministère de l'intérieur (frais de bureau de l'inspecteur d'académie, traitement du commis et des commis adjoints, entretien de bourses au lycée de Saint-Quentin, aux collèges de Laon, Soissons, Château-Thierry et la Fère, à l'école de Cluny, en faveur des lauréats des concours cantonaux).......	88.262 »
Ministère de l'instruction publique (dépenses de l'instruction primaire imputables sur le produit des 4 cent. spéciaux)..........	224.437.15
TOTAL DES DÉPENSES.............	2.421.592.91

Les recettes étant de 2.421.592.91, il y a *balance*.

Budget extraordinaire

Recettes.

1° 12 cent. (loi du 10 août 1871)........	674.772 »
2° 2,20 cent. pour les dépenses des chemins vicinaux ordinaires..............	123.708.20
3° 1,25 cent. pour chemins vicinaux et remboursement d'emprunt.............	70.288.75
4° 2,55 cent. pour remboursement d'emprunt.	143.389.05
5° 4 cent. pour travaux sur chemins vicinaux.	224.924 »
6° à 9° Fonds d'emprunt (portion à réaliser sur l'emprunt de 400.000 pour le parachèvement des chemins de grande et moyenne communication; acompte à réaliser sur l'emprunt de 1.400.000, pour rachats de ponts à péage, sur celui de 245.000 pour chemins stratégiques, de 600.000 pour chemins vicinaux ordinaires)........................	285.000 »
10° Somme à rembourser par le ministre de la guerre pour amortissement de l'emprunt contracté pour lignes stratégiques........	5.000 »
Total des recettes............	1.527.082 »

DÉPENSES

Sous-chapitre XVI

§ 1er. *Dépenses imputables sur le produit des 12 cent. extraordinaires.*

Édifices départementaux (hôtel de la préfecture, palais de justice, casernes, Écoles normales,

prisons, maisons d'arrêts); dépenses diverses (subvention à la caisse des retraites, à la ville de La Capelle pour acquisition d'un immeuble destiné à l'installation d'un dépôt de remonte, installation de la station agronomique à Laon, traitement des indigents des communes privées d'établissements hospitaliers, etc.). Chemins vicinaux (de grande communication d'intérêt commun, subvention à 2 communes pour entretien d'anciens ponts à péage, etc.).	653.372	»

Sous-chapitre XVII

§ 2. *Loi du 27 mars 1872.*

Emploi de l'imposition extraordinaire (subventions aux communes pour constitution de chemins vicinaux ordinaires)	9.945.54	

§ 3. *Loi du 12 avril 1884.*

Emploi de l'imposition extraordinaire (amortissement d'emprunts).	5.788.75	

§ 4. *Loi du 26 juillet 1883.*

Emploi de l'imposition extraordinaire (subvention pour les travaux des chemins de fer de Laon à Mézières et à Valenciennes).	143.389.05	

§ 5. *Loi du 3 juillet 1885.*

Emploi de l'imposition extraordinaire (chemins de grande communication et d'intérêt commun, réserve).	224.924	»
§ 6. Service des emprunts départementaux (remboursement, amortissement des emprunts autorisés par les lois du 27 mars 1872, du 12 avril 1880, du 6 août 1881).	199.662.66	
TOTAL DU SOUS-CHAPITRE XVII.	1.237.082,00	

Sous-chapitre XVIII

§ 1er. *Loi du 12 avril 1880.*

Emprunt départemental de 1.400.000 francs (chemins de grande communication, d'intérêt commun)	150.000	»

§ 2. *Loi du 12 avril 1880.*

Emprunt départemental de 400.000 francs, besoins de l'exercice 1887.	50.000	»
A reporter.	200.000	»

§ 3. *Loi du 10 avril 1880.*		
Report...................	200.000 »	1.237.082 »
Emprunt de 245.000 francs pour chemins stratégiques (chemin de la Fère au fort de Frières, réserve)...................	50.000 »	
§ 4. *Loi du 6 août 1881.*		
Emprunt départemental de 600.000 francs (chemins vicinaux ordinaires)...........	35.000 »	
TOTAL DU SOUS-CHAPITRE XVIII........		285.000 »
Sous-chapitre XIX		
Remboursement d'emprunts pour chemins stratégiques sur fonds du ministère de la guerre.		5.000 »
TOTAL DES DÉPENSES DU BUDGET EXTRAORD.		1.527.082 »
Les recettes s'élevant à la même somme, il y a balance.		

RÉSUMÉ.

Que savez-vous du département? — Un département est une personne morale (ch. XXXIII), ayant des propriétés, des ressources, des revenus, une initiative propre. Il a un Conseil général élu, un conseil de préfecture, des agents de presque tous les départements ministériels; le préfet, agent direct du ministre de l'intérieur, y est le véritable chef du pouvoir exécutif.

Que savez-vous du Conseil général et de la commission départementale? — Les électeurs municipaux choisissent les conseillers généraux parmi les électeurs de 25 ans que la loi ne déclare pas inéligibles. Il y a par canton un conseiller nommé pour six ans; le Conseil se renouvelle par moitié tous les trois ans, il a deux sessions ordinaires et peut avoir des sessions extraordinaires; les séances du conseil sont publiques, ses délibérations peuvent être annulées par un décret rendu en Conseil d'État, il peut être dissous par un décret motivé.

Le Conseil statue définitivement sur un certain nombre de questions qui intéressent surtout le département; il délibère sur celles qui intéressent à la fois l'État et le département, il donne des avis et émet des vœux qui n'obligent pas l'administration. Il a des attributions politiques, financières et budgétaires.

Les conseillers généraux ont des attributions personnelles. La commission départementale représente le Conseil dans l'intervalle des sessions, règle les affaires qu'il lui renvoie, contrôle les actes du préfet, intervient dans l'administration.

Que savez-vous du préfet ? — Le préfet est, dans le département, le représentant des intérêts de l'État ; il est, comme administrateur du département, chargé d'exécuter les décisions du conseil général auquel il présente le budget et les comptes d'administration. Il exerce un droit de tutelle sur les communes, il a des fonctions judiciaires, il est assisté par un secrétaire général qui peut le remplacer ou être chargé par délégation de quelques-unes de ses fonctions.

Que savez-vous du Conseil de préfecture ? — Le Conseil de préfecture, dont les membres sont nommés et révoqués par décret a des fonctions judiciaires, financières et répressives, il remplit auprès du préfet le rôle de commission consultative.

Que savez-vous du budget départemental ? — Le budget départemental est préparé par le préfet, aidé des divers chefs de services ; il est discuté et voté par le Conseil général ; il comprend des recettes et des dépenses ordinaires : certaines dépenses sont obligatoires et peuvent être inscrites au budget par décret.

Parlez de l'arrondissement, du sous-préfet, du Conseil d'arrondissement. — L'arrondissement ne forme pas une personne morale, il constitue une circonscription financière, judiciaire, administrative, dans laquelle se trouvent des représentants de presque tous les services publics. Le sous-préfet, nommé par le Ministre de l'intérieur, est sous les ordres du préfet, il est un agent de transmission entre le préfet et les communes, il a aussi quelques attributions spéciales.

Le Conseil d'arrondissement répartit les contributions directes entre les communes, il donne ses avis sur les questions qui intéressent l'arrondissement; ses membres ont un certain nombre d'attributions spéciales.

Que savez-vous du canton? — Le canton forme une circonscription électorale ayant un conseiller général et un conseiller d'arrondissement; financière, militaire, judiciaire; il a en outre un agent voyer et quelquefois un conducteur des ponts et chaussées, une délégation cantonale et quelquefois une école primaire supérieure.

DEVOIRS A TRAITER.

I. Le département.
II. Le conseil général et la commission départementale.
III. Le préfet.
IV. Le budget départemental.

QUESTIONS A ÉTUDIER.

I. Les devoirs du conseiller général tels que les déterminent les lois politiques et la morale.
II. Le rôle du préfet comme agent du gouvernement.
III. Le rôle du préfet comme représentant du département.
IV. Les devoirs des électeurs chargés de choisir un conseiller général ou d'arrondissement.
V. L'arrondissement.
VI. Le canton.
VII. La préparation du budget.
VIII. La discussion et le vote du budget.
IX. Les dépenses obligatoires.
X. L'organisation provinciale en France avant 1789.
XI. Le rôle éventuel des conseils généraux en matière politique.

QUESTIONS POSÉES.

I. Comment chaque département est-il administré? (Brev. élém., Brev. sup., Ens. second. des jeunes filles.)
II. Comment est nommé le Conseil général? (Brev. élém., Brev. sup., Ens. second. des jeunes filles.)
III. Comment est administré chaque arrondissement? (Brev. élém. et sup.)
IV. Qu'est-ce qu'un préfet? Par qui est-il nommé? (Brev. élém., Brev. sup., Bourses d'ens. primaire sup.)
V. Qu'est-ce qu'un sous-préfet? Les sous-préfets ont-ils des fonctions bien importantes? Y en a-t-il dans tous les départements? (Brev. élém., Brev. sup.)
VI. Parlez du canton. (Brev. élém., Brev. sup.)
VII. Qu'est-ce que la commission départementale? (Brev. sup. et élém.)
VIII. Comment est préparé et voté le budget du département? (Brev. sup. et élém., Bourses d'ens. prim. sup., Ens. second. des jeunes filles.)

Conseils pédagogiques. — Utiliser les connaissances que les enfants acquièrent par l'étude de la géographie pour développer leur instruction civique; profiter des élections au Conseil général, au Conseil d'arrondissement, pour leur montrer d'une façon précise comment ont été dressées les listes, comment sont convoqués les électeurs, comment est constitué le bureau, comment se fait le dépouillement du scrutin, etc. — Leur expliquer, en mettant sous leurs yeux un annuaire du département, comment les divers services publics sont représentés dans le département, l'arrondissement, le canton. — Prendre un projet de budget départemental (p. 618), expliquer quels sont les fonctionnaires qui aident le préfet à le préparer ; montrer comment se répartissent les dépenses entre les divers services, comment sont prévues et effectuées les recettes, etc. — Lire et commenter, au point de vue civique, les principaux articles des lois qui ont déterminé les attributions du Conseil général, de la Commission départementale, du Conseil d'arrondissement, du Conseil de préfecture. Lire et commenter de même un certain nombre d'arrêtés, de décisions du Préfet pour expliquer son rôle. — Montrer comment la Commune participe aux dépenses du département. — Insister sur l'obligation qui incombe aux électeurs de s'instruire, de choisir avec soin les conseillers généraux qui sont chargés de diriger, de surveiller les finances départementales, qui peuvent à un moment donné, être obligés de remplir un rôle politique important.

BIBLIOGRAPHIE

Pierre Laloi, *Petites histoires pour apprendre la vie*.

Pierre Laloi, la *Première année d'instruction civique*.

Paul Janet, *Histoire de la science politique*.

Fouillée, la *Propriété sociale et la démocratie*.

Beaussire, la *Liberté dans l'ordre intellectuel et moral*.

Maurice Block, *Dictionnaire de l'administration française*.

Bardoux, les *Légistes et leur influence sur la société française*.

Taine, les *Origines de la France contemporaine* (*l'ancien régime, la Révolution, etc.*).

Barni, *Histoire des idées morales et politiques en France au xviii° siècle*.

Barni, la *Morale dans la démocratie*.

Constitutions françaises (*Recueil des*).

Demonbynes, *Constitutions européennes*.

Bagehot, la *Constitution anglaise*.

Stuart Mill, le *Gouvernement représentatif* (trad. Dupont-White).

H. Spencer, l'*Individu contre l'État*.

Rivière, F. Hélie et Paul Pont, *Code civil, précédé des lois constitutionnelles et organiques*.

CHAPITRE XXXVII

LA COMMUNE

SOMMAIRE.

La commune. — Le conseil municipal. — La municipalité. — Le maire et les adjoints. — Le budget communal. — Paris et le département de la Seine.

La commune. — Chaque canton comprend un certain nombre de communes : les plus petites communes, les *villages* comptent quelquefois moins de 100 habitants.; les *bourgs* et les *villes* forment des communes plus peuplées. La commune de Lille compte 188272 habitants, Paris en a plus de 2 200 000. Chacune des 36 000 communes de France, quelle que soit sa population ou son étendue, a des propriétés, une mairie, une école, une église ou un temple, un presbytère, un cimetière; elle est obligée d'entretenir les rues, les chemins vicinaux, les édifices communaux, de contribuer aux dépenses de l'instruction primaire, elle prélève certaines contributions sur les habitants et reçoit une part des impôts. Elle a un *Conseil municipal* élu pour administrer la fortune de la commune, un *maire* assisté d'un ou de plusieurs *adjoints*.

Chaque commune, village, bourg ou ville, est une personne morale ayant des propriétés, des ressources, des dépenses propres. Elle a un Conseil municipal, un maire assisté d'un ou de plusieurs adjoints.

Le conseil municipal. — Les conseillers municipaux sont élus pour 4 ans par le suffrage universel.

Sont *électeurs* tous les Français âgés de 21 ans, jouissant de leurs droits civils et politiques, nés dans la commune ou y ayant satisfait à la loi du recrutement et étant venus s'y établir de nouveau, s'ils l'ont quittée, depuis 6 mois au moins; ceux qui n'étant pas nés dans la commune y ont été inscrits depuis 1 an au rôle des 4 contributions directes ou des prestations en nature, qui s'y sont mariés et y résident depuis 1 an au moins; ceux qui n'étant dans aucun de ces cas, justifient d'une résidence de 2 années consécutives ou qui y exercent des fonctions publiques. Sont *éligibles* tous les électeurs municipaux de 25 ans ayant un an de domicile réel, ou payant une des 4 contributions directes, enfin tout électeur âgé de 25 ans, jusqu'à concurrence du quart des conseillers. Les juges de paix, dans leur canton, les membres du parquet du tribunal de 1re instance, dans leur arrondissement, les préfets, secrétaires généraux, conseillers de préfecture, sous-préfets, les commissaires et agents de police, les militaires en activité de service, les ministres des cultes, les membres d'un autre conseil, les comptables des deniers communaux et agents salariés, les entrepreneurs de services communaux, les domestiques attachés à la personne, les personnes dispensées de subvenir aux charges communales ou secourues par les bureaux de bienfaisance ne peuvent faire partie du Conseil municipal. Dans les communes qui dépassent 500 habitants, les parents au degré de père, de fils, de frère, les alliés au même degré ne peuvent faire partie du même conseil.

Les élections se font au scrutin de liste; mais les communes peuvent être fractionnées en sections, dont chacune élit un nombre de conseillers proportionnel à sa population. Le préfet convoque les électeurs, le maire fixe le lieu de l'assemblée, l'heure d'ouverture et de clôture du scrutin qui ne dure qu'un dimanche. Les sections sont présidées la première par le maire, les suivantes par les adjoints ou les conseillers municipaux assistés chacun des 2 plus âgés et des 2 plus jeunes des électeurs présents à l'ouverture de la séance, sachant lire et écrire. Pour être élu, il faut au 1er tour réunir la majorité absolue des suffrages exprimés, le quart des électeurs inscrits; au second tour, la majorité relative. Les recours contre les opérations électorales sont portés devant le Conseil de préfecture; on peut se pourvoir devant le Conseil d'État contre ses décisions. On ne procède à des élections partielles que si le nombre des conseillers est réduit de plus du quart ou que si une section n'est plus représentée au Conseil.

Le Conseil est composé de 10 membres dans les communes qui n'ont pas plus de 500 habitants, de 12 dans celles de 501 à 1500; de 16 jusqu'à 2500, de 21 jusqu'à 3500, de 23 jusqu'à 10000, de 27 jusqu'à 30000; de 30 jusqu'à 40000, de 32 jusqu'à 50000; de 34 jusqu'à 60000, de 36 dans celles qui dépassent 60000. Paris en compte 80. Les fonctions de conseiller municipal, de maire, d'adjoint sont gratuites. Le Conseil a 4 sessions *ordinaires* en février, mai, août et novembre qui peuvent durer chacune 10 jours et dans lesquelles il s'occupe de toutes les matières qui rentrent dans ses attributions. Il a des sessions *extraordinaires* prescrites ou autorisées sur la demande du maire ou du tiers des conseillers, par le préfet ou le sous-préfet et dans lesquelles il ne peut s'occuper que des objets pour lesquels il est convoqué.

Il faut, pour délibérer, la majorité des membres; les résolutions sont prises à la majorité absolue des suffrages, le maire préside et a voix prépondérante en cas de partage, les conseillers siègent dans l'ordre du *tableau*, qui est dressé d'après le nombre des suffrages obtenus et en suivant l'ordre des scrutins; le secrétaire est nommé au scrutin secret pour chaque session à la majorité des membres présents. Tout conseiller qui manque, sans motif légitime, à 3 convocations successives peut être déclaré démissionnaire par le préfet sauf recours au Conseil de préfecture; les séances sont publiques, à moins que le Conseil ne décide de se former en comité secret. Le préfet déclare nulles en Conseil de préfecture les délibérations qui portent sur des objets étrangers aux attributions du Conseil, illégales et nulles les délibérations prises en dehors des sessions légales; le pouvoir central décide, par décret pris en Conseil d'État, sur les recours portés contre les décisions préfectorales. Le préfet peut prononcer une suspension de 2 mois que le ministre de l'intérieur peut prolonger jusqu'à un an, et remplacer le Conseil par une commission municipale. Un décret du président de la République peut dissoudre un Conseil, qui est remplacé par une commission nommée par décret s'il s'agit d'un chef-lieu de département, d'arrondissement ou de canton, par arrêté préfectoral dans les autres communes. Une commission municipale ne peut être maintenue plus de 3 ans.

Le Conseil municipal a, comme le Conseil général, des attributions diverses, il prend des délibérations qui sont exécutoires sauf le *veto* du préfet; il en prend d'autres qui ne deviennent exécutoires qu'après l'approbation du préfet, enfin il donne des avis et exprime des vœux qui n'obligent pas l'administration.

Les délibérations de la première catégorie, expédiées au sous-préfet, qui en délivre récépissé et exécutoires 30 jours après la délivrance du récépissé si le préfet ne l'annule pas pour violation d'une loi ou d'un règlement ou n'en suspend pas l'exécution, portent sur les objets suivants : 1° le mode d'administration des biens communaux; 2° le mode de jouissance et la répartition des pâturages et fruits communaux autres que les bois, ainsi que les conditions à imposer aux parties prenantes; 3° les affouages; 4° les acquisitions d'immeubles, lorsque la dépense totalisée avec celle des autres acquisitions déjà votées dans le même exercice ne dépasse pas le 10° des revenus ordinaires de la commune; 5° les conditions des baux à loyer ou à ferme pour les biens appartenant à la commune quand la durée du bail n'excède pas 18 ans; 6° les projets, plans et devis de grosses réparations et d'entretien lorsque la dépense totale pour les objets de cette nature ne dépasse pas le 5° des revenus ordinaires, ni en aucun cas une somme de 50000 francs; 7° le tarif des droits de place dans les halles, foires et marchés; 8° les droits à percevoir pour permis de stationnement et de location sur les rues, sur les places et autres lieux qui dépendent du domaine public de la commune; 9° le tarif des concessions dans les cimetières; 10° les assurances des bâtiments communaux; 11° l'affectation à un service communal d'une propriété communale qui n'est pas encore affectée à un service public; 12° l'acceptation ou le refus de dons et legs faits à la commune sans charges, condition, ni affectation immobilière et ne donnant pas lieu à réclamation; 13° le vote des contributions extraordinaires, dans la limite du maximum fixé par le Conseil général, jusqu'à 5 centimes, pendant 5 ans, pour en affecter le produit à des dépenses extraordinaires d'utilité communale; 14° le vote de 3 centimes extraordinaires affectés aux chemins vicinaux ordinaires;

15º le vote des emprunts communaux remboursables sur les centimes extraordinaires, ou si l'amortissement ne dépasse pas 12 ans, sur les ressources ordinaires; 16º la suppression ou la diminution des taxes d'octroi; 17º la prorogation des taxes principales d'octroi pour 5 ans au plus; 18º l'augmentation des taxes principales jusqu'à concurrence d'un décime pour 5 ans au plus; 19º les comptes des receveurs municipaux.

Les délibérations du Conseil qui ne deviennent exécutoires qu'après avoir été approuvées par le préfet et dans certains cas par le Ministre ou le Président de la République portent sur les objets suivants : 1º le budget, ainsi que toutes les dépenses et toutes les recettes; excepté celles qui ont été énumérées déjà (13º à 19º); 2º les tarifs et règlements de perception des revenus communaux qui n'ont pas été indiqués précédemment; 3º les acquisitions non mentionnées déjà, les aliénations et échanges de propriétés communales, leur affectation à des services publics; 4º la délimitation ou le partage des biens indivis entre plusieurs communes ou sections de commune; 5º les baux dont la durée excède 18 ans ou ceux des biens pris à loyer par la commune; 6º les projets de construction, de grosses réparations et de démolitions qui dépassent le 5º des revenus ordinaires; 7º l'ouverture des rues, des places publiques, les projets d'alignement de voirie municipale; 8º le parcours et la vaine pâture; 9º l'acceptation des dons, des legs faits à la commune avec charges, conditions, et affectation immobilière, lorsqu'il y a réclamation de la famille (un décret est nécessaire pour l'approbation, il doit être rendu en Conseil d'État quand le legs dépasse 50 000 francs); 10º les actions judiciaires et les transactions (autorisation du conseil de préfecture et du préfet); 11º l'établissement des marchés d'approvisionnement; 12º les contributions extraordinaires dépassant 5 centimes, sans excéder le maximum voté par le Conseil général et ne portant pas sur plus de 12 années; 13º les emprunts remboursables sur ces contributions extraordinaires ou si le remboursement n'excède pas un délai de 12 ans sur les ressources ordinaires; 14º une contribution extraordinaire ne dépassant pas 4 centimes, mais s'ajoutant aux centimes spéciaux sur l'instruction primaire pour l'entretien d'une ou plusieurs écoles gratuites. Le conseil municipal vote encore, sauf approbation du Conseil général : 1º les modifications aux règlements ou périmètres existants; 2º l'assujettissement à la taxe d'objets non encore imposés dans le tarif local; 3º l'établissement ou le renouvellement d'une taxe sur des objets non-compris dans le tarif général établi, après avis des conseils généraux, par un règlement d'administration publique; 4º l'établissement ou le renouvellement d'une taxe excédant le maximum fixé par le tarif général; 5º la prorogation des taxes additionnelles actuellement existantes; 6º l'augmentation des taxes principales au delà d'un décime. Il vote encore des contributions extraordinaires qui dépassent le maximum fixé par le Conseil général et des emprunts remboursables sur ressources extraordinaires dans un délai qui dépasse 12 ans, mais ces votes doivent être autorisés par décret; le décret doit être rendu en Conseil d'État, si la commune a un revenu supérieur à 100000 francs; il faut une loi s'il s'agit d'un emprunt avec prime, d'un emprunt qui, à lui seul ou joint à d'autres emprunts non remboursés, dépasse 1 million. Il vote enfin, sauf approbation par décret rendu en Conseil d'État, l'établissement des taxes d'octroi.

Le Conseil municipal est appelé à donner son avis sur les objets suivants : 1º les circonscriptions relatives au culte et à la distribution des secours publics ; 2º les projets d'alignement de grande voirie dans l'intérieur des villes, bourgs et villages ; 3º l'acceptation des dons et legs faits aux établissements de charité et de bienfaisance; 4º les autorisations d'emprunter, d'acquérir, d'échanger, d'aliéner, de plaider ou de transiger demandées par ces établissements, par les fabriques des églises et autres administrations préposées à l'entretien des cultes dont les ministres sont salariés par l'État; 5º les budgets et les comptes des établissements de charité et de bienfaisance ainsi que des fabriques et autres administrations déjà indiquées, lorsqu'elles reçoivent des secours sur les fonds communaux; 6º la création des bureaux de bienfaisance, qu'établit le préfet, etc. Il peut exprimer des vœux sur tous les objets d'intérêt local, il peut en faire, par exemple, pour que la direction de l'école communale soit confiée à un instituteur de son choix, etc. Les vœux politiques sont interdits au Conseil municipal, comme au Conseil général.

Le Conseil municipal choisit parmi ses membres la *municipalité*, les maires et les adjoints, il nomme un ou plusieurs délégués sénatoriaux (ch. XXXI).

Le Conseil municipal est élu au scrutin de liste pour 4 ans, par les électeurs qui figurent sur les listes municipales et parmi les électeurs municipaux de 25 ans qui remplissent les conditions de domicile exigées par la loi et ne sont pas déclarés inéligibles par elle. Le nombre des conseillers municipaux varie depuis 10 jusqu'à 36 pour les communes autres que Paris. Le conseil a par an 4 sessions ordinaires et peut avoir des sessions extraordinaires, prescrites ou autorisées par le préfet ou le sous-préfet. Il peut être suspendu par le préfet et dissous par décret. Il prend des délibérations qui sont exécutoires sauf le veto du préfet, il en prend qui deviennent exécutoires après l'approbation du préfet, du Ministre, du Conseil général ou des Chambres; il donne des avis et exprime des vœux sur les questions d'intérêt local. Les vœux politiques lui sont interdits.

Il élit la municipalité, nomme un ou plusieurs délégués sénatoriaux.

La municipalité, le maire et les adjoints. — Le maire, assisté par un ou plusieurs adjoints, a des fonctions diverses qui en font le *délégué* du pouvoir central et le *représentant* de la commune. Les lois qui ont réglé, depuis 1791, l'administration des communes, ont considéré le maire tantôt comme étant essentiellement le délégué du pouvoir central et tantôt comme devant avant tout représenter la commune : elles l'ont fait nommer dans le premier cas par le pouvoir central, dans le second cas par le conseil municipal; quelquefois elles ont distingué les communes d'après leur population et réservé seulement au pouvoir central la nomination des municipalités des communes les plus importantes. Aujourd'hui les conseillers municipaux choisissent parmi eux les maires et les adjoints (loi du 24 mars 1882).

L'élection a lieu au scrutin secret et à la majorité absolue. Les maires et adjoints peuvent être suspendus pendant 2 mois par le préfet, mais l'arrêté cesse d'avoir son effet si, dans cet intervalle, il n'est confirmé par le Ministre de l'intérieur; ils sont révoquées par décret et ne peuvent être réélus qu'après une année. Les adjoints sont chargés de suppléer, d'aider ou de remplacer le maire : il y en a un dans les communes qui ne dépassent pas 2 500 h., 2 dans celles qui en ont 2 501 à 10 000, un de plus par 20 000 habitants dans celles qui ont plus de 10 000.

Le maire est chargé de recevoir les déclarations de naissances, de décès, de mariages, d'en dresser les actes authentiques en se conformant aux prescriptions légales (ch. XXXIII) : il est *officier de l'état civil.*

Il recherche les contraventions de police, reçoit les plaintes, dresse procès-verbal quand il n'y a point de commissaire de police; il dresse, par exception et comme auxiliaire du procureur de la République, procès-verbal en toute matière pénale, en cas de flagrant délit, ou sur réquisition d'un chef de maison; il peut remplir les fonctions de ministère public auprès du juge de paix; il prononce en matière contentieuse sur les indemnités dues par les officiers dans les cantonnements ou rassemblements, sur les déclarations de prix de vente faites par les débitants de boissons : il est *officier de police judiciaire et juge du contentieux administratif.*

Non seulement il est sous l'autorité de l'administration supérieure et comme représentant du pouvoir central, chargé des fonctions précédemment indiquées, mais encore il doit publier et faire exécuter les lois, les règlements et les mesures de sûreté générale, dresser les listes électorales, prendre certaines mesures en cas d'élection, préparer le recensement des jeunes gens qui ont atteint l'âge de la conscription.

Le maire est chargé de la police municipale, de la police rurale, de la voirie municipale et de la voirie rurale; il fait des règlements ou arrêtés, ayant force de loi et frappant les contrevenants d'une amende de 1 à 5 francs sur la liberté de la circulation, la surveillance des rassemblements dans les lieux publics, l'inspection du débit des denrées, la taxe du pain et de la viande, les mesures contre les épidémies, l'époque des vendanges, le glanage et le grappillage, les rues qui ne sont pas le prolongement d'une route ou d'un chemin vicinal, l'entretien des chemins ruraux. Les arrêtés dont l'objet est temporaire peuvent être suspendus ou annulés par le préfet comme illégaux ou contraires aux intérêts généraux : ceux qui établissent un règlement permanent ne sont exécutoires qu'un mois après qu'ils ont été remis au sous-préfet et ils peuvent être suspendus ou annulés par le préfet à cette époque ou plus tard. Le maire préside le Conseil municipal, les commissions administratives des hospices, des hôpitaux et des bureaux de bienfaisance; il propose le budget et ordonnance les dépenses, conserve et administre les propriétés de la commune, en gère les revenus, surveille les établissements communaux et la comptabilité communale, dirige les travaux communaux, souscrit les marchés, passe les baux et les adjudications, souscrit les actes de vente, d'échange, de partage, d'acceptation de dons et legs, d'acquisition, de transaction, représente la commune en justice, pourvoit à tous les emplois communaux pour lesquels la loi ne prescrit pas un mode spécial de nomination, nomme les secrétaires, employés et hommes de service des mairies, les médecins chargés de constater les décès, les architectes, les agents employés aux travaux, les cantonniers (ch. XXXVI), les préposés aux péages, aux locations des places dans les marchés, halles et abattoirs, les bibliothécaires, les agents des entrepôts, les gardiens des cimetières et fossoyeurs, les concierges des bâtiments communaux, il présente, dans les villes qui ont plus de 40 000 h., les inspecteurs, brigadiers, sous-brigadiers, et agents de police, qui sont nommés par le préfet, les nomme lui-même dans les autres communes à condition de les faire agréer par le préfet; il peut les suspendre, mais ils ne peuvent être révoqués que par le préfet. *Le maire représente la commune,* il l'administre sous la surveillance de l'autorité supérieure et fait exécuter les délibérations du conseil municipal.

Le maire constitue, avec un ou plusieurs adjoints, la municipalité; le Conseil municipal choisit actuellement parmi ses membres le maire et les adjoints; le préfet peut les suspendre, mais ils ne sont révoqués que par décret. Le maire, représentant le pouvoir central, est chargé de publier et d'exécuter les lois et règlements, d'exécuter les mesures de sûreté générale, il est officier de l'état civil, officier du ministère public, de police judiciaire, juge du contentieux administratif. Comme officier municipal il est chargé, sous la surveillance de l'autorité supérieure, d'administrer, de représenter la commune et de faire exécuter les délibérations du Conseil municipal.

Le budget communal. — Le budget de la commune, préparé par le maire, voté par le Conseil municipal, est arrêté définitivement par le préfet; il doit être soumis à l'approbation du Président de la République sur la proposition du Ministre de l'intérieur, si la commune a un revenu qui dépasse 3 millions. S'il a été pourvu à toutes les dépenses obligatoires, les allocations qui concernent les dépenses facultatives ne peuvent être changées ou modifiées par l'arrêté ou le décret qui règle le budget.

Le budget communal comprend, comme le budget de l'État et du département, des recettes ordinaires et extraordinaires, des dépenses ordinaires et extraordinaires.

Dans les recettes ordinaires rentrent le revenu des propriétés que possède la commune, le 20e de l'impôt sur les chevaux et les voitures, 8 centimes par franc de l'impôt des patentes, 10 francs sur les 25 que coûte tout permis de chasse, la taxe sur les chiens, les prestations payées en argent, le prix des concessions dans les cimetières, le produit de l'expédition des actes de l'état civil, le produit des octrois, ou des impôts indirects qui frappent certains objets de consommation (vin, bière, jambon, beurre, etc.), à leur entrée en ville, les 5 centimes par franc que la loi de finances ajoute chaque année au chiffre que les contribuables doivent payer pour les contributions foncière, personnelle et mobilière, les 4 centimes additionnels sur les 4 contributions directes pour les dépenses de l'instruction primaire, les centimes additionnels pour l'entretien des chemins vicinaux, les centimes additionnels pour insuffisance de revenus. En outre les communes qui ne peuvent se suffire reçoivent de l'État ou du département diverses *subventions*. L'État répartit une somme, fixée par la loi de finances, entre les communes qui doivent prélever sur leurs revenus pour satisfaire aux dépenses de l'instruction primaire; la *Caisse des Écoles* (loi du 10 avril 1867, du 17 juin 1878) prête aux communes les sommes qui leur sont nécessaires; il en est de même de la *Caisse des chemins vicinaux*.

La commune de Fontenelle en Thiérache (Aisne) compte 850 habitants : le principal de la contribution foncière était, pour 1887, de 3823 francs, celui de la contribution personnelle et mobilière de 717 francs, celui des portes et fenêtres de 784 francs, les prévisions budgétaires le portaient à 958 francs pour les patentes. Les recettes de l'exercice 1887 comportaient pour les 5 centimes votés par la loi des finances (4540 × 0,05 =) 225 francs; pour les patentes (958 × 0,08 =) 78 francs, pour la taxe sur les chiens, 378 francs, les permis de chasse 60 francs, pour l'impôt sur les chevaux et voitures, 24 francs. Les centimes additionnels pour remise du percepteur sur l'imposition communale pour l'instruction primaire, pour les chemins vicinaux, pour insuffisance de revenus donnaient 5241 francs; la valeur des prestations était estimée à 1645 francs; l'intérêt des fonds placés au Trésor public à 110 francs; les amendes de police rurale et municipale à 2 francs; l'État accordait une subvention de 1848 francs pour l'école de garçons et l'école de filles : le total des recettes ordinaires s'élevait à 9991 francs (Cf. p. 643) pour l'exercice 1887.

La ville de Lille a 188 272 habitants. Le principal était pour 1888 de 659 788 francs pour la contribution foncière, de 608 904 francs pour les portes et fenêtres, de 547 874 francs pour la contribution personnelle et mobilière, de 1 128 873 fr. 04 pour les patentes. Les recettes ordinaires donnaient pour les 5 centimes (1 177 662 × 0,05 =) 58 883 francs; pour les 4 centimes de l'instruction primaire (2 915 436 fr. 04 × 0,04 =) 116 618 francs, pour 1 centime 1/4 affecté aux chemins vicinaux 36 455 francs, pour les patentes (1 128 873 fr. 04 × 0,08 =) 90 310 francs, pour la taxe sur les chiens 62 500 francs pour les permis de chasse 3 450 francs, pour les chevaux et voitures 2 650 francs. Les amendes de simple police étaient comptées pour 4 500 francs, la location des propriétés communales pour 32 488 fr. 60 : les rentes immobilisées pour 12 541 francs, le produit de l'octroi urbain pour 3 850 000 francs, celui de l'octroi de la banlieue pour 400 000 francs, les droits de voirie pour 94 000 francs, ceux de pesage et de mesurage pour 11 000 francs, les droits de place aux halles, foires et marchés pour 306 000 francs, les abattoirs pour 195 000 francs; les boues et immondices, la vente des fumiers pour

44000 francs; la distribution d'eau pour 370000, les cimetières pour 130000, les rétributions scolaires dans les écoles payantes de jeunes filles pour 62000. L'État y figure pour des subventions s'élevant à 49650 francs, le département pour 14348 francs; la commune de Loos, la société la Française, la chambre de commerce, l'usine à gaz donnent une participation de recettes qui monte à 136050 fr. Le total des recettes ordinaires pour l'exercice 1888 est de 6414562 fr. 60 (Cf. p. 646).

La ville de Paris compte 2269023 habitants. Les recettes ordinaires pour l'exercice 1887 comprennent 32690400 francs provenant des centimes communaux, des impositions spéciales et de la taxe sur les chiens, 5506300 francs de la part revenant à la ville dans le produit de diverses amendes et des permis de chasse, des intérêts de fonds placés au Trésor etc. L'octroi donne 137714500 francs, les halles et marchés, 7858581 fr. 81, les abattoirs 3367000 francs, les propriétés communales, 1408625 fr. 76; les concessions de terrains dans les cimetières 2412285 francs, les voitures publiques, 5215802 francs, la compagnie du gaz, 17600000 francs, les abonnements aux eaux de la ville 12037524 fr., l'État, le département, les fabriques et consistoires contribuent pour 4200370 francs à des travaux de voirie, d'architecture, etc., l'État fournit 7693825 francs pour la police municipale. Les recettes ordinaires de l'exercice 1887 sont évaluées à 256605866 fr. 37.

Il y a des dépenses obligatoires pour la commune comme pour le département : l'entretien de l'hôtel de ville ou du local affecté à la mairie, les frais de bureau et d'impression, l'abonnement au *Bulletin des lois* ou au *Bulletin des communes*, les frais de recensement, les frais relatifs à l'état civil, le traitement du receveur municipal ou du percepteur qui en exerce les fonctions, du préposé en chef de l'octroi, les frais de perception, le traitement des gardes forestiers et champêtres, le traitement et les frais de bureau des commissaires de police, les pensions des employés communaux et des commissaires de police, les frais de loyer et réparations, l'achat et l'entretien du mobilier de la justice de paix, les dépenses relatives à l'instruction primaire, l'indemnité de logement aux ministres des cultes salariés par l'État lorsqu'il n'y a pas de logement spécial, les secours aux fabriques des églises et autres administrations préposées aux cultes dont les ministres sont salariés en cas d'insuffisance de leurs revenus, justifiée par leurs comptes et budget, la quote-part de la commune pour les enfants trouvés, les grosses réparations aux édifices communaux, la clôture, l'entretien, la translation des cimetières, les frais des plans d'alignement, les frais et dépenses des conseils de prud'hommes et les menus frais des chambres consultatives des arts et manufactures, les contributions et prélèvements établis par les lois sur les biens et revenus communaux, les dettes exigibles et toutes les dépenses mises à la charge des communes par une disposition légale.

La commune de Fontenelle a inscrit pour les dépenses ordinaires de l'exercice 1887, 550 francs pour le traitement du greffier, 40 francs pour les frais de bureau ou de mairie, 37 francs pour les registres de l'état civil, 8 francs pour les impressions à la charge des communes, 12 francs pour le timbre des comptes et des registres de comptabilité communale, 15 francs pour frais de quittances, 584 pour remises du receveur municipal et du percepteur sur les impositions communales, 800 francs pour le salaire du garde champêtre, 150 francs pour l'entretien de l'église, du presbytère, de la maison commune, de la maison d'école des garçons, de la maison d'école des filles, 1645 francs pour l'emploi des prestations, 314 francs pour l'emploi des centimes ordinaires et 180 pour l'emploi des centimes spéciaux votés pour les chemins vicinaux, 1417 pour l'entretien des chemins vicinaux, des routes vicinales, 6 fr. 25 pour les enfants assistés, 500 francs de subvention au bureau de bienfaisance, 1200 francs de traitement à l'instituteur, 900 à l'institutrice, 80 francs pour achat de livres de prix, 280 francs pour fournitures classiques, 100 francs pour le chauffage des écoles, 100 francs pour le cours d'adultes, 14 francs d'indemnité de logement au pasteur protestant, 60 francs pour subvention à la fabrique, 200 francs pour fêtes publiques, etc. Les dépenses s'élèvent à 9454 fr. 89; le budget ordinaire se solde avec un *excédent* de 539 fr. 11.

La ville de Lille inscrit, pour l'exercice 1888, 121 200 francs pour les dépenses du secrétariat général, 113 250 francs pour les travaux municipaux, 3 285 170 francs pour l'octroi, 361 410 francs pour la police, 99 698 pour les sapeurs-pompiers, 2 700 pour le service de protection des enfants du 1er âge, 1 600 francs pour la bourse du travail, 72 280 pour les cimetières, 37 000 francs pour la caisse de retraite des services municipaux, 499 968 fr. 50 pour les charges et l'entretien des biens communaux, 65 000 francs pour la distribution de l'eau, 12 600 pour les médecins chargés de constater les naissances, les décès, de visiter les écoles, 6 400 francs pour l'inspection des logements insalubres, 32 683 francs pour les chemins vicinaux, 310 000 pour le nettoyage de la voie publique, 63 000 francs pour les dépenses militaires, 453 200 francs pour l'assistance publique, 102 600 francs pour 20 écoles maternelles, 553 191 fr. 50 pour écoles primaires élémentaires et gratuites (24 écoles de garçons, 21 de filles), 60170 fr. 50 pour la caisse des écoles, 48913 pour l'école primaire supérieure de garçons, 60 200 francs pour celle de filles, 103 325 pour le collège de jeunes filles, 25 000 francs pour bourses, demi-pensions, etc. au lycée national, 177 821 pour l'enseignement supérieur, 22 200 francs pour l'enseignement industriel, commercial et agronomique ; 122 250 francs pour la bibliothèque, les musées et le théâtre, 4 200 francs pour indemnités de logement à 3 curés, à 1 pasteur, au grand rabbin, 85 000 francs pour les fêtes publiques et les dépenses imprévues. Les dépenses forment un total de 4 632 897 fr. 81 et le budget ordinaire se solde avec un *excédent* de 1 781 664 fr. 79. (Cf. p. 651).

La ville de Paris inscrit, aux dépenses de l'exercice 1887, 104 921 930 fr. 35 pour la dette municipale, 5 638 600 francs pour les charges de la ville envers l'État, 6 120 885 fr. 10 pour l'administration centrale de la préfecture, la caisse municipale, les mairies d'arrondissement, 2 901 100 francs pour la garde républicaine, 5 086 900 francs pour le personnel et le matériel de la direction des travaux de Paris, 19 276 003 francs pour la voie publique, 23 833 763 fr. 40 pour l'instruction primaire et les écoles supérieures, 1 312 084 francs pour le collège Rollin, pour des bourses dans les lycées et subventions à des établissements d'enseignement supérieur, 21 259 650 francs pour l'assistance publique, les établissements de bienfaisance, etc., 25 600 457 fr. 95 pour la préfecture de police. Les dépenses sont évaluées à 256 605 866 fr. 97. Le budget ordinaire se règle *en balance*.

Les recettes extraordinaires comprennent au budget de la commune de Fontenelle pour l'exercice 1887, 180 francs provenant des 3 cent. votés pour les chemins vicinaux, 2 285 francs provenant de deux impositions extraordinaires pour construction d'une école de filles, pour établissement d'un bureau de poste. Elles s'élèvent à 2 465 francs.

Les dépenses extraordinaires comprennent 285 francs pour l'emploi de l'emprunt consacré aux chemins vicinaux, 2 465 francs provenant des 3 cent. et des deux impositions extraordinaires, en tout 2 750 ; le budget extraordinaire se solde avec un déficit de 285 fr. mais comme le budget ordinaire a un *excédent* de recettes de 539 fr. 14, le budget se solde pour l'exercice 1887 avec un excédent de 254 fr. 11.

La ville de Lille a, pour l'exercice 1888, 1 241 609 francs de recettes extraordinaires qui proviennent du produit de 20, 2 82, 2.12 centimes additionnels au principal des 4 contributions, de surtaxes sur les vins et alcools, de recettes accidentelles, des ventes de terrains, de bâtiments, etc. Les dépenses extraordinaires du même exercice s'élèvent à 2 839 091 fr. 49 pour les frais résultant des ventes de terrains, pour l'amortissement des divers emprunts de 15 millions (1860), de 6 millions (1863), de 8 millions (1868), de 8 millions (1877), de 24 millions (1884), de 2 millions (1886) et de 1 1/2 million (1887) à la Caisse des écoles, etc. Le budget extraordinaire se solde avec un *déficit* de 1 597 482 fr. 45. Mais comme les recettes ordinaires dépassent de 1 781 664 fr. 75 les dépenses, le budget se solde définitivement avec un *excédent* de recettes de 184 182 fr. 30. (Cf. p. 653).

Les recettes extraordinaires sont évaluées pour la ville de Paris dans l'exercice 1887 à 45 594 800 francs qui proviennent de la contribution de l'État dans les frais de reconstitution des actes de l'état civil, du produit de placements temporaires, de dons et legs, des ventes d'immeubles du domaine de la ville, de la cession au département de la caserne de la Cité et des hôtels d'état-major du boulevard du Palais, d'un emprunt, de la vente d'immeubles et de matériaux de démolition, de versements fait par l'État et par le département de la Seine avec affectation spéciale, etc. Les dépenses extraordinaires s'élèvent à 45 594 800 francs; elles portent sur la reconstitution des actes de l'état civil, l'emploi de dons et legs, les travaux neufs d'architecture, de voirie, la distribution générale des eaux, l'amélioration des canaux, des dépenses diverses, l'emploi du produit d'un emprunt, de la vente d'immeubles, les versements faits par l'État et le département de la Seine avec affectation spéciale, etc. Le budget extraordinaire se solde *en balance*.

Enfin le budget de la ville de Paris comprend une seconde partie dans laquelle figurent les recettes et les dépenses concernant les exercices clos. Les recettes ordinaires de cette seconde partie s'élèvent à 110 000 francs : elles sont balancées par les dépenses ordinaires qui s'élèvent à 100 000 francs et les dépenses extraordinaires qui comptent pour 10 000 francs.

Le budget communal comprend des recettes ordinaires, dans lesquelles rentrent le revenu des propriétés communales, le produit partiel ou total de certains impôts, des centimes additionnels, des octrois, des subventions de l'État ou du département, etc. Certaines dépenses sont obligatoires pour les communes. Le budget extraordinaire a des recettes et des dépenses qui comprennent les contributions extraordinaires dont l'autorisation a été accordée, les emprunts, etc., l'emploi des fonds ainsi constitués, etc.

Paris et le département de la Seine. — Paris est, en même temps que le chef-lieu d'une commune et d'un département, le siège du gouvernement et des pouvoirs publics; l'organisation départementale et communale est réglée par des lois spéciales. Le Conseil général comprend les 80 membres du conseil municipal et 8 membres élus par les cantons des arrondissements de Sceaux et de Saint-Denis. Paris n'a pas de conseil d'arrondissement, il y en a à Sceaux et à Saint-Denis. Le préfet de la Seine est en même temps sous-préfet de Sceaux et de Saint-Denis. Le préfet de police, nommé comme le préfet de la Seine par décret, est spécialement chargé, sous l'autorité immédiate des ministres, de ce qui concerne la police proprement dite. Il a le droit de présider le conseil de préfecture dans les cas où il doit prononcer sur les matières contentieuses de son administration, il soulève les conflits dans les affaires de son ressort (ch. xxxii); il nomme les fonctionnaires et employés dont le choix n'est pas réservé au pouvoir central. Le Conseil municipal comprend 80 membres pour les 20 arrondissements et les 80 quartiers de Paris. Les fonctions de maire sont remplies par les deux préfets; il y a dans chaque arrondissement un maire et 3 adjoints qui sont nommés par décret et dont les fonctions gratuites sont incompatibles avec celles de conseiller municipal, ils tiennent les registres de l'état civil, dressent la liste des jurés, des électeurs politiques, municipaux ou commerciaux, président les bureaux de bienfaisance, délivrent des certificats, légalisent les signatures, reçoivent les réclamations des contribuables, etc.

Le Conseil général de la Seine comprend les membres du Conseil municipal de Paris et des conseils d'arrondissement de Sceaux et de Saint-Denis. Le préfet de la Seine est en même temps sous-préfet de Sceaux et de Saint-Denis, maire de Paris. Le préfet de police est chargé d'une partie des attributions qui appartiennent aux préfets des départements et aux maires des communes. Il y a dans chaque arrondissement un maire et 3 adjoints nommés par décret, auxquels le préfet de la Seine délègue une partie de ses fonctions municipales.

COMMUNE DE FONTENELLE

Budget pour l'exercice 1887

Principal de la contribution foncière, bâtie	644	»
— — non bâtie	3.179	»
— — personnelle et mobilière	717	»
— — des portes et fenêtres	781	»
— — des patentes	958	»
TOTAL	6.279	»

TITRE PREMIER. — RECETTES

Chapitre premier. — Recettes ordinaires

5 cent. additionnels	225	»
8 cent. sur les patentes	78	»
Amendes de police rurale et municipale	2	»
Taxe sur les chiens	378	»
Intérêt des fonds placés au trésor public	110	»
Permis de chasse (part de la commune)	60	»
Instruction primaire { subvention de l'État (garçons) / — (filles) }	1.818	»
Impôt sur les chevaux et voitures (part de la commune)	24	»
Centimes additionnels pour remises du percepteur sur impositions communales (20 juillet 1837)	260	»
Centimes additionnels pour l'instruction primaire	250	»
Centimes additionnels pour insuffisance de revenus (dépenses obligatoires)	1.492	»
Centimes additionnels pour les chemins vicinaux (loi de 1836)	314	»
Valeur des prestations	1.645	»
Centimes additionnels pour insuffisance de revenus (dépenses facultatives)	2.925	»
TOTAL DES RECETTES ORDINAIRES	9.991	»

Chapitre II. — Recettes extraordinaires

3 centimes pour chemins vicinaux (loi du 5 avril 1884, art. 141)	180	»
Imposition extraordinaire pour construction, école de filles	1.354	»
Imposition extraordinaire pour établissement d'un bureau de poste	931	»
TOTAL DES RECETTES EXTRAORDINAIRES	2.465	»

TITRE II. — DÉPENSES

Chapitre premier. — Dépenses ordinaires

§ 1er. Frais d'administration.

Traitement du greffier. O	550	»
Frais de bureau ou de mairie. O	40	»
Frais des registres de l'état civil. O	37	»
Impressions à la charge des communes. O	8	»
Frais d'impression des taxes sur les chiens...........	13	14
Timbre des comptes et des registres de comptabilité communale. O	12	»
Frais de timbre pour quittances. O	15	»
Remises du receveur municipal. O	324	»
— du percepteur, sur impos. communales. O.	260	»
Salaire du garde champêtre. O	800	»
Annuaire du département	3	»
Abonnement au Bulletin des communes. O	4	»
Bulletin annoté des lois......................	3	»
— de l'instruction primaire..............	2	»

§ 2. Entretien des propriétés.

Contribution des biens communaux	1	50
Entretien de l'église. O	30	»
— du presbytère. O	30	»
— de la maison commune. O	30	»
— de la maison d'école des garçons. O	30	»
— de la maison d'école des filles. O	30	»
Visite des fours et cheminées. O................	5	»

§ 3. Vicinalité.

Emploi des prestations recouvrées pour les chemins vicinaux. O	1.645	»
Emploi des centimes ordinaires votés pour les chemins vicinaux (loi de 1836). O	314	»
Emploi des centimes spéciaux votés pour les chemins vicinaux (loi de 1837)	180	»
Entretien des chemins vicinaux.................	1.117	»
— des rues vicinales.................		

§ 4. Assistance publique.

Contingent dans la dépense des enfants assistés. O.....	6	25
Subvention au bureau de bienfaisance.............	500	»
A reporter........................	5.989	89

§ 5. *Instruction primaire.*

Report	5.989	89
Traitement de l'instituteur	1.200	»
— de l'institutrice	900	»
Achat de livres pour prix	80	»
Fournitures classiques aux élèves indigents (subvention à la Caisse des écoles)	280	»
Allocation à la société de secours mutuels des instituteurs . .	10	»
Subvention pour le concours cantonal des écoles primaires.	10	»
Chauffage des écoles	100	»
Cours d'adultes	100	»
Entretien du mobilier des écoles	50	»

§ 6. *Cultes.*

Indemnité de logement au pasteur protestant	14	»
Subvention à la fabrique. O	60	»

§ 7. *Dépenses diverses.*

Fêtes publiques	200	»
Dépenses imprévues	100	»
Reliure des imprimés	10	»
TOTAL DES DÉPENSES ORDINAIRES	9.451	89

Chapitre II. — Dépenses extraordinaires

Emprunt pour chemins vicinaux	285	»
Emploi des 3 centimes pour chemins vicinaux (loi de 1884).	180	»
— de l'imposition pour établissement d'une école de filles.	1.354	»
— de l'imposition pour établissement bureau de poste. .	931	»
TOTAL	2.750	»

Récapitulation générale

Recettes ordinaires et extraordinaires	12.456	»
Dépenses ordinaires et extraordinaires	12.201	89
EXCÉDENT	254	11

VILLE DE LILLE

Propositions du maire pour la formation du budget de 1888

Principal des contributions directes.

		1887
Contribution foncière		659.788 »
— des portes et fenêtres		608.901 »
— personnelle et mobilière		517.874 »
— des patentes		1.128.873.04
TOTAL		2.915.436.04

BUDGET ORDINAIRE

Titre premier

Recettes.

	RECETTES		
	Portées au compte de 1886	Inscrites au budget de 1887	Proposées pour 1888
1. 5 cent. additionnels aux contributions foncière, personnelle et mobilière	57.994.35	57.982 »	58.883 »
2. 4 cent. additionnels au principal des 4 contributions directes pour les dépenses de l'instruction primaire	116.560.55	116.655 »	116.618 »
3. 1 1/4 cent. additionnels au principal des 4 contributions directes pour l'entretien des chemins vicinaux	38.756.37	38.885 »	36.455 »
A reporter	213.311.27	213.522 »	211.956 »

BUDGET ORDINAIRE

Titre premier

Recettes.

	RECETTES		
	Portées au compte de 1886	Inscrites au budget de 1887	Proposées pour 1888
Report	213.311,27	213.522 »	211.956 »
4. Frais de perception des impositions communales.	27.102,81	26.371 »	28.172 »
5. Prélèvement de 8 cent. sur le principal des patentes	92.050,69	92.240 »	90.310 »
6. Taxe municipale sur les chiens.	61.892 »	62.000 »	62.500 »
7. Permis de chasse (part de la ville.)	3.430 »	3.400 »	3.450 »
8. Chevaux et voitures (part de la ville.)	2.643,57	2.650 »	2.650 »
9. Amendes de simple police.	4.365,28	4.900 »	4.500 »
10. — pour contraventions à la police de la chasse		50 »	50 »
11. Location de propriétés communales (maisons, terrains, moulins.)	31.969,40	31.563,60	32.488,60
12. Sous location de propriétés prises en bail (bâtiments militaires.)	775 »	1.360 »	625 »
13. Redevances annuelles pour tolérances accordées sur la voie publique . . .	7.951 »	9.557 »	8.057 »
14. Rentes immobilisées (donations, fondations, legs, etc.)	12.541 »	12.541 »	12.541 »
15. Kiosques.	3.000 »	3.000 »	3.000 »
16. Octroi urbain	3.706.089,39	3.700.000 »	3.850.000 »
17. — de la banlieue	371.792,74	380.000 »	400.000 »
18. Saisies et amendes en matière d'octroi (part de la ville.)	5.496,42	8.000 »	7.000 »
19. Remises aux employés de l'octroi sur les droits perçus au profit du trésor	5.156,23	5.500 »	5.500 »
20. Droits de voirie	94.241 30	91.000 »	94.000 »
21. — pesage et de mesurage	10.990,30	12.000 »	11.000 »
22. — jaugeage	320,63	700 »	400 »
A reporter.	4.635.319,03	4.660.454,60	4.827.699,60

BUDGET ORDINAIRE

Titre premier

Recettes.

	RECETTES		
	Portées au compte de 1886	Inscrites au budget de 1887	Proposées pour 1888
Report.	4.635.319.03	4.660.454.60	4.827.699.60
23. Droits de place aux halles, foires et marchés.	305.818.44	300.000 »	306.000 »
24. — stationnement des bateaux.	14.729.81	13.700 »	14.700 »
25. — vérification des viandes.	27.423.67	28.000 »	28.000 »
26. Abattoir	194.030.12	196.000 »	195.000 »
27. Vente à la criée aux halles centrales.	10.328.90	15.000 »	11.000 »
28. Entrepôt des sucres.	9.890.77	12.000 »	10.000 »
29. — de douanes et annexes de Wattrelos et de Loos.	22.789.45	25.000 »	23.000 »
30. Boues et immondices. — Vente des fumiers.	43.917.21	44.000 »	44.000 »
31. Distribution d'eau.	370.280.42	340.000 »	370.000 »
32. Bains à prix réduits.	7.422 »	7.500 »	7.500 »
33. École de natation.	3.150 »	4.200 »	4.200 »
34. Water-closets	3.715.20	4.000 »	4.000 »
35. Parties de la voie publique cédées aux riverains.	24.200 »	20.000 »	24.000 »
36. Vente des matériaux de démolitions	11.307.82	20.000 »	12.000 »
37. — du lait des chèvres du jardin Vauban	1.240.20	1.200 »	1.200 »
38. — des fruits des jardins publics	541.15	800 »	600 »
39. Vente des catalogues des musées et de la bibliothèque	136 »	250 »	200 »
40. — du plan de la ville agrandie		50 »	50 »
41. Expédition des actes administratifs et de l'État civil	1.181 »	1.400 »	1.200 »
A reporter.	5.686.821.25	5.693.554.60	5.884.149.60

BUDGET ORDINAIRE

Titre premier

Recettes.

	RECETTES		
	Portées au compte de 1886	Inscrites au budget de 1887	Proposées pour 1888
Report.....................................	5.686.821.25	5.693.554.60	5.884.149.60
42. Cimetières.................................	130.208.74	110.000 »	130.000 »
43. Rétributions scolaires dans les écoles payantes de jeunes filles (Fénelon, Sévigné, Florian, Legouvé)...........................	61.514.50	65.000 »	62.000 »
44. Rétributions scolaires dans les écoles payantes de garçons (Rollin et Montesquieu.).	14.570 »	16.000 »	15.000 »
45. Redevances pour dépôt des dessins de fabrique.....................	355 »	400 »	400 »
46. Intérêt des fonds déposés au Trésor.........................	1.577.12	5.000 »	2.000 »
47. Taxe pour visites sanitaires...........................	6.587 »	7.100 »	7.000 »
48 à 55. Subventions de l'État (conservatoire, écoles académiques, enseignement secondaire des jeunes filles, faculté mixte de médecine et de pharmacie, musée commercial, service des enrôlements volontaires, commissaire central)............	54.188.33	56.150 »	49.650 »
56 à 58. Subvention du département (travaux vicinaux, faculté, service des enfants du 1ᵉʳ âge).....................................	14.286.50	14.648 »	14.348 »
59 à 63. Participation (commune de Loos, société la Française, chambre de commerce, usine à gaz)................................	105.582.51	104.250 »	106.250 »
64 à 67. Remboursements (pavage, éclairage par les compagnies du gaz, les facultés, le lycée, avances pour droits de transmission et impôts par les porteurs d'obligations, etc.).......................................	115.116.60	125.700 »	136.650 »
68 et 69. Fondations (Leleux et Vermeulen-Dumoulin)...........	2.364 »	2.640 »	7.015 »
TOTAUX.............................	6.193.171.55	6.100.442.60	6.314.862.60

TITRE II

Dépenses.

Chapitre premier

	Portées au compte de 1886	Inscrites au budget de 1887	Proposées pour 1888
	DÉPENSES		
1. Secrétariat général (secrétariat, comptabilité, contentieux, contributions et élections, service militaire, état civil, archives).	124.965.69	123.700 »	121.200 »
2. Recette municipale	33.416.10	34.785.06	34.785.31
3. Travaux municipaux	111.879.55	112.850 »	113.250 »
4 et 5. Octroi (frais de pension, distribution aux employés, des remises allouées par l'État).	329.114.76	333.020 »	335.170 »
6. Police	361.449.08	361.410 »	361.410 »
7. Sapeurs-pompiers	99.658.52	99.698 »	99.698 »
8. Service de protection des enfants du 1ᵉʳ âge	2.444 »	2.500 »	2.700 »
9. Bourse du travail	1.507.50	1.600 »	1.600 »
10. Conseil des prudhommes	6.671.54	6.800 »	6.800 »
11. Pesage et mesurage publics	6.849.80	6.850 »	6.850 »
12 à 14. Marché aux grains, halles centrales, foires et marchés	21.648.31	21.650 »	22 010 »
15. Cimetières	12.234.40	12.280 »	12.280 »
16 à 18. Entrepôts	28.270.75	30.713 »	30.713 »
19. Foire annuelle	2.297.67	2.300 »	2.300 »
20 et 21. Traitement du concierge de la mairie, d'afficheurs	2.100 »	2.100 »	2.100 »
22. Frais de perception des impositions communales	27.102.81	26.371 »	28.172 »
23 à 29. Frais d'établissement du rôle de la taxe des chiens, indemnité aux employés des contributions indirectes, traitement d'un collecteur des droits de voirie, gratifications			
A reporter	1.171.619.48	1.178.627.06	1.181.038.31

TITRE II

Dépenses.

Chapitre premier

	DÉPENSES		
	Portées au compte de 1886	Inscrites au budget de 1887	Proposées pour 1888
Report..	1.171.619.48	1.178.627.06	1.181.038.31
aux employés de l'octroi, frais de procédure, indemnités aux juges de paix, dépenses de la prison municipale, etc.....	22.206.50	28.250 »	25.000 »
30. Caisse de retraite des services municipaux............	27.000 »	27.000 »	37.000 »
31. Habillement d'employés municipaux...................	22.896.87	34.370 »	34.370 »
32. Avance pour droit de transmission et impôt sur le revenu des obligations.......	100.466.56	110.000 »	110.000 »
33 à 35. Service télégraphique............................	5.400 »	5.400 »	5.400 »
Chapitre II			
36 à 50. § 1. Charges et entretien des biens communaux........	464.839.47	477.152.50	499.968.50
§ 2. Salubrité, hygiène, santé publique.			
51. Distribution d'eau....................................	64.988.01	65.000 »	65.000 »
52. Arrosements des rues et promenades..................	7.983.65	8.000 »	8.000 »
53. Entretien des pompes publiques.......................	488.62	500 »	500 »
54. Établissement des bains à prix réduits.................	5.699.55	5.700 »	5.700 »
55. Propagation de la vaccine............................	2.669.70	2.500 »	2.700 »
56. Médecins constatant les naissances, les décès, visitant les écoles.	12.483.33	12.600 »	12.600 »
A reporter....................	1.908.751.74	1.954.499.56	1.987.276.81

	DÉPENSES		
TITRE II *Dépenses.* Chapitre II	Portées au compte de 1886	Inscrites au budget de 1887	Proposées pour 1888
Report..	1.908.751.74	1.954.499.56	1.987.276.81
57. Service médical de jour et de nuit........................	4.604 »	5.000 »	4.000 »
58. Abattoir..	13.456.29	13.460 »	13.880 »
59. Subvention au propriétaire du clos d'équarrissage de Hem....	3.000 »	3.000 »	3.000 »
60. Vérification des viandes et des denrées alimentaires.........	7.200 »	7.200 »	7.200 »
61. Inspection des logements insalubres.......................	5.584.48	6.100 »	6.100 »
62. Water-closets.......................................	4.195.14	4.200 »	4.200 »
§ 3. *Voirie.*			
63. Chemins de grande communication et d'intérêt commun......	5.914 »	6.457 »	6.237 »
64 et 65. Chemins vicinaux et indemnité à l'agent voyer.........	35.503.43	34.843 »	32.683 »
66. Curage des canaux....................................	44.998.61	45.000 »	45.000 »
67. Curage des égouts....................................	11.968.83	12.000 »	12.000 »
68. Entretien des aqueducs, ponts, etc.......................	10.996.23	14.000 »	14.000 »
69. — chaussées pavées...................	79.996.23	80.000 »	60.000 »
70. — — empierrées.....................	15.998.59	18.000 »	18.000 »
71. Enlèvement des neiges et des glaces......................	9.993.62	10.000 »	10.000 »
72. Nettoiement de la voie publique.........................	310.108.32	285.000 »	310.000 »
73 à 82. Nettoiement des marchés couverts, plaques indicatives, terrains réunis à la voie publique, démolition d'immeubles, indemnités aux agents des ponts et chaussées, etc.	26.573.47	27.800 »	27.800 »
A reporter..	2.498.841.98	2.518.759.56	2.561.376.81

TITRE II *Dépenses.* **Chapitre III**	DÉPENSES		
	Portées au compte de 1886	Inscrites au budget de 1887	Proposées pour 1888
Report........................	2.498.841.98	2.518.759.56	2.561.376.81
83 à 85. Dépenses militaires (canonniers sédentaires, familles de réservistes)......	53.849.21	67.000 »	63.000 »
Chapitre IV			
86 à 101. Assistance publique (hospices, bureau de bienfaisance, enfants assistés, aliénés, sourds-muets, aveugles, invalides du travail, etc.).................	469.932.85	463.350 »	453.200 »
102. Pensions et secours............	6.582.50	5.935 »	5.435 »
103 à 110. Fondations.............	15.221.15	15.495 »	21.795 »
Chapitre V *Enseignement primaire.*			
111. Personnel et frais de bureau de la direction..............	10.389.78	10.600 »	10.600 »
112. Écoles maternelles (20)..........	93.656.35	101.750 »	102.600 »
113. Écoles primaires élémentaires gratuites (24 écoles de garçons, cours d'apprentis et d'adultes, 21 écoles de filles).............	539.213.30	539.341.50	553.191.50
114. Caisse des écoles.............	54.813.25	60.170.50	60.170.50
115. École primaire supérieure de garçons........	45.226.55	45.513 »	48.913 »
116. — — de filles.............	59.859.87	61.000 »	60.200 »
A reporter...............	3.844.586.79	3.888.914.56	3.940.481.81

TITRE II

...Dépenses...

Chapitre V

	DÉPENSES		
	Portées au compte de 1886	Inscrites au budget de 1887	Proposées pour 1888
Report...............................	3.844.586.79	3.888.914.56	3.940.481.81
117. Écoles Rollin et Montesquieu............	34.330.81	34.950 »	35.550 »
Enseignement secondaire.			
118. Collège de jeunes filles et annexes.......	98.694.87	105.785 »	103.325 »
119. Lycée national (bourse, etc.)............	22.717.75	25.000 »	25.000 »
Enseignement supérieur.			
120 à 123. Faculté de médecine, des sciences, cours de lettres, bourses d'enseignement supérieur...	252.619.78	253.150 »	177.821 »
124. Enseignement des langues vivantes (anglais et allemand)............	4.200 »	4.500 »	4.500 »
125 à 142. Enseignement des beaux-arts (écoles académiques, cours de dessin, conservatoire, pensions d'élèves à Rome et à Paris)......	86.394.42	89.350 »	89.950 »
143 à 145. Enseignement industriel, commercial et agronomique (école des chauffeurs, cours de filature de lin, de coton et de tissage, institut industriel)...........	19.874.86	22.200 »	22.200 »
Chapitre VI			
146 à 151. Subsides (société des sciences, de médecine, des concerts populaires, de météorologie, hippique des courses).........	20.100 »	20.100 »	20.100 »
A reporter................	4.183.519.28	4.413.949.56	4.418.927.81

TITRE II

Dépenses.

Chapitre VII

	DÉPENSES		
	Portées au compte de 1886	Inscrites au budget de 1887	Proposées pour 1888
Report...	4.183.519.28	4.413.949.56	4.418.927.81
152 à 154. Bibliothèque, musées, théâtre................	123.035.98	119.850 »	122.250 »

Chapitre VIII

Cultes.

155 à 159. Indemnités de logement à trois curés, à un pasteur, au grand rabbin.....	3.636 »	4.200 »	4.200 »

Chapitre IX

160 à 161. Dépenses imprévues, fêtes publiques...................	84.983.97	85.000 »	85.000 »
TOTAUX................	4.395.175.23	4.622.999.56	4.630.377.81

Récapitulation.

Recettes................	6.414.562.60
Dépenses................	4.632.897.81
EXCÉDENT DE RECETTES........	1.781.664.79

	RECETTES		
TITRE II Budget extraordinaire	Portées au compte de 1886	Inscrites au budget de 1887	Proposées pour 1888
Recettes.			
1 à 7. 20 cent. 2 cent. 82/100, 2 cent. 12/100 additionnels au principal des 4 contributions, surtaxes sur les vins, alcools, recettes accidentelles, ventes de terrains, de bâtiments, etc.	1.281.853.84	1.310.217 »	1.241.609 »
Dépenses.			
1 à 5. Frais résultant des ventes de terrains, service de l'amortissement	2.706.277.45	2.799.531.99	2.839.091.49
EXCÉDENT DE DÉPENSES.			1.597.482.49
Résumé.			
Excédent de recettes du budget ordinaire . . . . 1.781.664:79 Excédent de dépenses du budget extraordinaire . . . . 1.597.482.49 EXCÉDENT DE RECETTES 184.182.30			

VILLE DE PARIS
Projet de budget de l'exercice 1887

Principal de la contribution foncière	15.755.592 »
— — personnelle et mobilière	11.297.787 »
— — des portes et fenêtres	6.133.494 »
— — des patentes	23.735.284.42
TOTAL	56.922.157.42

Recettes propres à l'exercice 1887 *Recettes ordinaires.*	Recettes constatées en 1885	Recettes admises au budget de 1886	Propositions du préfet
Chapitre premier. — *Centimes communaux.* — *Impositions spéciales.* — *Taxes sur les chiens* (5 cent. ordinaires additionnels au principal de la contribution foncière, personnelle et mobilière, 4 cent. spéciaux obligatoires additionnels au principal des 4 contributions pour les dépenses de l'instruction primaire; 27 cent. extraordinaires additionnels au principal des contributions foncière, personnelle-mobilière, des portes et fenêtres; 17 cent. extraordinaires additionnels au principal des patentes, 17 cent. extraordinaires additionnels au principal des contributions foncière, personnelle-mobilière, des portes et fenêtres; 5 cent. additionnels au principal des patentes; 4 cent. spéciaux, facultatifs additionnels au principal des 4 contributions directes pour dépenses de l'instruction primaire; 4 cent. extraordinaires additionnels au principal des 4 contributions directes et 20 cent. supplémentaires additionnels au principal de la contribution foncière; attribution sur le produit de l'imposition spéciale de 2 cent. 1/2 additionnels à la contribution des patentes pour la création de la bourse du commerce, de 8 cent. sur le principal des patentes, du 20ᵉ sur l'impôt des chevaux et voitures, taxe municipale sur les chiens).	26.029.125.41	29.046.200 »	32.690.400 »

Recettes propres à l'exercice 1887 *Recettes ordinaires.*	Recettes constatées en 1885	Recettes admises au budget de 1886	Propositions du préfet
Report...	26.020.125.41	29.046.200 »	32.690.400 »
Chapitre II. — *Part revenant à la ville dans le produit de diverses amendes et des permis de chasse. Intérêts de fonds placés au Trésor. Recouvrement sur les porteurs d'obligations municipales des droits avancés pour leur compte* (produit des amendes de police municipale, de police correctionnelle, en matière de grande voirie, de délits de chasse, part revenant à la ville dans le prix des permis de chasse, intérêt des fonds provenant des ressources ordinaires placés au Trésor public, des comptes courants des trésoriers payeurs généraux, recouvrement sur les porteurs d'obligations municipales pour droits de transmission et pour l'impôt de 3 % sur le revenu, les lots et les primes de remboursement)...........................	5.371.122.43	5.357.300 »	5.506.300 »
Chapitre III. — *Octroi* (produit des droits d'octroi, etc.)................	135.598.239.53	136.229.500 »	137.714.500 »
Chapitre IV. — *Droits d'expédition d'actes et prix de vente d'objets mobiliers*....	254.968.85	249.000 »	249.000 »
Chapitre V. — *Halles et marchés* (1re section, droits perçus d'après les quantités mises en vente dans les marchés et halles d'approvisionnement, halles centrales et marchés divers; 2e section, droits perçus à raison des emplacements occupés, halles centrales, aux grains et aux farines, marchés; 3e section, marchés dont l'exploitation a été concédée à des compagnies particulières, 4e section, droits de stationnement)......	7.608.790.85	7.753.281.81	7.858.581.81
Chapitre VI. — *Poids public*.................................	234.422.35	228.000 »	234.000 »
Chapitre VII. — *Abattoirs*...................................	3.371.723.25	3.380.000 »	3.367.000 »
Chapitre VIII. — *Entrepôts*..................................	3.160.889.62	3.187.000 »	3.085.000 »
Chapitre IX. — *Produits des propriétés communales* (1re section, loyers de propriétés communales, 2e section, prix de tolérances et autorisations temporaires concédées sur			
A reporter........................	181.620.282.92	185.425.281.81	190.704.781.81

Recettes propres à l'exercice 1887 — *Recettes ordinaires.*	Recettes constatées en 1885	Recettes admises au budget de 1886	Propositions du préfet
Report...	181.629.282,92	185.425.281,81	190.704.781,81
des immeubles communaux; 3ᵉ section, redevances payées par des propriétaires d'immeubles frappés de réserves domaniales)...................	1.530.167,54	1.522.021,76	1.408.625,76
Chapitre X. — *Taxes funéraires* (taxe des inhumations, des exhumations, etc.)....	978.404,45	994.725 »	999.230 »
Chapitre XI. — *Concessions de terrains dans les cimetières* (pour sépultures perpétuelles, temporaires, etc.)............................	2.402.475,18	2.312.181 »	2.412.285 »
Chapitre XII. — *Legs et donations pour des œuvres de bienfaisance*...........	7.338,50	20.821 »	21.045 »
Chapitre XIII. — *Locations sur la voie publique et dans les promenades publiques* (concessionnaires du droit de louer des chaises, des emplacements occupés par des urinoirs lumineux et chalets de nécessité, des kiosques à journaux, Champs-Élysées, bois de Boulogne, de Vincennes, etc.)................................	1.650.502,79	1.506.852 »	1.498.476 »
Chapitre XIV. — *Voitures publiques* (voitures publiques de place et de remise, omnibus et tramways)...................................	5.024.090,72	5.249.902 »	5.215.802 »
Chapitre XV. — *Droits de voirie* : : : : : : : : : : : : : : : : : :	567.150,14	600.000 »	600.000 »
Chapitre XVI. — *Vente de matériaux provenant du service des travaux. Cession de parcelles de terrains retranchées de la voie publique*................	263.716,48	293.000 »	223.000 »
Chapitre XVII. — *Contributions pour travaux de voirie, d'architecture, de pavage de nettoiement et pour frais d'éclairage* (caserne de la garde républicaine, acquisitions et construction d'églises, temples et presbytères, etc.)...........	3.861.748,28	4.234.565 »	4.200.370 »
Chapitre XVIII. — *Contributions de l'État et du département de la Seine dans les frais d'entretien et de nettoiement du pavé de Paris*..................	3.900.000 »	3.900.000 »	3.900.000 »
Chapitre XIX. — *Taxe du balayage*................................	2.849.271,74	2.800.000 »	2.800.000 »
A reporter..	202.164.148,74	208.859.349,57	213.983.615,57

Recettes propres à l'exercice 1887 *Recettes ordinaires.*	Recettes constatées en 1885	Recettes admises au budget de 1885	Propositions du préfet
Report..	202.164.148.74	200.859.349.57	213.983.615.57
Chapitre XX. — *Redevances diverses payées par la compagnie parisienne d'éclairage et de chauffage par le gaz*...........................	17.496.116.84	18.150.000 »	17.600.000 »
Chapitre XXI. — *Abonnements aux eaux de la ville, produit des canaux et de divers immeubles dépendant des établissements hydrauliques*...............	11.562.472.88	12.468.907 »	12.037.524 »
Chapitre XXII. — *Exploitation des voiries, vidanges, égouts*.	1.831.904.85	2.060.500 »	2.089.200 »
Chapitre XXIII. — *Recettes et rétributions perçues dans divers établissements d'instruction publique, legs et donations (collèges Rollin, Chaptal, écoles Say, etc.).*.....	2.208.270.73	2.780.818.40	2.645.313.40
Chapitre XXIV. — *Contribution de l'État dans les dépenses de la police municipale*..	7.693.825 »	7.693.825 »	7.693.825 »
Chapitre XXV. — *Recettes diverses et imprévues* (laboratoire municipal de chimie, fourrière, etc.)...........	752.080.58	550.699 »	556.389 »
TOTAL DES PROPOSITIONS DU PRÉFET.................			256.605.866.97
Recettes extraordinaires 1° *Fonds généraux :*			
Chapitre XXVII à XXXIV. — *Contributions dans les frais de reconstitution des actes de l'État civil, placements temporaires, dons et legs, ventes d'immeubles, cession d'une*			

	Recettes constatées en 1885	Recettes admises au budget de 1886	Propositions du préfet
Recettes propres à l'exercice 1881			
Recettes extraordinaires.			
caserne au département, aliénation de terrains, expropriés, revente de terrains acquis, remboursement de frais de pavage, recettes diverses extraordinaires....	5.030.803,19	1.663.599,47	1.544.200 »
2° *Fonds spéciaux :*			
Chapitre XXXVI à XXXVII. — Emprunt, vente d'immeubles et de matériaux de démolitions, versements faits par l'État et le département (reconstitution de la Sorbonne, création de nouveaux lycées)...........	3.158.220 »	23.359.139,97	44.050.000 »
TOTAL DES PROPOSITIONS DU PRÉFET............			45.594.800 »
Deuxième partie			
Recettes ordinaires concernant les exercices clos.			
Chapitre XLI. — Exercices 1886 et antérieurs............		110.000 »	110.000 »
TOTAL GÉNÉRAL DES RECETTES............			302.310.666,97

DÉPENSES PREMIÈRE PARTIE Dépenses propres à l'exercice 1887	Dépenses constatées en 1886	Dépenses créditées en 1886	Propositions du préfet
Dépenses ordinaires.			
Chapitre I. — *Dette municipale* (emprunt, annuités diverses, dette immobilière, opérations de voirie et établissements scolaires)	97.525.282,68	100.349.116,45	104.921.930,35
Chapitre II. — *Charges de la ville envers l'État. Frais de perception par les agents du Trésor. Restitution de sommes indûment perçues*	4.223.956,97	5.222.980 »	5.638.600 »
Chapitre III. — Frais de perception (octroi et entrepôts)	7.477.023,28	7.635.440 »	7.634.625 »
Chapitre IV. — Administration centrale de la Préfecture, caisse municipale, mairie d'arrondissement.	7.031.603,55	6.244.035 »	6.120.885,10
Chapitre IV *bis*. — Dépenses pour le service du conseil municipal.	686.289,15	786.900 »	788.700 »
Chapitre V. — Pensions et secours.	826.768,40	947.674,32	1.099.328,32
Chapitre VI. — Dépenses des mairies d'arrondissement	889.289,15	938.390 »	937.850 »
Chapitre VII. — Frais de régie et d'exploitation du domaine de la ville, des halles, marchés, etc	914.549,71	1.160.932 »	1.173.220 »
Chapitre VIII. — Cultes	12.131 »	(comp. dans le ch. XXI, dép. div.).	
Chapitre IX. — Inhumations	1.275.971,04	1.328.396 »	1.331.445 »
Chapitre X. — Affaires militaires, sapeurs-pompiers, poste de sûreté, corps de garde, casernes	737.289,14	748.700 »	725.350 »
Chapitre XI. — Garde républicaine	2.894.696 »	2.922.100 »	2.901.100 »
Chapitre XII. — Travaux de Paris (personnel et matériel de la direction)	3.770.860,11	5.056.700 »	5.086.900 »
A reporter.	130.268.491,18	133.341.363,77	137.359.933,77

DÉPENSES PREMIÈRE PARTIE **Dépenses propres à l'exercice 1887** *Dépenses ordinaires.*	Dépenses constatées en 1885	Dépenses créditées en 1886	Propositions du préfet
Report..	130.208.491.18	133.341.363.77	137.359.933.77
Chapitre XIII. — Architecture et Beaux-Arts....................	4.115.741.19	3.829.670 »	3.656.670 »
Chapitre XIV. — Voirie...	2.606.280.94	3.064.100 »	3.069.000 »
Chapitre XV. — Voie publique...................................	22.023.762.61	20.210.203 »	19.276.003 »
Chapitre XVI. — Promenades et plantations, éclairages, voitures.	10.487.138.33	10.580.810 »	10.346.710 »
Chapitre XVII. — Eaux et égouts, vidanges et exploitations des voiries.	8.992.314.42	8.577.750 »	8.700.300 »
Chapitre XVIII. — Collège Rollin, bourses dans les lycées, subventions à des établissements d'enseignement supérieur.................	1.395.320.97	1.491.665 »	1.312.084 »
Chapitre XIX. — Instruction primaire et écoles supérieures (inspection administrative, médicale, prix et livrets des caisses d'épargne, des retraites, examens, écoles maternelles, écoles primaires, bataillons scolaires, voyages de vacances, classes d'adultes, collège Chaptal, écoles J.-B. Say, Turgot, Colbert, Arago, Diderot, écoles supérieures et professionnelles des jeunes filles)...................	22.579.634.22	23.467.245.40	23.833.763.40
Chapitre XX. — Assistance publique, aliénés, enfants assistés, établissements de bienfaisance...	21.608.197.90	21.184.980 »	21.259.650 »
Chapitre XXI. — Dépenses diverses (palais de la Bourse, de justice, observatoire de Montsouris, courses de chevaux, etc.).................	401.042.87	187.137.24	148.067.24
Chapitre XXII. — Préfecture de police (budget spécial)...........	24.428.688.63	25.032.407.48	25.600.457.95
Chapitre XXIII. — Fonds de réserve..............................	300 »	1.596.767.08	843.227.61
TOTAL DES DÉPENSES ORDINAIRES..................................	248.906.913.26	252.524.098.97	256.605.864.97

DÉPENSES	Dépenses constatées en 1885	Dépenses créditées en 1886	Propositions du préfet
PREMIÈRE PARTIE			
Dépenses extraordinaires			
1° *Fonds généraux :*			
Chapitre XXVI à XXXV. — Reconstitution des actes de l'état civil. Emploi de dons et legs, travaux neufs d'architecture, de voirie, distribution générale des eaux, dérivation des sources de la Vanne, pavages et trottoirs, amélioration des canaux, dépenses diverses extraordinaires, fonds de réserve pour dépenses extraordinaires.		1.683.599.47	1.544.800 »
2° *Fonds spéciaux :*			
Chapitre XXXVIII à XL. — Emploi d'emprunt, de vente d'immeubles, de versements faits par l'État et le département		48.359.139.97	44.050.000 »
TOTAL DES DÉPENSES EXTRAORDINAIRES.		50.042.739.44	45.594.800 »
TOTAL DE LA 1ʳᵉ PARTIE DES DÉPENSES.			302.200.666.97
DEUXIÈME PARTIE			
Dépenses concernant les exercices clos.			
Dépenses ordinaires.		100.000 »	100.000 »
Dépenses extraordinaires		10.000 »	10.000 »
TOTAL DE LA 2ᵉ PARTIE.		100.000 »	110.000 »
TOTAL GÉNÉRAL DES DÉPENSES		302.716.838.41	302.310.666.97

RÉSUMÉ

Qu'est-ce qu'une commune ? — Chaque commune, village, bourg ou ville, est une personne morale ayant des propriétés, des ressources, des dépenses propres. Elle a un Conseil municipal, un maire, assisté d'un ou de plusieurs adjoints.

Parlez du Conseil municipal. — Le Conseil municipal est élu au scrutin de liste pour 4 ans par les électeurs qui figurent sur les listes municipales et parmi les électeurs municipaux de 25 ans qui remplissent les conditions de domicile exigées par la loi et ne sont pas déclarés inéligibles par elle. Le nombre des conseillers municipaux varie depuis 10 jusqu'à 36 pour les communes autres que Paris. Le Conseil a par an 4 sessions ordinaires et peut avoir des sessions extraordinaires, prescrites ou autorisées par le préfet ou le sous-préfet. Il peut être suspendu par le préfet et dissous par décret. Il prend des délibérations qui sont exécutoires, sauf le veto du préfet, il en prend qui deviennent exécutoires après l'approbation du préfet, du ministre, du Conseil général ou des Chambres ; il donne des avis et exprime des vœux sur les questions d'intérêt local. Les vœux politiques lui sont interdits.

Il élit la municipalité, nomme un ou plusieurs délégués sénatoriaux.

Que savez-vous de la municipalité ? — Le maire constitue, avec un ou plusieurs adjoints, la municipalité ; le Conseil municipal choisit actuellement parmi ses membres le maire et les adjoints ; le préfet peut les suspendre, mais ils ne sont révoqués que par décret. Le maire, représentant du pouvoir central, est chargé de publier et d'exécuter les lois et règlements, d'exécuter les mesures de sûreté générale, il est officier de l'état civil, officier du ministère public, de police judiciaire, juge du contentieux administratif. Comme officier municipal, il est chargé, sous la surveillance de l'autorité supérieure, d'administrer, de représenter la commune et de faire exécuter les délibérations du conseil municipal.

Que comprend le budget communal ? — Le budget communal comprend des recettes ordinaires dans lesquelles rentrent le revenu des propriétés communales, le produit partiel ou total de certains impôts, des centimes additionnels, des octrois, des subventions de l'État ou du département, etc. Certaines dépenses sont obligatoires pour les communes. Le budget extraordinaire a des recettes et des dépenses qui comprennent les contributions extraordinaires dont l'autorisation a été accordée, les emprunts, etc., l'emploi des fonds ainsi constitués, etc.

Parlez de Paris et du département de la Seine. — Le Conseil général de la Seine comprend les membres du Conseil municipal de Paris et des Conseils d'arrondissement de Sceaux et de Saint-Denis. Le préfet de la Seine est en même temps sous-préfet de Sceaux, de Saint-Denis et maire de Paris. Le préfet de police est chargé d'une partie des attributions qui appartiennent aux préfets des départements et aux maires des communes. Il y a dans chaque arrondissement un maire et 3 adjoints nommés par décret, auxquels le préfet de la Seine délègue une partie de ses fonctions municipales.

DEVOIRS A TRAITER.

I. La commune.
II. Le Conseil municipal.
III. La municipalité.
IV. Le budget communal.

QUESTIONS A ÉTUDIER.

I. Les devoirs des conseillers municipaux d'après les lois et d'après la morale.
II. Les devoirs des électeurs chargés de choisir les conseillers municipaux.
III. Le rôle du maire comme agent du gouvernement.
IV. Le rôle du maire comme représentant de la commune.
V. La commune avant 1789.
VI. L'organisation communale dans les divers pays de l'Europe, aux États-Unis.
VII. Paris et le département de la Seine.
VIII. Les dépenses obligatoires pour les communes.
IX. Comment faut-il gérer les finances de la commune ?
X. Le rôle du gouvernement central dans l'administration des communes.

QUESTIONS POSÉES.

I. Qu'est-ce que le conseil municipal? (Brev. élém. et sup., Ens. second. des jeunes filles.)
II. A qui incombe la préparation du Budget communal? (Brev. sup. et élém., Bourses d'ens. primaire sup.)
III. L'organisation communale. (Brev. sup. et élém., Ens. second. des jeunes filles.)
IV. Quelle différence y a-t-il entre les maires actuels et ceux d'autrefois? L'autorité du maire est-elle la même à Paris qu'en province ? (Brev. élém., et sup., Ens. second. des jeunes filles.)
V. Qu'est-ce que l'octroi ? (Bourses d'ens. prim. sup., Brev. sup. et élém.)
VI. Le rôle des adjoints aux maires (Brev. sup. et élem., Ens. second. des jeunes filles.)

Conseils pédagogiques. — Partir de la commune pour faire connaître l'organisation administrative, financière, judiciaire, etc., de la France. — Montrer aux enfants quel est le rôle de chacun des fonctionnaires publics de la commune, comment sont dressées les listes électorales, convoqués les électeurs, organisés les bureaux, etc.; comment se fait le recensement des conscrits, comment sont rédigés les actes de l'état civil (ch. xxxii), etc. — Lire et commenter, au point de vue civique, les principaux articles des lois qui règlent les attributions des conseils municipaux et des maires; lire et commenter de même les arrêtés du maire, les délibérations prises par le conseil. — Prendre un projet de budget, préparé par le maire (p. 643), expliquer en détail les recettes et les dépenses, montrer comment il a été discuté et quelquefois modifié par le conseil municipal, arrêté par le préfet. — Insister sur les obligations imposées par les lois et par la morale, aux conseillers municipaux et aux maires, chargés de l'administration de la commune, aux électeurs qui doivent s'instruire pour être capables de bien les choisir, de surveiller leur gestion et de se rendre compte de la manière dont ils s'acquittent de leur mandat (*Pierre Laloi*, M. Tardieu, maire de Brive, les droits et les devoirs du citoyen, etc.).

BIBLIOGRAPHIE

Pierre Laloi, *Petites histoires pour apprendre la vie.*

id. *La Première année d'instruction civique.*

Emile Lavisse, *Tu seras soldat.*

Montalivet (de) *Un heureux coin de terre, Saint Bouize et Couargues.*

Fernand Bournon, Paris (*Histoire, monuments, administration.*)

Fouillée, la *Propriété sociale et la démocratie.*

Beaussire, la *Liberté dans l'ordre intellectuel et moral.*

Taine, les *Origines de la France contemporaine* (*l'ancien régime, la Révolution, etc.*).

Barni, *Histoire des idées morales et politiques en France au XVIIIe siècle.*

Id. la *Morale dans la démocratie.*

Constitutions françaises (*Recueil des.*)

Demonbynes, *Constitutions européennes.*

Bagehot, la *Constitution anglaise.*

Stuart Mill, le *Gouvernement représentatif* (Trad^{on} Dupont White.)

Maurice Bloch, *Dictionnaire de l'ad^{mon} f^{re}.*

FIN DE L'INSTRUCTION CIVIQUE.

VOCABULAIRE

Agraphie (du grec *graphô* = *j'écris* et de *a* privatif) est l'état de l'individu qui, ayant conservé la faculté de mouvoir le bras, la main et les doigts, est devenu incapable de former les lettres et les mots, qui ne sait plus écrire.

Alembert (d') (1717-1783), mathématicien, écrivain et philosophe, collaborateur de Diderot à l'Encyclopédie.

Ampère André-Marie (1775-1836), a fait des travaux remarquables sur les mathématiques du jeu, sur l'électrodynamisme, donné une *Classification des sciences* et s'est occupé de philosophie. Son fils, *Jean-Jacques* a laissé des travaux historiques et littéraires.

Amyot Jacques (1513-1593), d'abord valet au collège de Navarre, devint précepteur des enfants de Henri II, grand aumônier de France et évêque d'Auxerre. Il traduisit du grec, avec un rare bonheur, les œuvres de Plutarque et fut un auxiliaire puissant pour la renaissance des idées antiques.

Anesthésique (du grec *aisthêsis* = *sensation* et de *a* privatif). Les anesthésiques sont des substances qui, comme le chloroforme, suppriment momentanément la sensibilité.

Aphasie (du grec *phâsis* = *parole* et de *a* privatif), désigne d'une façon générale une maladie qui amène chez l'individu la disparition partielle ou totale de la faculté du langage (p. 111).

Arago François (1786-1853), né à Estagel, dans les Pyrénées-Orientales, mort à Paris, membre de l'Académie des sciences, professeur à l'École polytechnique, directeur de l'Observatoire, fit partie du gouvernement provisoire en 1848. Il a continué les travaux d'Ampère sur l'électro-magnétisme et popularisé les découvertes scientifiques dans son *Astronomie populaire*, dans ses *Éloges historiques*, dans des *Notices scientifiques*.

Araméen. Les Araméens (d'*Aram*, fils de Sem) habitaient la Mésopotamie et la Syrie.

Aristippe (de Cyrène), naquit dans a colonie grecque de Cyrène (régence de Tripoli), vint à Athènes attiré par la réputation de Socrate, dont il suivit quelque temps les leçons et vécut longtemps auprès de Denys de Syracuse. Il fut le fondateur de l'École cyrénaïque.

Aristophane (v^e et ive siècle avant J.-C.), contemporain de Périclès, de Socrate, qu'il a tourné en ridicule dans la comédie des *Nuées*, a composé un grand nombre de comédies, a été le plus mordant et le plus grand des comiques grecs.

Aristote (384-322 avant J.-C.), né à Stagire, en Thrace, fut disciple de Platon et précepteur d'Alexandre. Il enseignait à Athènes, au gymnase du *Lycée* en se promenant avec ses disciples (d'où le nom de *péripatétisme*, du grec *péripatein* = *se promener*, donnée à sa doctrine). Quand Alexandre mourut, il se retira à Chalcis et y mourut. Il a cultivé et fait avancer presque toutes les sciences ; son *Organon* ou recueil d'ouvrages sur la *logique* contient une théorie du syllogisme à laquelle on a fort peu ajouté ; sa *Physique* a régné jusqu'au xviie siècle ; son *Traité de l'âme* indique un observateur sagace et pénétrant ; son *Histoire des animaux* excite aujourd'hui encore l'admiration des naturalistes; sa morale mérite d'être étudiée à cause de son élévation et de son caractère essentiellement pratique; sa politique, sa rhétorique, sa poétique, sa *métaphysique* révèlent un esprit puissant dans les généralisations, mais n'oubliant jamais de faire appel à l'expérience.

Arrien (II° siècle après J.-C.), né à Nicomédie, fut probablement à Rome le disciple d'Epictète, a écrit une *Expédition d'Alexandre* et beaucoup d'autres ouvrages historiques. Il nous a conservé les *Entretiens* d'Epictète et a peut-être rédigé le résumé que l'on désigne sous le nom de *Manuel d'Epictète.*

Ascétisme (du grec *askétès* = qui s'exerce), mortifications qu'on s'impose d'ordinaire par piété.

Autonomie (du grec *autos* = soi-même et *nomos* = loi), est l'état d'un être indépendant qui se fait à lui-même sa loi.

Bacon François (1560-1626), né à Londres, grand chancelier, baron de Vérulam, vicomte de Saint-Alban, puis condamné pour corruption et vénalité, a donné des *Essais de morale et de politique*, un *Novum Organum*, dans lequel il se proposait de substituer à la logique scolastique, une logique toute nouvelle fondée sur l'expérience (p. 151), un *Traité de la dignité et de l'avancement des sciences*, qui sert d'introduction au précédent et montre les vices et les lacunes de la philosophie du temps, les avantages des sciences.

Bailey, philosophe anglais contemporain, qui forme la transition entre Reid et Stuart Mill et Bain, auteur de *Lettres sur la philosophie de l'esprit humain*, d'une *Théorie du raisonnement*, etc.

Bain, philosophe anglais contemporain, ancien professeur de logique à l'université d'Aberdeen, auteur d'une *Logique déductive et inductive*, des *Sens et de l'intelligence*, des *Émotions et la volonté*, de l'*Esprit et le corps*, de la *Science de l'éducation*, qui ont été traduits en français.

Bastiat Frédéric (1801-1850), né à Bayonne et mort à Rome, économiste distingué, a combattu, avec beaucoup de verve, les théories protectionnistes et le socialisme. Ses ouvrages les plus remarquables sont : *Cobden et la Ligue* ou *l'Agitation anglaise pour la liberté des échanges*, les *Sophismes économiques*, *Capital et rente*, les *Harmonies économiques*.

Bayle Pierre (1647-1706), né dans le comté de Foix, mort à Rotterdam, précepteur, puis professeur à l'université protestante de Sedan, jusqu'au moment où elle fut supprimée par Louis XIV, ensuite professeur de philosophie et d'histoire à l'*École illustre* de Rotterdam. Son ouvrage le plus célèbre est le *Dictionnaire historique et critique*, dans lequel il réclame, avec une dialectique serrée, une érudition sûre et bien choisie, la tolérance pour les hérétiques, pour les infidèles, pour les païens et même pour les athées, la séparation de la morale d'avec la métaphysique et la théologie.

Beaussire Émile, ancien professeur, ancien député, membre de l'Académie des sciences morales et du Conseil supérieur de l'Instruction publique, auteur des *Antécédents de l'hégélianisme dans la philosophie française*, de la *Guerre civile et de la guerre étrangère en 1871*, de la *Liberté dans l'ordre intellectuel et moral* (couronné par l'Académie française), des *Principes de la morale*, des *Principes du droit*, etc.

Bengali, langue dérivée du sanscrit et parlée par les peuples du Bengale.

Bentham Jérémie (1748-1832), né à Londres, lut Helvétius à 12 ans, reçut de la Convention le titre de citoyen français, est l'auteur d'une *Introduction aux principes de morale et de jurisprudence*, des *Traité de législation civile et pénale*, de la *Théorie des peines et des récompenses*, de la *Déontologie ou théorie des devoirs*, etc.

Bernstein, professeur de physiologie à l'université de Halle, auteur d'un livre sur les *Sens*.

Bernard Claude (1813-1878), né dans le Beaujolais, mort à Paris, physiologiste célèbre dont l'ouvrage le plus connu est l'*Introduction à la médecine expérimentale*.

Blainville de (1777-1850), né à Arques, mort à Paris, élève de Cuvier, a indiqué, dans son *Prodrome d'une nouvelle distribution méthodique du règne animal*, plusieurs modifications à la classification des animaux.

Bonald de (1754-1840), né et mort dans l'Aveyron, émigré en 1791, conseiller de l'Université sous l'Empire, député et pair de France sous la Restauration, a combattu les doctrines sociales, philosophiques et politiques du xviii* siècle et de la Révolution française dans la *Théorie du pouvoir social*, l'*Essai analytique sur les lois naturelles de l'ordre social*, la *Législation primitive*, le *Traité du Divorce*, les *Recherches philosophiques*, etc., est le chef de l'école *traditionnaliste*, qui voit dans la révélation le principe de toute connaissance.

Bossuet (1627-1704), précepteur du Dauphin, évêque de Meaux, a composé, outre ses *Oraisons funèbres* et ses *Sermons*, un *Traité de la connaissance de Dieu et de soi-même*, dans lequel il suit Descartes et saint Thomas, une *Logique*, un *Traité du libre arbitre*, le *Discours sur l'histoire universelle*.

Bouddhisme, doctrine philosophique et religieuse substituée par le Bouddha (mot sanscrit qui veut dire *sage*) au brahmanisme, dans le vi* siècle avant Jésus-Christ Elle compte, dans l'Inde, le Thibet, la Tartarie, la Chine et le Japon, des centaines de millions de sectateurs.

Boutmy, membre de l'Académie des sciences morales, fondateur et directeur de l'École libre des sciences politiques.

Bradley (1692-1462), astronome anglais, occupa la chaire d'astronomie à l'Université d'Oxford, découvrit l'*aberration de la lumière* et prouva d'une façon définitive le mouvement de translation de la terre autour du soleil, découvrit la *nutation*, donna la formule empirique de la réfraction, contribua à introduire en Angleterre le calendrier grégorien.

Bridgmann (Laura), née en 1829 aux États-Unis, devint à 2 ans sourde, muette, aveugle et n'ayant qu'une sensibilité fort confuse de l'odorat, entra à six ans à l'asile des Aveugles du Massachusetts, où le Dr Howe lui apprit à suppléer par le toucher aux sens qu'elle n'avait plus.

Buffon (1707-1788), né à Montbard, directeur du jardin du Roi, auteur d'une *Histoire naturelle* qui, par l'éclat du style et la magnificence des descriptions, répandit en France le goût des sciences de la nature.

Cabotage, désigne, par opposition à la grande navigation au delà des mers ou au *long cours*, celle qui a lieu le long des côtes, de cap en cap, de port en port.

Candolle de (1778-1841), né et mort à Genève, élève de Saussure, suppléant de Cuvier au Collège de France, professeur de botanique à Montpellier, puis à Genève, auteur de la *Théorie élémentaire de la botanique*.

Cardaillac (1766-1845), philosophe français, auteur d'*Études élémentaires de philosophie* en 2 volumes.

Carus (1789-1869), né à Leipzig, médecin du roi de Saxe, a publié des ouvrages importants sur l'anatomie, l'anthropologie, la psychologie.

Cheptel, convention ou bail d'un propriétaire avec un fermier auquel il donne un certain nombre de bestiaux pour les nourrir et les soigner avec partage du profit.

Chrysippe (282-209), né en Cilicie, succéda à Cléanthe* dans la direction de l'école stoïcienne et fut appelé le *second* fondateur du Portique. Il avait écrit plus de 700 ouvrages sur la logique, la physique et la morale.

Cicéron (106-43 avant J.-C.), né à Arpinum, fut le plus grand orateur de Rome, sauva la République de la conspiration de Catilina, la défendit dans les guerres civiles qui firent passer le pouvoir entre les mains de César et d'Auguste et fut tué par les soldats d'Antoine. Il a composé un grand nombre d'ouvrage philosophiques, la *République*, les *Lois*, les *Académiques*, les *Tusculanes*, les *Traités de la nature des dieux*, des *Devoirs*, de l'*Amitié*, etc.

Cléanthe (300-225? av. J.-C.) naquit à Assos dans l'Asie Mineure, fut disciple de Zénon*. Il était si pauvre qu'il passait ses nuits à puiser de l'eau pour les jardiniers ou à d'autres besognes aussi rudes. Il succéda à Zénon.* Sa vie austère et vertueuse lui valut beaucoup de disciples.

Colsenet, professeur de philosophie à la faculté des lettres de Besançon.

Comte Auguste (1798-1857), né à Montpellier, mort à Paris, répétiteur, puis examinateur à l'Ecole polytechnique, publia, après avoir quitté Saint-Simon, le *Cours de philosophie positive* dans lequel il s'efforçait, en s'appuyant sur la *loi des trois états* (p. 245), d'éliminer la religion et la métaphysique, pour y substituer une généralisation des résultats obtenus par les sciences positives, dont il donnait en même temps une classification méthodique. Plus tard, dans le *Catéchisme positiviste*, dans la *Politique positiviste*, dans la *Religion de l'humanité*, il tenta de fonder une métaphysique et une religion nouvelles.

Condillac Étienne *Bonnot*, abbé de (1715-1780), né à Grenoble, frère de Mably, précepteur de l'infant de Parme. Il a composé un grand nombre d'ouvrages : l'*Essai sur l'origine des connaissances humaines*, le *Traité des systèmes*, le *Traité des Sensations*, dans lequel il essayait de déterminer ce que nous devons à chacun de nos sens, en supposant une statue organisée intérieurement comme nous, qui serait amenée progressivement à s'en servir; le *Traité des animaux*, un *Cours d'études*, qui comprend une *Grammaire*, un *Art d'écrire*, un *Art de raisonner*, un *Art de penser*, une *Histoire ancienne et moderne;* le *Commerce et le Gouvernement*, la *Logique* rédigée pour les écoles de Pologne. On a publié après sa mort la *Langue des calculs*, un de ses meilleurs ouvrages.

Condorcet (1743-1794), né à Ribemont (Aisne), mathématicien distingué, proscrit après le 31 mai, écrivit, sans livres et sans notes, l'*Esquisse d'un tableau historique des progrès de l'esprit humain*, fut arrêté et s'empoisonna pour échapper à la guillotine.

Condyle, éminence articulaire d'un os, aplatie dans un sens et arrondie dans l'autre.

Copernic (1473-1543), né dans la Prusse polonaise, exposa dans un livre sur les *Révolutions des corps célestes*, écrit en latin et publié l'année de sa mort, le système d'après lequel le soleil est le centre autour duquel tournent la terre et les autres planètes.

Connaissement, terme de commerce maritime, acte entre l'armateur et le capitaine, par lequel on constate le chargement des marchandises sur le navire et les conditions du transport.

Cosmologique (du grec *cosmos* = monde et *logos* = loi) désigne, par opposition à noologique*, ce qui a rapport au monde physique.

Cuvier Georges (1769-1832), né à Montbéliard, mort à Paris, naturaliste célèbre, a réussi le premier à reconstituer avec quelques os certains animaux antédiluviens, a établi les principes de la classification zoologique ordinairement suivie.

Dareste (Camille), naturaliste français contemporain, célèbre par ses recherches sur la production artificielle des monstruosités.

Darmesteter (Arsène), professeur à la Faculté des lettres de Paris, auteur de différents ouvrages, prépare avec M. Hatzfeld un *Dictionnaire général de la langue française*.

Darwin Charles (1809-1882), naturaliste anglais, auteur de l'*Origine des espèces*, de la *Descendance de l'homme*, de l'*Expression des émotions*, qui ont été traduits en français et ont eu un grand succès dans tout le monde savant.

Daubenton (1716-1800), né à Montbard, collaborateur de Buffon chargé des descriptions anatomiques. Il a fait des recherches remarquables en physiologie végétale et en agriculture, contribué à améliorer les laines des moutons français et à perfectionner l'art du berger.

Déclinatoire, terme de procédure, acte par lequel on décline une juridiction, on conteste la compétence d'un tribunal.

Degérando (1772-1842), né à Lyon, mort à Paris, a publié un ouvrage sur l'*Influence des signes*, une *Histoire comparée des systèmes de philosophie*, des *Institutes de droit administratif*, un *Cours normal des instituteurs primaires*, des ouvrages sur l'*Éducation des sourds-muets*, sur la *Bienfaisance publique*, etc.

Descartes (1596-1650), né à la Haye en Touraine, mort en Suède, mathématicien, physicien et philosophe célèbre, peut être regardé comme le père de la science moderne et de la philosophie française. Ses principaux ouvrages sont le *Discours de la méthode*, les *Méditations*, les *Principes de la philosophie*, le *Discours sur les passions*.

Dickens, célèbre romancier anglais contemporain, dont les principaux ouvrages *David Copperfield*, *Nicolas Nickleby*, la *Petite Dorrit*, etc., sont bien connus en France.

Diderot (1713-1784), né à Langres, mort à Paris, fils d'un coutelier, publia l'*Encyclopédie*, d'abord en collaboration avec d'Alembert, puis seul, est l'auteur de *Pensées philosophiques*, d'une *Lettre sur les aveugles à l'usage de ceux qui voient*, de pièces de théâtre, de *Salons*, etc.

Dol, terme de jurisprudence, désigne une fraude ou une tromperie.

Duhamel (1797-1861), mathématicien français.

Dumont Léon, philosophe français contemporain, mort en 1878.

Duruy (Victor), ancien ministre de l'Instruction publique, créa l'enseignement secondaire spécial, organisa les premiers cours pour l'enseignement secondaire des jeunes filles, aujourd'hui membre de l'Académie française et de l'Académie des sciences morales, auteur de nombreux ouvrages classiques d'histoire, d'une grande *Histoire romaine* et d'une *Histoire grecque*.

Dyspnée (du grec *pneo* = *je souffle*, *dus* = *avec peine*), difficulté de respirer.

Embryogénie, étude de la formation et du développement des êtres vivants, depuis l'ovule jusqu'à la naissance.

Embryologie, étude de la formation des embryons et de leur vie depuis l'ovule jusqu'à la naissance.

Epictète (mort vers le milieu du IIe siècle après J.-C.), né à Hiéropolis en Phrygie, esclave, puis affranchi, se retira à Nicopolis en Épire, quand Domitien chassa en 94 les philosophes de Rome, il y mourut probablement. Disciple de Musonius Rufus, il fut lui-même le maître d'Arrien et n'a pas été sans influence sur Marc-Aurèle.

Epicure (341-270 av. J.-C.), athénien, fonda son école vers 306, eut de nombreux auditeurs, avec lesquels il vivait dans une union étroite. Il considérait en *Logique* la sensation comme l'unique source de nos connaissances, expliquait dans sa *Physique* la formation de l'univers et des êtres par le concours des atomes, n'admettait ni l'intervention des Dieux dans les choses naturelles ou humaines, ni l'immortalité de l'âme, recommandait en *morale* la recherche de la paix de l'âme et du calme des passions.

Eschyle (né en 525 av. J.-C.), le père de la tragédie grecque. Il nous reste de lui sept tragédies.

Espinas, professeur à la faculté des lettres de Bordeaux.

Euler (1707-1783), né en Suisse et mort en Russie, élève du célèbre mathématicien Bernouilli, n'eut pas de supérieur en mathématiques au XVIIIe siècle et ne fut égalé alors que par d'Alembert et Lagrange. Il a traité dans les *Lettres à une princesse d'Allemagne*, de la mécanique, de l'astronomie physique, de la théorie des sons, de la logique et de la métaphysique.

Fabre (d'Avignon), naturaliste français, contemporain auteur de deux ouvrages fort intéressants, intitulés *Souvenirs entomologiques* et *Nouveaux souvenirs entomologiques*.

Fakir ou Faquir, religieux mahométan qui vit d'aumône, et se livre souvent à un ascétisme extrême.

Fechner, professeur honoraire à l'université de Lepzig, auteur de nombreux ouvrages de métaphysique, de morale, d'esthétique, mais connu surtout en France par les recherches psychophysiques, qui l'ont conduit à la loi dite de Weber, d'après laquelle la sensation croîtrait, non proportionnellement à l'excitation, mais suivant le logarithme de l'excitation.

Fénelon (1651-1715), précepteur du duc de Bourgogne, archevêque de Cambrai, auteur des traités sur l'*Education des filles*, sur l'*Existence de Dieu*, de *Fables*, du *Télémaque*.

Flourens (1794-1867), né dans l'Hérault et mort en Seine-et-Oise, fut professeur au Muséum, au Collège de France, membre de l'Académie des sciences et de l'Académie française. Il a fait des recherches physiologiques, spécialement sur le système nerveux, et écrit les *Eloges historiques* de Cuvier, de Chaptal, de Jussieu, de Candolle, de Blumenbach, de Blainville, etc.

Fontenelle (1657-1757), né à Rouen, mort à Paris, neveu de Corneille, fit des tragédies qui n'eurent aucun succès, donna les *Dialogues des Morts*, des *Entretiens sur la pluralité des mondes*, un abrégé de l'*Histoires des Oracles* de Van Dale, une *Histoire de l'Académie des sciences*, des *Eloges des Académiciens*, exerça une grande influence sur le xviii° siècle et contribua à populariser les études scientifiques.

Franck Adolphe, professeur honoraire du *Droit de la nature et des gens* au Collège de France, auteur de nombreux ouvrages, a dirigé la publication d'un *Dictionnaire philosophique*.

Franklin (1706-1790), né à Boston, mort à Philadelphie, apprenti imprimeur, puis directeur d'une imprimerie, publia des almanachs, des journaux, fit fortune, contribua, presque autant que Washington, à l'émancipation de son pays et inventa le paratonnerre. Il vécut longtemps en France.

Fresnel (1788-1827), né à Broglie, mort à Ville-d'Avray, fit d'admirables recherches sur la lumière, qui confirmèrent la théorie des ondulations et en appliqua les résultats à la construction des phares.

Gaélique, une des langues celtiques, il comprend deux dialectes principaux : l'irlandais et le gaélique proprement dit, parlé au nord de l'Ecosse.

Galilée (1564-1642) astronome, mathématicien et physicien italien, un des plus habiles expérimentateurs du xvii° siècle, détermina les lois d'oscillation du pendule, les lois de la chute des corps, découvrit les satellites de Jupiter, les phases de Vénus, les taches du soleil, les petites étoiles qui forment la voie lactée, l'existence et la hauteur des montagnes de la lune. Il fut persécuté pour avoir adopté le système de Copernic *.

Gassendi (1592-1655), né à Digne où il devint chanoine, savant et philosophe français, le rival de Descartes, le maître de Molière, renouvela, en la modifiant, la philosophie d'Epicure. Le célèbre voyageur *Bernier* a donné un *Abrégé* de la philosophie que Gassendi avait écrite en latin.

Gœthe (1749-1832) a publié, outre ses œuvres poétiques (*Faust, Hermann et Dorothée, Werther, Wilhelm Meister* etc.) des œuvres scientifiques, une *Théorie des couleurs*, des *Essais sur la métamorphose des plantes*, des *Essais d'histoire naturelle*, etc.

Grote Georges (1794-1861), élève de Bentham, ami de Stuart Mill, a écrit une *Histoire de la Grèce*, 3 volumes sur *Platon et les autres compagnons de Socrate*, un sur *Aristote*, rédigé les notes de Bentham sur la *Religion naturelle* *.

Guizot (1787-1874), né à Nîmes, professeur d'histoire à la Sorbonne, un des ministres les plus marquants de la monarchie de Juillet, auteur de la loi de 1833 sur l'enseignement primaire, du rétablissement de l'Académie des sciences morales et politiques ; c'est un des historiens les plus remarquables du xix° siècle.

Hamilton sir William (1788-1856), philosophe et logicien écossais, dont Peisse a traduit en français des *Fragments de philosophie*. Ses doctrines ont été vivement critiquées par Stuart Mill.

Hampden (1594-1643) homme politique anglais, qui refusa de payer une somme de 20 schellings, parce que la Chambre des communes n'avait pas été appelée à voter la taxe des vaisseaux en vertu de laquelle il était imposé, se laissa condamner et joua un rôle important dans les événements qui précédèrent la révolution de 1648.

Harvey (1578-1657) médecin anglais, élève de Fabrice d'Aquapendente, médecin du roi Charles I°', découvrit la circulation du sang, en disséquant des animaux vivants, publia en 1628 le résumé des leçons dans lesquelles il l'avait enseignée et démontrée.

Hartmann, philosophe allemand contemporain, a développé des théories pessimistes dans la *Philosophie de l'inconscient*.

Haschich, nom donné aux feuilles du chanvre indien que l'on mâche après les avoir fait sécher. On en fait une liqueur enivrante qui produit des illusions singulières, des images fantastiques, l'extase et le ravissement.

Haüy (1743-1822), né dans l'Oise, mort à Paris, minéralogiste célèbre, réussit à classer les espèces minérales d'après leurs formes cristallines.

Hégésias (iii° siècle av. J.-C.) philosophe de l'école cyrénaïque ou d'Aristippe *, surnommé *l'Orateur de la mort*, parce qu'il recommandait le suicide.

Hérodote (v° siècle av. J.-C.) né à Halicarnasse, voyagea en Egypte, en Phénicie, en Babylonie et peut-être en Perse, fit entrer tout ce qu'il avait appris dans la merveilleuse *Histoire* où il raconta la grande et terrible lutte de la Grèce contre la Perse.

Helmholtz, physiologiste et physicien contemporain, professeur à Berlin, auteur d'une *Optique*, d'une *Acoustique physiologiques* et d'autres ouvrages qui lui ont valu une renommée européenne.

Herschell William (1738-1822), un des fondateurs de l'astronomie moderne, donna d'abord des leçons de musique, fabriqua lui-même un télescope avec lequel il observa l'anneau de Saturne, les satellites de Jupiter et découvrit Neptune. Son fils a été également un astronome célèbre auquel nous devons le *Discours sur la philosophie naturelle*.

Helvétius (1715-1771), né et mort à Paris, fermier général, publia en 1758, le livre *De l'Esprit*, dans lequel il cherchait à établir que l'éducation est la seule cause des différences qu'on observe entre les hommes.

Helvidius Priscus, stoïcien romain, exilé sous Néron, condamné à mort par Vespasien.

Hobbes (1588-1679), né à Malmesbury vécut longtemps en France, publia en latin les livres *Du Citoyen, Du Corps, de l'Homme, Du corps politique*, en anglais le *Léviathan*, le *Traité de la nature humaine*, etc.. Partisan de Charles I°', professeur de Charles II, il affirma, qu'à l'origine *l'homme est un loup pour l'homme*, que *la guerre de tous contre tous* est l'état naturel de la société humaine, qui ne peut en sortir que si tous ses membres renoncent à leurs droits en faveur d'un seul d'entre eux auquel ils reconnaissent une autorité absolue.

Homère. Sept villes grecques se disputaient l'honneur d'avoir donné le jour à ce poète. C'est sous son nom que nous ont été transmises l'*Iliade*, consacrée au récit partiel du siège de Troie par les Grecs et l'*Odyssée*, qui retrace les aventures d'Ulysse.

Homologation, confirmation, par autorité de justice, d'un acte fait entre particuliers.

Hume (1711-1776), philosophe et historien écossais, auteur d'une *Histoire d'Angleterre*, d'un *Traité de la nature* *humaine*, des *Essais de morale et de politique*, d'une *Histoire naturelle de la religion*, a eu un grand succès au xviiiᵉ siècle, a été combattu par Kant '.

Hutcheson (1694-1747), philosophe écossais, a composé un *Système de philosophie morale*.

Hypnotisme (du grec *hupnos* = *sommeil*, désigne un sommeil artificiel, provoqué par la contemplation d'un objet brillant, par des passes, des attouchements ou même par un simple commandement.

Iranéen on **Iranien** (de l'*Iran*, nom donné par les habitants à la Perse moderne) qui appartient à l'Iran.

Jacobi Frédéric-Henri (1743-1819), philosophe allemand, né à Dusseldorf et mort à Munich, admirateur de Rousseau, adversaire de Kant, auteur de *Lettres sur la doctrine de Spinoza* et du roman de *Woldemar*.

Janet (Paul) professeur à la faculté des lettres de Paris, membre du conseil supérieur de l'Instruction publique, a composé des ouvrages devenus classiques, la *Famille*, la *Philosophie du bonheur*; une *Histoire de la science politique*, en 2 volumes, qui sera suivie d'un troisième consacré aux contemporains, une *Morale*, un *Traité élémentaire de philosophie*, des *Causes finales*, etc.

Jussieu, nom de plusieurs naturalistes célèbres : *Antoine* (1686-1758) ; son frère *Bernard* (1699-1777) créateur de l'École botanique de Trianon ; leur neveu *Laurent* (1748-1836), qui a donné en 1789 dans le *Genera plantarum* la classification naturelle des plantes ; son fils *Adrien* (1797-1853).

Kant (1724-1804), né et mort à Kœnigsberg, a exposé dans trois ouvrages célèbres, la *Critique de la raison pure*, la *Critique de la raison pratique*, la *Critique du jugement*, des doctrines philosophiques, morales et esthétiques qui ont eu et ont encore beaucoup de partisans en Allemagne et ailleurs.

Kymrique ou **Kymri** est le nom d'un idiome celtique, qui comprend trois dialectes principaux : le welsh ou gallois ou *kymrique* proprement dit parlé dans le pays de Galles en Angleterre ; le cornique parlé de même autrefois dans la Cornouailles et l'armoricain ou bas-breton, parlé en France.

Lachelier inspecteur général, ancien maître de conférences à l'École normale supérieure, a exercé, par son enseignement, une grande influence sur la philosophie universitaire.

Lamarck (1744-1829) né en Picardie, mort à Paris, ami de Buffon, a exposé dans l'*Histoire naturelle des animaux sans vertèbres*, dans la *Philosophie Zoologique*, des théories qui ont beaucoup d'analogie avec celles qu'a développées Darwin sur l'origine des espèces.

Lambert (Mᵐᵉ de) (1647-1733), reçut chez elle Fontenelle, la Motte, Hesnault, composa des *Avis à sa fille*, des *Avis d'une mère à son fils*, un *Traité de l'Amitié*, etc.

Laplace (1749-1827), né dans le Calvados, mort à Paris, grand mathématicien, auteur de la *Mécanique céleste*, de l'*Exposition du système du monde*, où se trouve l'hypothèse dite *de Laplace* sur la formation du système planétaire.

La Rochefoucauld (1613-1680), prit part à la Fronde, sur laquelle il a laissé des *Mémoires*, a rapporté dans ses *Maximes* toutes les actions à l'amour-propre, toutes les vertus à l'intérêt.

Laromiguière (1756-1837) né dans le Rouergue, mort à Paris, a publié des *Leçons de philosophie* demeurées longtemps classiques.

Lavoisier (1743-1794) né à Paris, condamné à mort comme fermier général par le tribunal révolutionnaire, réforma la chimie, découvrit le rôle que joue l'oxygène dans les combinaisons chimiques et surtout dans les faits de combustion dont il donna la théorie, la composition de l'air et celle de l'eau, commença l'analyse des matières organiques, créa, aidé par Guyton Morveau, Berthollet et Fourcroy la nomenclature chimique.

Leibnitz (1646-1716) né à Leipzig, mort à Hanovre, a inventé, en même temps que Newton, le calcul infinitésimal, a écrit de nombreux ouvrages de philosophie, de droit, d'histoire, etc., en latin, en français, en allemand; des *Essais de Théodicée* pour répondre à Bayle, de *Nouveaux Essais sur l'Entendement humain* en réponse à Locke, une *Monadologie* pour le prince Eugène.

Lévêque (Charles), professeur au collège de France, membre de l'académie des sciences morales, auteur de *la Science du Beau*, d'*Études sur la philosophie grecque et latine*, de la *Science de l'invisible*, du *Spiritualisme dans l'art*, des *Harmonies providentielles*, d'*Études sur la psychologie de la musique*, etc.

Le Verrier (1811-1877), astronome français, s'est fait connaître par des travaux sur la chimie, puis a professé la mécanique céleste à la Sorbonne, célèbre surtout par la découverte de Neptune.

Liard (Louis), ancien professeur de philosophie à la faculté des lettres de Bordeaux, directeur de l'Enseignement supérieur, est l'auteur de la *Science et la Métaphysique*, des *Définitions géométriques et des définitions empiriques*, des *Logiciens anglais contemporains*, d'un *Descartes*.

Linné (1707-1778) naturaliste suédois, célèbre dans toute l'Europe par ses travaux sur la botanique, qu'il résuma dans son *Système de la nature ou les trois règnes de la nature distribués systématiquement par classes, ordres, genres et espèces*, écrit en latin et publié en 1735.

Locke (1632-1704) né dans le comté de Bristol, fit des études médicales, voyagea et séjourna en France, prit part à la Révolution de 1688, écrivit des *Lettres sur la tolérance*, un *Essai sur le gouvernement civil*, dans lequel il exposa la théorie du gouvernement représentatif, un *Essai sur l'Entendement humain*, des *Pensées sur l'éducation*. Locke a été lu et loué par la plupart des philosophes du XVIII° siècle.

Lubbock sir John, savant anglais contemporain, qui a publié sur l'anthropologie et l'histoire naturelle des insectes de fort intéressants ouvrages.

Lyonnet (1707-1789) naturaliste hollandais célèbre par ses merveilleuses observations sur la chenille du saule.

Macération, mortification par jeûnes, disciplines ou autres austérités.

Malebranche (1638-1715), oratorien, disciple de Descartes, a donné la *Recherche de la Vérité*, les *Conservations métaphysiques et chrétiennes*, un *Traité de morale*, etc.

Malesherbes (1721-1794), ministre avec Turgot, un des défenseurs de Louis XVI et lui-même condamné à mort par le tribunal révolutionnaire.

Marc-Aurèle (121-180 apr. J.-C.) embrassa de bonne heure les austérités de la vie stoïcienne, fut adopté par Antonin et lui succéda. Il fut pendant presque tout son règne occupé à combattre des invasions ou des séditions, il écrivit, en remplissant sa tâche d'empereur, le livre des *Pensées*, un des plus beaux qui aient jamais été composés par un moraliste.

Marion (Henri), professeur de la Science de l'éducation à la faculté des lettres de Paris, ancien membre du conseil supérieur de l'Instruction publique, auteur de la *Solidarité morale*, de *J. Locke, sa vie et son œuvre*, de *Leçons de Psychologie appliquée à l'éducation* et de *Leçons de morale*.

Mariotte (1620-1684) né probablement à Dijon, physicien célèbre, a beaucoup expérimenté et découvert la loi qui porte son nom.

Martha Constant, professeur à la faculté des lettres de Paris, membre de l'Académie des sciences morales, auteur d'ouvrages devenus classiques sur *la Philosophie de Lucrèce*, les *Moralistes sous l'empire romain*, d'*Études sur l'antiquité*, de la *Délicatesse dans l'art*.

Mégapode, genre d'oiseaux qu'on a tour à tour placés parmi les échassiers, les passereaux et les gallinacés; insectes de l'ordre des diptères brachocères et de la tribu des asiliques.

Mégalithique (du grec *mégas* = grand et *lithos* = pierre), terme d'archéologie, qui est en grosses pierres; les dolmens sont des monuments mégalithiques.

Mill John Stuart (1806-1873), né à Londres, mort dans le département de Vaucluse, disciple de Bentham et de James Mill son père, a écrit un *Système de logique déductive et inductive*, dans lequel il a donné une forme nouvelle à la théorie empirique de la connaissance (p. 54), une *Philosophie de Hamilton*, des *Essais sur la religion*, des *Principes d'économie politique*, des traités sur la *liberté* et le *gouvernement représentatif*. Il a laissé des *Mémoires*, qui donnent des renseignements curieux sur l'éducation qu'il reçut de son père et celle qu'il se donna par lui-même, des *Fragments* sur le socialisme.

Mofette, indique, dans l'ancienne chimie, un gaz non respirable.

Mommsen, épigraphiste danois, contemporain, professeur à l'Université de Berlin, auteur d'une *Histoire romaine*, d'une *Histoire de la monnaie chez les Romains*, etc.

Monère, genre de psychodiaires, animaux qui se reproduisent sans cesse et se présentent comme de petites masses ou un mince enduit visqueux, recouvrant les corps solides dans les eaux profondes.

Montaigne (1533-1592), né et mort en Périgord, reçut une éducation soignée, vécut pendant les guerres de religion, fut maire de Bordeaux, député aux États généraux, nous a laissé des *Essais*, une des œuvres philosophiques les plus remarquables de la Renaissance, dont se sont inspirés dans leurs théories sur l'éducation, Locke et J.-J. Rousseau.

Montesquieu (1689-1755), né à la Brède près de Bordeaux, président à mortier au parlement de Bordeaux, publia en 1721 les *Lettres persanes*, donna sa démission, voyagea en Europe, séjourna en Angleterre, fit paraître les *Considérations sur les causes de la grandeur et de la décadence des Romains*, enfin l'*Esprit des lois* où il cherchait à déterminer comment il faut diriger politiquement et civilement les hommes pour qu'ils soient le plus heureux possible et accomplissent le mieux leur destinée.

Mound-Builders, littéralement les *constructeurs de tertres*, nom donné aux hommes qui ont couvert l'Amérique du Nord de tertres immenses, fortifications, temples ou sépultures.

Müller (Max), savant allemand, qui a vécu en Angleterre et y a professé, auteur de *Leçons* et de *Nouvelles leçons sur la science du langage*, d'*Essais sur l'histoire des religions*, sur la *Mythologie comparée*, *les traditions et les coutumes*.

Nantissement, ce qui *nantit*, c'est-à-dire ce qui est donné à quelqu'un pour assurance d'une dette.

Newton (1642-1727), savant anglais, a découvert le calcul différentiel, la gravitation universelle, décomposé la lumière solaire au moyen du prisme et ramené à 7 couleurs toutes les nuances du spectre.

Noologique (du grec *nous* ou *noos* = esprit, et *logos* = loi) désigne, par opposition à *cosmologique*, ce qui a rapport à l'esprit.

Œdémateux (du gr. *oidêma* = gonflement) qui vient d'un œdème ou tumeur molle, ne causant pas de douleur.

Oken (1779-1851) naturaliste allemand.

Onomatopée (du grec *onoma* = nom et *poieô* = je fais), mot dont le son imite l'objet qu'il désigne. Ex : coucou, cricri, glou-glou, tic tac.

Osque, peuple qui habitait le Latium.

Papin (1647-1714), né à Blois, étudia en Angleterre, mourut en Allemagne, a imaginé le premier de chauffer au fond d'un corps de pompe de l'eau, dont la vapeur fait monter le piston, et de le faire descendre en produisant le vide par la condensation de la vapeur.

Panétius (180-111 av. J.-C.) de Rhodes, gagna au stoïcisme Scipion,

Lélius et beaucoup d'autres Romains. Il mêla aux anciennes doctrines du Portique, pour mieux les faire accepter, d'autres doctrines empruntées à Platon, à Aristote, à Xénocrate, à Théophraste. Il écrivit un livre sur le *Devoir* qui a été mis à profit par Cicéron dans son *Traité des Devoirs*.

Pascal (1623-1662) né à Clermont-Ferrand, mort à Paris, mathématicien célèbre qui trouva seul dans son enfance un certain nombre de propositions géométriques, écrivit un traité des *Sections coniques*, fit des expériences qui confirmèrent celles de Torricelli, inventa la brouette, la presse hydraulique, etc., écrivit des *Lettres provinciales*, dans lesquelles il attaqua la morale des jésuites, laissa des *Pensées*, fragments d'un grand ouvrage, dans lequel il voulait faire l'apologie de la religion catholique.

Pasteur (né en 1822), savant français qui a fait faire à la micrographie des progrès considérables, par ses études sur la maladie des vers à soie, sur les maladies du vin et de la bière, sur les fermentations, sur le charbon des animaux, sur la rage. M. Pasteur est membre de l'Académie des sciences et de l'Académie française : une pension lui a été votée par les Chambres à titre de récompense nationale.

Pellico Silvio (1789-1854), littérateur italien, connu par sa longue détention au Spielberg, auteur de *Mes prisons*, de *Françoise de Rimini*, des *Devoirs des hommes*.

Pérez Bernard, psychologue français contemporain, auteur des *Trois premières années de l'enfant*, de l'*Enfant de 4 à 7 ans*, de *Tiedemann et la science de l'enfant*, de *Jacotot et sa méthode d'émancipation intellectuelle*, de l'*Éducation morale dès le berceau*, du *Sens du beau chez l'enfant*.

Perrier Edmond, professeur au Muséum, auteur d'ouvrages pour l'enseignement classique, de la *Philosophie zoologique avant Darwin*, des *Colonies animales*.

Platon (427-347 av. J.-C.) né et mort à Athènes, élève de Socrate, a développé et transformé la doctrine de son maître dans des *Dialogues*, où la poésie s'unit souvent à la profondeur et à la dialectique la plus subtile. Les plus célèbres sont le *Phédon*, où il raconte la mort de Socrate, le *Phèdre* et le *Banquet*, la *République* et les *Lois* où il expose ses théories politiques, le *Protagoras* et le *Gorgias*, dans lesquels il tourne en ridicule les deux célèbres sophistes, le *Criton*, l'*Apologie*, le *Théétète*, le *Sophiste*, le *Politique*. Dans sa morale, Platon identifie la vertu et la science du bien : les facultés de l'âme, l'intelligence, la sensibilité, sous sa forme supérieure et inférieure, ont leur vertu correspondante la *sagesse*, le *courage* et la *tempérance*. La justice est le résultat de l'harmonie entre les facultés, de la subordination des inférieures aux supérieures. De même dans l'État, les artisans et les laboureurs doivent être tempérants, les guerriers, courageux, les magistrats, sages pour que l'harmonie et la justice règnent entre les diverses classes qui doivent le constituer.

Posidonius (133-49 av. J.-C.), né à Apamée en Syrie, disciple de Panétius, il établit à Rhodes une école où l'entendirent Pompée et Cicéron, passa pour le plus savant des stoïciens, mais comme Panétius, introduisit dans les doctrines de son école des théories empruntées aux Péripatéticiens et surtout aux Platoniciens.

Préciput, Droit accordé à une personne de prélever avant tout partage une partie déterminée d'une succession.

Preyer physiologiste allemand, professeur à Iéna, auteur d'observations sur le développement psychique des premières années, traduites en français sous le titre de l'*Ame de l'enfant*.

Ptolémée (II° siècle av. J.-C.), vécut à Alexandrie, a exposé dans la *Syntaxe mathématique*, appelée par les Arabes *Almageste* ou le *Livre très grand*, le système qui porte son nom et d'après lequel tourneraient autour de la terre la Lune, Mercure, Vénus, le Soleil, Mars, Jupiter et Saturne.

Rabier Élie, professeur au lycée Charlemagne, membre du Conseil supérieur de l'Instruction publique, auteur de *Leçons de philosophie*, en 3 volumes.

Religion naturelle. On appelle religion naturelle, par opposition aux religions révélées, la religion qui, indépendamment de toute révélation, établit par la raison ou par le sentiment, l'existence et les attributs de Dieu, la Providence et l'immortalité de l'âme.

Renan, administrateur du Collège de France, membre de l'Académie française, auteur d'ouvrages savants et écrits dans une langue admirable sur *Averroès*, la *Vie de Jésus* et les *Origines du christianisme*, d'*Essais de morale et de critique*, de *Dialogues philosophiques*, etc.

Renouvier, philosophe français contemporain, a exposé une philosophie en partie originale, en partie empruntée à Hume* et surtout à Kant*, qu'il appelle le *Criticisme*, dans ses *Essais de critique générale*, dans la *Science de la morale* et dans la Revue intitulée la *Critique philosophique*.

Ribot, professeur au Collège de France, directeur de la *Revue philosophique*, auteur de la *Psychologie anglaise*, de l'*Hérédité psychologique*, de la *Philosophie de Schopenhauer*, de la *Psychologie allemande*, des *Maladies de la mémoire*, *de la volonté*, *de la personnalité*, ouvrages qui ont été traduits en anglais, en allemand, en russe, en espagnol, en polonais.

Rivarol (1754-1801), né à Bagnols, mort à Berlin, célèbre par son esprit mordant, a écrit un discours sur l'*Universalité de la langue française*.

Rœmer (1644-1710) né et mort à Copenhague, appelé à Paris par Louis XIV, enseigna l'astronomie au dauphin, découvrit la vitesse de la lumière par l'observation des satellites de Jupiter.

Romanes, naturaliste anglais, disciple de Darwin.

Rousseau Jean-Jacques (1712-1778) né à Genève, mort à Ermenonville, écrivit le *Discours sur l'origine et les fondements de l'inégalité*, le *Contrat social*, l'*Émile*, dans lequel se trouve la célèbre profession de foi du *Vicaire savoyard*,
des *Lettres sur la botanique*, des *Confessions*, etc.

Ruisch (1638-1731), anatomiste hollandais, a perfectionné l'art des injections par lesquelles on suit aisément la distribution des vaisseaux dans les organes.

Saint-Hilaire Geoffroy (1772-1844), célèbre naturaliste français, accompagna Bonaparte en Égypte, a mis surtout en lumière dans ses travaux l'unité de composition organique. — Son fils *Isidore* est également célèbre comme naturaliste.

Saint-Lambert (1718-1803), né à Nancy, mort à Paris, poète et philosophe, auteur du *Poème des saisons* et du *Catéchisme universel*.

Sand George (1804-1876), romancière française, a publié un grand nombre d'ouvrages, dont quelques-uns sont des chefs-d'œuvre, *François le Champi*, la *Mare au diable*, la *Petite Fadette*.

Sanscrit, l'ancienne langue des brahmanes ou langue sacrée de l'Inde.

Sceau, grand cachet sur lequel sont gravés en creux des emblèmes, qu'on reproduit ensuite avec de la cire pour donner un caractère d'authenticité à des lettres, diplômes, actes, etc.; le *garde des sceaux* est le ministre auquel sont confiés les sceaux de l'État.

Scheele (1742-1786) Pauvre pharmacien suédois qui fit de grandes découvertes, cristallisa l'acide citrique, découvrit le chlore, le manganèse, la baryte, le tungstène, le molybdène, l'acide du fluor, les acides arsénique, prussique, oxalique, gallique, lactique, urique, isola la glycérine, etc.

Scolastique (du lat. *scola* = *classe* ou *école*) désigne principalement la philosophie, en grande partie aristotélicienne, qui a régné dans les écoles européennes pendant le moyen âge.

Sévices, mauvais traitements, qui peuvent aller jusqu'aux coups, des parents envers leurs enfants, d'un maître envers ses serviteurs.

Sémitique, qui appartient aux Sémites, aux peuples asiatiques ou africains qu'on rattache d'après la Bible, à *Sem* comme à leur auteur et qui comprennent ceux qui ont parlé ou parlent babylonien, chaldéen, phénicien, hébreu, samaritain, syriaque, arabe et éthiopien.

Sénèque (3-65 apr. J.-C.), né à Cordoue en Espagne, gouverneur, puis ministre de Néron, qui lui envoya l'ordre de se donner la mort. Il se fit ouvrir les veines. Ses principaux ouvrages sont les *Lettres à Lucilius*, les *Questions naturelles*, les traités sur la *Colère*, la *Clémence*, la *Vie heureuse*, la *Brièveté de la vie*.

Simon Jules, secrétaire perpétuel de l'Académie des Sciences morales, membre de l'Académie française, a été professeur à la faculté des lettres de Paris, ministre de l'instruction publique et président du Conseil, a écrit un grand nombre d'ouvrages, la *Religion naturelle*, la *Liberté de conscience*, la *Liberté civile*, la *Liberté politique*, le *Devoir*, etc.

Smith Adam (1723-1790) a publié une *Théorie des sentiments moraux*, est considéré comme l'un des fondateurs de l'économie politique pour ses *Recherches sur la nature et les causes de la richesse des nations* (1776).

Socrate (471-399), né à Athènes, où il exerça une grande influence sur les esprits les plus distingués du temps. Il causait avec ceux qu'il rencontrait ou qui le suivaient, cherchant par des interrogations bien conduites à montrer le ridicule des opinions fausses, apprenant ensuite aux hommes à faire sortir de leur esprit la vérité qui y est contenue, travaillant à rendre ses auditeurs meilleurs et plus sages. Il fut condamné à mort par les Athéniens. Il n'avait rien écrit. On compte parmi ses disciples Euclide de Mégare, Phédon, Antisthène, Aristippe*, Xénophon* et Platon*.

Spallanzani (1729-1799), anatomiste italien, habile expérimentateur, a étudié la digestion, provoqué des digestions artificielles, observé les infusoires et spécialement les animalcules ressuscitants, rotifères et tardigrades.

Sphex (du grec *sphex = guêpe*), genre d'insectes hyménoptères.

Spencer Herbert, philosophe anglais, auteur des *Premiers principes*, des *Principes de psychologie*, de *biologie*, de *sociologie*, d'*Essais sur le progrès*, d'*Essais scientifiques et de politique*, d'une *Classification des sciences*, de l'*Introduction à la science sociale*, de l'*Individu contre l'État*, des *Bases de la morale évolutionniste*, de l'*Éducation physique, intellectuelle et morale*. M. Spencer est un des plus vigoureux penseurs du xix° siècle.

Spinoza (1632-1677), juif hollandais, vécut pauvre, est l'auteur du *Traité théologico-politique* et d'une *Éthique* qui l'ont fait ranger parmi les penseurs les plus profonds de tous les temps.

Stoïciens. Le nom de stoïciens a été donné à ces philosophes parce que leur chef Zénon* réunissait ses disciples dans une galerie ou portique (en grec *stoa*), où se rassemblaient autrefois les poètes. Les principaux représentants du stoïcisme, Zénon*, Cléanthe*, Chrysippe*, Panétius*, Posidonius*, Sénèque*, Épictète* et Marc-Aurèle*, ont été remarquables par leur austérité et leur vertu.

Swammerdam (1637-1680), savant hollandais, un des plus habiles observateurs des insectes.

Tacite (54-130 apr. J.-C), questeur sous Vespasien, consul sous Nerva, ami de Pline le Jeune, a écrit la *Vie d'Agricola*, la *Germanie* dont il décrit le sol, les habitants, les coutumes, les *Histoires* qui allaient de 67 à 97, de l'élévation de Galba à l'empire jusqu'à la mort de Domitien et dont il ne reste qu'une faible partie, les *Annales* qui allaient de l'an 14 à l'an 69 et dont nous avons les livres qui racontent le principat de Tibère, la fin de celui de Claude et une grande partie de celui de Néron.

Taine, membre de l'Académie française, a publié des ouvrages philosophiques : les *Philosophes classiques en France au xix° siècle*, la *Philosophie de l'Art*, l'*Intelligence*, des ouvrages de critique et d'histoire, l'*Histoire de la littérature anglaise*, les *Origines de la France contemporaine* (l'*Ancien Régime*, la *Révolution*, etc).

Théodicée (du grec *théos* = *Dieu* et *diké* = *justice* ou *justification*) désigne la partie de la théologie naturelle qui a pour but de réfuter les objections tirées de l'existence du mal dans l'univers. Ce mot, pris dans le sens précédent par Leibnitz dans les *Essais de Théodicée*, a été employé par Victor Cousin dans le sens de théologie naturelle.

Thierry Augustin (1795-1856), né à Blois, mort à Paris, célèbre historien français, auteur des *Récits mérovingiens*, de l'*Histoire de la conquête de l'Angleterre*, de *Lettres sur l'histoire de France*, d'un *Essai sur l'histoire de la formation et des progrès du Tiers État*, etc.

Thucydide (471-395), né dans l'Attique, contemporain de Socrate, de Périclès, prit part à la guerre dite du *Péloponèse*, en écrivit l'histoire, mais ne put la terminer : l'ouvrage s'arrête au milieu de la 21ᵉ année d'une guerre, qui dura de 431 à 404, se termina par la ruine d'Athènes et prépara l'asservissement de la Grèce à la Macédoine.

Tite-Live (59 av. à 17 ap. J.-C.), né à Padoue, contemporain d'Auguste, a écrit sous le nom adopté par lui d'*Annales* et en 142 livres, l'histoire de Rome depuis sa fondation jusqu'à la mort de Drusus, frère de Tibère. Il ne nous en reste que 35 livres complets.

Torricelli (1608-1647), né à Faenza, mort à Florence, disciple de Galilée, pensa que l'eau s'élève dans les pompes aspirantes, grâce à la pression de l'air extérieur et non par *horreur du vide*, imagina pour justifier son opinion le tube barométrique.

Touranienne (du Khanat de Sibir ou de *Touran*) ou nordaltaïque, désigne la race comprenant les populations qui habitent entre la mer Caspienne et la mer du Japon, entre la chaîne du Thibet et l'Océan, les Finnois, les Samoyèdes, les Turcs et les Mongols. Ils n'ont pas la même langue, mais des caractères anthropologiques communs.

Turgot (1727-1781) intendant de Limoges, ministre de la marine, puis des finances sous Louis XVI, essaya de réaliser des réformes, mais fut abandonné par le roi, a laissé un certain nombres d'ouvrages qui traitent de philosophie et d'économie politique.

Tylor, écrivain anglais contemporain, auquel on doit des *Recherches sur l'histoire de l'humanité*, la *Civilisation primitive*, etc.

Tyndall, physicien anglais contemporain, a fait des travaux sur la théorie de la chaleur, les germes atmosphériques et l'action de l'air sur les plaies, les glaciers et les transformations de l'eau, où il a résumé les observations faites par lui en Suisse sur le glacier d'Aletsch.

Virgile (70-19 av. J.-C.), né à Andes près de Mantoue, ami d'Horace, protégé par Mécène et Pollion, qui le recommandèrent à Auguste. Il a composé des *Bucoliques*, dans lesquelles il a décrit des scènes de la vie pastorale, des *Géorgiques* où il a exposé la culture du blé et des arbres, l'élève du bétail et les soins à donner aux abeilles ; un poème épique, l'*Énéide* ou les aventures d'Énée, quittant Troie prise par les Grecs pour aller s'établir en Italie, où ses descendants devaient fonder Rome, et donner naissance à la famille de Jules-César et d'Auguste. Virgile est un des plus grands poètes qui aient jamais existé.

Volney (1757-1820) né à Craon, mort à Paris, voyagea en Orient et en Amérique, fut député aux États généraux, sénateur sous l'empire, a publié le *Voyage en Égypte et en Syrie*, les *Ruines*, la *Loi naturelle*, un *Discours philosophique sur l'étude des langues*, etc.

Vulpian (1795-1887) physiologiste français contemporain.

Waddington Charles, professeur à la faculté des lettres de Paris, membre de l'Académie des sciences morales, a publié des ouvrages sur *Ramus*, sur la *Psychologie d'Aristote*, sur l'*Âme humaine*, sur *Dieu et la conscience*, des *Essais de logique*.

Weber, physiologiste allemand con-

Wendes, peuple d'origine slave, répandu dans la Poméranie, le Brandebourg, la Silésie, la Styrie et l'Illyric.

Wundt, professeur à l'université de Leipzig, physiologiste, psychologue, moraliste et métaphysicien, surtout connu en France par ses *Éléments de psychologie physiologique*.

Xénophon (444-354 av. J.-C.) né dans l'Attique, disciple de Socrate, a laissé des *Mémoires sur Socrate*, des *Économiques* où il traite, avec grâce et bon sens, de l'administration d'une maison, des *Hélléniques*, l'*Anabase* ou retraite des Dix-Mille, la *Cyropédie*.

Zend. C'est le nom, dit Littré, donné à tort par Anquetil-Duperron à la langue dans laquelle Zoroastre a écrit ses livres et qu'il serait mieux de nommer langue bactrienne ou bactropersique. Le mot *zend* veut dire *commentaire;* le Zend-Avesta est le recueil des livres sacrés des Perses.

Zénon (354-256 ? av. J.-C.), naquit dans l'île de Chypre, se livra d'abord au commerce, puis devint à Athènes le disciple du cynique Cratès et fonda lui-même vers 310 une école qui reçut le nom de *stoïcienne*.

TABLE DES MATIÈRES

Préface..............................I à IV

PSYCHOLOGIE

CHAPITRE PREMIER. La psychologie, sa méthode et son rôle............................... 1

Les phénomènes physiologiques. — L'objet de la psychologie. — Sa méthode : l'observation interne, l'observation externe, la psychologie ethnique, la psychologie physiologique, la psychologie morbide, la psychologie infantile, la psychologie animale. — Les applications de la psychologie.............. 1

CHAPITRE II. — Les faits psychologiques......... 12

Classification des faits psychologiques. — Les facultés. — Exercice simultané des facultés. — Influence réciproque des facultés les unes sur les autres : intelligence, sensibilité, activité, langage. — Instruction et éducation. — Ordre dans lequel se développent les facultés et dans lequel il faut les étudier............ 12

CHAPITRE III. — L'intelligence................. 20

L'intelligence et ses pouvoirs différents. — L'acquisition des connaissances. — La perception extérieure, les diverses espèces de sensations, le sens vital, le goût, l'odorat, l'ouïe et les sons, la vue et les couleurs, le toucher, le sens musculaire. — Association des sensations, éducation des sens, erreurs des sens. — Le monde extérieur........................ 20

CHAPITRE IV. — L'intelligence (*suite*)............ 37

La conscience spontanée et la conscience réfléchie ; notions dues à la conscience réfléchie. — La raison ; les principes directeurs de la connaissance ou premiers principes ; leur rôle ; théories sur l'origine et la valeur des premiers principes ; les notions premières ; théories métaphysiques................ 37

CHAPITRE V. — **L'intelligence** (*suite*)............ 47

L'attention et l'élaboration des connaissances. — L'abstraction, la comparaison, la généralisation, le jugement, le raisonnement, la déduction, l'induction, l'analogie. — Les facultés de conservation, mémoire et imagination; l'association et ses lois. — La perception et l'image. — La rêverie, le rêve, le somnambulisme, l'hallucination, la folie. — La réminiscence et le souvenir. — Les diverses espèces de mémoire. — Les qualités de la mémoire. — Les lois de la mémoire. — La mnémotechnie. — L'oubli. — Les maladies de la mémoire. — L'imagination créatrice. . 47

CHAPITRE VI. — **La sensibilité**............... 66

Classification des faits affectifs ou sensitifs. — Les inclinations : inclinations personnelles, inclinations sympathiques et sociales, inclinations supérieures. — Les émotions : causes du plaisir et de la douleur, rapports du plaisir et de la douleur. — Les affections et leurs formes différentes. — Les passions...... 66

CHAPITRE VII. — **L'activité**.................. 79

L'activité et ses formes diverses. — L'activité automatique et réflexe. — L'activité instinctive : classification des instincts, caractères de l'instinct, théories sur l'instinct. — L'activité volontaire, théories sur la volonté. — L'habitude, son rôle dans la vie humaine. — La personnalité. — Le caractère 79

CHAPITRE VIII. — **Le langage**................ 94

Les signes. — Le langage. — Les diverses espèces de langage. — Le langage des gestes et des jeux de physionomie. — Avantages et inconvénients du langage des gestes et des jeux de physionomie. — Le langage inarticulé. — Le langage articulé. — Le langage écrit. — Les éléments constitutifs des idées et des mots. — Le langage extérieur et le langage intérieur. — Les langues, leurs éléments constitutifs, leurs classifications. — Acquisition du langage parlé et écrit par l'enfant. — Origine du langage. — Rapport du langage parlé ou écrit et de la pensée. — Avantages et inconvénients du langage parlé ou écrit. — Les maladies du langage............................ 94

CHAPITRE IX. — **Le physique et le moral, l'homme et l'animal**.............................. 117

Le physique et le moral. — Influence du physique sur le moral. — Influence du moral sur le physique. — Matérialisme et spiritualisme. — L'homme civilisé et les animaux supérieurs. — L'homme et l'animal....................... 117

LOGIQUE

MÉTHODOLOGIE

CHAPITRE X. — La méthode dans les sciences mathématiques.................. 131

La psychologie et la logique. — Division de la logique. — Division et objet des sciences mathématiques. — Les définitions. — Les axiomes. — Rôle des définitions et des axiomes dans la démonstration. — La démonstration; la démonstration indirecte ou par l'absurde; la démonstration directe : synthèse et analyse ; usage de la synthèse et de l'analyse. — Certitude des mathématiques.................. 131

CHAPITRE XI. — La méthode dans les sciences physiques.................. 143

La physique au XVII° siècle et de nos jours. — L'observation : les sens, les instruments, les qualités de l'observateur. — L'expérimentation, ses règles, les qualités de l'expérimentateur. — Les procédés de l'observation et de l'expérimentation, l'analyse et la synthèse. — L'induction; le problème de l'induction, les méthodes de concordance, de différence, des variations concomitantes, des résidus ou des restes. — Procédés accessoires : hypothèse, valeur de l'hypothèse ; analogie, rôle de l'analogie, déduction, physique mathématique.................. 143

CHAPITRE XII. — La méthode dans les sciences naturelles.................. 164

Les sciences naturelles, les procédés qu'elles emploient. — L'observation, l'expérimentation, l'induction, l'hypothèse, l'analogie, la déduction dans les sciences naturelles. — Les classifications : classifications usuelles et pratiques, classifications artificielles, classifications naturelles, valeur des classifications naturelles. — Les définitions dans les sciences naturelles.................. 164

CHAPITRE XIII. — La méthode dans les sciences morales.................. 180

Les sciences morales, leur méthode. — Le témoignage et ses règles : le témoin, les faits, la forme du témoignage. — Le rôle du témoignage dans la vie pratique et dans les sciences. — Les sources de l'histoire et la critique historique.................. 180

CHAPITRE XIV. — Les méthodes et la méthode; les sciences et la science; les grandes hypothèses.................. 194

Les méthodes et la méthode. — Utilité de la méthode. — Les

sciences et la science. — La science, la philosophie des sciences et la métaphysique. — Classification des sciences. — Les grandes hypothèses : la nébuleuse, l'unité et la corrélation des forces physiques, la conservation de la matière et de la force ; le transformisme ; l'évolutionisme ; l'associationisme ; les hypothèses historiques de Bossuet *, de Condorcet *, d'Auguste Comte *. 194

LOGIQUE FORMELLE

CHAPITRE XV. — **Notions et termes, jugements et propositions, raisonnements, erreurs et sophismes**. . . . 247

La certitude, l'évidence, le doute, l'ignorance, l'erreur, la vraisemblance, le vrai, le faux. — Division de la logique formelle. — Notions et termes ; extension et compréhension ; rapports des termes, classification et division, genres et espèces, universaux. — Jugements et propositions ; division des jugements et des propositions, quantification du prédicat, les catégories ; opposition des propositions ; conversion des propositions ; la définition, définitions mathématiques et définitions empiriques. — Déduction et syllogisme ; matière et forme du syllogisme, déduction et démonstration ; les règles, les modes, les figures du syllogisme ; syllogismes incomplets et composés, hypothétiques et disjonctifs, induction formelle ; les lois formelles de la pensée. — Classification des erreurs ; les erreurs sont des raisonnements faux, des sophismes ou des paralogismes ; sophismes de déduction ; sophismes d'induction ; remèdes à l'erreur. 247

MORALE PRATIQUE

CHAPITRE XVI. — **Les devoirs et les droits individuels**. 254

La psychologie, la logique et la morale. — Division de la morale pratique. — Division des devoirs individuels. — Devoirs relatifs au physique, conservation personnelle ; l'hygiène, tempérance et propreté ; la gymnastique et la culture des aptitudes physiques. — Acquisition des biens extérieurs ; le travail ; usage des biens extérieurs, économie, avarice, prodigalité et luxe. 254

CHAPITRE XVII. — **Les devoirs et les droits individuels** (*suite*). 268

Devoirs relatifs à l'intelligence : recherche de la vérité ; qualités intellectuelles ; expression de la vérité, sincérité et dissimulation, discrétion, véracité et mensonge. — Devoirs relatifs à la sensibilité. — Devoirs relatifs à l'activité. — Devoirs professionnels. — Rapports avec la nature : les animaux domestiques, les animaux utiles, les animaux nuisibles, la vivisection. — Devoirs stricts et larges, négatifs et positifs. — Les droits individuels. — Les moyens de perfectionnement individuel : hygiène, médecine et gymnastique morales, examen de conscience et travail... 268

CHAPITRE XVIII. — **La famille, les amis, les domestiques** 297

La famille. — Devoirs des époux. — Devoirs des parents. — Devoirs des enfants envers les parents. — Droits des parents et des enfants. — Devoirs des enfants entre eux. — Devoirs envers la famille en général. — Devoirs d'amitié. — Devoirs des maîtres envers les domestiques. — Devoirs des domestiques. — Devoirs stricts et négatifs, positifs et larges. 297

CHAPITRE XIX. — **Devoirs civiques et internationaux.** 313

La patrie et l'État. — La patrie, les éléments qui la constituent. — L'État et les citoyens. — Les trois pouvoirs de l'État ; les droits de l'État ; les devoirs de l'État. — Les droits des citoyens ; les devoirs des citoyens, le patriotisme. — Les relations internationales : les relations en temps de paix ; les relations en temps de guerre. — Devoirs stricts et larges, négatifs et positifs de l'État, des citoyens, des nations. 313

CHAPITRE XX. — **Devoirs envers nos semblables : la justice** 336

Devoirs envers nos semblables. — Devoirs de justice. — Respect de la vie d'autrui : le droit de légitime défense, la peine de mort, le duel, l'assassinat politique. — Respect de la liberté d'autrui. — Respect de la propriété d'autrui : le droit de propriété chez les différents peuples, le socialisme et le communisme, les devoirs de l'État et des riches. — Respect de l'intelligence d'autrui. — Respect de l'honneur et de la réputation d'autrui. — Respect de la sensibilité d'autrui 336

CHAPITRE XXI. — **Devoirs envers nos semblables, la charité, les devoirs religieux** 363

Devoirs de charité. — Dévouement et sacrifice, altruisme ou amour d'autrui. — Devoirs de charité envers la vie, l'intelligence, la sensibilité, la réputation et l'honneur de nos semblables. — Devoirs de charité envers la liberté et la propriété d'autrui. — Le bienfaiteur et l'obligé. — Justice et charité. — Droits et devoirs religieux. — L'individu, la famille, la patrie, l'humanité 363

ÉCONOMIE POLITIQUE.

CHAPITRE XXII. — Production de la richesse 384

L'économie politique, le besoin, l'utilité, la richesse. — La production de la richesse : la nature et l'homme. — Le travail et le capital. — Le travail musculaire et le travail intellectuel. — Division du travail et coopération. — Liberté du travail, concurrence, association. — La formation du capital, l'épargne. — Les formes diverses du capital, les machines. — Association des capitaux............................ 384

CHAPITRE XXIII. — Répartition et circulation de la richesse. 395

Propriété et répartition de la richesse. — Les salaires. — L'intérêt du capital et le bénéfice de l'entrepreneur. — La circulation de la richesse, l'échange. — Le commerce, les voies de communication, le crédit, les banques..................... 395

CHAPITRE XXIV. — Consommation de la richesse ... 405

La consommation. — Les consommations de prévoyance. — L'économie politique et la morale 405

MORALE THÉORIQUE

CHAPITRE XXV. — La conscience morale, la loi morale. 413

Les idées, les jugements, les sentiments moraux. — La conscience en psychologie et en morale. — La loi morale, ses caractères. — Fondement de la loi morale 413

CHAPITRE XXVI. — Le plaisir et l'intérêt. 420

Le plaisir. — Le plaisir et l'intérêt. — L'intérêt particulier et la quantité des plaisirs. — L'intérêt général. — Qualité des plaisirs 420

CHAPITRE XXVII. — Le sentiment et le devoir 428

Le sentiment : historique des doctrines fondées sur le sentiment. — Le devoir ou le bien : la morale stoïcienne, la morale de Kant *. — Rôle du plaisir, de l'intérêt et du sentiment en morale. 428

CHAPITRE XXVIII. — Le devoir, le droit, la vertu... 437

Les devoirs et le devoir. — Les droits et le droit. — Les devoirs et les droits, le devoir et le droit. — Les vertus et la vertu. 437

CHAPITRE XXIX. — Les sanctions de la loi morale.. 446

Les sanctions dans les lois écrites, physiques et naturelles. — Les

TABLE DES MATIÈRES. 689

sanctions de la loi morale : les sanctions sociales; la sanction physique et matérielle; la sanction intérieure, le remords et la satisfaction de conscience; la sanction surnaturelle et l'immortalité de l'âme. 446

INSTRUCTION CIVIQUE

CHAPITRE XXX. — **Le droit public et la souveraineté nationale**. 458

La morale, l'économie politique, l'instruction civique. — Les origines de notre droit public : 1789, 1848, 1875. — La France ancienne. — La souveraineté nationale. — Légitimité et limites de la souveraineté nationale, devoirs qu'elle impose. — Exercice de la souveraineté nationale, suffrage restreint ou universel, direct ou à plusieurs degrés. — Les agents de la souveraineté, les trois pouvoirs. 458

CHAPITRE XXXI. — **L'État : la constitution, les pouvoirs publics**. 479

La Constitution de 1875. — Le président de la République. — Le Sénat. — La Chambre des députés. — Les deux chambres. — Les ministres. — L'Intérieur. — L'Instruction publique. — Les Beaux-Arts. — La Justice. — Les Cultes. — L'Agriculture, le Commerce et l'Industrie, les Travaux publics, les Postes et les Télégraphes. — Les Affaires étrangères. — La Guerre. — La Marine. — Les Colonies. — Les Finances. 479

CHAPITRE XXXII. — **L'État : la confection et l'exécution des lois, l'organisation judiciaire**. 515

La confection des lois. — L'exécution des lois. — L'organisation judiciaire : les juges de paix ; les tribunaux de première instance ; la Cour d'assises ; les Cours d'appel et la Cour de cassation ; les Tribunaux de commerce et les Conseils de prud'hommes, les Tribunaux militaires et universitaires ; les Tribunaux administratifs. 515

CHAPITRE XXXIII. — **L'État : les lois usuelles, le Code civil**. 538

Le Code civil. — Les personnes d'après le Code. — Les Français et les étrangers. — L'état civil, les naissances, les décès, les mariages. — La minorité, la tutelle, l'émancipation, l'interdiction. — La propriété, l'usufruit, les servitudes, les hypothèques. — Les successions, donations, testaments. — Les contrats : ventes, échanges, louages, sociétés, prêts, dépôts et séquestres, procurations, cautionnements, mariages. 538

TABLE DES MATIÈRES.

CHAPITRE XXXIV. — **L'État : les lois militaires, scolaires, fiscales** 563

La force publique. — Le service militaire obligatoire. — Les exclusions, exemptions, sursis, dispenses. — L'armée active. — L'armée territoriale. — L'armée de mer. — L'obligation scolaire. — L'impôt. — Les diverses formes d'impôts. 563

CHAPITRE XXXV. — **L'État : le budget** 584

Le budget de l'État. — Le budget des recettes. — Le budget des dépenses 584

CHAPITRE XXXVI. — **Le département, l'arrondissement, le canton**. 600

Le département. — Le Conseil général et la commission départementale. — Le préfet. — Le Conseil de préfecture. — Le budget du département. — L'arrondissement, le Conseil d'arrondissement et le sous-préfet. 600

CHAPITRE XXXVII. — **La commune**. 628

La commune. — Le Conseil municipal. — La municipalité. — Le maire et les adjoints. — Le budget communal. — Paris et le département de la Seine. 628

Vocabulaire 668

FIN DE LA TABLE DES MATIÈRES.

Sceaux. — Imprimerie Charaire et fils.

www.ingramcontent.com/pod-product-compliance
Lightning Source LLC
Chambersburg PA
CBHW061959300426
44117CB00010B/1405